Rolf Kaufmann

Das Gute am Teufel

Eigenen Schattenseiten
und Abgründen begegnen

Walter Verlag Zürich und Düsseldorf

Die Deutsche Bibliothek – CIP-Einheitsaufnahme

Kaufmann, Rolf:
Das Gute am Teufel : eigenen Schattenseiten und Abgründen
begegnen / Rolf Kaufmann. – Zürich ; Düsseldorf : Walter, 1998
ISBN 3-530-40033-5

© 1998 Walter Verlag, Zürich und Düsseldorf
Satz: Utesch GmbH, Hamburg
Druck und Einband: Grafo
Printed in Spain
ISBN 3-530-40033-5

Inhalt

Vorwort

Ob wir heute noch an die Existenz eines Teufels glauben oder nicht: Der Umgang mit den Schattenseiten und Abgründen unserer menschlichen Seele bleibt im Zeitalter des Internets und der weltweiten Vermischung von Völkern, Kulturen und Lebenshaltungen ein vordringliches Problem. Die sich zur Zeit vollziehende Globalisierung zwingt die Menschheit, sich vertieft mit dem Problem des Bösen und des eigenen Schattens zu befassen: Was bedeutet die mythische Gestalt des Teufels heute? Wie können wir lernen, mit dunklen und destruktiven Kräften so umzugehen, daß sich diese auch von ihrer positiven Seite her zeigen können?

Die Tiefenpsychologie bietet dem modernen Menschen ein zeitgemäßes Verständnis der damit verbundenen Problematik sowie eine praktische Hilfe im alltäglichen Leben an – obwohl natürlich auch sie das ewige Rätsel des sogenannten «Bösen» nicht zu lösen vermag.

Im 1. Kapitel wird das archaische Weltbild und sein Niedergang in der westlichen Welt ausführlich dargestellt. Dies ist nötig, damit der sich heute vollziehende Wandel des Weltbildes klar hervortritt (siehe Literaturverzeichnis [= L] Nr. 21). Im 2. Kapitel: «Zwei Seelen, ach! ...» kommt der innere Gegensatz in unserer abendländischen Seele und Kultur anhand von griechischen und jüdischen Mythen zur Sprache. Im 3. Kapitel wird die Ablösung des archaischen Weltbildes durch die Entdeckungen der Tiefenpsychologie geschildert. Es wird gezeigt, was «zeitgemäße Religiosität» bedeutet. Auch die Frage nach dem Bösen wird neu beleuchtet. Im 4. Kapitel schließlich geht es um die Integration des Schattens. Ein Bild von Picasso, ein Traum meiner Frau und das Märchen vom Eisenhans zeigen, wie durch den Prozeß der Schattenintegration aus dunklen Seiten unserer Seele Gutes hervorgehen kann.

Noch ein persönliches Wort an die Leserinnen und Leser:
Das Gottesbild, der Teufel und die Frage nach Gut und Böse sind stark gefühlsgeladene Themen. Verpflichtende Werte lassen sich nicht ohne persönliche Betroffenheit abhandeln. Sie berühren uns existentiell, mich als Schreibenden wie Sie als Leserinnen und Leser. Bei Ihnen wie bei mir kommen dadurch unwillkürlich auch persönliche Schattenseiten und negative Emotionen mit ins Spiel, so etwa Empfindlichkeiten, Kränkungen und Verletzungen, alte ungelöste Probleme, vielleicht auch Wut und Aggression, Unsicherheit und Hilflosigkeit oder auch mangelnde Flexibilität. Dieses Buch enthält Schattenseiten von mir; es ist nicht überall ganz ausgewogen, vielleicht bisweilen sogar verletzend. Ich bitte Sie um Vor- und Nachsicht.

1. Das archaische Weltbild und sein Zerfall

Darstellung des archaischen Weltbildes

Diesseits und Jenseits: Die Grundlagen

Vor bald siebzig Jahren schrieb T. Canaan in seinem Buch *Der Dämonenglauben im Lande der Bibel* (Leipzig 1929, S. 1 f.):

«Der heutige Palästinenser glaubt, daß jedes Ereignis, das er mit seinen fünf Sinnen nicht erklären kann, von übernatürlichen Kräften verursacht werde. [...] Diese sind die Ursachen seines Glückes, aber noch viel mehr seines Unglückes. [...] Diese unerklärlichen Wesen lenken, nach seinem Glauben, das ganze Weltall, – freilich nicht nach festen Gesetzen, sondern nach ihrem Belieben, nach Laune und Willkür. Er fühlt sich ihnen ausgeliefert.»

Dieser Glaube, den T. Canaan bei den palästinensischen Arabern nach dem ersten Weltkrieg noch quer durch die Bevölkerung beobachten konnte, steht nicht isoliert da. Er reicht tief in die Vergangenheit der Menschheit zurück und überlebte bis in unser Jahrhundert hinein. Er gehört einem Weltbild an, das einst überall verbreitet war. Willy Obrist (L 21), dem ich hier folgen werde, hat die Grundzüge dieses Weltbildes umfassend herausgearbeitet und es das «archaische» Weltbild genannt.

«Archaisch» bedeutet wörtlich: «ursprünglich» (von griechisch: «Archee» = Anfang, Ursprung). Oft wird das Wort «archaisch» in der Umgangssprache in einer herabmindernden Bedeutung verwendet, im Sinne von «unkultiviert, unzivilisiert, roh». In diesem Buch steht es jedoch ohne Wertung. Es bezeichnet jenes Weltbild, das bis in unsere abendländische Neuzeit hinein überall Gültigkeit hatte. Aus dem damaligen Bewußtseinsstand ergab sich das archaische Weltbild mit Notwendigkeit.

Weltbilder sind zählebig. Dies hängt einerseits damit zusammen, daß Weltbilder jeweils von einem Kollektiv getragen werden, welches die Art und Weise, wie man etwas betrachtet und beurteilt, bestimmt; es hängt andererseits auch damit zusammen, daß uns die Grundlagen unseres Weltbildes bereits in der frühen Kindheit, sozusagen als unsere «geistige Muttermilch», eingeflößt werden, zu einer Zeit, da wir noch nicht in der Lage sind, Dinge kritisch zu hinterfragen. Darum ist uns unser eigenes Weltbild zunächst einmal selbstverständlich, und ein anderes ist uns fremd. Erst wenn wir selber vom Bruch der Tradition erfaßt werden und beginnen, das Gesamt unserer Überlieferung kritisch zu betrachten, werden uns die Grundlagen unseres eigenen Weltbildes fragwürdig. Dies ist heute bei uns weitgehend der Fall. In unserer Zeit vollzieht sich ein grundlegender Wandel des Welt- und Selbsterlebens; er ist von epochaler Bedeutung. Willy Obrist hat diesen Wandel sogar als «Mutation» bezeichnet. Um klar erfassen zu können, was sich bei diesem «Mega-Wandel» ereignet, ist es nötig, wenigstens die Umrisse des archaischen sowie des zeitgemäßen Weltbildes zu skizzieren. Denn erst wenn man die beiden Weltbilder als jeweils in sich geschlossenes Ganzes vor sich sieht, kann man klar erfassen, was sich bei der Mutation des Weltbildes wirklich verändert.

Das archaische Weltbild ist grundlegend bestimmt durch die Polarität «Diesseits – Jenseits». Diesseits und Jenseits sind vielfach aufeinander bezogen. Lebende und Tote bilden im archaischen Weltbild eine Solidaritätsgemeinschaft. Ohne das Jenseits ist das Diesseits undenkbar, und ohne unser Erdendasein ist auch das Leben im Jenseits nicht vorstellbar.

Die Menschen auf Erden sorgen für die Verstorbenen, indem sie etwa deren Gräber schmücken, für sie beten, die vorgeschriebenen Opfergaben darbringen oder Totenrituale zelebrieren lassen. Damit helfen sie ihnen, die ewige Ruhe zu finden. Als Gegendienst kommen die Verstorbenen nachts nicht als «Wiedergänger» und böse Geister in Alpträumen zurück, und sie legen für die Lebenden bei den Jenseitigen ein gutes Wort ein, damit diese ihr Geschick auf Erden gnädig bestimmen. Die Ahnen im Jenseits sind im diesseitigen Leben allgegenwärtig. Beide, die

«Diesseitigen» (die Erdenbürger) und die «Jenseitigen» (die «Entschlafenen»), sind voneinander abhängig. Das archaische Weltbild ist wie eine Ellipse polar aufgebaut: Das Diesseits und das Jenseits sind seine beiden aufeinander bezogenen Pole.

Im archaischen Weltbild hat der Mensch einen «Erdenleib», welcher «irdisch» ist, «von der Erde genommen». Dieser irdische Leib ist sterblich. Er liegt nach dem Tode «entseelt» da, wird wieder zur Erde, von der er genommen. Der Mensch hat im archaischen Verständnis des Lebens nicht nur einen sterblichen Leib, sondern darüber hinaus auch noch eine unsterbliche Seele. Diese wird als etwas mehr oder weniger Immaterielles oder Geistiges vorgestellt; sie ist fähig, nach dem Tode des Erdenleibes diesem zu entschlüpfen und ins Jenseits zu den Ahnen hinüberzuwechseln. Mit seinem sterblichen Leib und seiner unsterblichen Seele ist der Mensch Bürger zweier Welten, des Diesseits sowie des Jenseits. Dieses polare Grundschema ist sämtlichen archaischen Weltbildern gemeinsam. Es handelt sich dabei um eine Vorstellung, die nach W. Obrist zur ersten Phase der Bewußtseinsevolution gehört. Es gibt kein altes Volk, das diesen Glauben nicht gehabt hätte. Offensichtlich kann der Mensch auf dieser Stufe seiner geistigen Entwicklung gar nicht anders, als sich das Leben innerhalb der Grundkategorien von Diesseits und Jenseits vorzustellen.

Der Zählebigkeit der Weltbilder ist es zuzuschreiben, daß das archaische Weltbild heute zwar in vielen Punkten durchlöchert ist, daß aber trotzdem viele Menschen in gewissen Bereichen noch archaisch denken, auch wenn sie im Alltag die modernen Mittel der Technik sehr wohl zu verwenden wissen. So glauben etwa heute noch rund 20 Prozent aller Nordeuropäer, daß es wirklich einen «leibhaftigen» Teufel als eigenständiges personhaftes Wesen gebe, das den Lauf der Welt negativ beeinflussen könne – unter den Briten sind es 30 Prozent und unter den deutschen protestantischen Pastoren sogar über 40 Prozent (das Hochschulstudium hat offensichtlich in dieser Beziehung nicht viel genützt).

Der gegenwärtig sich vollziehende Wandel des Weltbildes, ein Paradigmenwechsel, ist von derart grundlegender Art, daß es nicht nur Jahrzehnte, sondern Jahrhunderte braucht, bis alle

Bevölkerungsschichten bei uns und schließlich alle Völker weltweit diesen Wandel des Bewußtseins – der bewußten Interpretation von Gott, Welt und Mensch – innerlich und persönlich wirklich nachvollzogen haben werden. Dieser Wandel läßt sich schematisch wie folgt darstellen:

Abbildung 1 versucht anschaulich zu machen, in was für einem orientierungslosen Zustand hinsichtlich der Weltbilder sich die Bevölkerung des Abendlandes zur Zeit befindet (mit der weltweiten Ausbreitung der Technik wird dieses Phänomen zunehmend globalisiert):

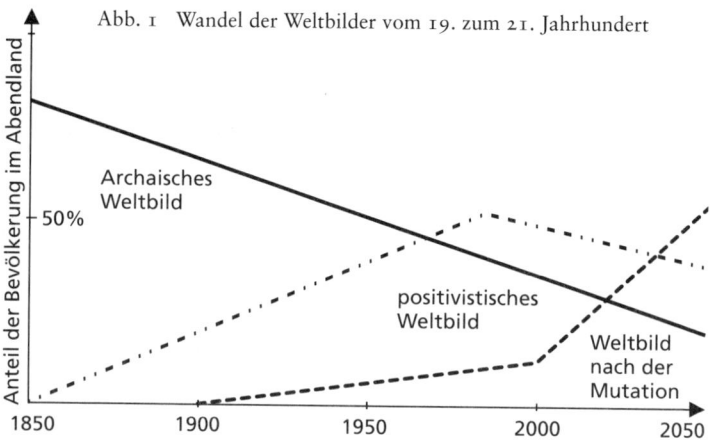

Abb. 1   Wandel der Weltbilder vom 19. zum 21. Jahrhundert

Ein Teil – der bei uns stark im Schwinden begriffen ist – denkt noch in den Kategorien des archaischen Weltbildes. Diese «Archaiker» verstehen sich entweder als traditionelle Christen oder als – aus der christlichen Perspektive gesehen – sogenannte «Neuheiden»: als Druiden, Angehörige der Wiccabewegung, Asatruar, als Rabenclan und wie sie alle heißen.

Im Gegensatz zu ihnen stehen die sogenannten «Positivisten», welche einem «aufgeklärten» materialistischen Weltbild huldigen; sie haben sich in der Opposition zum archaischen Weltbild und dessen «Aberglauben» zusammengefunden. Die materialistische Auffassung des Positivismus ist wegen ihrer Seelenlosigkeit bereits wieder im Abnehmen begriffen. Die Blütezeit des Positivismus war die erste Hälfte unseres Jahrhunderts; sie dauerte etwa bis zum Aufkommen der New-Age-Bewegung und der Esoterik in den siebziger Jahren, welche den Positivismus langsam abgelöst haben. Der Positivismus war eine Übergangserscheinung. Seine bleibende Leistung war der Nachweis der Unzulänglichkeit des archaischen Weltbildes.

Die Vertreter einer «zeitgemäßen Religiosität» bilden erst eine Minderheit mit noch wenig Einfluß auf das öffentliche Leben.

Dieser an sich schon verwirrende und sehr komplexe Sachverhalt wird dadurch noch komplizierter, daß viele Menschen unbewußt die drei verschiedenen Weltbilder miteinander vermischen. Sie leben in «Schubladen»: An ihrem technischen Arbeitsplatz denken sie zum Beispiel positivistisch und wollen mit Religion nichts zu tun haben. Vielleicht aber gehören sie gleichwohl einer religiösen Gemeinschaft an, in welcher noch archaisch gedacht wird. Daneben haben sie eventuell auch Bruchstücke einer zeitgemäßen Anschauung von Religiosität aufgenommen, so etwa die symbolische Auffassung der jungfräulichen Geburt des Gottessohnes. Dieses uneinheitliche Denken führt zu einer Verunsicherung.

Die gegenwärtige Orientierungslosigkeit vieler Menschen hinsichtlich des Weltbildes ist historisch einmalig; einen derart tiefreichenden Bruch in der Tradition hat die Menschheit noch nie erlebt. Der Bruch ist irreversibel.

Die Grundlage des archaischen Weltbildes ist – wie gesagt – die Polarität von Diesseits und Jenseits. So groß im Detail die Unterschiede zwischen den einzelnen Varianten des archaischen Welt-, Menschen- und Gottesbildes auch sein mögen – eines ist ihnen allen gemeinsam: Es gibt nicht nur dieses alltägliche und gewöhnliche Leben «hier unten» (das Diesseits), das wir mit unseren fünf Sinnen erfassen können; sondern darüber hinaus gibt es auch noch das Jenseits, etwas Unerklärliches, Rätselvolles, Geheimnisumwobenes, Staunen Hervorrufendes, oft Schauerliches und Beseligendes zugleich, etwas völlig Irrationales, das unser Begreifen übersteigt und uns sowohl tödlich ängstigen wie auch beseligen und überglücklich machen kann. Von diesem Jenseits hängt das alltägliche und gewöhnliche Leben im archaischen Weltbild weitgehend ab. Das Jenseits wird als räumliches Jenseits vorgestellt, das überall und jederzeit ins gewöhnliche Leben einbrechen kann. Es ist für die alten Völker etwas zwar Verborgenes, hinter einem Schleier (lateinisch: velum) Verhülltes, irgendwie aber doch auch latent Gegenwärtiges. Je weniger die Evolution des menschlichen Bewußtseins fortgeschritten ist, um so leichter kann das Jenseits ins Diesseits einfallen, der Schleier (velum) vor dem Jenseits zurückgezogen werden. Dann hat der mit diesem «Gesicht von drüben» Begnadete eine Offenbarung, eine Revelatio (wörtlich: ein Beiseite-Schieben des Schleiers vor dem Jenseits). Offenbarungen und Enthüllungen des Jenseits waren im archaischen Weltbild prinzipiell jederzeit möglich, nämlich immer dann, wenn es den Jenseitigen gefiel, sich zu offenbaren. Das Jenseits lag in früharchaischer Zeit noch nahe beim Diesseits, und den Grenzverkehr zwischen beiden Bereichen erlebte man als rege (darin spiegelt sich die große Nähe des archaischen Menschen zur Natur, zu seinem Unbewußten).

1. Das früharchaische Weltbild

In früharchaischer Zeit konnten religiös begabte Menschen noch allenthalben dem Jenseits begegnen, etwa bei einem Felsen nahe der eigenen Siedlung, der sich ihnen in einer Offenbarung plötzlich als Eingang ins Totenreich entpuppte, oder beim Schafehüten in der Steppe, wo aus einem Dornbusch in der Wüste heiliges Feuer schlug (2. Mose 3,1 ff.), oder in einem uralten heiligen Baum, in dessen Zweigen der Clangeist hauste und einem beim Rauschen der Zweige Weisung gab, wie etwa dem biblischen Stammvater Abraham, von dem es 1. Mose 18,1 heißt: «Und der Herr erschien ihm bei der Terebinthe Mamres.» Bei diesem seit Menschengedenken heiligen Baum im südlich gelegenen Hebron, den schon zuvor viele andere Sippschaften mit ihren eigenen Stammesgöttern als Orakelstätte benützt hatten, hatte auch Abraham seinem Gott einen Altar gebaut und sich mit seinen Zelten niedergelassen. In früharchaischer Zeit war die jenseitige Dimension potentiell noch überall gegenwärtig. Fast alles konnte – wie bei Kleinkindern, im Märchen oder in Träumen – «magisch» sprechen und dem Menschen «Zeichen von drüben» geben: Sonne, Mond und Sterne, Sturm und Wetter, Blitz und Donner, der säuselnde Wind, der rauschende Bach, Tiere, Pflanzen, Berge, Höhlen etc.

2. Vom früh- zum spätarchaischen Weltbild:
Das «Hochschieben des Himmels»

Mit der Zunahme des Wissens und Könnens sowie der allgemeinen Bewußtheit im Laufe der Jahrtausende wurde die jenseitige Dimension jedoch, freilich unmerklich langsam, immer mehr an den Rand des Lebens und der Welt geschoben. Die Welt wurde immer mehr zum entzauberten Diesseits. Das Programm dazu findet sich zum Beispiel in 1. Mose 1,28: «Machet euch die Erde untertan!», aber auch im Versuch der griechischen (vorsokratischen) Philosophen zur selben Zeit, die Entstehung der Welt nicht mehr traditionell-mythisch, sondern «aus natürlichen Ursachen» zu erklären. Als sich die jüdische und die griechisch-römische Strömung im Christentum vereinten und gegenseitig verstärkten, entstand die abendländische Kultur, welche schließlich unser heutiges technisches Zeitalter hervorbrachte, in welchem die Welt für den Menschen weitgehend zum Objekt geworden ist, das der Mensch nun ohne religiöse Scheu nach seinem Gutdünken glaubt beherrschen zu dürfen.

In spätarchaischer Zeit waren die jenseitigen Wesen längst nicht mehr im selben Maße allgegenwärtig und das ganze Leben beherrschend wie in früharchaischer Zeit; das menschliche Ich, das Bewußtsein, war inzwischen bedeutend autonomer geworden. So waren etwa die Gestirne am Himmel im spätarchaischen, offiziellen jüdisch-christlichen Glauben keine derart bestimmenden Mächte mehr, daß sie das Schicksal der Menschen noch hätten nachhaltig beeinflussen können. Wie 1. Mose 1,14–19 zeigt, waren sie zwar nicht gerade zu «physikalischen Beleuchtungskörpern» degradiert worden, wie christliche Theologen gerne behaupten, um zu beweisen, wie «unmythologisch» die Bibel sei (die Gestirne herrschten nämlich immerhin noch «über Tag und Nacht»); aber sie hatten doch viel von ihrer einstigen Macht über das Leben auf Erden eingebüßt.

Allerdings glaubten lange nicht alle Christen an den Machtverlust der Gestirne; denn selbst die frommen christlichen Kaiser ließen sich noch im 17. Jahrhundert von Hofastrologen (etwa von Tycho Brahe und Johannes Kepler) begleiten, deren hauptsächliche Aufgabe es war, dem Kaiser täglich sein Horoskop zu erstellen und ihm aufgrund desselben zu helfen, die «richtige Stern-Stunde» für sein Tun oder Lassen ausfindig zu machen. Der Glaube an die Bestimmungsmacht von Gestirnen über unser Leben hat bis in unsere Tage hinein überlebt: Viele Leute glauben heute noch an Horoskope, obwohl sie bereits im Biologie- (und vielleicht sogar Psychologie-)Unterricht in der Schule gelernt haben, was unser Leben in erster Linie prägt: Unser Erbgut und unsere unmittelbare Umgebung.

Willy Obrist nennt den Entwicklungsschritt vom früh- zum spätarchaischen Weltbild das «Hochschieben des Himmels». Der Himmel mit seinen metaphysischen Wesen rückte im spätarchaischen Stadium der Bewußtseinsevolution (als das Ich bereits eine gewisse Eigenständigkeit besaß) in immer weitere Ferne; aber das Jenseits blieb dennoch als solches bestehen.

Erst wenn die Polarität von Diesseits und Jenseits zerbrochen wird, zerbricht das archaische Weltbild wirklich. Die Polarität zwischen Diesseits und Jenseits bildet die Grundlage des früh- wie des spätarchaischen Weltbildes; auf diesem Fundament sind alle bisherigen Religionen aufgebaut worden.

Das archaische Weltbild ist zweigeteilt (siehe Abb. 2). Es besteht aus einem Diesseits und einem Jenseits, welche vielfach aufeinander bezogen sind und zusammen eine Solidaritätsgemeinschaft bilden. Das Jenseits wird im archaischen Verständnis der Welt und des Lebens zwar mit zunehmender Bewußtheit immer weiter «hinausgeschoben»; aber – und das ist das Entscheidende! – es bleibt, als Gegenpol zum Diesseits, dennoch bestehen. Erst der

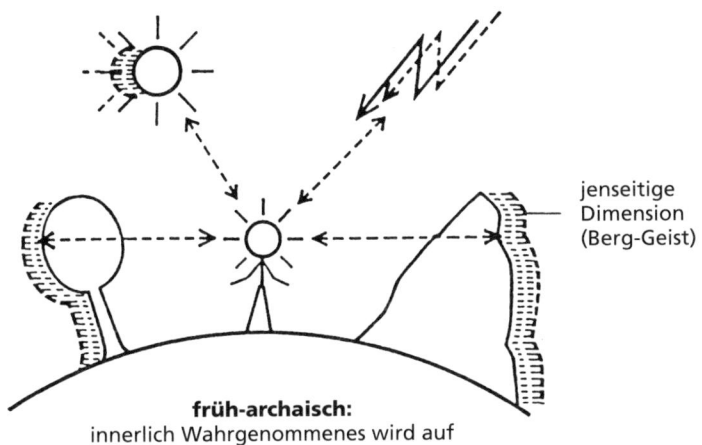

früh-archaisch:
innerlich Wahrgenommenes wird auf
sinnlich wahrnehmbare Dinge projiziert.
Diesseits und Jenseits sind noch nahe beieinander

jenseitige
Dimension
(Berg-Geist)

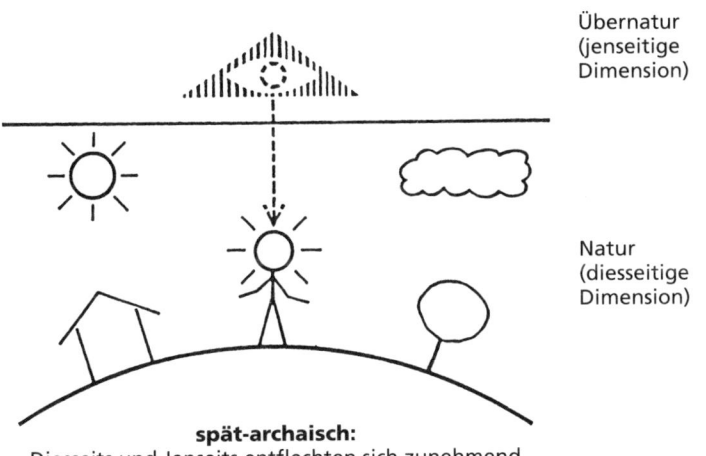

Übernatur
(jenseitige
Dimension)

Natur
(diesseitige
Dimension)

spät-archaisch:
Diesseits und Jenseits entflechten sich zunehmend

Abb. 2 Archaisches Weltverständnis (nach W. Obrist)

moderne Atheismus und Materialismus hat mit dem Positivismus ein Weltbild ohne ein Jenseits entworfen und damit das Jenseits «abgeschafft». Das Jenseits wurde nun als eine «Hypothese» bezeichnet, die ein moderner und aufgeklärter Mensch nicht mehr nötig habe.

Dank der Entdeckung des Phänomens der Projektion durch die Tiefenpsychologie erkennen wir heute, daß es sich bei der Vorstellung jenseitiger Wesen um etwas innerlich Wahrgenommenes handelt. Wir verstehen die jenseitigen Wesen heute nicht mehr als außen real existierende Wesen, sondern symbolisch als Darstellungen unbewußter Kräfte der Psyche. Dadurch wird das Jenseits «hereingeklappt» (Obrist) und in der Tiefe der menschlichen Seele angesiedelt.

Jenseitige Wesen

Die eingangs zitierten palästinensischen Araber glaubten, sehr vieles in ihrem Leben werde von jenseitigen Wesen bewirkt, zu ihrem Glück, aber ganz besonders auch zu ihrem Unglück.

Dieser Glaube, daß die jenseitigen Wesen wirksam in das Leben der Menschen, Tiere, Pflanzen und Dinge eingreifen könnten, war allen alten Religionen und Kulturen gemeinsam. Immer wurden die jenseitigen Wesen als dem gewöhnlich Sterblichen überlegen vorgestellt. Sie konnten im einzelnen als Ahnengeister, Kobolde, gute Feen, Schutzengel, Dämonen, Teufel, Göttinnen und Götter oder auch – in monotheistischen Religionen – als ein allerhöchstes Gottwesen mit seinem Hofstaat vorgestellt werden. Wenn die Jenseitigen etwas beschlossen hatten, konnte der Mensch in der Regel nichts dagegen tun. Nur ganz wenige Auserwählte konnten mit Jenseitigen kämpfen – und bisweilen sogar obsiegen, wie etwa der biblische Jakob oder der griechische Halbgott Herakles.

Nach archaischem Glauben konnte ein jenseitiges Wesen jederzeit, wann immer es ihm beliebte, auf mannigfache Weise in das Geschehen auf Erden eingreifen. Die Grenzen zwischen dem Diesseits und dem Jenseits waren eben durchlässig – und das

Leben im Jenseits im Grunde nicht viel anders als dasjenige im Diesseits.

Wenn die Jenseitigen beschlossen, daß «auf Erden» etwas zu geschehen habe, dann geschah dies auch. Die dafür zuständigen jenseitigen Gewalten konnten zum Beispiel das Wetter, die Ernte, den Verlauf eines Krieges oder einer Krankheit positiv oder negativ beeinflussen oder eine Seuche, eine Heuschreckenplage und vieles andere mehr über ein ganzes Volk hereinbrechen lassen. Außerdem konnten sie eine Zeitlang in der Gestalt eines Tieres oder Menschen unter den Erdenbürgern weilen – etwa, um diese auf die Probe zu stellen. Diese Fähigkeit zur «Inkarnation» in irdischen Geschöpfen ist in allen Religionen bezeugt.

Je weiter man in der Zeit zurückblickt, desto reger war der Pendelverkehr der jenseitigen Wesen vom Jenseits ins Diesseits und wieder zurück. In spätarchaischen Zeiten nahm dieser «Grenzverkehr» zusehends ab. Aber prinzipiell ist er innerhalb des archaischen Weltbildes jederzeit möglich. Sogar heute noch fragen Menschen in großer Not: «Warum greift Gott nicht ein ins Geschehen der Welt?» Erst der moderne Positivismus und Atheismus hat den Verkehr zwischen dem Jenseits und dem Diesseits lahmgelegt, so daß der Mensch nun existentiell auf sich selbst geworfen ist.

Opfer, Offenbarungen und Magie – dreifache Lebenshilfe

Als der Mensch noch nicht über unsere modernen technischen, medizinischen, sozialen und psychologischen Hilfsmittel zur Bewältigung des Lebens verfügte, war er Schicksalsschlägen in weit höherem Maße als wir heute ausgeliefert. Aber er fühlte sich deswegen nicht verloren. Er wußte sich nämlich dreifach zu helfen: mit Opfern, mit der Vorbereitung auf den Empfang von Offenbarungen und mit seiner geheimen Wissenschaft, der Magie. Er verwendete viel Zeit und Energie darauf, sich das Wohlwollen der Jenseitigen zu sichern, deren Willen zu erkunden und auf den Verlauf der Dinge Einfluß zu nehmen. Das Wohlwollen der Jenseitigen versuchte er durch Opfer zu gewinnen, Einblicke in den Willen der Jenseitigen versuchte er durch Offenbarungen zu erhalten, und den Gang der Ereignisse versuchte er durch magische Praktiken für sich positiv zu beeinflussen.

1. Opfer

wurden bereits in der Altsteinzeit dargebracht. Da man sich die jenseitigen Wesen menschenähnlich vorstellte, lag es nahe, ihnen Geschenke darzubringen, um sie bei guter Laune zu halten. In der hebräischen Bibel verlangt Jahwe zwei Mal täglich ein Opfer, eines während der Morgendämmerung und das andere am Abend; ähnliche Opfervorschriften bestanden in allen Religionen. Vom lebhaften archaischen Tieropferbetrieb an allen Tempeln kann sich der heutige Mensch kaum mehr ein Bild machen. Um die jenseitigen Wesen besonders gnädig zu stimmen, wurde ihnen sogar das Kostbarste geopfert, das man besaß: Menschen, einschließlich der eigenen gesunden Kinder (in der biblischen Geschichte von Abraham und Isaak in 1. Mose 22 spiegelt sich die Abschaffung der Kinderopfer). Götter, die mit Blut gnädig gestimmt werden können, sind für unser Erleben heute fremd geworden. Wir haben heute ein zivilisierteres Gottesbild. Wir dürfen aber nicht vergessen, daß unser heutiges vergeistigtes Gottesbild eine relativ junge Errungenschaft der Menschheit ist. Das christliche «unblutige» Opfer der Messe erhebt sich über Meeren von Blut, aus denen die Götter freudig tranken.

2. Offenbarungen

erhielt man zunächst durch genaue Beachtung der «Zeichen von drüben» – das lateinische Wort «religio» bedeutet etymologisch: «Sorgfältig auf Zeichen von drüben achten». So beachtete man etwa mit großer Aufmerksamkeit, wie bestimmte Vögel flogen, wie die Sterne standen, wie die Wolken sich bildeten, wie die Leber eines Opfertieres beschaffen war, wie die heiligen Knöchelchen beim Orakel fielen, was für Tiere einem am frühen Morgen zuerst über den Weg liefen, was das Abendrot anzeigte etc.

Zu solchen «Zeichen von drüben» in Altisrael äußert sich der Alttestamentler A. Dulles wie folgt:

«Angesichts von Entscheidungen betreffs Kriegen, Bündnissen und innerpolitischen Angelegenheiten pflegten die israelitischen Führer Jahwe zu befragen; in der Praxis hieß dies, von den Priestern orakelhafte Aussagen zu bekommen. Normalerweise zog der Priester eine Art Umhang an, ‹Ephod› genannt, und gebrauchte geheimnisvolle Instrumente, ‹Urim› und ‹Tummim›, vielleicht kleine Stöcke oder Steine, die so gekennzeichnet waren, daß sie zustimmende oder ablehnende Antworten anzeigen konnten (vgl. 2. Mose 28,30 und 1. Samuel 30,7–8)» (L 2).

Menschen, welche dazu erwählt wurden, Zeichen zu deuten, wurden durch eine spirituelle Schulung speziell dafür ausgebildet – oft waren diese «Zeichendeuter» in der vorpatriarchalen Zeit Frauen, etwa die bekannten Sibyllen. Solche intuitiv Begabte wurden von den übernatürlichen Wesen in deren Pläne eingeweiht. Die «Seher und Propheten» waren in archaischen Zeiten für das Leben und Überleben einer Gemeinschaft sehr wichtig. Sie empfingen die göttlichen «Offenbarungen», die Weisungen von drüben.

Neben den «Zeichen» gab es auch direkte Offenbarungen, die dem Menschen einen unmittelbaren Einblick in den Ratschluß der Jenseitigen verschafften. Dieser wurde etwa in Großen Träumen und Visionen vermittelt, aber auch in Erlebnissen innerer Klarheit und Erleuchtung, die zu «heiligen Überzeugungen» führten, von denen sich ein archaisch empfindender Mensch unter keinen Umständen abbringen ließ. Solche unmittelbaren göttlichen Eingebungen beeinflußten das Leben der archaischen Kulturen in hohem Maße. Weil man Visionen und Träume noch konkretistisch auffaßte und wortwörtlich deutete, dachte man, die Seele verlasse in solchen erhabenen Augenblicken den Leib und es werde ihr vergönnt, hinter den Schleier vor dem Jenseits «schauen» zu dürfen. Dieser Blick hinter den Schleier war kein gewöhnliches «Sehen mit den Augen des Leibes», sondern ein «Schauen», ein «Sehen mit den

Augen der Seele». «Sehen» war etwas Profanes, Weltliches, Sinnliches; «Schauen» aber war etwas Geheimnisvolles, Mysteriöses, Geistiges und verschaffte den Menschen einen Einblick in die jenseitige Welt. Weil der archaische Mensch diese Mitteilungen von drüben sehr ernst nahm, blieb seine Kultur stets im Kontakt mit seinem Unbewußten und der tieferen Menschennatur. Die archaische Kultur war deswegen noch nicht kopflastig und noch nicht vom Seelengrund abgespalten. Sie war natürlicher und naturnäher.

3. Magie

gab dem archaischen Menschen eine weitere Sicherheit im Leben; denn damit vermochte er sein Leben und seine Welt so zu regeln, daß sie nicht aus den Fugen gerieten (wozu sie nach seiner Ansicht stets tendierten). Die Magie war der imponierende vorwissenschaftliche Versuch, den Verlauf der Dinge «in den Griff» zu bekommen und willentlich beeinflussen zu können. Der Magier «wußte, wie». Er besaß das Know-how zur Beeinflussung des Laufs der Dinge. Magie hängt mit «machen» zusammen; der Magier konnte etwas «machen», mit Hilfe seiner Rituale etwas «bewirken». Er war im Grunde genommen der erste «Macher». Mit Hilfe ausgeklügelter magischer Praktiken und Rituale konnte er nach seiner Ansicht auf zahlreiche Geschehnisse Einfluß nehmen: Er verstand es, die für ihn positiven Lebenskräfte herbeizuführen, also etwa Regen zu machen, den Verlauf eines Krieges zu seinem Vorteil zu verändern, das Wachsen der Pflanzen zu fördern, die Unfruchtbarkeit einer Ehe zu bannen, Krankheiten und allerlei Schädlinge abzuwehren, den Aufenthalt der Toten im Jenseits angenehmer zu machen, die Sonne am kürzesten Tag zu bewegen, künftig wieder länger zu scheinen, etc.

Man könnte unsere heutige Technik als eine moderne Spielart der uralten Magie bezeichnen. Der Magie wie der Technik ist gemeinsam, daß beide versuchen, das Leben «in den Griff» zu bekommen. Der Unterschied zwischen beiden liegt darin, daß die moderne Technik – dank den inzwischen erworbenen naturwissenschaftlichen Kenntnissen – die in der Welt wirklich herrschenden Gesetzmäßigkeiten besser zu berücksichtigen weiß als die Magie der Steinzeit, und darum ist die moderne Technik auch ungleich erfolgreicher als diese. «Macher» aber sind sie alle beide, die uralten wie die topmodernen Magier, indem sie versuchen, den Verlauf der Dinge nach ihrem Willen zu «managen».

Willy Obrist (L 21, S. 24) zitiert ein eindrückliches Beispiel eines magischen Ritus bei einem Jägervolk im Inneren Afrikas, das der Völkerkundler Leo Frobenius im Jahre 1905 erlebt hat:

«Frobenius äußerte den vier Pygmäen gegenüber, die mit ihm herumzogen, den Wunsch nach einer Gazelle. Sie erklärten ihm, sie könnten am gleichen Tage keine mehr erlegen, da sie keine Vorbereitungen getroffen hätten. Sie sagten es ihm aber für den folgenden Tag zu. Prüfend gingen sie dann lange im Gelände umher und schienen schließlich auf einem Hügel das Richtige gefunden zu haben. Im Morgengrauen des folgenden Tages suchten sie die auserwählte Stelle auf, rupften einen kleinen Platz frei und strichen ihn glatt. Dann zeichnete einer mit dem Finger ein ca. 80 cm großes Bild einer Antilope in den Sand. Währenddessen murmelten alle vier Männer unverständliche Formeln vor sich hin. Als sich dann die Sonne am Horizont erhob, spannte einer den Bogen, und als die Strahlen der Sonne auf die Zeichnung fielen, da war es Zeit: Er schoß den Pfeil in den Hals der gezeichneten Antilope. Dann sprangen die Männer sogleich mit ihren Waffen in den Busch; am Nachmittag kehrten sie mit einer erlegten Antilope zurück, die durch einen Pfeilschuß in die Halsschlagader getroffen worden war.»

Man gewinnt den Eindruck, daß die magischen Vorbereitungen für die Antilopenjagd mindestens so wichtig gewesen waren wie die Jagd selber.

Magische Handlungen in der katholischen Kirche

Magische Handlungen sind auch sämtliche von geweihten Priestern vollzogenen Rituale der katholischen Kirche, wie etwa die Wandlung in der Messe oder der Exorzismus (Austreibung von bösen Dämonen). Die von geweihten Priestern gespendeten Sakramente der katholischen Kirche «machen» – nach katholischer Lehre – das vor bald 2000 Jahren in Jesus Christus geschehene Heil heute wieder «realpräsent». Durch den korrekten Vollzug der heiligen Riten wird dies «bewirkt».

Wenn die Kirche mit ihren Sakramenten nicht wäre, wäre das ganze Heilsgeschehen von Abraham bis Christus umsonst gewesen. Die Kirche kann aber das einstige Heilsgeschehen heute in ihren Sakramenten vergegenwärtigen. Weil nur der Priester dies kraft seiner Priesterweihe vermag, gibt es verständlicherweise außerhalb der katholischen Kirche auch keine potente Heilsvergegenwärtigung: «Extra ecclesiam nulla salus.» Die römisch-katholische Kirche erweist sich damit als das eigentliche Sakrament, das Heilszeichen Gottes für die Welt, dank dem der transzendente Gott im Diesseits «realpräsent» anwesend sein kann. Religionsdiener nichtkatholischer Glaubensgemeinschaften reden auch vom Heil; aber wirksam vergegenwärtigen kann das göttliche Heil nur der ordentlich geweihte Priester der katholischen Kirche; nur dieser hat die dazu nötige magische Kraft, die bei seiner Weihe vom Bischof auf ihn herabfloß.

In der *Priesterweihe* erhalten die zu Weihenden durch die Handauflegung des in der Apostolischen Sukzession stehenden Bischofs jene magische Wirkkraft, dank der sie die sieben Sakramente der katholischen Kirche potent und mit Vollmacht spenden können. Sie vermögen so zum Beispiel durch die Taufe mit geweihtem Wasser mittels eines kleinen Exorzismus die Macht Satans zu brechen, damit der Getaufte nicht in die Hölle kommt; bei der Beichte können sie Sünden vergeben und dadurch das Fegefeuer verkürzen, und in der Feier der Eucharistie sind sie dank ihrer Wandlungspotenz in der Lage, gewöhnliches Brot und gewöhnlichen Wein in den heilsträchtigen Leib und das erlösende Blut Christi zu «wandeln» (das ist die Kraft zur «Transsubstantiation», der Verwandlung der materiellen Substanzen «Brot» und «Wein» in die geistlichen Substanzen «Leib Christi» und «Blut Christi»). Das wirkmächtige, gewöhnliches Brot wandelnde Wort auf dem Höhepunkt der Messe: «Hoc est corpus» ist nach katholischer Lehre kein «Hokuspokus», wie bisweilen sogar katholische Laientheologen wütend ausrufen, sondern eine mit magischer Wandlungskraft geladene heilige Formel. Die «rite» vollzogene Priesterweihe macht's eben aus.

Das sind Relikte des archaischen Weltbildes inmitten unseres hochtechnisierten Jahrhunderts. Kein Wunder, daß die Sakramentenfrömmigkeit in der katholischen Kirche rapide abnimmt. Damit aber gerät die katholische Kirche als Ganze arg ins Wanken; denn sie steht und fällt mit der «richtig» vollzogenen Priesterweihe.

Zu diesen magischen Handlungen gehört auch der Exorzismus, die Teufelsaustreibung, welche mit magischen Formeln vollzogen wird (die katholische Kirche nennt diese zwar nicht «Formeln», sondern «Formulare», um den Eindruck abzuwehren, es handle sich dabei um Magie). Seit jeher hatten sich die Christen gerühmt, die erfolgreichsten Exorzisten zu sein, wie die altchristliche Literatur mannigfach bezeugt: Noch zur Zeit Tertullians (150–225 n. Chr.) konnten sich alle Christen, Laien und Priester gleichermaßen, als Exorzisten betätigen und, nach dem Vorbild der Apostel, Teufel und Dämonen im Namen Jesu Christi austreiben. Bald darauf aber (wohl um 250 n. Chr.) wurden von der Kirche nach und nach Exorzismus-Spezialisten eingeführt; von da an durfte der Exorzismus nur noch von ernannten Exorzisten und nur nach genau vorgeschriebenen Ritualen vollzogen werden. Die heutigen Exorzismen werden immer noch nach dem 1614 erschienenen «Rituale Romanum» vollzogen, mit welchem im 17. Jahrhundert das damals üppig blühende Exorzistenunwesen in kontrollierte Bahnen zu lenken versucht wurde. Das «Rituale Romanum» wurde 1952, kaum verändert, neu herausgegeben. Die beiden folgenden Exorzismustexte können von jedem Priester gesprochen werden und werden dadurch «wirksam». Auch die «richtige» Präparation des Taufwassers ist eine immer noch vorgeschriebene priesterliche Amtshandlung. Die Texte stammen aus dem «Rituale Romanum».

1. Exorzismus gegen schädliche Tiere:
«Ich beschwöre euch, ihr schädlichen Mäuse (Heuschrecken, Würmer oder andere Tiere), durch Gott, den allmächtigen Vater, durch Jesus Christus, seinen einzigen Sohn, durch den Heiligen Geist, der von beiden ausgeht, daß ihr sofort weichet von unseren Feldern und Äckern, nicht weiterhin in ihnen hauset, sondern zu

den Orten hinüberwechselt, wo ihr niemandem schaden könnt. Anstelle des allmächtigen Gottes und des ganzen himmlischen Hofstaates und der heiligen Kirche Gottes verfluche ich euch, daß, wohin ihr auch lauft, ihr verflucht seid und abnehmt von Tag zu Tag und weniger werdet, bis keine Reste von euch mehr irgendwo gefunden werden, außer ihr seid zum Heile und Nutzen des Menschen nötig. Das gewähre gnädig, der kommen wird zu richten die Lebenden und die Toten und die Welt durch Feuer.»

2. Mittlerer Exorzismus:
«Ich beschwöre dich, alte Schlange, bei dem Richter über Lebende und Tote, bei deinem Schöpfer, bei dem Schöpfer der Welt, bei ihm, der Macht hat, dich in die Hölle zu schicken, daß du von diesem Diener Gottes N., der in den Schoß der Kirche zurückkehrt, voller Furcht mitsamt dem Heer deines Schreckens eilends weichest. Ich beschwöre dich noch einmal + (der Exorzist macht ein Kreuzzeichen auf die Stirn des Besessenen), nicht durch meine Schwachheit, sondern durch die Kraft des Heiligen Geistes, daß du aus diesem Diener Gottes N., den der allmächtige Gott sich zu seinem Bilde geschaffen hat, ausziehest. Weiche also, weiche nicht mir, sondern dem Diener Christi. Es bedrängt dich nämlich die Macht dessen, der dich seinem Kreuz unterjocht hat. Vor seinem Arm erzittere, der das Toben der Unterwelt besiegt und die Seelen zum Licht geführt. Schrecklich sei dir der menschliche Leib + (Kreuzzeichen auf die Brust), fürchterlich das Bild Gottes + (Kreuzzeichen auf die Stirn). Widerstehe nicht, zögere nicht, diesen Menschen zu verlassen, denn es gefiel Christus, im Menschen zu wohnen. Glaube nicht, du könntest dich widersetzen. Es befiehlt dir Gott. + Es befiehlt dir die Majestät Christi. + Es befiehlt dir Gott, der Vater, + es befiehlt dir Gott, der Sohn, + es befiehlt dir Gott, der Heilige Geist. + Es befiehlt dir das Sakrament des Kreuzes. + Es befiehlt dir der Glaube der heiligen Apostel Petrus und Paulus und der übrigen Heiligen. + Es befiehlt dir das Blut der Märtyrer. + Es befiehlt dir ... Mache Platz, du grauenhaftester, mache Christus Platz, der dich enteignete, der dein Reich zerstörte, der dich besiegte und fesselte und deinen Besitz verheerte, der dich in die äußerste Finsternis warf ... Je zögernder du ausfährst,

um so härter wird deine Strafe sein; du widersetzt dich ja nicht Menschen, sondern ihm, der Lebende und + Tote beherrscht, der kommen wird, zu richten die Lebenden und die Toten und die Welt durch Feuer. Amen.»

Pressestimmen zu einem konkreten Fall von Exorzismus
Mitte Januar 1997 machte das Thema «Exorzismus» in der Schweizer Tagespresse Schlagzeilen. Das «St. Galler Tagblatt» brachte in seiner Nummer vom 18. Januar auf der Titelseite folgenden Text:
   Katholische Priester in H.: Teufel weiche!
   «Ich beschwöre dich, alte Schlange, ... daß du voller Furcht mitsamt dem Heer deines Schreckens eilends weichest ... Mache Platz, du Grauenhaftester, mache Christus Platz, der dein Reich zerstörte ... und dich in die äußerste Finsternis warf!»
   Mit solchen Worten glauben in H. Pfarrer B. und Vikar R. heilen zu können.
   Auf der nächsten Seite: «Aktualität» folgte ein Artikel des Theologen Herbert Haag:
   «Exorzismus, ein gräßlicher Aberglaube – katholische Priester als Teufelsaustreiber.»
   Diese Tagespresse-Texte zeigen, daß wir heute den Zusammenbruch des archaischen Weltbildes miterleben. Der Glaube an die magische Wirkung heiliger Riten ist massiv im Schwinden begriffen; damit aber ist auch das Weihepriestertum mitsamt der dazugehörigen Amtskirche grundsätzlich in Frage gestellt. Es ist aber nicht zwingend, daß die Kirchen zusammen mit dem archaischen Weltbild untergehen müssen; denn die Religiosität an sich ist nicht an das archaische Weltbild gebunden (s. u. S. 137 ff.).
   Die heutige römisch-katholische Kirche verwirft aber eine nicht-archaische Interpretation des christlichen Glaubens (s. u. S. 79 ff.).

Zerfall des archaischen Weltbildes im Abendland

Drei Kränkungen

Sigmund Freud, der Begründer der modernen Tiefenpsychologie, hat in seiner *Einführung in die Psychoanalyse* von zwei großen Kränkungen der Menschheit im Verlaufe der Entwicklung der modernen Wissenschaften gesprochen – denen er selber nun noch eine dritte, die empfindlichste, hinzuzufügen gedenke. Mit den drei Kränkungen sprach Freud die Erschütterung des archaischen Weltbildes durch die modernen Naturwissenschaften an. Weil das archaische Weltbild vorwiegend durch die Kirche konserviert wurde und sich die Kirche von Anfang an vehement gegen die neuen Entdeckungen der Naturwissenschaften gesträubt hatte, bedeutete der Siegeszug von Wissenschaft und Technik über die alte Weltsicht zugleich eine Erschütterung der traditionellen religiösen Institutionen sowie der Religion überhaupt.

Die Entwicklung der modernen Wissenschaften richtet sich aber im Grunde nicht – wie wir leider erst heute klar erkennen können – gegen die Religiosität an sich, wohl aber gegen die Vorstellungen des archaischen Weltbildes, an dem die religiösen Institutionen festhielten, weil sie meinten, der Glaube könne nur innerhalb dieses Weltbildes ausgedrückt werden – ein folgenschwerer Irrtum.

Hier das Zitat von Sigmund Freud:

«Zwei große Kränkungen ihrer naiven Eigenliebe hat die Menschheit im Laufe der Zeiten von der Wissenschaft erdulden müssen. Die erste, als sie erfuhr, daß unsere Erde nicht der Mittelpunkt des Weltalls ist, sondern ein winziges Teilchen eines in seiner Größe kaum vorstellbaren Weltsystems. Sie knüpft sich für uns an den Namen

Kopernikus, obwohl schon die alte alexandrinische Wissenschaft ähnliches verkündet hatte. Die zweite dann, als die biologische Forschung das angebliche Schöpfungsvorrecht des Menschen zunichte machte, ihn auf die Abstammung aus dem Tierreich und die Unvertilgbarkeit seiner animalischen Natur verwies. Diese Umwertung hat sich in unseren Tagen unter dem Einfluß von Charles Darwin, Wallace und ihren Vorgängern nicht ohne das heftigste Sträuben der Zeitgenossen vollzogen. Die dritte und empfindlichste Kränkung aber soll die menschliche Größensucht durch die heutige psychologische Forschung erfahren, welche dem Ich nachweisen will, daß es nicht einmal Herr ist im eigenen Hause, sondern auf kärgliche Nachrichten angewiesen bleibt von dem, was unbewußt in seinem Seelenleben vorgeht.» (L 4, Bd. 11, S. 294 f.)

Da diese drei Kränkungen hier mit den Namen von Kopernikus, Darwin und Freud verbunden sind, möchte ich den Zerfall des archaischen Weltbildes anhand der neuen Ideen dieser drei modernen Forscher und Denker skizzieren.

1. Nikolaus Kopernikus (1473–1543) – Verlust der Mitte

«Seit Kopernikus rollt der Mensch aus dem Zentrum», ist in Friedrich Nietzsches Nachlaß (1885/86) zu lesen. Nach Nietzsches Ansicht sind die Entdeckungen des Kopernikus der Beginn einer gewaltigen Erschütterung der abendländischen Menschheit, durch welche dem archaischen Weltbild der Boden unter den Füßen entzogen wurde. In seiner *Genealogie der Moral* (1887) schreibt Nietzsche:

«Ist nicht gerade die Selbstverkleinerung des Menschen, sein Wille zur Selbstverkleinerung, seit Kopernikus in einem unaufhaltsamen Fortschritte? Ach, der Glaube an seine Würde, Einzigkeit, Unersetzlichkeit in der Rangabfolge der Wesen ist dahin, – er ist Tier geworden, Tier, ohne Gleichnis, Abzug und Vorbehalt, er, der in seinem früheren Glauben beinahe Gott (‹Kind Gottes›, ‹Gottmensch›) war ... Seit Kopernikus scheint der Mensch auf eine schiefe Ebene geraten, – er rollt immer schneller nunmehr aus dem Mittelpunkte weg – wohin? ins Nichts? ins ‹durchbohrende Gefühl seines Nichts›? ... Alle Wissenschaft (und keineswegs nur die Astronomie) ... ist heute darauf aus, dem Menschen seine bisherige

33

Achtung vor sich auszureden, wie als ob dieselbe nichts als ein bizarrer Eigendünkel gewesen sei.»

Nun war Kopernikus ein frommer Domherr, der alles andere beabsichtigte, als die Menschen in ihrem Glauben an Gott zu erschüttern. Er veröffentlichte das Ergebnis seiner Entdeckungen gleichwohl erst kurz vor seinem Tode (1543), weil er ahnte, welche Erschütterungen sein Werk hervorrufen könnte. Seine Schrift: «Über die Kreisbewegungen der Himmelskörper» wurde – zwar erst nach längerem Zögern – 1616 denn auch vom Heiligen Offizium in Rom auf den «Index der verbotenen Bücher» gesetzt (das Heilige Offizium in Rom nennt sich heute «Glaubenskongregation»; es war einst die oberste Inquisitionsbehörde der katholischen Kirche).

Die Entdeckungen des Kopernikus – der übrigens die heliozentrische Idee des griechischen Astronomen Aristarchos von Samos (310–230 v. Chr.) aufgriff und mathematisch weiterführte – stimmten weder mit dem altorientalisch-biblischen noch mit dem damals allgemein akzeptierten Weltbild des ägyptischen Astronomen Claudius Ptolemäus (85–160 n. Chr.) überein, wonach die Erde rund und der Mittelpunkt der Welt sei (Abb. 3).

Sowohl das altorientalisch-biblische wie auch das ptolemäische Weltbild, die beide die Erde im Zentrum des Universums sahen, gaben dem Menschen Sicherheit und Geborgenheit. Der Mensch stand darin im Mittelpunkt der Aufmerksamkeit des Schöpfers des Alls, geborgen wie ein Fötus im Uterus. Für Freud war dieses Weltbild ein Ausdruck von «naiver Eigenliebe und Größensucht». Wir müssen heute zur Kenntnis nehmen, daß sowohl das biblisch-altorientalische wie auch das ptolemäische Weltbild Ausdruck des menschlichen Bedürfnisses nach Schutz und Geborgenheit im Leben waren. Beide Weltbilder sind heute naturwissenschaftlich unkorrekt. Sie beruhen weitgehend auf Projektionen.

Damals meinte der Mensch, er lebe im Zentrum des Weltalls. Die heutige Evolutionslehre kann dem nicht mehr zustimmen; der Mensch ist für das Universum bedeutungslos geworden. Wenn wir heute Geborgenheit erfahren wollen, müssen wir diese andernorts als im Aufbau des Universums suchen, nämlich im Kontakt zu unserem eigenen Seelengrund und in der Beziehung zu unseren Mitmenschen und der Natur, den Tieren und Pflanzen.

Zwar vermochte auch noch das kopernikanische Weltbild mit seinen Sphären und dem Fixsternhimmel darüber, über oder hinter dem die Behausungen der himmlischen Heerscharen plaziert wurden, dem Menschen das erhebende Gefühl zu vermitteln, wenigstens ein wichtiger Teil einer wunderbar und harmonisch funktionierenden Schöpfung zu sein: Man stand zwar nicht mehr ganz im Mittelpunkt des Alls, fiel aber doch auch nicht aus dem haltgebenden Rahmen der Sphären heraus.

Das kopernikanische Weltbild ermöglichte dank seiner Geschlossenheit und den kristallinen Sphären (griechisch «Sphaira» = Kugel) die Vorstellung einer wunderbaren Sphärensymphonie – über welche heute zwar noch esoterisch spekuliert, aber nicht mehr sachlich begründet gesprochen werden kann.

Johannes Kepler (1571–1630) etwa war begeistert vom heliozentrischen (Helios = Sonne, Sonnengott) Weltbild des Kopernikus und wollte den Nachweis erbringen, daß das All insgesamt eine wunderbare «Sphärenharmonie» erzeuge. Er errechnete, daß jede Planetensphäre über eine bestimmte «Stimme» verfüge – Baß, Tenor, Contra-Alt usw.; zusammen ergäben sie eine Symphonie zum Lobpreis des Schöpfers.

Man kann diese Lehre Keplers als Versuch einer sinngemäßen Angleichung des 150. Psalmes an den Stand der damaligen Astronomie bezeichnen: «Alles, was Odem hat, lobe den Herrn!» Johannes Kepler war der Überzeugung, mit seinen astronomischen Theorien Gott zu ehren.

Zu einem eigentlichen Bruch zwischen der Kirche und den Naturwissenschaften, zwischen «Wissen» und «Glauben», kam es erst durch Giordano Bruno (1548–1600) und Galileo Galilei (1564–1642). Galileo Galilei vermochte mit Hilfe seines selbstgebauten Fernrohres das heliozentrische Weltbild des Kopernikus zu bestätigen. Dies zwang das Heilige Römische Offizium, Galilei (der unter dem hohen Klerus wohlwollende Freunde besaß) 1633 den Prozeß zu machen; denn die Inqui-

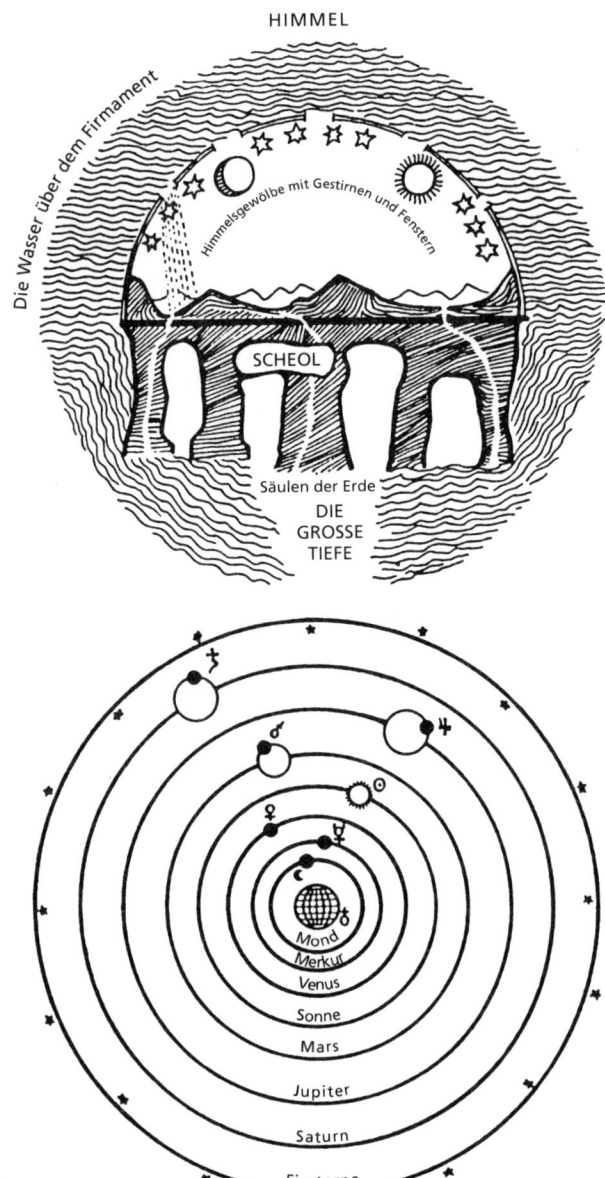

HIMMEL

Die Wasser über dem Firmament

Himmelsgewölbe mit Gestirnen und Fenstern

SCHEOL

Säulen der Erde

DIE
GROSSE
TIEFE

Mond
Merkur
Venus
Sonne
Mars
Jupiter
Saturn
Fixsterne

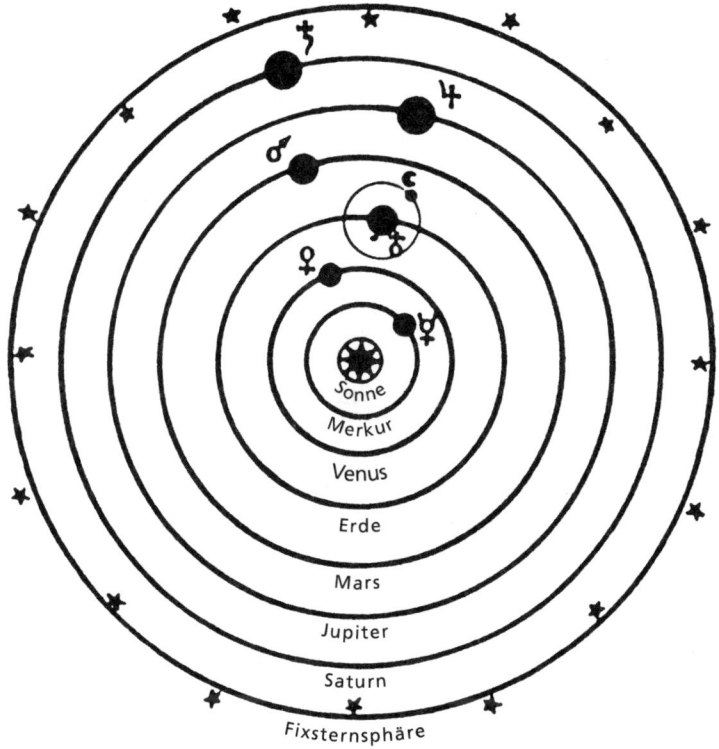

Abb. 3   Altorientalisches, ptolemäisches und kopernikanisches Weltbild.

sitionsbehörde hatte siebzehn Jahre zuvor die heliozentrische Theorie des Kopernikus verurteilt. Im Prozeß stellte das Römische Offizium das der Bibel zugrundeliegende altorientalische Weltbild als das einzig richtige hin und führte an, wenn die Sonne in der Mitte des Alls ruhen – also stille stehen – würde, hätte Josua nicht beten können: «Sonne, stehe still zu Gibeon.» (Josua 10,12)

Ein radikalerer Feind als Galilei war für die Kirche der ehemalige Dominikanermönch Giordano mit dem bürgerlichen Namen Filippo Bruno. Er mußte am 17. Februar 1600, nach sieben Jahren Haft im Gefängnis des Heiligen Offiziums auf dem Campo dei Fiori, einem damals sehr belebten Platz Roms, als «Fürst der Ketzer» den Scheiterhaufen besteigen. Er hatte es gewagt – anders als Galilei, der an den Kristallsphären festhielt –, die Vorstellung von kosmischen Kristallkugeln zu zerschlagen und öffentlich zu verkünden, das Universum sei unendlich groß, so groß wie Gott selber. Er behauptete, es gebe viele Sonnensysteme; das «unsrige» sei nur eines von vielen. Damit war die bergende Geschlossenheit des Sphärensystems zertrümmert und das Weltall kalt, fremd und nicht mehr heimatlich geworden. Man konnte nun das Bedürfnis nach Geborgenheit und Gehaltensein im Leben nicht mehr in die Struktur des Weltalls hineinprojizieren.

Der mit achtundzwanzig Jahren wegen eines drohenden Ketzerverfahrens aus dem Kloster ausgetretene Giordano hatte ein völlig neues Welt- und Gottesbild geschaffen. Das unermeßliche Weltall war für ihn derart faszinierend, daß er in dessen Schöpfung jenes große Wunder sah, welches die Kirche bis anhin mit der jungfräulichen Zeugung des Gottessohnes zum Ausdruck gebracht hatte. An die Stelle der Erzeugung des Gottessohnes durch den Heiligen Geist in der Jungfrau Maria trat nun bei Giordano die Erschaffung des Weltalls. Das trug ihm den Vorwurf der Ketzerei des «Pantheismus» ein, der Vermischung oder gar Identifizierung von Gott und Welt. Damit aber hob Giordano auch die kirchliche Sakramentenlehre aus den Angeln: Wenn die Welt bereits Gottes voll ist, braucht es keine Sakramente mehr, um Gott in der sündigen und vergänglichen Welt zu vergegenwärtigen. Dieser Gedanke war es hauptsächlich, der Giordano schließlich Kopf und Kragen kostete. Die katholische Kirche erträgt viel Kritik, aber mit Bestimmtheit keinen Angriff auf ihre Sakramentenlehre, ihr geistliches Fundament. Giordano hatte sich einer kirchlich geprägten Frömmigkeit zusehends entfremdet und zudem seine neuartigen Ansichten mit heiligem Eifer und öffentlicher Wirksamkeit verfochten (ähnlich wie Drewermann heute, der Giordano Bruno ein sehr einfühlsames Buch gewidmet hat: *Giordano Bruno. Oder der Spiegel des Unendlichen*). Giordanos Angriff auf das Zentrum des katholischen Glaubens rief die damals üblichen Sanktionen hervor: Ketzerprozeß, Kerker mit Gelegenheit zum Widerruf – und schließlich den Scheiterhaufen.

Giordano hatte die spätarchaische Trennung von «Natur» und «Übernatur», «Gott» und «Welt», «Diesseits» und «Jenseits» grundsätzlich überwunden – um Jahrhunderte zu früh. Giordano glaubte an ein gotterfülltes Universum ohne ein Jenseits darüber oder dahinter; Gott war darin integriert. Diese Ansicht kann erst heute richtig gewürdigt werden, da wir wissen, daß es keinen Geist ohne Materie, aber auch keine Materie ohne Geist gibt, weil sich Geist und Materie heute als lediglich zwei Aspekte eines einheitlich zu denkenden Seins entpuppen (L 21–24).

In der Folgezeit entfremdeten sich die Naturwissenschaften der Religion immer mehr, besonders nach dem populären Prozeß Galileis 1633 und nach der Veröffentlichung von dessen «Dialogo», in welchem Galilei die These aufstellte, bei Widersprüchen zwischen den Ansichten der Kirche und denen der Naturwissenschaften sei der Meinung der modernen Wissenschaften der Vorzug zu geben. Weil die Kirche am archaischen Weltbild festhielt, wurde die Entfremdung zwischen den modernen Wissenschaften und der Kirche immer größer, und schließlich verschwand Gott zunehmend aus dem Denken der naturwissenschaftlichen Forscher – welche ihre Laufbahn oft als Theologen begonnen hatten. Aus dem gotterfüllten Universum des Giordano wurde dadurch im Positivismus des 19. und 20. Jahrhunderts schließlich ein des Geistes entblößtes, rein materialistisch verstandenes Universum, das nach dieser Theorie aus nichts als aus Materie beziehungsweise Energie bestehe. Das archaische Weltbild wurde in unserem 20. Jahrhundert von vielen Gebildeten durch das positivistische Weltbild ersetzt. Darin ist alles Geschehen im Universum geistlos, chaotisch, rein zufällig und darum auch letztlich sinnlos. Nach der Ansicht des Positivismus besaß nur der Mensch, die Krone der Schöpfung, sogenannten «Geist»; «Geist» wurde mit dem menschlichen Bewußtsein identifiziert. An die Stelle eines einst geistvollen Schöpfungsplanes war im positivistischen Weltbild das Chaos getreten, zufällig zusammengewürfelte Materie beziehungsweise mehr oder weniger kondensierte Energie. Selbst der Mensch war nach positivistischer Ansicht bloß das Zufallsprodukt einer blinden Evolution. Die positivistische Theorie ist ein militanter Gegenentwurf zum archaischen Weltbild.

Von der Nachwelt wurde die Begründung unseres heutigen Weltbildes ziemlich einhellig dem Kopernikus zugesprochen. Wie sehr der Zusammenbruch des archaischen Weltbildes unsere Vorfahren über Jahrhunderte hinweg zu erschüttern vermochte, zeigen die beiden folgenden Zitate über die Pionierleistung des Kopernikus:

Am 200. Todestag des Kopernikus, am 24. Mai 1743, würdigte Johann Christoph Gottsched den bewunderten Astronomen wie folgt:

«Man vernahm die Zeitung: der scharfsehende Copernicus hätte gleichsam auf dem Turme seiner Domkirche, wo er den Himmel zu beobachten pflegte, den festen Punkt außer der Erde gefunden, welchen sich Archimedes gewünscht hatte, um aus demselben, durch seine Hebezeuge, die ganze Erdkugel von ihrer Stelle zu bewegen. Er hätte die Sonne von ihrem seit so viel tausend Jahren gelaufenen Wege erlöst, sie gleichsam vor Anker gelegt und zur Ruhe gebracht. Er hätte die Erdkugel in einen flüchtigen Kreisel verwandelt, der mitten in den Laufbahnen der Irrsterne jährlich einmal um die Sonne wirbeln sollte. Der ganze gelehrte Okzident hörte mit Entsetzen von einem Domherrn reden, der die bisher sichere und festgegründete Wohnung der Menschen unsicher und schwankend gemacht hätte.»

Mitte des 19. Jahrhunderts sagte der atheistische Philosoph Ludwig Feuerbach, Kopernikus sei «der erste Revolutionär der neueren Zeit». Er hatte

«den allgemeinsten, den ältesten, den heiligsten Glauben der Menschheit, den Glauben an die Unbeweglichkeit der Erde, umgestoßen und mit diesem Stoß das ganze Glaubenssystem der alten Welt erschüttert. ... Copernicus hat als echter «Umsturzmann» das Unterste zu oberst und das Oberste zu unterst gekehrt ..., der Erde die Initiative der Bewegung zugeeignet, sie ins Rollen gebracht, und er hat dadurch allen ferneren und anderweitigen Revolutionen der Erde Tür und Tor geöffnet. ... Copernicus ist es, der die Menschheit um ihren Himmel gebracht hat.»

2. *Charles Darwin (1809–1882) – Mensch und Affe*

Am 30. Juni 1860, etwa ein halbes Jahr nach dem Erscheinen von Darwins erstem großem Werk *Die Entstehung der Arten durch natürliche Auslese,* wurde die neue Theorie Darwins in Oxford öffentlich diskutiert. Obwohl der Veranstalter die zahlreich Anwesenden bat, es sollten sich bitte bloß Fachleute zu Wort melden, ergriff in der Diskussion alsbald Bischof Wilberforce das Wort, der Darwin bereits in der Zeitschrift: «Quarterly Review» heftig angegriffen hatte. «Der Bischof», heißt es in einem Augenzeugenbericht, «war auf der Höhe und sprach eine volle halbe Stunde mit unnachahmlichem Temperament – aber unsachlich. ... Er machte Darwin in häßlicher, Huxley in gemeiner Weise lächerlich, aber alles in süßen Tönen, in überredender Form, in wohlgesetzten Redewendungen. ... Zu seinem Unglück vergaß sich der Bischof, mitgerissen durch den Lauf seiner Beredsamkeit, so weit, daß er persönlich wurde und sich zu Huxley umwandte mit der Frage, ob Huxley vielleicht durch seinen Großvater oder eher seine Großmutter mit einem Affen verwandt sei.

Nachdem darauf Thomas H. Huxley einige Unrichtigkeiten in den Angaben des Bischofs korrigiert hatte, entgegnete er: ‹Ich unterstreiche und wiederhole, daß ein Mensch keinen Grund hätte, sich dessen zu schämen, daß er einen Affen zum Groß-

Abb. 4   Charles Darwin, von Affen umgeben.

vater hätte. Wenn es einen Vorfahren gäbe, dessen ich mich
schämen würde, so wäre es ein Mensch: ein Mann nämlich von
rastlosem und beweglichem Intellekt, der, nicht zufrieden mit
seinem Erfolg auf seinem eigenen Tätigkeitsfeld, sich in wissenschaftliche Fragen einmischt, in denen er nicht zu Hause ist, nur
um sie durch eine ziellose Rhetorik zu verdunkeln und die Aufmerksamkeit seiner Zuhörer von dem eigentlichen Verhand-
lungsgegenstand abzulenken durch beredte Appelle an religiöse
Vorurteile.›»

Es gibt in den USA heute noch öffentliche (!) Schulen, an denen die Evolutionslehre nicht als Lehrstoff vermittelt werden darf, nicht einmal im Sinne einer neutralen Information, weil der Darwinismus angeblich die «religiösen Gefühle verletze».

Die Schriften von Charles Darwin zeigen klar, daß dieser durchaus ein religiöser Mensch war; aber sein Weltbild war nicht mehr das archaische. Anstatt ihn als tiefgründigen religiösen Denker zu ehren und von seinem Versuch, Religiosität zeitgemäß zur Sprache zu bringen, zu profitieren, verunglimpfte ihn die rechtgläubige Mehrheit in den christlichen Kirchen fast hundert Jahre lang. Erst seit dem Zweiten Weltkrieg konnte Darwins Lehre in den Kirchen mehr oder weniger unangefochten Fuß fassen.

Die zwei folgenden Zitate aus Werken von Ch. Darwin geben einen Einblick in seine religiöse Einstellung:

«Der Gemütszustand, den große Naturszenen früher in mir auslösten und den ich damals naiv noch mit dem Glauben an den Gott der Christen in Zusammenhang brachte, unterschied sich nicht wesentlich von dem sogenannten ‹Sinn für das Erhabene›. Dieser kann aber nicht als Beweis für die Existenz Gottes im Sinne der christlichen Lehre gelten.» (The Life and Letters of Charles Darwin I, London 1887, S. 312)

«Ich kann mich in keiner Weise damit zufriedengeben, wenn ich das wundervolle Universum betrachte, daß alles nur das Resultat roher Kraft sein soll. ... Ich fühle zutiefst, daß das Ganze zu geheimnisvoll für den menschlichen Verstand ist. Genausogut könnte ein Hund über den Verstand Newtons spekulieren.» (Brief an Asa Gray, 22. Mai 1860).

3. Sigmund Freud (1856–1939) – die Religion muß weg

Freud kannte keine religiösen Gefühle wie Darwin. Er blies zum vernichtenden Gegenangriff gegen die Religion. Mit aller nur wünschbaren Deutlichkeit hat der Begründer der modernen Tiefenpsychologie die dem archaischen Weltbild verhafteten Religionen insgesamt disqualifiziert und als hoffnungslos veraltete

Gebilde hingestellt. Nach Freud war die Religion in allen Spielarten ein unverarbeiteter Rest einer noch kindlich gebliebenen Lebenshaltung und damit ein Zeichen von geistiger Unreife. Die Religion: ein infantiles Relikt aus alter Zeit, das es im Zuge des Sieges der Wissenschaft über den Aberglauben nun endlich über Bord zu werfen gelte.

Wie die folgenden Zitate (L 4) zeigen, ging Freud jedes innere Verständnis für Religion ab. Die Religion war für ihn bloß ein «pathologischer Fall», den er nun wie ein Sherlock Holmes mit detektivischem Spürsinn «aufzuklären» und auf «natürliche» Ursachen zurückzuführen wußte.

Freud war jüdischer Abstammung. Nach seinen religiösen Wurzeln befragt, antwortete er:

> «Ich kann sagen, daß ich der jüdischen Religion so ferne stehe wie allen anderen Religionen, das heißt, sie sind mir als Gegenstand wissenschaftlichen Interesses hochbedeutsam; gefühlsmäßig bin ich an ihnen nicht beteiligt.» (XIV, S. 556)

Auf die Frage, ob der Mensch den illusionären Glauben an einen gütigen Vater im Himmel vielleicht nicht doch benötige, um in dieser unverständlichen und oft grausamen Welt nicht verzweifeln zu müssen, antwortete Freud konsequent mit einem klaren Nein. Er lehnte diesen unwahrhaftigen Trost ab und bezeichnete die Religion als ein schädliches, überholtes soziokulturelles Gebilde, das die Menschen süßlich oder bittersüß vergifte. Was die Religion verkünde, sei Ausdruck eines neurotisierenden Infantilismus, den es nun endlich und endgültig zu überwinden gelte. Daß ihm dies ein ernstes Anliegen war, zeigt jene Stelle, wo er gestand, es sei «die einzige Absicht seiner Schrift», die Menschen zu religionslosen, reifen und selbständigen Persönlichkeiten zu erziehen:

> «Ich widerspreche Ihnen also, wenn Sie weiter folgern, daß der Mensch überhaupt den Trost der religiösen Illusion nicht entbehren kann, daß er ohne sie die Schwere des Lebens, die grausame Wirklichkeit, nicht ertragen würde. Ja, der Mensch nicht, dem Sie das

süße – oder bittersüße – Gift von Kindheit an eingeflößt haben. Aber der andere, der nüchtern aufgezogen wurde? Vielleicht braucht der, der nicht an der Neurose leidet [der also nicht durch die Religion seelisch geschädigt wurde; d. Vf.], auch keine Intoxikation, um die Neurose zu betäuben. Gewiß wird der Mensch sich dann in einer schwierigen Situation befinden, er wird sich seine ganze Hilflosigkeit, seine Geringfügigkeit im Getriebe der Welt, eingestehen müssen, nicht mehr der Mittelpunkt der Schöpfung, nicht mehr das Objekt zärtlicher Fürsorge einer gütigen Vorsehung zu sein. Er wird in derselben Lage sein wie das Kind, welches das Vaterhaus verlassen hat, in dem es ihm so warm und behaglich war. Aber nicht wahr, der Infantilismus ist dazu bestimmt, überwunden zu werden? Der Mensch kann nicht ewig Kind bleiben, er muß endlich hinaus, ins ‹feindliche Leben›. Man darf das ‹die Erziehung zur Realität› heißen. Brauche ich Ihnen noch zu verraten, daß es die einzige Absicht meiner Schrift ist, auf die Notwendigkeit dieses Fortschritts aufmerksam zu machen?» (XIV, S. 372 f.)

Es ist für Freud an der Zeit, daß der Mensch hinausgehe ins Erwachsenenleben; der neurotisierende Infantilismus der Religion muß nun, im Zeichen des Fortschritts der Wissenschaft, endlich überwunden werden. Der Glaube erwachsener Menschen an einen himmlischen Gottvater oder eine fürsorgliche Muttergottheit ist für Freud nichts anderes als ein im Erwachsenenalter sinnlos gewordenes Überbleibsel aus der Kindheit, gleichsam ein prähistorisches Relikt mitten in der modernen Zeit, ein der Realität des Lebens unangemessenes Weiterschleppen des frühkindlichen Wunschbildes: «Vati und Mutti sorgen für mich.» Dieser Kinderglaube löst sich aber nach Freud in nichts auf, sobald er in einer Psychoanalyse als Infantilismus durchschaut wird:

«Die Psychoanalyse hat uns den intimen Zusammenhang zwischen dem Vaterkomplex und der Gottesgläubigkeit kennen gelehrt, hat uns gezeigt, daß der persönliche Gott psychologisch nichts anderes ist als ein erhöhter Vater, und führt uns täglich vor Augen, wie jugendliche Personen den religiösen Glauben verlieren, sobald die Autorität des Vaters bei ihnen zusammenbricht. Im Elternkomplex erkennen wir so die Wurzel des religiösen Bedürfnisses; der allmäch-

tige, gerechte Gott und die gütige Natur erscheinen uns als großartige Sublimierungen von Vater und Mutter, vielmehr als Erneuerungen und Wiederherstellungen der frühkindlichen Vorstellungen
von beiden. Die Religiosität führt sich biologisch auf die lang anhaltende Hilflosigkeit und Hilfsbedürftigkeit des kleinen Menschenkindes zurück, welches, wenn es später seine wirkliche Verlassenheit
und Schwäche gegen die großen Mächte des Lebens erkannt hat,
seine Lage ähnlich wie in der Kindheit empfindet und deren Trostlosigkeit durch die regressive Erneuerung der infantilen Schutzmächte zu verleugnen sucht.» (VIII, S. 195)

Die Religion ist für Freud ein illusionärer Versuch, die oft trostlose Realität des wirklichen Lebens zu verleugnen und an deren
Stelle eine infantile Wunschwelt zu errichten. Freud will die
Menschen zur Nüchternheit und geistigen Selbständigkeit erziehen und sie dazu befähigen, angesichts der ungeschminkten
Realität des Lebens arbeits- und genußfähig zu werden. Anstelle
des ineffizienten und trügerischen seelsorgerlichen Trostes der
Religion bietet Freud qualifizierte Lebenshilfe an. Das süße oder
bittersüße Gift der vorwissenschaftlichen Religion «verdient
kein Vertrauen»:

«Das zusammenfassende Urteil der Wissenschaft über die religiöse
Weltanschauung lautet also: Während die einzelnen Religionen
noch immer miteinander hadern, welche von ihnen im Besitz der
Wahrheit sei, meinen wir, daß der Wahrheitsgehalt der Religion
überhaupt vernachlässigt werden darf. Religion ist ein Versuch, die
Sinnenwelt, in die wir gestellt sind, mittels der Wunschwelt zu bewältigen ... Aber sie kann es nicht leisten. Ihre Lehren tragen das
Gepräge der Zeiten, in denen sie entstanden sind: der unwissenden
Kinderzeiten der Menschheit. Ihre Tröstungen verdienen kein Vertrauen. ... Versucht man, die Religion in den Entwicklungsgang der
Menschheit einzureihen, so erscheint sie nicht als ein Dauererwerb,
sondern als ein Gegenstück der Neurose, die der einzelne Kulturmensch auf seinem Wege von der Kindheit zur Reife durchzumachen
hat.» (XV, S. 181)

«Ich glaube in der Tat, daß ein großes Stück der mythologischen
Weltauffassung, die weit bis in die modernsten Religionen hinein

reicht, nichts anderes ist als in die Außenwelt projizierte Psychologie.» (IV, S. 287)

Die neurotische und illusionäre Wunschwelt der Religion fällt im Prozeß des psychischen Erwachsenwerdens in sich selbst zusammen. Die Psychoanalyse entlarvt das ganze metaphysische Gebäude als Ausdruck eines infantilen Wunschtraumes, der die Menschen daran hindert, die Welt nüchtern und mit offenen Augen zu betrachten. Die himmlischen Heerscharen existieren nirgendwo außerhalb des Menschen; sie haben ihre Wurzeln im kindlich gebliebenen, unreifen Inneren des Menschen; sie sind Projektionen des infantilen Wunschbildes: «Ich bin auch als erwachsener Mensch immer noch behütet, wie einst als Kind von Vati und Mutti.» Der Wunsch nach kindlicher Geborgenheit wurde nach Freud einst von unseren noch unwissenden Vorfahren «größensüchtig» auf den Schöpfer des Alls projiziert. Freud entlarvt aber den Herrn der Heerscharen als Überrest eines kindlichen Vaterkomplexes. Er holt die himmlischen Heerscharen in die menschliche Seele zurück und löst sie mittels der Psychoanalyse in ein Nichts auf: Ende der Illusion! Der Mensch ist im 20. Jahrhundert «auf sich selbst geworfen», wie die Existenzphilosophen sagen.

Folgerichtig analysiert Freud auch die Gestalt des Teufels weg: «Der Teufel ist doch gewiß nichts anderes als die Personifikation des verdrängten unbewußten Trieblebens» (L 4, VII, S. 207 f.), und zwar insbesondere der Analerotik, der verdrängten Lust an der Darmentleerung, aber auch all jener sexuellen Lüste, welche die christliche Moral verteufelte. Nachdem diese Triebe in der Analyse bewußt gemacht und dem Leben verantwortlich integriert worden sind, löst sich der Teufelsspuk – wie die empirische Erfahrung bei Psychoanalysen immer wieder zeigt – in ein Nichts auf. Die einst verdrängte psychische Energie fließt nun ins alltägliche Leben hinein. Der mythische Teufel verschwindet, nachdem das Triebleben bewußt geworden ist; denn er war ja nichts anderes als ein Symbol für verdrängtes unbewußtes Triebleben.

1922 widmete Freud dem Teufelsglauben einen ausgedehnten Aufsatz mit dem Titel: «Eine Teufelsneurose im siebzehnten Jahrhundert» (XIII, S. 317 bis 353). Den Ausgangspunkt bildete folgendes Ereignis: Dem bayerischen Maler Christoph Haitzmann erschien am 8. September 1677 (dem Tag «Mariae Geburt») in der Wallfahrtskirche Mariazell um Mitternacht bei einem Exorzismus der Teufel als geflügelter Drache. Was steckte hinter dieser Teufelsvision? Ihre nähere Analyse ergab für Freud den folgenden Tatbestand: Fast neun Jahre zuvor, 1669, hatte Haitzmann – nach dem Verlust des Vaters – in tiefster Depression und Verzweiflung mit dem Teufel einen Pakt geschlossen, in welchem er diesem versprochen hatte, ihm nach neun Jahren mit Leib und Seele anzugehören, wenn der Teufel ihm bis zu diesem Zeitpunkt (1677) gesundheitlich helfen werde. Der Inhalt dieses mit Blut geschriebenen Paktes mit dem Teufel lautete:

«Anno 1669, Christoph Haitzmann. Ich verschreibe mich dissen Satan, ich sein leibeigener Sohn sein, und in 9 Jahr ihm mit meim Leib und Seel zuzugeheren.»

Anfänglich funktionierte dieser Pakt ganz leidlich; es ging Haitzmann tatsächlich besser. Je näher aber das Ende dieser neun Jahre heranrückte, um so mulmiger wurde es Haitzmann zu Mute, und er beschloß deshalb, zur gnädigen Gottesmutter zu wallfahren, um sich mit Marias Hilfe aus dem Teufelspakt zurückziehen zu können. Er hoffte, die Himmelskönigin werde ihm dabei helfen, den Teufel wieder loszuwerden, damit er seine Seele nicht an ihn, das Fegefeuer und hernach die ewige Hölle, verlieren müsse.

Haitzmann vermochte die Mönche von Mariazell für sein Unternehmen einer Umpolung des Teufelspaktes in eine Verbindung zur Gottesmutter Maria zu gewinnen. Mit Hilfe eines durch die Mönche vollzogenen Exorzismus konnte der Pakt in einem dramatischen Akt um Mitternacht tatsächlich vom Teufel, der vor den Mönchen als geflügelter Drache aufkreuzte, zurückgefordert und als null und nichtig erklärt werden. Haitzmann war gerettet! Die Mönche triumphierten über den altbösen Feind, und in dieser ansteckenden Freudenstimmung fühlte sich auch Haitzmann erleichtert. Leider aber hielt seine Heilung nicht lange an. Soweit in Kürze der Bericht der alten Quellen, welche Freud sorgfältig studiert hatte.

Freud stellte in diesem Falle die folgende Diagnose: «Nicht aufgearbeitete Depression infolge des Verlustes einer nahestehenden Person.» Die Heilung Haitzmanns war nicht von Dauer, weil die Depression nicht fachmännisch behandelt wurde. Haitzmann hatte niemanden gefunden, der ihm geholfen hätte, seine Trauer um den Verlust des Vaters kompetent zu verarbeiten.

Der junge Maler wurde in der Folge sogar arbeitsunfähig. Da die kirchliche Seelsorge – in Form von schönen Trostworten, Totenmessen, Kirchgang, Bußübungen, Gebeten, Beichten, Wallfahrten etc. – ihm in seiner Trauer um den Vater nicht wirklich half, wandte er sich schließlich in seiner Verzweiflung an den Teufel um Hilfe und schloß mit diesem den genannten Pakt ab. Der Teufel war für den im archaischen Weltbild beheimateten Haitzmann die letzte Rettung: ein Trost, der fast neun Jahre lang hingehalten hatte.

Durch diesen Teufelspakt hatte der verwaiste Sohn wieder einen Vater gefunden. Das Gefühl, wieder einen «leibeigenen» Vater zu haben, vermochte den «Waisenknaben» in der Tat über acht Jahre lang zu beruhigen (wir ersehen daraus, als wie real den Menschen im archaischen Weltbild die metaphysischen Wesen erschienen). Als aber der Termin immer näher heranrückte, an dem Haitzmann diesem neuen «leibeigenen» Vater wirklich «mit Leib und Seel zugeheren» sollte, war es ihm, aus verständlichen Gründen, nicht mehr wohl in seiner Haut. Er mochte sich bange fragen: «Worauf habe ich mich da nur eingelassen; das Fegefeuer und hernach die ewige Verdammnis in der Hölle habe ich mir mit diesem Teufelspakt eingehandelt!» In seiner erneuten Verzweiflung hatte er schließlich den Einfall, vielleicht mit Hilfe der gnadenreichen Gottesmutter und Fürsprecherin Maria von diesem nunmehr grausig gewordenen Pakt befreit werden zu können. Deswegen wallfahrte er zur Gottesmutter – mit wirklich handfesten Gründen!

Für Freud war diese Geschichte aus dem 17. Jahrhundert ein erneuter Beweis für die Untauglichkeit der kirchlichen Seelsorge. Exorzismus, Gebete, Totenmessen, Bußübungen, Wallfahrten etc. vermochten nicht qualifiziert zu helfen. Die Mönche mochten es zwar gut gemeint haben; aber damit war dem schwer leidenden Menschen nicht geholfen. Sie standen dieser Depression unwissend und hilflos gegenüber. Ihre magischen Zaubermittel halfen nicht.

Aus diesem «Fall einer Teufelsneurose» gewann Freud eine weitere Erkenntnis: Gott und der Teufel sind in der Seele des Kindes ursprünglich identisch:

> «Vom bösen Dämon wissen wir, daß er als Widerpart Gottes gedacht ist und doch seiner Natur sehr nahe steht. ... Es braucht nicht viel analytischen Scharfsinns, um zu erraten, daß Gott und Teufel ursprünglich identisch waren, eine einzige Gestalt, die später in zwei mit entgegengesetzten Eigenschaften zerlegt wurde. ... Es ist der uns wohlbekannte Vorgang der Zerlegung einer Vorstellung mit ... ambivalentem Inhalt in zwei scharf kontrastierende Gegensätze. Die Widersprüche in der ursprünglichen Natur Gottes sind aber eine Spiegelung der Ambivalenz, welche das Verhältnis des Einzelnen zu seinem persönlichen Vater beherrscht. Wenn der gütige und gerechte Gott ein Vaterersatz ist, so darf man sich nicht darüber wundern, daß auch die feindliche Einstellung, die ihn haßt und fürchtet und sich über ihn beklagt, in der Schöpfung des Satans zum Ausdruck gekommen ist.» (XIII, S. 331 f.)

Damit war für Freud der Teufel «erkannt» und auf die ihm zugrundeliegende seelische Realität reduziert worden: Die Figur des Teufels bildet sich demnach im menschlichen Unbewußten aus ungelösten Konflikten in der Beziehung des Kleinkindes zu seinem Vater. Keinesfalls ist der Teufel – wie im archaischen Weltbild – eine für sich und unabhängig vom Menschen existierende personähnliche Figur; sondern der Teufel ist nichts anderes als ein energetisch aufgeladener Komplex im menschlichen Unbewußten, den das Bewußtsein in personifizierter Form wahrnimmt. Was da als Person erscheint, darf aber nicht archaisch-konkretistisch als eine wirkliche Person betrachtet werden; sondern es ist lediglich ein Symbol für einen Komplex im Unbewußten. Solange dieser Komplex nicht kompetent durch die Auseinandersetzung mit den negativen Seiten des Vaters bearbeitet wird, bleibt die Teufelsfigur psychisch lebendig und kann in Träumen oder Visionen jederzeit aus dem Unbewußten hervortreten. Wer sich jedoch einer Analyse seines – immer ambivalenten – Vaterbildes unterzieht, erfährt dabei, wie sich der Teufelskomplex im Verlauf der Analyse in ein Nichts auflöst.

Fazit: Nicht nur Gott, sondern auch der Teufel und die ganze dazwischen angesiedelte metaphysische Gesellschaft wird durch die Psychoanalyse als ein unbearbeiteter Komplex von Kindheitserfahrungen entlarvt, aufgearbeitet und damit aufgelöst.

Dieser Aufsatz Freuds war ein weiterer Schlag gegen die Religion. Freud machte wirklich ernst mit seinem Programm, mit Hilfe der Psychoanalyse dem archaischen Weltbild und der mit ihr verhängten Religion den dritten, letzten und empfindlichsten Schlag, nämlich den Todesstoß, zu versetzen.

Was hatte nun die christliche Religion diesem Angriff auf ihren Lebensnerv entgegenzuhalten? Im nächsten Abschnitt kommt der bemerkenswerte Versuch des liberalen Theologen Rudolf Bultmann (1884–1976) zur Sprache, dadurch aus der verfuhrwerkten Lage herauszufinden, daß die christliche Religion vom archaischen Weltbild abgekoppelt und in ein zeitgemäßes Weltbild integriert wird.

Entmythologisierung der Religion?

Den mutigen Versuch eines «Aggiornamento», einer Übertragung des christlichen Glaubens in unsere Zeit, hat die liberale protestantische Theologie seit dem 19. Jahrhundert immer wieder unternommen. Sie hat die Religionskritik der modernen Wissenschaft ernst zu nehmen versucht und sich bemüht, Religiosität auch auf der Grundlage eines modernen Weltbildes möglich zu machen. Der Theologe Rudolf Bultmann hat die Grundproblematik vor mehr als einem halben Jahrhundert in einem programmatischen Vortrag klar und heute noch gültig zusammengefaßt zur Darstellung gebracht. Er hielt seinen Vortrag: «Neues Testament und Mythologie» am 21. April 1941 auf einer Tagung der «Gesellschaft für evangelische Theologie» in Frankfurt am Main. Ich gebe den Anfang seiner Rede hier ausführlich wieder. An Aktualität haben seine Worte bis heute nichts eingebüßt.

«A. Das Problem

1. Das mythische Weltbild und das mythische Heilsgeschehen im Neuen Testament

Das Weltbild des Neuen Testaments ist ein mythisches. Die Welt gilt als in drei Stockwerke gegliedert: In der Mitte befindet sich die Erde, über ihr der Himmel, unter ihr die Unterwelt. Der Himmel ist die Wohnung Gottes und der himmlischen Gestalten, der Engel; die Unterwelt ist die Hölle, der Ort der Qual. Aber auch die Erde ist nicht nur die Stätte des natürlich-alltäglichen Geschehens, der Vorsorge und Arbeit, die mit Ordnung und Regel rechnet; sondern sie ist auch der Schauplatz des Wirkens übernatürlicher Mächte, Gottes und seiner Engel, des Satans und seiner Dämonen. In das natürliche Geschehen und in das Denken, Wollen und Handeln des Menschen greifen die übernatürlichen Mächte ein; Wunder sind nichts Seltenes. Der Mensch ist seiner selbst nicht mächtig; Dämonen können ihn besitzen; der Satan kann ihm böse Gedanken eingeben; aber auch Gott kann sein Denken und Wollen lenken, kann ihn himmlische Gesichter schauen lassen, ihn sein befehlendes und tröstendes Wort hören lassen, kann ihm die übernatürliche Kraft seines Geistes schenken. Die Geschichte läuft nicht ihren stetigen, gesetzmäßigen Gang, sondern erhält ihre Bewegung und Richtung durch die übernatürlichen Mächte. Dieser Äon steht unter der Macht des Satans, der Sünde und des Todes (die eben als ‹Mächte› gelten); er eilt seinem Ende zu, und zwar seinem baldigen Ende, das sich in einer kosmischen Katastrophe vollziehen wird; es stehen nahe bevor die ‹Wehen› der Endzeit, das Kommen des himmlischen Richters, die Auferstehung der Toten, das Gericht zum Heil oder zum Verderben.

Dem mythischen Weltbild entspricht die Darstellung des Heilsgeschehens, das den eigentlichen Inhalt der neutestamentlichen Verkündigung bildet. In mythologischer Sprache redet die Verkündigung: Jetzt ist die Endzeit gekommen; ‹als die Zeit erfüllt war›, sandte Gott seinen Sohn. Dieser, ein präexistentes Gottwesen, erscheint auf Erden als ein Mensch; sein Tod am Kreuz, den er wie ein Sünder erleidet, schafft Sühne für die Sünden der Menschen. Seine Auferstehung ist der Beginn der kosmischen Katastrophe, durch die der Tod, der durch Adam in die Welt gebracht wurde, zunichte gemacht wird; die dämonischen Weltmächte haben ihre Macht verloren. Der Auferstandene ist zum Himmel erhöht worden zur Rechten Gottes; er ist zum ‹Herrn› und ‹König› gemacht worden. Er wird wiederkommen auf den Wolken des Himmels, um das Heilswerk zu vollenden; dann wird die Totenauferstehung und das Gericht stattfinden; dann werden Sünde, Tod und alles Leid vernichtet sein. Und zwar wird das in Bälde geschehen; Paulus meint, dieses Ereignis selbst noch zu erleben.

Wer zur Gemeinde Christi gehört, ist durch Taufe und Herrenmahl mit dem Herrn verbunden und ist, wenn er sich nicht unwürdig verhält, seiner Auferstehung zum Heil sicher. Die Glaubenden haben schon das ‹Angeld›, nämlich den Geist, der in ihnen wirkt, der auch ihre Gotteskindschaft bezeugt und ihnen ihre Auferstehung garantiert.

2. Die Unmöglichkeit der Repristinierung [Wiederherstellung; d. Vf.] des mythischen Weltbildes

Das alles ist mythologische Rede, und die einzelnen Motive lassen sich leicht auf die zeitgeschichtliche Mythologie der jüdischen Apokalyptik und des gnostischen Erlösungsmythos zurückführen. Sofern es nun mythologische Rede ist, ist es für den Menschen von heute unglaubhaft, weil für ihn das mythische Weltbild vergangen ist. Die heutige christliche Verkündigung steht also vor der Frage, ob sie, wenn sie vom Menschen Glauben fordert, ihm zumutet, das vergangene mythische Weltbild anzuerkennen. ...

Kann die christliche Verkündigung dem Menschen heute zumuten, das mythische Weltbild als wahr anzuerkennen? Das ist sinnlos und unmöglich. Sinnlos; denn das mythische Weltbild ist als solches gar nichts spezifisch Christliches, sondern es ist einfach das Weltbild einer vergangenen Zeit, das noch nicht durch wissenschaftliches Denken geformt ist. Unmöglich; denn ein Weltbild kann man sich nicht durch einen Entschluß aneignen; sondern es ist dem Menschen mit seiner geschichtlichen Situation je schon gegeben. ...

Es ist unmöglich, ein vergangenes Weltbild durch einen einfachen Entschluß zu repristinieren, und vor allem ist es unmöglich, das mythische Weltbild zu repristinieren, nachdem unser aller Denken unwiderruflich durch die Wissenschaft geformt worden ist. Ein blindes Akzeptieren der neutestamentlichen Mythologie wäre Willkür, und solche Forderung als Glaubensforderung zu erheben, würde bedeuten, den Glauben zum Werk zu erniedrigen. ... Die Erfüllung der Forderung wäre ein abgezwungenes sacrificium intellectus, und wer es brächte, wäre eigentümlich gespalten und unwahrhaftig. Denn er würde für seinen Glauben, seine Religion, ein Weltbild bejahen, das er sonst in seinem Leben verneint. Mit dem modernen Denken, wie es uns durch unsere Geschichte überkommen ist, ist die Kritik am neutestamentlichen Weltbild gegeben.

Welterfahrung und Weltbemächtigung sind in Wissenschaft und Technik so weit entwickelt, daß kein Mensch im Ernst am neutestamentlichen Weltbild festhalten kann und festhält. Welchen Sinn hat es, heute zu bekennen: ‹Niedergefahren zur Hölle› oder: ‹Aufgefahren gen Himmel›, wenn der Bekennende das diesen Formulierungen zugrundeliegende mythische Weltbild von den drei Stockwerken nicht teilt? Ehrlich bekannt werden können solche Sätze nur, wenn es möglich ist, ihre Wahrheit von der mythologischen Vorstellung, in die sie gefaßt ist, zu entkleiden, – falls es eine solche Wahrheit gibt. Denn das eben ist theologisch zu fragen! Kein erwachsener Mensch stellt sich Gott als ein oben im Himmel vorhandenes Wesen vor; ja, den ‹Himmel› im alten Sinne gibt es für uns gar nicht mehr. Und ebensowenig gibt es die Hölle, die mythische Unterwelt unterhalb des Bodens, auf dem unsere Füße stehen. Erledigt sind damit die Geschichten von der Himmel- und Höllenfahrt Christi; erledigt ist die Erwartung des mit den Wolken des Himmels kommenden ‹Menschensohnes› und des Entrafftwerdens der Gläubigen in die Luft, ihm entgegen (1. Thess. 4,15 ff.).

Erledigt ist durch die Kenntnis der Kräfte und Gesetze der Natur der Geister- und Dämonenglaube. Die Gestirne gelten uns als Weltkörper, deren Bewegung eine kosmische Gesetzlichkeit regiert; sie sind für uns keine dämonischen Wesen, die den Menschen in ihren Dienst versklaven. Haben sie Einfluß auf das menschliche Leben, so vollzieht sich dieser nach verständlicher Ordnung und ist nicht die Folge ihrer Güte oder Bosheit.

Krankheiten und ihre Heilungen haben ihre natürlichen Ursachen und beruhen nicht auf dem Wirken von Dämonen bzw. auf deren Bannung. Die Wunder des Neuen Testaments sind damit als Wunder erledigt. ...

Man kann nicht elektrisches Licht und Radioapparat benutzen, in Krankheitsfällen moderne medizinische und klinische Mittel in Anspruch nehmen und gleichzeitig an die Geister- und Wunderwelt des Neuen Testaments glauben. Und wer meint, es für seine Person tun zu können, muß sich klar machen, daß er, wenn er das für die Haltung christlichen Glaubens erklärt, damit die christliche Verkündigung in der Gegenwart unverständlich und unmöglich macht.

Die mythische Eschatologie ist im Grunde durch die einfache Tatsache erledigt, daß Christi Parusie nicht, wie das Neue Testament erwartete, alsbald stattgefunden hat, sondern daß die Weltgeschichte weiterlief – und wie jeder Zurechnungsfähige überzeugt ist – weiterlaufen wird. Wer überzeugt ist, daß die uns bekannte Welt in der Zeit endigen wird, der stellt sich ihr Ende doch als das Ergebnis der natürlichen Entwicklung vor, etwa als ein Ende in Naturkatastrophen, und nicht als das mythische Geschehen, von dem das Neue Testament redet. ...

Es handelt sich aber nicht nur um die Kritik, die vom naturwissenschaftlichen Weltbild ausgeht, sondern ebensosehr, ja im Grunde noch viel mehr, um die Kritik, die aus dem Selbstverständnis des modernen Menschen erwächst. ...

So ist diesem schlechterdings fremd und unverständlich, was das Neue Testament vom «Geist» und von den Sakramenten sagt. Er sieht nicht ein, daß in das geschlossene Gefüge der natürlichen Kräfte ein übernatürliches Etwas, das Pneuma (Geist), eindringen und in ihm wirksam sein könne. ... Er versteht nicht, wie ihm in der Wassertaufe ein geheimnisvolles Etwas mitgeteilt werden könnte, das dann das Subjekt seiner Wollungen und Handlungen wäre. Er versteht nicht, daß eine Mahlzeit ihm geistige Kraft vermitteln soll, und daß unwürdiger Genuß des Herrenmahles leibliche Krankheit und Tod zur Folge haben soll (1. Kor. 11,30); es sei denn, daß er zur Suggestion als Erklärung seine Zuflucht nimmt. Er versteht auch nicht, wie sich jemand für Tote taufen lassen kann (1. Kor. 15,29). ...

Er kann auch den Tod nicht als Strafe für seine Sünden verstehen; der Tod ist für ihn ein einfacher und notwendiger Naturvorgang. ... Und daß er infolge der Schuld eines Ahnherrn dazu verdammt sei, dem Todesschicksal eines Naturwesens verhaftet zu sein, kann er nicht verstehen. ... Eben deshalb kann er auch die Lehre von der stellvertretenden Genugtuung durch den Tod Christi nicht verstehen. Wie kann meine Schuld durch den Tod eines Schuldlosen (wenn man von einem solchen überhaupt reden darf) gesühnt werden? Welche primitiven Begriffe von Schuld und Gerechtigkeit liegen sol-

cher Vorstellung zugrunde? Welch primitiver Gottesbegriff? ...
Ebensowenig kann der moderne Mensch Jesu Auferstehung als ein
Ereignis verstehen, kraft dessen eine Lebensmacht entbunden ist, die
sich der Mensch nun durch die Sakramente zueignen kann. ... Ein
solches mirakulöses Naturereignis wie die Lebendigmachung eines
Toten – ganz abgesehen von seiner Unglaubwürdigkeit überhaupt –
kann er nicht als ein ihn betreffendes Handeln Gottes verstehen.

B. Die Aufgabe

1. Nicht Auswahl und Abstriche
Man kann die Verkündigung des Neuen Testamentes nicht dadurch
retten, daß man das Mythologische durch Auswahl oder Abstriche
reduziert. ... Wo wäre die Grenze bei einem solchen Verfahren des
Abstreichens? Man kann das mythische Weltbild nur als ganzes annehmen oder verwerfen. Hier schuldet der Theologe sich und der
Gemeinde ... absolute Klarheit und Sauberkeit. ... Soll also die Verkündigung des Neuen Testaments ihre Gültigkeit behalten, so gibt
es gar keinen anderen Weg, als sie zu entmythologisieren.» (Rudolf
Bultmann: Neues Testament und Mythologie, © Chr. Kaiser/Güters-
loher Verlagshaus, Gütersloh, 1985, S. 12–22.)

Das Problem war mit Bultmann auf den Punkt gebracht. Seine
klaren Darlegungen ermöglichten eine ebenso klare Antwort:
Bultmann selber versuchte in der Folge, eine konsequente Neuformulierung der Botschaft der Bibel zu erreichen. Er wandte
dabei die sogenannte «existentiale Interpretation» an und stützte sich auf die Existenzphilosophie von Martin Heidegger
(1889–1976). Er wollte die zeitlos gültigen Werte der Bibel aus
ihrer mythischen Hülle herausschälen und für Menschen von
heute neu formulieren. Der Versuch ist außerordentlich ver-
dienstvoll. Leider aber scheint die Neuformulierung wegen ihrer
philosophisch-abstrakten Sprache nicht recht geglückt zu sein;
denn Bultmanns Lösungsversuch ist bloß von Gebildeten
verstanden worden. Die von ihm klar herausgearbeitete Pro-
blemstellung hingegen kann in der Theologie heute nicht mehr
übergangen werden. Bultmann ist – auch wegen seiner histo-
risch-kritischen und religionsgeschichtlichen Arbeiten – zu
einem Meilenstein in der Theologie geworden. Die heutige her-

meneutische Theologie versucht, sein Grundanliegen aufzunehmen und weiterzuführen.

Während der Teufel seit einigen Jahrzehnten in der Verkündigung der Kirche mit Rücksicht auf das positivistische Weltbild immer mehr in den Hintergrund getreten ist und «abtransportiert» wurde (Abb. 5), gewinnt er im neuen Weltbild der Tiefenpsychologie wieder an Wichtigkeit, allerdings nicht mehr als «Leibhaftiger», sondern als Symbolfigur. Er symbolisiert dort einerseits die Stimme der Versuchung, andererseits die Quintessenz des Schattens der christlich-abendländischen Kultur.

Abb. 5   Bischof, Pfarrer und Teufel. Zeichnung: Jals (© Löwensteiner Cartoon Service).

Dschungel der Esoterik

Die traditionellen Religionen und Kulturen stecken heute in einer tiefen Krise. Überall herrschen Auflösungserscheinungen, welche durch fundamentalistische Wellen oder äußerliche Erneuerungen nicht beseitigt werden können. Das entstehende religiöse Vakuum füllt sich zur Zeit mit einer synkretistischen

«Kraut-und-Rüben-Religion» auf, in deren Schmelztiegel die bisherigen Religionen der Menschheit zur Zeit eingeschmolzen werden. Dieser Zustand ist typisch für den Zusammenbruch des archaischen Weltbildes: Die Religiosität hat noch keine neue, unserem technischen Zeitalter wirklich entsprechende Form gefunden; sie irrt darum herrenlos umher und versucht sich an allem festzuhalten, was sich den Anstrich von etwas Neuem zu geben vermag.

Sich seiner angestammten Religion zu entfremden, bedeutet heutzutage nicht mehr – wie noch bis vor etwa fünfundzwanzig Jahren –, areligiös und atheistisch zu werden. Religiös zu sein ist heute wieder «in»; aber die traditionellen «Heilsanstalten» entleeren sich zusehends.

Bekannt ist der nun bald ein halbes Jahrhundert alte Ausspruch von C. G. Jung, bei jeder gründlichen Psychoanalyse während der zweiten Lebenshälfte tauche auch «die religiöse Frage» auf. In diesen Zusammenhang gehört eine vor gut zehn Jahren veröffentlichte Umfrage unter Psychotherapeuten in der Schweiz, welche ergab, daß 80 Prozent der Befragten eine «religiöse Lebenseinstellung» hätten. Auch Religion und Tiefenpsychologie stehen einander heute näher als früher, obwohl keine Rede davon sein kann, daß sie sich gefunden hätten.

Die Zeitschrift «Focus» hat dem Thema «Religiosität ohne Kirchen» im April 1996 eine ganze Nummer gewidmet, und ein Bericht der Tagung vom 11./12. Dezember 1993 in der katholischen Akademie Freiburg im Breisgau trägt den bezeichnenden Titel: «Glauben ohne Kirche.» Im Vorwort dazu steht der programmatische Satz: «Religion hat Konjunktur, Kirche nicht.»

Eine seriöse Studie über die Religiosität der Schweizer aus dem Jahre 1993 hat ergeben, daß sich Religiosität und Kirchlichkeit im Verständnis der Schweizer Bevölkerung immer weiter auseinanderentwickeln. Der Titel der Studie lautet: «Jeder ein Sonderfall?» Religiosität blüht zusehends, während die traditionellen religiösen Institutionen von immer mehr Menschen als «Auslaufmodelle» auf dem religiösen Markt der globalen und postmodernen Gesellschaft betrachtet werden. Die traditionellen Religionen haben mit der zunehmenden Mündigkeit der

Menschen ihre Monopolstellung auf dem religiösen Markt eindeutig verloren.

Solche Ansichten werden, mit großem Publikumserfolg, auch in vielen Filmen vermittelt, so etwa in «Dead Man Walking». Der Film zeigt in der Figur einer Nonne in Straßenkleidern (also ohne den Habitus einer kirchlichen Institution) eine Verkörperung von echter, berührender Menschlichkeit, während der offizielle Gefängnispriester – mit Stehkragen! – nichts bewirken kann.

Der Zerfall des archaischen Weltbildes ist unaufhaltsam. Da die traditionellen Religionen weithin mit dem archaischen Weltbild verknüpft sind, bedeutet der Untergang des archaischen Weltbildes zugleich auch den Untergang der traditionellen Religionen. Weil die Religionen in der Regel konservativ eingestellt sind, ist es eher unwahrscheinlich, daß ihnen die Transformation in eine neue, wirklich zeitgemäße Gestalt der Religiosität gelingen wird. Der Archetyp von «Stirb und Werde», der zur Zeit in diesem Umformungsprozeß der Religiosität konstelliert ist, legt vielmehr die Vermutung nahe, daß eine wirklich zeitgemäße Form von Religiosität nur außerhalb der traditionellen Religionen erschaffen werden kann: Zuerst muß das Alte untergehen, und erst dann kann Neues entstehen. Nicht einmal Papst Johannes XXIII. konnte sich mit seinem «Aggiornamento» in seiner Kirche erfolgreich durchsetzen; nicht einmal der Kapitän selbst vermochte mit der Einberufung des Zweiten Vatikanischen Konzils das Steuerruder seines Schiffes herumzureißen, um dieses auf einen Kurs mit Zukunft zu bringen.

2. «Zwei Seelen, ach! . . .»
   Unerlöstes in unserer Kultur

Gegensätze, welche die abendländische Kultur einst prägten

«... Ich bin kein ausgeklügelt Buch,
Ich bin ein Mensch mit seinem Widerspruch.»
(Conrad Ferdinand Meyer, 1825–1898)

Dieses Wort vom Widerspruch im Menschen, das C. F. Meyer seinem Erstlingswerk *Huttens letzte Tage* als Sinnspruch vorangestellt hat, bildet das Motto für dieses Kapitel. Den Zwiespalt bilden die göttliche und die teuflische Stimme in uns, die in unserer Kultur von Anfang an miteinander im Widerstreit lagen. In der Entwicklung des menschlichen Bewußtseins tritt ab einer gewissen Evolutionshöhe das helle, obere Prinzip zum dunklen, unteren in einen Gegensatz. Das Bewußtsein wird in dieser Phase seiner Entwicklung derart stark vom oberen, lichten Pol angezogen und fasziniert, daß es diesen fortan «Gott» nennt. Der christliche Gott ist eine Lichtgestalt und nach dem spätarchaischen Weltbild «reiner Geist»; das höchste Prinzip ist also «reines, geistiges Licht». Das Geistige ist in der christlich-abendländischen Kultur mit dem hellen, oberen Prinzip verbunden, so daß es scheint, als ob nur das Helle, Lichte und Ätherische göttlich sei. Dem dunklen Prinzip wird weder Geist noch Göttlichkeit zuerkannt (allenfalls ein teuflischer, luziferischer Geist). Das Dunkle, Naturhafte wird im spätarchaischen Weltbild als «bloße Materie» abgewertet, die dem «reinen Geist» widerstrebe. Die dadurch entstehende Gegensatzspannung zwischen dem oberen, geistigen, lichten und dem unteren, materiellen, dunklen Prinzip durchzieht zwar alle höheren Kulturen, weil die Gegensatzspannung von der Bewußtseinsevolution bedingt ist; aber im christlichen Abendland wurde diese seit der Antike durch die Vereinung der griechischen mit der jüdischen Kultur zum abendländischen Christentum noch gesteigert.

Berühmter als das Wort des Schweizer Dichters vom Zürichsee ist der schmerzliche Ausruf Fausts in J. W. Goethes *Faust I* (1808), der bei der Taufe dieses Kapitels Pate gestanden hat:

«Zwei Seelen wohnen, ach! in meiner Brust.»

Schon der griechische Philosoph Platon (427–347 vor Christus) spricht von einem inneren Zwiespalt in der Seele des Menschen. Er vergleicht die Seele des Menschen mit einem ungleichen Pferdegespann: Das eine Pferd, schön und gut, ist der Sitz der höheren, geistigen Leidenschaften; mit dieser Seite strebt der Mensch himmelwärts zum Guten. Das andere Pferd bedeutet den Sitz der sinnlichen Begierden; dieses häßliche Roß versucht, den Wagen unserer Seele ungestüm nieder zur Erde zu ziehen.

Bekannt ist auch der schmerzliche Ausruf des Apostels Paulus über die innere Zerrissenheit des unerlösten Menschen:

«Nicht das Gute, das ich will, tue ich, sondern das Böse, das ich nicht will ... Nach dem inwendigen Menschen habe ich Lust am Gesetz Gottes; ich erfahre aber ein anderes Gesetz in mir, das diesem widerstreitet ... Ich elender Mensch! Wer wird mich erlösen?» (Römer 7,19.22–24)

In diesen Zeilen wird deutlich, wie Paulus das «untere Seelenpferd» als etwas Lebendiges und Mächtiges erfährt, als einen mit einem eigenen Willen begabten seelischen Komplex, der autonom handelt und die Absichten des Ichs durchkreuzt. Paulus nennt diesen unteren Pol der Psyche «das andere Gesetz in mir, das keine Lust hat am Gesetz Gottes»; dahinter steckt der Teufel, der Herr dieser Welt, der die Gedanken der Ungläubigen verblendet (2. Kor. 4,4). Der Teufel ist die Quintessenz, die personifizierte Gestalt des Komplexes der sogenannten «niederen» Seelenkräfte, welche in ihm geballt erscheinen.

In unserem wissenschaftlichen 20. Jahrhundert spricht Sigmund Freud im Zusammenhang mit den widersprüchlichen Strebungen in unserer Seele vom «Es» und vom «Über-Ich», zwei seelischen Instanzen, deren grundverschiedene Forderungen unserem armen und geplagten Ich oft schwer zu schaffen machten. «Zwei Seelen, ach! ...» also auch hier, wie bei J. W. Goethe, dem von Freud zeitlebens bewunderten Dichter.

Wie immer diese gegensätzlichen Seelenkräfte in uns benannt werden – stets liegt ihnen dieselbe für unsere abendländische Kultur typische massive Gegensatzspannung und Unerlöstheit des Menschen zugrunde. Woher rührt diese übermäßige Spannung in der abendländischen Seele?

Sie hat mit der Entfaltung des rationalen Denkens zu tun, welches bei kulturell hoch entwickelten Völkern in der ganzen alten Welt ab etwa 500 vor Christus immer mehr zum Tragen kam. Diesen Durchbruch des rationalen Denkens erkannte der Soziologe und Philosoph Max Weber (1864–1920) als erster; er nannte diese Zeit die «Achsenzeit». Der Begriff der «Achsenzeit» wurde durch den Psychiater und Philosophen Karl Jaspers (1883–1969) aufgenommen und weiterverbreitet.

Seit etwa dem sechsten Jahrhundert vor Christus erfolgte im Nahen und Fernen Osten in alten Hochkulturen, deren Bewußtsein bereits recht gut differenziert war, ein Durchbruch des rational-logischen Denkens. Junge Menschen – Angehörige der kleinen Elite der Herrschenden – wurden fortan entsprechend geschult: Der Dolch ihres Intellektes wurde geschliffen und geschärft. Da liegt die tiefste Wurzel der Kopflastigkeit unserer heutigen Kulturen. Im Zuge dieser Entwicklung wurden das Irrationale und die alten mythischen Traditionen, Ahnungen und Intuitionen, abgewertet. Nun wurde von der kleinen Kaste der Gebildeten dem «klaren Kopf» gehuldigt. Diese neue, auf der Logik aufbauende geistige Verfassung wurde im wesentlichen von Männern getragen und auch als für Männer typisch empfunden. Im logischen Denken geschulte Männer gewannen langsam Einfluß auf die herrschenden offiziellen Traditionen. Je mehr das öffentliche Leben von dieser neuen progressiven Geistesverfassung geprägt wurde, desto mehr wurden die in der Regel im neuen Denken nicht geschulten Frauen in den Hintergrund gedrängt; das Wesen des Weiblichen stand zum neuen «männlichen» Denken scheinbar im Gegensatz. Psychologisch ausgedrückt: Auf die Frauen wurde nun der untere psychische

Pol projiziert, während sich die gebildeten Männer stolz mit dem oberen ätherischen Pol identifizierten, der ihnen viel wertvoller als der untere, erdverhaftete und dunkle Pol erschien.

Die mit dem Rationalismus verbundene Mentalität bezeichne ich als «Patriarchat». Das patriarchal geprägte Bewußtsein will Logik, Klarheit und Geradlinigkeit; es fordert einen Willen, der das als logisch Erkannte durchzusetzen bereit ist, ohne Rücksicht auf irgendwelche Gefühle und Traditionen. Das kühne männliche Ich darf die Klarheit des logischen Denkprozesses nicht von Gefühlen trüben lassen. Das patriarchale Denken ist von der Logik derart fasziniert, daß es nicht merkt, wie armselig, dürr und grau das Leben wird, wenn es die Vorherrschaft in der Gestaltung des gesellschaftlichen Lebens erhält. Es ist ein noch unreifes Denken, welches das Gefühl und die Intuition nicht als gleichwertige Prinzipien neben sich gelten läßt, sondern diese dominieren will. So kommt es zur Schattenbildung, bei der das Untere, Dunkle abgewertet wird.

Leider sind die Begriffe «Matriarchat» und «Patriarchat» von vielen unbewußten Projektionen durchsetzt. Viele von denen, welche diese Begriffe verwenden, denken dabei in erster Linie an vordergründige Machtkämpfe zwischen Frauen und Männern. Aber wir müssen tiefer ansetzen: Diese beiden Begriffe bezeichnen hier eine innere geistige Verfassung, die Prägung unseres Geistes durch eine bestimmte Phase in der Entwicklung des menschlichen Bewußtseins. Das «Matriarchat» stellt die Ursprungsphase dar, in welcher sich das Bewußtsein noch nicht zum Gegenpol des Unbewußten emporgeschwungen hatte, sondern sich von diesem weitgehend noch hatte führen lassen. Im «Patriarchat» hingegen traten die beiden seelischen Systeme des Bewußtseins und des Unbewußten auseinander, woraus sich die für das Patriarchat typische Gegensatzspannung ergab. Da die Gegensatzspannung in der abendländischen Kultur übertrieben wurde, müssen wir heute wieder lernen, das Bewußte und das Unbewußte kooperieren zu lassen.

Im allgemeinen neigen wohl mehr Männer als Frauen zu einem patriarchalen Denken, in welchem das Kühle und Abstrakte überwiegt. Aber im Einzelfall ist dies oft anders. Das heutige öffentliche Leben ist immer noch überwiegend patriarchal geprägt, auch wenn immer mehr Frauen mitbestimmen; denn es machen leider oft solche Frauen Karriere, deren Geistesverfassung als «patriarchal» bezeichnet werden kann.

Insbesondere die griechische wie die jüdische Kultur waren von der «Achsenzeit» an zunehmend patriarchal geprägt. Im Blick auf die Bewußtseinsevolution sind die beiden Kulturen also geistesverwandt. Die Unterschiede zwischen ihnen werden in der Regel so stark betont, daß ihre grundsätzliche Verwandtschaft durch dieselbe Höhe der Bewußtseinsevolution nicht mehr sichtbar wird. Durch ihre gegenseitige Verbindung in der Antike – woraus die christliche Kultur entstand – wurde das patriarchale Element vollends dominant und damit die Gegensatzspannung massiv verstärkt.

Wir spüren dieser Gegensatzspannung zunächst im Mythos des Engelsturzes nach.

Satan: Der Mythos vom Engelsturz

Hieronymus Bosch – ein persönliches «Brainstorming»

Wir beginnen diesen Abschnitt über den Gegensatz im christlichen Gottesbild mit der Betrachtung eines Bildes von Hieronymus Bosch (1450–1516). Es zeigt einen Ausschnitt aus seinem «Jüngsten Gericht» (den linken Flügel des Triptychons): «Der Engelsturz» (Abb. 6). Das Original ist in der Akademie der bildenden Künste in Wien zu sehen. Der Mythos schildert, wie Luzifer oder Satan aus dem Himmel gestürzt wurde, weil er sich Gottes Gebot widersetzt hatte.

Ich möchte meine Ausführungen zum Mythos vom Engelsturz (siehe dazu S. 78 f.) mit persönlichen Assoziationen beginnen. Ich schreibe mein «Brainstorming» unzensuriert so nieder, wie es in mir aufsteigt. Dazu eine vielleicht nützliche Vorbemerkung:

Es geht in diesem Abschnitt um Kritik an einem Gottesbild. Das Bild, das sich jemand von Gott macht, hängt vom Stand seines Bewußtseins ab. Ein Gottesbild ist immer etwas Vorläufiges, das sich mit dem Wandel des Bewußtseins im Laufe des persönlichen Lebens oder gar einer Epoche verändert. Wenn ich mich im folgenden kritisch über ein bestimmtes Gottesbild äußere, bedeutet das natürlich nicht, daß ich mich gegen Gott selber wende. Aber ich werde ein Gottes*bild* recht hart angreifen, das ich für überholt und gefährlich halte. Es ist gut möglich, daß ich damit auch Ihr Gottesbild angreife und Sie damit verletze; die Tiefe der Verletzung nimmt zu mit dem Grad Ihrer Identifizierung mit diesem Gottesbild.

Wenn Sie das Bild von Hieronymus Bosch betrachten, runzeln Sie vielleicht die Stirne: «Warum soll das kein schönes Bild sein?» Der erste Blick zeigt auch nichts Verdächtiges: Gott der

Abb. 6 «Der Engelsturz»; Ausschnitt aus dem Triptychon «Das Jüngste Ge-richt» von Hieronymus Bosch (Akademie der bildenden Künste, Wien).

Allmächtige, Allwissende, Vollkommene, Gütige und Barmherzige sitzt auf seinem himmlischen Thron in der Höhe, in herrlichem Lichtglanz, wie sich's gehört, von einer strahlenden Mandorla umgeben und von unzählbaren Lichtengeln umschwebt.

Schon ein zweiter Blick läßt einen aber stutzig werden: Da tobt zu Gottes Füßen, im Kontrast zur Ruhe und Majestät des Herrn der Heerscharen, ein fürchterlicher Kampf. Eine heftig umkämpfte Schlacht in Gottes allernächster Nähe: Was ist da zum Teufel los? Doch beruhigen wir uns: Es kann ja nichts Schlimmes sein; denn Gott sitzt so sicher und gelassen auf seinem goldenen Thron. Vielleicht handelt es sich bloß um ein harmloses Geplänkel? Vielleicht sind die Engel etwas übermütig und raufen sich wie junge Katzen? Gott ist schließlich der Allmächtige – und erst noch allwissend, gütig und gerecht. Und doch: Was für ein fremder, beunruhigender Gedanke: Gott scheint – die Fechterei vor seinen Füßen zeigt es – nicht unangefochten zu sein. Aber er thront gelassen über dem Schlachtlärm. Wie ist es möglich, so ruhig dazusitzen, wenn eine Schlacht vor den eigenen Füßen im Gang ist, bei der es um das Leben von Geschöpfen geht, die man einst in allwissender Liebe und Güte selber erschaffen hat? Da kann etwas nicht stimmen! Warum greift Gott nicht ein ins Getümmel? Warum zeigt er keine Gefühle, sondern thront unnahbar auf seinem goldenen Sitz? Läßt das Gemetzel ihn kalt? Oder versucht er mühsam, Fassung zu bewahren? Ist seine Gelassenheit am Ende bloß Schein und Mache? Ein schrecklicher Gedanke: Spielt Gott vielleicht nur den Allmächtigen und Allwissenden, ohne es wirklich zu sein? Denn selbst wenn Gottvater die gegnerische Attacke scheinbar souverän abzuwehren verstünde – es gibt sie trotzdem: die Rebellion gegen ihn.

Ein Aufstand im Himmel. Revolution, Bürgerkrieg. Ist der Teufel los? Gegner – das hebräische «Satan» bedeutet nichts anderes als ebendies: «Gegner» –, satanische Gesellen erheben sich kühn gegen Gottvater, den Allmächtigen, Allwissenden und Vollkommenen. Wie ist das möglich; wie kann dem Allmächtigen und Allwissenden, der in weiser Voraussicht und Liebe alles erschaffen hat, so etwas passieren? Da ist was faul im Staate Dänemark!

Widerstand gegen Gott – noch wird die Revolution niedergeschlagen, scheinbar souverän. Es wird aufgeräumt im Himmel, gründlich Ordnung gemacht. Eine Säuberungsaktion im Namen Gottes ... Gräßliche Kapitel aus der Geschichte tauchen auf: Gottes Saubermacher! Warum konnte im allmächtig, allwissend und gütig gelenkten Himmel überhaupt ein Aufstand entstehen?

Werfen wir nochmals einen Blick auf das Bild: Die Rebellen werden von einer unzählbaren Leibwache, die offensichtlich kampferprobt ist, mühelos abgewehrt. Ein strategisch einwandfrei geführter Abwehrkampf. Gratuliere, General, zur sauberen Leistung! Ein solcher Gegenschlag – das habe ich in den fünfunddreißig Jahren gelernt, in denen ich in der Schweizer Armee Militärdienst geleistet habe – kann aber nicht aus dem Stand organisiert und ausgeführt werden; so etwas braucht eine von langer Hand gut durchdachte Organisation mit allem Drum und Dran, und es braucht Training und Drill, um die militärischen Formationen fit zu machen und schlagkräftig zu erhalten.

Jetzt aber stürmen Fragen entfesselt daher:

«Wer führt Gottes Leibgarde an? Warum braucht es eine militärische Ausbildung im Reich der Liebe? Was hat der Allmächtige und Allwissende zu befürchten, daß er sich eine Armee halten muß? Im Himmel wird also nicht nur jubiliert, nicht nur psalmodiert und Harfe gespielt, sondern auch militärisch exerziert – mit Drill und Feindbild selbstverständlich (denn ohne Feindbild läßt sich bekanntlich niemand dazu verführen, den ‹Ernstfall› zu üben)! Wie aber konnte ein Feindbild im Klima der Liebe gedeihen? Ist es am Ende doch nicht so langweilig im Himmel, wie alle sagen? Mit was für Exerzitien haben wohl die himmlischen Heerscharen das professionell vollzogene Gemetzel eingeübt? Was für ein Geist herrschte beim Drill dieser schlagkräftigen Truppe des Herrn der Heerscharen? Was für ein Offizier ist ihr Ausbildungschef? In welchem Rang steht er? Wem ist er direkt unterstellt? Was ist sein eigener Herrschaftsbereich, und wo sind die Grenzen seiner Macht? Wie sieht überhaupt das himmlische Organigramm aus; gibt es da auch eine Verteilung der Chargen in eine geistliche und eine militante Abteilung? Wo befinden sich die Kasernen und die militärischen Exerzierfelder des Chefs, wo die

Waffenschmieden, die Zulieferanten und die himmlischen Zeughäuser? Was tut die Armee, wenn nirgends der Teufel los ist? Könnte der himmlische General Gott vielleicht dessen Thron streitig machen? Oder ist am Ende der Allmächtige selbst der Exerzier- und «Schlauchmeister»? Bildet er vielleicht – wohl eher nachts, an einem geheimen Ort – höchstpersönlich seine schlagkräftigen Truppen aus, und tagsüber sitzt er gelassen auf seinem Thron? Verständlich, daß er so ruhig dasitzen kann, wenn er weiß, was für Prachtkerle für ihn im Notfall das Schwert zu führen verstehen! Ist die Propagierung von Gottes Allmacht, Allwissenheit, Güte und Liebe vielleicht nur PR-Werk, raffiniert aufgemachte Propaganda? Hat Gott in Wirklichkeit zwei Seiten: eine gütige sowie eine grausame? Ist sein Verhalten doppelbödig und seine Liebesbotschaft doppelzüngig? Weiß seine Linke, was die Rechte tut? Ist Gott in sich selber gespalten?»

Wir werfen einen letzten Blick auf das Bild von Hieronymus Bosch:

Während ihres Sturzes in die unteren Regionen verwandeln sich die aufmüpfigen Rebellen – angeblich alle einst gut und schön erschaffene Lichtengel – in dunkle, insektenartige Dämonen, von denen inskünftig auf der Welt die sattsam bekannten Übel ausgehen werden: Krankheiten, Pest und Tod, Mißernten, Unwetter, Kriege, menschliche Bosheit, Geilheit und Zügellosigkeit, Mord und Totschlag, Herrschsucht, Lügen und Intrigen – kurz: der ganze Schatten des menschlichen Lebens, der unter der Herrschaft des obersten Dämonenfürsten, des Teufels, steht. Die unheimlichen, widerlichen Viecher tauchen zusammen mit Kröten, Käfern und zahllosen schrecklichen Untieren als destruktive Mächte, Abgesandte des Teufels, in vielen Bildern von Hieronymus Bosch auf. Das Dämonische, Böse, Unheimliche und Satanische ist auf den Gemälden dieses sensiblen Malers allgegenwärtig.

Auf unserem Bild wird gezeigt, woher das Dunkle, Abgründige, Widerliche und Schreckliche im Leben stammt: nämlich aus Gottes unmittelbarer Nähe. Das Dunkle und Unverstehbare am Leben ist das Ergebnis einer mythischen himmlischen Schlacht am Schöpfungsmorgen.

Je weiter sich die aus dem Himmel Gestürzten von Gott entfernen, desto gräßlicher werden sie. Es scheint, Gott dulde das Häßliche, Gräßliche, Böse und Destruktive nicht in seiner unmittelbaren Nähe. Merkwürdig aber ist, daß das Dunkle und Wüste in einiger Entfernung von ihm dann doch leben und wüten darf. Was kommt darin zum Ausdruck? Möchte Gott ganz einfach nicht gestört werden auf seinem Thron? Warum scheint ihn das Destruktive, Zerstörerische und Satanische nur dann zu stören, wenn es ihm unter die eigenen Augen kommt? Kümmert ihn denn das Elend in der Ferne nicht? «Aus den Augen, aus dem Sinn»: Gilt das auch für den Allwissenden? Ist dieser Gott vielleicht gar nicht konfliktfähig, so wenig wie ein großer Teil seines Bodenpersonals?

Der Mythos vom Engelsturz ist voller Widersprüche, wenn man sich erlaubt, gewisse Fragen zu stellen. Denn wie kann aus einer gütigen Allmacht plötzlich Böses kommen? Das ist unlogisch. Doch wo liegt der Denkfehler? Warum muß überhaupt behauptet werden, Gott sei gut, gerecht, allmächtig, allwissend und vollkommen? Läßt sich am Ende ein solcher Gott besser verkaufen als einer mit zwei Gesichtern und zwei Seelen, ach!, in seiner Brust? Wird der christliche Gott als «summum bonum» angepriesen, weil man mit einem solchen Gott mehr Publikumserfolg hat als mit einem, der dem Menschen nicht nur gut, sondern bisweilen auch übel will? Ist aber ein solcher Glaube nicht «Opium fürs Volk», wie Karl Marx (1818–1883) es formuliert hat? Fördert er nicht eine kindliche Naivität des Menschen, lullt er ihn nicht ein in ein trügerisches, illusionäres Bild vom Leben, das den Menschen daran hindert, wirklich erwachsen zu werden und dem Leben nüchtern und unerschrocken entgegenzutreten?

Hieronymus Bosch hat an der Schwelle zur Neuzeit ein Gottesbild dargestellt, das vielleicht auch ihn selber nicht mehr zu befriedigen vermochte. Die Schattenseiten Gottes, die er selber wohl geahnt hat, habe ich in meiner Schilderung kräftig hervorgehoben. Dieses einseitig lichte, nur helle Gottesbild ist heute überholt. Der Gottvater von Hieronymus Bosch benimmt sich wie gewisse Kirchenfürsten heute noch: Nach außen hin muß alles schön glänzen. Man sitzt im «christlichen Freundlichkeits-komplex» drin, während im verborgenen nebenan Schlachten geschlagen werden. Die Außenseite, die Persona, ist makellos. Aber im Schatten, in den inneren Gemächern der kirchlichen Paläste und in den Herzen der Kirchenfürsten, toben perfide Intrigen und Machtkämpfe. Wollte Hieronymus Bosch gar etwas von dieser Schöntuerei darstellen?

Ich möchte diese Bildbetrachtung abschließen mit einigen Gedanken zum Gesamtwerk von Hieronymus Bosch:

Die Allgegenwart des Bösen und Destruktiven in den Bildern dieses sensiblen, hochbegabten Künstlers stellt uns vor die Frage, ob sich nicht in der Seele des Künstlers, wohl hauptsächlich unbewußt, ein Wandel im traditionellen mittelalterlichen Gottesbild angebahnt habe. Ihn haben, angesichts des damals weit herum herrschenden Elends in der Welt und in Anbetracht der Reformkonzilien und der brennenden Scheiterhaufen der kirchlichen Inquisition, wohl Zweifel an der Liebe und Güte des Allmächtigen umgetrieben: «Wie kann man mitten im Elend dieser Welt noch an einen gütigen Vater im Himmel und dessen Heilige Apostolische Kirche glauben?» Das Werk von Hieronymus Bosch zeugt nach meinem Verständnis von einem Riß im traditionellen Gottesbild, der uns heute noch zu schaffen macht. Die Frage wird ja oft gestellt: «Wie kann man angesichts von Auschwitz und anderen Bestialitäten unseres Jahrhunderts noch an Gott glauben?»

Wir wissen, daß Hieronymus Bosch Mitglied der religiösen Bruderschaft «Unserer Lieben Frau von 's Hertogenbosch» war, also persönlich religiös interessiert und engagiert. Er kannte die religiösen Motive, die für einen Maler damals «in» waren, nicht nur als Fachmann der Maltechnik, der er wahrhaftig auch war. Mir scheint, er habe am einseitig hellen Gottesbild gelitten. Vielleicht habe ich mit meinem schattenhaften «Brainstorming» das ausgesprochen, was Hieronymus Bosch angesichts des Leidens seiner Zeit zwar geahnt, aber nicht klar zu denken und – die vielen Scheiterhaufen für Hexen und Ketzer vor Augen – schon gar nicht offen auszusprechen gewagt hat.

Augustinus

Der «Engelsturz» war ein im Mittelalter weit verbreiteter Mythos, der seiner Zeit Antwort gab auf die Herkunft des Bösen: Alle Bosheit auf Erden stammte letztendlich vom Ungehorsam des Engels Luzifer oder Satan.

Auch der Kirchenvater Aurelius Augustinus (354–430 nach Christus), der die mittelalterliche Theologie maßgeblich beeinflußte, befaßte sich eingehend mit diesem Mythos von der Herkunft des Bösen. Er versuchte, dieses schwierige Problem durch einen Kunstgriff zu lösen: Er behauptete, das Böse sei keine Wirklichkeit aus sich selbst heraus, sondern bloß eine Verminderung des wirklichen Seins, und das Sein sei an sich prinzipiell gut. Denn, argumentierte er, die einzig wahre Fülle des Seins, Gott, sei ja auch die Fülle des Guten. Das Böse in der Welt hat nach Augustinus also keine bis auf den Ursprung zurückreichende eigenständige Wurzel wie das Gute; sondern das Böse ist für ihn lediglich eine «privatio boni», das heißt die Abwesenheit des Guten und damit Gottes: «Malum nihil est aliud quam naturalium privatio bonorum» (das Böse ist nichts anderes als die Abwesenheit des Natürlichen und Guten). Diese Ansicht ist geprägt von der weltweit verbreiteten Vorstellung, daß ganz am Anfang alles viel besser gewesen sei, die Welt sich aber im Verlaufe der Zeit immer mehr verschlechtert habe. Diese Vorstellung von einem ursprünglichen Goldenen Zeitalter, das dann immer mehr verkommen sei, prägt auch heute noch viele Menschen.

Die Ansicht des Augustinus mindert die Wirklichkeit des Bösen in unserer menschlichen Welt; sie schwächt unsere Abwehrkraft gegen das Böse, unseren «Meidinstinkt». Augustinus wurde unter den vier maßgebenden lateinischen Kirchenlehrern (Ambrosius, Augustinus, Hieronymus und Gregor) der einflußreichste. Da das Studium der Theologie im Mittelalter vorwiegend im Auswendiglernen der Ansichten der großen Kirchenlehrer bestand, wurde die Ansicht des Augustinus für die gesamte christliche Kirche der nächsten tausend Jahre maßgebend – für die katholische Kirche ist sie es bis zum heutigen Tag geblieben: Da Gott als «summum bonum» alles erschaffen hat, was ist, und da diesem guten Gott allein das wahre Sein zukommt, besitzt das Böse in der Welt letztlich keine eigene Wirklichkeit. Diese Lehre ist gefährlich; denn sie bagatellisiert die wirkliche Macht des Bösen unter den Menschen. Sie macht naiv und damit unfähig zum Kampf gegen das, was einen bedroht. Das Böse wird verharmlost und bagatellisiert: «Reg dich doch nicht auf! Es geht vorüber; denn Gott und das Gute werden sich letztlich schon durchsetzen, da ja nur ihnen wirkliches Sein zukommt.» Wegen solcher Wunschbilder ließ sich schon mancher als Schaf zur Schlachtbank führen. Zu spät gingen ihm die Augen auf.

Woher kommt das Böse nach Augustinus? Da es nicht von Gott herrühren darf, muß es vom Widerpart Gottes kommen, von bösen Geistern und Dämonen, jenen dunklen Geschöpfen Gottes, die einst von ihm als gute und lichtvolle Engel erschaffen worden sind. Wie aber kann von einst guten Geschöpfen Gottes plötzlich Böses kommen? Das ist logisch unerklärlich.

Augustinus wußte sich nicht anders zu helfen, als daß er Zuflucht nahm zum sogenannten «freien Willen». Die Geschöpfe seien zwar alle einst gut gewesen, sagte er; aber Gott habe ihnen (vielleicht in einer doch nicht ganz allwissenden Naivität?) so sehr vertraut, daß er seine lieben und guten Geschöpfe mit einem freien Willen begabte. Und dieser freie Wille wurde nun für Augustinus zum Tor, durch welches das Böse in die ursprünglich nur gute Welt Eingang finden konnte – wie das Böse in den freien Willen hineingelangen konnte, darf man in der katholischen Kirche freilich nicht fragen! Der Hinweis auf den freien Willen war für Augustinus der rettende Einfall zur Lösung des Theodizee*-Problemes. Mit seinem freien Willen hatte sich der ursprünglich gute Lichtengel Luzifer (= «Licht-Träger») in der Frühe des Schöpfungsmorgens von Gott losgesagt und zum Satan (= Gegner) gemacht. Er setzte sich an die Spitze von Dämonen, die einen Aufstand gegen Gott anzettelten und darum aus dem Himmel hinausgeworfen wurden.

---

* Rechtfertigung Gottes angesichts des Bösen in der Welt. (s. u. S. 158 ff.)

Warum es aber zu dieser Rebellion der einst gottergebenen, guten Lichtengel gekommen sei, wußte selbst Augustinus nicht anzugeben. Er versuchte die lästigen diesbezüglichen Fragen mit dem Hinweis auf die «geheimen erzieherischen Pläne Gottes» vom Tische zu fegen: Das Böse habe kommen müssen, damit die Menschen erlöst werden konnten ...

Was nun am Schöpfungsmorgen im Himmel geschehen sei, fährt Augustinus fort, das habe später im Paradies mit Adam und Eva seine Fortsetzung gefunden: So wie Luzifer und dessen Diener waren nach Augustinus auch Adam und Eva ursprünglich von Grund auf als gute Wesen erschaffen worden, als Ebenbilder Gottes. Aber auch sie hätten einen freien Willen bekommen. Damit aber hätten sie sich entschieden, auf die Stimme der Schlange (= des Teufels!) zu hören. Durch diesen freien Willensentschluß wurden Adam und Eva «korrupt». Ihre Natur wurde insofern beschädigt, als ihre Kraft des Strebens zum Guten fortan empfindlich geschwächt wurde. Diese Schwächung des Willens zum Guten, welcher andererseits eine Verstärkung der Neigung zum Bösen entsprach, vererbten Adam und Eva an ihre Nachkommen bis zum Jüngsten Tage. Das ist die Wirkung der sogenannten «Erbsünde».

Diesem traurigen Zustand sind die Menschen aber dank der Gnadenmittel der Kirche nicht einfach hilflos ausgeliefert: Sie können nämlich durch diese vor der verderblichen Wirkung der Erbsünde – wie durch eine prophylaktische Impfung – geschützt und in den ursprünglichen Stand von Adam und Eva vor dem Sündenfall zurückversetzt werden, so daß sie das Gute wieder mit ungebrochener Kraft und freiem Willen erstreben können. Dieses Gnadenmittel ist das erste von fünf beziehungsweise von sieben, die den Menschen im Laufe ihres Lebens durch die Kirche vermittelt werden: die Taufe.

Augustinus fand die Gedankengänge von der Erbsünde und der Befreiung davon in der Tradition bereits weitgehend vor; er hat sie aber dank seinem immensen Denk- und Formulierungsvermögen zu einer einheitlichen Schau zusammenzufassen vermocht. Die mythischen Anschauungen müssen in der katholischen Kirche bis heute von jedem Gläubigen archaisch-konkretistisch für wahr gehalten werden. Eine symbolische Auslegung dieses Mysteriums ist nicht gestattet.

Der schriftliche Ursprung der Lehre vom «Engelsturz» findet sich in jüdischen Schriften, die im zweiten und ersten Jahrhundert vor Christus verfaßt wurden; die mündliche Tradition dieses Stoffes wird wohl einige Jahrhunderte älter sein. Die genannten Schriften haben weder in der jüdischen noch in der christlichen Tradition jemals die Dignität von heiligen Schriften erhalten, was aber keineswegs bedeutet, daß sie auf das Judentum und die Christenheit deswegen weniger Einfluß gehabt hätten als die anerkannten heiligen Schriften der hebräischen und der christlichen Bibel. Gerade die Geschichte vom Engelsturz war im Altertum und im Mittelalter unter Juden und Christen weit verbreitet und beliebt. Eine Fassung davon ist uns überliefert in der apokryphen Schrift *Leben Adams und Evas*. Dieses Werk dürfte im ersten Jahrhundert vor Christus entstanden sein. Es geht auf ein hebräisches Original zurück, das uns aber nur in verschiedenen Übersetzungen überliefert ist. Die wichtigste davon ist lateinisch verfaßt: «Vita Adae et Evae». Darin erzählt der Teufel dem erstaunten Adam, daß dieser, Adam, die Ursache für den Engelsturz gewesen sei:

Nachdem Gott nämlich den Menschen nach seinem Ebenbild geschaffen hatte, war der Mensch ein herrliches Geschöpf, wunderbarer sogar als selbst die Engel. Deswegen sollten die Engel nicht nur Gott, sondern auch dem Menschen Reverenz erweisen. Michael und die ihm unterstellten Engel taten dies sogleich gehorsam; der offenbar über mehr Eigenständigkeit verfügende Engel Luzifer/Satan aber weigerte sich, dem Menschen Verehrung entgegenzubringen. Deswegen wurde er mitsamt seinem Gefolge aus dem Himmel hinausgeworfen. Adam blieb weiterhin im Himmel, und ihm wurde fortan von allen im Himmel verbliebenen Engeln die befohlene Huldigung entgegengebracht. Darob aber wurde der aus dem Himmel hinabgestürzte Luzifer/Satan wütend. Er konnte das Glück Adams nicht mitansehen. Voller Neid sann er darauf, wie er Adam zu Fall bringen könnte. Dabei kam er auf die Idee, er könnte, in der Gestalt einer Schlange, Eva verführen. Im Wortlaut dieses Berichtes aus

dem Himmel erzählt Satan dem erstaunten Adam, mit dem er
spricht wie mit einem guten alten Freund (sie kennen sich ja
auch schon von Ewigkeit her!):

«Und Michael kam und rief allen Engeln zu: ‹Verehret Gottes Ebenbild, wie Gott es uns befiehlt!› Michael verehrte Adam sogleich.
Dann sprach er mich an und sagte: ‹Verehre auch du Gottes Ebenbild!› Ich aber antwortete: ‹Ich will Adam nicht verehren.› Michael
drang in mich. Ich erwiderte: ‹Was drängst du mich? Ich werde den
ganz sicher nicht verehren, der jünger und geringer ist als ich. Ehe
er geschaffen ward, ward ich geschaffen. Wenn schon, dann müßte
Adam mich verehren.›

Meine Engel, die mir unterstanden, pflichteten mir bei. Da sagte
Michael: ‹Satan, ein letztes Mal – verehre Gottes Ebenbild! Tust du
es nicht, wird Gott in Zorn geraten deinetwegen.› Ich: ‹Soll er! Dann
werde ich meinen eigenen Thron über des Himmels Sterne stellen
und mich dem Höchsten gleich machen.›

Darob wurde Gott sehr zornig. Er verbannte mich mitsamt meinen Engeln aus seiner Herrlichkeit, und wir wurden deinetwegen aus
unseren himmlischen Wohnungen vertrieben, auf diese Welt hinab,
auf diese Erde hier. Wir aber waren sehr betrübt, weil wir all unsrer
Herrlichkeit entblößt waren. Besonders grämte uns, dich in Freud
und Wonne unter den Engeln im Himmel leben sehen zu müssen. So
umgarnte ich mit List dein Weib und brachte es so weit, daß du aus
deiner Freude und Wonne ihretwegen wardst vertrieben, so wie einst
ich deinetwegen aus meiner Herrlichkeit vertrieben ward.» (Zusammenfassung aus: Leben Adams und Evas, Kap. 14–16.)

Der Engelsturz in der Lehre der katholischen Kirche

Die katholische Kirche folgt in ihrer Lehre von der Herkunft des
Bösen, der Dämonen und des Teufels diesem Mythos getreulich
bis zum heutigen Tag, während die evangelisch-reformierte
Dogmatik solche Geschichten in den letzten hundert Jahren im
allgemeinen als «wertlose Mythen» beiseite geschoben hat; die
evangelische Kirche kulminiert im Umgang mit diesen Mythen
im «Entmythologisierungsprogramm» von Rudolf Bultmann.
Die katholische Kirche hingegen bleibt ihrer apostolisch-mythi-

schen Tradition treu. Wer Anfang der 60er Jahre freudig glaubte, das II. Vatikanische Konzil werde in diesem Punkt eine Änderung bringen, sah sich in den 80er Jahren arg enttäuscht. Es wird den Vertretern der katholischen Kirche zwar kein Anti-Modernisteneid mehr abverlangt; aber die mythische Lehre wird von Rom nach wie vor «rein» bewahrt und darf weiterhin nur archaisch-konkretistisch gedeutet werden.

Nach Herbert Haag lautet die verbindliche Ansicht der katholischen Dogmatik in der Frage der Herkunft nach dem Bösen bis 1970:

Zur Erklärung der Herkunft des Bösen bleibt nur die Legende vom Engelsturz. Obwohl sich diese Lehre nur auf außerbiblische Schriften stützen kann, wurde sie zum Glaubenssatz deklariert, d. h. als für alle Gläubigen verbindlich erklärt. Wer nicht daran glaubt, schließt sich aus der Kirche aus.

Worin besteht nach verbindlicher katholischer Lehre nun die Sünde der gefallenen Engel? Die Antwort der Kirchenlehrer lautet ziemlich einmütig: «Die Sünde der gefallenen Engel war eine Sünde des Stolzes.» Für den Theologen Brinktrine sind Engelsünde und Engelsturz «das gewaltigste Geschehen, das sich je in der Schöpfung ereignet hat: Was sind alle Kämpfe und Kriege auf Erden gegen den Kampf in der Geisterwelt am Schöpfungsmorgen!» ruft er aus.

Der Sünde der Engel folgte nun die Strafe auf dem Fuß. Es ist Glaubenssatz, daß die Sünde der Engel mit dem Verlust der Gnade und der sofortigen Verstoßung in die Hölle bestraft wurde, aus der es keine Erlösung mehr für sie gibt (gegen Origenes). Die Hölle ist aber vorläufig nicht die ausschließliche Bleibe der bösen Geister. Diese können sich bis zum Jüngsten Tag, mit Zulassung Gottes, auch außerhalb der Hölle aufhalten, nämlich «auf Erden».

Die Wirksamkeit der gefallenen Engel besteht vor allem darin, daß sie die Menschen zur Sünde verführen. Weil die erste Sünde durch den Teufel gewirkt wurde und diese die Ursache aller weiteren Sünden ist, geht indirekt jede Sünde auf den Aufstand der Engel unter der Leitung Satans zurück.

Eine weitere Wirkung der gefallenen Engel ist die Besessenheit.

Nicht nur der Mensch allein, sondern die ganze Schöpfung wurde durch den Aufstand der ungehorsamen Engel in Mitleidenschaft gezogen (L 5, Zusammenfassung der Seiten 42–51).

Auch der neue, für die ganze katholische Welt verbindliche «Katechismus der katholischen Kirche» von 1993 steht noch ganz in der mythischen Tradition, welche in diesem Lehrbuch für die Kirche in aller Welt mit großer Klarheit dargestellt wird. Dieser Katechismus ist meines Erachtens die beste Zusammenfassung des christlichen Glaubens, welche die römisch-katholische Kirche auf der Grundlage des archaischen Weltbildes bisher erarbeitet hat (ob das Ganze noch zeitgemäß sei, ist freilich eine andere Frage). Hier die Darstellung des Engelsturzes in den §§ 391–393 (der gesamte christliche Glaube wird in 2865 Punkten übersichtlich zusammengefaßt):

«Der Fall der Engel

§ 391 Hinter der Entscheidung unserer Stammeltern zum Ungehorsam steht eine verführerische widergöttliche Stimme, die sie aus Neid in den Tod fallen läßt. Die Schrift und die Überlieferung der Kirche erblicken in diesem Wesen einen gefallenen Engel, welcher Satan oder Teufel genannt wird. Die Kirche lehrt, daß er zuerst ein von Gott erschaffener guter Engel war. ‹Die Teufel und die anderen Dämonen wurden zwar von Gott ihrer Natur nach gut erschaffen, wurden aber durch sich selbst böse.› (4. Konzil im Lateran, 1215.)

§ 392 Die Schrift spricht von einer Sünde der gefallenen Engel. Ihr ‹Sündenfall› besteht in der freien Entscheidung dieser geschaffenen Geister, die Gott und sein Reich zurückwiesen.

§ 393 Wegen des unwiderruflichen Charakters ihrer Entscheidung ... kann die Sünde der Engel nicht vergeben werden. Es gibt für sie nach dem Abfall keine Reue, so wenig wie für die Menschen nach dem Tode.»

Satan in der hebräischen Bibel

Der Satan taucht im Ersten Testament, der hebräischen Bibel, als widergöttliche Figur erst spät auf und bleibt in den offiziell anerkannten Schriften der Juden eine Randfigur (nicht aber in der Volksfrömmigkeit).

«Satan» ist in der hebräischen Bibel zunächst einmal ein ganz gewöhnlicher Begriff der Umgangssprache. Dort bedeutet «Satan» einfach «Gegner, Widersacher, Feind, Ankläger, Verleumder». Das Verb «satan» bedeutet «hindern, entgegenstehen, anfeinden, befehden». «Satan» gehört demnach in die Sphäre des Streitens, des Kampfes, Krieges und Rechtsstreites vor Gericht.

In den älteren Schichten der hebräischen Bibel war Satan nie ein Widersacher Gottes. Jahwe hatte im halben Jahrtausend vor dem Exil (586–536 vor Christus) noch keinen Gegner seinesgleichen; andere Götter gab es zwar schon; aber sie waren allesamt von geringerer Bedeutung. Jahwe war im Alten Israel bis weit in die Königszeit hinein (etwa vom 12. bis zum 7. Jahrhundert vor Christus) der größte unter den Göttern; er war aber noch nicht der einzige Gott überhaupt. Der monotheistische Glaube, die Vorstellung, es gebe nur einen einzigen Gott und keine Götter daneben, kam erst allmählich während und nach der Exilszeit auf, also etwa seit dem 5. Jahrhundert vor Christus. Die Vorstellung des Monotheismus dürfte ein Produkt des damals beginnenden patriarchalen Denkens sein, welches die Vorherrschaft eines «hellen» Prinzipes forderte.

Der Begriff «Satan» kam etwa seit dem 5. Jahrhundert vor Christus allmählich in der hebräischen Bibel auch als Bezeichnung für eine mythische Figur auf. Das Wort erhielt immer mehr religiöse Bedeutung. So fand Satan, sich vorsichtig vortastend, Eingang in die himmlischen Heerscharen um Jahwe. Satan wandelte sich langsam zu einem göttlichen Wesen. Er war zwar lange noch kein Gegengott zu Jahwe; aber der Anfang seiner Entwicklung zum neutestamentlichen «Gott dieser Welt» (2. Kor. 4,4) war mit seinem von Jahwe gebilligten Einzug im Himmel getan, und darauf konnte in späteren Jahrhunderten dann aufgebaut werden. Die Bresche war geschlagen. Satan eroberte seinen einst am Schöpfungsmorgen verlorenen Platz im Himmel zurück. In der Zwischenzeit hatte sich auch Jahwe verändert; er war ethisch vollkommener geworden, und das ermöglichte den Einzug Satans in den Himmel.

Wie kann diese Machtzunahme Satans verstanden werden?

Mit dem Aufkommen des ethisch hochstehenden Monotheismus im Judentum veränderte sich auch das Gottesbild der Juden: Jahwe verwandelte sich aus einem früher oft noch launischen, ethisch bisweilen nicht immer einwandfrei handelnden himmlischen Potentaten langsam zu einem vollkommenen, guten und vor allem gerechten Gott. Damit aber halsten sich die damaligen Theologen das Problem der Theodizee auf. Den Juden ging es damals während Jahrhunderten sehr schlecht: Wie ließ sich nun dieser elende Zustand erklären, wenn Gott doch vollkommen gerecht, gütig und allmächtig war? Die Schuld dafür ließ sich ja nicht nur auf die Sündhaftigkeit des Gottesvolkes zurückführen, aber auch nicht mehr einer bloßen Laune Gottes zuweisen (das wurde zu dieser Zeit nicht mehr als ausreichende Begründung akzeptiert). Als Lösung des Problemes bot sich die Vorstellung von einem göttlichen Widersacher im Himmel an, wohl in Anlehnung an die persische Lehre von den zwei ursprünglichen Göttern, dem angra manyu und dem spenta manyu, dem guten und dem bösen Geist, welche die Welt miteinander erschufen. Diese neue Vorstellung von einer Art «Gegengott» wurde zwar populär, aber von der maßgeblichen jüdischen Theologie nie offiziell sanktioniert.

An drei Stellen der hebräischen Bibel findet sich die Vorstellung, daß Satan zu den himmlischen Heerscharen gehöre: In Sachaja 3,1, Hiob 1,6 und 1. Chronik 21,1. An allen drei Stellen ist Satan aber eindeutig noch kein Gegengott zu Jahwe. Aber es ist festzustellen, daß heikle Dinge, die nicht zu einem absolut gerechten Weltregiment gehören, nunmehr an Satan als einen relativ selbständig gewordenen Agenten delegiert werden. Satan wurde so zur Linken Gottes, die nicht mehr weiß, was die Rechte tut. Durch diese Aufspaltung Gottes konnte der inzwischen absolut gerecht gewordene Jahwe seine Weste weiß halten. Satan aber, der Schatten Gottes, wurde gleichzeitig immer mächtiger, und schließlich mußte er sich – etwa seit dem ersten Jahrhundert vor Christus – von Gott abspalten. Im Gottesbild war nun nicht mehr die Gesamtheit des Lebens enthalten, sondern bloß noch dessen angeblich «besserer» Teil. Das war die Voraussetzung für die Entstehung eines unbewußten und deshalb auch unkontrollierbaren Schattens, der sich symbolisch in der mythischen Figur des Teufels oder Satans ausdrückte, die vom zweiten vorchristlichen Jahrhundert an im jüdischen Volk populär war, obwohl sie von der offiziellen jüdischen Theologie nie sanktioniert wurde.

Deutung des Mythos vom Engelsturz

Die Tiefenpsychologie im Anschluß an C. G. Jung verwirft die alten Mythen nicht wie der Positivismus und die liberale protestantische Theologie. Aber sie versteht diese auch nicht mehr archaisch-konkretistisch wie die katholische Theologie, sondern symbolisch. Die Tiefenpsychologie wählt auf dem Gebiet der religiösen Tradition der Menschheit den Weg des Recycling: Die religiöse Tradition soll nicht als «wertloses und veraltetes Zeugs» weggeworfen, sondern grundsätzlich erhalten, aber in verwandelter Form einem zeitgemäßen Verständnis zugeführt und auf diese Weise neu verwendet werden können.

In der symbolischen Deutung des Mythos vom Engelsturz wird die Geschichte vom Aufstand Satans gegen Gott als ein Symbol betrachtet, das auf einen innerseelischen Prozeß im Zusammenhang mit der Evolution des moralischen Bewußtseins bei den Juden in den Jahrhunderten nach dem Exil (der Zeit des zweiten Tempels) hinweist. Im Symbol des Engelsturzes wird ein Evolutionsschritt sichtbar: die Aufteilung in Hell und Dunkel.

Das moralische Bewußtsein hat sich verfeinert. Es ist differenzierter geworden. Gleichzeitig aber wurde der obere, helle Teil vom unteren, dunklen abgespalten. Die Persona wurde heller, das Ideal glänzender; gleichzeitig aber wuchs auch der Schatten, die verdrängten Strebungen, die wegen ihrer Verdrängung nicht mehr bearbeitet und kultiviert werden konnten. So entstand die abendländische spannungsgeladene Kultur mit der absoluten Gerechtigkeit auf der Vorderseite und unfaßbarer Barbarei auf der Rückseite.

Mit der Evolution des Bewußtseins veränderte sich auch das Gottesbild. Im Gottesbild der Juden vollzog sich mit dem Aufkommen des «Patriarchates», des rationalen Denkens im Anschluß an die Achsenzeit, eine Differenzierung in ethischer Hinsicht: Gott wurde immer gerechter. Was nun nach dem neueren Gottesbild mit Jahwe nicht mehr zu vereinen war, wurde abgespalten. Oben blieb das Gute, Gerechte und Vernünftige; das Irrationale, Unerklärliche, Launische, Emotionale und Böse kam nun nicht mehr von Gott, sondern von Satan, von unten, aus der Hölle. Es paßte nicht mehr ins moralisch differenzierte Gottesbild der nachexilischen Zeit. Diesen Scheidungsprozeß in der Entwicklung des Gottesbildes offenbart die mythische Geschichte vom Engelsturz: Das Obere, der Himmel, wird zum Moralischen und Guten, und das Untere, die Hölle, wird zum Unmoralischen und Bösen (blieb aber gleichwohl heilsnotwendig!).

Damit wurde die Ureinheit Gottes aufgesprengt und das Selbst des Menschen gespalten. Gut und Böse, Oben und Unten, Himmel und Hölle traten nun als Gegensätze hervor. Es wurde geschieden, unterschieden und bewertet. Jahwe war moralisch «besser» geworden. Nun hat aber jeder Fortschritt auch eine Schattenseite. Mit dem moralischen Fortschritt war Jahwe auch aus seiner Natürlichkeit, Ganzheit und «Unschuld» fort-geschritten; er hatte seine ursprüngliche Einheit verloren. Das Gottesbild – und damit das Bild vom Selbst – hatte einen Riß bekommen. Die Psyche des Menschen war nun gespalten in einen oberen, hellen, gerechten und in einen unteren, dunklen und zwielichtigen Teil. Jahwe war jetzt zivilisiert. Es war nicht mehr schicklich, sich vorzustellen, daß sich Gott einem Wutausbruch überlasse; man stellte sich Gott nun als jemanden vor, der sich stets beherrschte – und vor allem gerecht war. Damit aber stellte sich das Problem der Theodizee mit aller Schärfe: «Wohin mit all dem Widrigen, Entwürdigenden, Grausamen und Unverständlichen, das einem Gläubigen widerfahren kann, auch wenn

er gottwohlgefällig gelebt hat?» Man konnte sich nun Jahwe
nicht mehr moralisch so naiv vorstellen, wie dies die alten Israe-
liten unter Moses oder König Saul noch taten. In alter Zeit hatte
sich Jahwe bisweilen noch gehen lassen: Er verstockte beispielsweise das Herz des Pharao, der ihm gar nichts zuleide getan
hatte; er hielt den fremden Propheten Bileam zum Narren, der
für ihn weissagte, und er sandte dem König Saul einen bösen
Geist, weil dieser seine Feinde nicht mit Stumpf und Stil ausgerottet, sondern einen Teil davon hatte überleben lassen.

Der Mythos vom Engelsturz zeigt uns, woher der Riß im
abendländischen Gottesbild stammt: Er ist zum einen Teil mit-
bedingt durch die Evolution des moralischen Bewußtseins im
nachexilischen Judentum (die zweite Ursache der Abspaltung
des oberen Poles vom unteren wird uns gleich begegnen, nämlich in Pan, dem heidnischen, durch die christliche Kirche ver-
teufelten Naturgott).

Gott wurde in der Vorstellung seiner Gläubigen immer mehr
nur gut, nur noch lichter und reiner Geist, losgelöst von der
sündhaften irdischen Materie. Der Mensch trat mit diesem Entwicklungsschritt in eine Phase, in welcher das Obere und Helle
derart faszinierte, daß der obere Pol der Psyche als viel mächtiger, ja als das Göttliche selbst erschien; gleichzeitig damit wurde
der untere Pol der Psyche abgewertet, verdrängt oder gar verteufelt.

Diese idealistische Phase in der Entwicklung des ethischen
Bewußtseins läuft heute aus. Es nützt nichts, ihr nachzutrau-
ern. Die glänzende Fassade bröckelt unaufhaltsam ab; sie hat
ihre Faszinationskraft verloren, und der Mist auf der Rückseite kommt überall zum Vorschein. Ob wir wollen oder nicht:
Wir müssen uns heute dringend mit dem Schatten unserer
abendländischen Kultur auseinandersetzen. Wir stehen vor der
anspruchsvollen Aufgabe, eine umfassende Leitlinie für die
ethische Gestaltung unseres Lebens zu finden, in welcher Persona und Schatten gleichermaßen ernstgenommen werden und
zu einer neuen, lebensfähigen Gemeinschaft im bewußtwer-
denden Selbst finden. Die abendländische Menschheit steckt
heute mitten in jenem Problem drin, welches den einzelnen in

seiner Midlife-crisis bewegt: dem Problem der Integration des Schattens. Ohne Integration des Schattens stagniert die geistig-seelische Entwicklung, und Destruktives beginnt überhand-zunehmen.

Pan: Sexualität

Ein erster Mythos über Pan

Der im Christentum verteufelte Pan war einst ein arkadischer Hirtengott. Seine äußere Erscheinung: «unten Ziegenbock, oben Mensch» weist hin auf eine große Spannweite im Wesen dieser Gestalt, die noch halb dem Tierreich verhaftet ist. Nicht mehr Tier und noch nicht Mensch – das ist ein Bild für die Zugehörigkeit dieser Gestalt zu zwei Reichen: zu dem des Bewußtseins sowie zu dem der erdhaften Instinkte.

Der Name des Pan bedeutet: «der Weidende». Pan ist Hirte, und als Hirte ist er mit den Tieren verbunden. Soweit er Ziegenbock ist, kennt er das Leben seiner Herde auch von innen her. Als Ziegenbock sorgt Pan fleißig für Nachwuchs und begattet seine Herde, wie es sich gehört. Er ist ihnen stets nahe, genießt mit ihnen das Leben in friedlichen Tagen, bewacht und beschützt sie aber auch mit seiner menschlichen Klugheit und dem Hirtenstab, wenn Gefahr droht. Ein wenig klingt wohl auch der Psalm vom guten Hirten an (Psalm 23,4), wo sich ein Mitglied der Herde vertrauensvoll äußert: «Ich fürchte kein Unglück; dein Stecken und Stab, der tröstet mich.» Parallelen zwischen Pan und dem Seelenhirten werden in diesem Kapitel immer wieder auftauchen.

Eusebius von Cäsarea (um 262–339 n. Chr.), der sogenannte «Vater der Kirchengeschichtsschreibung», ein gelehrter Bischof und Freund des ersten christlichen Kaisers, sah in Pan den Teufel, den Widersacher der christlichen Kultur. Er haßte die dunklen Bocksfüße; wenn einem Flügel wachsen sollten, denkt man nicht gerne an die «haarige», die tierhafte und triebgebundene Seite des Lebens mit dem höllischen Feuer der Leidenschaften. Eusebius strebte zusammen mit der jungen Christenheit hinauf zum Licht und wollte die dunkle Seite unserer menschlichen

Verhaftung in der Instinktwelt unter sich zurücklassen. Mit der offiziell sanktionierten Christianisierung der damaligen Welt war für viele Christen das Heidentum mit seinen moralisch minderwertig gewordenen Gottheiten nun endlich überwunden, insbesondere auch Pan, dem ja selbst die Römer, die sich in der Zeit der zerfallenden Sitten einiges an Unmoral gewohnt waren, höchst zweifelhafte Beinamen verliehen hatten. «Der bespringende, dreiste, barbarische, grausame, rauhe, ungewaschene, unruhige, haarige, nächtliche, schwarze Gott» wurde Pan von ihnen genannt – man wittert den christlichen Teufel. Der heidnische Kult für Pan, diese Schande für alles, was Anstand, christliche Sitte, ein gottwohlgefälliges Leben, Kultur und Zivilisation hieß, wurde nun Gott sei Dank endlich abgeschafft.

Die fromme Rechnung wurde jedoch ohne den Wirt gemacht: Pan kam nämlich aus seiner Verbannung immer wieder zum Vorschein: «Das Verdrängte kehrt wieder.» (Freud) Der Satanskult, der den christlichen Aeon begleitete, zeigt, daß sich Pan – alias Satan – zwar aus dem vordergründig zivilisierten Leben verdrängen und in den Untergrund des höllischen Schattenreiches abdrängen ließ; aber im Zwielicht unternahm er von dort aus, meist zu spät bemerkt, stets wieder seine Streifzüge, mit denen er bewies, daß immer noch mit ihm zu rechnen sei.

Ein Mythos erzählt über Pan:

«Hermes, der Sohn des Zeus, kam einst in die abgelegenen Fluren, wo der hundertäugige Argos die Wache hielt. Dort angekommen, zog er ein Hirtenrohr, das man Syrinx nennt, hervor und fing an, so schön und eindringlich darauf zu spielen, wie man es von irdischen Hirten zu vernehmen nicht gewohnt ist. ...

Argos freute sich an der Musik. Da diese Pfeife erst kürzlich erfunden worden war, fragte er Hermes nach dem Ursprung dieser Erfindung. ‹Das will ich dir gerne erzählen›, sagte Hermes: ‹In den Schneegebirgen Arkadiens wohnte eine berühmte Baumnymphe mit Namen Syrinx. Die Waldgötter und Satyrn, von ihrer Schönheit bezaubert, umwarben sie schon lange; aber immer wußte sie ihnen zu entschlüpfen. Denn sie scheute das Joch der Vermählung und wollte, umgürtet und jagdliebend wie Artemis, gleich dieser in jungfräulichem Stande verharren. Endlich wurde auf seinen Streifzügen durch jene Wälder auch der mächtige Gott Pan der Nymphe ansichtig, näherte sich ihr und warb um ihre Hand, eindringlich und im stolzen Bewußtsein seiner Hoheit. Aber die Nymphe verschmähte sein Flehen und flüchtete vor ihm durch unwegsame Steppen, bis sie zuletzt zum normalerweise stark versandeten Flusse Ladon kam, der zu dieser Zeit aber gerade so viel Wasser führte, daß die Jungfrau ihn nicht mehr durchqueren konnte. Hier beschwor sie nun ihre Schwestern, die Nymphen, sich ihrer zu erbarmen und sie zu verwandeln, ehe sie in die Hand des Gottes falle. Schon aber kam der Gott und umfaßte in Wollust die ihm Widerstrebende am Ufer – aber wie staunte er, als er plötzlich gewahr wurde, daß er statt der Syrinx bloß noch ein Schilfrohr in seinen Armen hielt! Das laute Seufzen und Stöhnen seines Liebesaktes setzte er fort; diese Töne drangen ins Rohr und wiederholten sich in ihm mit tiefem, klagendem, wohllautendem Zauber.›

Dies tröstete den getäuschten Gott. ‹Wohl denn, verwandelte Nymphe›, rief er danach mit schmerzlicher Freude, ‹auch so soll unsere Verbindung unauflöslich sein!› Und nun schnitt er sich vom geliebten Schilfe ungleichförmige Rohre ab und verband sie mit Wachs untereinander. Die lieblich tönende Flöte nannte er nach dem Namen der Baumnymphe, und seitdem heißt dieses Hirtenrohr Syrinx.

Das war die Geschichte des Götterboten, die Hermes dem hundertäugigen Argos erzählte (L 28, S. 24 f.).»

Aufbau und Verlauf dieses Mythos haben dieselbe Drei-Schritte-Struktur wie ein archetypischer Traum oder ein Märchen. Das sich darin abspielende Drama läßt sich in drei Phasen einteilen:

1. Ausgangslage:
   Der geile Pan nähert sich der jungfräulichen Nymphe; der Gegensatz zwischen der kühlen Nymphe und dem begattungsfreudigen Gott scheint unüberbrückbar zu sein. Wie können solche Gegensätze sich finden? Das Problem ist auch ein alltägliches; welches Paar kennt es nicht: Er will; sie will nicht (oder auch umgekehrt).

2. Verwicklung:
   (Es wird nun eine dramatische Handlung inszeniert, um die

festgefahrenen Positionen aufzuweichen und so vielleicht eine Lösung zu finden.) Die Nymphe flieht, und der Gott verfolgt sie; am unüberquerbaren Fluß will Pan die Nymphe vergewaltigen; doch im letzten Augenblick wird Syrinx von ihren helfenden Schwestern verwandelt. Dieses Verwandlungswunder verwandelt auch Pan.

3. Lösung:
Pan sublimiert seine Geilheit und erhebt das Stöhnen bei der Begattung zur Musik. Er bekommt Freude daran, ein Schilfrohr zu umarmen und nun darauf zu «spielen». Das Musizieren interessiert ihn und ersetzt – für dieses Mal – das sexuelle Spiel. Flöte und Nymphe tragen denselben Namen: Syrinx. Die verwandelte Syrinx läßt auf sich und mit sich «spielen», und Pan läßt sich auf dieses Spiel auf höherer Ebene ein. Das anfänglich unlösbar scheinende Problem: «Er will, sie aber nicht» wird einer beiderseits akzeptablen Lösung auf einer bewußtseinsmäßig höheren Ebene zugeführt, auf der die anfänglichen Gegensätze nun vereinigt werden können. Die Musik ist jene höhere Ebene, auf der eine heiße, zwingende, instinktgebundene Sexualität mit einer kühlen, distanzierten Jungfräulichkeit schöpferisch zu etwas Neuem verbunden wird.

Der Mythos erzählt, woher die Hirtenflöte komme. Es handelt sich demnach um einen ätiologischen Mythos, der erklärt, woher etwas stammt («aitia» = Grund, Herkunft, Ursache). Ätiologische Mythen stehen am Ursprung aller menschlichen Naturerklärung. «Erklärungen» der Herkunft von Dingen, Sitten und Bräuchen bestanden früher oft aus Fantasien, die mit der objektiven Wirklichkeit – soweit wir eine solche überhaupt erkennen können – nicht viel gemeinsam hatten. Ätiologische Mythen hören sich für uns moderne Menschen oft abstrus an, wurden aber einst wortwörtlich für wahr gehalten. Archaisch denkende Menschen wehren sich gegen eine symbolische Deutung ihrer mythischen «Erklärungen».

Der Positivismus hat die mythische Bildersprache für völlig wertlos erklärt, weil sie nicht objektive Tatsachen wiedergibt.

Die Tiefenpsychologie hingegen differenziert: Die Fantasien informieren uns zwar nicht über objektive äußere Tatbestände (darin stimmt sie dem Positivismus zu); dafür aber enthält der Mythos wertvolle Informationen über die menschliche Psyche. Aus diesem Grunde sind Mythen heute noch wertvoll.

Darum wird uns der Mythos über die Herkunft der Hirtenflöte Syrinx mehr über die Herkunft und das Wesen der menschlichen Sexualität als über «objektive» historische Tatsachen im Zusammenhang mit der Erfindung der Hirtenflöte offenbaren.

Der Mythos erzählt, wie der anfangs geile und durch nichts von seinem blinden Begattungstrieb abzubringende Tiermensch Pan durch ein Verwandlungswunder sein zwingendes, instinktgesteuertes Liebesspiel schließlich in ein ebenso vergnügliches und befriedigendes – und erst noch geistvolleres – Flötenspiel erheben kann. Die kühle Nymphe Syrinx aus dem Schneegebirge Arkadiens und der feurige Naturgott Pan aus den Tiefen der Wälder, Felsklüfte und Grotten finden sich auf der Ebene bäuerischer Hirtenmusik. Das ist ein Kompromiß, wie ihn sich das rationale Bewußtsein mit seinem linearen Denken niemals zurechtlegen kann. Der Mythos ist deshalb kein Produkt patriarchalen Denkens, sondern eine schöpferische Leistung des Unbewußten; er entstammt nicht dem logischen Denken, sondern einer schöpferischen Intuition.

Die Lebensenergie Pans fließt am Schluß der dramatischen Entwicklung im Mythos nicht mehr als Samenflüssigkeit durch das untere leibliche Organ des Penis, sondern als wesentlich leichteres, freieres, ätherischeres Element, nämlich als Luft, aus der Lunge durch obere Organe: durch den Hals, den Mund, die Zunge, die Lippen und die sich unter den Eingebungen des Geistes bewegenden Hände. Die Tonfolge ist nicht mehr so stereotyp und starr instinktgebunden; sondern das «obere» Spiel der Flöte ist freier, variabler und offen für Improvisationen; es ist kreativ mit einem schöpferischen Geist verbunden, zu welchem Pan nun dank der Verwandlung der Syrinx Zugang erhält. Kurz: Aus dem instinktgesteuerten Sexualspiel wird das variationsreichere und bewußtere Spiel der

Hirtenmusik. Sexualität wird kultiviert und spielt sich auf einer höheren Ebene ab. Dadurch gewinnt sie an Spielraum und Freiheit in der Gestaltung.

Pan ist dank seiner Erfindung der Musik nicht mehr nur ein triebgebundener Bock, sondern auch ein Entzücken hervorrufender Musikant. Aber die Bocksfüße bleiben ihm; vom Flötenspiel allein will er natürlich nicht leben. Jener Bereich des Sexualtriebes, der den Orgasmus als Ziel im Auge hat, bleibt zwar erhalten; aber er läßt sich teilweise sublimieren. Sublimierung, Abkühlung, Kultivierung, Bewußtwerdung, Vergeistigung, eine gewisse Befreiung der Sexualität von den körperlichen Sexualorganen und ihre Ausdehnung nach oben hin zum luftigen Element sind nach diesem Mythos bereits in mythischen Urzeiten erfolgt und darum natürlich. Nicht ein autoritäres und widernatürliches Über-Ich der Kultur hat die Sexualität mit Druck und Zwang und gegen den Willen der Natur sublimiert; sondern die Menschennatur selbst ermöglicht Kultur.

Die Kultivierung der Sexualität ist nach diesem Mythos nicht etwas dem Menschen künstlich Aufgezwungenes, sondern etwas Natürliches; denn der Sexualtrieb ist beim Menschen, dem «Instinktmangel-Wesen», nicht mehr starr fixiert, und die Triebabfuhr ist nicht mehr nur an die ursprünglichen Sexualorgane gebunden. Die Sexualität kann beim Menschen im Verlaufe der Evolution des menschlichen Bewußtseins innerhalb einer gewissen Bandbreite frei und kreativ gestaltet werden.

Pans Musik bleibt stets erd- und triebgebunden, ist immer auch verspielte Sexualität und steht darum bei kopflastigen Städtern im Ruf, etwas «primitiv» zu sein. Menschen, die wie Syrinx veranlagt sind, spüren dies sofort. Sie mögen keine Musik hören, die «unter die Gürtellinie» geht. Ihnen liegt die «klassische», die apollinische Harfenmusik näher.

Pan ist halb Tier, halb Mensch; einerseits ist er erdverhaftet, aber durch die Flötenmusik auch dem Ätherischen verbunden. Im unteren, dunklen Pol herrscht ein jahrmillionenalter Erdgeist, der mit der Evolution verbundene, uns Menschen kaum bewußte Geist des Sexualtriebes. Das ist der dunkle, untere Naturgeist, der weitgehend ohne unser Bewußtsein funktioniert.

Er regelt die leibhafte Arterhaltung. Im oberen, luftigeren Pol hingegen herrscht ein evolutionsgeschichtlich junger, nicht seit Urzeiten instinktiv vorgebahnter, sondern beweglicher Geist, welcher seine Energie bei der Lockerung unseres Triebgefüges erhielt. Dieser obere Geist erscheint in unserem Mythos als die kühle Syrinx aus Arkadiens Schneegebirge, die sich gerne in Nebelschwaden aufhält. Der obere, helle Geist tendiert dazu, uns kopflastig zu machen; der untere aber kettet uns an die dunklen Tiefen der Erde.

Bei der Evolution des Menschen wurde unser Instinktgefüge jedoch nur gelockert und nicht abgeschafft. Dies gilt es zu bedenken. Darum bilden erst beide Gestalten, Pan und Syrinx zusammen, die erdgebundene Triebkraft sowie die relative Freiheit ihrer Gestaltung, das Ganze unserer Sexualität. Pan und Syrinx sind zwei Aspekte der einheitlich zu denkenden menschlichen Sexualität, ihre beiden Gesichter. Pan und Syrinx sind keine selbständig für sich existierenden Wesenheiten, sondern zwei Aspekte der ganzheitlichen Sexualität, die im Mythos personifiziert und in zwei Figuren aufgeteilt erscheint.

Die Kultur des Pan ist einfach, bäuerisch und etwas ungehobelt; seine Musik hat etwas Bodenständiges, bisweilen auch etwas Simples und Stereotypes (worin sich Reste seiner Instinktverhaftetheit zeigen).

Dies wird in einem zweiten Mythos von Pan deutlicher sichtbar.

Ein zweiter Mythos über Pan

Ein anderer Mythos berichtet von einem musikalischen Wettstreit zwischen Pan und Apollon. Apollon ist ein mächtiger Lichtgott mit goldlockigem Haupt, das an die magischen Haare des biblischen Schimschon erinnert («Schämäsch» = Sonne). Das Apollinische ist das Abgeklärte, Helle, Gebändigte, Maßvolle, also der obere, klare, bewußtwerdende Geist, von dem unsere abendländische Kultur weit mehr fasziniert war als von Pan. Apollon fasziniert die Menschen durch sein Strahlen, seinen Glanz und seine Herrlichkeit. Der Leitspruch über seinem Heiligtum zu Delphi lautet: «Erkenne dich selbst.» Apollon fördert die Bewußtwerdung des Menschen; seit der Achsenzeit strahlt sein Stern immer heller am Himmel der abendländischen Kultur.

Auch Apollon macht Musik. Seine Musik ist anders als diejenige von Pan. Apollons Musik ist nicht mehr so erdverbunden und voller süßer, verführerischer Klage und Sehnsucht. Sie ist vielmehr erhebend, den Weiten und unendlichen Tiefen des Himmels zugewandt, hell, durchsichtig, ätherisch, geistvoll komponiert, erhaben, hoheitsvoll, strahlend, grandios und majestätisch. War die Musik Pans erdfarben, dunkel und braun, so ist die Musik Apollons hell und blau wie der Äther.

Ein Mythos von einem musikalischen Wettstreit zwischen Pan und Apollon berichtet:

«Nachdem König Midas erleben mußte, wie sein allzu vieles Gold ihn fast zu Tode gebracht, begann er seinen goldenen Reichtum zu hassen und verließ seinen prächtigen Palast. Er erging sich nun gern in Fluren und Wäldern, den ländlichen Gott Pan verehrend, dessen Lieblingsaufenthalt schattige Felsgrotten sind. Auf den Bergen des Tmolos pflegte nun Pan, der bocksfüßige Gott, den Nymphen seine verführerischen Lieder auf der Rohrpfeife vorzuspielen. Einst kam es zu einem Wettspiel in der Musik zwischen ihm und Apollon. Der greise Berggott Tmolos, das bläuliche Haar und die Schläfe mit Eichenlaub umkränzt, saß auf einem Felsen, um als Richter im Wettspiel zu amten, und rings umher saßen schöne Nymphen und Sterbliche, Männer wie Frauen, um der Musik der Götter zu lauschen – darunter auch König Midas.

Pan begann, auf seiner Syrinx zu blasen, verführerische Töne dem Rohre entlockend. Midas war vor Entzücken hingerissen.

Dann begann Apollon sein Spiel, das goldlockige Haupt mit Lorbeer umwunden, im langen, purpurnen Gewand, in der Linken die elfenbeinerne Leier, Antlitz und Haltung voll göttlicher Hoheit. Himmlische Töne entrauschten den Saiten. Alle Zuhörer wurden mit Wonne und Ehrfurcht erfüllt. Tmolos, der Richter, erkannte Apollon den Siegespreis zu. Während nun alle diesem Schiedspruch einmütig Beifall zollten, tadelte Midas laut die Entscheidung und forderte, dem Pan gebühre der Preis. Da trat Apollon unsichtbar zum König, faßte ihn an beiden Ohren und zog diese langsam empor – und siehe, sie spitzten sich zu und wurden von grauen Zotten umgeben: Zwei lange Eselsohren schmückten fortan das Haupt des Königs.» (L 28, S. 949 f.)

Ein Musikfestival besonderer Art: Der bocksfüßige, ländliche Pan mit der einfachen Hirtenflöte gegen den herrlichen, lorbeerbekränzten und goldlockigen Apollon, dessen himmlische Harfe kunstvoll aus Elfenbein gefertigt ist: Kultur gegen ländliche Einfachheit. Die Sympathie des kultivierten Publikums erntet Apollon. Einzig König Midas, der – als einst reichster Mann der Welt – sich wieder zurücksehnt nach einem einfachen bukolischen Landleben, ist vom «hinterwäldlerischen» Pan begeistert. Pan wird belächelt. Apollon selbst stellt Midas als Esel hin – welche Schande! Denn jedermann weiß es im alten Griechenland: Der Esel ist das Reittier des primitiven orgiastischen Gottes Dionysos und seines Gefolges, zu dem auch Pan gehört. Der Esel ist bekannt für seine wilde Brunst. Bei den alten Römern ist er das bevorzugte Opfertier des phallischen Gottes Priapus, in welchem die sexuelle Potenz in Form des erigierten Penis verehrt wurde. Im christlichen Mittelalter wurde der Esel oft mit dem Teufel und dem Heidentum in Verbindung gebracht. Auf dem bekannten antichristlichen Spottkruzifix vom Palatin in Rom, das ein römischer Soldat zu Beginn des dritten Jahrhunderts an die Wand einer Wachtstube im Kaiserpalast einritzte, ist der gekreuzigte Jesus mit einem Eselskopf dargestellt: «Alexamenos betet seinen Gott an, einen Esel», steht daneben.

König Midas erhält Eselsohren. Er wird verspottet – aber nicht gleich verteufelt! Das ist der Unterschied zwischen der griechischen, polytheistischen und der jüdisch-christlichen monotheistischen Religion: Die alten Griechen haben Pan, trotz vieler Vorbehalte ihm gegenüber, leben lassen. Pan war für sie ein zwar etwas primitiver, von kultivierten Menschen bespöttelter Bereich des menschlichen Seelenlebens; aber ihr Polytheismus bot Pan ein Plätzchen an, wo er wenigstens geduldet war. Der patriarchalische Monotheismus des Christentums war ausschließlicher; neben dem einen und einzigen Gott hatte eine derart primitive Figur keinen Platz. Wenn nun das Gottesbild dieses einen und einzigen Gottes nicht das gesamte Spektrum des menschlichen Seelenlebens umfaßt, sondern einen Teilbereich des seelischen Lebens ausgrenzt und verdrängt, verliert das Ausgegrenzte und Verdrängte an Wert. Das jüdisch-christlich-abendländische Gottesbild war apollinisch; im «summum bonum» ist kein Platz mehr für den dunklen Pan. Dadurch wurde der Lebensbereich Pans mehr entwertet als in der polytheistischen, griechisch-römischen Religion; Verehrer Pans waren fortan nicht bloß verspottete «Esel», sondern wurden «des Teufels».

Der Monotheismus ist zwar innerhalb des archaischen Weltbildes – von der Bewußtseinsevolution aus betrachtet – die höchst entwickelte Form von Religiosität, aber der Monotheismus birgt die große Gefahr in sich, daß das Gottesbild nicht umfassend genug ist, um das Leben in seiner Totalität abbilden zu können. Wo das archaische Gottesbild nicht das ganze menschliche Selbst umfassend zur Darstellung zu bringen vermag, neigt der Monotheismus wegen der Verdrängung und Verteufelung des Schattens zu Intoleranz und Unmenschlichkeit. Der (jüdische, christliche und islamische) Monotheismus ist wegen dieser Verengung des Lebens und der damit verbundenen Abspaltung des Schattens keine ungefährliche Errungenschaft der Menschheit. Im zeitgemäßen Weltbild der Tiefenpsychologie ist wieder ein Platz frei für Pan (s. u. S. 112 ff.).

Weiteres über Pan

1. Pans Stunde: Die Siesta

Pans Stunde kommt täglich um die Mittagszeit. Sein ist die sechste Stunde, hora sexta. Siesta – was ist bei uns übriggeblieben von der Stunde Pans? Busineß Lunch? Fast Food? Es war einst die Stunde nach frisch getaner Morgenarbeit. Verdauung und Mittagshitze lähmten die Aktivität. So wie die Luft träge über den Feldern flimmerte, so lag der Mensch untätig herum, ohne Lust zu «vernünftigen» Taten. Man überließ sich dem Dösen und dem Träumen. Die Siesta wurde in der ganzen Alten Welt des Mittelmeerraumes gepflegt.

Die sechste Stunde war aber auch die Zeit des gefürchteten Mittagsdämons; der Psalter spricht vom «Daemonium Meridianum», und die altchristlichen Mönche in der ägyptischen und syrischen Wüste fürchteten diesen Mittagsdämon als den allerschlimmsten, weil er ihnen den Überdruß an ihrem mönchischen Dasein anhängte, sie schwermütig, cholerisch und verdrießlich stimmte. Da wir wissen, daß diese Mönche Pan verdrängten, dürfen wir vermuten, daß es Pan gewesen sei, der sie in ihrer Siesta heimzusuchen pflegte. Als kultisch vernachlässigter Gott, als verführerischer Mittagsdämon kehrte er ein in die dumpf brütenden Fantasien der einsamen Mönche während der Siesta. Die hora sexta erwies sich selbst in der einsamen Mönchszelle noch als die Stunde des Pan. Wenn das asketische Über-Ich und die sexlose Persona in der brütenden Mittagshitze ihre gestrenge Aufsicht für eine Weile einstellen mußten, stieg Pan als teuflischer Versucher aus der Tiefe herauf, um Verwirrung in den armen Herzen der Mönche zu stiften («Teufel» stammt von «Diabolos» = Verwirrer).

2. Pans Herkunft: Das innere Arkadien

Arkadien, die Heimat Pans, ist eine abgelegene, damals von Menschen kaum bewohnte Gegend. Arkadien symbolisiert eine entlegene Seelenlandschaft, einen unberührten, noch naturhaften Bereich unserer Psyche, wo die menschliche Zivilisation kaum Zutritt gefunden hat. Pans Heiligtümer sind deshalb auch nicht kunstvoll erbaute Tempel, sondern abgelegene, natürliche Höhlen und Grotten in schattenreichen Wäldern. Seit sich die menschliche Zivilisation ausbreitet, wird «Arkadien» überbaut. Die Natur um und in uns hat vor lauter kopflastiger Zivilisation, Schulung, Asphalt und Beton immer weniger natürlichen Spielraum. Selbst die innersten Naturreservate sind heute gefährdet. Busineß und Rush-hour anstatt Siesta prägen unseren Tageslauf. Arkadien verschwindet von der Oberfläche und wird in den Untergrund abgedrängt.

Weil man Arkadien schlecht kennt, weiß man auch nicht

recht, woher Pan stammt. In Arkadiens schattigen Wäldern
bleibt so manches im Zwielicht. Pans Stammbaum ist mythisch
schlecht dokumentiert. Es gibt mindestens zwanzig verschiedene Berichte über seine Abstammung.

3. Pan und die Panik

Aber auch die Panik hat mit Pan zu tun. Sie ist eine instinktive
Angstreaktion, Ausdruck eines blinden Überlebenstriebes, welcher nicht nur uns Menschen, sondern auch Pferde, Rehe, andere Fluchttiere oder bisweilen sogar Raubtiere in Lebensgefahr
Hals über Kopf aufs Geratewohl davonstürmen läßt. Tiere und
Menschen, die von panischem Schrecken überfallen werden –
selbst disziplinierteste Soldaten! –, sind durch nichts mehr auf-
zuhalten; sie rennen völlig kopflos, wie aufgescheuchte Hühner,
um ihr Leben davon: ein Alptraum jedes militärischen Vorgesetzten. Die panische Angst kann die leiblichen Funktionen derart «durchdrehen» lassen, daß bisweilen gleichzeitig mit dem
kopflosen Davonstürmen auch noch ein sexueller Orgasmus
eintritt. Selbst in dieser Todesangst ist Pan am Werk.

«Panische» Reaktionen treten bisweilen auch bald nach dem
Verlust eines geliebten Menschen auf: Plötzlich überkommt die
Trauernden eine unbändige, ihnen völlig unverständliche blinde
sexuelle Lust, wie wenn sie sich handgreiflich beweisen müßten,
daß sie selber noch zu den Lebenden gehören. Wer den Zusammenhang mit Pan nicht spürt und Syrinx nicht zu Hilfe nehmen
kann, verstrickt sich dabei in tiefe moralische Probleme oder gar
in leibhaftige Abenteuer (die von der Umgebung als «unpassend» mißbilligt werden und oft katastrophal enden).

4. Pan und sexuelle Tabus

Pan hält nichts von einer durch menschliche Instanzen regle-
mentierten Sexualität. Der Naturtrieb will freien Lauf haben,
um sein Ziel, den sexuellen Orgasmus, erreichen zu können.
Absurd ist für ihn etwa die Vorschrift der katholischen Kirche,
der Sexualverkehr sei nur innerhalb einer gültigen, von der Kirche gesegneten Ehe erlaubt und diene nicht in erster Linie der
persönlichen Ergötzung und der Lust aneinander, sondern der

Zeugung von Nachkommen. Der Bocksfüßige will sich möglichst ungehindert ausleben können. Um dieses Ziel erreichen zu können, ist ihm fast alles recht; er ignoriert sämtliche Standes- und Altersunterschiede zwischen den Menschen.

Ihm wird auch die Erfindung der sexuellen Selbstbefriedigung zugeschrieben. Siegelringe und Skulpturen zeigen des weiteren, daß Pan nicht nur Nymphen sexuell nachgestellt und sie dadurch in panische Angst versetzt hat, sondern daß er sich selbst mit Ziegen – in allen möglichen Stellungen – paarte. Um zur sexuellen Entspannung gelangen zu können, schreckt Pan auch vor der Sodomie nicht zurück. Aber auch die gleichgeschlechtliche Liebe wird nicht verschmäht: Einmal erteilte Pan dem Hirtenknaben Daphnis Musikstunden; doch plötzlich wurde der Musiklehrer zum homosexuellen Verführer Minderjähriger. Außerdem hat er Nymphen verfolgt und vergewaltigt.

Nichts, was sexuelle Befriedigung verspricht, scheint vor den unberechenbaren Attacken Pans sicher zu sein. Die menschliche Sexualität ist etwas Unberechenbares.

5. Pan, Eros und Aphrodite

Eine späthellenistische Plastik aus Delos stellt drei Liebesgottheiten dar: Pan, Eros und Aphrodite. Diese Marmorgruppe wollen wir nun eingehend betrachten (Abb. 7).

Die Liebesgöttin *Aphrodite* ist schön, wohlgestaltet, hat eine ideale Figur und ein anmutiges Wesen; von der Urtümlichkeit der alten Fruchtbarkeitsgöttinnen ist nichts mehr zu spüren; Aphrodite ist kultiviert. Das ihr heilige Tier ist die Taube. Mit ihrer Linken deckt Aphrodite ihre Scham zu, wie sich's für eine Dame geziemt. Wo weilt ihr Blick, wenn Pan aus tiefer Vergangenheit vor ihr auftaucht? Der lüsterne Pan möchte sie unzweifelhaft für ein sexuelles Abenteuer gewinnen. Sie spürt Pans dreisten Griff am Handgelenk, seine andere Hand am Po und sein rechtes Bein an ihren Schenkeln beim Ansatz ihres Gesäßes. Ihre Füße sind nicht verwurzelt in der Erde; die linke Ferse hebt sich leicht. Aphrodite steht nicht fest auf dem Boden. Etwas in ihr hebt sich. Die Energie fließt nicht in die Wurzeln hinab, sondern steigt auf. Sie ist leise bewegt, vielleicht etwas erregt?

Abb. 7   Aphrodite, Eros und Pan. Späthellenistische Plastik aus Delos.

Sie wehrt Pan nicht ab. Wird sie sich zu Pan herabneigen, um zusammen mit ihm auch ihren eigenen Ursprung in der Glut der Erde zu suchen? Wird sie diese Reise in die tiefste Vergangenheit ihrer Natur wirklich wollen? Oder bleibt alles schön kultiviert an der Oberfläche? Kann sie den primitiven Pan noch zulassen und ganz in sich eingehen lassen; ist sie ihrer eigenen dionysischen Seite noch gewahr? Kann Aphrodite noch zur Mänade Kontakt aufnehmen?

Pan ist kleiner als Aphrodite. Er ist zwar viel älter als die kultivierte Dame; eigentlich würde nach dem Naturrecht ihm die Ehre gebühren, der Größere zu sein, und Aphrodite müßte zu ihm emporblicken. Aber die Kultur gilt beim Menschen mehr als die Natur, und darum ist Pan geringer als Aphrodite. Er ist unten, ursprünglich, primitiv, den Wurzeln nahe; die Kulturmenschen blicken überall auf ihn hinab. Pan scheint sich damit abgefunden zu haben. So steht's auch in der Bibel, im Mythos von Jakob und Esau: «Der ältere wird dem jüngeren dienen.» (1. Mose 25,23) Pan muß aufblicken zu Aphrodite wie der Frosch im Märchen zur Prinzessin.

Nun fällt unser Blick auf *Eros,* den uralten und ewig jungen Kuppler, der seit jeher Gegensätze vereint. Von Eros sagt Hesiod in seiner «Entstehung der Götter» (um 700 vor Christus), er sei der erste und älteste unter den Göttern; denn durch ihn sei alles Erschaffene zusammengefügt worden. Eros kommt zu Aphrodite, um sie zu Pan, zurück in die Urzeit, zu geleiten. Aphrodite und Pan: Welch ungleiches Paar! Eros schickt sich an, die Ungleichen in seinem Mysterium zusammenzuführen. Der kecke, geflügelte göttliche Knabe fürchtet sich nicht vor den tierischen Hörnern des Pan; er faßt sie wohlwollend an, ewig verspielt, kreativ und tabubrechend, dieser urälteste Gott, alles verbindend, nach Hunderttausenden von Jahren immer noch Knabe, unverbraucht und unerzogen in alle Ewigkeit.

Wenn Pan nur wüßte, wie er Aphrodite dazu bringen könnte, bei seinem freudenversprechenden Spiel mitzumachen! Da kommt Hilfe: Eros, der ihn am Horn faßt. Eros, noch älter als Pan, wird ihm helfen, Aphrodite für sein Werk zu gewinnen. Eros wird ihn verbinden mit Aphrodite. Pan sucht nun Augenkontakt mit ihr. Dank Eros kann sich sein Urtrieb zur personalen Begegnung erheben: «Du, Aphrodite, ich liebe dich!» Nun öffnen sich Fenster zur Seele.

Die Marmorplastik stellt eine göttliche *Trinität der Liebe* dar, in welcher die obere (weibliche) und die untere (männliche) Ebene durch Eros miteinander verbunden werden. Es sind drei Liebesgottheiten:

1. Oben, weiblich, die himmlische, lichte Göttin Aphrodite;
2. unten, männlich, der erdverhaftete, dunkle tier-menschliche Gott Pan;
3. dazwischen, als göttlicher Knabe, der Himmel und Erde verbindende Eros.

In späthellenistischer Zeit waren die himmlische und die naturhafte Liebe, Agape und Sexualität, auseinandergetreten. Die Sexualität war im römischen Kaiserreich weithin pervertiert und entartet, so daß viele feinfühlende Menschen von ihr angewidert waren und nur noch die «saubere» Liebe erstrebenswert fanden. Aphrodite hatte mehr Sympathien als der «schmutzige» Pan. Die beiden Bereiche der oberen und der unteren Liebe klafften auseinander. Die damit verbundene Gegensatzspannung hat nicht erst das Christentum verursacht; viele Menschen in der Antike litten daran, bevor sie das Christentum kennenlernten. Vielleicht versucht diese Marmorplastik aus Delos, die beiden Mächte der vergeistigten Liebe und der triebgebundenen Sexualität durch die vereinigende Kraft des Eros wieder zusammenzubringen.

Nun hatte auch *das Christentum* zu dieser Zeit eine trinitarische Lehre über die Struktur des (männlichen) Gottes der Liebe entworfen. Auch darin wurde das Himmlische (als Mann) mit dem Irdischen (wiederum als Mann) verbunden. Die heidnische und die christliche *Liebes-Trinität* sollen nun miteinander verglichen werden. Bei diesem Vergleich ergeben sich tiefreichende Unterschiede:

In der christlichen Trinitätslehre ist der Mittler, der das Himmlische mit dem Irdischen verbindet, nicht mehr der launische, uralte und ewig junge, stets verspielte göttliche Knabe Eros, sondern der ordentliche, auf Sittsamkeit bedachte Heilige Geist, der im Symbol der Taube dargestellt wird. Die Taube war einst den weiblichen Fruchtbarkeits- und Schönheitsgöttinnen zugehörig. Nun aber geht die Taube als Heiliger Geist von zwei durch und durch korrekten Männern aus, gleicherweise vom Vater wie vom Sohn. Der Sohn ist der Gott-Mensch Jesus Christus, gezeugt durch den Heiligen Geist aus Maria, der ewigen Jungfrau, welche (seit 1950 sogar leibhaft) im Himmel Gottvater zur Seite sitzt, fürbittend für die armen Seelen. Damit ist das Himmel und Erde verbindende Element gebändigt worden. Der launenhafte Eros ist ausgeschaltet, und die Taube, die durch die Verbindung mit einer Frau an die dionysischen Mysterien der alten Fruchtbarkeitsgöttinnen erinnern könnte, ist dem weiblichen Einflußbereich entzogen und in die feste Hand des Vaters wie des Sohnes übergeben worden. Nun geht es beim Mysterium der Verbindung des Oberen mit dem Unteren endlich gesittet zu und her. Endlich herrscht Ordnung! Der christliche Gott ist nicht ein Gott der Unordnung (1. Kor. 14,33)! Die erotische Spannung zwischen Himmel und Erde, zwischen Frau und Mann (Aphrodite und Pan) ist verschwunden; Gott-Vater und -Sohn verbindet nicht mehr Eros, sondern die heilig-nüchterne Kraft des Logos. Ihre Gottesdienste sind entsprechend vernünftig und kopflastig.

Gleichzeitig wird damit der Bocksfüßige ausgeschaltet und ins dunkle Innere der Erde verbannt. Er verschwindet von der Bildfläche. Die Verbindung zum Unterirdischen und Unzivilisierten ist damit abgebrochen. Aphrodite alias Maria kommt im Christentum ohne Pan aus. Kinder können so sittsam gezeugt werden, daß man dabei nicht mehr viel spürt von Pan.

Die himmlische Aphrodite sitzt nun, verwandelt und ihrer Fruchtbarkeitsmysterien beraubt, im christlichen Glauben als ewig keusche Jungfrau Maria im Himmel. Sie thront nicht mehr in eigener Machtfülle, sondern sitzt gesittet an der Seite des (sexuell ungefährlichen) Gott-Vaters, der seinen Sohn ja nicht lustvoll im Ehebett mit ihr gezeugt hat, sondern majestätisch und auf Distanz: mittels des Heiligen Geistes und seines allmächtigen Wortes. Das Matriarchat ist durch die patriarchale christliche Trinitätslehre radikal verdrängt worden.

Das neue trinitarische Liebeskräfte-Spiel in der christianisierten Seele ergibt nun folgendes Bild:

1. Oben: Gott-Vater mit seinem Schöpferwort und der ewigen Jungfrau Maria an seiner Seite;
2. unten: der himmlisch-irdische Gott-Mensch Jesus Christus, durch das Wort gezeugt;
3. dazwischen: der vom Vater und vom Sohn ausgehende Heilige Geist als Taube.

Durch die Verdrängung und Verteufelung des dunklen Pan, die Ausschaltung des launischen Eros und die Entmächtigung des Weiblichen ist in der christlichen Kultur der naturhafte Wurzelbereich der menschlichen Psyche aus dem Gesichtsfeld der Religion verschwunden. Die Liebe ist nun keimfrei geworden und hat mit dem erdverbundenen Leib nicht mehr viel zu tun. Die Folge davon war aber nicht etwa – wie erhofft – eine weitere Kultivierung des Menschen und seine Entwicklung zum engelgleichen Wesen, sondern – im Gegenteil – eine Verrohung des «panischen» Elementes der Psyche, das wegen seiner Verdrängung ins Abseits nicht mehr bearbeitet und kultiviert werden konnte. Das Christentum hat nie einen Versuch unternommen, die Hölle zu kultivieren – zumindest ist mir kein solcher Mythos bekannt. Christus weilte nach seinem Tode und vor seiner Auferstehung nur zu einem Blitzbesuch in der Vorhölle. Die Hölle überließ man dem Teufel – und mußte dafür in Kauf nehmen, daß er von Zeit zu Zeit daraus ausbrach und die Erde unsicher machte. Dann war der Teufel los! Aber nach einer Weile hatte er ausgetobt und ließ sich wieder einsperren (wie der Eisenhans im Schloßhof des Königs; siehe S. 230ff.). Irgendwann aber erfolgte ein nächster Ausbruch. Mit diesem peinlichen Hin und Her schien man sich abfinden zu müssen – die Entdeckungen der Tiefenpsychologie eröffnen hier allerdings neue Möglichkeiten.

Das Christentum lehrte höhere, geistliche Mysterien. Die Priester wurden zölibatär. Die Jungfräulichkeit obsiegte allenthalben. Als Entschädigung für ihre Entmachtung durfte Maria inskünftig fürbittend tätig werden. Damit war ihrem fürsorglichen Brutpflegeinstinkt und dem bei Frauen scheinbar nicht auszurottenden Hingabebedürfnis auf eine elegante und kulturell wertvolle Art und Weise Genüge getan. Im Fürsorgebereich sollte Maria auch eine gewisse Selbständigkeit erhalten. Nur Priesterinnen durften die Frauen nicht werden; denn dann hätte konsequenterweise die Trinität zur Quaternität ergänzt werden müssen, und mit einer Frau auf einem eigenen Thron im Himmel wäre wieder die Erinnerung an die alten Fruchtbarkeitsgöttinnen, an das Schnäbeln und Liebesgurren der Tauben, an Eros und an Pan, aufgestiegen und wach geworden, und das ganze heidnische Pack, das man eben mit Erfolg rausgeschmissen hatte, hätte sich wieder breit gemacht. Nein!

Die Liebe hatte sich beim Wechsel vom heidnischen Späthellenismus zum Christentum sichtlich verändert. Sie war fortan im patriarchalen Himmel festgemacht; ihre Wurzeln in der matriarchalen Erde wurden unsichtbar und begannen zu verdorren. Damit ergab sich eine verhängnisvolle Spaltung in der Seele des Menschen: Die bewußte Einstellung und die unbewußte Naturseite der Liebe begannen auseinanderzudriften.

6. Pan in der christlichen Kirche?

Zum Osterfest 1997 wurde der Chorraum einer Kirche in der Stadt Zürich sozusagen in ein Stück Wald verwandelt. Mit diesem Stück Wald zog – wenn auch inkognito – der Gott Pan erstmals in eine evangelisch-reformierte Kirche ein. Am Ende der heidnischen Antike ertönte im ganzen Mittelmeerraum der Klageruf, Pan sei tot. Nun kam er zurück. Der Chor einer protestantischen Kirche im puritanischen Zürich – zwar nicht gerade ein Arkadien, aber unverkennbar ein Stück Wald: Die Gemüter wurden verunsichert und erregt. Kaum jemand blieb gleichgültig. Heftige Proteste, aber auch begeisterte Zustimmung erfolgten. Man wetterte etwa, das silvanische Arrangement in der Kirche sei ein Verstoß gegen die Kultur, das Werk von Banausen. Apollon gegen Pan. Vielleicht hätten diese Kulturbeflissenen dem Schöpfer des österlichen Bühnenbildes auch gerne Eselsohren gezogen, wie einst dem König Midas geschah. Ein Pfarrer polterte andernorts im Stile eines alttestamentlichen Propheten: «Das verfluchte Gesäusel von blühenden Kirschbäumen, Blumenwiesen und dem Grünen des Waldes, diese Naturanbeterei an Ostern, das hat mit dem ‹Wort› nichts mehr zu tun! Wir sind nahe daran, in ein blankes Neuheidentum zurückzufallen!» Daraufhin verließen einige empörte Feministinnen den Kirchenraum. Pan sorgt für Action. Wenn er einzieht, schwindet die Langeweile.

Es geht heute um etwas sehr Grundsätzliches: um die Integration Pans in die menschliche Spiritualität. Der Wald gehört zu Pans Reich. Pan wird am liebsten in schattigen Grotten und Höhlen abgelegener Wälder verehrt. Die ersten Dome der Menschheit waren bekanntlich Höhlen. «Kommst du mit mir in den Wald?» ist in der Umgangssprache aber auch eine unzüchtige Anfrage. Assoziationen in dieser Richtung stellen sich unwillkürlich ein, wenn man in der Kirche plötzlich einem Stück Wald begegnet. So etwas verletzt heilige Gefühle. Panische Überraschungen sind am Ostermorgen nicht willkommen, wenn die Menschen, feierlich gekleidet und innerlich für erhabene apollinische Gefühle gerüstet, zum Gottesdienst in die Kirche gehen. Sie sind schockiert, entrüstet, verletzt und schwören, nie mehr in diese Kirche zu gehen.

Ich erinnere mich in diesem Zusammenhang an folgende Begebenheit aus meiner Jugendzeit: Wir sangen bisweilen beim feucht-fröhlich-bacchantischen Ausklang unserer Turnfeste um Mitternacht in einer Waldhütte den schwulstigen Schlager aus voller Kehle und mit ganzem Gemüt: «Der liebe Gott geht durch den Wald ...» Dabei rief mir einmal ein Kamerad zu: «Ich weiß schon, Rolf, die Pfarrer haben dieses Lied nicht gern; aber es ist sooo schön. Los, nochmals!» Und lustig war's. Wir spürten, wie im Gefolge des nun plötzlich nicht mehr so puritanischen Gottvaters auch Bacchus und der dionysische Pan durch den Wald spazierten. Das war nicht nur herzerfrischend, sondern auch ein wenig aufmüpfig. Es blitzte satanisch lustig in den Augen mancher junger Turner. Aber es war schließlich nur ein Scherz. Zur Verwandlung eines kirchlichen Chorraumes in ein Stück Wald am Ostermorgen hätte vor fünfunddreißig Jahren noch keiner Hand geboten. Nun aber war aus einem mitternächtlichen Spaß etwas Wirkliches geworden. Verunsicherte Gemüter fragten sich, nicht zu Unrecht besorgt, wo das denn hinführe.

Wer sich ernsthaft fragt, wo etwas hinführe, muß sich auch fragen, wo es herkomme. Pan und Christus: Wie war das einst? Ich streife nun kurz, mit einigen wenigen Schlaglichtern, die Geschichte der Beziehung zwischen Pan und Christus. Pan wurde durch die christliche Kirche vertrieben, in den Schattenbereich verdrängt und dort teilweise verteufelt.

Clemens von Alexandrien, vermutlich um die Mitte des 2. Jahrhunderts in Athen als Sohn heidnischer Eltern geboren, versucht in seinem missionarischen Werk *Logos protreptikos* (Wort der Ermahnung zur Umkehr), die Heiden von ihren dionysischen Mysterien abzubringen und den reinen christlichen Mysterien zuzuführen (L 32, S. 18 f.):

«Komm, von Gott Ergriffener, nun nicht mehr gelehnt auf den Weinlaubstab, nicht mehr das Haupt mit Efeu umwunden! Fort mit des Dionysos Binde von deiner Stirn, fort mit dem Rehfell! Nimm jetzt Vernunft an! Den Logos [= das Wort, d. Vf.] will ich dich lehren, das Wort vom Berg, einem anderen Berg, dem Sinai, nicht mehr dem Berge Kithairon mit seinen schattigen Wäldern, wo die heilig-trunkenen Mänaden rasen, geweiht zur rohen, blutigen und unheiligen Fleischeszerfetzung.

Auf dem neuen Berg des Logos feiert man andere Mysterien, verkündet von jungfräulichen Töchtern unseres Gottes, schönen Lämmern, deren Chorgesang weise-nüchtern ertönt. Dieser Chor ist ein Chor von Gerechten, ihr Lied ein Lied für den König des Alls, gesungen von Jungfrauen zu Ehren der Engel. ... Wirf ab von dir dionysischen Trug und bacchantisches Rasen! Das Kreuz will ich als neuen Thiasos [Stab der rasenden Mänaden, d. Vf.] dir geben, das hoch aufragende Kreuz ...

O wahre Weihe-Mysterien! O ungetrübtes, reines Licht! Von andern Fackeln geleitet, schaue ich Gott nun und seine reinen Sphären. Der Logos selbst, Sohn des Schöpfers des Alls, erleuchtet nun den Mysten, macht mich heilig und versiegelt mich, mich zu bewahren in alle Ewigkeit. Derart gewandelt sind jetzt die einst Dionysos geweihten Mysterien. Darum laß auch du dich weihen mit diesen neuen Mysterien, angeführt vom Chor der Engel. Komm herbei, singe den Hymnus mit uns – ihm zu Ehren, dem unvergänglichen, ungezeugten, dem ureinen Gott.»

Was an diesem Text – abgesehen von seinem Inhalt – zunächst auffällt, ist sein pathetischer Stil. Clemens wirbt mit Kraft und Begeisterung für die neue Religion apollinischer Prägung. Sein Enthusiasmus zeigt, daß das Christentum jener Tage begeisterungsfähig war. Der Mensch strebte Höherem zu. Das war damals der Trend. Pan verblaßte. Die Situation erinnert an den Mythos vom musikalischen Wettstreit zwischen Pan und Apollon, den Apollon eindeutig für sich zu entscheiden verstand. Der neue Apollon hieß Jesus Christus, der Logos.

«Logos» aber heißt «Wort» und «Vernunft». Und damit hängt nun das zweite zusammen, was einem an diesem Text auffällt: Die Mysterien unter der Ägide des Logos werden wortbetont. Es geht nun um «das Wort». Die einstige Domäne von «Fleisch und Blut», Bauch und Sexualorgane, wird nun aus der Erdentiefe emporgehoben und vom oberen Geist transformiert zum «Wort». Der Logos wird von den oberen Körperorganen geformt, von Lunge, Kehle, Mund und Kopf. Der Logos braucht die erdhaften Elemente von Fleisch und Blut kaum mehr; sein Hauptelement ist die Luft, der Äther, durch den nun das Wort, das vom reinen Geist zeugt, dahinfliegt. Die blutigen Mysterien des Dionysos und des Pan werden zu «logischen» Mysterien sublimiert. Die dionysischen Mysterien waren noch dunkel und irrational; nun sollte die Religion vernünftig werden (so schon Paulus in Römer 12,1: «Logikee latreia»: vernunftgemäß soll der Gottesdienst werden). Kein irrationales mystisches Schaudern soll den Leib der Gotttrunkenen mehr durchrieseln, sondern Staunen und Andacht ihren Geist erfüllen.

Das Dionysische war im Kaiserreich dekadent geworden. Der Mensch hatte damals seine kosmische Beziehung zur Natur verloren. Er fiel aus uralten Bindungen der Einheit mit der Natur und dem Kosmos heraus. Die Sexualität entartete und sollte nun durch grobe Sensationen und Perversionen wieder attraktiv gemacht werden. Sensible, feinfühlende Menschen waren angeekelt von diesem unnatürlichen Treiben. Angewidert wandten sie sich ab vom Kult des Pan. Nun kam die Stunde Apollons.

Augustinus war als Kirchenlehrer maßgeblich an diesem Prozeß der Abwertung Pans und der Sexualität beteiligt (S. 111), und auch die Reformation im 16. Jahrhundert schuf den Sprung über den Abgrund zwischen Religion und Sexualität nicht (S. 111 f.).

Sechs kurze Streiflichter mögen diesen Prozeß der Abwertung der Leiblichkeit andeuten:

1. Schon in der Johannesapokalypse (14,4) werden die 144 000 Auserwählten als solche gepriesen, die sich nicht mit Weibern befleckt hätten. Nur Männer gehören also zu den Auserwählten und unter diesen nur «jungfräuliche» – was für ein verfremdendes Wort für einen Mann!

2. Tertullian (um 150–225 nach Christus) schreibt über die Frau, sie sei für den Mann «das Tor zur Unterwelt» [Maria wird in der Kirche als «das Tor Gottes in die Welt» gepriesen; durch das Streben nach oben kann die Frau also zum oberen und geheiligten Tor werden – Tor aber bleibt sie; d. Vf.]. Tertullian bezeichnet die Frau des weiteren als «Stachel des Skorpions, Unrechts-Weg und Gehilfin des Teufels». «Weib», ruft der redegewandte Kirchenmann, «du solltest stets in Trauer und in Lumpen gehen, die Augen voller Tränen. Denn du hast das Menschengeschlecht zugrunde gerichtet; um deiner Sünde [bzw. Evas, d. Vf.] willen mußte Jesus den Tod erleiden.»
Bereits im 2. Jahrhundert, im «Hirten des Hermas», verfaßt in Rom, tauchte das Ideal einer Ehe ohne sexuellen Verkehr auf, die sogenannte «Josephs-Ehe».

3. Im 4. Jahrhundert kreiste das Denken in der christlichen Kirche weitgehend um den Begriff der Jungfräulichkeit. Der Sündenfall Adams und Evas im Paradies wurde nun sexuell gedeutet. Das 6. Gebot wurde nun das wichtigste: «Du sollst nicht ehebrechen.» Aus der Religion der Nächstenliebe wurde eine Religion der Keuschheit. Das Konzil von Nicäa (325), die erste Reichssynode unter dem ersten christlichen Kaiser, lehnte zwar das Zölibat noch ab; aber Papst Gregor setzte es 1074 endgültig durch – alle Anläufe dagegen sind seither in Rom abgeprallt.

4. Einen sehr nachhaltigen Einfluß auf die Haltung der Kirche der Sexualität gegenüber übte Augustinus aus. Er versuchte die üppigen und leidvollen sexuellen Erfahrungen seiner Jugend

später als Bischof mit einer Sexualethik auszugleichen, in der die Sexualität negativ bewertet wurde. Durch eine solche «Verarbeitung seiner Jugendsünden» wurde die Sexualität nicht integriert, sondern verdrängt. Die Sexualität wurde für Augustinus zur Basis der Sünde schlechthin, zum trüben Kanal, durch den die Sünde von Generation zu Generation weiterfloß. Das Geschlecht wurde nun zum Schlechten. Augustinus ließ den ehelichen Geschlechtsakt nur zu, wenn er mit der Absicht der Zeugung eines Kindes erfolgte: Nur deswegen war die Sexualität tolerierbar, weil sie Kinder zustande brachte. Folgerichtig sind in der katholischen Kirche bis zum heutigen Tag Verhütungsmittel verboten, und die Ehe mit einem sexuell impotenten Mann ist darum ungültig. Augustinus lebte als Bischof von Hippo in Nordafrika mit den Klerikern dieser Stadt in einer klösterlichen Gemeinschaft zusammen. Die für dieses Leben herrschenden Regeln wurden zum Vorbild für viele klösterlich und klosterartig zusammenlebenden geistlichen Gemeinschaften im Mittelalter.

5. Auch der Reformator Martin Luther (1483–1546), ein ehemaliger Augustinermönch, vermochte an der grundsätzlichen Abwertung der Sexualität durch die christliche Kirche nicht viel zu ändern, obwohl er selber eine ehemalige Nonne heiratete und wiederholt hohe kirchliche Würdenträger persönlich zur Heirat zu bewegen versuchte. Er vermochte sich nicht grundsätzlich von der antisexuellen Einstellung seines Klosterpatrons Augustinus zu lösen. Zu tief hatte sich die jahrhundertealte erosfeindliche Tradition in seiner Jugend und während seiner theologischen Ausbildung in seine Gedankengänge eingegraben; es sollte noch Jahrhunderte dauern, bis christliche Religiosität und die Wertschätzung der Sexualität wieder zusammengedacht werden konnten. Auch für Luther war das Geschlechtliche noch das Schlechte, eine Brutstätte der Sünde. Freude an der Sexualität an sich war für ihn verpönt. Und nur die Aussicht auf Fortpflanzung der menschlichen Rasse rechtfertigte die sexuelle Vereinigung von Mann und Frau. Die Einrichtung der Ehe war seines Erachtens vor allem deshalb von Vorteil, weil sie eine allgemeine Hurerei verhinderte. Luther

wollte mit Pan nichts zu tun haben. Jungfräulichkeit war besser – auch für Männer.

6. Erst der liberale protestantische Theologe D. F. Schleiermacher (1768–1834) vermochte sich wirklich von der asketisch-leibfeindlichen Tradition der christlichen Kirche abzunabeln. Für ihn waren, echt romantisch, das Geistigste und das Sinnlichste aufs innigste miteinander verbunden, und seine Definition der Religiosität als eines «Gefühls schlechthinniger Abhängigkeit» vermochte die erotische Dimension der Religiosität wieder anzuerkennen, Mystik und Erotik miteinander zu verbinden. Schleiermacher hat damit die Sexualfeindlichkeit der christlichen Kirche überwunden. Er hat es gewagt, seinen Pflug beim Beackern der christlichen Tradition so tief wie kein anderer vor ihm anzusetzen und einen wirklichen Neubruch zu tun. Sein Bruch mit der leib- und erosfeindlichen Tradition der christlichen Kirche trug ihm allerdings kirchlicherseits den Vorwurf ein, er habe die Sexualität vergöttlicht und sei somit ein «Neuheide».

Da nun der Papst den Aussagen des Augustinus genauso verpflichtet ist wie die evangelischen Kirchenfürsten Luther gegenüber, dürfte es noch lange dauern, bis die christlichen Kirchen Pan in ihren Kult integrieren. Kein Wald mehr in der Kirche am Ostermorgen.

7. Die neue Gretchenfrage: «Wie hast du's mit Pan?»
«Wie hast du's mit der Religion?» fragte Gretchen einst Faust in Marthens Garten (Faust I). Die Gretchenfrage an die christlichen Kirchen lautet heute wohl: «Wie hast du's mit Pan?»

Daß eine leib- und erosfeindliche Tradition schuld war an der noch vor dreißig Jahren weit verbreiteten «ekklesiogenen Neurose» in all ihren leichteren und schwereren Spielformen, hat sich im letzten halben Jahrhundert auch in den christlichen Kirchen herumgesprochen. Man hat sich in der Kirche den tiefenpsychologischen Einsichten nicht mehr verschließen können, und es ist in den letzten Jahrzehnten zweifellos manches getan worden, um die Kirchen – wie man vorsichtig sagt – ein wenig zu öffnen. Aber das Problem wird in der Regel bloß rein pragmatisch angegangen und in seiner grundsätzlichen Tragweite längst nicht erkannt.

Worum es bei dieser «Öffnung» wirklich geht, mag der folgende Traum einer in der Kirche tätigen Frau, Mutter erwachsener Kinder, illustrieren. Sie hat mit diesem Traum in ihrer dritten Lebensphase die Aufgabe erhalten, eine ihrer Natur gemäße weibliche Spiritualität zu entfalten. Sie steht mit ihrem spirituellen Problem heute nicht alleine da. Es gibt in den christlichen Kirchen immer mehr Frauen, welche eine echte, ihrem eigenen Wesen gemäße weibliche Spiritualität suchen.

Ich fahre mit meinem grünen Auto einen ziemlich hohen Hügel hinauf. Zuoberst befindet sich das Kirchgemeindehaus, in dem ich zu tun habe. Oben angekommen, stelle ich mein Auto auf dem Parkplatz ordnungsgemäß ab. Ich habe ein ungutes Gefühl wegen der Bremsen: «Werden sie das Auto halten, während ich im Kirchgemeindehaus bin?» Ich steige aus und gehe ins Haus hinein, wo ich eine Weile zu tun habe. Wie ich fertig bin, will ich zum Parkplatz. Aber mein Auto ist verschwunden. Es muß den Abhang hinabgefahren sein. Ich erschrecke: «Hoffentlich gab's kein Unglück!» Ich mache mich auf die Suche nach meinem Auto. Ich komme dabei von der Straße ab. Leute sagen mir, ich müsse da drüben im Wald suchen. Dort wird es immer unwegsamer. Ich muß mich schließlich an Wurzeln festhalten, um voranzukommen. Dann gelange ich plötzlich zu einer Höhle, die mit Kerzen erleuchtet ist. Nun weiß ich: «Das ist's, was ich suche!»

Das Kirchgemeindehaus ganz oben auf dem ziemlich hohen Hügel, weit herum sichtbar und auf asphaltierten Straßen mit dem Allerweltsverkehrsmittel Auto bequem zu erreichen, muß in diesem Traum verlassen werden, damit die Träumerin endlich das finden kann, was sie schon lange gesucht hat: eine natürliche Religiosität und persönliche Erleuchtung. Diese ist nicht mehr so hoch oben wie die christliche Kollektivreligion zu finden, sondern weiter unten in unwegsamem Gebiet, mitten im Wald, in einer Grotte, dem Heiligtum Pans. Zu Pan gelangt sie nicht mehr mit einem Auto, auch nicht mit einem «grünen»; denn Pans Grünkraft will ganz persönlich und zu Fuß, in unwegsamer Gegend und durch einen Abstieg, erwallfahrt werden. Auf diesem einsamen Weg muß sich die Träumerin bisweilen sogar mit den Händen an Wurzeln festhalten, um weiter vorankommen zu können. Handgreiflicher Erdkontakt auf diesem beschwerlichen Weg ist vonnöten. Es geht also um die Integration der unteren Schichten der Persönlichkeit, um eine Bearbeitung dessen, was im christlichen Schatten liegt. Ein Abstieg in die Unterwelt steht bevor; verheißen ist eine persönliche Erleuchtung. «Höllenfahrt» wird das spirituelle Thema der nächsten Zeit lauten. Frauen wie diese Träumerin sind heute keine vereinzelten Erscheinungen mehr. Viele sind nicht mehr zu «bremsen»; sie müssen ihrer ganz persönlichen Spiritualität auf die Spur kommen. Die Bremsen versagen; man hat schon zu lange den Mund gehalten. Das weibliche Unbehagen in der kopflastigen christlichen Wort- und Logos-Kirche ist weit verbreitet. Das Problem einer echten weiblichen und persönlichen Spiritualität treibt heute viele religiös suchende Frauen um.

Zusammenfassend kann gesagt werden: Zu einer zeitgemäßen Religiosität gehört auch Pan, der als Bocksfüßiger im psychischen Jenseits wurzelt, aber als Mensch zum bewußten Diesseits gehört. «Zeichen von drüben» kommen auch von Pan; auch er gehört zum Pantheon in der menschlichen Psyche. Nach dem tiefenpsychologischen Verständnis der menschlichen Religiosität gibt es heute keine Möglichkeit mehr, Pan aus dem Individuationsprozeß auszuschließen. Eros und Religion müßten wieder ganz selbstverständlich in einem einzigen Atemzug genannt werden können. D. F. Schleiermachers Einstellung wird durch die Tiefenpsychologie bestätigt, und damit heißt die Gretchenfrage an eine zeitgemäße Religiosität: «Wie hast du's mit Pan?»

Esau: «Der ältere wird dem jüngeren dienen ...»

Esau und Jakob: Innere Gegensätze im Menschen

Die Zwillingsbrüder Jakob und Esau (1. Mose 25–33) sind ein mythisches Paar, an welchem innere Gegensätze sichtbar werden. Jakob ist der mythische Stammvater der zwölf Stämme des auserwählten Gottesvolkes. Jakob als Ahnherr des Volkes Israel ist etwas Be-Sonderes – das Sondern, Absondern und Trennen spielt in dieser Geschichte eine große Rolle. Esau ist der ältere Zwillingsbruder. Er ist der nicht Auserwählte, nicht Abgesonderte, der «Natürliche», der zu den «Heidenvölkern» Passende.

Wie bei Mythen üblich, ist bereits die Geschichte der Geburt aufschlußreich (1. Mose 25,21c–26a); ich gebe sie in freier Übertragung wieder:

Rebekka wurde schwanger. Sie erwartete Zwillinge. Diese stritten sich stets in ihrem Leib. Da ging Rebekka hin, Gott zu befragen, was das ständige Streiten in ihrem Leib zu bedeuten habe. Das Orakel kündete ihr: «Zwei Stämme trennen sich in dir. Der ältere wird dem jüngeren dienen.»

Als die Zeit der Schwangerschaft um war, kamen Zwillinge zur Welt. Der erste war rötlich («ädäm»), pelzig, wie in einem behaarten Mantel. Er wurde deshalb «Esau» genannt. Danach kam sein Bruder auf die Welt. Er hielt Esaus Ferse. So wurde er «Jaakow» (= Fersen-Halter) genannt.

Esau und Jakob – in diesem mythischen Zwillingspaar erscheint das sich bekämpfende Gegensatzpaar im Inneren des Menschen. Die Gegensätze sind in diesem Mythos stark ausgeprägt. Das Motiv der bereits im Mutterleib verfeindeten Zwillinge kennt auch die mykenisch-griechische Mythologie; dort sind es Akrisios und Proitos, von denen es heißt: «Sie rauften miteinander bereits im Mutterleib.» Aber die Gegensätze werden dort nicht derart weitreichend entfaltet wie im biblischen Mythos, der eine relativ späte Variante dieses archetypischen Motivs ist.

Die Mutter, welche diese Urgegensätze aus sich hervorbringt, ist wegen des unablässigen Streitens der Zwillinge in ihrem Leib verunsichert und sucht deshalb Auskunft an höchster Stelle, warum sich dies so verhalte und sich die beiden Streithähne in ihrem Leib nie zusammenraufen könnten. Es wird ihr gesagt: «Zwei Völker trennen sich in dir. Der Ältere wird dem Jüngeren dienen.» So entsteht das Gottesvolk – und damit auch die abendländische Kultur – aus einer Trennung, aus einer Differenzierung und Scheidung in zwei Gegensätze. Was sich ursprünglich noch ungesondert durcheinanderschlingt, muß getrennt und gesondert werden. Nur auf diese Weise kann sich eine Schöpfungsordnung entwickeln, die Klarheit, Luft und Freiraum enthält. Kultur kann erst entstehen, wenn Unten und Oben, Links und Rechts, Gut und Böse, Hell und Dunkel in einem Differenzierungsprozeß unterschieden werden können. Der Entwicklungsstand des Bewußtseins einer Kultur läßt sich am Unterscheidungsvermögen ihrer Spitzenvertreter, an deren Fähigkeit zu differenzieren, ablesen.

Der Trennungsprozeß erfolgt im Leben selbst natürlich nicht mit einem einzigen Wort wie im Schöpfungsbericht der Bibel. Das «Schöpferwort Gottes», das jeweils eine neue Stufe in der Evolution des Bewußtseins hervorruft, bedeutet in Wirklichkeit immer einen langwierigen, harten Kampf und eine entbehrungsreiche Wanderung durch die Wüste. Bewußtheit fällt uns nicht einfach in den Schoß. Ein Kind muß sich oft mehr als einmal mit dem Kopf am Tisch stoßen, bis es weiß, daß da ein Tisch ist. So gibt es unzählige Zusammenstöße mit der Realität des Lebens, bis ein Mensch eine Ahnung davon hat, wie die Wirklichkeit in etwa aussieht. Bewußtwerdung ist ein schmerzvoller Prozeß, ein Ringen, ein Kampf. Bis sich «Jakob und das Gottesvolk» (der «Jüngere» in uns, die bewußte spirituelle Seite) aus dem uranfänglichen, dunklen Mischmasch des unbewußt-bewußten Lebens herausentwickelt und sich von den «Heidenvölkern» (unserer Verhaftung im Unbewußten) abgesondert haben, müssen viele Schlachten geschlagen und Tränen vergossen werden. Jeder Mensch ist «Jakob» und somit ein Berufener – berufen zur Bewußtheit. Jeder muß seinen Weg ins «gelobte Land» (seine bewußt gewordene innere Heimat) durch einsame Pfade in der Wüste und unter vielerlei Kämpfen suchen.

Das Orakel sagt, der Ältere werde dem Jüngeren dienen. Dem Jüngeren – dem später Geborenen, dem Berufenen und Auserwählten, dem bewußt gewordenen und «spirituellen» Menschen – soll schließlich das Zepter übergeben werden.

Der göttliche Orakelspruch hilft Rebekka zu verstehen, warum die Zwillinge fortwährend streiten müssen, und dieses Verständnis für den inneren Kampf im eigenen Leib schafft ihr Erleichterung. Sie weiß jetzt wenigstens, wozu die Streitereien gut seien: Es muß klar werden, wer was ist und wohin er gehört. Es geht um eine schmerzvolle Scheidung und kampfreiche Differenzierung. Die Erwählung Jakobs zum Stammhalter des Gottesvolkes ist ein langwieriger, mühseliger Prozeß, der während vieler Jahre durchgestanden, tapfer und schlau durchgekämpft und erlitten sein will. Ewige Gegensätze kämpfen in uns, von allem Anfang an, bis die Scheidung, mit Gottes Hilfe, endlich gelingt und die beiden Seelenteile einander schließlich in Ruhe lassen und friedlich nebeneinander wohnen können. Eine alte jüdische Legende weiß davon zu berichten:

Als Esau und Jakob noch im Leib ihrer Mutter weilten, sagte Jakob zu Esau: «Mein Bruder, wir sind zwei, und von zwiefacher, verschiedener Art ist auch unsere Lebensweise: Beim einen geht es vor allem ums Essen und Trinken, beim andern geht es um mehr. Das eine Leben kannst du haben, wenn du willst; ich für mich wähle das andere.»

Nebenbei: Im alten Indien, während der Periode des Yoga (ca. 500 v. Chr. bis 500 n. Chr.), wurde der Gegensatz zwischen dem «fleischlichen» und dem «geistlichen» Leben im 13. Lebensjahr institutionalisiert: Der Knabe wurde einem Lehrer, Guru, zur religiösen und sozialen Ausbildung übergeben. Dabei wurde dem angehenden jungen Mann «die heilige Schnur» umgelegt, und er hieß fortan der «Zweimalgeborene». Die Schnur (der Strick unserer Mönche!) war das sichtbare Zeichen für die geistige Nabelschnur zwischen dem Guru – der «alma mater»! – und dem werdenden jungen Mann, der nach seiner Bubenzeit nun in die «höheren Weihen des Geistes» eingeführt wurde.

Der biblische Mythos berichtet weiter über das Zwillingspaar:

Esau wird ein Jäger, der im Freien lebt; Jakob aber wohnt in Zelten. Isaak, der Vater, fühlt sich mehr zu Esau hingezogen; Rebekka hingegen, die Mutter, mag den Jakob lieber. Wie Jakob einst gerade am Essen ist, kommt Esau von draußen mit einem gewaltigen Hunger heim. Er sagt zu Jakob: «Ich habe schrecklichen Hunger. Gib mir von dem Roten da (hebräisch: ‹min ha ädäm›)!» Darum nennt man Esau auch den «Roten» (in «Ädäm» klingt auch «Edom» an; Esau ist nach 1. Mose 36,1+43 der mythische Stammvater der heidnischen Edomiter, die David besiegt hatte. Die Edomiter sind die «Roten», die Jakob-Israel sich einverleibte!).

Jakob weiß die Situation sogleich zu seinem Vorteil zu nutzen und schlägt seinem Bruder vor: «Einverstanden! Aber verkaufe mir zuerst dein Recht als Erstgeborener.» Esau denkt bei sich: «Ich bin jetzt hungrig – was soll's!» Und Esau schwört Jakob, daß er das Recht des Erstgeborenen gegen das rote Mus einzutauschen bereit sei, schlingt das Essen hinunter und geht wieder seiner «fleischlichen» Wege (frei nach 1. Mose 25, 27 ff.).

Esau wird über das rote («ädäm») Mus mit Edom, aber auch mit «Adamah» in Zusammenhang gebracht, mit der roten Akkererde, aus welcher einst Adam geformt wurde. Der «erste» Mensch, Adam, gilt in der jüdisch-christlichen spirituellen Tradition als der erd- und instinktverhaftete, der «primitive» Mensch, dem der bewußtere, der zweite und «andere», geistige, spirituelle Mensch (in der christlichen Tradition: Christus) gegenübersteht. Ein solcher «Adam» ist nun auch Esau, der «Rote»: Esau kommt mit einem Pelz zur Welt, rötlich (= «ädäm») behaart. Er hat sichtlich noch etwas von unseren biologischen Vorfahren in der Evolution an sich, dem Orang-Utan (malaiisch: «Waldmensch»). Der zivilisierte Mensch wird nicht gerne an diese Verwandtschaft erinnert, obwohl sie in biologischer Hinsicht verblüffend ist (98 Prozent des gesamten Genoms von Primaten und Menschen ist identisch). Unsere evolutionsgeschichtlichen «Cousins» werden von uns Menschen bekanntlich nicht gerade vorteilhaft bewertet.

Esau verkörpert in der biblischen Geschichte das Erbe der Natur, die sogenannten «niederen Triebe», also jenen Teil in uns, der durch das Instinkt- und Triebverhalten noch in die Natur eingebettet ist. In Esau erscheinen die Ketten, die uns an die rote Ackererde fesseln. Diesen kann sich der himmelstrebende Jakob nicht leicht entwinden; darum ist der Kampf der beiden Brüder so hart. Esau nimmt den Gottesspruch nicht einfach hin: «Der Ältere wird dem Jüngeren dienen.» Schließlich hat er, Esau, während Hunderttausenden von Jahren das Feld beherrscht – und jetzt soll er es dem jüngeren (dem Neuling «Bewußtsein») einfach räumen, kaum ist dieser angekommen! Das kommt für Esau nicht in Frage. So muß nun das Bewußtsein dem Unbewußten sozusagen jeden Quadratmeter mühselig abringen.

Aber Jakob, der Fersenhalter, ist als Gegner nicht zu unterschätzen. Er hat ganz neue Kampfmethoden entwickelt, denen Esau nicht gewachsen ist. Jakob ist nicht mehr rötlich behaart. Seine feine Haut wird im biblischen Bericht betont hervorgehoben. Der Kulturmensch ist nicht mehr roh, grobschlächtig und primitiv sinnlich; er verkehrt nicht mehr in Männerhorden wie Esau. Jakob weiß sich in der feinen Welt gesittet zu bewegen; er ist der Liebling Rebekkas und wohnt kultiviert in Zelten. Jakob ist kein «wilder Mann» mehr. Seine Behausung ist ein Produkt der fortschrittlichen arbeitsteiligen Gesellschaft. Auch die Kleider, das Benehmen und die Sprache Jakobs sind gewählter als bei Esau. Jakob weiß sich zu benehmen; er versteht es, gewandt die Sätze seiner Reden zu formulieren. Er steht der Kultur näher, während Esau noch stark der Natur verhaftet ist.

In der symbolischen Deutung dieses Mythos ist Jakob der Kulturmensch in uns, der «helle Kopf», das platonische Pferd in unserer Seele, das himmelwärts strebt. Jakob versteht es, seinen

Verstand zu gebrauchen. Das zeigt sich daran, wie er Esau beim Essen begegnet: Blitzschnell weiß der schlaue Kaufmann aus der Triebgebundenheit des Esau für sich einen Vorteil herauszuwirtschaften und das Blatt in seinem Rechenbuch zu seinen eigenen Gunsten zu wenden. Jakob kämpft mit den feinen Klingen des Intellekts: Er verzichtet darauf, seinen Hunger sogleich zu stillen; mit kluger Berechnung überläßt er listig seinem Bruder Esau, der mit seinem Bärenhunger nicht warten mag, sein eigenes rotes Mus. Jakob schlägt aus seinem Triebverzicht einen Vorteil heraus. Er vermag in seinem Intellekt ein kleines, konkretes Übel (den handgreiflichen Hunger nicht sogleich befriedigen zu können) sehr wohl gegen ein größeres und bereits etwas abstrakteres Gut abzuwägen: das Erstgeburtsrecht, das man nicht mit Händen greifen und nicht in den Mund stopfen kann. Das größere Plus überwiegt in seiner blitzschnellen Kalkulation das kleinere Minus bei weitem. Diese Rechnung hat Jakob mühelos sekundenschnell gemacht, währenddem es Esau noch nicht einmal aufgedämmert ist, daß hier überhaupt Kalkulationen angestellt werden; wenn Esau Hunger im Bauch hat, hat er Hunger und sonst nichts, und darum kommt er gar nicht erst auf die Idee, daß in Jakobs Kopf gerechnet wird.

Esau hat kein rasches intellektuelles Auffassungsvermögen. Er kann nicht so flink und gewandt mit derart feinen Klingen fechten wie Jakob. Sein Intellekt, zumal wenn er Hunger hat, ist stumpf und plump. Biologisch war dieses Verhalten einst sinnvoll; denn es bewahrte die Menschen davor, aus mangelnder Konzentrationsfähigkeit den Jagdpfad zu verlassen und darob zu verhungern. Nun aber haben sich die Zeiten geändert; man lebt in einer Zivilisation, in der die Befriedigung der Grundbedürfnisse des Daseins längst nicht mehr die Hauptsache ist. Es gilt jetzt so viele andere Dinge zu beachten. Esau wird sich in einer Zivilisation nie derart heimisch fühlen können wie seinerzeit in der Natur. Eines der Bücher von Sigmund Freud, der in unserem Jahrhundert den inneren Esau im Menschen für die moderne Wissenschaft entdeckt hat, trägt bezeichnenderweise den Titel: «Vom Unbehagen in der Kultur».

Der Konflikt zwischen Jakob und Esau ist unumgänglich; er

ist archetypischer Natur, biologisch bedingt durch die Lockerung des menschlichen Instinktgefüges und die damit freiwerdende Energie, welche ein bewußtes Leben, Kultur und Zivilisation, ermöglicht hat. Die Zivilisation schreitet unaufhaltsam
voran. Jakob in uns hat in jeder höher entwickelten Kultur die
Tendenz, Esau von oben herab zu betrachten. Jakob fühlt sich
Esau überlegen. Die damit verbundene Demütigung macht Esau
zu schaffen; er rächt sich mit asozialem Verhalten, psychosomatischen Störungen und Zivilisationskrankheiten. Esau ist zwar
nicht von Natur aus streitsüchtig; aber da ihm je länger, desto
mehr fast alles genommen wird, was einst sein Reich war,
schlägt er von Zeit zu Zeit blindwütend zu.

Jakob baut auf seinen «Kopf»; er wählt den Weg des rationalen Bewußtseins, der klar bewußten Wahl: Entweder – Oder.
Esau hingegen überläßt manches seinem instinktiven, noch
nicht klar formulierbaren Gefühl. Davon läßt er sich treiben.
Esau kann schlecht rational begründen, warum er etwas tue; der
Grund ist ihm jeweils nicht klar. Aber wenn er bei seinem Ent-
scheid kein schlechtes Gefühl hat, kommt es in der Regel nicht
schlecht heraus. Lebt Jakob im «Kopf», so Esau im «Bauch».
Esau will nicht ständig klar denken, differenzieren und bewußt
abwägen. Esau lebt noch immer in uns. Wir können unser bio-
logisches Erbgut nicht verleugnen. Jakob sollte also versuchen,
sich mit Esau auf dem Weg zu einem bewußt und ganzheitlich
gelebten Leben zu finden. In Wirklichkeit tut er alles andere als
das: Er versucht meistens, Esau zu übertölpeln – und Esau rächt
sich von Zeit zu Zeit dafür. Die inneren Gegensätze machen uns
das Leben nicht leicht. Der Mensch scheint nicht für ein friedliches Leben geschaffen zu sein.

Rebekka: Die Mutter der Gegensätze ergreift Partei

In der mythischen Rebekka, welche die Urgegensätze des biologischen und des zivilisierten Menschen in die Welt setzt, erscheint die Menschennatur selbst. Rebekka gebiert verfeindete
Gegensätze; sie selber ist zwar ein Ganzes; was sie aber hervor-

bringt, ist zwiefach. Zwietracht, Zwiespalt und Zweifel sind wesentliche Produkte der Gegensatznatur des Menschen. Der Streit ist offenbar eher das Menschennatürliche als der Friede. Rebekka ist ein Symbol des gesamten, des unbewußt-bewußten Seelenlebens des Menschen; dieses aber spaltet sich auf in einen bewußt werdenden (Jakob) und in einen weiterhin dem Unbewußten verhafteten Teil (Esau), die miteinander von Anfang an in einer Gegensatzspannung leben, welche durch die Kultur verschärft wird.

Rebekka möchte gerne Näheres über die steten Streitereien in ihr erfahren. Wir Menschen möchten wissen, woher das Übel kommt und wozu es gut sein soll. Rebekka will bewußt dahinterkommen, den Sinn im scheinbar sinnlosen Streiten ihrer Söhne erkennen. Ein unverstandenes Übel ist schwer zu ertragen. Eher glaubt der Mensch an die unsinnigsten Erklärungen über die Ursache eines Übels, als daß er es stumm und gottergeben schluckt. Wenn man den Grund des Übels kennt, wird es in der Tat bisweilen ein wenig erträglicher. Rebekka wird wohl deshalb mitgeteilt, was das ewige Gezänk bedeute. Von höchster Stelle aus wird ihr im Orakel der Sinn des Streites in ihrem Leib offenbart: Die Zeit sei nun reif für eine Scheidung und Differenzierung: «Zwei Völker trennen sich in dir.» Bewußtwerdung wird angesagt. Wie Rebekka dies vernimmt, schlägt sie sich auf die Seite der Evolution: Dem Jüngeren, dem Neuen und der Zukunft gilt fortan ihre Liebe. Rebekka sträubt sich nicht gegen das Neue. Bekanntlich war schon Eva im Paradies offen dafür. Der Mensch ist nach dieser mythischen Geschichte auf Kultur hin angelegt. Wir können nicht zurück auf die Bäume. Mit List, Lug und Betrug, mit einer durchtriebenen Täuschung Isaaks (immerhin ihres Gemahls und Vaters der Zwillinge) verhilft sie Jakob – und damit dem Bewußtsein und der Kultur – zur Position des «Erstgeborenen»; der Ältere soll dem Jüngeren dienen. Rebekka ergreift Partei für Jakob.

Wie stellt sich nun Isaak dazu?

Isaak: Auf einem Stumpengleis der Evolution ausrangiert

Isaak ist altersschwach und blind. Es ist Zeit für ihn abzutreten. Skrupellos wird er übers Ohr gehauen. Man muß nicht mehr auf ihn hören; denn er kann sich ja nicht mehr zur Wehr setzen. Aber er hat dennoch etwas weiterzugeben: Kraft und Wissen aus tiefer matriarchaler Naturverbundenheit; das ist der Segen, den er seinen Nachkommen noch spenden muß – aber dann muß er abtreten. Die Evolution nimmt nun eine Wendung gegen ihn: Städte und Stadtkulturen werden immer mehr bestimmend für das Leben der Menschen. Der Jäger Isaak hat ausgedient. Vertrautheit mit der Natur ist nicht mehr gefragt. Er wird «aus dem Verkehr gezogen».

Isaak konstelliert in dieser Phase der Entwicklung des Bewußtseins das archetypische Motiv des Königswechsels. Es müssen nun neue Kräfte auf den Thron. In Urzeiten wurde der alte König noch rituell getötet. Rebekka und Jakob sind da wesentlich eleganter. Unter kultivierten Menschen fließt kein Blut mehr bei einem Herrschaftswechsel; man schreibt zum Beispiel einfach Neuwahlen aus. Die Sache ist zwar immer noch dieselbe: Auch kultivierte Leute setzen einander im Kampf um Positionen außer Betrieb – aber etwas zivilisierter (bisweilen aber auch perfider und durchtriebener).

Isaak und Esau enden in einer Sackgasse der Evolution. Über Hunderttausende von Jahren hinweg waren sie vollkommen integriert in ihrer natürlichen Umgebung. Seit Rebekka und Jakob überhand genommen haben, ist der Naturmensch systematisch ausmanövriert worden. Es gibt ihn nur noch in Naturreservaten zu sehen, in einer Art Zoo, wo die Zivilisierten ihn auf ihren Super-Jet-Flügen rund um die Welt begucken können. «Wie interessant!» schwärmen die Globetrotters – die auf diese Weise auch noch die letzten Reste intakt gebliebener Naturgebiete auf unserem Planeten zerstören.

Was uns von Isaak und Esau geblieben ist, ist das Freudsche «Unbehagen in der Kultur» und von Zeit zu Zeit ihr (offener oder versteckter) Ausbruch aus dem Käfig der Zivilisation.

Zum Ende der Geschichte: Versöhnung in Sicht?

Jakob und Esau waren von allem Anfang an miteinander verfeindet. Ist der Mensch ein durch und durch friedloses Geschöpf; oder gibt es ein Ziel, von dem her die ewigen Zwistigkeiten innerhalb unserer Rasse verständlich und deshalb ein bißchen erträglicher werden?

Die biblische Geschichte läßt wenigstens einen Hoffnungsschimmer aufkommen: Zu guter Letzt haben Jakob und Esau sich dann doch vertragen. Man kann darin vielleicht die Andeutung eines Morgenrotes für die Zukunft des homo sapiens sehen. All die Irrungen und Verwirrungen, die Zerstörungen und scheinbar sinnlosen Wunden, die sich die Menschheit seit einigen tausend Jahren zufügt, hätten dann das geheime Ziel der Vereinigung der Gegensätze auf einer höheren Stufe der Bewußtheit. Was für ein Weg! Aber wir haben ihn nicht gewählt, sondern sind infolge der Evolution des Bewußtseins auf diesen Weg gestellt worden.

«Mit Gott und Menschen hast du gerungen und obsiegt», sagt der Gottesbote nach dem furchtbaren Kampf mit Jakob in der Furt des Jabbok (1. Mose 32,29). Danach haben Jakob und Esau endlich zueinander gefunden.

3. Die Tiefenpsychologie, der Teufel und das Böse

Von Freud zu Jung

Freud überwindet das positivistische Seelenmodell

Der Neurologe Sigmund Freud (1856–1939) entdeckte mit dem menschlichen Unbewußten bisher wissenschaftlich noch unbeackertes Neuland. Mit der Entdeckung des Unbewußten als eines Forschungsgebietes der modernen Wissenschaft begründete er vor hundert Jahren eine neue wissenschaftliche Disziplin, die Tiefenpsychologie – eine pionierhafte Leistung. Freud hat das positivistische Modell der Psyche seiner Zeit überwunden, das auf der Ansicht basierte, das menschliche Seelenleben bestehe im Prinzip aus dem, was einem Menschen bewußt sei. «Träume sind Schäume»: Dieses Schlagwort zeigt, was in der Sicht des Positivismus vom Unbewußten zu halten war. Freud war in seiner Ausbildung zum Mediziner positivistisch geprägt worden, lernte aber, die Seele neu zu verstehen.

Der durch Freud erzielte Fortschritt bei der wissenschaftlichen Erforschung der menschlichen Seele wird in einem Schema von Willy Obrist anschaulich (Abb. 8).

In der Vorstellung des Positivismus, der zu Freuds Zeit in den Kreisen der Wissenschaftler vorherrschte, bestand das seelische Leben eines Menschen ausschließlich in dem, was dieser bewußt erleben konnte. Der Rest wurde nicht mehr der Seele zugerechnet, das Triebgeschehen zum Beispiel wurde im positivistischen Verständnis der Psyche rein mechanistisch als ein physikalisch-chemisch-biologisch verlaufender Prozeß betrachtet. Instinktive Abläufe hatten nichts mit Geist, Intelligenz und Seele zu tun. Das Unbewußte wurde also nicht zur Seele gerechnet, es enthielt nur geistlose, stumpfe, reflexhafte und mechanische Triebe und Instinkte. Diese unbewußten Tätigkeiten wurden gegenüber den

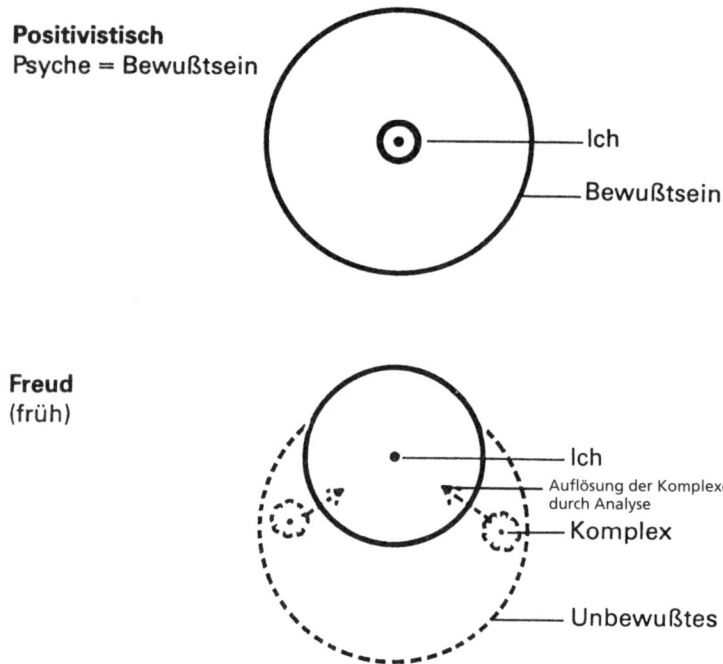

Abb. 8 Das positivistische und das Freudsche Modell der menschlichen Psyche (L 23, S. 104).

Leistungen des menschlichen Intellekts, also der bewußten geistigen Tätigkeit, als minderwertig beurteilt. Daraus folgte etwa, daß Tiere keine Seele haben konnten, weil sie allein von inneren Mechanismen durch das Leben getrieben wurden.

Freud hat den Nachweis erbracht, daß die positivistische Theorie von der Seele des Menschen nicht richtig ist, weil das bewußte und das unbewußte Seelenleben des Menschen eng ineinander verwoben sind und das Bewußtsein des Menschen weitgehend von der unbewußten Tätigkeit der Seele bestimmt wird. Welche Kränkung für die «Krone der Schöpfung»! Die Zeit- und Zunftgenossen Freuds ließen ihn oft schmerzlich spüren, daß sie seine neuen Theorien nicht akzeptieren wollten.

Daß es ein unbewußtes Seelenleben gebe, das wir Menschen mit allen übrigen Kreaturen teilen, und daß darin gar ein *unbewußter Geist* und damit eine unserem Bewußtsein weit überlegene unbewußte Intelligenz am Werk sei, war nach der positivistisch-materialistisch-atheistischen Theorie undenkbar. Denn – wie schon gesagt – Geist besaß nur der Mensch; geistvoll war nur die bewußte geistige Tätigkeit des Menschen. Alles andere im Universum war Mechanik, der menschliche Geist aber war letztlich Zufallsprodukt einer blind verlaufenden Evolution. Mit dem empirischen Nachweis, daß der Mensch ein *unbewußtes Seelenleben* hat, überholte Freud das positivistische Modell der Seele.

Daß seine neue Theorie grundsätzlich richtig sein mußte, bewiesen Freuds praktische Erfolge in der Psychotherapie. Freud war kein Schreibtischgelehrter, sondern ein praktischer Arzt und ein menschlich engagierter, echter Seel-Sorger. Er mobilisierte die moderne Wissenschaft, um der menschlichen Seele in Nöten effizient, engagiert und qualifiziert helfen zu können.

Die Struktur des Unbewußten: Es und Über-Ich

Freud machte in seiner psychoanalytischen Praxis immer wieder die Erfahrung, daß es in der unbewußten Psyche seiner Patienten sogenannte «gefühlsgeladene Komplexe» gab, welche das bewußte Leben störten. Vereinfacht gesagt, gliederte er das Unbewußte in zwei Bereiche: in das Es und das Über-Ich (dieses war nur teilweise unbewußt), in denen er die störenden Komplexe ansiedelte. Durch eine Psychoanalyse wurden die beiden Bereiche des Es und des Über-Ichs bewußt gemacht und die darin hausenden Komplexe soweit wie möglich aufgelöst.

Im unbewußten Teil des Über-Ichs siedelte Freud unbewußt gewordene Verhaltensregeln an, die einem in der Erziehung einst beigebracht worden waren und die dann automatisch, ohne Hilfe des Bewußtseins, weiterfunktionierten: «Du sollst», «Das tut man nicht» etc. Davon, was ein Mensch im Laufe seiner Erziehung internalisierte, ist im Erwachsenenleben bekanntlich längst nicht mehr alles bewußt. Das Über-Ich gehörte für Freud zu unserer Kulturseite. Dem Es hingegen ordnete Freud die unbewußten Triebwünsche zu, die uns mit dem Tierreich verbinden; das Es war für ihn unsere Naturseite.

Nun wird vieles von dem, was das Es wünscht, vom Über-Ich verboten; denn die Kultur beziehungsweise die Gesellschaft erlaubt vieles nicht, was die Natur möchte. Häufig realisiert das Ich diesen inneren Gegensatz nicht. Daraus resultieren Spannungen im unbewußten Bereich der Psyche, welche das Ich dumpf als «ein ungutes Gefühl» wahrnehmen kann. Die innere unbewußte Spannung wird oft zusätzlich dadurch verstärkt, daß nicht klar ist, was die Umwelt erwartet, erlaubt oder verbietet. Dadurch wird dem Ich die Entscheidung weiter erschwert. Es ist dem Ich oft nicht möglich, es allen drei Seiten recht zu machen: der Umwelt, dem Es und dem Über-Ich. Diese Unsicherheit ist schwer zu ertragen.

In Freuds «Neuer Folge der Vorlesungen zur Einführung in die Psychoanalyse» (L 4, Bd. XV, S. 84 f.) findet sich ein Text, in welchem die Beziehung zwischen dem Ich, seiner äußeren Umwelt, dem Es und dem Über-Ich meisterhaft geschildert wird:

«Ein Sprichwort warnt davor, gleichzeitig zwei Herren zu dienen. Das arme Ich hat es noch schwerer; es dient drei gestrengen Herren, ist bemüht, deren Ansprüche und Forderungen in Einklang miteinander zu bringen. Diese Ansprüche gehen immer auseinander und scheinen oft unvereinbar zu sein. Kein Wunder, wenn das Ich so oft an seiner Aufgabe scheitert. Die drei Zwingherren sind: Die Außenwelt, das Über-Ich und das Es. ... [Das Ich] fühlt sich von drei Seiten her eingeengt, von dreierlei Gefahren bedroht, auf die es im Falle der Bedrängnis mit Angstentwicklung reagiert. ... [Es ist] dazu bestimmt, die Anforderungen der Außenwelt zu vertreten; aber es will auch der getreue Diener des Es sein, im Einvernehmen mit ihm bleiben, sich ihm als Objekt empfehlen, seine Libido auf sich ziehen. In seinem Vermittlungsbestreben zwischen Es und Realität ist es oft genötigt, ... die Konflikte des Es mit der Realität zu vertuschen ... Andererseits wird es auf Schritt und Tritt von dem gestrengen Über-Ich beobachtet, das ihm bestimmte Normen seines Verhaltens vorhält, ohne Rücksicht auf die Schwierigkeiten von Seiten des Es und der Außenwelt zu nehmen, und es im Falle der Nichteinhaltung mit den Spannungsgefühlen der Minderwertigkeit und des Schuldbewußtseins bestraft. So vom Es getrieben, vom Über-Ich eingeengt, von der Realität zurückgestoßen, ringt das Ich um die Bewältigung seiner ökonomischen Aufgabe, die Harmonie unter den Kräften und Einflüssen herzustellen, die in ihm und auf es wirken, und wir verstehen, warum wir so oft den Ausruf nicht unterdrücken können: Das Leben ist nicht leicht! Wenn das Ich seine Schwäche bekennen muß, bricht es in Angst aus, Realangst vor der Außenwelt, Gewissensangst vor dem Über-Ich, neurotische Angst vor der Stärke der Leidenschaften im Es.»

Das neue Forschungsgebiet und die Religion

Die Tiefenpsychologie beginnt heute, unsere Zeit spürbar zu beeinflussen; der Zenit ihres Einflusses dürfte noch längst nicht erreicht sein. Das Lebensgefühl des Menschen an der Schwelle zum dritten Jahrtausend wird nicht nur durch die Technik, sondern zunehmend auch durch die Entdeckungen der Tiefenpsychologie geprägt – man denke nur etwa an die augenfällige Veränderung unserer Einstellung gegenüber dem Leib und der Sexualität in diesem Jahrhundert oder an das tiefenpsychologische Vokabular, das im 20. Jahrhundert Allgemeingut geworden ist, zum Beispiel: Ich, Es, Bewußtsein, Unbewußtes, Komplex, Projektion, Verdrängung, Neurose, Psychotherapie, Lustprinzip, Aggressionshemmung, Schuldgefühl, Über-Ich, Freudsche Versprecher, unbewußte Fehlhandlungen, verminderte Zurechnungsfähigkeit etc. Das sind nur einige wenige von vielen psychologischen Begriffen, welche das Denken und Handeln heutiger Menschen in zunehmendem Maße beeinflussen. Tiefenpsychologische Gesichtspunkte werden viel häufiger als noch vor fünfzig Jahren verwendet. Allmählich wird bekannt, daß wir Menschen ein artspezifisches unbewußtes Seelenleben haben, das uns teilweise mit den Tieren verbindet und uns viel stärker beeinflußt, als wir dies normalerweise wahrnehmen.

In diesem Zusammenhang läßt sich eine gegenläufige Bewegung beobachten: Mit dem zunehmenden Einfluß der Tiefenpsychologie schwindet der Einfluß der traditionellen religiösen Institutionen. Diese augenfällige Gegenläufigkeit dürfte kaum Zufall sein. Realisiert sich darin vielleicht der Wunsch Freuds, die Religion abzuschaffen und durch die wissenschaftliche Tiefenpsychologie zu ersetzen? Das könnte sehr wohl der Fall sein. Aber ein anderes Phänomen will nicht in dieses Bild passen: die neue religiöse Welle (das Aufkommen der Esoterik in den letzten fünfundzwanzig Jahren). Widerspricht diese neueste Entwicklung nicht dem, was Freud vorauszusehen glaubte, daß nämlich die Religion bald durch die Wissenschaft ersetzt werde? Hat Freud sich geirrt? Oder gibt es eine andere Erklärung für das Aufkommen der neuen Religiosität?

Versuchen wir zunächst, uns – im Anschluß an Gedankengänge von Willy Obrist (L 21–24) – Klarheit darüber zu verschaffen, was denn nun die eigentliche Leistung Freuds darstellt. Vielleicht läßt sich dann das rätselhafte Phänomen der neuen Religiosität erklären, die trotz der Ausbreitung der Tiefenpsychologie aufgekommen ist.

Ich umreiße Freuds bahnbrechende Leistung kurz in drei Punkten:

1. Psychotherapie als zeitgemäße Seelsorge

Augenfällig ist die praktische Auswirkung der Tiefenpsychologie in der Psychotherapie. Diese verhilft seelisch kranken Menschen zu einem bewußten, heilsamen Kontakt mit ihrer Seele. Das Bewußtwerden seelischer Vorgänge ist an sich schon heilsam, weil dadurch das Ich mit dem Unbewußten wieder verbunden wird. Die Psychotherapie hat das Leben vieler Menschen grundlegend verändert. Sie hat weitgehend die Nachfolge der religiösen Seelsorge angetreten.

Verdeutlichen wir uns das am Beispiel des erwähnten Malers Christoph Haitzmann (S. 48 f.) mit seiner durch Freud aufgeklärten «Teufelsneurose»: Hätte Haitzmann im 17. Jahrhundert in seiner Depression von einem Psychotherapeuten des 20. Jahrhunderts behandelt werden können, hätte er weder mit seinem

Blut einen Teufelspakt unterschreiben noch durch einen Exorzismus von diesem Teufelspakt wieder befreit werden müssen; das eine wie das andere magische Ritual war – wie wir heute leicht erkennen können – therapeutisch ganz einfach ineffizient. Solche archaischen Rituale waren aber einst die Heilmittel in Krankheits- und Unglücksfällen: Wo heute Viren mit Antibiotika bekämpft werden, beschworen einst Medizinmänner und Priester Dämonen, weil man dem «bösen Feind» nicht anders zu Leibe zu rücken verstand. Haitzmann könnte heute seine Depression unter sachverständiger Begleitung, eventuell verstärkt durch Psychopharmaka, aufarbeiten. Sein Leiden ließe sich heute zweifellos zumindest lindern. Es würde ihm dadurch viel Leid – Höllenangst, Minderwertigkeitsgefühle, Verzweiflung und Depression mit Arbeitsunfähigkeit – erspart. Die Mittel, welche die Kirche Haitzmann einst anzubieten hatte, waren vorwissenschaftlich und unqualifiziert.

Aber die Seelsorger der verschiedenen Religionen werden immer noch nicht psychotherapeutisch ausgebildet, und die magischen Rituale der Religionen stehen alle noch in Geltung. Doch die Psychotherapie als moderne, wissenschaftlich fundierte Hilfe ist für den abendländischen Menschen an der Schwelle zum dritten Jahrtausend effizienter als die alten Rituale der Kirche. Deshalb ist es verständlich, daß der Dienst der Seelsorge heute immer weniger von Seelsorgern der religiösen Institutionen und immer mehr von Psychotherapeuten wahrgenommen wird. Die Ausbildung der Priester und Pfarrer(innen) für die Seelsorge ist – obwohl sie ein bißchen verbessert wurde – immer noch ungenügend.

2. Ein neues Verständnis für innere Erfahrungen

So wie die modernen Naturwissenschaften vor Freud das Bewußtsein des Menschen über die äußere Natur erweitert und dadurch die Entwicklung der modernen Technik ermöglicht hatten, so erweiterte die neue Wissenschaft der Tiefenpsychologie die Kenntnisse des Menschen über seine inneren Erfahrungen, seine Seele. Freud holte die ins All hinausprojizierte unbewußte Seele ins menschliche Innenleben zurück. Er drang mit der modernen Wissenschaft in die Tiefe der Seele des Menschen vor, indem er den Informationsfluß zwischen dem Unbewußten und dem Bewußten, der sich in Träumen, Visionen, Fantasien, Fehlleistungen sowie psychosomatischen Symptomen manifestierte, unter die Lupe der Wissenschaft nahm. Im Jahre 1900 veröffentlichte Freud seinen großen schöpferischen Wurf: *Die Traumdeutung*, dessen erster Satz lautete: «Auf den folgenden Blättern werde ich den Nachweis erbringen, daß es eine psychologische Technik gibt, welche gestattet, Träume zu deuten, und daß bei Anwendung dieses Verfahrens jeder Traum sich als ein sinnvolles psychisches Gebilde herausstellt ...» (L 4, Bd. II/III).

Freud hat mit der wissenschaftlich qualifizierten Beobachtung des inneren Informationsflusses vom Unbewußten zum Ich eine neue wissenschaftliche Disziplin eröffnet, die dem Menschen Kenntnisse über sein Seelenleben und Möglichkeiten zur Behebung von seelischen Störungen eröffneten. Die erstmals wissenschaftliche Bearbeitung des Informationsflusses zwischen dem Unbewußten und dem Bewußtsein ist die eigentliche Pionierleistung Freuds. So wie Galilei seinerzeit mit seinem selbst erbauten Fernrohr Sonnenflecken wahrzunehmen vermochte, die man vor ihm nicht sehen konnte, so verschaffte Freud den Menschen durch die Anwendung seiner neuen wissenschaftlichen Methode auf dem Gebiet der inneren Wahrnehmung einen ganz neuartigen Zugang zum Unbewußten. Freud heilte durch die Aufklärung über Prozesse im unbewußten Teil der Persönlichkeit. Er erweiterte also das Bewußtsein seiner Patienten und weckte in ihnen das Verständnis für Vorgänge in ihrer Seele. Freud ließ seine Klienten in entspanntem Zustand auf der Couch frei zu ihren Traumbildern assoziieren. Dadurch brachte er sie in einen meditativen Zustand. In diesem gelösten und gelockerten, leicht dämmerigen, aber doch immer noch bewußten Zustand konnte das bewußte Ich das unbewußte Seelenleben wahrnehmen. Das Bewußtsein über unbewußte Vorgänge nahm zu, und dadurch konnte der seelische Zustand oft stabilisiert werden.

3. Revierkampf um die Seele

Freud drang mit seinen Forschungen in ein Gebiet ein, das bisher die Domäne der Religion gewesen war. Er entriß dieser die Seele und damit das Fundament, über dem sie ihre Tempel errichtet hatte. Daraus ergab sich eine Konkurrenzsituation. Freud machte der Religion den Vorwurf, sie gehe unwissenschaftlich und inkompetent mit der menschlichen Seele um. Er reklamierte das Gebiet der menschlichen Seele für die Wissenschaft. Für Freud war die Metaphysik erledigt, ein unzeitgemäßer Tummelplatz archaischer Wissenschaften (der Theologie und Philosophie); denn sie beruhte auf einer Projektion unbewußter seelischer Sachverhalte ins Kosmische hinaus. Freud stürmte Himmel und Hölle und nahm dort einen Kahlschlag vor. Die Kirche hat bis heute noch kein Abwehrmittel gegen den fundamentalen Angriff Freuds gefunden. Theologen wie Pfister, Scharffenberg, Lüthi oder Drewermann, die einen ehrlichen Dialog mit Freud und der Tiefenpsychologie suchten oder suchen, blieben innerhalb der Kirchen bis heute Rufer in der Wüste.

Bekanntlich löst das Eindringen eines Fremden mit Herrschaftsansprüchen Unsicherheit und Angst aus. Es geht für den bisherigen Herrscher dieses Gebietes um Sein oder Nichtsein: «Wer ist hier der Chef?» Ein Adrenalinschub begleitet diese Frage. Das bisherige Alpha-Tier rüstet sich unverzüglich zur Verteidigung seiner Rechte und will den Eindringling zum Teufel jagen. Auf geht's in den Kampf! Freud löste einen anfänglich erbittert geführten Revierkampf aus. Zwei Hirsche kämpften um die Vorherrschaft über das Revier der menschlichen Seele. Der Kampf scheint zur Zeit etwas abzuflauen. Geht ein hundertjähriger Krieg langsam zu Ende? Neulich wurde ich gebeten, in einer Kirchgemeinde einen Vortrag zum Thema «Die Bibel als Spiegel der menschlichen Seele» zu halten. Das ist der Schimmer eines sich ankündigenden schwachen Morgenrotes nach einer langen Nacht. Eine Schwalbe allein macht aber bekanntlich noch keinen Sommer, auch vier oder fünf nicht.

Das Fazit:

Wir sind nun in der Lage, die eingangs dieses Abschnittes gestellte Frage zu beantworten, ob denn der gegenwärtige Boom religiöser Angebote nicht Freuds Prognose vom baldigen Ende der Religion und deren Ablösung durch die Wissenschaft von der Seele widerlege. Ich schildere das Problem nochmals kurz:

Freud zog um 1900 aus, das unbewußte Innenleben des Menschen wissenschaftlich zu entschlüsseln und damit die für ihn hoffnungslos veraltete Religion endgültig und radikal abzuschaffen. Einerseits ist ihm dies unzweifelhaft ein Stück weit gelungen: Das wissenschaftlich fundierte Wissen des Menschen über seine Seele hat in unserem Jahrhundert stark zu-, und der Einfluß der traditionellen religiösen Institutionen hat im selben Zeitraum stark abgenommen; Aufstieg und Niedergang korrespondieren. Andererseits aber kann die neue religiöse Welle nicht übersehen werden; Religiosität ist heute wieder «in», sogar unter wissenschaftlich ausgebildeten Tiefenpsychologen, und das dürfte nach Freud ja nicht der Fall sein. Wie ist dieser scheinbare Widerspruch zu deuten?

Die Antwort haben wohl bereits die alten Römer und mit ihnen sämtliche bisherigen Völker der Menschheit gegeben: «Anima humana naturaliter religiosa» – der Mensch ist von Natur aus religiös veranlagt. Die religiöse Veranlagung des Menschen wollte Freud, als Kind seiner Zeit, aber nicht wahrhaben; denn er war als Wissenschaftler seiner Zeit Positivist und als solcher im Kampf der Wissenschaft gegen die Religion befangen. Freud identifizierte Religion mit dem archaischen Weltbild, weil die Religionen darin verhaftet blieben. Durch die Gleichsetzung von Religiosität und Gefangenheit im archaischen Weltbild schüttete Freud das Kind mit dem Bade aus.

Freud lehnte zwar die Religion ab, er liebte aber zugleich die menschliche Seele, und indem er diese ins Blickfeld der Wissenschaft rückte, schenkte er ihr eine ganz neue Bedeutung. Das ist seine bleibende Leistung. Dank Freud bekam die Seele in unserem Jahrhundert ein ganz neues Gewicht. Im Zuge dieser Wertschätzung der Seele wurde im Laufe der Jahrzehnte auch die religiöse Dimension ganz neu entdeckt. Das war allerdings nicht mehr die Leistung Freuds selber, sondern insbesondere seines Schülers C. G. Jung. Jung entwickelte – auf dem Fundament von Freud – ein neues Verständnis der menschlichen Religiosität.

Freuds Werk durchzieht also ein innerer Widerspruch: Er nahm die menschliche Seele ernst und wollte gleichzeitig die menschliche Religiosität abschaffen. Beides geht nicht zusammen, wie der Verlauf der Geschichte der letzten Dezennien zeigt. Freud hat zwar maßgebend dazu beigetragen, daß die archaische Form der Religiosität zur Zeit zerfällt; aber die Religiosität der menschlichen Seele an sich konnte er nicht abschaffen.

Ein radikal neues Verständnis menschlicher Religiosität auf der tiefenpsychologischen Grundlage von C. G. Jung und Willy Obrist werde ich im nächsten Abschnitt entwickeln.

Jung und die menschliche Religiosität

1. Grundzüge

C. G. Jung (1875–1961) war Mediziner und Psychiater; er war fast zwanzig Jahre jünger als Freud (1856–1939). Sie waren beide aus ihrem beruflichen Umfeld herausragende Männer. Im Unterschied zu Freud war C. G. Jung in einem Pfarrhaus aufgewachsen und hatte bereits als Kind verschiedene sehr eindrückliche religiöse Träume. In der Pubertätszeit hatte er unter der religiösen Impotenz seines Vaters gelitten, welcher die religiösen Fragen seines wißbegierigen Sohnes nicht befriedigend zu beantworten vermochte.

Jung kannte die Religion also aus eigener Erfahrung. Er war zudem – von Mutters Seite – «medial» veranlagt: Er hatte gegenüber dem, was sich im Unbewußten abspielt, eine außergewöhnlich durchlässige Membran und war auch für parapsychische Ereignisse offen. Diese Durchlässigkeit zu seinem Unbewußten war eine ihn in besonderem Maße kennzeichnende Begabung. Er war ein Sensitiver, der den Informationsstrom vom Selbst zum Ich mit einer ungewöhnlichen inneren Wachheit wahrnehmen konnte und zudem das innen Erspürte in eine wissenschaftlich zeitgemäße Sprache zu kleiden und dadurch wissenschaftlich fruchtbar zu machen verstand. Durch seine Intuition und sein nach innen orientiertes Denken gelang es ihm auch, gewisse Entwicklungen anderer Humanwissenschaften um Jahrzehnte vorwegzunehmen.

Jung und Freud war gemeinsam, daß sie, als moderne Naturwissenschaftler, das archaische Kleid der Religion ablehnten. Aber für Jung war das noch kein Grund, die menschliche Religiosität an sich über Bord zu werfen. Jung unternahm im Gegenteil den gigantischen Versuch, diese neu zur Sprache zu bringen. Dieser Versuch ist eine Parallele zu Bultmanns existentialer Interpretation. Leider kamen Jung und Bultmann nie miteinander ins Gespräch. Bultmann vermochte sich nicht vom tiefsitzenden antipsychologischen Affekt der Theologie zu lösen, und für Jung war Bultmanns Entmythologisierungsprogramm der Ausdruck eines Positivismus und Rationalismus, der kein Gespür für die Mythen aufbrachte. Jung selber lebte aber in und mit Mythen. Jung wollte die Bibel darum nicht entmythisieren. Er betrachtete die Entmythologisierung als etwas Barbarisches, das der Bibel ihre ewig gültigen Bilder raube und den Menschen noch mehr entwurzle.

Für Jung bildete die menschliche Psyche die Basis der menschlichen Religiosität und nicht irgendein unabhängig vom Menschen existierendes metaphysisches Jenseits. Er übernahm von Freud die Erkenntnis, daß das Jenseits der Religionen auf menschlichen Projektionen beruhe und deshalb im menschlichen Unbewußten anzusiedeln sei. Die jenseitigen Mächte waren für ihn Mächte des Unbewußten. Aber Jung wollte diese jenseitigen Mächte nicht einfach weganalysieren und in ein Nichts auflösen wie Freud. Er wollte Gott und den Teufel nicht auf die ambivalente Beziehung des Kleinkindes zu seinem eigenen Vater reduzieren. Er sah hinter dem Bild des persönlichen Vaters und der persönlichen Mutter Mächte, die unser seelisches Leben über die persönlichen Beziehungen zu den Eltern hinaus prägten. Für ihn war Freud noch zu wenig tief ins Unbewußte vorgestoßen und auf der Entdeckungsreise in die Seele in der persönlichen, noch relativ bewußtseinsnahen Schicht des Unbewußten stehen geblieben. Jung glaubte, in eine noch tiefere

Schicht, nämlich diejenige der arttypischen Bilder und angebotenen Verhaltensmuster, in das sogenannte «kollektive Unbewußte», vorgedrungen zu sein, in jene psychophysische Schicht, die in unserem Genom, unseren Erbanlagen, gespeichert ist.

Durch Selbstexperimente und die Beobachtung des inneren Reifungsprozesses vieler Analysanden gelangte Jung – noch während des ersten Weltkrieges – zu einem Modell der menschlichen Psyche, welches gegenüber dem Freudschen Modell etwas grundlegend Neues postulierte: Jung glaubte entdeckt zu haben, daß das gesamte menschliche Seelenleben im Unbewußten zentriert war und dort eine unabhängig vom bewußten Ich funktionierende und diesem überlegene Mitte besaß, von der aus das für uns Menschen arttypische seelisch-geistige Entwicklungsprogramm gesteuert wurde. Hatte Freud einst den Satz geprägt: «Wo Es war, soll Ich werden», so nahm nun Jung dem Ich seine Führungsposition im Seelenleben und forderte, das Ich habe sich den Zielen des uns unbewußten Selbst – moderner formuliert: seines natürlichen, im Genom verankerten Entwicklungsprogrammes – einzufügen. Damit hatte Jung das positivistische Ich endgültig entthront und es dem unbewußt funktionierenden Selbst bei- und letztlich sogar untergeordnet.

Mit der Entdeckung des Selbst und unserer weitgehend unbewußt (biologisch) gesteuerten seelisch-geistigen Entwicklung brachte Jung die fein säuberlich getrennten Fakultäten der Natur- und der Geisteswissenschaften durcheinander und stellte deren grundsätzliche Trennung als überholt hin. In dieser Hinsicht ist Jung ein «Enfant terrible» des Universitätsbetriebes, der nach seinen Entdeckungen auf eine völlig neue Grundlage gestellt werden müßte. Jung sagte einmal, er erhalte zwar von Universitäten in aller Welt Ehrendoktortitel, aber die meisten von denen, welche ihm diese Titel verleihen würden, hätten kaum verstanden, worum es ihm eigentlich gehe. Letztlich ging es Jung um ein völlig neues Menschenbild auf der Grundlage eines neuen Verständnisses von Geist und Materie und damit um die Aufhebung der Trennung zwischen Natur- und Geisteswissenschaften.

Jung nahm mit seinem neuen Modell der Psyche auch das

kybernetische Modell, das erst nach dem Zweiten Weltkrieg in die Biologie Einzug hielt, bereits um Jahrzehnte vorweg. Im Selbst – einem Datenverarbeitungszentrum, würde man heute sagen – wird das psychische Entwicklungsmuster durch einen Regelkreis gesteuert, in dem die genetisch festgelegten Soll-Werte dauernd mit den Informationen verglichen werden, die von außen her im Selbst eintreffen. Werden die Abweichungen von den Soll-Werten zu groß, greift das innere Führungszentrum korrigierend ein und versucht, die Soll-Werte des Erbprogrammes durchzusetzen (was beim Menschen mit seinem lockeren Instinktgefüge alles andere als einfach ist). Die bei Differenzen zwischen den Ist- und den Soll-Werten auftretenden Spannungen äußern sich nach Jung in spannungsgeladenen Träumen, negativen Fantasien, Gereiztheit und Fehlhandlungen, aber auch psychosomatisch in Form von Angstzuständen, vegetativen Störungen, neurotischen Symptomen, Depressionen, psychosomatischen Krankheiten etc. Damit hat die Tiefenpsychologie das heute jedermann bekannte Gebiet der wissenschaftlichen Psychosomatik um mehr als ein halbes Jahrhundert im voraus entdeckt.

Im Selbst ist – das ist das grundlegend Neue bei Jung – das gesamte Evolutionswissen gespeichert. Das menschliche Selbst, das sich im Laufe der Evolution herausgebildet hat, weiß aus seiner Vergangenheit (durch ein unbewußtes Wissen, also eine unserem Bewußtsein nicht zugängliche geistige Tätigkeit), wie sich ein Lebewesen verhalten muß, um existieren und überleben zu können. Das Unbewußte verfügt also nach Jungs Erfahrung über ein Wissen, das dem bewußten Wissen der menschlichen Vernunft weit überlegen ist. In vielen Träumen zeigte sich für Jung dieses hilfreiche Wissen, das seinen Patienten einen weiterführenden Weg offenbarte, wenn das Ich mit seinen Künsten am Ende war. Darum machte er die Botschaft der Träume zur Mitte seiner Therapien. Es ging ihm in seinen Psychotherapien darum, das Bewußtsein des Menschen an das uralte Naturwissen des Selbst und den darin enthaltenen Reifungsprozeß anzuschließen, also den Geist des kurzlebigen menschlichen Bewußtseins zu verbinden mit dem uralten Naturgeist des Selbst. Wenn beide, der bewußte und der unbewußte Geist, miteinander zusammenwirken, kommt der Mensch wieder ins innere Gleichgewicht, und die Spannungssymptome verschwinden. Die Botschaft der Träume ist die Botschaft eines uralten Naturgeistes, der im menschlichen Genom gespeichert ist. Diesen uns unbewußten Naturgeist erlebte Jung an sich selber und bei zahlreichen Analysanden als weise und dem Ich in mancher Hinsicht überlegen. Immer wieder mußte Jung staunen ob der Klugheit und Weisheit, die im Selbst gespeichert ist. Der innere Komponist unserer Träume, Visionen und Aktiven Imaginationen wurde ihm mit den Jahren zu einem verläßlichen spirituellen Führer, dem er zu vertrauen lernte, so wie man im archaischen Weltbild seinem Gott vertraut hatte. Die Pflege der Beziehung zum Selbst wurde für Jung zu einer zeitgemäßen Form von Religiosität. Kurz gesagt: Das Selbst ist nach Jungs Erfahrung geistbegabt – mit dem Selbst aber auch jegliche Form von Leben, sogar die Materie.

Damit hatte Jung das Freudsche Modell der Psyche überholt, und die beiden großen Forscher mußten sich trennen. Die Differenz der Jungschen Vorstellung von der Seele zu derjenigen von Freud war so groß geworden, daß Jung nicht mehr der Kronprinz Freuds bleiben konnte. Er mußte auch als Präsident der Internationalen Psychoanalytischen Gesellschaft zurücktreten und sich gefallen lassen, daß sein Modell der Psyche von den meisten Freudianern als «nicht mehr wissenschaftlich» oder gar als «mystisch» verunglimpft wurde.

Auf der Darstellung von Willy Obrist in Abbildung 9 ist der Unterschied zwischen dem Modell der Psyche von Freud und Jung deutlich herausgearbeitet: Nach Jung ist der Mensch in der Gesamtheit seines seelischen Lebens nicht mehr im Bewußtsein, sondern im Unbewußten zentriert. Zudem ist das Unbewußte bei Jung geistbegabt. Es funktioniert analog zu dem, was die Alten in der traditionellen, vom archaischen Weltbild geprägten Sprache als «mein Gott» bezeichneten (die persönliche Führungsmacht im menschlichen Leben).

Damit wurde der Wert des Unbewußten für das psychische Leben neu gewichtet. Es ging jetzt nicht mehr nur darum, die unbe-

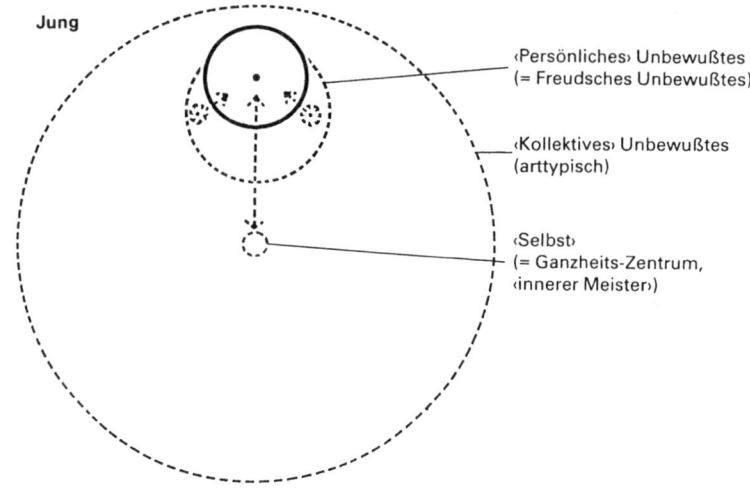

Jung

‹Persönliches› Unbewußtes
(= Freudsches Unbewußtes)

‹Kollektives› Unbewußtes
(arttypisch)

‹Selbst›
(= Ganzheits-Zentrum,
‹innerer Meister›)

Abb. 9   Das Jungsche Modell der menschlichen Psyche (aus: L 23, S. 104).

wußten Komplexe durch Analyse aufzulösen und deren Inhalte zu assimilieren, sondern auch darum, daß das Bewußtsein sich der Führung des unbewußten Naturgeistes im Selbst einordne. Damit hatte das Ich seine Hegemonie im Leben der Seele verloren. Das Ich war durch Jung vom einstigen König der Seele im Positivismus zu einem Vasallen über einen seelischen Teilbereich (das Bewußtsein) degradiert worden, welcher sein Land vom Selbst nur zu Lehen bekommen hatte. Willy Obrist gebraucht bisweilen einen anderen Vergleich: Das Selbst ist wie die Führungsspitze eines internationalen Konzernes und das Ich wie ein Filialleiter, der in «seiner» Filiale zwar eine gewisse Handlungsfreiheit besitze, sich aber letztlich doch den Intentionen des Gesamtkonzernes einzuordnen habe, weil «seine» Filiale letztlich nicht ihm gehöre. Der Geist wirkt nach diesem Modell der Psyche nicht mehr nur im bewußten Verstand des Menschen, sondern auch im uns unbewußten Selbst und damit letztlich in allem Sein. Er ist – natürlich in verschiedenen Formen, je nach der Evolutionshöhe eines Wesens – in allem Lebendigen anwesend. Er ist das anordnende Prinzip. Was wir als «Geist» bezeichnen, ist der eine Aspekt des Seins, den anderen nennen wir «Materie».

Nach Jung ist Religiosität etwas Natürliches. Das Selbst tritt nun an die Stelle des den Menschen begleitenden Gottes aus dem archaischen Weltbild. Selbsterfahrung und Gotteserfahrung sind für Jung daher nicht unterscheidbar; denn wenn sich das Selbst in einem großen Traum oder einer Vision dem Ich mitteilt, ist dieses Erlebnis für das Ich immer eine numinose Erfahrung, ein «Fascinosum et Tremendum». Jung hat also die Wohnung der metaphysischen Wesen nicht wie Freud in ein Nichts aufzulösen versucht, sondern das Jenseits aus der «übernatürlichen» Außenwelt in den unbewußten Seelengrund des Menschen zurückgeholt. Dort aber wurde es nicht weganalysiert (das Selbst ist für Jung ein «lebendiger Gott»). Das archaische äußere Jenseits ist nach Jung zu einem inneren «Jenseits-des-Bewußtseins» geworden. Der Geist ist nun ein Aspekt des Seins, der diesem von allem Anfang an innewohnt, aber nicht als selbständige Wesenheit, die sich vom Sein trennen könnte wie die archaische Seele vom Erdenleib. Materie und Geist sind nicht Wesenheiten, welche an sich und für sich selbst existieren. Sondern «Geist» und «Materie» sind abstrakte Bezeichnungen unseres Bewußtseins für zwei Seiten des einen, einheitlich zu denkenden Seins (das unser Bewußtsein in seiner Einheit nicht fassen kann und darum in zwei polare Gegensätze zerlegen muß).

Mit dem Selbst hatte Jung das ganzheitlich funktionierende, geistbegabte, lebendige, reaktionsfähige innere Führungszentrum entdeckt, das analog zu jener Macht funktioniert, welche die Alten innerhalb des archaischen Weltbildes ins Jenseits hinausprojiziert hatten. Das Jenseits der Alten entpuppte sich für Jung als ein psychisches Jenseits. Was die Alten als «Diesseits» oder «Welt» bezeichneten, wurde nun neu zum menschlichen Ich-Bereich, jenem Teil der Wirklichkeit, über den das Ich verfügen kann. An die Stelle des persönlichen Führergottes der Alten trat bei Jung das Selbst. Religiosität bedeutete nun für Jung, diesen «stillen Rufer» in sich wahrzunehmen und ihm Gehör zu verschaffen, damit der Mensch seiner inneren Natur gemäß leben lerne. Jung glaubte, der Mensch werde heil, wenn er auf die innere Stimme des Selbst achte. Dieses sorgfältige «Achten auf die Intentionen des Selbst» entspricht dem archaischen «Achten auf den Willen Gottes» und ist damit die über beide Weltbilder hinweg konstant gebliebene Religiosität des Menschen («Religio» kommt von «relegere» = sorgsam beachten). Jung bezeichnete die Religionen als «psychotherapeutische Systeme».

Mit diesen Entdeckungen vermochte Jung den Code der religiösen Tradition der gesamten Menschheit zu knacken. Da die archetypische Grundlage (das Genom) der Menschen auf der ganzen Welt in den Grundzügen dieselbe ist, müssen auch – so folgerte Jung – sämtliche Religionen gemeinsame Grundzüge besitzen. Jede einzelne historisch gewachsene Religion ist für Jung eine Spielform der allgemeinmenschlichen, im Genom in ihren arttypischen Grundzügen verankerten Religiosität. Die Mythen der alten Völker wurden für ihn zum reichen Bilderbuch der einen menschlichen Seele.

Man könnte nun annehmen, daß die grundsätzlich positive Wertschätzung der Religion durch Jung die Beziehung der christlichen Kirchen zur Tiefenpsychologie verbessert habe. Aber das war keineswegs der Fall. Durch das radikal neue Verständnis der menschlichen Religiosität trat Jung in eine im Grunde noch viel schärfere Konkurrenz zu den traditionellen religiösen Institutionen als Freud. Denn die religiösen Institutionen konnten Freud als Atheisten brandmarken und sich auf diese Weise gegen ihn abschotten. Jung aber war ein Wolf im Schafspelz: Er kam als Freund der Religion daher, verwarf aber deren archaisches Gewand und warf damit der Kirche implizit vor, eigentlich habe er und nicht sie einen zeitgemäßen Glauben anzubieten, obwohl er nicht Theologie, sondern Naturwissenschaften studiert hatte.

Konsequenterweise hätte Jung einen «Club für zeitgemäße Religiosität» begründen und in eine offene Konkurrenz zu den konservativ im archaischen Weltbild verharrenden Kirchen treten können. In Tat und Wahrheit hat er aber bis an sein Lebensende immer wieder gehofft, es gelinge ihm, (reformierte wie katholische) Theologen von seiner neuen Sicht der menschlichen Religiosität zu überzeugen. Er war jeweils sehr betrübt, wenn er wieder erfahren mußte, daß sich ein Theologe, der mit ihm das Gespräch gesucht, nachträglich doch wieder von seiner Sicht der menschlichen Religiosität abgewandt hatte, weil ihm damit der Boden in seiner eigenen Kirche zu heiß geworden war.

Im Grunde genommen wäre es die Aufgabe des Staates, die Pflege einer zeitgemäßen Religiosität samt der Ausbildung entsprechender Seelsorger an die Hand zu nehmen. Denn so wie sich der Staat kümmern muß um die Bildung seiner Bürger, um deren Gesundheit und die Altersversorgung, um das Kranken- und Sozialwesen sowie um eine sinnvolle Verteilung der Arbeit, so sollte er sich auch darum kümmern, daß die in ihm lebenden Menschen einen menschennatürlichen Lebensstil pflegen und sich dem Selbst entsprechend entwickeln. Eine gesunde Religiosität und ein menschengemäßer Lebensstil sind die billigste und beste Prophylaxe gegen Übel aller Art. Heute, da das Überleben der Menschheit gefährdet ist, sollte es dem Staat eigentlich immer wichtiger werden, daß möglichst viele Menschen wieder lernen, ihrer tieferen Natur und ihrem inneren Erbprogramm gemäß zu leben. Wenn die traditionellen religiösen Institutionen nicht mehr in der Lage sind, Religiosität zeitgemäß zu vermitteln, müßte der Staat diese Aufgabe wahrnehmen. Denn von einem menschengemäßen Leben hängt das Überleben unserer Spezies ab. Schließlich hat der Staat den Kirchen in den letzten Jahrhunderten auch das Schul-, das Gesundheits- sowie das Sozialwesen «abgenommen» und es sukzessive professionell ausgebaut. Die Übernahme der Pflege einer gesunden zeitgemäßen Religiosität wäre nur die logische Folge dieser Entwicklung der letzten Jahrhunderte. Religiosität ist kein Luxus. Sie hilft dem Menschen, den in ihm angelegten natürlichen Entwicklungsweg zu finden und auch zu gehen (als ich diese Gedankengänge einmal in extenso dem dafür zuständigen Zürcher Regierungsrat unterbreitete, fand dieser allerdings keine Zeit dazu, sich mit einer solchen «Zukunftsmusik» zu befassen).

2. Die erste und die zweite Lebenshälfte

Jung hat die (im Genom verankerte) seelische Entwicklung des Menschen in zwei Hauptphasen aufgeteilt, in eine erste und in eine zweite Lebenshälfte. Den beiden Lebenshälften hat er je grundverschiedene Aufgaben zugemessen:

In der ersten Lebenshälfte sollte ein Mensch sozialisiert werden, zu einem brauchbaren, vielleicht sogar tüchtigen Glied der Gruppen und Verbände heranwachsen, in denen er lebt. Die erste Lebenshälfte steht nach Jung unter der Dominanz des Aufbaus eines weltgewandten Ichs, das sich eine äußerlich möglichst stabile Position in der Gesellschaft aufzubauen versteht. Diese Fähigkeit, mit der Außenwelt in einem guten Kontakt zu stehen und mit den Gegebenheiten dieser Welt gut zu Rande zu kommen, nannte Jung die Fähigkeit der «Persona» (so hieß die Maske der Schauspieler in der Antike; Jung assoziierte also das öffentliche Leben mit einem Theater!). Wenn sich der Mensch nach Jung artgemäß entwickelt, baut er sich in seiner ersten Lebenshälfte eine gut funktionierende Persona auf, dank der er auf der Bühne des Lebens eine akzeptable Rolle bekommt und im Gesellschaftsspiel mit von der Partie ist.

In der zweiten Lebenshälfte aber verschiebt sich die Lebensaufgabe langsam zugunsten einer größeren Bewußtheit des Menschen von sich selber, der Ausreifung und Ganzwerdung der Persönlichkeit, der bewußten Selbstfindung. Die spirituellen Fragen werden zunehmend wichtiger. Wertvoller als das «Welttheater» wird nun der Aufbau einer guten Beziehung zum inneren übergeordneten Führungszentrum, dem Selbst. Es geht um die Belebung der Ich-Selbst-Achse. Beim Aufbau der gut funktionierenden Persona ist vieles im Schatten liegen geblieben, und dieses muß nun zur Abrundung der Gesamtpersönlichkeit hervorgeholt und integriert werden. Das ist die Hauptaufgabe bei der Entwicklung der Persönlichkeit in der zweiten Lebensphase.

Dieses Zwei-Phasen-Lebensmodell hat Jung selber intensiv erlebt: Nachdem er sich in der Adoleszenz, enttäuscht über die religiöse Impotenz seines Vaters, entschlossen hatte, der väterlichen Religion den Rücken zu kehren und sich den Naturwissenschaften zuzuwenden, wurde er ein tüchtiger Medizinstudent und spezialisierte sich danach auf Psychiatrie. Mit 30 Jahren war er bereits Oberarzt und Chefarzt-Stellvertreter im «Burghölzli», einer damals wegen ihrer Erfolge in der Behandlung Schizophrener weltberühmten psychiatrischen Klinik, und Jung hatte – bereits vor dem Zusammentreffen mit Freud – sein Assoziationsexperiment zum Nachweis unbewußter Störfaktoren entwickelt, das später von der Polizei als «Lügendetektor» übernommen wurde. Bald durfte Jung an der Universität Zürich für Medizinstudenten Vorlesungen über Medizinische Psychologie halten, und außerdem wurde er auch Präsident der Internationalen Psychoanalytischen Gesellschaft. Jung war ein «Senkrechtstarter».

Doch dann ereilte ihn «die Krise des Tüchtigen» (L 11). Er spürte immer deutlicher, daß er mit seiner glänzenden Karriere zu hoch hinaus wollte. Etwas in ihm zog ihn hinab und drängte ihn, sich nach innen, der Tiefe seiner Person, zuzuwenden. Es ist ein Zeichen echter Religiosität von C. G. Jung, daß er diesem «Etwas» und dessen stillem Ruf Gehör schenkte. Er hat die «Zeichen von drüben» persönlich «sorgsam beachtet». Es war allerdings keineswegs einfach, diesem inneren Ruf zu folgen und dabei seine Persona aufs Spiel zu setzen. Er setzte sich zugunsten seines inneren Entwicklungsweges ins Out (er konnte sich das dank den materiellen Ressourcen seiner Frau zumindest finanziell leisten).

In diesen Krisenjahren, nach seinem fünfunddreißigsten Lebensjahr, wandte er sich ganz dem inneren Informationsstrom vom Selbst zum Ich zu und versuchte, im Selbstexperiment herauszufinden, was sein Inneres mit ihm wolle. Er tat dies durch sorgfältiges Achten auf seine Träume und inneren Bilder, durch das Studium dazugehöriger Mythen und Märchen aller Völker sowie durch die Entwicklung einer neuen Methode des Umgangs mit dem Unbewußten: der sogenannten «Aktiven Imagination». Jung lernte in dieser Krisenzeit, sich seiner inneren Führungsmacht immer mehr anzuvertrauen. Dieselbe Führungsmacht erkannte er auch bei seinen Patienten und in den Religionen aller Völker und Zeiten. Auf die Intentionen des Selbst zu achten und sich seinem Führungsprogramm einzugliedern, wurde nun sein Bestreben in der Psychotherapie.

147

Ein eindrückliches persönliches Beispiel für eine gelungene Angleichung des Ichs an das Selbst, also für eine Religiosität in zeitgemäßer Form, schildert der bekannte Publizist Franz Alt in seinem «C.G. Jung-Lesebuch» (Walter Verlag 1983, Klappentext). Auslöser waren schwere Herzrhythmusstörungen:

> «Ich war 41. Mir war klar, daß meine Krankheit etwas mit meinem Lebensstil zu tun haben mußte. Aber mir war nicht klar, wie ich ihn ändern sollte. ... Ich ging zu einer Psychotherapeutin, einer Schülerin C.G. Jungs, und begann, meine Träume aufzuschreiben und sie mit Hilfe der Psychotherapie zu analysieren. Das war eine Art Selbstbesinnung. Ich versuchte dann, das zu leben, was mir die Träume, mein Unbewußtes, sagten. Ich lernte, in mich hineinzuhören, suchte meinen inneren Kompaß, meinen Kern, und lernte, daß das Unbewußte über Träume ein großer Freund und Ratgeber des Bewußtseins sein kann. Seither versuche ich ... auf meine Träume zu achten. Seitdem ... ist auch mein Herz wieder gesund. Mein Arzt hatte dafür keine medizinische Erklärung.»

In diesem Fall kann man die Behandlung von Franz Alt nicht als eine eigentliche Psychotherapie bezeichnen. Es handelte sich um eine psychagogische Begleitung. Die Psychagogik entspricht der uralten, seit Jahrtausenden geübten spirituellen Begleitung von Menschen durch sogenannte «Seelenführer» (Gurus), wobei es im wesentlichen darum ging, das Ich mit dem Selbst in Einklang zu bringen. Psychagogik ist demnach eine zeitgemäße Form der uralten Seelsorge (Psychotherapie ist die qualifizierte Heilung seelischer Krankheiten; Psychagogik ist das Begleiten der Seele auf ihrem spirituellen Weg einer ganzheitlichen Selbstfindung vorwiegend in der zweiten Lebenshälfte; eine Jungsche Psychotherapie endet oft als Psychagogik).

Seit Franz Alt sich bemüht, zeitgemäß religiös zu leben, spukt sein Herz nicht mehr. Der positivistisch eingestellte Arzt kann das freilich nicht verstehen. Franz Alt ist gesund geworden, weil er sich seinem eigentlichen Wesen entsprechend weiterentwickelt und seiner Natur gemäß zu leben begonnen hat. Das ist das Ziel einer zeitgemäßen Religiosität.

Die Tiefenpsychologie vor der Frage
nach dem Bösen

Was ist gut, was böse?

«Für Gott ist alles schön, gut und gerecht;
aber die Menschen wähnen
das eine als Recht und das andere als Unrecht.»

Heraklit von Ephesos (um 500 v. Chr.), Fragment 102

In einem Dorf im alten China lebte einst ein weiser Bauer. Seine Dorfgenossen schätzten ihn; voller Bewunderung hatten sie acht darauf, was er tat und wie es ihm erging. Einst gelang es diesem Bauern, in der Steppe einen wilden Hengst einzufangen. Er brachte ihn heim. Die Bauern im Dorf gratulierten ihm: «Was für ein Glück du hast!» Er aber sagte: «Wir werden sehen.» Eines Morgens war der prächtige Hengst weg. Die Bauern zeigten Mitgefühl: «Oh, welch ein Unglück!» Er aber sagte: «Wir werden sehen.» Zwei Tage später kehrte der Hengst wieder zurück – mit einer prächtigen Stute. Die Bauern freuten sich: «Oh, was für ein Glück!» Er: «Wir werden sehen.» Am nächsten Tag versuchte sein wackerer Sohn, die wilde Stute zuzureiten. Er wurde jedoch abgeworfen und brach sich dabei ein Bein. «Oh, was für ein Pech, gerade jetzt, in der Erntezeit, wo du deinen Sohn so dringend brauchst!» sagten die Bauern. – «Wir werden sehen.» – Eine Woche später kamen Abgesandte des Kaisers und rekrutierten Soldaten für den Krieg. Alle gesunden jungen Männer wurden zum Militärdienst eingezogen; nur der Sohn des weisen Bauern durfte zu Hause bleiben.

Glück! Unglück! Gut! Böse! Die Dorfbewohner meinten stets zu wissen, was Glück und was Unglück, was gut und was böse sei. Doch der Schein trügte. Der weise Bauer konnte warten, bis die Zeit es an den Tag brachte, ob etwas wirklich ein Glück oder ein Unglück, beides zusammen oder auch keines von beiden war.

Weise Menschen rieten schon immer zur Zurückhaltung im Urteil über Gut und Böse:

- Ein Wort aus der Tradition des Zen: «Nimm ein Blatt Papier, und schreibe: ‹gut/böse›; dann zerknülle das Papier und wirf es zum Abfall!»
- Lao Tzu: «Ist ein Unterschied zwischen ja und nein, gut und böse? Welch ein Unfug!»
- Matthäus 7,1 und 13,30: «Fällt kein Urteil! Laßt das Unkraut mit dem Weizen zusammen heranwachsen. Die Zukunft wird an den Tag bringen, was wertvoll und was unnütz ist.»
- Goethe bezeichnete in jener berühmten Stelle in Fausts Studierzimmer den Teufel als «Teil von jener Kraft, die stets das Böse will und stets das Gute schafft» (Faust I).
- Heraklit aus Ephesos: «Alles fließt, wandelt und verwandelt sich in sein Gegenteil.»

Heraklit nannte die Gegenläufigkeit, die allem Lebendigen innewohne, Enantiodromie; sie war für ihn ein Grundgesetz des Seins: Aus Nacht wird Tag und wieder Nacht; aus Winter Sommer und wieder Winter; aus Leben Tod und wieder Leben. In allem Wandel aber bleibt das Sein eines und dasselbe. Nach diesem Gesetz der Enantiodromie ist es für uns Menschen unmöglich, jemals endgültig bestimmen zu können, was gut und was böse sei. Darum nennt er unser Urteil über Gut und Böse ein Wähnen: «Die Menschen wähnen das eine als Recht, das andere als Unrecht.»

Vielleicht hat aus einem ähnlichen Grund einer der gelehrtesten christlichen Denker des Altertums, der Alexandriner Origenes (180–254), dafür plädiert, daß zuletzt schließlich auch der Teufel erlöst werde. Er glaubte nämlich, daß am Schluß der Heilsgeschichte Gott wieder alles in allem und somit auch das Böse wieder in dieses allumfassend Göttliche integriert werde. Das ging aber dem maßgebenden Teil der Amtskirche, bei aller Hochachtung vor Origenes, doch zu weit. Die Kirche hat des Origenes Ansicht von der schließlichen Erlösung des Teufels –

allerdings erst anderthalb Jahrhunderte nach dessen Tod – auf einer Synode im Jahre 400 verdammt.

Was wir Menschen im Alltag gewöhnlich als «gut» oder als «böse» bezeichnen, ist zunächst einmal ganz einfach das, was uns im Augenblick persönlich zu nützen oder zu schaden scheint, freut oder ärgert, positiv oder negativ berührt, was unseren Gewinn- oder Meidinstinkt aktiviert. Aber der Schein trügt, wie uns die Erfahrung im Leben immer wieder lehrt: Zum einen betrachten verschiedene Menschen, verschiedene ethnische Gruppen und Kulturen dasselbe Geschehnis oft mit verschiedenen Wertmaßstäben und gewinnen darum ganz unterschiedliche Ansichten zur selben Sache; unser eigenes Urteil ist stets subjektiv und relativ. Zum andern erscheint uns oft nach einer gewissen Zeit genau das, worüber wir uns zuerst ärgerten, schließlich gar nicht so schlimm: «Ende gut, alles gut.» Dafür aber hat sich vielleicht just das, was uns im Augenblick gefreut hatte, nachträglich als etwas herausgestellt, was uns schließlich mehr Schaden als Nutzen einbrachte. Darum sagen die Sprichwörter weise:

«Nichts ist so schwer zu tragen wie eine Last von guten Tagen.»
Und: «Was mich nicht umbringt, macht mich stärker.»

Gibt es überhaupt prinzipiell Gutes und prinzipiell Böses, also etwas, das von Anfang an und in alle Ewigkeit gut ist und immer gut bleiben wird oder aber böse ist und stets böse bleiben wird? Gibt es das?

Vielleicht hat die mythische Erzählung am Anfang der Bibel (1. Mose 3) recht, die sagt, daß der Mensch damals, als er versuchte, selber zu bestimmen, was gut und was böse sei, «in des Teufels Küche» geriet. Damals, als der Mensch die Bewertung der Geschehnisse als «gut» oder als «böse» selber in die Hand genommen habe, hätten alle menschlichen Irrungen und Wirrungen ihren Anfang genommen. Nun aber sei der Weg zurück ins Paradies versperrt. Wir können nicht mehr damit aufhören, moralisch zu urteilen.

Die Tiefenpsychologie versteht den Mythos vom Baum der Erkenntnis im Zusammenhang mit der Evolution des menschlichen Bewußtseins und der dabei erfolgten Lockerung des Instinktgefüges: Der Homo sapiens kann sich nicht mehr automatisch von einer Instinktordnung durchs Leben leiten lassen. Er muß sein Leben teilweise bewußt gestalten. Das scheint des Menschen Auszeichnung, aber auch sein Fluch zu sein. Der Mensch wird nicht mehr überwiegend instinktiv durch das Leben geführt; sondern er muß sich immer wieder neu bewußt entscheiden: «Welcher Weg ist diesmal der richtige?» Entscheidungen sind bekanntlich, wie Freud in seiner Darstellung des Konfliktes zwischen Es, Über-Ich, Außenwelt und Ich geschildert hat, alles andere als einfach.

Tiere haben es in diesem Punkte einfacher. Ihr Instinkt ist oft weiser als unser Bewußtsein. Der Instinkt hatte Jahrmillionen Zeit, sich optimal ins Gewebe des Lebens einzufügen, während unser bewußtes Leben so schrecklich kurz ist: Alle Fehler, welche die Menschen seit Jahrtausenden üblicherweise begehen, müssen wir Menschen während unseres kurzen Lebens anscheinend selber auch machen. Denn die Lehren, welche die Alten aus ihrem Leben ziehen konnten, werden leider nicht biologisch vererbt. Jeder einzelne muß daher selber in die Pfütze treten. Das im Leben Gelernte kann er seinen Kindern nur in seltenen Fällen weitergeben; denn sie werden es ihm kaum glauben, bis sie es selber erfahren haben. Was den Tieren ihr Instinktgefüge (ihr unbewußter Geist) untrüglich und sicher lehrt, sollte uns einerseits unser rudimentär entwickeltes Instinktgefüge wenigstens ahnen lassen, und andererseits könnte es uns auch der im Laufe der Jahrtausende angesammelte «Schatz der Weisen» lehren. Ist die Menschheit aber in der Lage, aus ihrer Geschichte und dem «Thesauros der Alten» etwas zu lernen? Wir wurden in den 50er Jahren im humanistischen Gymnasium noch mit Weisheiten der Alten vollgestopft; ich fand es zwar nicht uninteressant; aber: Was hat's genützt?

Was ist gut, was böse?

Ein bedenkliches Fazit: Wir Menschen können nicht einmal sagen, wir wüßten überhaupt nicht, was gut und was böse sei.

Denn wir haben gewiß eine Ahnung davon. Wir können aber andererseits auch nicht sagen, wir wüßten es. Denn unsere Urteile – wie peinlich für die «Krone der Schöpfung»! – müssen stets wieder revidiert werden, und was heute böse scheint, wird morgen gut. Der weise Heraklit aus Ephesos scheint mit dem Gesetz der Enantiodromie ein wesentliches Gesetz des Lebens erkannt zu haben. Das stellt uns vor schwierige Grundsatzfragen, wie wir gleich erörtern wollen.

Das Ende der metaphysischen Frage nach Gut und Böse

1. Einleitung

Feinde werden zu Freunden und Freunde zu Feinden. Auch der schlechteste Mensch hat gute Seiten: Nazis, welche sich in den Konzentrationslagern als Bestien aufführten, waren zu Hause bisweilen rührend besorgte Familienväter. Wer andererseits das Gute fanatisch übertreibt, richtet wohl mehr Böses an als derjenige, der es mit «Gut» und «Böse» nicht so genau nimmt und hin und wieder ein wenig «über die Schnur haut». Einen pedantisch auf dem Guten herumreitenden Pfarrer, der alles perfekt machen wollte, nannten seine Söhne «Stalin».

Wie ist es möglich, daß die Übertreibung des Guten katastrophal ausarten kann? Das ist logisch nicht möglich; denn wenn das Gute nur gut wäre, könnte es ja nichts Böses aus sich hervorbringen. Der nüchterne Schluß lautet: «Es kann gar nichts nur Gutes oder nur Böses geben.» Die archaische Gegenfrage lautet nun: «Und Gott und der Teufel? Sind denn das nicht die absoluten Formen des Guten und des Bösen?»

Wir betrachten nun die Frage nach Gut und Böse, nach Gott und dem Teufel, unter der Lupe der Tiefenpsychologie.

2. Das neue Fundament von Gut und Böse

Wie erklärt die Tiefenpsychologie die Herkunft von Gut und Böse? Was ist im Verständnis der Tiefenpsychologie das Fundament von Gut und Böse?

Die Mythen des archaischen Weltbildes führen Gut und Böse

auf Gott und den Teufel oder auf gute Geister und böse Dämonen zurück. Diese sind jenseitige oder metaphysische Wesen. Die archaische Anschauung dieses Problems lehrt demnach: «Gut und Böse entstammen letztlich dem Jenseits; dort liegt ihr Ursprung.» Diese mythische Auskunft ist für die Tiefenpsychologie im Anschluß an C. G. Jung ein wertvoller Hinweis. Gut und Böse scheinen danach letztlich nicht in unserem Bewußtsein, sondern im Unbewußten verankert zu sein. Wenn das völlig richtig wäre, wäre das sehr beruhigend; wenn Gut und Böse jedoch ausschließlich unserem Bewußtsein entspringen würden, wäre das sehr beunruhigend; denn dann wären Gut und Böse ja austauschbar, willkürliche «Menschensatzungen» und nicht «göttliches Gebot». Die Tiefenpsychologie geht davon aus, daß die archaische Ansicht die Herkunft von Gut und Böse – innerhalb des archaischen Weltbildes natürlich – zutreffend schildert. In einer zeitgemäßen Interpretation dieser archaischen Ansicht vom jenseitigen Ursprung des Bösen sind Gut und Böse letztlich im menschlichen Unbewußten verwurzelt. Dadurch sind sie dem Zugriff des menschlichen Ichs, willkürlichen Manipulationen oder gar der Pervertierung durch das Bewußtsein zumindest teilweise entzogen – aber eben bloß teilweise: Der Mensch zeichnet sich ja dadurch aus, daß Gut und Böse in beiden Bereichen wurzeln, im Unbewußten wie im Bewußten; Gut und Böse sind darum ein Stück weit fix und ein Stück weit variabel.

Die Ablösung des unbewußten Wissens um Gut und Böse durch ein bewußtes Wissen um Gut und Böse wird im biblischen Mythos über das «Essen vom Baum der Erkenntnis des Guten und des Bösen» geschildert. Der Mythos sagt, durch dieses «Essen» hätten die Ureltern der Menschheit die Entscheidung über Gut und Böse selber in die Hand genommen. Das Wissen um Gut und Böse war nach diesem Mythos ursprünglich im Unbewußten verwurzelt. Später wurde es von den Menschen in ihre bewußte Welt herübergeholt und damit lernbar und variabel. Unsere Einteilung der Welt in positive und negative, erstrebenswerte und zu meidende Dinge stammt also letztlich aus dem Unbewußten. Dort gibt es eine Macht, die uns sagt: «Ja! Gut, tu das! – Nein! Pfui, laß das!»

Noch bevor das menschliche Bewußtsein lernen konnte, was die Menschenwelt als «gut» und was sie als «böse» betrachtet, war also im Unbewußten bereits eine Instinktordnung da, welche die Menschen anhielt, gewisse Dinge zu erstreben und andere zu meiden. Diese Ordnungsmacht war der vormenschlich noch intakte Gewinn- und Meidinstinkt. Was für uns Menschen gut und was für uns böse, was lebensfördernd und was lebensbedrohend sei, das sagte unseren Ur-Urahnen, den Vorläufern des Homo sapiens, einst noch ziemlich deutlich der damals noch funktionstüchtige Gewinn- und Meidinstinkt. Die Instinktordnung lehrte unsere evolutionsmäßigen Vorläufer noch «wie von selbst», was erstrebenswert und was zu meiden sei. Wir heutigen Menschen nehmen diese beiden Instinkte in der Regel nur noch dumpf als «gutes Gefühl» oder «kein gutes Gefühl» wahr; der Rest geht über den Intellekt, mit dem wir lernen, was «man» in unserer Gesellschaft als «gut» oder «böse» betrachtet. Im Verlaufe der Evolution des Bewußtseins wurden diese Instinkte schwächer, immer weniger automatisch wirksam und für das Bewußtsein immer weniger deutlich spürbar; dafür wurden dann gleichzeitig die bewußten Kollektivvorschriften und -tabus stärker. Man lernte nun durch die Erziehung, was gut und was böse, was zu erstreben und was zu meiden sei.

Der Evolutionsschritt vom Vormenschen zum Menschen – die sogenannte Hominisation – erscheint mythisch im Symbol des «Essens vom Baum der Erkenntnis von Gut und Böse». Den Übergang vom mehr instinktgesteuerten zum mehr vom Kollektiv gesteuerten Leben muß man sich innerhalb eines Zeitraumes von Hunderttausenden von Jahren vorstellen. Für die Entwicklung des Bewußtseins war das ein Fortschritt – ein Fort-Schritt freilich mit einem Janusgesicht: Einerseits war es eine Zunahme an Bewußtheit und damit ein Gewinn an Beweglichkeit und Flexibilität; andererseits aber ist der Mensch dadurch im Ganzen leider keineswegs glücklicher geworden, so verlockend dieses «Essen» am Anfang gewesen sein mag: Denn was nützt uns unser heutiges hochentwickeltes Rechtswesen letztlich! Wissen wir deswegen heute besser, was Recht und was Unrecht, was zu tun und zu lassen, zu erstreben und zu meiden sei, als dies unsere vormenschlichen Vorfahren auf den Bäumen und in der Savanne wußten? Blicken wir bloß einmal in die gefährdete Zukunft der Menschheit: Wohin haben wir es gebracht mit unserem «Essen vom Baum der Erkenntnis von Gut und Böse»? Der Mensch muß sich «im Schweiße seines Angesichtes» und «unter Schmerzen» abmühen, den lebensfördernden Weg zu finden. Es scheint bei der Evolution des Bewußtseins letztlich nicht um unser Glück, sondern weit eher um unsere Bewußtheit zu gehen – die Frucht der Erkenntnis mag anfänglich ja verlockend ausgesehen haben; das Essen selbst hinterließ aber einen bitteren Nachgeschmack. Ohne Schweiß, Schmerzen und Angst scheint es keine Bewußtwerdung zu geben.

Der vom Menschen noch unberührte paradiesische «Baum der Erkenntnis von Gut und Böse» ist somit ein Symbol für den noch «intakten» (= unberührten) menschlichen Gewinn- und Meidinstinkt im Unbewußten. Nun aber ist das Unbewußte nicht mehr «intakt»; es wurde vom Bewußtsein «befleckt». Der natürliche Quell des Lebens sprudelt nicht mehr «einfach so», nicht mehr «automatisch» in uns; er wurde vom Bewußtsein getrübt, «vermenschlicht», beliebig, unbeständig, manipulierbar, menschlichen Machtgelüsten unterworfen – kurz: pervertiert.

Nehmen wir als praktisches Beispiel für das «pervertierte» Wissen um Gut und Böse einmal die Umweltproblematik der Menschheit. Sie scheint nicht mehr zu wissen, was sie umbringt und was ihr Überleben fördert. Der Übergang vom unbewußten (archaisch: göttlichen) zum bewußten (archaisch: menschlichen) Bereich war ein Fort-Schritt im doppelten Sinn des Wortes: einerseits war es ein Fort-Schreiten vom Ursprung und damit ein «Abfall» von der einstigen «heilen» Naturordnung, aber andererseits auch eine Zunahme an Bewußtheit, eine Verbesserung des Unterscheidungsvermögens, der geistigen Beweglichkeit und Flexibilität, der Fähigkeit, differenziert zu urteilen. Jeder Fortschritt hat ein Janusgesicht und ist ambivalent (das hat man im Zeitalter der Faszination durch den Fortschrittsglauben übersehen).

Der Fortschrittsglaube ist so alt wie die Menschheit selbst (er hat sich bisher nur noch nie so verheerend ausgewirkt wie heutzutage); schon Eva war fasziniert von der Frucht dieses Baumes:

> «Und das Weib sah, daß von dem Baume gut zu essen wäre und daß er lieblich anzusehen sei und begehrenswert, weil er klug machte, und sie nahm von seiner Frucht und aß und gab auch ihrem Mann neben ihr, und er aß.» (1. Mose 36)

Im archaischen Weltbild erscheint der Meid- und Gewinninstinkt als Gott, der den Menschen einst (etwa auf dem Berg Sinai) die Gebote und die Tabus gegeben habe: «Du sollst! – Du sollst nicht!» Mit dem «Essen vom Baum der Erkenntnis von Gut und Böse» haben sich dann die Menschen von Gott beziehungsweise ihren Instinkten ein Stück weit gelöst und die Verantwortung für Gut und Böse in die eigene Hand genommen; die «göttlichen» Gebote wurden nun durch Menschen ausgelegt.

Wir erkennen: Mit der «biologischen» Interpretation von Gut und Böse wird der traditionellen christlichen Lehre von Gut und Böse, der Ethik, ihr metaphysischer Boden entzogen. Die metaphysischen Gefilde werden nun zum biologischen Wurzelboden des Bewußtseins. Die Tiefenpsychologie im Anschluß an Jung holt Gut und Böse aus dem äußeren Jenseits ins innere Jenseits zurück. Das Wissen um Gut und Böse ist jetzt im Instinktbereich verwurzelt. Da dieser sich aber bei der Hominisation gelockert hat, funktioniert die menschliche Ethik nicht mehr sozusagen automatisch, sondern ist auf die Mithilfe des Bewußtseins angewiesen.

Im Mythos erscheint dieser Evolutionsschritt als ein «Essen vom Baum der Erkenntnis von Gut und Böse». Teilweise sind die Früchte der Erkenntnis von Gut und Böse noch auf dem Baum, teilweise haben Adam und Eva sie sich einverleibt. Das Wissen um Gut und Böse ist teilweise flexibel und veränderlich, teilweise aber immer noch im Unbewußten fixiert und daher zwingend.

Das Leben und das Universum als Ganzes sind an sich für uns Menschen «jenseits von Gut und Böse». Der Mensch kann

nichts ausmachen über Gut und Böse, was jenseits seines Meid-
und Gewinninstinktes liegt. Gut und Böse haben darum keine
Existenz außerhalb des Menschen. Insofern die Instinkte bei
allen Menschen ähnlich sind, hat der Gewinn- und Meidinstinkt
kollektive Gültigkeit. Wir sehen das daran, daß die «mosai-
schen» zehn Gebote, in Varianten, sozusagen überall auf der
Welt verbreitet sind. Sie entstammen dem menschlichen Genom
(wenn man sich vorstellt, daß unsere gesamte Ethik durch Gen-
manipulation verändert werden könnte, packt einen das Grau-
en!). Zusammenfassend kann man sagen, daß das Fundament
von Gut und Böse in unserem Unbewußten liegt, dort aber nur-
mehr locker gefügt sei.

Träume, die vom Gewinn- und Meidinstinkt stammen, geben
uns oft hilfreiche Hinweise auf unser ethisches Verhalten; sie
deuten uns an, was zu tun und was zu lassen sei. In solchen
Träumen spricht dann der Instinkt, soweit er noch intakt ist,
und wir tun gut daran, solche Botschaften aus dem inneren Jenseits an das Ich ernsthaft zu prüfen. Die Erfahrung zeigt, daß
sich dies lohnt.

3. Gott und das Böse – das Problem der Theodizee

Zunächst möchte ich in diesem Abschnitt der Frage nachgehen:
Wie ist innerhalb des archaischen Weltbildes die Vorstellung
entstanden, es gebe gute und böse jenseitige Mächte?

Der Mensch vernahm in sich schon immer – mehr oder weniger deutlich – eine geheimnisvolle Stimme (man nennt sie oft
das Gewissen), die ihm sagte, was zu tun und was zu lassen sei.
Diese Stimme kam für den archaischen Menschen aus dem Jenseits. Im Jenseits wußte man also, was dem Menschen gut tue
und was nicht. Diese innere Stimme, die der Mensch mehr oder
weniger deutlich wahrnehmen konnte, war eine lebensfördern-
de Macht, die es gut meinte mit den Menschen.

Nun gab es aber daneben auch eine Macht, die den Menschen
– wegen dessen Instinktunsicherheit – zweifeln ließ, so daß er
nie recht wußte, was er eigentlich wolle. Diese Macht wurde
negativ erlebt. Woher kam diese Unsicherheit, dieser nagende
Zweifel, der einen nicht mehr schlafen ließ? Man stellte sich vor,

auch dieser Zustand werde von einer jenseitigen Macht bewirkt, sozusagen von einem «Erzzweifler». In der griechischen Bibel hieß diese Macht: «Diabolos» (= Verwirrer, Chaosbringer). Aus «Diabolos» wurde «Diable» und «Teufel». Der Teufel war also derjenige, der die Menschen verwirrte, so daß sie nicht mehr auf ihre natürlichen Instinkte hören konnten; der Teufel hatte des Menschen Gewissen «korrumpiert». Darum taten die Menschen oft das, was ihnen nicht gut tat.

In einem zweiten Schritt möchte ich aufzeigen, in was für Widersprüche und Schwierigkeiten die Theologie mit ihrer Vorstellung von guten und bösen metaphysischen Wesen verwickelt wurde. Die Lehre von Gott und dem Teufel ist voller Ungereimtheiten. Das rührt nicht daher, daß die Theologen und Philosophen nicht scharf genug, nicht klar und logisch korrekt hätten denken können; der Grund der Widersprüche in ihren Theorien ist vielmehr die Basis, von der aus gedacht wurde: das archaische Weltbild mit seinem vom Menschen unabhängigen Jenseits.

Die traditionelle christliche Lehre behauptet von Gott, Gott habe alles erschaffen; er sei vollkommen, sei Liebe, das allerhöchste Gut, das man sich denken könne, er sei überdies gerecht, allwissend, allmächtig, gnädig, gütig und barmherzig. Gottes Widerpart hingegen, der Teufel, sei böse und trachte danach, Gottes gute Schöpfung zu beschädigen. Mit der Behauptung von der Vollkommenheit Gottes sahen sich die Theologie und Philosophie auf dem Hintergrund des archaischen Weltbildes allerdings über Jahrtausende hinweg vor das unlösbare Problem gestellt, wie denn aus einem guten Gott, der alles erschaffen haben soll, eine doch ziemlich mißratene Menschenwelt entstanden sein könne und wie es der Allmächtige in seiner Güte zustande bringe, diese Misere über Jahrtausende hinweg mitanzusehen. Jedermann sah zwar, daß am Gedankengebäude vom gütigen, gerechten, allwissenden und allmächtigen Schöpfergott im Vergleich zu unserer Menschenwelt etwas nicht stimmen konnte. Aber auf der Basis des spätarchaischen Weltbildes war dieses Problem nicht zu lösen (das müßte eigentlich genügen, um das archaische Denkmodell endlich fallenzulassen und durch ein Weltbild zu ersetzen, das weniger Widersprüche enthält).

In der christlichen Theologie wird die damit verbundene Problematik unter dem Stichwort «Theodizee» abgehandelt. «Theodizee» meint die «Rechtfertigung Gottes» (griechisch «dikazein» = «rechtfertigen»; «dikee» = «Recht, Sitte, Brauch, Gerechtigkeit»). Die christlichen Theologen versuchten, ihren vollkommenen, gerechten, allwissenden und allmächtigen Gott angesichts der unvollkommenen Welt zu «rechtfertigen» und den Gläubigen den Widerspruch zwischen dem Übel in der Welt und dem gerechten und allmächtigen Schöpfer zu «erklären». Der Begriff «Theodizee» stammt vom christlichen Philosophen Gottfried Wilhelm Freiherr von Leibniz (1646–1716). Die Sache selbst ist natürlich viel älter als der philosophische Begriff:

Die «Theodizee» ist nicht erst ein jüdisch-christliches, sondern ein allgemeinmenschliches Problem der Religionen, das sich mit innerer Notwendigkeit aus dem archaischen Weltbild ergibt. Der Fromme, der sich nichts hat zuschulden kommen lassen, klagte in seiner Not schon immer zu Recht: «Wie ist es möglich, daß es mir derart schlecht ergeht, wo ich mir doch stets eine solche Mühe gegeben habe, den Willen der jenseitigen Mächte, die mein Schicksal bestimmen, zu erfüllen und ein gutes Leben zu führen? Warum plagen sie mich, wenn ich doch fromm bin?» Dieser Frage bin ich als Seelsorger schon unzählige Male begegnet (in den letzten Jahren zwar immer seltener und nur noch bei älteren Menschen); sie quält die Menschen teilweise also auch heute noch.

Der Zweifel an der Güte und Gerechtigkeit Gottes (der in allen Religionen mit einer ungeheuren Denkanstrengung und einer unglaublichen Vielfalt von Theorien zerstreut werden sollte, um die Gläubigen nicht verzweifeln zu lassen) klingt bereits im alten Ägypten im dritten Jahrtausend vor Christus im berühmten «Gespräch des Lebensmüden mit seinem Ba» an; er ist aus dem alten Babylonien und aus Griechenland bekannt, wird in der altindischen Bhagavadgita sowie im alten China erwähnt und plagte bereits Menschen in Völkern mit schriftloser Kultur. Auch die altindische Lehre von der Reinkarnation versucht, eine Antwort auf diese bedrückende Frage zu geben: Unerklärliche gegenwärtige Übel sind nach dieser archaischen Theorie auf «karmische» Vergehen in früheren Leben zurückzuführen (obwohl diese Theorie nur auf der Grundlage des archaischen Weltbildes verstanden werden kann, ist sie zur Zeit «in»; sie scheint für viele Menschen, die teilweise noch archaisch denken, etwas Beruhigendes zu haben).

Das Problem der Theodizee taucht überall dort auf, wo man die Menschen von klein auf lehrt, die jenseitigen Wesen würden sie mit einem glücklichen Leben belohnen, wenn sie deren Willen gehorsam erfüllen würden, oder aber bestrafen im Falle des Ungehorsams. Derartige Versprechen oder Drohungen machen einem Kind oder einem naiv gebliebenen Gemüt natürlich Eindruck. Aber das Leben selbst straft diese naive Erziehungsmethode immer wieder Lügen. Es ist ganz einfach nicht wahr, daß die Gehorsamen immer besser wegkommen als die Ungehorsamen. Das Leben richtet sich nur beschränkt nach den moralischen Grundsätzen eines menschlichen Kollektivs.

Innerhalb des archaischen Weltbildes gibt es noch eine andere Möglichkeit, die Herkunft von Gut und Böse mythisch zu erklären: den Dualismus. Diese Denkmöglichkeit wurde von der altiranischen Religion wahrgenommen. Die dualistische Religion des alten Iran – und in ihrem Gefolge der Manichäismus, die Gnosis und gewisse christliche Sekten wie etwa die mittelalterlichen Katharer – versuchte, das unlösbare Problem des «Leidens des Gerechten» auf eine radikal andere Weise zu lösen: Sie behauptete, unsere Menschenwelt sei nicht nur von einem nur guten (spenta manyu), sondern zugleich auch von einem bösen Gott (angra manyu) erschaffen worden. Diese Erklärung der Herkunft von Gut und Böse ist auf der Grundlage des archaischen Weltbildes logisch absolut korrekt. Sie gestattet eine für Archaiker durchaus plausible Erklärung der Übelstände unter uns Menschen. Aber auch sie bringt große, unlösbare Probleme mit sich: Denn wie kann man in einer Welt, die im Grunde mindestens zur Hälfte «des Teufels» ist, je eine positive Lebenseinstellung gewinnen? Jedes Ja zum Leben muß halbherzig bleiben, weil ja in allem, was geschieht, auch der Teufel zu fünfzig Prozent mitmischt. Also ist auch der Dualismus auf dem Hintergrund des archaischen Weltbildes keine befriedigende Lösung der Frage nach der Ursache der mannigfachen Übel in unserem Leben.

4. Gottvertrauen im Verständnis der Tiefenpsychologie

Hinter dem widerspruchsvollen Problem der Theodizee steht letztlich die Frage: Kann der Mensch angesichts seiner Zerbrechlichkeit und Sterblichkeit überhaupt Vertrauen ins Leben gewinnen?

Wir können diese Frage auffächern und differenzieren: Können wir Vertrauen gewinnen
- in den Evolutionsprozeß (archaisch: zum Schöpfergott) und
- in unser Selbst (archaisch: zum persönlichen Gott)

Die erste Frage ist bald beantwortet:

Wir dürfen heute nicht mehr etwas in den Evolutionsprozeß hineinfantasieren, was nach dem Stand unseres heutigen Wissens nicht begründet ist. Naive Projektionen sind hundert Jahre nach der Entdeckung der Tiefenpsychologie nicht mehr statthaft. Ob die Mächte und Kräfte im Drama der Evolution des Universums unser Vertrauen verdienten oder nicht, oder gar, ob sie gut oder böse seien, ist meines Erachtens eine Frage, die nur jemand stellen kann, der über den Evolutionsprozeß nicht informiert ist; denn eine solche Frage ist ganz einfach unangemessen. Wir sind lediglich Randfiguren der Evolution und nicht ihr Mittelpunkt. Das Leben unserer Spezies ist zeitlich und räumlich beschränkt; unser Planet in unserem winzigen Sonnensystem im All ist unser Lebensraum, und allerspätestens dann, wenn unsere Sonne ihre Energie verstrahlt hat, erlöscht mit dem Leben auf Erden auch die menschliche Rasse. Die auf Seite 43 bereits zitierten Worte Darwins drücken angesichts dieser kosmischen Dimensionen die für uns angemessene Haltung der Selbstbescheidung treffend aus: «Ich fühle zutiefst, daß das zu geheimnisvoll für den menschlichen Verstand ist. Genausogut könnte ein Hund über den Verstand Newtons spekulieren.» Wie die Evolution insgesamt uns gegenüber gesinnt ist, können wir ganz einfach nicht wissen. Die Entwicklung der Erforschung des Universums hat gezeigt: Je mehr wir vom Universum wissen, desto deutlicher wird uns, daß wir im Grunde nichts davon verstehen können. Unser Lebensraum ist unser blauer Planet. Diese Selbstbescheidung schmerzt vielleicht anfänglich ein wenig; aber sie tut gut.

Wir befassen uns nun mit der zweiten Frage, der Frage nach einem möglichen Vertrauen zu unserem Selbst. Diese Frage ist unseren menschlichen Dimensionen eher angemessen: Ist es möglich, zum Selbst ein Vertrauensverhältnis aufzubauen?

Das ist die alte Frage nach dem persönlichen Gottvertrauen. Damit wurde aber im archaischen Denken zugleich die Frage nach dem Schöpfergott und der Lenkung des gesamten Universums verquickt, wie dies die schönen Liedverse von Paul Gerhardt (1607–1676) etwa zeigen:

«Befiehl du deine Wege / und was dein Herze kränkt,
der allertreusten Pflege, / des, der den Himmel lenkt.
Der Wolken, Luft und Winden / gibt Wege, Lauf und Bahn,
der wird auch Wege finden, / da dein Fuß gehen kann.»

Der «Schöpfergott» wurde im archaischen Weltbild aus mangelndem Differenzierungsvermögen immer mit dem «persönlichen Lenker meines Lebens» (dem Selbst) identifiziert (so etwa auch in Indien: Atman = Brahman). Diese Identifizierung des «Schöpfergottes» mit dem «persönlichen Gott» ist heute überholt: Durch die zunehmende Bewußtheit infolge der Entdeckungen der Tiefenpsychologie kann das menschliche Selbst als das innere Führungszentrum des Menschen vom «Geist der gesamten Evolution» unterschieden werden (diese Unterscheidung ist zwar keine totale, sondern nur eine partielle; denn letztlich ist das Selbst natürlich auch ein Teil des Universums und vielfach mit diesem verflochten).

Die Frage nach einem möglichen Vertrauen des Ichs zum Selbst läßt sich aus der Erfahrung der Psychotherapie und der Praxis der Psychagogik klar beantworten: Wenn es gelingt, das Ich mit dem Selbst zu verbinden, dann hat der betreffende Mensch für sein Leben eine solide Basis gewonnen, auf die er sich wirklich verlassen kann. Das Vertrauen zum eigenen Selbst ist lohnend. Durch die Errichtung der «Ich-Selbst-Achse» erfährt der Mensch, daß sein Leben Tiefgang bekommt, in einem tragfähigen Boden wurzelt und dadurch sinnvoll, gesund und ganzheitlich wird. Die Beziehung zum Selbst entspricht dem Vertrauensverhältnis zum persönlichen Gott im archaischen Weltbild. Es lohnt sich, zu seinem Selbst eine gute Beziehung zu pflegen. Denn das Selbst ist weiser als wir, weil es ja viel älter ist und während Millionen von Jahren Erfahrungen damit gemacht hat, was sich bewährt im Leben und was nicht.

Im Verlaufe der Evolution hat sich jedes Lebewesen den jeweils herrschenden Lebensbedingungen so angepaßt, daß auf lange Sicht sein Überleben in der Vernetzung mit allen anderen Geschöpfen gewährleistet war (wenn eine Art dies nicht schaffte, starb sie aus). Das Verhalten einer in dieser Weise an die Evolution angepaßten Art könnte man nun als «in Ordnung» bezeichnen. In diesem Sinne war auch das Verhalten der menschlichen Rasse bis vor einigen Jahrtausenden im Blick auf die Evolution «in Ordnung»; der Homo sapiens fiel nicht aus dem Rahmen der Natur. Es ist deshalb nicht ihr Erbgut, das der Menschheit heute Bauchweh macht, sondern die nicht mehr artgemäße und der Natur entfremdete Verhaltensweise unserer bewußten Einstellung, die sich von der menschennatürlichen Grundlage so weit entfernt hat, daß die Lage für unsere Spezies heute lebensgefährlich geworden ist. Der Grund der Misere ist in der unnatürlichen Einstellung des Ichs, in seiner Kopflastigkeit zu suchen, nicht im Genom und im Selbst. Wir dürfen darauf vertrauen, daß unser Selbst unserer Spezies wohlgesinnt ist; wir tun gut daran, uns auf dessen «Winke von drüben» zu verlassen und zu versuchen, zeitgemäß religiös beziehungsweise artgemäß zu leben.

Wie aber können wir das lernen? Wir haben zwei Möglichkeiten, unseren Instinktmangel auszugleichen:

1. Wir besitzen den Schatz menschlicher Weisheit, der in den spirituellen Schulen der Alten gesammelt wurde und zum Teil bis heute im Kontakt vom Meister oder von der Schamanin zu den Schülerinnen und Schülern tradiert und zum

Teil sogar aufgeschrieben wurde. In diesem Schatz ist artgerechtes Verhalten unserer Spezies bewahrt.

2. Dank dem inneren Informationsstrom vom Selbst zum Ich können wir uns von unserer uralten Menschennatur unmittelbar beraten lassen (archaisch gesagt: Der lebendige Gott gibt uns Offenbarungen ad hoc). Wir müssen nur wieder lernen, achtsamer mit diesem inneren Informationsstrom umzugehen; dann werden wir auch die für uns nötigen Informationen (archaisch: Offenbarungen) erhalten. Das geschieht in der Pflege echter Religiosität, dem sorgfältigen Beachten der Zeichen von innen her, also etwa der Träume, Intuitionen und Ahnungen. Da unser Instinktprogramm aber nur mangelhaft funktioniert, sind diese «Zeichen von drüben» nicht einfach fertige Rezepte, wie dies bei den übrigen Kreaturen weitgehend der Fall ist. Den rechten Weg zu finden, ist alles andere als einfach.

Die Pflege der Beziehung zum Selbst ist letztlich das, was uns in einem unverstehbar gewordenen Universum Grund und Boden, Halt und Geborgenheit, Sinn und echte Spiritualität vermittelt.

5. Wie variabel sind Gut und Böse?
Durch die Lockerung des Instinktgefüges ist, wie schon gesagt, nicht einfach alles, was mit Gut und Böse zusammenhängt, völlig beliebig und gänzlich relativ geworden. Unsere Erkenntnis von Gut und Böse ist zwar teilweise «pervertiert»; aber teilweise ist sie auch «intakt» (mythisch: Eva hat nicht alle Äpfel vom Baum der Erkenntnis von Gut und Böse gegessen). Wir haben noch eine dumpfe Ahnung davon behalten, was lebensfördernd und was bedrohlich sei. Daher kann kein Kollektiv völlig beliebig festlegen, was Gut und Böse sei; alle gesellschaftlichen Konventionen beruhen immer noch ein Stück weit auf unveränderlichen Instinktordnungen. Die Veränderbarkeit von Gut und Böse ist also immer nur innerhalb einer gewissen Bandbreite möglich. Es gibt empirisch nachweisbar anthropologische Konstanten von Gut und Böse. Wer die Zusammenstellung der ethi-

schen Hauptbegriffe der Weltreligionen bei Klöcker/Tworuschka (L 16) studiert, kann nicht umhin, die vielen wesentlichen Gemeinsamkeiten in der Ethik aller Völker und Religionen zu sehen – die übrigens in der Evolution ihre Vorläufer im instinktiv geregelten Verhalten der höher entwickelten Säugetiere haben (L 31: «Die Biologie der Zehn Gebote»). Andererseits können aber auch Unterschiede in der Beurteilung von Gut und Böse bei verschiedenen Völkern nicht verschwiegen werden (denken wir nur an die Probleme in den immer häufiger werdenden Partnerschaften zwischen Angehörigen verschiedener Kulturen). Es ist wie bei einem Trolleybus, der nicht wie ein Tram in fixen Schienen fahren muß, sondern ein wenig Freiheit hat, nach rechts und nach links auszuholen – aber nicht so weit, daß die Strombügel oben aushängen!

So kompliziert es tönt: Diese Tatsache ist eine hilfreiche Erkenntnis. Wenn uns die bloß relative und immer nur vorläufige Gültigkeit aller unserer menschlichen Vorstellungen von Gut und Böse einmal bewußt geworden ist, wenn wir verstehen, daß jede menschliche Ethik teilweise von unserem zeitbedingten Bewußtsein gestaltet ist und somit immer nur – innerhalb einer gewissen Bandbreite – vorläufige Gültigkeit haben kann, dann hört jener sture Fanatismus auf, mit dem einzelne Gruppierungen und Völker das bei ihnen geltende Recht bis zum heutigen Tag verabsolutieren, indem sie behaupten, ihre ethischen Normen seien darum unverrückbar, weil sie aus dem Jenseits stammten.

Ein schöner jüdischer Midrasch sagt zur Gottesoffenbarung am Sinai und zur Übergabe der Zehn Gebote an Moses, die Offenbarung am Sinai sei eine im Hinblick auf das Volk Israel seinerzeit gegebene Offenbarung, welche sich aber von der wahren himmlischen Thora unterscheide; die dem Moses geoffenbarte Thora komme zwar der himmlischen Satzung nahe, bleibe aber doch von ihr unterschieden. Wie die ursprüngliche, reine göttliche Satzung laute, das müsse immer ein Geheimnis bleiben.

Diese Geschichte drückt den Sachverhalt der Instinktlockerung beim Menschen deutlich erkennbar aus. Er sagt, der Mensch werde nie mehr ganz an seine «intakten» Instinkte herankommen, weil diese immer schon historisch verformt seien.

Wir Menschen sind Instinktmangel-Wesen. Darum ist jede Gesetzgebung stets nur von relativer Gültigkeit. Das zeigt auch die Veränderung des Rechts innerhalb der Geschichte der Menschheit zur Genüge; jede Rechtsordnung muß stets an neue Gegebenheiten angepaßt werden. Kein Rechtssystem kann darum wirkliche «Gerechtigkeit» garantieren; man kann sich nur Mühe geben, «Gerechtigkeit» anzustreben. Aber kein Rechtsanwalt weiß letztlich, ob er nicht bisweilen auch ein Unrechts-Anwalt sei; denn unser «Recht» ist nicht nur «intakt», sondern gleichzeitig immer auch «pervertiert».

Der individuelle Schatten und seine Integration

Das Problem des Bösen wird in der Jungschen Tiefenpsychologie nicht philosophisch-abstrakt, sondern konkret behandelt, und zwar unter dem Stichwort «Schatten». Dabei wird unterschieden zwischen dem individuellen Schatten eines einzelnen und dem kollektiven Schatten ganzer Gemeinschaften.

Wie entsteht nach Jungscher Auffassung der individuelle Schatten?

Jung stellt sich vor, das Heranwachsen eines Menschen werde grundlegend durch zwei Tatbestände bedingt: Zum einen durch den Erbfaktor, die natürliche Anlage, das Genom mit seinem Entwicklungsprogramm, und zum andern durch die Umgebung, in der ein Mensch heranwächst. Es ist beim Menschen wie überall in der Natur: Ein junges Pflänzlein gedeiht gut, wenn seine Erbsubstanz gesund ist und wenn der Humus und die Witterungsbedingungen, unter denen es groß wird, das in ihm angelegte Entwicklungsprogramm in seiner Entfaltung begünstigen. Wenn einer dieser beiden Faktoren: Erbanlage oder Umwelt, nicht genügen, dann kann das Lebewesen nicht zu seiner vollen Reifung gelangen, sondern wird behindert und verkrüppelt.

Im Erbprogramm ist vorgesehen, daß sich der Mensch – als Rudelwesen – in seiner ersten Lebenshälfte vorwiegend ins Kollektivleben hinein entwickelt, das ihn umgibt. Wenn nun das Erbgut in Ordnung ist und die Umgebung dem betreffenden Menschen das anbietet, was er zu seiner Entfaltung braucht – im Bild gesagt: Wenn der Humus nicht allzu karg und nicht allzu fett ist und wenn sich Sonne, Regen und Schnee, unter Vermeidung von allzu häufigen Gewittern, Frost oder gar Hagelschlägen, in etwa die Waage halten –, dann wird dieses junge Menschenwesen in der Regel ein mehr oder weniger «nützliches» Mitglied des es umgebenden kollektiven Verbandes werden. Es gibt natürlich überdurchschnittlich zart besaitete Pflänzlein, aber es gibt auch übermäßig anspruchslose Naturen. Im allgemeinen sollte in der ersten Lebenshälfte die Einpassung ins Kollektiv erfolgen und der junge Mensch dabei das Gefühl bekommen, er erhalte innerhalb dieser Gesellschaft einen Platz, wo er sich entfalten und nützlich machen könne.

Die Lebensmitte sollte dann dazu verwendet werden können, diesen Platz zu konsolidieren und gleichzeitig dem Leben mehr Tiefgang zu geben. In dieser Phase der «besten Jahre» ziehen aber oft Gewitterwolken am Himmel auf: Durch das Streben nach einer Rolle auf der Bühne des gesellschaftlichen Lebens, durch Berufsausbildung und Karriere, wird ein Mensch seiner ureigenen Natur und Veranlagung notwendigerweise – der Konflikt ist also vorprogrammiert! – auch teilweise entfremdet. In seiner beruflichen Karriere kann er seine natürlichen Anlagen nur begrenzt entfalten; je mehr er sich mit seiner Karriere identifiziert, desto mehr Eigenes muß daneben verkümmern. Man kann bekanntlich nicht seine privaten Wünsche voll ausleben und sich gleichzeitig um eine gute berufliche und gesellschaftliche Position bemühen. Wer «etwas werden» will, muß auf manches Persönliche verzichten. Sein Ansehen «kostet» ihn etwas. Seiner gesellschaftlichen Rolle – seiner Persona – muß er Opfer bringen. Wenn und so lange das «Streben nach oben» von innen her noch fasziniert, fällt dies leicht. Aber die Faszination läßt in den «besten Jahren» oft langsam nach, und die Problematik der zweiten Lebenshälfte beginnt, wenn einem der berufliche und gesellschaftliche Erfolg langsam immer weniger zu bedeuten beginnt, weil nun anderes vorrangig wird.

Mit dem Aufbau der Persona hat sich im Laufe der Jahre ein sogenannter «Schatten» herangebildet, in welchem all das versammelt ist, was bisher nicht oder nur kärglich leben durfte. Das Leben im Dienst der Gesellschaft entspricht nur teilweise dem natürlichen inneren Entwicklungsprogramm. Dieser «Schatten» besteht aus ungelebten, nicht geförderten, in der Erziehung abgelehnten oder unentwickelten Seiten der natürlichen Anlagen. Diese entwickeln sich durch ihr Schattendasein oft negativ.

Da nun das Selbst das Leben des Individuums stets mit den Soll-Werten des Erbprogrammes vergleicht und darum die Abweichungen vom genetisch festgelegten Erbprogramm feststellt und auszugleichen sucht, ergeben sich in der Lebensmitte häufig Spannungen zwischen dem inneren naturgemäßen Soll und dem vom bewußten Ich im Leben tatsächlich Realisierten. Diese Spannungen werden vom Ich vage wahrgenommen, leider aber oft falsch gedeutet. Die Störungen haben einen Energieverlust des Ichs zur Folge; man verliert seinen früheren Schwung und versucht sich damit zu trösten, daß man halt nicht mehr zwanzig sei.

Die durch den Aufbau der Persona bedingte Herausbildung eines individuellen Schattens und die damit verbundene Selbstentfremdung ist ein Stück weit unausweichlich und damit natürlich. Wir sind keine Ameisen, die vollständig in ihrer Kollektivrolle aufgehen.

Was hat nun der Schatten mit Gut und Böse zu tun?

Zunächst gilt es festzuhalten, daß der Schatten nicht identisch ist mit dem Bösen. Er ist etwas Natürliches. Er enthält all das, was – aus ganz verschiedenen Gründen – in der ersten Lebenshälfte keinen Platz zu seiner Entfaltung und Kultivierung fand. Die Bildung des Schattens beginnt sehr früh, und darum ist der Schatten mehr oder weniger unbewußt. Ein paar konkrete Beispiele mögen das illustrieren: Wir mußten einst lernen, beim Essen von Tomatenspaghetti Hände, Gesicht, Kleidung und den Eßplatz einigermaßen sauber zu halten, der Mutter nicht: «blöde

Kuh» zu sagen, nachts allein zu schlafen, uns mutig gegen böswillige Übergriffe anderer zu behaupten, nicht wegen jeder Kleinigkeit zu weinen, den andern am Tisch nicht immer ins Wort zu fallen, im Kindergarten stille zu sitzen, die Verkehrsampeln zu beachten, dem Nachbarn nicht die Fensterscheiben einzuschmeißen, Schwächere nicht auszulachen, Verlockungen im Kaufhaus zu widerstehen, daheim die Musik auf Zimmerlautstärke einzustellen, Mutters Lippenstift und Vaters Zigarren in Ruhe zu lassen, nicht heimlich aus dem Kühlschrank zu naschen oder unerlaubt fernzusehen, nicht zu lügen, Behinderten behilflich zu sein, Angehörige anderer Kulturen nicht auszugrenzen, Freunde nicht im Stich zu lassen, Feinde, die man am liebsten umbringen würde, leben zu lassen, etc. An viele Lernvorgänge, die uns im zarten Kindesalter schonend beigebracht oder brutal eingebläut wurden, können wir uns später nicht mehr erinnern. Das Gelernte wurde oft automatisiert und in vielen Fällen vom Unbewußten übernommen. Gut erzogen ist man ja, wenn das gute Benehmen «wie von selbst» funktioniert. Wenn wir daran denken, was für eine Mühe unsere Erzieher seinerzeit aufwenden mußten, bis wir auch nur einigermaßen «zivilisiert» waren und uns so benahmen, «wie es sich gehört», können wir wohl erahnen, was alles in unserem Schatten liegt und auch wieder hervorkommt, wenn die Persona ausfällt. Begreiflich, daß die am besten angepaßten Menschen sich auch am meisten vor sich selber fürchten!

Das Ziel der zweiten Lebenshälfte ist nach Jung die bewußte Abrundung und möglichst vollständige Ausformung der Gesamtpersönlichkeit. Ein erster Schritt auf diesem Weg ist die Bewußtwerdung des Schattens. Danach folgt der Versuch, bewußt und verantwortlich mit dem Schatten umzugehen, das heißt, ihn zu integrieren. Das ist nun etwas ganz anderes als sein unkontrolliertes Ausleben. Die Integration des Schattens ist eine sehr schwierige Aufgabe: Wie kann jemand einerseits ein geschätztes Glied seiner Umgebung bleiben und gleichzeitig Dinge mitleben lassen, die dort verpönt sind? Das führt immer zu Pflichtenkollisionen zwischen den Ansprüchen des Sich-selber-sein-Könnens und der Umgebung: Wie man's auch anstellt – nie ist's recht! Bei jeder Entscheidung bleibt ein Übel. Die Kunst ist nicht, Übel zu vermeiden, sondern, jeweils das kleinere der beiden Übel zu erkennen und richtig zu wählen.

Bisweilen ist die Integration des Schattens aber auch spaßvoll und lustig: Ich denke an einen Mann um die Fünfzig, der einer vom Pietismus geprägten Kirche angehörte. Er klagte, es sei ihm alles verleidet, er fühle sich ausgebrannt und abgespannt. Er war von kräftiger, untersetzter Gestalt und hätte gut ein Lebemann sein können, ein Genießertyp und sinnenfreudiger Tatsachenmensch, der zwar keine hohen intellektuellen Sprünge vollführt, aber das Herz auf dem rechten Fleck hat. Ich fragte ihn nach Träumen. Verunsichert erzählte er mir einen Traum, den er neulich gehabt habe:

Ich war bei mir daheim; in meiner Stube turnten Affen auf unseren schönen neuen Möbeln herum. Das ängstigte mich; vor allem dachte ich, meine Frau bekomme einen Schock, wenn sie das sehe. Ich wollte die Affen verscheuchen; aber diese ließen sich nicht von mir beeindrucken.

Das Gespräch dauerte wegen Zeitmangels weniger als eine Stunde. Der Mann sah bald, daß er seine «primitiven Brüder» vermehrt mitleben und bei sich «herumturnen» lassen müsse. Zuerst hatte er Hemmungen, seine «affenartigen» Schattenseiten, seine in den Augen seiner Frau und frommer Gemeindeglieder etwas primitiven Anflüge und Neigungen zuzulassen und «an den Mann zu bringen». Er meinte, sich dabei blamieren zu müssen. Plötzlich aber blitzte es in seinen Augen: Er war bereit, die Integration seines Schattens anzupacken. Wir testeten in der Fantasie einige konkrete Situationen. Das Gespräch wurde heiter. Die Affen befreiten ihn sichtlich (vielleicht auch, weil ein Pfarrer Partei für seine «Affenallüren» ergriff). Ich sah den Mann nach zwei Jahren wieder. Er war kaum mehr wiederzuerkennen: Diesmal war er munter, aufgestellt, unternehmungsfreudig, zupackend. Sofort kam er auf mich zu und sagte: «Mir geht es prima, seit ich mich getraue, mit meinen Affen herumzualbern.»

Weniger lustig war es in einem anderen Fall: Da klagte ein junger Mann über mangelndes Selbstbewußtsein. Ein Traum klärte auf.

Ich sitze mit meiner neuen Freundin bei einem Schäferstündchen draußen auf einer Bank. Da kommt ein anderer, ein ekelhafter Geselle, der sie mir ausspannen will. Er tut, wie wenn ich nicht existieren würde. Ich kann nichts dagegen unternehmen.

Der junge Mann mußte lernen, «etwas dagegen zu unternehmen»; denn er war nicht nur sein Traum-Ich, sondern auch dessen Schatten; dieser ekelhafte Geselle, der ihm seine neue Freundin ausspannen wollte, war eine Seite seiner selbst. Mit seinem «Schattenbruder» torpedierte er die Beziehung zur neuen Freundin. Er war nämlich – wie man früher gesagt hätte – ein «Heiratsschwindler». Er gab der Freundin vor, ernsthaft an der Beziehung zu ihr interessiert zu sein; aber im Grunde genommen wollte er nur mit ihr ins Bett, und die menschliche Beziehung zu ihr interessierte ihn kaum. Das spürte seine Freundin, und nun gab es Probleme in 'der Beziehung. Der Traum deutete ihm an, wo «der Hund begraben» sei. Die Aufgabe war nun die, die Sexualität zu integrieren, statt sie abgespalten von der übrigen Persönlichkeit einfach primitiv auszuleben. Die Integration des Schattens war hier ein hartes Stück Persönlichkeitsbildung. Im Gegensatz zum älteren Mann mit dem Affentraum, in dem es um eine Aufgabe der zweiten Lebenshälfte (die Abrundung der Persönlichkeit) gegangen war, mußte hier eine Aufgabe der ersten Lebenshälfte nachgeholt werden: Die Erziehung zu einem verantwortlichen Umgang mit den Mitmenschen.

Ein drittes Beispiel für die Wirksamkeit des persönlichen Schattens stammt aus der deutschen Geschichte: Otto Fürst von Bismarck (1815–1898), der maßgebliche Gründer des Deutschen Reiches, war eine ausgesprochen «willensstarke» Persönlichkeit. «Ich kann, was ich will» war sein Motto, nach welchem er lebte, und er war stolz auf seinen Erfolg. Sein Schatten hingegen machte ihm schwer zu schaffen: Er wurde immer wieder von Weinkrämpfen befallen. Dann war er kein kraftstrotzender Kerl mehr, der von Hand Türklinken abwürgte, wenn es bei Verhandlungen nicht nach seinem Kopf ging, sondern ein hilfloses Kind: «Mutti, hilf mir, ich bin verloren!» Wie peinlich! Da er aber als Politiker ein «starker Mann» sein mußte und deshalb keine Einsicht in schwache Seiten seiner selbst zulassen durfte, blieb es bei dieser unreifen Haltung. Bismarck verpaßte dadurch die Erfüllung seiner natürlichen Lebensaufgabe in der zweiten Lebenshälfte, nämlich die bewußte Ausreifung seiner Gesamtpersönlichkeit. Die Integration des «Bubi-Schattens» hätte ihm mehr Wärme, Menschlichkeit, Verständnis für menschliche Schwächen und Herzlichkeit gebracht; sie wäre ihm wohl nicht schlecht angestanden.

Das Problem von Bismarck belastet auch heute noch viele «starke Männer» und «Career-Women» (Frauen in wichtigen Positionen und Ämtern): Als neulich eine Regierungsbeamtin öffentlich dazu stand, sie sei froh, sich von Zeit zu Zeit in ihren politischen Sorgen psychologisch begleiten lassen zu dürfen, machte sie sich bei etlichen Kollegen und Kolleginnen auf der politischen Bühne unbeliebt; es hieß, eine starke Persönlichkeit habe das nicht nötig.

Die Bewußtwerdung der Gesamtpersönlichkeit bedeutet das Erreichen eines verantwortbaren Ich-Standpunktes zwischen Persona, Selbst und Schatten. Es geht bei der Ausreifung und Entfaltung der Gesamtpersönlichkeit, dem sogenannten «Individuationsprozeß» oder der Selbstwerdung, um eine Annäherung der Gegensätze und um lebbare Kompromisse. Die Zeit der sturen und ausschließlichen Prinzipien im Stile des Entweder-Oder ist dann um; im Stadium größerer Reife und Bewußtheit geht es um das Erlernen eines echten Dialogs im Sinne eines Sowohl-Als-auch. Der Individuationsprozeß ist – im Hinblick auf die inneren Kräfte – ein urdemokratischer Prozeß: Kräfte, die nicht gewohnt sind, miteinander zu leben, müssen sich irgendwie finden, indem sie sich so lange schmerzhaft aneinander reiben, bis die hinderlichen Ecken und Kanten so weit wie möglich abgeschliffen sind. Es ist aber unmöglich, es immer allen Seiten recht zu machen. Jedes menschliche Leben behält darum auch etwas Fragmentarisches. Dies schildert der Mythos vom Gotteskampf des biblischen Jakob in 1. Mose 32 sehr schön, wo es heißt, der Engel Gottes habe Jakob zwar gesegnet; aber dem Jakob sei fortan ein Hüftleiden geblieben. Auch das christliche Kreuz ist ja beides: Zeichen des Scheiterns wie Zeichen der Versöhnung. Trivial gesagt: Kein Leben wird je ganz rund – dennoch aber sollen wir uns darum bemühen!

Die Tiefenpsychologie begründet mit dem Prinzip des inneren Dialoges, der sich natürlich auch auf das äußere Leben auswirkt, eine neue Ethik, eine Ethik geistiger und seelischer Flexibilität, welche an jeden einzelnen hohe Ansprüche stellt und eine entsprechende Erziehung mit Herzensbildung voraussetzt. Der einzelne ist nach einer tiefenpsychologisch fundierten Ethik nicht mehr nur der Kollektivmoral seiner Gruppe, Gesellschaft oder Glaubensgemeinschaft verpflichtet, sondern ebensosehr der Integration seines Schattens und damit seiner bewußten Selbstwerdung. Auch das Beachten der «Winke von drüben» muß zur ethisch verbindlichen Pflicht werden – so wie einst Kirchgang und Kommunion verbindliche Pflichten waren.

Häufige Pflichtenkollisionen zwischen Persona, Schatten und Selbst sowie Differenzen zwischen dem Kollektiv und dem einzelnen sind somit vorprogrammiert. Die damit gegebenen schmerzhaften Probleme sind ein Ansporn zur Reifung. Menschliche Reifung ist nicht durch Minimalismus und Verzärtelung zu haben; der Reifungsprozeß fordert den ganzen Menschen. Die tiefenpsychologisch fundierte neue Ethik ist keine Milchspeise, kein süßer Grießbrei. Gute Zähne und ein gesunder Magen sind Voraussetzung dazu. Man sollte die neue Ethik aber nicht als «utopisch» abtun; denn unser aller Überleben hängt letztlich davon ab. An den Konflikten reibt sich die menschliche Persönlichkeit, und so wie aus dunklen Oliven schließlich goldgelbes Öl gepreßt wird, so gibt auch der Mensch durch die schmerzhafte Reibung der Konflikte in ihm auf seinem Individuationsweg schließlich sein Bestes her – auch zum Wohl des Kollektivs.

Eine gelungene Integration des Schattens zeigt, daß aus angeblich Bösem, bisweilen sogar Verteufeltem, schließlich Gutes herauswächst. Ohne Integration seines Schattens bleibt der Mensch oberflächlich und unreif.

Der kollektive Schatten und der Teufel

1. Das tiefenpsychologische Konzept

Da der Mensch ein Rudelwesen (mit der Aufgabe der Selbstfindung) ist, besitzt er nicht nur einen persönlichen Schatten; sondern er hat immer auch teil am kollektiven Schatten der Gemeinschaft, in welcher er lebt. Dieser Kollektivschatten ist die Summe aller gesellschaftlichen Tabus. Das Extrakt dieser Summe, die Quintessenz des Schattens, erscheint symbolisch in der Gestalt des Teufels. Der Teufel ist das personifizierte Böse einer Gesellschaft. Weil jeder Mensch mit andern zusammenlebt, ist seine Lebensgestaltung weitgehend auch vom Schatten seines Kollektivs beeinflußt: Er muß sich den herrschenden kollektiven Tabus unterziehen, wenn er nicht den Zorn der Öffentlichkeit auf sich ziehen und so in des Teufels Küche geraten will. Darum benehmen sich die meisten Mitglieder eines Rudels hübsch angepaßt wie Schäfchen; sie weichen der Aufgabe aus, an den Schatten des Kollektivs zu rühren. Niemand hat es gerne, wenn man ihm auf seinen Schatten tritt – am allerwenigsten ein Kollektiv! Im Kollektivverband ist der Mensch unwahrscheinlich primitiv in seinem Urteil; er verliert dort weitgehend seine Fähigkeit zu differenzieren und regrediert in die Rolle eines Schafes; denn jedes Kollektiv eliminiert unfolgsame Mitglieder. Der Mensch als Rudelwesen hat sich in den letzten Jahrtausenden kaum verändert. Wer sich mit dem Schatten des Kollektivs kritisch auseinandersetzt, begibt sich auf die politische Bühne, wo jemand ohne eine starke Lobby in der Regel auf verlorenem Posten steht; denn das Rudel fragt nicht nach Wahrheit, sondern nach einem starken Führer, der es an einen guten und schönen Weideplatz zu führen verspricht.

In der Sicht der Tiefenpsychologie nach Jung ist der Teufel der

Geist oder die Essenz der wichtigsten kollektiven Tabus. Was ein Kollektiv mit einem «Pfui!» belegt, das ist vom Teufel. Der Teufel verkörpert die Schattenseite eines Kollektivs.

Was heißt das konkret im Blick auf die christliche Kultur? In der christlichen Kultur wurde das Streben hin zum Licht sowie der Gehorsam gegenüber der Obrigkeit von Gottes Gnaden sehr gefördert, während die sich daraus ergebende Schattenseite (die Verbundenheit mit den dunklen «heidnischen» Erdkräften Pans sowie der Wille zur Selbstbehauptung Satans) abgewertet wurde. Alles Aufmüpfige und Rebellische beschwor sogleich die Assoziation des Satanischen herbei, und eine gute Verwurzelung im Erdhaften ließ alsbald den Vorwurf des Heidentums laut werden. Pan und Satan zusammen ergaben in der christlichen Kultur den «Teufel in Person».

In meinem Buch über die Hölle (L 13) habe ich dargestellt, wie sich Persona und Hölle gegenseitig hochschaukeln: Je höhere Anforderungen in einer Kultur an das ethische Verhalten gestellt werden, desto schrecklicher werden die Höllenbilder derselben Kultur, um so mehr muß man sich also vor dem Schatten dieser «schönen» Kultur in acht nehmen. Je glänzender die Persona, um so finsterer der Schatten, um so größer die Repression (die Anzahl der Scheiterhaufen, Gefängnisse und «Besserungsanstalten» des betreffenden Kollektivs).

Der Teufel ist eine Schattenfigur; darum stellte man ihn auch dunkel dar. Die Alten hatten ein feines Gespür dafür, daß die verdrängten Strebungen der Seele im Schatten autonom weiterleben: Darum haben sie sich den Schatten als ein eigenständiges Wesen vorgestellt, das unabhängig vom Menschen (beziehungsweise seinem Ich-Bewußtsein) wirkt. Man hat den Teufel «im Untergrund» (im Unbewußten) angesiedelt, ihm einen Platz im Finstern der Erde zugewiesen. Viele Menschen haben Angst vor der Tiefenpsychologie, weil sie ahnen, daß bei der Beschäftigung mit dieser «okkulten» Wissenschaft auch ihr Teufel, die Quintessenz ihres Schattens in personifizierter Form, zum Vorschein komme. Es ist in der Tat eine Demütigung für den zivilisierten Menschen, wenn er sich eingestehen muß, daß er in seinem Schattenbereich primitiver ist als Angehörige sogenannter «primitiver» Völker (weil die hochzivilisierte Persona mehr glänzt, wird ihr Schatten um so dunkler).

Heutzutage ist eine zunehmende Verrohung des Lebens festzustellen; bisher selbstverständliche Verhaltensnormen werden von immer mehr Leuten sträflich mißachtet. Psychologisch muß man das als ein «Ausleben des Kulturschattens» bezeichnen. Viele Menschen halten sich nicht mehr an die einst gängigen Höflichkeits- und Umgangsformen, sondern leben sich ungehemmt und unerzogen aus. Dadurch wird der allgemeine Umgangston roher. Man fällt von einem Extrem ins andere. Die Probleme des Zusammenlebens werden aber auf diese Weise nicht gelöst; es braucht weiterhin die Achtung vor Kulturwerten sowie den gleichzeitigen Versuch, den Schatten zu integrieren. Die Integration des Schattens ist im Zeitalter der Globalisierung vielleicht eine der vordringlichsten Aufgaben der Menschheit. Eine tiefenpsychologisch fundierte Ethik ist nicht «l'art pour l'art», sondern eine heute not-wendige Lebenshilfe.

2. Die Gestalt des christlichen Teufels

Wie schon gesagt: Der christliche Teufel ist das Produkt aus der Verteufelung des griechischen Gottes Pan sowie des aufmüpfigen jüdischen Satans. Pan und Satan sind Symbole für zwei zentrale Triebe des Menschen: für die Triebe der Arterhaltung sowie der Selbstbehauptung und Selbstfindung. Pan dient der Arterhaltung, und Satan, der Widerspruchsgeist, der sich dem herrschenden Kollektivgeist nicht anpaßt, dient der Selbstbehauptung und Selbstwerdung des Individuums. Beide Triebe haben Licht- und Schattenseiten. Die christliche Kultur hat bekanntlich versucht, die sündige menschliche Kreatur zu «verbessern» und die Menschheit idealistisch zu «Höherem» zu erziehen. Nur das Allerbeste war ihr gut genug. Weil das erlaubte Verhalten stark eingeengt war, wurde der Bereich des Schattens umfangreich: Es gab so wenig, das noch mit Freuden genossen, aber so manches, das zu verbessern oder gar strikt verboten war! Dadurch herrschte der Teufel prinzipiell über ein größeres Reich als der Gesetzgeber der gesellschaftlich erlaubten Normen, den man mit Gott identifizierte. Aber dem kleineren Reich des gesellschaftlich Tolerierten mußte mehr Energie zufließen als dem größeren Reich des Schattens, das – wie im Märchen vom Eisenhans (siehe S. 218 ff.) – schließlich zu einem sumpfigen Pfuhl verkam. Im Pfuhl drin aber war es nicht möglich, den Teufel zu zivilisieren. Der Teufel fristete darum ein armseliges Dasein neben der offiziellen Welt. Dieses Leben im Abseits war der Laune des Teufels nicht zuträglich, und darum hat er vermutlich in der christlichen Ära immer wieder derart brutal zugeschlagen und gewütet. Die christliche Kultur hat mit ihren hohen Idealen und der Verteufelung ihres Schattens die Zivilisierung des Teufels verunmöglicht, welche im Traum meiner Frau geschildert wird (siehe S. 207 ff.). Dieses Erbe lastet schwer auf unserer Zeit. Wir sind noch arm an Beispielen einer gelungenen Schattenintegration.

Die christliche Kultur hat übersehen, daß man das, was verdrängt ist, nicht mehr beeinflussen kann, sondern nur das, was man kennt und akzeptiert. Nicht nur die Leibfeindlichkeit, sondern auch die hierarchische Herrschaftsstruktur der christlichen Kultur und Kirche wirkte deshalb destruktiv. Der christlichen Lehre fehlte von Anfang an nicht nur eine integrierte Sexualität, sondern auch ein kräftiges gesellschaftskritisches Element, wie wir etwa aus Römer 13,1 ersehen: «Jedermann sei den vorgesetzten Obrigkeiten untertan; denn es gibt keine Obrigkeit, außer von Gott, die bestehenden aber sind von Gott eingesetzt!» Das war einst das Wort Gottes selbst, an dem kein Jota und Häkchen geändert werden durfte. Ein guter Christenmensch war ein gehorsamer Untertan seiner weltlichen Obrigkeiten «von Gottes Gnaden». Die Untersuchung der Wirkungsgeschichte von Römer 13 zeigt, daß dieses Wort bis in unser Jahrhundert hinein im allgemeinen sehr ernst genommen wurde. Die christliche Religion war – ganz im Gegensatz zu ihrem Begründer – allzusehr geneigt, die Schäfchen ihres Rudels folgsam und angepaßt zu halten. Außerdem war die christliche Kultur rausch- und leibfeindlich; es durfte nie ekstatisch, sondern mußte stets gesittet und hochanständig zu- und hergehen. Lieber sollte gar nichts laufen, als daß der Teufel los war! C. G. Jung äußerte sich einmal folgendermaßen über den christlichen Teufel:

«Die Kirche hat die Lehre vom Teufel, eines bösen Prinzips, das man sich gerne als bocksbeinig, gehörnt und geschwänzt vorstellt, das Bild eines Halbtiermenschen und chthonischen Gottes, der einem dionysischen Mysterienverein entlaufen zu sein scheint, eines noch bestehenden Bekenners sündhaft-fröhlichen Heidentums. Dieses Bild ist trefflich und charakterisiert genau den grotesk-unheimlichen Aspekt des Unbewußten, dem man nicht beigekommen ist und das deshalb noch im ursprünglichen Zustand unbeherrschter Wildheit verharrt. Heute wird es wohl niemand mehr wagen zu behaupten, der europäische Mensch sei ein Lamm und von keinem Teufel besessen.» (GW Bd. 16, § 388)

Jung führte das Versagen bei der Kultivierung des christlichen Teufels darauf zurück, daß die mit dem Teufel zusammenhängenden seelischen Strebungen nicht bewußt bearbeitet, sondern gewaltsam beiseite geschoben, verteufelt und verdrängt wurden. Jung betonte immer wieder, der Mensch könne nur das beeinflussen, bearbeiten und kultivieren, was er zunächst einmal annehme und akzeptiere. Dem Nicht-Akzeptieren liegen Angst, aber auch ein Mangel an Liebe und echter Demut zugrunde. Verteufelte Strebungen werden aus Angst vor grausamen Strafen gefürchtet und deshalb ins Unbewußte verdrängt, wo sie fortan nicht mehr beeinflußbar sind. Aber sie lösen sich dort nicht in ein Nichts auf, wie der Idealist hofft, sondern warten wuterfüllt auf ihre Befreiung.

Im christlichen Schatten liegt zudem die Aggression, die mit der Selbstbehauptung zusammenhängt. Die Aggression kann zwar schreckliche Auswüchse zeitigen; aber von Natur aus ist sie nicht einfach des Teufels. Sie hat – wie der Haß – auch eine positive Seite, nämlich die Kraft zur Abgrenzung und Selbstbehauptung, ohne die ein Mensch die Aufgabe der bewußten Selbstentfaltung gar nicht zu leisten vermochte. Woher kommt eine destruktiv gewordene Aggression? Aggression und Haß beginnen dort, wo man in die Ecke gedrängt, seines Lebensraumes und seiner Entfaltung beraubt wird. In diesem Zustand muß man sich wehren, vielleicht eine Weile lang sogar wild um sich schlagen, um den verlorenen Lebensraum wieder zurückerobern und das Eigene wieder finden zu können; sobald dies gelungen ist und der Mensch sich wieder gefunden hat, schwinden auch Haß und feindliche Aggression. Die Erfahrung zeigt: Wer aggressiven Menschen Gelegenheit gibt, sich zu entfalten, hilft ihre Aggressivität abbauen. Auch eine negativ gewordene Aggression hat also im Grunde eine positive Funktion, nämlich diese, bedrängten Menschen dabei zu helfen, aufrecht zu bleiben und ihren Standpunkt bei gegnerischen Attacken standhaft zu verteidigen. Die Fähigkeit, auch in einem negativen Sinne aggressiv zu werden, ist deshalb nötig, weil es immer wieder Menschen gibt, die andere daran hindern wollen, die Lebensaufgabe zu erfüllen und das zu realisieren, was ihnen in die Wiege gelegt wurde. Wer die Aggression pauschal verteufelt und predigt, man müsse seine Feinde lieben und bei einem Schlag auf die eine Wange auch noch die andere hinhalten, der untergräbt die gesunde Selbstbehauptung und Selbstachtung und verunmöglicht damit die Selbstfindung. So gehört zu einem echt religiösen Leben, dem Streben nach bewußter Ganzheit, grundsätzlich auch die Fähigkeit zur feindlichen Aggression.

Mit der Abwertung der Selbstachtung wird aber auch echte Demut verunmöglicht. Denn echte Demut wächst bekanntlich nur auf dem Boden der Selbstachtung und eines guten Selbstbewußtseins. Wenn ein gesundes Selbstbewußtsein bereits als «Stolz» herabgemindert und als Opfer ans Kreuz geschlagen wird, wird der Mensch entweder depressiv oder rebellisch. Verstecktes egoistisches Machtstreben und eine vergiftete Atmosphäre beim Zusammenleben sind die Folge. Als Beispiel seien die Zustände in vielen betont christlichen Lebensgemeinschaften erwähnt, in denen man wegen des «christlichen Freundlichkeits-Komplexes» oft genau das Gegenteil dessen erreicht, was man anstrebt: Vorne herum wird ein ewig-freundliches, oft zwar eingefrorenes Lächeln zur Schau getragen und die eigene Person zurückgestellt; im verborgenen werden aber perfide Intrigen ausgeheckt. Das Christentum predigte in der Tat Opferliebe und rüstete gleichzeitig zu Kreuzzügen.

An diesem schwachen Punkt hakte der antichristlich eingestellte Philosoph Friedrich Nietzsche (1844–1900) ein. Er war von der herrschenden christlichen Moral beziehungsweise von der Heuchelei des Viktorianischen Zeitalters derart angewidert, daß er das Christentum insgesamt verdammte und als Radikallösung eine «Umwertung aller Werte» forderte. Er machte das herrschende christliche Wertesystem für die moralische Dekadenz, die überall grassierende Heuchelei, Instinktverarmung, Lebenslüge und Selbsttäuschung verantwortlich.

Er suchte den Fehler also nicht beim einzelnen und dessen moralischer Unvollkommenheit, sondern im christlichen System selbst. Er behauptete, das Christentum pervertiere den Menschen und entfremde ihn seiner selbst. Er wollte deshalb das Übel an der Wurzel anpacken. Seine Diagnose lautete: Schuld an der allgemein verbreiteten Heuchelei und Unechtheit ist nicht die Sündhaftigkeit des einzelnen, sondern das Christentum selbst, welches mit seiner Unterdrückung der natürlichen menschlichen Triebe, insbesondere der Sexualität und der Selbstbehauptung, das wirkliche Leben zum Erstarren bringt. Nietzsche meinte, die christliche Moral stelle vor die Alternative, entweder «blaß und angekränkelt» zu werden oder ein «doppelbödiges» Leben zu führen: ein ewig freundlicher Christ nach außen hin zu sein, ein hemmungsloser Heide aber im verborgenen. Nach Nietzsche gab es nur die Lösung, das christliche System selbst zu zerschlagen: «Umkehrung aller Werte!» Er bezeichnete die christliche Moral als eine «Sklavenmoral», von der man sich befreien müsse, um sich selber treu werden zu können. Deshalb forderte er revolutionär: «Wir müssen uns von der Moral befreien, um endlich moralisch leben zu können.» (L 19, Bd. 13, S. 124) Der «neue Mensch», forderte er, müsse ein «Übermensch» sein: «Man wird euch die Vernichter der Moral nennen; aber ihr seid die Erfinder von euch selber.» (L 19, Bd. 12, S. 266)

Nietzsche hat damit das Kind mitsamt dem Bade ausgeschüttet. Als er vorschlug, der «Kehrseite der Moral» zum Durchbruch zu verhelfen (so L 19, Bd. 16, S. 383), identifizierte er sich mit seinem Schatten dem christlichen Teufel. Nietzsche hat maßgeblich mitgeholfen, den Teufel auf unser 20. Jahrhundert loszulassen. Das von ihm emphatisch geforderte ungebrochen heidnische, «dionysische Ja-Sagen zur Welt» pries nicht nur den von ihm proklamierten «Übermenschen», sondern auch «die blonde Bestie» des Nationalsozialismus und damit das von ihm sicher nicht gewollte unkontrollierte primitive Ausleben des Schattens im Dritten Reich. Mit dem Übermenschen rief Nietzsche den Untermenschen auf den Plan, vor dem wir uns inzwischen, im Hinblick auf die Verrohung der Sitten bei uns, auf zwei Weltkriege und das, was wir etwa in Ex-Jugoslawien miterleben mußten und noch müssen, doch gehörig fürchten gelernt haben.

Im nachhinein können wir nüchtern feststellen, daß manches an Nietzsches Beobachtungen richtig war. Seine Diagnose des Viktorianischen Zeitalters war in vielen Punkten hellsichtig. Indem er aber von einem Extrem ins andere fiel und die kritische Distanz zu seinem Schatten nicht fand, war sein Therapievorschlag ebenso verheerend wie die geheuchelte Fassadenexistenz vieler seiner Zeitgenossen. Nietzsches Ideen haben aber die Entwicklung der Moral in unserem Jahrhundert auch schöpferisch beeinflußt. Die Tiefenpsychologie verdankt ihm manche Einsicht. Sie korrigiert Nietzsche aber dahingehend, daß sie uns davor warnt, in den Schatten hineinzufallen, und uns lehrt, diesen verantwortlich zu integrieren.

Wenn der Teufel, die Lebenskräfte der Sexualität (Pan) wie der Selbstbehauptung und feindlichen Aggression (Satan), verantwortlich ins Leben integriert wird, dann beginnt er uns seine positive Seite zuzuwenden, wie ein Traum meiner Frau zeigt (s. u. S. 207 ff.).

4. Vom Umgang mit dem Schatten

Verdrängung, Identifikation und Integration

Was uns im Verlaufe eines Tages nicht alles an Unerlaubtem, von der Kollektivmoral nicht Gebilligtem, durch den Kopf geht! Wie gut, daß niemand unsere Gedanken lesen kann – und daß all das, was wir uns ausdenken, nicht Wirklichkeit wird!

Ich jedenfalls hätte zum Beispiel in meiner ersten Wut schon manchen gerne umgebracht. Vielleicht habe ich es darum bisher noch nie getan, weil mir meine diesbezüglichen Regungen jeweils ziemlich deutlich zum Bewußtsein kamen: «Den könnte ich auf der Stelle eigenhändig ermorden!» Rache ist süß. In dieser Süße läßt sich – zumindest anfänglich – prächtig schwelgen. Es ist wichtig, daß einem solche Dinge klar bewußt werden; denn bewußt gewordene Mordgedanken haben schon manchem verhaßten Menschen das Leben gerettet. Wenn solche Impulse nämlich bewußt werden, kann man beginnen, damit umzugehen. Erst im Augenblick ihrer Bewußtwerdung treten sie in die Sphäre von Gut und Böse ein. Vorher bestanden sie aus einem nur dumpf wahrgenommenen Gefühlsknäuel größtenteils unbewußter Natur, das als solches noch jenseits von Gut und Böse liegt. Das Gericht beurteilt Taten, die im blinden Affekt geschehen, zu Recht milder als vorsätzlich und somit bewußt ausgeführte Handlungen.

Haß- und Rachegefühle haben zunächst einmal etwas Befreiendes an sich. Sie tun uns in der Seele wohl. Wenn uns Unrecht geschah, wenn wir geschädigt wurden, drängt etwas in uns instinktiv zum Ausgleich. Man muß bei einem gefährlichen Angriff zurückschlagen, zum einen, um nicht unterzugehen, aber auch, um sich vor weiteren Attacken des Gegners zu schützen. Wenn der Schmerz über das erlittene Unrecht verflogen ist, ist die Sache wieder gut. Ist die Wunde verheilt, ebben die Rachegefühle ab, und hinterher, nüchtern geworden, erkennen wir, was wir in unserer ersten Wut beinahe angerichtet hätten. Wir erschrecken und blicken etwas hilflos drein: «War das wirklich ich?»

Das eben angeführte Beispiel für schattenhafte Emotionen soll uns den Einstieg ins Thema dieses ersten Abschnittes erleichtern, bei dem es um die Frage des Umgangs mit dem Schatten geht. Es stehen uns drei Möglichkeiten zur Verfügung:

1. Verdrängung und regressive Wiederherstellung der Persona,
2. Identifikation mit dem Schatten (und Umwertung des Schattens zum Licht),
3. Versuch einer bewußten Integration des Schattens.

Verdrängung und regressive Wiederherstellung der Persona

Wenn wir uns einmal zu einer «schattenhaften» Tat hinreißen lassen und die Sache publik wird, ist uns das hinterher meist peinlich. Denn wir möchten nicht als jemand bekannt werden, der sich von seiner schlechtesten Seite zeigt. Es geht um unseren Ruf, um die Persona. Damit läßt sich nicht spaßen. Die Freiheit, die im Ausspruch von Wilhelm Busch zum Ausdruck kommt, besitzen nur wenige:

> «Ist erst einmal der Ruf dahin,
> lebt sich's vergnüglich weiterhin.»

Meistens versuchen wir, einen peinlichen Ausrutscher so rasch wie möglich wieder «in Ordnung» zu bringen – um ihn bald vergessen und ad acta legen zu können. Denn die Persona soll ja makellos sein. Wir bitten die daran Beteiligten um Entschuldigung. Vielleicht sind wir auch eine Weile betrübt oder gar niedergeschmettert darüber, was wir angestellt haben. Aber die Angelegenheit wird in der Regel doch ziemlich rasch beiseite gelegt, und gleichzeitig wird unser Image, oft mit allerlei Machenschaften, aufpoliert. Dann verschwindet unsere Unsicherheit im Auftreten wieder. Menschliche Schwächen gehören eben zum Leben. Wir haben uns ja entschuldigt und gewinnend gelächelt dabei. Man akzeptiert uns wieder. Das ist die Hauptsache.

Die Jungsche Psychologie hat für diese erste Möglichkeit des Umgangs mit dem Schatten einen Fachausdruck geprägt: «regressive Wiederherstellung der Persona». Man kehrt zurück in den Schoß der tragenden Gemeinschaft und übernimmt wieder deren Persona, die alten Verhaltensmuster, Umgangsformen, Gepflogenheiten und Eitelkeiten. Man fügt sich wieder ein; der Satan in uns wird unterdrückt.

Zu dieser ersten Art des Umgangs mit Schattenproblemen – Verdrängung und regressive Wiederherstellung der Persona – gehört auch der Exorzismus, den die katholische Kirche bis heute als seelsorgerliche Hilfe für Menschen anbietet, welche im Schattenbereich gefangen sind und nicht mehr davon loskommen. Durch den Exorzismus sollen die «in des Teufels Klauen» Gefangenen befreit werden, damit sie wieder, wie früher, als ordentliche und an den Kollektivverband angepaßte Christenmenschen leben können. Mit dem Exorzismus soll die Faszinationskraft des teuflischen Schattens aufgehoben und die christliche Persona wiederhergestellt werden. Der magische Exorzismus bezweckt die regressive Wiederherstellung der Persona. Der Exorzismus ist aber – vom heutigen Standpunkt der Bewußtseinsevolution aus betrachtet – keine echte seelsorgerliche Hilfe, weil er die Schattenseite nur verdrängt und nicht beachtet, daß die Begegnung mit dem Schatten immer auch eine Chance ist: die Chance der Erweiterung des Horizontes und der Bewußtwerdung. Beim Exorzismus wird das zugrundeliegende Schattenproblem nicht wirklich erkannt und kann deshalb auch nicht kompetent bearbeitet, es kann im besten Fall magisch «ausgetrieben» werden. Der Exorzismus treibt zusammen mit dem Schatten – sofern dies durch die Suggestion des magischen Rituals überhaupt gelingt – aber auch die Bewußtwerdung des eigenen Schattens aus und versieht den Menschen dadurch mit Scheuklappen. Die mit dem Exorzismus im besten Falle erreichte Besserung des Zustandes besteht nicht in einer Erweiterung des Bewußtseins; sie ist keine Erlösung, sondern eine Verdrängung des Widrigen. Der Exorzismus heilt die innere Spannung nicht wirklich, sondern vertreibt diese ins Unbewußte. Er wirkt dadurch möglicherweise neurotisierend und fördert so auf lange Sicht die hysterischen und psychosomatischen Symptome. Der Teufel, der «ausgetrieben» wurde, kommt oft wieder zurück, bis er bewußt integriert wird: Daß Verdrängung keine Lösung ist, hat sich in der Zwischenzeit herumgesprochen. Der magische Ritus des Exorzismus ist nicht heilend, sondern therapeutisch unqualifiziert, nicht nur nutzlos, sondern bisweilen auch schädlich. Er ist heute überholt, eine unqualifizierte und gefährliche Manipulation mit der menschlichen Psyche.

Eine hilfreiche Therapie in Fällen, in denen jemand in seinem Schatten gefangen ist und nicht mehr davon loskommt, erfolgt heute nicht mehr durch eine magische Verteufelung, Verdrängung und Verbannung der Schattenkräfte, sondern – unter kompetenter Begleitung – durch die verantwortliche Integration dieses Schattens in die Gesamtpersönlichkeit, wie es die Tiefenpsychologie seit bald hundert Jahren lehrt. Die Integration des Schattens ist allerdings eine sehr anspruchsvolle Aufgabe. Der Exorzismus, der an der Bewußtwerdung vorbeiführt, ist bequemer.

Identifikation mit dem Schatten

Nicht alle, die Schattenhaftes leben, kehren reumütig in den Schoß des Kollektivs zurück. Es gibt auch Menschen, welche – völlig unkritisch – den Ausbruch ihres Schattens positiv bewerten, nicht als Absturz ins Dunkel, sondern als Höhenflug. Ein solcher Mensch hat an dem, was das Kollektiv als «Absturz» verurteilt, derart Gefallen gefunden, daß er fortan viele Kollektivwerte als Unwerte betrachtet. Sein Gewissen ist umgepolt worden. Anstatt nach dem «Zwischenfall» wieder der «Alte» zu werden, ist er nun ein «Neuer» geworden, ein ganz anderer, der oft auch äußerlich kaum mehr wiederzuerkennen ist. Fügte er sich früher angepaßt ins Kollektiv ein, so schert er sich nun einen Teufel um die Meinung der andern über ihn. Nach dieser negativen Bekehrung preist er das, was früher «Schatten» hieß, als wunderbares Licht. Solche Menschen sind umgekehrte Handschuhe. Sie fühlen sich nun unheimlich stark, weil die Energien des Schattens, mit denen sie in Berührung gekommen sind, sie in Hochstimmung versetzen. Wirkten sie vordem verhalten, bisweilen gar resigniert und depressiv, so wirken sie jetzt sehr lebendig und sogar überspannt. Sie wähnen, jede Hürde vor ihnen mit Leichtigkeit überspringen zu können. Die Umbewertung des Schattens zum Licht bewirkt einen unheimlichen Knick in der Lebenslinie, einen totalen Bruch mit dem bisherigen Leben. Auch das ist keine Lösung, so wenig wie die regressive Wiederherstellung der Persona.

Integration des Schattens

Das Problem der Schattenintegration ist nur durch ein neues Denken lösbar. Das bisherige Verhaltensmuster angesichts von Schattenproblemen war entweder die Verdrängung und regressive Wiederherstellung der Persona oder dann die Umpolung des Gewissens und die «negative Bekehrung», die «Umwertung aller Werte» (Nietzsche). Beide – sich gegenseitig ausschließende – Wege sind vom heutigen Standpunkt der Bewußtseinsentwicklung aus überholt. Das geforderte neue Denken verharrt nicht länger im Schema des Entweder-Oder, sondern sucht, auf einer höheren Ebene des Bewußtseins, auf der beide Standpunkte miteinander versöhnt werden können, das Sowohl-Als-auch.

Das Jesuswort vom Balken im eigenen Auge, dessen man nicht gewahr werde, den man aber auf den Bruder projiziere (Matthäus 7,3), wurde im Christentum nicht wirklich therapeutisch fruchtbar gemacht, sondern im Sinne eines Gebotes zur Bescheidenheit ausgelegt. Dadurch blieb das Problem der Integration des Schattens unbearbeitet.

Ebensowenig wurde das Schattenintegrations-Potential, das im Gleichnis vom sogenannten «verlorenen Sohn» (Lukas 15,11–32) enthalten ist, aufgenommen und weiter entfaltet. In diesem Gleichnis ist der Vater die Integrationsfigur des Selbst, der mit seinen beiden ungleichen «Söhnen» gleichermaßen positiv umzugehen versteht: Der Vater ist beiden zugetan, dem schattenhaften jüngeren wie dem angepaßten älteren. Der jüngere hat sich von der Welt der gläubigen Juden so weit entfernt, daß er sogar das heidnische Leben bei den Schweinen, dem jüdischen Tabu-Tier par excellence, mitgemacht hat; der ältere aber hat sich keine solchen «krummen Touren» erlaubt und ist völlig angepaßt geblieben. Ihr Selbst haben aber beide verfehlt, der jüngere, der seinem Schatten verfiel, wie der ältere, der im «man» steckenblieb.

Die berühmte «Heimkehr des verlorenen Sohnes» wurde als «regressive Wiederherstellung der Persona» verstanden, im Sinne von: «Endlich hat der jüngere Sohn eingesehen, daß man sich anpassen muß.» Wenn man die Geschichte in dieser Weise deutet, wird aber nicht verständlich, warum der ältere bei der Heimkehr des jüngeren schmollt. Er hätte dann ja allen Grund zu frohlocken und über den jüngeren zu triumphieren: «Jetzt hast du Taugenichts endlich eingesehen, daß mein Lebensstil der rechte ist! Hab's ja immer gesagt, die Flausen würden dir schon noch vergehen!

Das Schmollen des älteren Sohnes wird besser verständlich, wenn wir erkennen, daß ihm der jüngere nach seiner Rückkehr in der Persönlichkeitsentwicklung etwas voraus hat: Der jüngere ist inzwischen erwachsen geworden und hat einen Schatten bekommen, während der ältere immer noch ein braves Söhnchen, aber kein reifer, selbständiger Mann ist. Der jüngere ist, im Gegensatz zum älteren, menschlich gereift. Er hat den älteren überholt. Er hat ihm nun menschliche Reife und Eigenständigkeit voraus. Daß so etwas neidisch macht und schmerzt, ist verständlich. Der ältere beneidet den jüngeren nicht so sehr um seine schattenhaften Abenteuer und Erlebnisse, sondern vielmehr um das dabei (schmerzlich) Erfahrene, das ihn menschlich weitergebracht hat. Er kommt sich neben dem jüngeren plötzlich selber als der jüngere vor, der vom Leben noch nichts Wesentliches erfahren hat. In der biblischen Geschichte wird nirgends gesagt, der jüngere habe sich fortan hübsch angepaßt benommen. Es wird in keiner Weise bewertet. Daraus schließe ich, daß die Geschichte nicht im Sinne einer «regressiven Wiederherstellung der Persona» gedeutet werden sollte.

Dies legt auch das Verhalten des historischen Jesus selber nahe, der diese Geschichte erfunden hat, um bei den angepaßten Menschen mehr Toleranz gegenüber den «jüngeren Söhnen» zu wecken. Daß die Rückkehr des Jüngeren ins Vaterhaus in der Richtung einer Schattenintegration verstanden werden sollte, zeigt das Leben Jesu meines Erachtens eindeutig; denn Jesus selber lebte «in schlechter Gesellschaft»: Er war zwar nicht gerade Schweinehirt am Tempel einer heidnischen Fruchtbarkeitsgöttin geworden; aber er lebte immerhin mit kollektiv verachteten Zöllnern, mit Dirnen und anderen «unreinen» Rand- und Schattenfiguren (also «jüngeren Söhnen») zusammen; andererseits gehörten aber auch untadelige Pharisäer (sprich: «ältere Söhne») und wohlhabende Frauen aus der oberen Beamtenschicht zu seinem Kreis von Schülerinnen und Schülern. Mit anderen Worten: Der historische Jesus selber wird sichtbar in der Integrationsfigur des Vaters mit seinen beiden ungleichen Söhnen. Es hat unter Jesu Anhängern offensichtlich Spannungen gegeben, welche nun die «besseren» seien. Mit dem Gleichnis vom Vater mit seinen zwei ungleichen Söhnen, die der Vater zusammenbringen möchte, versuchte Jesus, auf diese Spannungen zu reagieren.

Die Kirche Jesu Christi war aber mangels Bewußtheit nicht in der Lage, im Geiste ihres Herrn und Meisters zu handeln. So wartet dieser einsame Vorläufer einer bewußten Schattenintegration immer noch auf Menschen, die ihn wirklich verstehen.

Wie ist denn die Kirche mit dem Schattenproblem umgegangen? Es war ihr nicht möglich, das Problem derer, die in ihren Schatten hineinfielen und diesen dann als das rettende Licht priesen, anders als durch Bekehrungsversuche und bei deren Mißlingen durch Verketzerung und Verteufelung anzugehen. Immer hat die Kirche zuerst versucht, die «verlorenen Schafe» nett und großzügig zu einer regressiven Wiederherstellung der Persona anzuhalten. Wenn dies aber nichts fruchtete, wurde sie immer gestrenger, und zuletzt kamen Drohungen, Verfolgungen und die Scheiterhaufen.

Am Rande der kirchlichen Orthodoxie gab es aber immer religiöse Gemeinschaften, welche den Absturz in den christlichen Schatten als Höhenflug ins Licht feierten, sich also mit dem Schatten identifizierten. Diese Menschen waren durch keine obrigkeitlichen Maßnahmen von ihrem «Irrglauben» abzubringen. Daß diese Menschen standhaft blieben, hätte die Christenheit eigentlich auf die Idee bringen müssen, vielleicht sei doch etwas dran an ihrer angeblichen Ketzerei. Ja, diese «Häretiker» und «Ketzer» hätten die Kirche eigentlich an ihren verdrängten Schatten gemahnen sollen. Wenn die Kirche das Bildwort Jesu vom Balken im eigenen Auge ernst genommen hätte, hätte sie darauf kommen müssen, daß auch die «andern» ein Stück Wahrheit besitzen und daß auch die Kirche selbst keineswegs unfehlbar sei. Aber so etwas durfte man natürlich gar nicht denken, weil man ja der alleinseligmachenden Kirche angehörte, deren Dogmen unfehlbar waren. Die eigene Persona war somit unantastbar. Der Fehler mußte bei den andern liegen; denn man stand ja in der Apostolischen Sukzession.

In der Zeit vor der Entdeckung des Schattens durch die Tiefenpsychologie konnte man noch nicht kompetent mit dem Schatten, den alle Menschen und alle menschlichen Institutionen haben, umgehen. Es gab damals für Andersgläubige nur die Alternative: entweder die regressive Wiederherstellung der Persona oder dann die Verketzerung und Verteufelung mit entsprechenden obrigkeitlichen Sanktionen. Ein Extrem rief das andere. Es stand nur das Denkschema des Entweder-Oder zur Verfügung. Heute braucht es aber ein anderes Paradigma.

Durch die Entdeckung des Schattens und die Möglichkeit seiner veantwortlichen Integration ist die Menschheit an einem neuen Punkt der Entwicklung des ethischen Bewußtseins angekommen. Es gibt heute immer mehr Menschen, die bei bedeutenderen schattenhaften Ausrutschern in sich gehen und sich ernsthaft psychologisch fragen: «Warum mußte mir das passieren? Warum konnte ich von meinem Schatten überwältigt werden? Was war mir nicht bewußt? Was kann ich dagegen tun, daß mir das nicht nochmals geschieht?» Solche Menschen suchen den Weg der Bewußtwerdung. Sie wollen aus ihren Fehlern etwas Neues lernen und begeben sich auf den anspruchsvollen Weg der Integration ihres Schattens, bei der Persona und Schatten zueinander finden. Sie versuchen aus dem festgefahrenen Entweder-Oder herauszukommen und die Gratwanderung des Sowohl-als-Auch zu riskieren.

Kein Verständnis für den Schatten –
die Kirche und der Tanz

Als Relikte matriarchaler Religiosität am Rande der christlichen Kirche in der Antike sind uns vereinzelte Angaben über dionysische Tänze überliefert, die sich in der Kirche breitzumachen versuchten. Die Kirchenväter und Bischöfe Basilius der Große (329–379) und Augustinus (354–430) berichten von einem weit verbreiteten Brauch solcher Tänze an heiligen Orten der Kirche:

«Schamlose Weiber der christlichen Gemeinden haben am Tage der Auferstehung ... die Schleier der Sittsamkeit von ihrem Haupte entfernt, Gott und seine Engel verachtet und sich jedem männlichen Blick schamlos ausgesetzt, mit wehenden Haaren, ihre Kleider schwingend, scherzend mit ihren Füßen, mit lüsternem Blick und ausgelassenem Gelächter – so haben sie sich rasend wie Mänaden in den Tanz gestürzt und haben mit ihrem Tanz bei den Gräbern der Märtyrer den geheiligten Ort zur Bühne ihres schamlosen Auftretens gemacht.» (Basilius der Große, Homilia XIV in Ebriosos, 1)

«Vor etlichen Jahren war die Seuche des Tanzes auch zum Grab des Märtyrers Cyprian, eines so heiligen Mannes, vorgedrungen. Die ganze Nacht hindurch wurde hier Frevelhaftes gesungen, und dazu wurde getanzt. Diese Sitte dauerte so lange an, bis man begann, an diesem Grab nachts die Vigilien zu feiern; dann erst hörte diese Pest auf – aber nur langsam.» (Augustinus, Sermo CCCXI, 5)

Nicht nur in der Antike, sondern auch im Mittelalter hatte der christlichen Kirche wiederholt eine scheinbar grundlos und spontan auftretende «Tanzwut» zu schaffen gemacht. Diese konnte innerhalb der Kirche erst seit der Renaissance endgültig ausgerottet werden, als sich das Tanzen «verweltlichte» und aus der Religion emanzipierte. Erst damals wurde die christliche Religion das Tanzen scheinbar endgültig los.

Seit kurzem beginnt der Tanz aber wieder in die Kirchen vor-
zudringen, zwar nur zögernd und vorerst noch domestiziert als
«sacred dance», aber scheinbar doch unaufhaltsam. Was bei der
Einführung dieser «gezähmten» Tänze für Widerstände zu überwinden waren, mag das folgende Beispiel erhellen: Noch 1971,
als ich zusammen mit einer Konfirmandenklasse ein verhalten
getanztes «Unser Vater» in einem Gottesdienst aufführte, äußerte sich ein entrüstetes älteres Gemeindeglied: «Wenn diese verdammte Negermusik und Tanzerei in unserem Gotteshaus noch
einmal stattfindet, komme ich nicht mehr in die Kirche!» Aus
dieser spontanen Reaktion sprechen Jahrhunderte einer leib-
und tanzfeindlichen religiösen Tradition. Christus hat nach dieser Tradition mit Dionysos offensichtlich nichts gemeinsam.
Stillzusitzen in der Kirche scheint christlich-gesittet und sich zu
bewegen scheint heidnisch-ungesittet zu sein.

Andererseits aber werden die afroamerikanischen Gospels
und Spirituals in der Kirche immer mehr heimisch, und diese
Musik ist dem Geiste des Dionysos näher als die traditionellen
christlichen Choräle. Dionysos scheint also nach bald zweitau-
send Jahren langsam auf dem Vormarsch in die christliche Kirche zu sein. Damit scheint sich eine Integration des Tanzes in die
christliche Religiosität langsam anzubahnen. Etwas, das bis anhin ein Schattendasein fristen mußte, scheint langsam mitleben
zu dürfen. Vielleicht.

Zurück zur Geschichte des Tanzes im Christentum: Allgemein bekannt sind Tanzepidemien größeren Ausmaßes aus dem
elften, zwölften und vierzehnten Jahrhundert.

«Kollektive Tanz-Ausbrüche ereigneten sich noch bis ins siebzehnte
Jahrhundert. ... Kirchliche und weltliche Behörden suchten der
Tanzwut auf alle möglichen Weisen beizukommen, so durch strenge
Verbote, Exorzismus, Isolierung der Befallenen, Anwendung von
Schlägen und kaltem Wasser – und sogar durch Steigerung der Tänze
mit dem Ziel, die Tanzenden zu erschöpfen. Allen diesen Maßnah-
men war jedoch nur ein geringer Erfolg beschieden.» (L 32, S. 43)

Mit den damals zur Verfügung stehenden Mitteln: zuerst den Leuten gut zuzureden und sie zur «Vernunft» zu ermahnen, sodann mit Strafen zu drohen und diese auch gewaltsam durchzusetzen, oder aber zu versuchen, das sogenannte «Böse» durch dessen Übersteigerung ad absurdum zu führen, war der Tanzwut in all den Jahrhunderten nicht beizukommen. Die mittelalterliche Pädagogik griff nicht – auch nicht der Exorzismus. So mußte man sich wohl oder übel mit dionysischen Tanz-Schatten-Ausbrüchen abfinden, in denen das in der christlichen Wohlanständigkeit eingepferchte Volk offensichtlich «Dampf abließ».

Bei der Besprechung des dionysischen Rausches sagt Nietzsche in seiner «Geburt der Tragödie aus dem Geiste der Musik» (L 19, Bd. 3, S. 25):

> «Auch im deutschen Mittelalter wälzten sich unter der gleichen dionysischen Gewalt immer wachsende Scharen, singend und tanzend, von Ort zu Ort: In diesen Sanct-Johann- und Sanct-Veits-Tänzern erkennen wir die bacchischen Chöre der Griechen wieder, mit ihrer Vorgeschichte in Kleinasien, bis hin zu Babylon und den orgiastischen Sakäen.»

Ein profunder Kenner der griechischen Religionsgeschichte, Karl Kerényi, nimmt an, daß der orgiastische Tanzkult des Gottes Dionysos ein Erbe aus der matriarchalen minoischen Kultur auf Kreta gewesen sei. Der Thiasos, der ekstatische Festzug der rasenden Mänaden, wird vom griechischen Dichter Euripides (um 480–406) in den «Bakchai» schaudernd besungen. Darin berichtet ein Hirte dem König Penteus, wie er mit eigenen Augen den Tanz rasender Frauen mitangesehen habe:

> «Und die rasenden Mänaden zerrissen, was nicht floh. Das Vieh erlegten sie mit eisenloser Hand. Da sah man manche Milchkuh mit Gebrüll verenden in dem gnadenlosen Arm. Dort wurden Kälber gleicherweis' zerstückt, und manche Rippe, manch gespaltner Huf flog durch die Luft, verfing sich im Geäst der Tannen, träufelte den blut'gen Tau. Die Stiere senkten zum wilden Stoß die spitzen Hörner, wurden aber bald von tausendfacher Frauenhand gestürzt, und schneller wurde noch ihr Fleisch zerteilt, als deine Braue zuckt.»

196

Der Mythos vom gottgleichen Sänger Orpheus zeigt einen weiteren Aspekt der Tanzwut der Mänaden:

Von Orpheus wird erzählt, er habe seine Geliebte, Eurydike, die er in jugendlichem Alter verlor, in der Unterwelt mit seinem wunderbaren Gesang dem Tode zu entreißen vermocht; schließlich aber habe er sie auf dem Rückweg in die Oberwelt dann doch im finsteren Tartarus unten zurücklassen müssen. Über den Verlust seiner Geliebten war Orpheus untröstlich; es wird gesagt, er habe fortan nur noch Klagelieder angestimmt und an den Frauen keinen Gefallen mehr gefunden. Seine Musik war den matriarchalen Mysterien verloren gegangen. Der Mythos erzählt, in diesem Zustand sei Orpheus dann den rasenden, gnadenlosen Mänaden begegnet:

«Da kehrte Orpheus denn gramvoll auf die Oberwelt zurück in die einsamen Bergwälder Thrakiens. Drei Jahre lang lebte er so dahin, allein, die Gesellschaft der Menschen fliehend. Verhaßt wurde ihm der Anblick der Frauen; denn ihn umschwebte allezeit das liebliche Bild seiner Eurydike: Ihr galten alle seine Seufzer und Lieder, ihrem Andenken allein die süßen und klagenden Töne, die er der Leier entlockte.

So saß der göttliche Sänger einst auf einem grünen, schattenlosen Hügel und begann sein Lied. Alsbald bewegte sich der Wald; näher und näher rückten die mächtigen Bäume, bis sie den Sitzenden mit ihren Zweigen überschatteten, und auch die Tiere des Waldes und die munteren Vögel kamen heran und lauschten im Kreise den wundervollen Tönen.

Da durchstürmten thrakische Mänaden rasend die Berge auf ihrem Thiasos, das reißende Fest des Dionysos feiernd. Sie haßten den Sänger, der seit dem Tode der Gattin die Frauen und ihre Lust verschmähte. Jetzt erblickten sie ihn: ‹Dort, seht, Orpheus, der uns verschmäht!› So rief die erste der rasenden Mänaden, und im Nu stürzten sie außer sich auf ihn ein, bewarfen ihn mit Steinen und Thyrsosstäben. Wie der Klang seiner Weisen vom Wutgeheul überschwemmt wurde, flohen die Tiere erschreckt ins Dickicht des Waldes. Da traf ein Stein die Schläfe des Unglücklichen; blutend sank er in den grünen Rasen; durch den liederreichen Mund, der Felsen und Bergwild gerührt, entfloh seine Seele.» (L 28, S. 967)

Was hier Orpheus widerfuhr, erleben Trauernde, wenn sie von wilden ekstatischen Regungen heimgesucht werden, diese «ungehörigen» Gefühle aber verdrängen. Die in den Schatten abgedrängten und dort ausgesperrten Emotionen verwandeln sich im dunklen Abseits oft in selbstzerstörerische Aggressionen, Depressionen, hartnäckige Hautausschläge und andere psychosomatische Störungen.

In der dionysischen Tanzwut, der die mittelalterlichen Behörden wegen ihrer Unbewußtheit nicht beikamen, äußert sich das untere, dunkle, leibbetonte und fleischliche religiöse Mysterium aus matriarchalen Zeiten, welche das Patriarchat durch die Errichtung der oberen und lichten Mysterien des Logos vergeblich vertreiben zu können glaubte. Je stärker das Patriarchat solche matriarchalen Kulte zu unterdrücken versuchte, desto weniger konnte der Tanz in die herrschende, patriarchal geprägte Religion integriert werden.

Der Zug von Mänaden wird auf einer griechischen Amphora aus vorchristlicher Zeit wiedergegeben. Darauf ist ein Ausschnitt aus einem Thiasos, dem ekstatischen Tanz- und Kultzug des Dionysos, zu sehen (Abb. 10).

Mänaden, Bakchantinnen, rasende Verehrerinnen des Gottes Dionysos (oder Bakchos), tanzen verzückt um dessen Begleiter herum («Mänaden» kommt von griechisch «mainesthai» = «rasen»). «Silen» («Stumpfnasiger») heißt ihr mythischer Begleiter. Ein Silen versetzt die Mänaden durch seine Musik in Ekstase, so daß sie «die Vernunft verlieren», in Verzückung ihre Glieder verrenken und mit verdrehten Augen zum Himmel blicken. Der Silen trägt ein Tierfell; sein Phallos ist mächtig erigiert. Sein Bart und Schweif erinnern an seine Tiernatur, ebenso der Umstand, daß er nicht spricht, sondern nur Musik macht (die Vernunft ist ausgeschaltet). Die Schlange erinnert an matriarchale Kulte. Ob die Pflanzen, welche die rasenden Mänaden in ihren Händen halten, Drogenwirkung besaßen, ist mir nicht bekannt.

Auch das wäre eine Gretchenfrage an die Kirche: «Wie hältst du's mit dem Tanz?» Indem die christliche Religion den Tanz aus ihrem Kult verdrängte, verlor sie an Vitalität. Was einst im Tanz

Abb. 10   Silen und Mänaden. Griechische Vase um 500 v. Chr.

der Frauen an heiligen Gräbern am Ostermorgen in Wirklichkeit «auferstehen» wollte, nämlich ein Stück Natur, wurde von der offiziellen, patriarchal geprägten Kirche rigoros verdrängt. Der amtlich durchgesetzte, anfänglich freilich noch erfolglose Ersatz des Tanzes durch Vigilien (nächtliche Stundengebete) macht deutlich, daß man damals nicht imstande war, das Problem differenziert anzugehen: Man war in einem patriarchalen, rationalen Entweder-Oder festgefahren. Eine Integration dieser dionysischen Kräfte war offensichtlich innerhalb des christlichen Äons bisher nicht möglich.

Es soll allerdings nicht geleugnet werden, daß die Integration des Tanzes mit seinen matriarchal und ekstatischen Wurzeln viel Fantasie, Bewußtheit, Verantwortungsgefühl und fachliche Kompetenz braucht. All das ist aber heute vorhanden.

Picasso: Einer, der bewußt
den Schatten lebte

Der Stierkampf ist in Spanien und Südfrankreich seit Jahrhunderten populär. Picasso ließ sich 1953 mit einem Stierkampf ehren. Zu dessen Eröffnung bat er Françoise Gilot, hoch zu Pferd in die Arena einzureiten. Françoise Gilot war bis kurz zuvor seine Lebenspartnerin gewesen; sie hatte ihn, nach zehn Jahren selbstloser Aufopferung für den Meister, mit ihren beiden Kindern aus dieser Verbindung verlassen. Sie hatte das Leben mit dem Genie nicht mehr aushalten können. Aber sie tat ihm einen letzten Gefallen beim Stierkampf. Sie hatte erkannt, daß es weder böser Wille seitens Picassos noch ihr eigenes Versagen war, was sie zum Abbruch dieser Beziehung gezwungen hatte, sondern die Wesensnatur des Genies selbst. Sie hatte die Wahl, daran zu zerbrechen oder Picasso zu verlassen. Sie wählte den Weg ins Leben und ging weg.

Picasso war in der Beziehung zu Françoise Gilot von Anfang an entwaffnend ehrlich gewesen: Er hatte sie beizeiten vor sich selber gewarnt. Er hatte sich unverblümt als einen Minotauros bezeichnet, der in einem undurchdringlichen Labyrinth hause und unaufhörlich Jungfrauen verzehre.

Das mythische Motiv vom Kampf des menschlichen Helden gegen den Stier- oder Tiermenschen Minotauros hat Picasso besonders in den dreißiger Jahren stark beschäftigt. Damals malte er auch «Guernica». Bei einer ersten, oberflächlichen Betrachtung scheint die «Minotauromachie» (Abb. 11), die ich im folgenden besprechen werde, all das zum Ausdruck zu bringen, was in jenen Tagen des Spanischen Bürgerkrieges an archaischen Aggressionen und Bestialitäten aus zeitlos dunklen Tiefen der menschlichen Seele ans Tageslicht hervorbrach und die zivilisierte Menschheit schockierte. Solches mag zwar zur Entstehung dieses Bildes von der «Minotaurosschlacht» beigetragen haben;

Abb. 11   Minotauromachie, Radierung von Pablo Picasso, 1935.
(© ProLitteris, 1998, 8033 Zürich).

aber mir scheint das persönliche Motiv bedeutungsvoller zu
sein. Picasso war grundsätzlich kein politischer Mensch. Die
«Minotauromachie» zeigt meines Erachtens Picassos Frauen-
verschleiß. Darüber hinaus aber wird für mich in diesem Bild
etwas Allgemeingültiges sichtbar, eine grundlegende Veränderung des Lebensgefühls in unserem Jahrhundert: das Ende der
Ära des patriarchalen Helden, der das irrationale Ungeheuer aus
matriarchalen Urzeiten besiegt.

Picasso besaß die innere Kraft und Freiheit, den Mythos
vom Kampf des jugendlichen athenischen Königssohnes Theseus – also eines noch jugendlichen Ichs, das sich mit großem,
jugendlichem Schwung vom Unbewußten abzusetzen sucht –
gegen den uralten kretischen Halbmenschen Minotauros neu
zu gestalten. Damit interpretierte er eine mehr als zweieinhalb-
tausend Jahre alte Tradition neu. Picasso ging bis an den Anfang des sogenannten «Patriarchates» zurück, als das mensch-

liche Ich sich gegen das Unbewußte abzusetzen begann und dieses zu besiegen versuchte. Er glaubte nicht mehr an den Sieg des heldenhaften Ichs gegen die Urmächte des Unbewußten. Er erlebte den Mythos von Theseus und Minotauros anders als die Tradition; die Geschichte vom Kampf des patriarchal geprägten Jünglings aus Athen gegen die irrationale Menschennatur war für ihn nicht mehr stimmig. Er spürte, daß sich der moderne Mensch diesem Mythos zusehends entfremdet. Der abendländische Mensch hatte für ihn seinen jugendlichen Glauben, ja die Illusion, die Natur bezwingen zu können, verloren. Und da er Picasso war und als Genie maßgebend mitbeteiligt an der Prägung des Lebensgefühls einer neuen Ära, besaß er auch die Freiheit, mit einer durch ihr hohes Alter geheiligten Tradition zu brechen. Sein revolutionäres Mittel dazu war die Kunst. Ein neues Zeitalter war damals im Werden und Picasso einer seiner Künder: «Der Sieg des hellen abendländischen Kulturideals über die dunkle, irrationale Natur des Menschen ist eine Illusion, und diese Illusion gilt es nun zu begraben.»

Picasso versteht sich in seiner Beziehung zu Frauen als der kretisch-matriarchale Halbmensch Minotauros, dessen Tiernatur unausrottbar sei. Picasso identifiziert sich nicht mehr abendländisch mit dem Helden aus Athen. Er schlägt sich kühn auf die Seite des Gegners, des Minotauros – aber nicht etwa mit schlechtem Gewissen! Er hat die abendländische Tradition abgeschüttelt. Er läßt sich nicht vom Helden aus Athen besiegen. Er steigt aus der abendländischen Tradition aus und hat die Kühnheit zu sagen: «Ich bin das archaische Ungetüm Minotauros, ein irrationaler Halbmensch; das ist der wahre Mensch, und ich zeige dem abendländischen Helden, wer der Chef ist im Labyrinth des Lebens.» Er verleiht seinem Bild deshalb nicht den traditionellen Titel: «Der siegreiche Kampf des Kulturhelden gegen das matriarchale Ungetüm Minotauros», sondern die zweideutige Überschrift: «Minotauromachie», was beides heißen kann: «Die Schlacht gegen Minotauros», aber auch: «Der Kampf des Minotauros» – und beidemal ist nicht ausgemacht, wer verliert und wer gewinnt. Damit kündet Picasso, ähnlich wie kurz vor ihm Friedrich Nietzsche, ein irrationales Zeitalter an. Er hat, wie Nietzsche, die Position des Gegners eingenommen und ist in den abendländischen Schatten hineingefallen.

Das Bild ist meines Erachtens keine Open-End-Story, wie oft behauptet wird. Ich sehe darin eine Darstellung des Sieges des Minotauros über Theseus. Theseus scheint sich auf dem Bild aus dem Staube zu machen und «zieht ab durch die Mitte». Der jugendliche Held aus Athen, der Wiege der abendländischen Demokratie und Bildung, der auszog, wie der Heilige Gregor den Drachen zu töten, zieht nun unverrichteter Dinge wieder ab. Peinlich! Die Kultur aus Athen liegt im Eimer. Picasso stellt die Figur des Helden und damit den «Sieg» (in Wahrheit einen Pyrrhus-Sieg!) des Patriarchalen, des Lichtes und der Ordnung über das Irrationale, Unergründliche und grausam Unheimliche am Leben in Frage.

Picasso hat dieses Bild in den dreißiger Jahren gemalt; der weitere Verlauf des 20. Jahrhunderts hat seine «Minotauromachie» bestätigt. Wo ist der Sieg der «hellen Köpfe»? Die Vorherrschaft des rationalen Prinzips, die Kopflastigkeit unserer abendländischen Kultur und die daraus hervorgegangene Technik mit ihren tausend Siegen sowie das nach wie vor ungelöste Schattenproblem unserer Kultur haben die Menschheit inzwischen an den Rand des Ruins gebracht. Bereits können wir die Sonne nicht mehr genießen; der Sonnenheld beziehungsweise Technokrat hat die Atmosphäre so weit verändert, daß Sonnenstrahlen in einer bisher «normalen» Dosis bereits schädlich sind. Das Monster behält die Oberhand. Die instinktive Spürnase Picassos hat die Entwicklung richtig gewittert: Der Held hat ausgedient. Er tritt «ab durch die Mitte». Minotauros gewinnt die Schlacht. Die Ära des Helden geht zu Ende.

Wir treten jetzt näher auf den griechischen Mythos ein:

Der menschenfressende Minotauros war der Sohn des Königs Minos von Kreta, halb Stier, halb Mensch. Auch Minos war ein mythisches Wesen, ein Halbgott: Sohn des göttlichen Zeus. Er hatte eine Tochter namens Ariadne. Es wird nun erzählt, daß die Athener damals dem kretischen König alle neun Jahre sieben

Jungfrauen und sieben Jünglinge abliefern mußten, um dessen Zorn gegen sie zu besänftigen. Die sieben Jünglinge und Jungfrauen wurden jeweils im berühmt-berüchtigten Labyrinth des Königs Minos in Knossos eingeschlossen und dort von seinem ungeheuerlichen Sohn, dem gräßlichen Minotauros, gefressen. Der athenische Königssohn Theseus wollte sein Land von dieser Schande befreien und begleitete deshalb, als wieder einmal neun Jahre um waren, die vierzehn athenischen Opfer nach Kreta.

Weil er von der Liebesgöttin Aphrodite begleitet wurde, verliebten sich die Kreterinnen Periboia und Phereboia sogleich in ihn; sie luden den ritterlichen Theseus ein, das Lager mit ihnen zu teilen – und wurden nicht enttäuscht.

Auch Ariadne verliebte sich – wiederum das Werk der Aphrodite – auf den ersten Blick in Theseus. Sie versprach dem attischen Königssohn, ihm zu helfen, ihren Halbbruder Minotauros zu töten: «Ich helfe dir, wenn ich als deine Gemahlin mit dir nach Athen zurückkehren darf.» Dieses Angebot nahm Theseus freudig an und versprach ihr, sie zu heiraten und nach Hause mitzunehmen. Nun hatte Ariadne vom berühmten Kunstschmied Daidalos, der die Flügel für Ikaros geschmiedet hatte, einst ein magisches Knäuel erhalten, mit dessen Hilfe man im Labyrinth ein- und ausgehen konnte, ohne sich zu verirren. Mit Hilfe dieses magischen Knäuels fand Theseus den Minotauros in der Mitte des Labyrinths. Dort erlegte er ihn. Als Theseus dank dem Ariadnefaden wieder aus dem Labyrinth zurückgefunden hatte, befleckt mit dem Blut des Minotauros, umarmte ihn Ariadne voller Leidenschaft. Die beiden bereiteten die Flucht vor. Es gelang dem Liebespaar, auch noch die gefangenen Athener zu befreien. Knapp entkamen sie den Kretern und steuerten mit ihren Schiffen wieder Athen zu.

Betrachten wir nun nochmals das Bild Picassos:

Theseus zieht unverrichteter Dinge wieder ab – draußen auf dem Meer erwartet ihn schon das Schiff. Weder befreit Theseus auf Picassos Bild eingesperrte Jungfrauen und Jünglinge – Minotauros wird diese also noch verschlingen! –, noch nimmt er Ariadne mit; er hat nicht einmal ihr magisches Knäuel in den Händen. Er macht sich aus dem Staube dieses grausigen Kellers, des Labyrinths unseres Lebens, in welchem nach wie vor Minotauros haust und wütet. Theseus klettert behende eine Leiter empor, die ihn vom Keller der Urzeit zurück ins Tageslicht der schön geordneten bürgerlichen Welt hinaufführen soll. Bald wird die Persona wiederhergestellt sein, und man kann wieder so tun, wie wenn im Keller unten nichts los gewesen wäre; in guter Gesellschaft wird kein Wort über derart peinliche Angelegenheiten verloren. Von oben blicken vielleicht seine beiden anderen kretischen Geliebten, Periboia und Phereboia, verschüchtert auf die Schlacht hinunter, wo eine Jungfrau dem ungeheuerlichen Stiermenschen geopfert wird. Periboia und Phereboia suchen naiv und wohl vergeblich Trost bei ihren Tauben, den Vögeln der Liebesgöttin: «Wo kann ich lieben und mit dem Opfer meiner Liebe Leben fördern?» Aber Theseus und Minotauros nehmen von dieser Liebe keine Notiz; Aphrodites Stunde ist vorbei. Theseus will gehen. Minotauros ist unansprechbar.

Vor dem Ungeheuer steht in kindlicher Unschuld ein Mädchen mit einem Siegesstrauß – aber nicht für den Helden Theseus, sondern für Minotauros. Das unschuldige Mädchen versucht mit entwaffnender Naivität, dem Ungeheuer Licht zu bringen. Wird es den Stiermenschen damit erlösen? Darf man auf einen Sieg des Lichtes hoffen, das es in der Hand vor sich hält? Wird Minotauros Vernunft annehmen, die bisherigen blutigen, archaischen Mysterien vertauschen gegen die unblutigen und vernünftigen einer Kultur des Logos?

Minotauros weist die Möglichkeit, zu Klarheit, Vernunft und rationaler Einsicht zu kommen, mit einer mächtigen Bewegung seines gewaltigen rechten Armes weit von sich. «Nichts ist hier zu klären und zu beleuchten – ich bleibe, der ich bin!» Minotauros läßt sich nicht aus seinem düsteren Labyrinth vertreiben. Der stechende Blick und das lüstern halb geöffnete Maul zeigen, daß Minotauros in Zukunft noch viele Jungfrauen und Jünglinge verzehren wird. Das einst vom Menschen berittene Pferd, jetzt herrenlos, scheint sich gegen Minotauros noch aufbäumen zu wollen – auch das vergebliche Müh'. Die Anstrengungen der Zivilisation, dem Minotauros im Menschen beizukommen, waren umsonst. Man gibt ratlos auf.

Oft wird Picasso wegen seines Frauenverschleißes moralisch verurteilt. Kann ein Genie mit bürgerlichen Maßstäben gemessen werden? Die «Minotauromachie» zeigt, daß Picasso sein Problem zwar sah, daß er aber keineswegs daran dachte, seinen «Minotauroskomplex» aufzulösen. Er wollte Minotauros bleiben. Der Sieg des Theseus über Minotauros ist für ihn eine Illusion, ein Wunschgebilde aus der Milch der frommen Denkungsart angepaßter Bürger, welche nicht den Mut haben, dem irrationalen Ungeheuer des Lebens in sich furchtlos ins Auge zu blicken. Picasso war einer der Seismografen, die das Vorbeben der Erderschütterung anzeigten, die das Abendland an der Schwelle zum dritten Jahrtausend erfaßt hat. Er lebte den Schatten bewußt. Indem er die Verantwortung dafür ganz auf sich nahm und Françoise Gilot ohne Repressionen ziehen ließ, kann man sagen, daß er den Schatten – zumindest ein Stück weit – in sein Leben integriert hatte. Es ist aber unmöglich, aus dem Leben eines Genies wie Picasso kollektiv gültige Verhaltensnormen ableiten zu wollen.

«Manchmal tue ich auch Gutes ...»
Der Teufel in einem Traum

In der Nacht nach einem ausführlichen Gespräch zwischen meiner Frau und mir über einen Titel zu diesem Buch träumte meine Frau:

Ich befinde mich zusammen mit meinem Mann in einem Patientenzimmer einer psychiatrischen Klinik. Wir sind dort eingesperrt. Die Türe kann nur von außen geöffnet werden. Die Fenster sind vierfach verglast und stark vergittert. Es ist aber sonst ein schönes Zweibettzimmer mit Bad, im Parterre gelegen.

Nun öffnet sich die Türe, und ein Psychiater im weißen Arztmantel tritt ein, um – wie er sagt – uns zu untersuchen. Der Arzt wirkt offen und sympathisch auf mich; er strahlt etwas Gesundes, Unbeschwertes und Fröhliches aus. Ich frage ihn, warum denn mein Mann und ich hier eingeliefert worden seien. Er antwortet: «Das geschah durch Leute aus der Kirche. Diese sagten, die Theologie Ihres Mannes sei zu liberal und seine tiefenpsychologische Deutung des Glaubens suspekt. Und Ihnen wird vorgeworfen, Sie hätten das Herz eines Löwen und eine allzu intensive Beziehung zu den Menschenaffen; alles zusammen gehe über das in Ihrer Kirche Tolerierbare hinaus.»

Ich entgegne dem Arzt empört, das seien doch keine stichhaltigen Gründe, um jemanden in eine psychiatrische Klinik zu stecken; dieses Vorgehen sei klar gesetzwidrig. Der Psychiater widerspricht nicht, sagt jedoch, wir müßten uns noch fünf Tage lang gedulden; so lange werde es dauern, bis unsere Sache administrativ erledigt sei. Er habe sich jetzt persönlich überzeugen können, daß eine psychiatrische Untersuchung nicht nötig sei. Er verspricht uns, alles für uns zu tun, was unseren Aufenthalt in seiner Klinik so angenehm wie möglich gestalten könne. Ich bin erleichtert. Er verläßt unser Zimmer und schließt die Türe wieder hinter sich zu.

Ich sitze nun auf meinem Bett und blicke zum Fenster hinaus. Plötzlich taucht dort die Gestalt eines Mannes auf. Ich erhebe mich und trete zum Fenster. Wie ich genauer hinblicke, erschrecke ich für einen Augenblick und verspüre einen feinen Stich in der Herzgegend. «Das ist ja der Teufel!» Er ist sehr elegant gekleidet und trägt einen schwarzen Hut. Er realisiert sogleich meine momentane Verunsicherung, lächelt wissend und lüftet zum Gruß höflich seinen Hut, mit einem Anflug von Humor. Durch die vierfach verglaste Scheibe sage ich zu ihm: «Was tun denn Sie hier?» Er: «Wir sind meines Wissens auf du und du. Ich werde euch beide hier herausholen.» Ich: «Wie denn?» Er: «Das wirst du gleich sehen.» Er wirft sich sportlich in Positur, faßt das Gitter an und schiebt es so leicht auseinander, wie wenn es aus Karton wäre; ebenso wundersam öffnet er das Fenster, völlig lautlos und ohne etwas zu beschädigen. Mit einem eleganten Turnersprung betritt er unser Zimmer.

Während der ganzen Zeit sitzt mein Mann auf seinem Bett und sieht dem Geschehen gelassen zu. Jetzt, wo der Teufel zu uns hereinkommt, freut er sich offensichtlich; er strahlt über sein ganzes Gesicht.

Ich frage den Teufel: «Woher weißt du denn, daß wir hier sind?» Er: «Ich weiß alles.» Ich spüre, daß das wahr ist. Er flößt mir Respekt ein. Der Teufel nimmt mich sodann kurzerhand auf seine starken Arme und setzt mit einem eleganten Sprung zum Fenster hinaus. Ich spüre ein Gefühl des Aufgehobenseins und der Sicherheit bei ihm. Er stinkt auch nicht nach Schwefel, sondern duftet sehr angenehm. Auf dieselbe sportliche Art wie der Teufel verläßt auch mein Mann das Zimmer.

Draußen, in einer farbenprächtigen Frühlingswiese, stellt mich der Teufel auf meine Füße. Ich sehe jetzt, daß er elegante schwarze Lackschuhe trägt. Er sagt: «So, jetzt habt ihr eure Freiheit wieder. Hin und wieder vollbringe ich nämlich auch Gutes. Vergeßt nicht, bisweilen auch an mich zu denken.» Er lüftet wiederum schalkhaft seinen Hut, lächelt freundlich und verschwindet.

Ich stehe mit meinem Mann inmitten einer wunderschönen Blütenpracht. Ich genieße die Veränderung der Atmosphäre und atme tief die frische Luft der Freiheit ein. Mein Mann reicht mir die Hand; fröhlich und beschwingt schreiten wir zusammen über die Blumenwiese in den Frühling hinein.

Ein zivilisierter Teufel befreit ein Ehepaar, mit dessen Frau er seit längerem auf du und du ist, und sagt zum Schluß: «Hin und wieder vollbringe ich nämlich auch Gutes.» Dieser Traum führte zum vorliegenden Buchtitel: «Das Gute am Teufel». Die Geschichte scheint keinen «Pferdefuß» zu haben. Der Teufel trägt ja elegante Lackschuhe, stinkt nicht nach Schwefel, und alle Ereignisse in der äußeren Realität sind seither für uns im Sinne des Traumes verlaufen. Der Teufel hat also nicht nur im Traum, sondern auch sonst im Leben Gutes vollbracht. Überdies weiß der Teufel alles. Er flößt Respekt ein. Man tut gut daran, ihn ernst zu nehmen und – wie er selber sagt – «hin und wieder an ihn zu denken». Seine Befreiungstat war echt und von Dauer.

Es ist natürlich gewagt, als Ehemann einen Traum seiner Frau zu deuten. Aber wir haben den Traum ausführlich miteinander besprochen, und meine Frau ist mit der hier abgedruckten Deutung in allen Teilen einverstanden.

Als Tiefenpsychologe deute ich die Figur des Teufels nicht archaisch-konkretistisch als eine unabhängig vom Menschen im Jenseits existierende Macht, die im Traum ins Innere meiner Frau gelangt ist, sondern wie alle Traumbilder symbolisch. Im Bild des Teufels werden Kräfte sichtbar, welche in einem inneren «Jenseits», im unbewußten Teil der Psyche meiner Frau, wirken. Der Teufel ist eine Personifikation seelischer Kräfte; er erscheint hier als Veranschaulichung eines seelischen Kräftekomplexes. Er stellt sich vor und knüpft eine Beziehung zum Ich meiner Frau. Er wird ihr bewußt. Es wird ihr damit bewußt, was in ihrem Inneren konstelliert ist.

Dieser Teufel ist freilich ein anderer als der übliche traditionelle Teufel. Er ist in diesem Traum kein archaisches Mischwesen, kein Tier-Mensch; er hat Fortschritte gemacht und ist zivilisiert geworden. Er erscheint wie ein richtiger Mensch und hat unsere Umgangsformen des 20. Jahrhunderts angenommen. Er hat perfekte Manieren, ist tadellos angepaßt an unsere zivilisierte Welt und versteht, sich wie «ein Mann von Welt» zu benehmen. Aber gleichzeitig ist er mehr als nur ein Mensch: Er kann zaubern, ist übermenschlich stark und weiß mehr als gewöhnliche Sterbliche. Ungewöhnlich ist an diesem Teufel auch, daß er keinen Pakt schließt mit der menschlichen Seele, der mit Blut unterschrieben werden muß. Meine Frau und der Teufel sind offensichtlich seit längerer Zeit auf du und du. Durch diesen vertrauten Umgang hat sich der Teufel vermutlich aus einem noch halb tierischen Wesen in einen Gentleman des 20. Jahrhunderts entwickeln können. Die stete Verbindung mit dem Ich hat ihn zivilisiert. Trotz seiner Zivilisierung hat er übermenschliche Kräfte bewahrt. Er ist eine zwar mythische Gestalt aus dem inneren Jenseits, unserem Unbewußten, aber sozusagen eine zeitgemäße, an die Gegenwart adaptierte mythische Figur, ein Teufel «à jour».

Ein Traum läßt sich erklären als eine Botschaft des Unbewußten, die vom Ich über die innere Wahrnehmung empfangen wird. Der Impuls geht vom Unbewußten aus, vom datenverarbeitenden Zentrum der Gesamtpersönlichkeit, welche C. G. Jung das Selbst genannt hat. Das uns unbewußte Selbst ist der Komponist und Sender des Traumes. Das Unbewußte ist geistbegabt und kreativ; es kann Bildergeschichten erfinden, die es dem Ich auf einem inneren Kanal mitzuteilen vermag, der vom Selbst zum Ich führt; man nennt ihn im Fachjargon der Jungschen Psychologie, im Anschluß an Erich Neumann, die «Ich-Selbst-Achse».

Was bedeutet nun die Information des Selbst an das bewußte Ich im Falle dieses Traumes? Auf der Gefühlsebene brachte der Traum Erleichterung und Bestätigung; meine Frau empfand auch Genugtuung darüber, daß es dem Gegner nicht gelungen sei, sie und mich kaltzustellen. Der Traum greift – wie leicht zu erraten ist – Geschehnisse aus dem äußeren Leben auf: «Leute aus der Kirche» versuchten in der Tat, meine Frau und mich in ein steriles Abseits (im Bild: in eine psychiatrische Klinik) zu verbannen, wo wir vermutlich hätten «kuriert» werden sollen (anstatt einer psychiatrischen Klinik wäre in einem Traum vor fünfzig Jahren vielleicht eine «Besserungsanstalt» erschienen). Der Traum nimmt Stellung zu tatsächlichen Sanktionen gegen uns seitens der «Leute aus der Kirche». Er erklärt sie für wirkungslos, weil der zivilisierte Teufel uns mit seinen übermenschlichen Kräften und Zauberkünsten aus der Patsche hilft. Gegen diesen Teufel, sagt der Traum, kämen die «Leute aus der Kirche» nicht an. Die Befreiung schien für den Teufel ein Pappenstiel gewesen zu sein; er hat nur den kleinen Finger dafür gebraucht.

Vier Dinge werden des näheren von den «Leuten aus der Kirche» an uns beiden als «nicht mehr tolerierbar» betrachtet, zwei an meiner Frau und zwei an mir: 1. Das Löwenherz meiner Frau (für Richard I. von England [König von 1189–1199] bedeutete der Titel «Löwenherz» allerdings eine große Ehre!), sowie 2. ihr großes Interesse für das Leben der Primaten (anstatt für den traditionell kirchlichen Lebensstil). Ein Löwenherz und reges Interesse für Menschenaffen – beziehungsweise das, was der symbolische Gehalt dieser Bilder ist – sprengen offenbar den Rahmen des in der reformierten Kirche Tolerierbaren. Und an mir mißfällt der geistlichen Obrigkeit nach diesem Traum die konsequent tiefenpsychologische Deutung des christlichen Glaubens sowie die allzu liberale Ausrichtung meiner Theologie. In diesen vier Punkten fallen meine Frau und ich tatsächlich aus dem kirchlichen Rahmen. Das scheint auch der wahre Grund für Sanktionen der «Leute aus der Kirche» gegen uns gewesen zu sein – über den aber in der Kirche, wo alle miteinander immer nur freundlich sind, natürlich nicht offen diskutiert und gestritten wird. Der Traum spiegelt ein äußeres Ereignis und nimmt Stellung dazu aus der Sicht der Psyche. Er macht die Tat der kirchlichen Inquisition kurzerhand zunichte und entläßt uns auf die blühende Frühlingswiese vor der psychiatrischen Klinik. «Du bist frei», sagt der Traum meiner Frau. Sie muß sich also nicht zu einem den «Leuten aus der Kirche» wohlgefälligeren Glauben «bekehren». Sie kann die bleiben, die sie ist – freilich bloß in den Augen ihres Unbewußten, nicht aber in denen der «Leute aus der Kirche».

Es gibt in diesem Traum zwei nicht zu vereinbarende Positionen, diejenige der «Leute aus der Kirche» und diejenige der unbewußten Psyche meiner Frau. Wichtiger nun als die Frage, wer wohl im Recht und wer im Unrecht sei, scheint mir die Feststellung der Tatsache zu sein, daß der Standpunkt der «Leute aus der Kirche» nicht übereinstimmt mit dem Standpunkt der unbewußten Seele. Das Unbewußte meiner Frau und die kirchliche Hierarchie driften in ihren Ansichten über Spiritualität auseinander. Diese Kluft ist meines Erachtens gravierend, weil hier die offizielle Kirche nicht der Anwalt, sondern der Gegner der Seele ist. Die amtliche Kirche will «Frau Löwenherz», die sich allzusehr für das rein Kreatürliche (das Leben der Primaten) interessiert, in eine «Besserungsanstalt» stecken; das Unbewußte aber befreit sie daraus. Der Weg der Kirche und der Weg der Seele scheiden sich in diesem Traum. Ein Kompromiß scheint nicht möglich zu sein. Echte Religiosität wurzelt aber in der Seele: «Was hülffs den Menschen (beziehungsweise der Kirche!), so er die gantze Welt gewünne, und neme doch schaden an seiner Seele.» (Matthäus 16,26; Übersetzung von Martin Luther, Wittenberg 1545.) Wie soll eine Kirche, die nicht mehr den Standpunkt der Seele berücksichtigt, Seel-Sorge ausüben können? Die unüberbrückbare Kluft zwischen beiden Standpunkten muß zu denken geben.

Im Urteil des Seelenfachmanns, des Psychiaters der Klinik, sind meine Frau und ich normal. Darum sollen wir so rasch wie möglich, sobald die Sache administrativ erledigt sei, wieder ins freie Leben entlassen werden; der Psychiater will uns inzwischen den Klinikaufenthalt so angenehm wie möglich machen. Es wird uns also keine «Gehirnwäsche» verpaßt. Schön für die Träumerin, dieses Urteil aus ihrem eigenen Unbewußten hören zu dürfen! Sie konnte dadurch die Schwierigkeiten mit der Obrigkeit relativieren und sich sagen, wer den spirituellen Weg der Selbstfindung gehe, müsse halt mit allerlei Unannehmlichkeiten rechnen – aus welcher Ecke auch immer.

Damit kommen wir in die Nähe des sogenannten «status confessionis», wo es gilt, Farbe zu bekennen. C. G. Jung bezeichnet solche und ähnliche Schwierigkeiten auf dem Weg der Individuation als unausweichlich. Er nennt sie «Pflichtenkollisionen». Zwei Pflichten prallen aufeinander: einerseits die Pflicht, sich nach außen hin ins Kollektiv einzufügen, und andererseits die

Pflicht, der Stimme der bewußten Selbstwerdung sein Ohr zu leihen. Wenn nun ein Kollektiv der Ansicht ist, es vertrete den göttlichen Willen, dann streitet der Gott des Kollektivs wider den Gott im Innern des Menschen. Das äußere «Man» kämpft wider das eigene Selbst. Das Ich, welches zwischen beiden Instanzen drin steht, muß entscheiden, welcher Gott der wahre Gott sei, welche Seite sein wirkliches Vertrauen verdiene. Der Individuationsweg ist eine Gratwanderung, auf der stets ein Absturz nach zwei Seiten hin droht: Wer sich einseitig nur nach innen ausrichtet, bekommt Schwierigkeiten mit seiner Umgebung; wer sich aber bloß an diese anpaßt, erhält Probleme mit seinem Inneren, das sich mit Gefühlen der Unsicherheit, Leere und allerlei psychischen und psychosomatischen Störungen zu rächen beginnt. Keiner der beiden Abstürze ist ratsam. Die Gratwanderung kann darum nie ein stures Entweder-Oder sein, sondern muß immer beides berücksichtigen: die Forderungen der Umwelt wie auch die Forderungen unseres inneren Entwicklungsprogrammes (das, wie schon gesagt, in seinen Grundzügen in unserem Erbgut gespeichert ist und sich im Verlaufe des Lebens verwirklichen möchte).

Es geht auf dem modernen spirituellen Weg um die integrative Grundhaltung des Sowohl-als-Auch. Die Gratwanderung ist ein Höhenweg und bietet Lebensqualität. Diese aber war noch nie umsonst zu haben. Das Gefühl von innerer Freiheit und Übereinstimmung mit dem Lebensplan des Selbst ist etwas vom Köstlichsten, das es gibt; aber es kostet seinen Preis. Kein Mensch kann dabei seine Weste weiß behalten, und jeder Mensch bekommt irgendwo «eine Ecke ab».

Noch ein Wort zum «Löwenherz»: Durch die Verbindung zu den Kräften aus dem Unbewußten kann unser zaghaftes und ängstliches Herz in ein Löwenherz verwandelt werden, das – wie einst Richard Löwenherz –, im Bewußtsein seiner königlichen Menschenwürde, mit einem natürlichen Stolz und ohne Aggressionshemmungen für sein Recht und seine Selbstbestimmung zu kämpfen versteht. Mit genau diesem Freiheitskampf hatte – wenn ich die Theologie der Befreiung recht verstehe – einst der befreiende Gott der Bibel zu tun! Er gab den Seinen ein

Löwenherz, so etwa dem Daniel in der Löwengrube, dem Volk Israel in Ägypten und dem Apostel Petrus im Gefängnis. Im Traum meiner Frau befreit aber nicht mehr der biblische Gott, sondern der Teufel. Die «Leute aus der Kirche» stehen nun dort, wo in der Bibel einst die Tyrannen standen, und der Teufel heute wirkt analog zum befreienden Gott der Bibel...

Welche seelischen Kräfte erscheinen in diesem Traum in der Figur des Teufels? Dieser wird wie folgt dargestellt: Er weiß alles, kann mit Leichtigkeit Wunder wirken, ist sportlich, gewandt, humorvoll, ein «Mann von Welt» mit perfekten Manieren, nicht ohne Sex-Appeal, duftet angenehm, kann einer Frau ein Gefühl des Aufgehobenseins vermitteln, stärkt das Löwenherz der Seinen und befreit sie, indem er sie auf eine blühende Frühlingswiese stellt. Dieser Teufel verkörpert weitgehend Kräfte der Natur und versteht sich zudem darauf, Gitter zu entfernen, Befreiung zu verschaffen. In ihm erscheinen (ein kultivierter) Pan sowie der Löwe (der stolze König der Tiere, der kein duckmäuserisches «Zu-Kreuze-Kriechen» kennt, sondern für seine Unabhängigkeit zu kämpfen versteht).

Nun wird verständlich, warum der Teufel und meine Frau auf du und du sind: Das ungebrochene Löwenherz meiner Frau sowie ihr tatsächlich reges Interesse am «heidnisch-kreatürlichen» Leben der Primaten (deren Genom zu 98 Prozent mit dem unsrigen übereinstimmt) sind Bestandteile des christlichen Schattens, in welchem sich meine Frau herumtummelt; das ist für gewisse Leute «des Teufels» und darf innerhalb der «heiligen Hallen» nicht länger geduldet werden. Kirche und Teufel schließen sich gegenseitig aus: Einen traditionellen Vertreter der Kirche stellt man sich auch anders geartet vor als den Teufel, der hier beschrieben wird. Ein solcher sollte nämlich – ich überzeichne bewußt das Cliché – nach Möglichkeit den Glauben «studiert» haben und auf alle Fälle wortgewaltig sein, dem Schönen und Edlen zugetan, nicht unbedingt weltgewandt, aber offen für die Not dieser Welt, bescheiden, ein wenig blaß, ohne Sex-Appeal, bisweilen auch nach Schweiß riechend; er ist leicht erkältet, nicht sportlich braungebrannt im Leibe daheim, dionysischen Freuden abhold, aber stets freundlich und lächelnd (trotz dem schweren Kreuz auf den schmalen Schultern), rücksichtsvoll und konziliant, entgegenkommend und zu Kompromissen bereit – außer in Fragen der Rechtgläubigkeit, wo man ganz klar und entschieden wissen muß, wo man steht!

Der heidnisch-kreatürliche, sportliche, weltgewandte, humorvolle und Freiheit schenkende Teufel mit Sex-Appeal, der einer Frau ein Gefühl des Aufgehobenseins zu vermitteln versteht, lebt ganz andere Seiten des Lebens. Er lebt in vielen Punkten das Gegenteil, den sogenannten Schatten des angestrebten christlichen Ideals. Der Schatten aber ist das Minderwertige; er gilt nichts im Urteil der «Leute aus der Kirche». Das Löwenherz und das Interesse für das heidnisch-kreatürliche Leben werden bekämpft. Wer den christlichen Schatten lebt, muß innerhalb einer christlichen Gemeinschaft damit rechnen, in eine Besserungsanstalt gesteckt zu werden, wo ihm die christlichen Werte sowie der Unwert des Schattens in einem Nachhilfeunterricht beigebracht werden sollen.

In früheren Jahrhunderten wäre die löwenhaft-eigenständige sowie die affenartig-natürliche Einstellung meiner Frau ein Grund gewesen, sie zur Hexe zu stempeln. Im Bewußtsein ihrer Affinität zu Hexen lud sie zum Fest ihrer Pensionierung deshalb auch auf entsprechende Art ein (Abb. 12).

Die Verdrängung und Verteufelung von Selbstbehauptung und kreatürlich-«heidnischem» Leben hat im jüdisch-christlichen Kulturbereich eine jahrtausendealte Tradition: Schon die Propheten Jahwes haben gegen Naturgottheiten der Israel umgebenden «Heidenvölker» gewettert, und die Kirche hat den heidnischen Naturgott Pan verteufelt. Die kollektiven Denkbahnungen der «Leute aus der Kirche» sind immer noch so geprägt, daß diese als «heidnisch» verbrämten Lebenskräfte an den Rand des «frommen» Bewußtseins gedrängt werden.

Doch die heutige Zeit fordert ein grundlegendes Umdenken: Es geht um die Integration dieser primitiv gebliebenen Seelenkräfte. Austreibung, Abspaltung und Verdrängung sind kein Mittel der Daseinsbewältigung mehr. Heute ist ein qualifizierterer Umgang mit dem Schatten vonnöten, wie ihn die Entdeckungen der Tiefenpsychologie möglich gemacht haben. Die christ-

Abb. 12 Einladung zur Feier der Pensionierung.

liche Kirche sollte sich der Bewußtseinserweiterung in Richtung «Unterwelt» und «Heidentum» nicht mehr verschließen. Ohne Integration des Schattens der abendländisch-christlichen Kultur stagniert unsere Entwicklung.

Der Traum spiegelt eine weitgehende Integration des traditionellen Schattens des Christentums. Deswegen konnten sich die traditionell schattenhaften Seelenkräfte im Leben meiner Frau auch «zivilisieren». Sie ließ sie am alltäglichen Leben in verantwortbarer Form teilhaben, wie es die Tiefenpsychologie lehrt. Dies aber führte zu Schwierigkeiten: Die allzu freimütige Lebenshaltung mißfiel kirchlichen Instanzen; diese bekamen das Gefühl, sie müßten das «ungläubige» Ehepaar maßregeln. Der Psychiater der Klinik, der Seelensachverständige, fand zwar nichts Krankhaftes an diesen beiden «Patienten».

«Allen Leuten recht getan, ist eine Kunst, die niemand kann.» Schwierigkeiten mit vorgesetzten kirchlichen Instanzen waren in diesem Fall der Preis einer gelebten Individuation; aber der Teufel – die Kräfte Pans und Satans – hat uns dafür entschädigt und uns geholfen! Meine Frau und ich sind jedenfalls damit zufrieden, wie die Sache schließlich ausgegangen ist. Ende gut, alles gut.

Die Integration des Schattens im Märchen vom Eisenhans

Der Eisenhans

Es war einmal ein König, der hatte einen großen Wald bei seinem Schloß, darin lief Wild aller Art herum. Zu einer Zeit schickte er einen Jäger hinaus, der sollte ein Reh schießen; aber er kam nicht wieder. «Vielleicht ist ihm ein Unglück zugestoßen», sagte der König und schickte den folgenden Tag zwei andere Jäger hinaus, die sollten ihn aufsuchen; aber die blieben auch weg. Da ließ er am dritten Tag alle seine Jäger kommen und sprach: «Streift durch den ganzen Wald und laßt nicht ab, bis ihr sie alle drei gefunden habt.» Aber auch von diesen kam keiner wieder heim, und von der Meute Hunde, die sie mitgenommen hatten, ließ sich keiner wieder sehen. Von der Zeit an wollte sich niemand mehr in den Wald wagen, und er lag da in tiefer Stille und Einsamkeit, und man sah nur zuweilen einen Adler oder Habicht darüber hinfliegen.

Das dauerte viele Jahre; da meldete sich ein fremder Jäger bei dem König, suchte eine Versorgung und erbot sich, in den gefährlichen Wald zu gehen. Der König aber wollte seine Einwilligung nicht geben und sprach: «Es ist nicht geheuer darin, ich fürchte, es geht dir nicht besser als den andern, und du kommst nicht wieder heraus.» Der Jäger antwortete: «Herr, ich will's auf meine Gefahr wagen: von Furcht weiß ich nichts.»

Der Jäger begab sich also mit seinem Hund in den Wald. Es dauerte nicht lange, so geriet der Hund einem Wild auf die Fährte und wollte hinter ihm her; kaum aber war er ein paar Schritte gelaufen, so stand er vor einem tiefen Pfuhl; er konnte nicht weiter, und ein nackter Arm streckte sich aus dem Wasser, packte ihn und zog ihn hinab. Als der Jäger das sah, ging er zurück und holte drei Männer, die mußten mit Eimern kommen und das Wasser ausschöpfen. Als sie auf den Grund sehen konnten, so lag da ein wilder Mann, der braun am Leib war wie rostiges Eisen und dem die Haare über das Gesicht bis zu den Knien herabhingen. Sie banden ihn mit Stricken und führten ihn fort in das Schloß. Da war große Verwunderung über den wilden Mann; der König aber ließ ihn in einen eisernen Käfig auf seinen Hof setzen und verbot bei Lebensstrafe, die Türe des Käfigs zu öffnen, und die Königin mußte den Schlüssel selbst in Verwahrung nehmen. Von nun an konnte ein jeder wieder mit Sicherheit in den Wald gehen.

Der König hatte einen Sohn von acht Jahren, der spielte einmal auf dem Hof, und bei dem Spiel fiel ihm sein goldener Ball in den Käfig. Der Knabe lief hin und sprach: «Gib mir meinen Ball heraus.» – «Nicht eher», antwortete der Mann, «als bis du mir die Türe aufgemacht hast.» – «Nein», sagte der Knabe, «das tue ich nicht, das hat der König verboten», und lief davon. Am andern Tag kam er wieder und forderte seinen Ball. Der wilde Mann sagte: «Öffne meine Türe», aber der Knabe wollte nicht. Am dritten Tag war der König auf die Jagd geritten, da kam der Knabe nochmals und sagte: «Wenn ich auch wollte, ich kann die Türe nicht öffnen; ich habe den Schlüssel nicht.» Da sprach der wilde Mann: «Er liegt unter dem Kopfkissen deiner Mutter, da kannst du ihn holen.» Der Knabe, der seinen Ball wieder haben wollte, schlug alle Bedenken in den Wind und brachte den Schlüssel herbei. Die Türe ging schwer auf, und der Knabe klemmte sich den Finger. Als sie offen war, trat der wilde Mann heraus, gab ihm den goldenen Ball und eilte hinweg. Dem Knaben war angst geworden; er schrie und rief ihm nach: «Ach, wilder Mann, geh nicht fort, sonst bekomme ich Schläge.» Der wilde Mann kehrte um, hob ihn auf, setzte ihn auf seinen Nacken und ging mit schnellen Schritten in den Wald hinein. Als der König heimkam, bemerkte er den leeren Käfig und fragte die Königin, wie das zugegangen wäre. Sie wußte nichts davon, suchte den Schlüssel, aber er war weg. Sie rief den Knaben, aber niemand antwortete. Der König schickte Leute aus, die ihn auf dem Felde suchen sollten; aber sie fanden ihn nicht. Da konnte er leicht erraten, was geschehen war, und es herrschte große Trauer an dem königlichen Hof.

Als der wilde Mann wieder in dem finsteren Wald angelangt

war, so setzte er den Knaben von den Schultern herab und sprach zu ihm: «Vater und Mutter siehst du nicht wieder, aber ich will dich bei mir behalten, denn du hast mich befreit, und ich habe Mitleid mit dir. Wenn du alles tust, was ich dir sage, so sollst du's gut haben. Schätze und Gold habe ich genug und mehr als jemand in der Welt.» Er machte dem Knaben ein Lager von Moos, auf dem er einschlief, und am andern Morgen führte ihn der Mann zu einem Brunnen und sprach: «Siehst du, der Goldbrunnen ist hell und klar wie Kristall; du sollst dabeisitzen und achthaben, daß nichts hineinfällt, sonst ist er verunehrt. Jeden Abend komme ich und sehe, ob du mein Gebot befolgt hast.» Der Knabe setzte sich an den Rand des Brunnens, sah, wie manchmal ein goldner Fisch, manchmal eine goldne Schlange sich darin zeigte, und hatte acht, daß nichts hineinfiel. Als er so saß, schmerzte ihn einmal der Finger so heftig, daß er ihn unwillkürlich in das Wasser steckte. Er zog ihn schnell wieder heraus, sah aber, daß er ganz vergoldet war, und wie große Mühe er sich gab, das Gold wieder abzuwischen, es war alles vergeblich. Abends kam der Eisenhans zurück, sah den Knaben an und sprach: «Was ist mit dem Brunnen geschehen?» – «Nichts, nichts», antwortete er und hielt den Finger auf den Rücken, daß er ihn nicht sehen sollte. Aber der Mann sagte: «Du hast den Finger in das Wasser getaucht. Diesmal mag's hingehen, aber hüte dich, daß du nicht wieder etwas hineinfallen läßt.» Am frühsten Morgen saß er schon bei dem Brunnen und bewachte ihn. Der Finger tat ihm wieder weh, und er fuhr damit über seinen Kopf; da fiel unglücklicherweise ein Haar herab in den Brunnen. Er nahm es schnell heraus; aber es war schon ganz vergoldet. Der Eisenhans kam und wußte schon, was geschehen war. «Du hast ein Haar in den Brunnen fallen lassen», sagte er, «ich will dir's noch einmal nachsehen; aber wenn's zum drittenmal geschieht, so ist der Brunnen entehrt, und du kannst nicht länger bei mir bleiben.» Am dritten Tage saß der Knabe am Brunnen und bewegte den Finger nicht, wenn er ihm noch so weh tat. Aber die Zeit ward ihm lang, und er betrachtete sein Angesicht, das auf dem Wasserspiegel stand. Und als er sich dabei immer mehr beugte und sich recht in die Augen sehen wollte, so fielen ihm seine langen Haare von den Schultern herab in das Wasser. Er richtete sich schnell in die Höhe, aber das ganze Haupthaar war schon vergoldet und glänzte wie eine Sonne. Ihr könnt denken, wie der arme Knabe erschrak. Er nahm sein Taschentuch und band es um den Kopf, damit es der Mann nicht sehen sollte. Als er kam, wußte er schon alles und sprach: «Binde das Tuch auf.» Da quollen die goldenen Haare hervor, und der Knabe mochte sich entschuldigen, wie er wollte, es half ihm nichts. «Du hast die Probe nicht bestanden und kannst nicht länger hier bleiben. Geh hinaus in die Welt, da wirst du erfahren, wie die Armut tut. Aber weil du kein böses Herz hast und ich's gut mit dir meine, so will ich dir eins erlauben: Wenn du in Not gerätst, so geh zu dem Wald und rufe: ‹Eisenhans›, dann will ich kommen und dir helfen. Meine Macht ist groß, größer als du denkst, und Gold und Silber habe ich im Überfluß.»

Da verließ der Königssohn den Wald und ging über gebahnte und ungebahnte Wege immerzu, bis er zuletzt in eine große Stadt kam. Er suchte da Arbeit, aber er konnte keine finden und hatte auch nichts erlernt, womit er sich hätte forthelfen können. Endlich ging er in das Schloß und fragte, ob sie ihn behalten wollten. Die Hofleute wußten nicht, wozu sie ihn brauchen sollten, aber sie hatten Wohlgefallen an ihm und hießen ihn bleiben. Zuletzt nahm ihn der Koch in Dienst und sagte, er könnte Holz und Wasser tragen und die Asche zusammenkehren. Einmal, als gerade kein anderer zur Hand war, hieß ihn der Koch die Speisen zur königlichen Tafel tragen; da er aber seine goldenen Haare nicht wollte sehen lassen, so behielt er sein Hütchen auf. Dem König war so etwas noch nicht vorgekommen, und er sprach: «Wenn du zur königlichen Tafel kommst, mußt du deinen Hut abziehen.» – «Ach, Herr», antwortete er, «ich kann nicht, ich habe einen bösen Grind auf dem Kopf.» Da ließ der König den Koch herbeirufen, schalt ihn und fragte, wie er einen solchen Jungen hätte in seinen Dienst nehmen können, er sollte ihn gleich fortjagen. Der Koch aber hatte Mitleid mit ihm und vertauschte ihn mit dem Gärtnerjungen.

Nun mußte der Junge im Garten pflanzen und begießen, hakken und graben und Wind und böses Wetter über sich ergehen lassen. Einmal im Sommer, als er allein im Garten arbeitete, war der Tag so heiß, daß er sein Hütchen abnahm und die Luft ihn kühlen sollte. Wie die Sonne auf das Haar schien, glitzte und blitzte es, daß die Strahlen in das Schlafzimmer der Königstochter fielen und sie aufsprang, um zu sehen, was das wäre. Da erblickte sie den Jungen und rief ihn an: «Junge, bring mir einen Blumenstrauß.» Er setzte in aller Eile sein Hütchen auf, brach wilde Feldblumen ab und band sie zusammen. Als er damit die Treppe hinaufstieg, begegnete ihm der Gärtner und sprach: «Wie kannst du der Königstochter einen Strauß von schlechten Blumen bringen? Geschwind hole andere und suche die schönsten und seltensten aus.» – «Ach nein», antwortete der Junge, «die wilden riechen kräftiger und werden ihr besser gefallen.» Als er in ihr Zimmer kam, sprach die Königstochter: «Nimm dein Hütchen ab, es ziemt sich nicht, daß du es vor mir aufbehältst.» Er antwortete wieder: «Ich darf nicht, ich habe einen grindigen Kopf.» Sie griff aber nach dem Hütchen und zog es ab; da rollten seine goldenen Haare auf die Schultern herab, daß es prächtig anzusehen war. Er wollte fortspringen; aber sie hielt ihn am Arm und gab ihm eine Handvoll Dukaten. Er ging damit fort, achtete aber des Goldes nicht, sondern er brachte es dem Gärtner und sprach: «Ich schenke es deinen Kindern, die können damit spielen.» Den andern Tag rief ihm die Königstochter abermals zu, er solle ihr einen Strauß Feldblumen bringen, und als er damit eintrat, grapste sie gleich nach seinem Hütchen und wollte es ihm wegnehmen, aber er hielt es mit beiden Händen fest. Sie gab ihm wieder eine Handvoll Dukaten, aber er wollte sie nicht behalten und gab sie dem Gärtner zum Spielwerk für seine Kinder. Den dritten Tag ging's nicht anders, sie konnte ihm sein Hütchen nicht wegnehmen, und er wollte ihr Gold nicht.

Nicht lange danach ward das Land mit Krieg überzogen. Der König sammelte sein Volk und wußte nicht, ob er dem Feind, der übermächtig war und ein großes Heer hatte, Widerstand leisten könne. Da sagte der Gärtnerjunge: «Ich bin herangewachsen und will mit in den Krieg ziehen; gebt mir nur ein Pferd!» Die andern lachten und sprachen: «Wenn wir fort sind, so suche dir eins: wir wollen dir eins im Stall zurücklassen.» Als sie ausgezogen waren, ging er in den Stall und zog das Pferd heraus; es war an einem

Fuß lahm und hinkte hunkepuus, hunkepuus. Dennoch setzte er sich auf und ritt fort nach dem dunkeln Wald. Als er an den Rand desselben gekommen war, rief er dreimal: «Eisenhans», so laut, daß es durch die Bäume schallte. Gleich darauf erschien der wilde Mann und sprach: «Was verlangst du?» – «Ich verlange ein starkes Roß, denn ich will in den Krieg ziehen.» – «Das sollst du haben und noch mehr, als du verlangst.» Dann ging der wilde Mann in den Wald zurück, und es dauerte nicht lange, so kam ein Stallknecht aus dem Wald und führte ein Roß herbei, das schnaubte aus den Nüstern und war kaum zu bändigen. Und hinterher folgte eine große Schar Kriegsvolk, ganz in Eisen gerüstet, und ihre Schwerter blitzten in der Sonne. Der Jüngling übergab dem Stallknecht sein dreibeiniges Pferd, bestieg das andere und ritt vor der Schar her. Als er sich dem Schlachtfeld näherte, war schon ein großer Teil von des Königs Leuten gefallen, und es fehlte nicht viel, so mußten die übrigen weichen. Da jagte der Jüngling mit seiner eisernen Schar heran, fuhr wie ein Wetter über die Feinde und schlug alles nieder, was sich ihm widersetzte. Sie wollten fliehen; aber der Jüngling saß ihnen auf dem Nacken und ließ nicht ab, bis kein Mann mehr übrig war. Statt aber zu dem König zurückzukehren, führte er seine Schar auf Umwegen wieder zu dem Wald und rief den Eisenhans heraus. «Was verlangst du?» fragte der wilde Mann. «Nimm dein Roß und deine Schar zurück und gib mir mein dreibeiniges Pferd wieder.» Es geschah alles, was er verlangte, und er ritt auf seinem dreibeinigen Pferd heim. Als der König wieder in sein Schloß kam, ging ihm seine Tochter entgegen und wünschte ihm Glück zu seinem Sieg. «Ich bin es nicht, der den Sieg davongetragen hat», sprach er, «sondern ein fremder Ritter, der mir mit seiner Schar zu Hilfe kam.» Die Tochter wollte wissen, wer der fremde Ritter wäre, aber der König wußte es nicht und sagte: «Er hat die Feinde verfolgt, und ich habe ihn nicht wieder gesehen.» Sie erkundigte sich bei dem Gärtner nach seinem Jungen; der lachte aber und sprach: «Eben ist er auf seinem dreibeinigen Pferd heimgekommen, und die andern haben gespottet und gerufen: ‹Da kommt unser Hunkepuus wieder an.› Sie fragten auch: ‹Hinter welcher Hecke hast du derweil gelegen und geschlafen?› Er sprach aber: ‹Ich habe das Beste getan, und ohne mich wäre es schlecht gegangen.› Da ward er noch mehr ausgelacht.»

Der König sprach zu seiner Tochter: «Ich will ein großes Fest ansagen lassen, das drei Tage währen soll, und du sollst einen goldenen Apfel werfen, vielleicht kommt der Unbekannte herbei.» Als das Fest verkündigt war, ging der Jüngling hinaus zu dem Wald und rief den Eisenhans. «Was verlangst du?» fragte er. «Daß ich den goldenen Apfel der Königstochter fange.» – «Es ist so gut, wie wenn du ihn schon hättest», sagte Eisenhans, «du sollst auch eine rote Rüstung dazu haben und auf einem stolzen Fuchs reiten.» Als der Tag kam, sprengte der Jüngling heran, stellte sich unter die Ritter und ward von niemandem erkannt. Die Königstochter trat hervor und warf den Rittern einen goldenen Apfel zu, aber keiner fing ihn als er allein; aber sobald er ihn hatte, jagte er davon. Am zweiten Tag hatte ihn Eisenhans als weißen Ritter ausgerüstet und ihm einen Schimmel gegeben. Abermals fing er allein den Apfel, verweilte aber keinen Augenblick, sondern jagte damit fort. Der König ward bös und sprach: «Das ist nicht erlaubt; er muß vor mir erscheinen und seinen Namen nennen.» Er gab den Befehl, wenn der Ritter, der den Apfel gefangen habe, sich wieder davonmachte, so sollte man ihm nachsetzen und, wenn er nicht gutwillig zurückkehrte, auf ihn hauen und stechen. Am dritten Tag erhielt er vom Eisenhans eine schwarze Rüstung und einen Rappen und fing auch wieder den Apfel. Als er aber damit fortjagte, verfolgten ihn die Leute des Königs, und einer kam ihm so nahe, daß er mit der Spitze des Schwertes ihm das Bein verwundete. Er entkam ihnen jedoch; aber sein Pferd sprang so gewaltig, daß der Helm ihm vom Kopf fiel, und sie konnten sehen, daß er goldene Haare hatte. Sie ritten zurück und meldeten dem König alles.

Am andern Tag fragte die Königstochter den Gärtner nach seinem Jungen. «Er arbeitet im Garten; der wunderliche Kauz ist auch bei dem Fest gewesen und erst gestern abend wiedergekommen; er hat auch meinen Kindern drei goldene Äpfel gezeigt, die er gewonnen hat.» Der König ließ ihn vor sich fordern, und er erschien und hatte wieder sein Hütchen auf dem Kopf. Aber die Königstochter ging auf ihn zu und nahm es ihm ab, und da fielen seine goldenen Haare über die Schultern, und er war so schön, daß alle erstaunten. «Bist du der Ritter gewesen, der jeden Tag zu dem Fest gekommen ist, immer in einer andern Farbe, und der die drei goldenen Äpfel gefangen hat?» fragte der König. «Ja», antwortete er, «und da sind die Äpfel», holte sie aus seiner Tasche und reichte sie dem König. «Wenn Ihr noch mehr Beweise verlangt, so könnt Ihr die Wunde sehen, die mir Eure Leute geschlagen haben, als sie mich verfolgten. Aber ich bin auch der Ritter, der Euch zum Sieg über die Feinde geholfen hat.» – «Wenn du solche Taten verrichten kannst, so bist du kein Gärtnerjunge. Sage mir, wer ist dein Vater?» – «Mein Vater ist ein mächtiger König, und Goldes habe ich die Fülle und soviel ich nur verlange.» – «Ich sehe wohl», sprach der König, «ich bin dir Dank schuldig, kann ich dir etwas zu Gefallen tun?» – «Ja», antwortete er, «das könnt Ihr wohl, gebt mir Eure Tochter zur Frau.» Da lachte die Jungfrau und sprach: «Der macht keine Umstände! Aber ich habe schon an seinen goldenen Haaren gesehen, daß er kein Gärtnerjunge ist», ging dann hin und küßte ihn. Zu der Vermählung kamen sein Vater und seine Mutter und waren in großer Freude; denn sie hatten schon alle Hoffnung aufgegeben, ihren lieben Sohn wieder zu sehen. Und als sie an der Hochzeitstafel saßen, da schwieg auf einmal die Musik, die Türen gingen auf, und ein stolzer König trat herein mit großem Gefolge. Er ging auf den Jüngling zu, umarmte ihn und sprach: «Ich bin der Eisenhans und war in einen wilden Mann verwünscht, aber du hast mich erlöst. Alle Schätze, die ich besitze, die sollen dein Eigentum sein.»

(Aus: Gebrüder Grimm: Kinder- und Hausmärchen, Band 2. Mit Illustrationen von George Cruikshank. © 1984 Deutscher Taschenbuch Verlag, München).

Zur inneren Herkunft des Märchens

Der Auslegung dieses Märchens im Zusammenhang mit der Integration des abendländischen Schattens möchte ich einige grundsätzliche Überlegungen über seine innere Herkunft voranstellen. Wenn meine Behauptung, dieses Märchen stelle eine gelungene Integration des abendländischen Schattens dar, richtig ist, stellt sich natürlich die Frage, woher es denn stamme. Die Darstellung einer Schattenintegration kann nicht aus dem offiziellen geistigen Klima des Abendlandes stammen, denn dort war der Schatten ja verdrängt. Das geistige Milieu, dem dieses Märchen entstammt, kann also nicht die offizielle Kultur sein.

Woher aber stammt das Märchen? Die folgende Beobachtung gibt uns den Hinweis auf sein Herkommen: Es enthält archetypische Symbole wie bedeutende Träume. Des weiteren ist sein dreiteiliger Aufbau derselbe wie der eines archetypischen Traumes oder eines Mythos: Ausgangslage mit unvereinbaren Positionen – schöpferische Wandlung – Vereinung der Gegensätze. Seine Bildsprache ist mit derjenigen von Mythen, Träumen, Visionen und anderen kreativen Einfällen des Unbewußten ins Bewußtsein identisch. Es gab also Menschen, welche schöpferische Einfälle ihres Unbewußten zu Geschichten ausgestalteten – genau wie das bei den biblischen Geschichten einst auch der Fall gewesen war. Die biblischen Erzählungen wurden in der jüdisch-christlichen Kultur sanktioniert, wogegen man die Märchen als «Alternativ-Offenbarungen» bezeichnen könnte, welche zwar nicht das Gewicht und die Würde der durch die Kirche sanktionierten göttlichen Offenbarungen erhielten, aber trotzdem beim Volk sehr beliebt waren. Sie gehörten zur Subkultur. Märchen waren in der offiziellen Kultur nie ganz salonfähig und fristeten ein Schattendasein. Es haftete ihnen etwas «Esoterisch-Okkultes» an.

Wenn ein Priester oder Pfarrer vor der Französischen Revolution bei uns in einem Gottesdienst ein Märchen als Offenbarung angepriesen hätte, hätte ihn das auf der Stelle seine Anstellung gekostet; er wäre mit Schimpf und Schande zum Teufel gejagt oder es wäre ihm gar der Prozeß gemacht worden. Wenn er dies schriftlich festgehalten hätte, hätte der Scharfrichter seine Schrift in einem offiziellen Prozeß ins Feuer geworfen. Seine Laufbahn wäre im Eimer gewesen. Zu sagen, Märchen seien Offenbarungen, war ganz einfach ungehörig. Es gab neben der Bibel nicht noch andere Offenbarungen. Punkt. Die Offenbarungen des christlichen Äons hatten im 2. Jahrhundert nach Christus aufgehört. Nur die heilige katholische Kirche konnte in ihrem Zentrum in Rom offiziell den Strom der Offenbarungen, freilich verdünnt, fortsetzen; ihre Offenbarungen mußten aber genau mit dem biblischen Fundament übereinstimmen und vom Nachfolger Petri auf dem Heiligen Stuhl in Rom verkündet werden. Offenbarungen ad hoc, die womöglich das biblische Fundament nicht stützten, durfte es ganz einfach nicht geben.

Daß Märchen bis heute nicht in hoher offizieller Gunst stehen, bedeutet aber nicht, daß das, was sie inhaltlich vermitteln, weniger wert sei als die offiziell approbierten Offenbarungen. Nicht umsonst erfreuen sich Märchen einer immer größeren Beliebtheit, während biblische Geschichten oft als «abgedroschen» empfunden werden. Vielleicht stehen Märchen in einigen Jahrhunderten im Range von Offenbarungen, weil man bis dann, auch offiziell, erkannt hat, daß sie hilfreiche Informationen zur Bewältigung des spirituellen Weges enthalten und aus derselben Quelle stammen wie die andern religiösen Überlieferungen: aus dem Selbst.

Wenn Märchen ursprünglich dem Unbewußten entspringen, enthalten sie die «Sollwerte» unserer natürlichen seelisch-geistigen Entwicklung, welche das Ich auf dem Wege der inneren Wahrnehmung empfängt. Mitteilungen aus dem Unbewußten antworten auf eine bestimmte seelische Konstellation und reden in eine konkrete geschichtliche Situation hinein. Sie sind somit «Mitteilungen von drüben nach Maß», Offenbarungen ad hoc, in denen die Problematik der jeweiligen Situation durch eine Symbolgeschichte dargestellt und schöpferisch zu lösen versucht wird.

Es geht im Märchen vom Eisenhans um einen inneren Entwicklungsprozeß, dank dem aus einer arg verfahrenen Situation ein Ausweg gefunden wird. Anfänglich nicht zu vereinende Positionen finden durch dramatische Umformungen schließlich zusammen. Ein auswegloses Problem wird auf eine kreative, unvorhersehbare Weise gelöst. Märchen sprengen die rationale Kategorie des Entweder-Oder und folgen – durch eine dramatische Umformung und Neuschöpfung – dem neuen Paradigma des Sowohl-als-Auch. Schon aus diesem Grunde können weder

Vertreter der offiziellen Kultur noch Vertreter des Schattens die Schöpfer des Märchens vom Eisenhans sein; denn beide sind in ihrem Entweder-Oder gefangen.

Der Kern des vorliegenden Märchens vom Eisenhans ist ein schöpferischer Einfall. Wie schon ausgeführt, sind die natürlichen Grundzüge unserer Entwicklung im genetischen Code programmiert; dort wird auch die Lebensführung des Ichs überprüft und mit dem vorgegebenen Entwicklungsprogramm verglichen. Wenn nun die Sollwerte nicht erreicht werden, wird ein Impuls zur Korrektur der Lebensführung ins Ich gesandt. Dieser Impuls enthält eine kreative Alternative zur momentanen Situation. Das Selbst sagt dem Ich in Bildern: «Sieh, so sollte es sein!» Ein solcher Impuls war auch der Kern dieses Märchens, das von schöpferischen Menschen ausgestaltet wurde. In unserem Fall sollte damit die steril gewordene christlich-abendländische Persona durch die Integration ihres Schattens schöpferisch kompensiert und damit die Entwicklung der Bewußtwerdung der Gesamtpersönlichkeit vorangetrieben werden. In diesem Märchen ist die moderne, bewußte Selbstfindung durch die Integration des Schattens bereits Jahrhunderte voraus abgebildet worden; was die Tiefenpsychologie in unserem Jahrhundert proklamiert hat, ist also keineswegs neu – aber diese Weisheit war bis vor kurzem sozusagen inoffiziell. Die Tiefenpsychologie im Anschluß an C. G. Jung setzt in diesem Punkt eine offiziell nicht sanktionierte Tradition fort; sie stochert im Schatten der christlichen Kultur und findet dort Elemente, welche diese kompensieren. Der Vorgang der Kompensation einer einseitigen Bewußtseinshaltung durch das schöpferische Unbewußte ist aus der tiefenpsychologisch orientierten Psychotherapie als alltägliches Phänomen wohlbekannt. Insofern ist die Tiefenpsychologie der kirchlichen Orthodoxie zu Recht nicht geheuer.

Ich deute im folgenden das Märchen vom Eisenhans wie einen archetypischen Traum, in welchem sich der natürliche Reifungs- oder Individuationsweg eines Menschen abbildet. Das Märchen weist dieselbe Drei-Schritt-Grundstruktur auf:

1. Zuerst wird Bezug genommen auf das aktuelle Problem (Ausgangslage);

2. danach wird in einem dramatischen Prozeß, auf eine unvorhersehbare, irrationale und kreative Weise, eine Wandlung herbeigeführt, wodurch schließlich

3. das Ziel erreicht wird.

In drei Schritten wird in diesem Märchen die Wandlung von einer steril gewordenen Atmosphäre am Anfang zu einer neuen und wieder fruchtbaren Lebenshaltung am Schluß vollzogen. «Aller guten Dinge sind drei», sagt das Sprichwort. In diesem Märchen spielt die Dreizahl, die auf einen Entwicklungsprozeß in der Zeit hinweist, eine bedeutende Rolle. Sie kommt, abgesehen vom großen Rahmen, in welchem die Geschichte spielt, gleich fünf Mal vor, und zwar an allen wichtigen Stationen des Weges: Drei Mal werden vom alten König Jäger ausgesandt; drei Tage lang bleibt der goldene Ball im Käfig des Eisenhans; drei Mal sollte der Königssohn den Lebensbrunnen kristallklar halten (nach dem dritten Mal kehrt er ins alltägliche Leben zurück); drei Mal begegnen sich die Königstochter und der offiziell noch verkannte künftige König, und drei Mal fängt schließlich der Prinz, in drei verschiedenfarbigen Rüstungen, den goldenen Liebesapfel der Prinzessin (der auf eine geheimnisvolle Art wohl identisch ist mit dem goldenen Ball, den der junge Prinz im Königsschloß in seinen ersten sieben Lebensjahren besaß). Durch die häufige Verwendung der Dreizahl wird die Wichtigkeit des Entwicklungsprozesses unterstrichen.

Wir treten nun auf einige Einzelheiten dieses Prozesses einer gelingenden Schattenintegration ein.

Trostlose Ausgangslage

Der König hat keine fruchtbare Beziehung zum Wald in seiner unmittelbaren Umgebung mehr. Dieser gibt kein Wild, keine natürliche Nahrung mehr für ihn her. Am Königshof hat man sich der wilden Natur entfremdet; die Beziehung zum Unbewußten, das ein Stück Natur in uns ist, ist unterbrochen. Das Leben auf dem Schloß hat seine natürliche, fruchtbare Beziehung zum Wilden und Unzivilisierten verloren. Vermutlich verläuft auf dem Schloß alles so ordentlich, daß das Leben dabei erstarrt. Selbst die Sachverständigen des Königs, die sich bisher in der wilden Natur auskannten und diese «aufs Korn zu nehmen» und zum Wohl des Königs zu nutzen verstanden, die Jäger samt ihren hochdifferenzierten Spürnasen, den Hunden, sind nicht mehr in der Lage, den König mit Wild aus dem Wald zu versehen. Auch die Fachleute sind am Ende mit ihrem Latein. Der wilde Wald verschluckt jeden Versuch, ihm Nahrung abzugewinnen, sogleich wieder. Die Beziehung zum Unbewußten ist steril geworden. Es gibt eine «magnetische» Stelle im Wald, einen tiefen Pfuhl – Schattenkomplexe –, welcher die Beziehung zwischen dem königlichen Schloß und dem Wald – dem Unbewußten – derart stört, daß sogar die Fachleute angesichts dieses Problemes ratlos sind. Auch sie vermögen dem bösartigen Komplex nicht auf die Spur zu kommen; selbst sie werden vom Pfuhl verschluckt. Sie wurden in der Atmosphäre des Königsschlosses ausgebildet und teilen darum die dort herrschende Optik. Sie sind «systemblind» und dieser Krisensituation so wenig gewachsen wie die andern Leute auf dem Schloß. Darum erkennen sie den Pfuhl nicht und schon gar nicht den Grund des Pfuhles, des allgemein vorherrschenden Schattens.

Ein tiefenpsychologisch ausgebildeter, mit der archetypischen Symbolsprache des Unbewußten vertrauter Psychotherapeut erkennt im Ausgangsbild dieses Märchens leicht das Abbild eines gefährlichen seelischen Zustandes: Das für die bewußte Haltung maßgebliche, regierende Ich ist von seinem Seelengrund abgeschnitten. Es lebt isoliert auf seiner Burg. Das Unbewußte gibt nichts mehr her; die Kreativität ist erloschen. Die Persona ist vom Schatten abgespalten und der Schatten-Pfuhl destruktiv geworden. Das Unbewußte liefert keine Nahrung, keine nährenden Einfälle mehr. Alle Versuche, die Beziehung zum Wilden mit Hilfe von Spezialisten wiederherzustellen, werden vom Schatten-Pfuhl sogleich verschluckt. Mit systemkonformen und konventionellen Heilmethoden ist der Krankheit nicht mehr beizukommen. Es braucht eine «Alternativlösung», die uns das Märchen mit seinem Wandlungsprozeß anbietet.

Hie und da schwebt ein Habicht oder ein Adler über dem Wald ums Königsschloß. Wer späht in die Tiefe der menschlichen Not? Wird der Himmel die Not auf Erden wenden?

Schöpferischer Weg

Ein fremder Jäger kommt zum Schloß. Als Fremder ist er nicht systemkonform, sondern «alternativ». Daher bringt er eine andere Optik mit. Als Außenstehender und Nichtkonformer sieht er sogleich, wo der Pfuhl ist. Er begnügt sich aber nicht mit der oberflächlichen Erkenntnis, wo «der Hund begraben liegt», sondern geht der Sache zielstrebig auf den Grund und schöpft die Brühe aus – zweifellos ist er in seinem Metier versiert und kennt sich aus im Umgang mit dem Schatten. Er ist alles andere als ängstlich. Wie selbstverständlich rührt er an den Kollektivschatten – wovor die meisten Menschen einen Horror haben. Wer zieht schon freiwillig den Zorn des Volkes auf sich? Die Angstfreiheit des Fremden mag für die Schloßbewohner nicht ganz geheuer sein. Aber wenn gar nichts mehr hilft und der Fremde mit seinen Forderungen nicht unverschämt ist, überläßt man die Therapie am Ende doch diesem Teufelskerl, der mit seinen unorthodoxen Methoden vielleicht doch helfen kann.

Was wird nun im Schatten-Pfuhl als Grundübel bloßgelegt? «Es ist ein wilder Mann, braun am Leib wie rostiges Eisen, ihm hängen die Haare über das Gesicht bis zu den Knien herab.» Ein destruktiver Komplex. Der wilde Mann offenbart sich im Verlauf der Geschichte als der Herr des Wildes, das sich dem überzivilisierten Königshof entzogen hat. Er ist unzivilisiert, die

Quintessenz des Schattens, den der offizielle Königshof wirft. Er ist braun wie die Erde, besitzt übermenschliche Kräfte, Fähigkeiten und Schätze. Er ist ein übermenschliches, jenseitiges Wesen, eine ins Unbewußte verdrängte Gestalt, ein Natur- und Vegetationsgott aus dem Bereich des abendländischen Schattens.

Er ist überdies rostig und hat mit Eisen zu tun. Das Märchen nennt ihn entsprechend Eisenhans. Das Eisen ist also wichtig. Es gehört zum Kriegsgott Mars und ist demnach ein martialisches, kriegerisches Element. Wer mit Eisen umgehen kann, ist ein guter Jäger und Krieger, ein Ritter in eiserner Rüstung. Er versteht es, mit Aggressionen umzugehen, diese wohlgezielt auf die Jagdbeute oder die Gegner in der Schlacht zu richten, so daß – im Krieg – das eigene Leben geschützt oder – auf der Jagd – genährt wird. Dieses kämpferische Element ist nun im Falle unseres Märchens im Pfuhl, in der Abfallgrube, gelandet. Weil man es zu wenig gepflegt hat, wurde es rostig. Das zum Eisen gehörende kämpferische Löwenherz ist auf dem königlichen Schloß träge geworden oder den Leuten gar in die Hosen hinabgerutscht; Mut und Zivilcourage sind verloren. Die martialischen Energien rosten dahin. Die Jugend weiß nicht mehr, wohin damit. Man ist am Königshof vermutlich derart zivilisiert und kultiviert, daß für ein Löwenherz und eiserne Kämpfe kein Platz mehr bleibt. Man sitzt auf dem Schloß im «Höflichkeits-Komplex» und hat sich dem Leben entfremdet. Dagegen besitzt der im Pfuhl verborgene Eisenhans ein gewaltiges Kriegsheer. Der junge Prinz ist acht Jahre alt. Die ersten sieben Jahre, in denen er noch ganz Kind und er selber sein durfte, sind um. Nun wird er «eingeschult» und muß lernen, sich ins Kollektiv einzugliedern, sich eine gut sitzende Persona zu erwerben. Er muß sich anpassen, und dabei verliert er seine Ursprünglichkeit, den Kontakt mit dem Selbst, das er nun durch das Kultur-Über-Ich ersetzt. Nun beginnt auch er, seinen Abfall in den Pfuhl zu werfen. Er hat seinen Kontakt zum Goldbrunnen, der so klar ist wie Kristall, verloren. Im Goldbrunnen bildet sich der vom Menschen noch unberührte göttliche Lebensstrom der Natur selbst ab. An diesem Urquell – den nun der Eisenhans verwaltet – kann man lernen, unverfälscht natürlich zu leben.

Mit der Bloßlegung des verrosteten wilden Mannes ist dem fremden Jäger die Aufdeckung des Übels gelungen. Durch die Analyse des Schattens entdeckte er auf dem Grund des Pfuhles verschlammte Naturschätze und verrostete Aggressionen, die wegen ihrer Verdrängung destruktiv geworden waren. Der unorthodoxe fremde Jäger und Analytiker fand als Grund der Sterilität die Verdrängung des Naturgottes Pan sowie des Kriegsgottes Mars (bzw. Satans). Er hat im Pfuhl, als Grundübel, den abendländischen Kulturschatten entdeckt. In diesem Märchenbild ist bereits vorweggenommen, was Freud am Anfang unseres Jahrhunderts in unserem Unbewußten bloßgelegt hat. Der Unterschied zwischen den beiden Entdeckungen liegt darin, daß Freud den Schatten mit wissenschaftlichen Begriffen benannt hat, während er im Märchen in die Bildersprache des Unbewußten gekleidet ist. Beide aber stimmen darin überein, daß die Situation bedenklich ist. Beiden hat die offizielle Welt nicht zugejubelt. Die Geschichte der Erneuerung des alten Königs durch den jungen – den tiefgreifenden Wandel der herrschenden Mentalität – nannte die Tiefenpsychologie «Integration des Schattens». Die Therapie besteht in der bewußten Assimilation der Kräfte des Eisenhans ins herrschende Ich; dadurch wird der alte König, die herrschende Mentalität, erneuert.

Der Prozeß der Heilung beginnt damit, daß der acht Jahre alte Prinz von zu Hause wegziehen muß: «Vater und Mutter siehst du nicht wieder», sagt Eisenhans dem Königsknaben, wie er ihn bei sich im Wald auf dessen eigene Füße stellt. Die Therapie besteht darin, daß der Prinz das Allereinfachste und Natürlichste von Grund auf lernen muß: Er muß den kristallklaren Brunnen mit dem echten, naturreinen Lebenswasser hüten. Das bedeutet, daß er lernen muß, das von keiner Zivilisation verschmutzte Lebenswasser in sich wieder fließen zu lassen, ohne es zu «verunehren». Der zivilisierte Lebensstil am Königshof wird von der Seite der Natur her als «Verunehrung» beziehungsweise als «Verunreinigung» beurteilt (L 13, S. 167). Der Königssohn muß in der Lehre beim Eisenhans nichts anderes lernen, als zu dem zu werden, der er im Grunde schon immer war und immer sein wird. Er muß lernen, sich dem inneren Entwicklungsprogramm seiner Natur einzufügen, die Natur in sich wieder möglichst klar und rein fließen zu lassen. Das Hüten des inneren Goldbrunnens ist das Allereinfachste, zugleich aber das Allerschwierigste. Viele Menschen sind derart kopflastig, daß sie das Leben nicht mehr so fließen lassen können, wie es in ihnen fließen möchte. Indem der junge Königssohn lernt, auf den natürlichen Fluß des Lebens in sich sorgsam zu achten, findet er seine natürliche, «goldene» Spiritualität; aber zunächst scheitert er an dieser Aufgabe. Einfach, wahr und klar zu werden – wie schwer ist das doch! Derart also verlaufen die Lehrjahre des Prinzen beim Eisenhans. Ein Stück weit ist die Aufgabe lösbar, aber nur ein Stück weit; denn wir sind nicht nur Natur-, sondern ebensosehr auch Kulturwesen. Jakob und Esau leben beide in uns, und Jakob hat gemäß dem göttlichen Orakel den Vorzug vor Esau: «Der ältere wird dem jüngeren dienen.» Die Kultur hat den Vorrang. Das Hüten des Goldbrunnens wird also nie ganz gelingen; das kristallklare Lebenswasser wird von uns zivilisierten Wesen immer ein Stück weit «verunehrt» und getrübt werden, weil wir wegen unseres Instinktmangels der Natur nicht mehr jene Ehre geben können, die ihr eigentlich gebühren würde.

Das Meditieren am Kristallbrunnen hat dem jungen Königssohn viel eingebracht. Er hat dadurch den am Königshof im achten Lebensjahr verlorenen Kontakt zu seinem Selbst wieder aufnehmen können. Die Errichtung der Ich-Selbst-Achse wird im Symbol der goldenen Haare sichtbar, an denen die wilde Prinzessin ihn später erkennen wird. Mit den goldenen Haaren ist der ursprüngliche, «unverdorbene», nicht durch die Kultur «verunehrte», also der «göttliche» Kontakt mit der Wesensnatur des Menschen gemeint, die natürliche und unverfälschte Verbindung mit dem Ursprünglichen in uns. Diese entstand in jenem erleuchtenden Augenblick, als sich der Prinz einmal, nach langem «Meditieren», tief in die Augen blicken wollte. Dabei kam ihm die Erleuchtung. Durch den Kontakt mit dem natürlichen Urgrund wurden die Haare golden und die Gedanken ursprungshaft. Eine wiedergewonnene Gottebenbildlichkeit schimmerte von nun an durch den Königssohn hindurch. Darum mochten ihn die Leute gerne, obwohl sie ihn bespöttelten. Sie spürten sofort, daß er nicht einer der Ihren war; aber sie hatten keine Ahnung, was an ihm anders war und worin diese Andersartigkeit im Grunde bestand: nämlich in seiner Beziehung zum Selbst.

Das Hüten des Goldbrunnens brachte dem Königssohn die Erleuchtung. Aber Erleuchtung will ins alltägliche Leben umgesetzt werden und sich dort bewähren. Darum galt es nun für ihn, im Alltag des Lebens eine reale Existenz aufzubauen. War die Reise ins Reich des Eisenhans eine Hinfahrt zum eigenen Wesensgrund, so ist der Aufbruch aus der Tiefe des Seins zurück in die Welt des Alltags nun eine Rückfahrt aus der Mitte an die Peripherie des Lebens. Hin- und Rückfahrt sind nötig. Ohne Hinfahrt bleibt das Leben oberflächlich, und ohne Rückfahrt wird die Meditation zur unverbindlichen Träumerei.

Der Start in den Alltag ist mühsam. Die «goldenen» Erkenntnisse lassen sich bekanntlich nur harzig in die alltägliche Realität umsetzen. Das Goldhaar ist deshalb lange Zeit verhüllt, und nur die wilde, unangepaßte Prinzessin, die selber eine gute Beziehung zu ihrem Selbst hat, «erkennt» den zu ihr gehörigen Prinzen in dessen wahrer Natur. Er hat anfänglich so wenig Erfolg, weil ihm das Persona-Wissen und -Verhalten der Leute noch fremd ist; er ist noch «weltfremd», hat die Spielregeln auf der Bühne des Lebenstheaters noch nicht durchschaut. Seine Persona ist noch zu wenig an die äußeren Lebensumstände angepaßt; die andern haben bei ihm nicht das Gefühl: «Er ist einer von uns.» Beim Goldbrunnen hat er eine neue Optik des Lebens gewonnen, welche die Leute um den König nicht kennen. Sie haben das Gefühl, man könne den Prinzen nirgends recht brauchen. Aber sympathisch ist er ihnen trotzdem, weil er Wärme, Natürlichkeit, Unkompliziertheit, Echtheit, Klarheit, Einfachheit, Gesundheit und Vitalität ausstrahlt. So erhält der Königssohn doch noch eine Anstellung, wenn auch bloß eine auf der untersten Stufe der Hierarchie, nämlich zuerst in der Küche und hernach im Garten (beides sind Bereiche der Großen Mutter, die im Patriarchat nicht viel gelten und heute noch schlecht bezahlt werden).

Aber er wird im Laufe der Jahre doch noch «ein Mann von Welt». Er wird weltgewandt und kann sich eine gut sitzende Persona aufbauen, ohne jedoch – und das ist ja die Kunst – den Kontakt zum Eisenhans zu verlieren. Am neuen Königshof ist das möglich, weil die Einstellung des Bewußtseins hier weniger steril ist als am ersten. Am neuen Königshof liegt nämlich der Schlüssel zur Lösung des Problemes nicht mehr nur unter dem Kopfkissen der Königin wie am ersten. Dort konnte die Königin – wie in unserer Gesellschaft viele Frauen – von der Integration des Wilden bloß ein bißchen träumen. Am neuen Königshof wartet aber eine «wilde» Prinzessin auf ihren Prinzen; mit ihrem sicheren Instinkt für das Lebendige, Gesunde und Ursprunghafte erkennt sie seine goldenen Haare als erste. Sie läßt ihn als Gärtnerburschen sogleich mit wilden Blumen auf ihr königstöchterliches Schlafgemach kommen – Pan ist auferstanden! Sodann entreißt sie ihm sein Hütchen, um ihn zu «erkennen». Wie ihr der Gärtnerjunge entweichen will, packt sie ihn einfach am Arm – was für eine «satanische» Tochter! Diese wilde Prinzessin ist vollkommen natürlich; sie lebt am Goldbrunnen. Sie hat ein Löwenherz und leidet in keiner Weise unter Aggressionshemmungen. Sie weiß genau, was sie will, und läßt sich nicht davon abbringen, Erziehung und Hofgeschwätz hin oder her.

Im Kontakt mit der «wilden» Prinzessin lernt der junge Königssohn, mit Aggressionen, den Kräften des Mars und des Satans, umzugehen und sich im Leben prächtig zu schlagen; mit Hilfe des Eisenhans gelingt ihm dies vollkommen. Nach der siegreichen Schlacht, in welcher er keinen einzigen Feind entrinnen läßt, wirft sie ihm drei Mal den goldenen Liebesapfel zu und erwählt ihn damit als den tüchtigsten aus der Schar der Ritter zu ihrem Gemahl. Nun müssen alle erkennen, daß nur er würdig ist, das Leben am Königshof zu erneuern, König und Gemahl der Prinzessin zu werden. Der Prinz hat gelernt, mit dem roten und dem schwarzen Streitroß, gerüstet in den Farben des Teufels, die goldenen Liebesäpfel zu fangen. Aber er weiß nicht nur als feuriger sowie als dunkelerdiger Ritter, sondern auch mit dem Schimmel und in weißer Rüstung – der Farbe des Lichtes und des Bewußtseins – zu kämpfen. Er hat durch den Aufenthalt am Königshof gelernt, sich bewußt, klar, distanziert, mit Verstand und als «heller Kopf» durchzusetzen.

Die Integration des Schattens ist vollkommen. Die Kräfte des Naturgottes Pan wie auch diejenigen des kampfesfreudigen Mars und des Satans, das Löwenherz wie die dunklen Leidenschaften Pans, sind bewußt so ins Leben integriert worden, daß eine Abrundung und Ausreifung der Persönlichkeit stattfinden konnte. Gleichzeitig hat der junge Prinz gelernt, sich als «Mann von Welt» zu benehmen; seine Persona sitzt nun tadellos.

Cherchez la femme! Der Schlüssel zur Lösung des Problemes liegt im Märchen vom Eisenhans bei den Frauen. Es gibt im Märchen zwei weibliche Gestalten: Die Königin am alten Königshof und die Prinzessin am neuen Königshof. Was die alte Königin verdrängt hat, wird im Leben der Prinzessin nachentwickelt und integriert.

Was könnte die Rolle vieler Frauen in der heutigen Zeit sein? Manche Frau wüßte schon, wie ein natürlicherer, weniger zerstörerischer Lebensstil für die globale Industriegesellschaft gefunden werden könnte. Aber allzuoft beteiligen sich gerade diese Frauen nicht am Leben der Öffentlichkeit, sondern vielmehr solche im Stile der Königin am ersten Königshof, Frauen, welche sich dem herrschenden Kollektivverhalten anpassen und das Leben in den überlieferten Spielregeln mitspielen. Aber Frauen, die den Schlüssel zum Leben bloß unter dem Kopfkissen liegen haben und nicht den Mut aufbringen, mit diesem Schlüssel auch in der Öffentlichkeit etwas zu öffnen, sind für das Überleben der Menschheit nicht hilfreich. Unsere Welt braucht zivilisierte und zugleich «wild» gebliebene Frauen. Dasselbe gilt natürlich für die «weiblichen Seiten» der Männer.

Ziel erreicht: Vereinung der Gegensätze

Zum Fest der Vereinung der Gegensätze erscheinen zuerst die Eltern des jungen Königs; die alte Mentalität versöhnt sich mit der neu gewordenen Lebenshaltung. Höhepunkt des Festes aber, bei dem die Musik zu spielen aufhört, ist der Auftritt des nun erlösten Eisenhans:

Und als sie an der Hochzeitstafel saßen, da schwieg auf einmal die Musik, die Türen gingen auf, und ein stolzer König trat herein mit großem Gefolge. Er ging auf den Jüngling zu, umarmte ihn und sprach: «Ich bin der Eisenhans und war in einen wilden Mann verwünscht, aber du hast mich erlöst. Alle Schätze, die ich besitze, die sollen dein Eigentum sein.»

Zum Dank für die harte und gelungene Arbeit an und mit sich sich selber stellen die unbewußten Kräfte – der Eisenhans – dem jungen König ihre Schätze und Vitalität zur Verfügung. Der Eisenhans liegt nun nicht mehr im tiefen Pfuhl abseits des königlichen Lebens im Schloß. Er ist nun «ein stolzer König» geworden, zivilisiert und im Leben des jungen Königs integriert. Er kann jetzt befreiend und erlösend wirken, weil er selber auch aus der Verdrängung befreit und erlöst wurde. Er wird nicht mehr gedemütigt im Eisenkäfig auf dem Schloßhof zur Schau gestellt, sondern ist mit dabei im neu gewordenen Leben.

Parallelen zum Traum meiner Frau sind augenfällig. Eisenhans und der Teufel wurden als integrierte Lebenskräfte hilfreich. Als nicht mehr Verdrängte, als Akzeptierte wurden sie zu erlösten Erlösern. Der Umgang mit den Schattenseiten ist fruchtbar geworden – wie es der Teufel im Traum sagte: «Manchmal tue ich auch Gutes.»

Literaturverzeichnis

(im Text mit «L» abgekürzt)

1) Campenhausen, Hans Freiherr von: Griechische Kirchenväter, ub 14, 1956.
2) Dulles, A.: Was ist Offenbarung? Herder, Freiburg 1970.
3) Dvorak, Joseph: Satanismus. Heyne, München 1991.
4) Freud, Sigmund: Gesammelte Werke, 16 Bde., Fischer, Frankfurt 1944 ff.
5) Haag, Herbert: Vor dem Bösen ratlos? Piper, München 1978.
6) –: Teufelsglaube, Katzmann, Tübingen 1980.
7) Hurwitz, Siegmund: Psyche und Erlösung, Daimon, Einsiedeln 1983.
8) Jung, C. G.: Erinnerungen, Träume, Gedanken, Walter, Olten 1990.
9) –: Gesammelte Werke, 20 Bde., Walter, Olten 1984 ff.
10) Katechismus der Katholischen Kirche, Oldenbourg, München 1993.
11) Kaufmann, Rolf: Die Krise des Tüchtigen, Walter, Olten 1983.
12) –: Das ewig Christliche, Walter, Olten 1989.
13) –: Die Hölle, Benziger, Solothurn/Düsseldorf 1994.
14) Keel, Othmar (Hg.): Monotheismus im Alten Israel, Schw. Kath. Bibelwerk 1980.
15) –: Die Welt der altorientalischen Bildsymbolik, Benziger, Einsiedeln 1972.
16) Klöcker/Tworuschka: Wörterbuch «Ethik der Weltreligionen», Goldmann, München 1995.
17) Kongregation für die Glaubenslehre in Rom: Christl. Glaube und Dämonenlehre, Christiana, Stein am Rhein 1984.
18) Minois, Georges: Die Hölle, dtv 4679, München 1996.
19) Nietzsche, Friedrich: Gesammelte Werke, Leipzig 1901 ff.
20) Nola, Alfonso di: Der Teufel, dtv 4600, München 1994.
21) Obrist, Willy: Die Mutation des Bewußtseins, Lang, Bern 1982.
22) –: Neues Bewußtsein und Religiosität, Walter, Olten 1988.
23) –: Archetypen, Walter, Olten 1990.

24) –: Tiefenpsychologie und Theologie, Benziger, Solothurn 1993.

25) O'Kane, Françoise: Sacred Chaos – on God's Shadow, Inner City Books, Toronto 1994.

26) Schärf, Rosa R.: Die Gestalt des Satans im Alten Testament, Glarus 1948.

27) Shoham, S. Giora: Verbrechen als Heilsweg, Schweizer Spiegel, Zürich 1982.

28) Schwab, Gustav: Sagen des klassischen Altertums, Insel, Frankfurt 1975.

29) Vorgrimler, Herbert: Geschichte der Hölle, Fink, München 1993.

30) Wenisch, Bernhard: Satanismus, Matthias-Grünewald, Mainz 1989.

31) Winkler, Wolfgang: Die Biologie der 10 Gebote, Serie Piper 236, München 1985.

32) Zacharias, Gerhard: Satanskult und Schwarze Messe, Herbig, München 1990.

33) Zink, Bert: Mensch und Evolution, Haag + Herchen, Frankfurt 1994.

Heilwig von der Mehden
Albertine Mauel-Wildhagen

Sei manierlich, Albertine

Heilwig von der Mehden
Albertine Mauel-Wildhagen

Sei manierlich, Albertine

Erinnerungen
an unsere aparte Familie

Herder Freiburg · Basel · Wien

· 1. Auflage Mai 1983
2. Auflage August 1983

© Verlag Herder Freiburg im Breisgau 1983
Herder Freiburg · Basel · Wien
Satz: F. X. Stückle, Ettenheim
Druck und Einband: Freiburger Graphische Betriebe 1983
ISBN 3-451-19759-6

Inhalt

*M*eine Mutter schrieb die Geschichte ihrer Jugend in den ersten Jahren nach dem Zweiten Weltkrieg. Sie lebte damals mit meinem Stiefvater, dem von uns sehr geliebten „Paps", in einem Eifeldorf, von dem aus man zu jener Zeit den nächsten Bahnhof nur dann innerhalb einer Stunde erreichen konnte, wenn Heimerzheims Lola in Stimmung war. Hier handelte es sich nicht etwa um eine launische Dame, sondern um ein altes, müdes Pferd, das gewöhnlich auf einer Böschung stand und sein Hinterteil an einem Baumstamm scheuerte. Unbedachterweise fällte in jenen kalten Nachkriegswintertagen Heimerzheims Pitter den Baum, woraufhin Lola, immer weiter zurücktretend, um an ihren Stamm zu gelangen, rücklings die Böschung hinabstürzte. So entfiel die Grundlage des Heimerzheimischen Taxiunternehmens im wahrsten Sinne des Wortes, und meine Mutter, die immer ein Stadtmensch gewesen war, saß zunächst einmal auf dem Lande fest.

Dies geschah nicht ganz freiwillig, aber der Rüstungsbetrieb, bei dem Paps in Lohn und Brot gewesen war, mußte seine Pforten schließen, und die elterliche Wohnung hatte die Besatzungsmacht beschlagnahmt. So kam das Angebot des Schwiegervaters an seinen Sohn, nach etwa 30 Jahren wieder heim in die Eifel zu kommen und dort etwas in der Landwirtschaft zu helfen, sehr gelegen. Leider gab es da noch einige Pferdefüße außer denen der guten Lola: die Landwirtschaft war winzig und bestand hauptsächlich aus der alljährlichen Zwetschgenernte. Und das Verhältnis zwischen meiner Mutter und ihrem Schwiegervater hatte sich von Anfang an nicht ungetrübt gestaltet. Der alte Herr war mit der Wahl seines Sohnes ganz und gar nicht einverstanden gewesen, und meiner Mutter war zu Ohren gekommen, daß er auf die Frage nach der

Frau seines einzigen Sohnes geantwortet hatte: „Eine alte evangelische Witwe mit einem Haufen Kinder!" So etwas brennt nach! Was übrigens das „alt" betraf, so war sie mit Paps gleichaltrig, und „der Haufen Kinder" bestand aus meiner Schwester Liselotte und mir. „Witwe" allerdings war eine freundliche Verschleierung der Tatsache, daß meine Mutter geschieden war. Die ketzerische Konfession schockierte das streng katholische Dorf schon schlimm genug.

So war das Verhältnis 10 Jahre lang immer eher kühl als herzlich gewesen.

Und dann gab es da noch Traudchen. Traudchen hatte als dienstbarer Geist im Hause gelebt und Paps' Mutter zu Tode gepflegt und – wie die Dorfsaga behauptete – schon auf der Beerdigung eins ihrer Kleider getragen. Hübsch, drall und rothaarig heiratete sie kurz darauf ihren Dienstherrn, und erwies sich nun, da sie sich in der weitaus günstigeren Position befand, meinen nur wenig jüngeren Eltern gegenüber als ein weiteres Haar in der Suppe. Wenn meine Mutter in höflichem Konversationston bemerkte: „Es ist aber kalt heute morgen!" pflegte Traudchen zu antworten: „Ich habe mich schon warm gearbeitet!" (mit der Betonung auf dem „ich").

Im zweiten Eifeljahr meiner Mutter starb der Schwiegervater, obwohl eine der Nachbarinnen, die zum Abschiednehmen an sein Bett trat, ihn eindringlich und unter Tränen gemahnt hatte: „Machen Sie keinen Quatsch diese Nacht!" Um die Beerdigung so recht feierlich zu gestalten, mußte ein Schwein notgeschlachtet werden. Daraufhin alarmierte meine Mutter ihre hungernde Verwandtschaft im fernen Hamburg. Liselotte, Tante Emilie, Tante Karoline und ich machten uns sogleich auf den Weg. Onkel Gottfried, der sich in Hitzacker auf die Herstellung handgezogener Bienenwachskerzen verlegt hatte, war nicht abkömmlich, und Onkel Johannes saß noch seit Stalingrad in einem russischen Kriegsgefangenenlager.

Unsere Reise war kalt, lang und beschwerlich. Völlig übermüdet nach dem Fußmarsch der letzten Etappe, trafen wir erst ein, als die zahlreiche Trauergemeinde, schon vom Friedhof gekommen, im größten Zimmer bei Kaffee und Kuchen saß. Nur so ist es zu erklären, daß die liebe Tante Emilie, die jahrelang in Hinterpommern Mütter in allen Fragen der Säuglingspflege geschult hatte und dabei in manch ähnlichen Raum eingetreten war, den Arm hob und die Versammlung mit „Heil Hitler" begrüßte. Mindestens die Hälfte der Anwesenden grüßte ganz mechanisch zurück, was weniger Anstoß erregte als das Losprusten von Tante Karoline und mir.

Leider erbte zunächst einmal Traudchen alles, und Paps fuhr mit dem Fahrrad kreuz und quer durch die Lande, um einige Geschäfte anzuwickeln und so wenigstens ein bißchen Bargeld zu machen; aber seine Fähigkeiten lagen wohl mehr auf anderen Gebieten. Mit Hilfe einer abenteuerlichen Apparatur wurde ein Teil der Zwetschgenernte zu einem wahren Höllengetränk gebrannt, das aber, da gastfrei ausgeschenkt oder gegen Kredit verkauft, auch keinen finanziellen Aufschwung brachte. Die Position meiner Mutter im Dorf hatte sich etwas gebessert, seitdem ihr wunderschönes, rein seidenes, langärmeliges Nachthemd zum drittenmal beim weihnachtlichen Krippenspiel die Maria gekleidet hatte, aber sie war doch nicht so gesichert, daß es keinen Anstoß erregte, als der Herr Pastor begann, bei meinen Eltern aus- und einzugehen, um sich dort Noten und Bücher auszuleihen, das Zwetschgenwasser zu testen und über Thomas Mann und Marlene Dietrich zu streiten. Er verabschiedete sich eines Tages auf Anweisung seiner vorgesetzten Behörde unter Tränen.

Meine Mutter zog Hühner, backte Brot, butterte aus dem abgeschöpften Rahm des täglich von Traudchen gelieferten Liters Milch und hielt in der Volkshochschule der nun mit dem Fahrrad zu erreichenden Bahnhofsstadt todesmutig einen Kurs über moderne amerikanische Literatur ab. Die ihr bis dahin völlig unbekannten Hemingways, Faulkners und Steinbecks nebst passenden Buchbesprechungen schickte ich ihr aus Hamburg.

Und dann begann sie eines Tages die Geschichte ihrer Kindheit und Jugend aufzuschreiben. Sie schrieb lange daran. Um keinen zu beleidigen, änderte sie alle Namen – eine zu simple Methode, denn irgendwie waren sie dann doch fast alle beleidigt und infolgedessen nicht ganz ohne Schadenfreude, als ein Verlag nach dem anderen das glücklich fertiggestellte Werk zurückschickte. Wie das in Familien so üblich ist, wurde die Frage „Was macht eigentlich dein Buch?" schließlich nur noch aus einer gewissen Bosheit heraus als Retourkutsche auf ähnliche Fragen gestellt. Aber allmählich geriet das Werk auf dem Boden einer alten Eifeltruhe, wo ich es nach Mutters Tod wiederfand, in völlige Vergessenheit.

Sie starb im gleichen Jahr wie ihr geliebter Mann, und man kann wohl sagen, daß ihr Alter der schönste und sonnigste Teil ihres Lebens war – und der sorgloseste. Alle ihre älteren Geschwister und deren Ehegatten haben sie überlebt – keiner von ihnen, der nicht das achtzigste Lebensjahr weit überschritt. Jetzt lebt nur noch Tante Emilie, die Älteste, deren 90. Geburtstag wir schon vor etlichen Jahren feierten. Die schult noch immer die jungen Mütter der Familie nach den ehernen Grundsätzen des Jahrhundertanfangs, fabriziert Handarbeiten und spitze Bemerkungen und läuft angesichts kleiner Katastrophen zu großer Form auf.

Zweimal habe ich selbst im Schoße der weiteren Familie gelebt: einmal als meine Mutter nach ihrer verunglückten ersten Ehe mit dem „Haufen Kinder" ins Elternhaus zurückkehrte, wo sich unter dem Druck der Wirtschaftskrise am Beginn der dreißiger Jahre auch noch Tante Emilie und Onkel Johannes einfanden. Das hob die allgemeine Stimmung nicht gerade. Meiner Schwester und mir blieb zuweilen nichts anderes übrig, als den ständig an uns herumnörgelnden Verwandten kräftig auf die Zahnbürsten zu spucken. (Einmal haben wir Onkel Johannes' Exemplar sorgfältig wieder abgespült, weil er uns in den Film „Morgenrot" mitgenommen hatte.)

Das zweite Mal versammelte sich ein großer Teil der Familie nach dem Zweiten Weltkrieg in den Walddörfern bei Hamburg, wo in der gleichen Straße Tante Karoline seit ihrer Hochzeit wohnte und – ein paar Häuser weiter – die Großeltern in ihren letzten Jahren gelebt haben. Onkel Johannes, der Erbe des Hauses, weilte noch in Rußland, und es wurde beschlossen, daß es sicher in seinem Sinne sei, wenn außer der üblichen Zwangseinquartierung auch noch dieses und jenes Familienmitglied dort Aufnahme fände. Tante Emilie, der ein Wohnrecht erbmäßig zustand, versuchte mit wechselndem Erfolg, ihr Regiment zu verteidigen. Wen kann es da wundern, daß ich dort entfloh und mich vom Wohnungsamt bei meiner sehr geschätzten Patentante Karoline einweisen ließ, die aufgrund der Blockleiterschaft Onkel Onnos noch mehr Wohnraum als andere Leute abgeben mußte?

Ich weiß also, wovon ich spreche, wenn ich zusammen mit meiner Mutter von ihrer – unserer – Familie erzähle.

Zum Schluß möchte ich noch sagen: wenn es auch nicht immer so klingt, wir haben sie beide sehr gemocht – unsere aparte Familie!

10

1.

Idyll in Hitzacker
Sparen tut not
Enttäuschung in Essen

Es war im sehr strengen Winter des Jahres 1899. Gänzlich ver-
mummt, so daß man von den kleinen Kindergesichtern nur noch die
Augen und Nasenspitzen sehen konnte, trabten sie frierend durch
den hartgefrorenen Schnee.

Es war noch früh am Morgen: eine Stunde eher als sonst waren sie
vom Vater geweckt worden. Sie mußten alle vier in Vaters Stube
kommen, und da hatte er ihnen erzählt, daß sie in der Nacht ein kleines Schwesterchen gekriegt hätten. Mutter wollte nun gern ihre
Ruhe haben, und da mit Pastors schon vorher alles so ausgemacht
worden war, mußten sie schnell ihre Sonntagskleider anziehen und
sich dorthin auf den Weg machen. Vater hatte gar nicht mehr darauf
geachtet, was sie nun anzogen. Emilie, die Älteste, nahm sich den
kleinen Johannes vor. Und Gottfried und Karoline sorgten für sich.
Zur Mutter durften sie noch nicht.

„Wie soll denn unser kleines Mädchen heißen?" fragte Karoline.
„Ich bin für Edith!"

„Edith? Quatsch! Irmgard ist doch so ein hübscher Name. Ich bin
für Irmgard!"

„Ob sie mal so hübsch wird wie meine Anna?" meinte Johannes
bedenklich, „Laß sie doch Anna heißen!"

„Du mit deiner ollen Anna", sagte dann Emilie, „die ist doch wirklich nicht so hübsch. Seitdem sie auch noch den Schaden an der Nase
hat, sieht sie aus wie eine Ziege. Also von Anna sei bloß ruhig."

„Ich finde Anna sehr niedlich, mit ihrem hübschen neuen, roten
Samtkleid sieht sie aus wie eine Prinzessin", meldete sich nun wieder
Johannes in angegriffenem Vaterstolz.

„Oder wie ein Karussellpferd", kicherte Karoline.

„Gottfried, was meinst du denn? Wie soll unser neues Kind heißen", fragte Emilie.

„Ja", sagte Gottfried, der Zweitälteste, „ich finde ja, sie sollte so heißen wie Mutter: Albertine."

Karoline und Emilie waren enttäuscht. Von Gottfried hatten sie etwas außerordentlich Schönes erwartet. Außerdem war es nun einmal so, daß Gottfrieds Meinung bei Vater und Mutter besonders viel galt.

Bei Pastors war es gräßlich. Er hatte selbst fünf Kinder, und Frau Pastor war gar nicht so erbaut von dem morgendlichen Besuch, obgleich doch vorher alles vereinbart war. Der Tag wollte und wollte nicht zu Ende gehen. Es gab scheußliches Mittagessen, das schon kalt war, als man endlich damit anfing, weil Herr Pastor so lange darüber betete. Und dann fragte er auch noch beim Mittagessen mit strengem Blick, wer sich hier „unanständig betragen" hätte. Acht Kinder blitzte er über seine goldumrandete Brille forschend an; das jüngste lag nämlich noch im Wagen. Die vier Besucher hielten mannhaft seinen Argusaugen stand. Sein Fritz log wie immer.

Nachmittags wurde im Konfirmandensaal gespielt. Dabei war auch das Kindermädchen, das sehr gebildet war, denn es las beim Kinderwagen-hin-und-her-Fahren Schillers „Glocke", und das sehr laut, sonst hatte es wohl nichts davon, denn die Kinder machten einen Heidenlärm.

Abends wurden Emilie, Gottfried, Karoline und Johannes mit vielen Ermahnungen von dem pastörlichen Ehepaar und dem gebildeten Kindermädchen entlassen. Sie waren froh, als sie wieder zu Hause ankamen. Nun durften sie auch zu Mutter und das Schwesterchen besehen, und Vater gab noch jedem einen Schluck Sekt zu trinken, den man damals noch „Champagner" nannte.

Das war der erste Tag in meinem Leben, denn das Schwesterchen war ich, und Gottfried behielt wie immer recht: ich wurde Albertine getauft und genannt.

*

Die ersten vier Jahre meines Lebens verbrachte ich in Hitzacker an der Elbe. Der Ort liegt so bezaubernd schön, daß damals eigentlich immer irgendwo ein Maler saß, der Hitzacker malte. Ich weiß noch, daß es dort eine Riesenkastanie gab, die so groß war, daß sonntags eine ganze Musikkapelle auf einem Podest in ihren Zweigen Platz hatte und zum Promenadenkonzert aufspielte.

Meine vier Geschwister sind in Fallersleben geboren. Von dort wurde Vater, der Lehrer war, nach Hitzacker versetzt – eine Verbesserung, denn er bekam nun eine Rektorenstelle mit Dienstwohnung. Und was für eine Dienstwohnung! Im Parterre waren drei große Schulklassen und verschiedene Zimmer zum Unterbringen von Landkarten, Sportgeräten, ausgestopften Tieren und der Schülerbibliothek. Darüber waren unsere Wohnräume.

Selbstverständlich hatte Vater ein Zimmer für sich. Es wurde beherrscht von seinen Büchern, die vom Fußboden bis zur Decke drei Wände beanspruchten. Vater hatte einen großen Eichenschreibtisch mit Aufsatz, an dem er wirklich fleißig arbeitete. Ein Klavier stand an der vierten Wand, und darüber und neben dem Schreibtisch hingen Bilder aus „Kunstwart" – Mappen zum Auswechseln. Soweit ich mich entsinnen kann, stand Arnold Böcklin hoch im Kurs.

Neben einer Riesenküche, dem Elternschlafzimmer, der „besten Stube" und einer recht geräumigen Diele hatten wir eine Kinderstube, einen geradezu idealen Raum zum Aufenthalt bei schlechtem Wetter. Hier stand ein großer Kachelofen. Unter den beiden Fenstern dehnte sich ein breites, schwarzes Roßhaarsofa, dazu kamen ein Ausziehtisch mit Stühlen und ein Schrank für unsere Spielsachen. Über der Tür hing Bismarck mit seiner ganzen Familie.

In dieser Kinderstube spielte sich also das Leben bei schlechtem Wetter ab. Nachmittags machten die Großen hier ihre Schularbeiten. Vor dem Eckfenster war ein kleines Podest mit zwei Schubladen für unsere Bilderbücher. Wir nannten dieses Möbelstück den Thron, denn Mutter saß darauf hinter ihrem Nähtisch und machte Handarbeiten. Manchmal spielte sie auch mit uns, sie konnte wunderbar zeichnen und dazu die schönsten Geschichten erzählen, wobei Sonne, Mond und Sterne immer eine große Rolle spielten.

Wir hatten einen weiblichen Hausgeist, Auguste genannt. Morgens sorgte sie für Sauberkeit, und nachmittags war sie Kindermädchen. Johannes und ich liebten sie glühend. Aber Hamburgs lockende Nähe war stärker als unsere Gefühle. So verließ sie uns eines Tages.

Noch lange habe ich mir ihr Bild aufbewahrt, das sie Mutter aus

Hamburg schickte; Johannes bekam einen Porzellanbecher mit dem Uhlenhorster Fährhaus und einer azurblauen Alster, in der sich hübsche Segelschiffe spiegelten. Die ganze Pracht rahmte ein Edelweißkranz ein, von dem einige Blüten in natürlicher Größe vorwitzig in die Alster fielen. Auf meinem Becher stand nur in schönen verschnörkelten Goldlettern „Albertine". Die Schiffchen mit dem Edelweiß gefielen mir besser, aber Johannes wollte nicht tauschen. Erst später, als von seinem Becher der Henkel abgebrochen war, machte er großzügig von meinem früheren Angebot Gebrauch.

Das Foto von Auguste im Hamburger Dienstmädchenornat war wirklich hübsch. Sie trug ein schwarzes Kleid, dazu ein weißes Häubchen, weiße Schürze, weiße Manschetten und einen weißen Stärkekragen. Ihre Wange stützte sie vornehm mit dem Zeigefinger der linken Hand, während die rechte von der Brüstung eines gemalten Pappbalkons ein Buch baumeln ließ, auf dem groß „Schiller" zu lesen war, so als hätte Auguste gerade aufgehört, die „Jungfrau von Orleans" zu studieren.

Auf unserer Diele tanzte meine Mutter mit mir, wenn die andern vier in der Schule waren. Und wie tanzten Mutter und ich! Zwei Tänze waren meine besonderen Lieblinge. Mutter nannte sie „Stenk und Charles" und „Flotte Studenten". Dabei kamen wir regelmäßig aus der Puste, denn die beiden erstgenannten Herren und auch die Akademiker waren anscheinend nicht für gemessene Takte, sondern tanzten mit Temperament und Leidenschaft. Mutter nahm mich dabei auf den Arm, raste mit mir über den Vorplatz in Galopp und Wechselschritt, warf mich hoch in die Luft, fing mich wieder, beugte sich tief mit mir herunter, warf mich von einer Schulter auf die andere, und dazu sang sie auch noch. Anschließend setzten wir uns auf die Treppe und herzten uns. Eng umschlungen wiegten wir uns langsam hin und her und schworen uns ewige Liebe.

Die Treppe, auf der sich das abspielte, führte zu den oberen Gemächern. Dort schliefen in einem Zimmer Karoline und Emilie und in dem anderen Raum Gottfried und Johannes. Außerdem hatten wir noch zwei Fremdenzimmer und einen wunderbaren Boden. Vater hatte da für uns eine lange Schaukel angebracht, und Johannes' Schaukelpferd stand auch da. An seinem dicken Schwanz lernte Karoline das Zöpfeflechten.

14

Einmal saß Auguste auf der einen Seite der Kinderstube und spielte mit den Kleinsten Mutter und Kind. Plötzlich stürmte in unser trautes Familienglück die wilde Jagd der Großen und ihrer Freunde. Ich fiel dabei so unglücklich auf die Pultkante, daß meine beiden Vorderzähne nur noch lose baumelten. Als Mutter herunterkam, denn selbstverständlich zeterte ich mörderlich, hatte Auguste mich unter dem Arm und überreichte in der andern Hand Mutter meine beiden Zähne.

So hatte ich bis zu meinem achten Lebensjahr eine häßliche Zahnlücke, die mich nicht gerade niedlicher machte. Wie oft habe ich vor dem Spiegel gestanden und versucht, wie ich meinen Schönheitsfehler verdecken konnte. Mutter wurde mein vieles In-den-Spiegel-Gukken unheimlich, und sie sagte mir ernst und traurig:

„Wenn mal die Uhr schlägt und du gerade solche Fratzen schneidest, bleibt das so. Das ist dann viel schlimmer als deine fehlenden Zähne. Dann sind alle Kinder bange vor dir, und keiner mag mit dir spielen."

Mir ging das sehr zu Herzen, und ich richtete mir mein Spiegelgukken so ein, daß ich damit fertig war, wenn unsere Uhr halb oder voll schlug. Als ich älter war, ließ mir Mutters Warnung doch keine Ruhe. Man mußte der Sache auf den Grund gehen. Wenn man beim Gehen die Fußspitzen nach außen setzt, so ist das doch sehr elegant. Daran könnte man es doch versuchen. Denn wenn die Fußspitzen beim Glockenschlag so stehenbleiben würden, wie schön wäre das! Ich besah im Stehen ein Bilderbuch, das auf dem Stuhl lag. Die Uhr schnarrte immer vorher, ehe sie zum Schlage ausholte. Nun wurde es gewagt! Man brauchte ja die Fußspitzen nicht allzu hoffärtig nach außen zu setzen, sondern so, daß man bestehen konnte, wenn die Mode sich ändern sollte. Also, schön geradeaus gerichtet und nun stillgestanden. Da schlug die Uhr auch schon – und nachher? Meine Füße konnte ich noch immer drehen, wohin ich wollte. Das war das erste Mal, daß ich erfuhr, daß auf Mutters Theorien nicht unbedingt Verlaß war.

Vater brachte frischen Wind in die verstaubte Schule von Hitzacker. Die Bibliothek wurde gesichtet und erneuert. Kitsch verschwand. Das Kinderschützenfest, eine Tradition des Ortes, wurde durch Vater wieder eingeführt. Die Jungen der Oberklassen schossen mit Luftbüchsen nach Scheiben, die Mädchen warfen nach Holztauben. Dabei wurden Gottfried und Emilie einmal König und Königin. Sie waren den ganzen Tag Mittelpunkt der Ereignisse und wurden wohl am meisten von mir bewundert. Ach, war Emilie schön mit weißem Kleid und einer schwarzen, mit Gold umrandeten Samtweste, auf der viele hübsche Orden prangten und so herrlich klirrten! Eine Krone in Diademform hatte sie auf dem Kopf und trug sogar weiße Handschuhe. Und Gottfried, den ich eigentlich am liebsten von meinen Geschwistern mochte, wie war der erst herrlich anzusehen! Er prangte in einem Tschako mit wallenden, weißen Federn und in einer gleichfalls prachtvollen Ordensweste. Und sein Gewehr war zum Dank, daß es solche Ehren geschenkt hatte, mit einem Blumenstrauß geziert.

Karoline war nur Ehrendame mit künstlichen weißen Blumen im Haar, die Mutter mit Hilfe einer Stricknadel neu gekräuselt hatte, und einer riesigen rosa Schärpe um die Schultern.

Nur Johannes war nicht so gut weggekommen. Sein Jahrgang kämpfte mit dem Pusterohr. Als aber Johannes sein Pusterohr am Abend vor dem Schützenfest mit Blumen schmücken wollte, war nur noch ein kleiner Stummel davon da. Gottfried hatte den größeren Teil für irgendeine Bastelei verwendet. Sowohl seine wie auch meine Tränen, denn er tat mir entsetzlich leid, halfen nichts. Ein neues Pusterohr wurde nicht angeschafft.

Damals hatte ich wohl einen Schutzengel. Denn als wir eines Tages von einem Spaziergang nach Hause kamen und Mutter meinen Kinderwagen, den die Geschwister mit Blumen und Zweigen geschmückt hatten, sauber machen wollte, ringelte sich darin eine ausgewachsene Kreuzotter. Ich hatte ein paar Stunden darauf gesessen, und sie hatte mir das wohl nicht übelgenommen. Ich fiel auch ein paarmal in die Elbe. Seltsamerweise bezog ich von Mutter zunächst einmal Haue, wenn ich von jemandem klatschnaß nach Hause gebracht worden war. Dann wurde ich ins Bett gesteckt und mußte zur allgemeinen Aufheiterung vormachen, wie ich geschwommen hatte. Dabei legte ich mich auf den Rücken und machte den Mund auf und zu.

Vater unterrichtete Gottfried in Latein, Emilie und Karoline mit einigen anderen Lernbeflissenen in Französisch, denn Hitzacker hatte keine höhere Schule. Deshalb trat bald die Frage an unsere Eltern heran: Was soll aus den Kindern werden?

Schließlich meldete sich Vater seiner Kinder wegen von Hitzacker fort. Es sollte in eine größere Stadt übergesiedelt werden, damit wir auf höhere Schulen gehen konnten. Das erste Angebot kam aus Essen, allerdings mit der Einschränkung, daß ein Rektorat im Augenblick nicht zu vergeben sei, wohl aber eine einfache Lehrerstelle. Doch gab man das Versprechen, Vater gleich zum Rektor zu machen, sobald sich eine Vakanz böte.

Wie Vater und Mutter zu diesem Entschluß kamen, mit welchen Gefühlen, mit welchen Sorgen und Bedenken, das erfuhren wir Kinder natürlich nicht.

So siedelten wir 1903 nach Essen um.

Nebenbei bemerkt

Mehr als vierzig Jahre später kehrte wieder ein Zweig der Familie nach Hitzacker zurück: Onkel Gottfried mit seiner Frau Inga und zwei Töchtern besaßen zwar noch ihr Haus in Berlin, aber dieses hatte im letzten Kriegsjahr beträchtlichen Schaden genommen, so daß ihm unter anderem auch das Dach fehlte. Als also Onkel Gottfried aus seiner kurzen amerikanischen Kriegsgefangenschaft heimkehrte – die deutsche Wehrmacht hatte trotz seines doch schon relativ reifen Alters wegen seiner Kenntnisse um den Schall feindlicher Kanonen und die daraus zu ziehenden Folgerungen nicht auf ihn verzichten mögen –, mußte er sich nach einer anderen Heimstätte für sich und die Seinen umsehen.

Seinen Ausmarsch nach Rußland durfte ich übrigens bei einem Besuch in Berlin miterleben und konnte sogar noch zu seiner Verproviantierung durch das Backen großer Mengen Haferflockenplätzchen – von Mandelmakronen kaum zu unterscheiden – beitragen. Bei der Gelegenheit stellte er wieder einmal Großmutters Ausspruch „Unser Gottfried hat nun mal den anschlägigsten Kopf" unter Beweis, denn er hatte sich ein Transportmittel bauen lassen, das eine geniale Vorausschau auf spätere Wohnwagen darstellte. Es war ein ungeheuer gemütliches und praktisches Vehikel mit Betten, Schränken, Kochmöglichkeiten und einem Tisch zum Speisen und zum Ausrechnen des Kanonendonners. Für On-

kel Gottfrieds Fahrer gab es allerdings den geringen Nachteil, daß er mit angezogenen Beinen schlafen mußte, um Raum für die vorsorglich mitgeführten Getränke zu schaffen. Leider leuchtete dieses Gefährt jemandem aus der hohen Generalität so sehr ein, daß der es noch weit vor der russischen Grenze kurzerhand beschlagnahmte und mein Onkel seine Reise an die Ostfront im Truppentransportzug fortsetzen mußte. Ob mit oder ohne Haferflockenplätzchen und Getränke, entzieht sich meiner Kenntnis.

In Hitzacker hatte man auch im Jahre 1945 meinen Großvater, der um die Jahrhundertwende dort Rektor gewesen war, noch nicht vergessen. Es gab noch nunmehr gestandene Männer, die er in der Elbe das Schwimmen gelehrt hatte und die beim Kinderschützenfest um die Königswürde gerungen hatten. Die Erinnerung an eine glanzvolle Aufführung der Oper „Hänsel und Gretel" von Humperdinck war noch in vielen wach, und manche nun reife Hitzackerin wußte noch, wie sie als Englein im weißen Nachthemd eine Leiter hinuntergeklettert war, wozu selbst die zugelassen worden waren, die notorisch falsch sangen wie Tante Karoline. Auch der damalige Kirchenchor hatte eine Glanzzeit unter Großvaters Stabführung erlebt und, unterstützt von der Ludwigsluster Dragonerkapelle, mehrere Konzerte klassischer Musik nicht nur in Hitzacker selbst, sondern auch in umliegenden Ortschaften gegeben, ja sogar jenseits der Elbe. Übrigens sang bei dieser Gelegenheit Onkel Gottfried das Altsolo des „Benedictus" aus Mozarts Requiem so schön, daß in Großmutters Vergißmeinnichtaugen noch Tränen traten, als sie uns davon erzählte.

Also fand Onkel Gottfried die Hilfe alter Schulfreunde und das Wohlwollen des Städtchens, als er sich in Hitzacker ansiedelte. Er hauste in einer Art Baracke, die vollgestopft mit Büchern, Noten, Musikinstrumenten, Handwerkszeug, Hühnerfutter und natürlich auch den notwendigsten Möbeln und dabei urgemütlich war. In der Mitte stand der Flügel der immer noch schönen Tante Inga, die gelassen in vollendeter Haltung Reisig sammelte, Hühner fütterte, putzte, wusch, Kartoffeln pflanzte und Bach spielte.

Onkel Gottfried hatte inzwischen eine Produktion handgezogener Bienenwachskerzen zwischen Flügel, Bücherregal und Kinderbetten aufgezogen und genoß das Austüfteln des optimalen Verhältnisses zwischen Dochtstärke und Kerzendicke wie alles Neue, das er zeit seines Lebens

18

immer wieder anfing. Außerdem ernährten die Erzeugnisse dieser Heimarbeit – in Hamburg persönlich auf den Markt gebracht – die Familie, vor allem als er noch hölzerne Leuchter und Tabletts dazu schuf.

Aber dies konnte ihn natürlich nicht ausfüllen. So richtete sich sein Augenmerk auf die musikalischen Aktivitäten, die der Schullehrer, offenbar ein würdiger Nachfolger meines Großvaters, in Gestalt einer Musikfestwoche im Sommer betrieb. Onkel Gottfried, zusammen mit einigen anderen Bürgern des Städtchens, gelang es nun, diese Festwoche von einer Amateurveranstaltung auf ein hohes Niveau zu heben, nicht zuletzt durch seine Beziehungen zur Musikwelt.

Ich habe an der zweiten größeren Veranstaltung im Jahre 1948 teilgenommen. Damals hatte man mit Bitten und Versprechungen Künstler der allerersten Garnitur bewogen, für die sommerlichen Musikwochen in Hitzacker ihre Zusagen zu geben. Als die Währungsreform alle Versprechungen zweifelhaft machte, erwies sich, daß die Künstler auch menschlich zur allerersten Garnitur gehörten, sie kamen alle auf die äußerst vage Zusage hin, daß der Reingewinn gerecht verteilt werden solle.

So saßen sie in diesen schönen Sommertagen um Tante Ingas Flügel oder am Waldesrand und übten, weil der Kursaal ja nur für die Konzerte frei war. Tante Inga kochte ununterbrochen Tee, und auch die übrigen Leute von Hitzacker ließen sich nicht lumpen und schossen in den umliegenden Wäldern drei Wildschweine, um die sich aber leider ein wilder Streit erhob. Zunächst ging es um die Frage, ob auch die eingeladenen Journalisten etwas davon abbekommen sollten, und dann um einen bedauerlichen Substanzschwund des Wildschweinfleisches, der nie ganz geklärt wurde. Das Programm der Konzerte reichte nicht nur von Bach bis zu dem damals noch hypermodernen Hindemith, sondern es gab auch ein paar Uraufführungen in Gegenwart der Komponisten. So wurden diese Tage zu einem rauschenden Erfolg.

Nur leider nicht finanziell. Ein Solistenehepaar erhielt beispielsweise die stolze Summe von 20.— DM für die zehn Tage, was knapp zur Heimreise reichte. Aber jeder Künstler bekam eine Wildschweinfleischbüchse und einen Spickaal mit auf den Weg. Trotz der höchst mageren finanziellen Ausbeute sind sie auch wieder gekommen – im nächsten Jahr und im übernächsten, jeden Sommer bis auf den heutigen Tag; denn die sommerlichen Musiktage gibt es immer noch in Hitzacker. Nur

die Rollen, die Onkel Gottfried und Tante Inga an ihrem Anfang ge-
spielt haben, sind inzwischen längst vergessen.

Nach einigen Jahren hat übrigens Onkel Gottfried Hitzacker den Rük-
ken gekehrt und ist wieder in die Großstadt gezogen – diesmal nach
Hamburg.

Vor unserer endgültigen Übersiedlung war Vater nur einmal in Essen gewesen. Er hatte kurz entschlossen eine Wohnung in der zweiten Etage eines grauen Hauses in Essen-West gemietet. Mit dem
Blick eines Mannes, der sich lieber Buchläden als leere Etagenwoh-
nungen ansieht, hatte er wohl vieles übersehen, was eine erfahrene
Hausfrau, wie es zweifellos unsere Mutter war, abgeschreckt hätte.

Wir waren im Juli umgezogen. Das sommerliche Essen erschien
uns heiß, aber nicht häßlich. Als wir ankamen, hatten wir am Bahnhof zwei Kutschen genommen und waren über eine hübsche Allee
mit großen Linden und schönen Villen gefahren.

Als es aber langsam Herbst wurde, legte sich die melancholische
Stimmung und der Ruß der Kruppschen Fabrik, die in unserer Nähe
war, auf unsere Wohnung und unsere Gemüter.

„Sag mal ehrlich, Karoline", fing Gottfried eines Abends im Keller
beim Stiefelputzen an, „sag mal richtig die Wahrheit, du weißt, daß
du einen roten Strich auf der Stirn kriegst, wenn du lügst . . ."

„Hör doch mit solchem Quatsch auf, so klein bin ich ja nun auch
nicht mehr. Wenn du unsern beiden Kleinen so was erzählst, mag
das noch interessant sein . . ."

Karoline wendete keinen Blick von ihren Schuhen.

„Außerdem, Gottfried, möchte ich dir noch sagen, daß lügen ein
sehr häßliches Wort ist. Vater sagt immer, zu sagen ‚du lügst' ist eine
sehr große Beleidigung. Und . . ."

„Ja, Herr Pastor", sagte Gottfried ruhig, „aber Verhaltensmaßre-
geln wollte ich mir nicht gerade bei dir holen. Du brauchst ja nicht
immer gleich zu streiten, denn . . ."

„Streiten? Wer streitet denn hier? Außerdem kannst du nächstens
Emiliens Schuhe putzen. Sie zieht manchmal zwei Paar am Tag an.
Ich nehm' dafür Mutters und Tinchens, aber du suchst dir immer das
Beste raus."

Gottfried hatte ein paar mal erfolglos versucht, Karoline zu unterbrechen, aber er fand keine Atempause. Wenn Karoline redet, redet sie. Aber Gottfried hatte etwas auf dem Herzen, das er schon lange mit sich herumtrug. Er hatte sich lange hin und her überlegt, wie es zu seiner bedenklichen Art paßte, wem er sich offenbaren sollte.

„Ich muß mal mit jemandem darüber sprechen, aber mit wem? Mit Mutter? Nein, das geht ja gar nicht, denn seit wir von Hitzacker weg sind, ist Mutter so kribbelig geworden. Immer ist von Geld und vom Sparen die Rede, und Vater spielt auch kein Klavier mehr und singt nicht mehr ‚Adelaide‘, was Mutter doch so gern mochte. Emilie? Nein, Emilie kommt nicht in Frage. Sie hält uns doch bei jeder Gelegenheit vor, daß sie die Älteste ist, und Vater und Mutter unterstützen sie noch dabei. Also bleibst du nur noch, Karoline, denn die andern beiden sind ja zu klein. Karoline, magst du gern hiersein?"

„Wo? Hier im Keller?" antwortete Karoline schnippisch.

„Nein, Karoline, hier in Essen."

„Ach Gottfried, warum mußt du davon anfangen. Ich finde es einfach greulich hier. Diese schreckliche Wohnung! Und kein Grünes, kein Wasser, keinen Platz zum Spielen; es ist wirklich trostlos."

„Ja", sagte Gottfried, „mir geht es genauso. Ich muß immer an Hitzacker denken. Hier ist alles ganz anders, als ich es mir gedacht habe."

Beide putzten wieder eifrig an ihrem Schuh.

„Nimm nicht soviel Wichse, Karoline. Du weißt, wir müssen sparen, und Vater hat gesagt, mit Spucke hätten sie früher bei den Soldaten die Stiefel am schönsten blank gekriegt."

„Wenn ich schon das Wort sparen höre! Hast du früher überhaupt einmal gehört, daß Mutter was von sparen sagte? Und hier hörst du bald nichts anderes mehr. Warum haben wir keine Auguste, warum machen Emilie und Mutter immerzu rein? Man kann doch sicher hier Mädchen haben! Und Vater ist auch ewig brummig. Ob das wohl lebenslänglich so bleibt?"

„Ja, Karoline, wenn man das wüßte, dann würde ich bestimmt . . . Ruhig, ich glaub', da kommt jemand."

„Ach, das ist nur der übergeschnappte Kerl aus der Mansarde, der immer die Bilder mit den Bibelsprüchen auf unsern Balkon wirft.

Der sagt nichts. Deswegen können wir uns ruhig weiter was erzählen."

„Karoline, wie ist das eigentlich bei dir in der Schule? Hast du da schon Freundinnen?"

„Nie werde ich da Freundinnen haben. Die sind alle so entsetzlich hochnäsig. Ich weiß auch nicht, wie ich es machen soll. Da sind immer so Clübchen, die spielen zusammen oder flüstern miteinander und lachen dämlich."

„Genau so ist es bei uns in der Klasse. Wie ich neulich die grauen Strümpfe anhatte, die Mutter mir erst ganz neu gestrickt hat, da haben sie in der Schule zu mir gesagt: ,Da kommt Hitzacker mit Eselsbeinen!' Und die ganze Klasse hat gelacht. Und mit einem mal schrien sie alle und lachten sich halbtot dabei: ,Eselsbeine, Eselsbeine!'"

„Ja, und stell dir vor, Gottfried, ein paar von meinen Mitschülerinnen sagten: ,Du, deine Schürze ist zu kurz, und dein Kleid ist zu lang!' Und dann riefen sie alle ,Madam, Madam!' und haben auch wie die Verrückten gelacht. Gottfried, was machen wir denn da? Ich bin froh, wenn die Schule aus ist. Da ist Maria Meyer. Ihr Vater ist auch Lehrer. Aber was für einer! Der ist kein Rektor gewesen. Das merkt man doch gleich. Eine Dienstwohnung haben sie auch nicht gehabt, und wie ich ihr von Hitzacker erzählt habe, hat sie gesagt, ich sollte bloß nicht so angeben, denn den ganzen Kram glaubte sie nicht. Und am andern Tag bestellte sie mir von ihrem Vater, ob es in Hitzacker noch mehr so schlaue Mädchen gäbe."

„Karoline, ich bleib' nicht hier in diesem schrecklichen Essen. Ich will wieder weg. Egal wohin, aber nicht hierbleiben."

„Dann geh' ich mit. Ich will auch nicht hierbleiben."

„Das ist gut, Karoline, danach wollte ich dich nur fragen, denn allein ist das nicht so schön."

„Ja, aber wo wollen wir denn hin?"

„Ich hab' doch den kleinen Kompaß, und wir brauchen bloß immer nördlich zu gehen. Jeder nimmt einen Koffer mit seinen Sachen mit, damit wir auch mal Sonntagszeug anziehen können. Ich nehm' von meinen alten Spielsachen mit, was wir tragen können – das verkaufen wir unterwegs. Meine Burg, meine Bleisoldaten, weißt du, die Grenadiere mit den weißen Hosen . . ."

„Ach du lieber Gott, was muß ich denn mitnehmen?" Karoline, die nicht gern etwas von ihren Sachen hergab, kam in Konflikte. Sie überlegte schnell.

„Meine Puppen, nein, davon kann ich keine verkaufen. Das sind meine Kinder, und ich bin ihnen eine gute Mutter gewesen. Das bring' ich nicht übers Herz. Dreimal nein, nein, nein." Aber sie hatte eine andere Idee.

„Ich nehme Mutter all die schönen Handarbeiten wieder weg, die ich ihr gemacht habe. Die Waschtischgarnitur, das Paradehandtuch, die Bett-Täschchen, die Tastendecke auf dem Klavier, die Sessel- und Sofaschoner aus der guten Stube, Handarbeiten werden gut bezahlt, das habe ich hier schon in einem Laden gesehen."

„Also, wenn du schon so anfängst und wirst wieder knickerig, da bleib man lieber gleich in Essen. Dann gehe ich allein. Nimm wenigstens deine Korallenkette mit und die Brosche, die dazugehört. Das ist doch deins, da hat ja keiner was zu sagen."

„Gottfried?"

„Ja, und?"

„Sag mal, wollen wir denn Emilie nicht auch lieber mitnehmen?"

„Emilie? Die??? Mensch, die markiert doch immer die Leidende. Kann keine Koffer tragen. Siehst es ja schon an den Schuhen, daß sie sich gern drückt. Nee, die laß man bei Mutter."

*

Selbstverständlich ist dieser Plan, der beim Schuhputzen im Keller entstand, nie zur Ausführung gekommen. Eines Tages sang Vater wieder „Adelaide", und wir zogen in eine neue Wohnung.

Unsere zweite Essener Wohnung war wesentlich schöner als die erste, die Vater allein ausgesucht hatte. Unermüdlich hatten Vater und Mutter Kilometer um Kilometer zurückgelegt, so daß Mutter, die immer Wert auf einen zierlichen Schuh legte, auch wenn er mit dem Fuß nicht recht in Einklang zu bringen war, abends müde und abgespannt nach Hause kam.

Es gab damals nur zwei Straßenbahnlinien in Essen, und die fuhren in andere Richtungen.

„Willi, wie konntest du nur diese gräßliche Wohnung nehmen in der Berzeliusstraße!" pflegte Mutter dann jedesmal zu sagen.

Vater hieß gar nicht Willi, sondern hatte den schönen Namen August. Mutter mochte aber „August" ganz und gar nicht leiden und hatte Vater in der ersten Zeit ihrer knospenden Liebe in Willi umgetauft. So sagten auch alle seine Neffen und Nichten Onkel Willi.

„Ach Mutter, sieh mal, du weißt doch, wie das damals war", besänftigte dann Vater seine Frau, wobei er ihr zärtlich die Hand auf die Schulter legte. „Ich wußte ja auch nicht, daß es hier üblich ist, daß in den Wohnungen keine Herde und Öfen stehen, aber wir sind ja auch so fertig geworden."

„Daß wir Herd und Öfen erst kaufen mußten, ist noch lange nicht das schlimmste. Viel schlimmer ist dieser gräßliche Anmarsch durch die endlose Frohnhauser Straße. Nur Mauern und immerzu Mauern! Diese Kruppsche Fabrik mit dem Spektakel und abends dem roten Feuerschein – das ist ja zum Bangewerden. Wenn ich schon da beim Tor 4 die Panzerplatten sehe, die da zur Zierde liegen, dann läuft es mir heiß und kalt über den Rücken. Also bloß weg von hier!"

„Ja, Mutter, wir suchen ja schon immerzu nach was anderem. Ich möchte auch gern in die Nähe vom Stadtgarten, aber die Wohnungen kann man ja nicht bezahlen, die kosten ja mindestens achtzig Mark im Monat."

„Willi, du kannst sagen, was du willst, aber von hier müssen wir weg. Ewig kann ich Staub wischen. Immer ist es wieder das alte. Gottfried hat einen Tag einen Kragen um, dann ist er schmutzig. Emilie zieht eine frische Bluse an, und wenn sie morgens vom Markt kommt, ist die Bluse schon angeschmuddelt. Karoline kann ich immerzu den Kopf waschen, er ist regelrecht schwarz. Und wie sehen die beiden Lüttschen aus, wenn sie mal draußen gespielt haben. Woher soll ich denn das Geld für die Seife nehmen?"

Also zogen wir um, und zwar wirklich in die Gegend des Stadtgartens. Hier war die Luft besser, und ganz in der Nähe war der „Schillerhain". Mutter behauptete aber, da wären zuviel Mücken, und so wanderten wir in den Stadtgarten. Dann schmückte Mutter uns vorher: Karoline und mich mit einem sauberen Waschkleid und einer reinen Schürze, Johannes bekam eine frische Bluse an und Gottfried einen reinen Kragen.

Emilie war nur einmal mitspaziert, hatte aber dann ein Haar in der Suppe gefunden. Mutter ging nämlich mit uns auf einen Spielplatz.

Was aber ist ein Sandkasten, wenn man keine Schaufel hat? Heutzutage geht eine Mutter hin und kauft in irgendeinem Kaufhaus Schaufel, Eimer und sonstige Spielsachen für den Sand. Unsere Mutter kaufte so etwas nicht, sondern spendierte nur aus ihrem Kücheninventar zwei Kochlöffel aus Holz für Johannes und mich. Nachdem aber Johannes seinen Löffel unterwegs verloren hatte, mußten die Großen sie tragen. Jedoch Emilie näherte sich bereits dem Fräuleinalter, und es war ihr genant, mit einem hölzernen Kochlöffel bei hellichtem Tag über die Straße zu gehen. Da nun Mutter nie einen einmal erteilten Befehl zurücknahm, mußte unsere große Schwester den Holzlöffel trotz allen Protestes tragen. Sie steckte ihn aber in den Ärmel und hielt den Löffelstiel mit der Hand fest.

Das tat sie nur einmal!

Beim nächsten Ausflug hatte sie ihre Seitenstiche und blieb zu Hause. Auch Gottfried mußte notwendig eine Lateinarbeit schreiben. So blieben nur noch drei. Lange noch hat Karoline dann auf Emiliens Art die Kochlöffel befördert.

Als wir unsere schöne Behausung trocken gewohnt hatten, wurde das Haus verkauft, und der neue Besitzer beanspruchte unsere Wohnung. So gingen Vater und Mutter wieder auf Wohnungssuche. Erneut wanderten wir westwärts und verließen leider die Nähe des Stadtgartens. Nur die Kruppsche Fabrik ließen wir diesmal weit weg von uns liegen, so daß wir von Ruß, Staub und Qualm nicht sonderlich behelligt wurden.

Wir zogen wieder in eine nicht besonders schöne Gegend. Denn wir konnten es uns nicht leisten, etwas Teures zu nehmen, da wir sehr viel Raum brauchten. Und billige Wohnungen haben nun einmal nicht die beste Lage. Wir hatten unsere Ansprüche überhaupt gewaltig zurückschrauben müssen. Kinderstube und Fremdenzimmer fielen aus. Alle unsere damaligen Wohnungen folgten dem gleichen Schema: eine Küche, die nach rheinischer Sitte immer am größten war, Vaters Stube, die „beste Stube", das Elternschlafzimmer, in dem auch mein Kinderbett mit aufgestellt wurde, und zwei Zimmer für die Geschwister.

„Na, lüttsche Mutter", fragte Vater herzlich, „magst du hier nun lieber sein? Hier ist es doch ganz schön. Hier siehst du doch nichts mehr von der Fabrik, und so laut ist es hier doch auch nicht. Ich meine, hier wäre es auszuhalten."

„Ja Willi, du hast schon recht, und ich will dir auch nicht immer was vorjammern. Aber wenn doch diese schreckliche Schmiede nicht im Hof wäre! Ich habe jeden Abend Kopfweh von dem Gehämmer. Und hast du gestern nacht den Spektakel nicht gehört?"

„Ach Gott, Mutter, irgend etwas ist an jeder Wohnung. Die hatten unten Gesellenfeier, und das ist nun mal so, da geht es immer ein bißchen lauter zu."

„Aber der Herr Dolhaine unten, der ist ein ganz widerlicher Kerl. Der hat doch neulich nach seiner Frau mit einem Stück Holz geworfen. Das hat Emilie mit eigenen Augen gesehen. Was sollen da nur die Kinder denken?"

Dolhaines Ehe bot sich unsern Augen in mannigfaltiger Gestalt dar. Manchmal mußte Vater nachts hinunter, um der blaugeschlagenen Ehefrau zu Hilfe zu kommen. Mutter zitterte dann vor Angst und Aufregung. Aber am andern Morgen herrschte wieder eitel Harmonie.

Die Schmiede hatte es Gottfried und Johannes angetan. Sie hielten sich für ihr Leben gern darin auf. Gottfried schmiedete sich irgend etwas und tat sehr geheimnisvoll. Johannes durfte ihm dabei zur Hand gehen. Das dauerte ein paar Wochen, in denen sich Gottfried ein Schiff aus Stahlplatten gebaut hatte, ein Meisterwerk moderner Schiffsbaukunst. Lange vor dem Stapellauf wußte ich von der heimlichen Fabrikation. Das kam so:

Im Hause nebenan wohnten Ingendos. Sie hatten zwei kleine Mädchen, mit denen ich gern gespielt hätte, aber die durften nicht in unsern Hof kommen, weil sie sich an dem vielen Eisen, das rostig herumlag, schmutzig gemacht hätten. Ich sah das ein, aber Hänsken Dolhaine, der zwei Jahre jünger war als ich, konnte sich unermüdlich damit beschäftigen, daß er die Klappe vom Hausbriefkasten der Ingendos öffnete und hineinrief: „Ingendo-Kinder, macht mich die Tür los!"

Eines Tages starb Vater Ingendo, und sämtliche Fenster wurden geöffnet, und, o Wunder, aus einem flog ein kleiner Meßbecher aus Blech, wie er Lysolflaschen beigegeben wird. Diesen Becher habe ich versteckt, obwohl Emilie sagte, er sei giftig. Ich aber konnte mich unmöglich von Herrn Ingendos Nachlaß trennen. In meiner Not ging ich zu meinem Helfer und Tröster Gottfried. Der aber redete so lange auf mich ein, bis ich ihm den kleinen Becher schenkte, denn sein Schiff brauchte einen Eimer an einer Winde. Bei dieser Gelegenheit sah ich den Kahn. Erst Wochen später, als wir unsere erste Sommerreise mit Mutter antraten, rückte Gottfried mit seinem Schiff an die Öffentlichkeit.

2.

„Genau wie die Zugvögel"
Mutters Verwandtschaft
Eine Kavallerie-Attacke

Unsere erste Reise von Essen in die Lüneburger Heide fand im Jahre 1905 in den Sommerferien statt. Vater wußte sich charmant um diesen Familientreck zu drücken. Ungefähr ein Vierteljahr vor den großen Ferien fing er an zu husten. Erst war es nur ein Anstoßen, dann ein Räuspern, danach ein richtiges Husten. Schließlich kam sogar Atemnot dazu, und er lief gepeinigt unseren langen Flur entlang, von Mutter mit einem nassen Schwamm verfolgt. Jedesmal, wenn Vater in Mutters Nähe kam, wurde ihm damit über den bloßen Rükken gewischt. Wir Kinder saßen indessen voller Angst in irgendeinem Zimmer. Emilie – schon früh die medizinische Autorität der Familie – war pessimistisch:

„Nun haben wir bald keinen Vater mehr! An so was stirbt man ganz plötzlich!"

„Red doch nicht so 'n Quatsch, und mach die Pferde nicht scheu", fauchte Gottfried. „So was läßt sich noch auskurieren. Vater muß einfach ins Gebirge."

„,Einfach ins Gebirge' ist ja nun ein besserer Witz", mischte sich Karoline ein, „ich denke, wir müssen sparen! Woher sollen wir denn das Geld nehmen für so eine teure Reise?"

„Ja", meinte Gottfried, „wenn man das wüßte; vor Oktober kriegen wir kein Gehalt."

„Wieso kein Gehalt", wollte nun gern Karoline wissen, „wir müssen doch essen."

„Karoline, mit dem Gehalt ist das so", erklärte Gottfried, „Vater kriegt es vierteljährlich, also viermal im Jahr. Vor Oktober gibt's nichts wieder."

„Dann sieht das aber trübe aus mit uns. Emilie, hörst doch sonst auch das Gras wachsen, weißt du denn keinen Rat?" fragte Karoline.

Emilie, die inzwischen weniger düster in die Zukunft blickte, wußte einen Ausweg: „Die Sache ist ganz einfach: Mutter braucht ja nur etwas von ihrem Vermögen zu holen. Das ist das Reisegeld für Vater."

Gottfried und Karoline erstarrten: „Mutter hat Vermögen? Unsere Mutter??"

Emilie saß auf ganz hohem Roß: „Ja, unsere Mutter! Nun könnt ihr beiden Schlauen mal dämlich fragen."

„Wieviel denn", mochte nun Karoline wissen, die sich schon in Samt und Seide gekleidet sah.

„Das weiß ich auch nicht, aber habt ihr Dösköppe euch noch niemals überlegt, woher das Geld kommt, was Vater so braucht? Denkt doch mal an seine Reisen in den Harz, nach Thüringen und von Fallersleben immer nach Hannover ins Theater. Weißt du nicht mehr, Gottfried, wie Vater sich ‚Rienzi' in Hannover angehört hatte und am nächsten Tag auch noch das ‚Rheingold'? Und als er dann das Vierteljahr nach Nancy fuhr und anschließend Frankreich ein bißchen bereiste; und dann sein Aufenthalt in Greifswald, als er Gasthörer an der Universität war? Da hatte er sich doch in der Schule beurlauben lassen, und weil er noch so ein junger Lehrer war, verdiente er auch in der Zeit nichts. Das hat doch alles unsere Mutter bezahlt. Denkt ihr denn, wir könnten von Vaters Gehalt euer Schulgeld bezahlen? Drei Kinder auf der höheren Schule vom Volksschullehrersgehalt? Das konntet ihr doch wohl ahnen! Ihr seid doch sonst so klug und weise."

Wie nach einem großen Monolog ging Emilie von der Szene.

*

Vater fuhr für sechs Wochen in die Glarner Alpen und machte von dort aus Abstecher nach Oberitalien.

Mutter hatte allerdings nur so viel Geld geholt, daß wir Übriggebliebenen 4. Klasse nach Munster zu unserer Großmutter in die Lüneburger Heide fahren konnten.

Als Vater glücklich weg war, fingen die Reisevorbereitungen für uns an. Wie mag Mutter gearbeitet haben, bis sie für sechs Personen für sechs Wochen alles vorbereitet hatte!

Das Packen allein dauerte zwei volle Tage. Den Hauptanteil unserer Garderobe nahm ein Schließkorb auf. Diese viereckigen Weidenkörbe mit einer Eisenstange zum Durchziehen, einem Vorhängeschloß und an jeder Seite einem Anfasser sind so ziemlich von den Kofferböden verschwunden; doch waren sie zu jener Zeit für viele ein unentbehrliches Reiseutensil.

Wohl um uns zu beschäftigen, hatte Mutter Johannes und mir erlaubt, auch etwas für die Ferien einzupacken. Es mußte aber in einen Schuhkarton hineinpassen. Damit hatten wir einen Tag zu tun, denn immer fiel uns wieder etwas anderes ein, weswegen dauernd aus- und eingepackt wurde. Vater hatte uns vor seiner Abreise einen schönen Zug ausgesucht, der so gegen Mitternacht vom Essener Hauptbahnhof abfuhr. Dann könnten die Kleinen ein Nickerchen machen, und es war auch nicht so warm wie tagsüber. Am andern Morgen so gegen elf sollte unser Zug glücklich in Munster ankommen.

Solche Vorschläge nahm Mutter widerspruchslos hin, da ihr ein Fahrplan gar nichts sagte. Sie hat nie gelernt, sich darin zurechtzufinden, soviel Mühe Vater sich auch gegeben hat, es ihr beizubringen.

Gleich nach dem Mittagessen wurden Johannes und ich gebadet und mußten ins Bett. Das war Emiliens weiser Ratschlag, damit kurierte sie stets alle seelischen und körperlichen Leiden. Diesmal meinte sie, die beiden Kleinen könnten schon vorschlafen, dann wären sie auch in der Nacht nicht so „wrimmelig".

Wie groß war unsere Freude, als wir gar nicht bis zum Dunkelwerden zu warten brauchten. Mutter hatte gemeint, wir sollten man schon losgehen. Es sei den ganzen Tag so schwül gewesen, und vielleicht gäbe es noch ein Gewitter. Dann könnten wir ja nicht aus dem Haus. Wir wohnten so ungefähr eine dreiviertel Stunde vom Bahnhof entfernt und die Straßenbahn wurde erst viel später dorthin verlegt. Also setzten wir uns in Marsch. Das war gegen sieben Uhr.

Johannes und ich nahmen unseren Schuhkarton unter den Arm. Mutter prangte in einem grau-weiß-karierten, leichten Reisemantel mit Pelerine. In einer Schultertasche, die entgegen der heutigen Mode quer über der Brust getragen wurde, bewahrte sie die Wertsachen auf: Koffer- und Wohnungsschlüssel, Geld und „Billetts". Emilie trug drei Huttüten und einen Plaid mit Wolldecke und Kissen, worauf Karoline einst „Glückliche Reise" gestickt hatte. Darin befand sich unser Proviant, und Mutters und Emiliens Schirme waren in einer Extratasche vorn angebracht. Johannes hatte eine grüne Botanisiertrommel, in der weitere Butterbrote waren, und trug sein Schmetterlingsnetz geschultert. Karoline und Gottfried schleppten den Schließkorb. Damit es in den Handflächen nicht so infam kniff, hatten sie ihre Reisetaschentücher um die Henkel gewickelt. Gottfried und Johannes bekamen wegen des eventuell drohenden Gewitters ihre Capes umgehängt. Darunter sollten auch Karoline und ich kriechen, wenn es losregnen sollte. Mutter und Emilie hatten ja ihre Schirme!

„Aber Gottfried, wie sitzt dein Cape so unordentlich?" Emilie mit dem scharfen Blick konnte wieder nichts für sich behalten. Gottfried wollte die Frage überhören, hustete und räusperte sich, flötete auch ein paar Töne, aber ihm fiel nichts Rechtes ein.

„Mutter, sieh doch mal, wie Gottfrieds Cape komisch sitzt", wendete sich Emilie an Mutter. „So kann er doch wohl unmöglich verreisen."

Nun wurde Mutter, die ein paar Schritte mit mir vorausgegangen war, hellhörig: „Mein Gott, Junge, was hast du denn da unter deinem Cape?" In Mutters sonst so sanften Vergißmeinnichtaugen kam ein bedrohliches Funkeln auf.

So mußte das Schiff, das Gottfried nun schon eine ganze Weile neben dem schweren Schließkorb geschleppt hat, zutage treten. Mutter war außer sich.

Der Treck stoppte eine Weile. Karoline, Johannes und ich schossen giftige Blicke auf Emilie ab, Gottfried guckte stur in eine andere Richtung.

„Nein, Gottfried, das geht nicht, das bring man schnell wieder zurück. Was sollen die Leute im Zug davon halten und meine Verwandten in Munster, daß meine Kinder mit solchem Zeug reisen?"

„Mutter, hör doch mal." Johannes wollte etwas sagen, aber Mutter meinte: „Du wartest, bis du gefragt bist! Also, Gottfried, bitte, bring das Ding wieder nach Hause. Karoline bleibt hier so lange beim Gepäck stehen."

„Nöö, ich bleib' nicht beim Gepäck, wenn mich da einer aus meiner Klasse sieht . . . !"

Mutters Handrücken landete auf ihrer Wange, und Karoline sagte nichts mehr. Als wenn nichts geschehen wäre, nahm Mutter ihren Satz wieder auf: „Also los, lauf man geschwind zu, wir haben ja Zeit genug! Wir andern gehen schon langsam vor." Gerade als Mutter sich zum Gehen wenden wollte, sagte Emilie: „Mutter, ich glaube, es hat eben gedonnert."

Die Situation und mit ihr das Schiff waren gerettet. Gottfried brauchte nicht wieder umzukehren. Mutter hatte ihr Leben lang eine panische Angst vor Gewitter; Blitz und Donner durften uns keinesfalls schutzlos auf der Straße überraschen. „Aus Emilie wird man doch nie schlau", meinte später Karoline.

Obwohl Mutter diese Reise gut vorbereitet hatte, war doch eins von ihr nicht richtig überlegt. Wie konnte sie ausgerechnet mir die Saftflasche anvertrauen? Selbstverständlich hatten wir nur eine Flasche mit, denn der Saft konnte verdünnt werden.

„Frisches Brunnenwasser ist doch wohl auf jeder Station zu haben", meinte sie so zwischen ihren Vorbereitungen, „dann könnt ihr mal trinken, wenn einer durstig wird. Aber das kann ich euch jetzt schon sagen, wir wollen nun nicht immerzu essen und trinken auf der Reise. Das bekommt unterwegs gar nicht. Und dann fahren wir ja auch des Nachts; da essen und trinken wir ja sonst auch nichts!"

Es dauerte aber gar nicht lange, daß ich, fröhlich vom Trottoirrand hinunter- und wieder hinaufhopsend, stolperte und mitsamt der Flasche auf die Straße fiel. Die Scherben flogen, und meine Hände bluteten ganz schrecklich. Mit Verbänden aus allen Taschentüchern der Familie und strömenden Tränen thronte ich dann bald auf Gottfrieds Huckepack; aber Johannes konnte das schwere Schiff nicht auch noch tragen, und Emilie kriegte ihre berühmten Seitenstiche, so mußte man den Schließkorb absetzen. Da war es aber auch bei mir schon wieder gut. Ich hatte doch nur zur Unterhaltung meinen Teil beitragen wollen, denn ich sagte beim Hüpfen: „Es ist gerade so, als wenn die Zugvögel . . .", patsch, da lag ich da!

Mutter jammerte hinter ihrem Saft her: „Der schöne, schöne Saft. Der war noch aus unserm Garten in Hitzacker."

Sie war ja so gewissenhaft! Wir reisten auf grauen Fahrkarten. Es gab damals vier verschiedene Billetts: Rot, das war die erste Klasse, Grün die zweite, Braun die dritte und Grau die vierte. Letztere Farbe wurde in jenen Jahren bevorzugt von uns erstanden. So ging Mutter mit uns ganz korrekt in den Wartesaal vierter Klasse. Wir durften ein Butterbrot essen und sahen zu, was rund um uns herum passierte. Es waren ja noch vier Stunden bis zur Abfahrt des Zuges.

Da gab es Orgelspieler, Kartenlegerinnen, Bettler jeden Formats, schlafende, schimpfende, schäkernde Reisende mit und ohne Gepäck. Ein wirklich niedliches Fräulein suchte mit Gottfried ins Gespräch zu kommen, aber Mutter setzte sich gleich an seinen Platz, als sie dies bemerkte. Später kam dann auch die pickelbehelmte Polizei und forderte das niedliche Fräulein auf mitzukommen. Rundherum saßen noch mehr so wunderhübsche Damen, die alle mitkommen mußten. Ich schlief irgendwann ein und wachte erst auf, als ich Mutter vom Schoß gerutscht war.

Nun war es mitten in der Nacht, und wir fuhren schon eine ganze Weile. Morgens, in aller Herrgottsfrühe, kamen wir in Bremen an, und dort zog Mutter mit uns allen, inklusive Gepäck, zum Klo. Die Klodame war aber gar nicht freundlich mit uns. Sie erklärte Mutter erst einmal streng, daß Gottfried und Johannes nichts auf „Für Frauen" zu suchen hätten. Die wären alt genug, die müßten „Für Männer" gehen. Das war Mutter zuviel! In einer wildfremden Großstadt, und dann ausgerechnet auf einem Bahnhof, sollte sie sich von ihren Kindern trennen, wo Gottfried gerade in Essen im Wartesaal schon eine Anfechtung erduldet hatte! Nein, das gab es nicht! Stationsvorsteher her!

Mutter klagte ihr Leid und erzählte, daß sie nun in Essen wohnte und wie schön es in Hitzacker gewesen sei. Geduldig ließ sich die Amtsperson alles berichten, die Klodame zeterte dazwischen, wovon aber nur „Frauen" und „Männer" zu verstehen war. Gottfried und Johannes wurden gemustert und abgeschätzt, und es wurde entschieden, daß Johannes auf „Für Frauen" dürfte, Gottfried aber auf „Für Männer" mußte. Mutter war selig, daß sie wenigstens einen ihrer Söhne nicht herzugeben brauchte, aber Emilie mußte sich an die Tür „Für Männer" stellen und auf Gottfried warten. Nur die Klofrau war mit der bahnamtlichen Entscheidung nicht zufrieden und sann auf Rache. Ihr fiel aber weiter nichts ein, als den Spiegel umzudrehen, so daß sich Emilie und Karoline ohne Spiegel kämmen mußten.

Auch in Bremen hatten wir mehrere Stunden Aufenthalt, und wieder war es der Wartesaal vierter Klasse, wo wir uns zwischen unserm Gepäck einigelten. Frisch gewaschen, aßen wir unsere Butterbrote, und Mutter kaufte sich eine Tasse Kaffee, wovon wir alle einen Schluck trinken durften. Mitten in dieses Familienidyll ertönte die sanfte Stimme einer Schwester der Bahnhofsmission, die fragte: „Ach Verzeihung, liebe Frau, Sie sind doch sicher Auswanderer. Wohin soll's denn gehen?"

Das war Mutter zuviel. Sie faßte das als persönliche Kränkung auf: „Wie meinen sie das? Etwa, weil ich fünf Kinder habe? Oder stört sie unser vieles Gepäck? – O nein, wir kommen von Essen und reisen zu meinen Eltern nach Munster, wenn sie es ganz genau wissen wollen. Das wird doch wohl noch erlaubt sein!" Mir tat die Schwester leid. Sie hatte es bestimmt gut gemeint mit ihrer sanften Anfrage. Aber Mutter fühlte sich beleidigt.

Ein Mann kam herein, der einen wunderschönen Kranz von frischen Rosen mitbrachte. Wie selbstverständlich setzte er sich an unsern Tisch. Platz gab es da noch, denn Gottfried war mit Johannes in die Stadt verschwunden, um sich den „Roland", das Rathaus und den Dom zu besehen. Das hatte Vater als Bildungserlebnis vorgeschlagen, aber Emilie häkelte lieber etwas Kniffliges, und Karoline las „Backfischchens Leiden und Freuden". Ich räkelte – wohl ziemlich unmanierlich – herum.

Wir hatten in Munster eine ganze Menge lieber Verstorbener, und es war wohl Mutter ein Bedürfnis, ihrer in Form von Kränzen liebend zu gedenken. Als nun auch noch der Mann erzählte, die schönen Rosenkränze kosteten nur eine Mark, wurden Karoline und ich losgeschickt, um einen solchen Kranz käuflich zu erwerben. Der Laden wurde uns nicht näher bezeichnet; die Kränze gebe es überall.

Wie haben Karoline und ich Bremen nach den hübschen Kränzen abgesucht und sie nicht gefunden! Damit wir aber nicht mit leeren Händen zu Mutter zurückkamen, schickte mich Karoline in ein Beerdigungsinstitut, das dicht beim Bahnhof lag. Ich kaufte ganz selbständig einen wunderhübschen Kranz, der dazu auch noch Ewigkeitswert besaß: denn aus schwarzen Perlen und Draht hatte man ein kunstvolles, ovales Gebilde geformt. In dessen Mitte war unter gewölbtem Glas ein aufmunternder Spruch zu lesen, der Trost bringen sollte bei wehem Abschiednehmen, und unter der Poesie waren zwei schmale Hände zu sehen, die sich mit den Fingerspitzen berührten. Ich fand das wunderhübsch, und weil alles schon ein bißchen verstaubt und verbogen war, bekam ich diesen Schatz tatsächlich für eine Mark.

Eine herbe Enttäuschung erlebte ich bei Mutter, die meinen schönen Kranz so gar nicht leiden mochte. Nur die Tatsache, daß unser Zug in einer Stunde abfuhr und wir einen guten Sitzplatz haben wollten, hinderte sie daran, uns noch einmal zurückzuschicken.

„Nein, wie könnt ihr bloß solchen Schund mitbringen! Karoline, wie konntest du die Lüttsche nur allein in den Laden schicken? Wenn man aber auch nicht alles selbst tut, dann ist es gewiß, daß es nicht richtig passiert! Daß man auch noch so dumm ist und sich auf euch verläßt! Was soll ich nun mit dem Ungetüm machen? Die Leute lachen mich ja aus, wenn ich mit so was ankomme! Nein aber auch! So dicke haben wir das Geld ja schließlich auch nicht. Wäre ich doch selbst gegangen! Da hat man nun die großen Kinder, aber was hilft das!"

„Mutter", Emilie startete ihr Ablenkungsmanöver, „sollen Karoline und Gottfried nicht schon mal vorgehen und das Gepäck auf den Bahnsteig bringen? Wir kommen dann nach. Du nimmst noch das Plaid, und ich fasse die beiden Kleinen an. Die müssen auch sicher vorher noch einmal. Soll ich schnell mit ihnen hingehen?"

„Zu der gräßlichen Person kriegen mich keine zehn Pferde mehr. Ihr könnt ja gleich alle im Zug hingehen, müßt nur aufpassen, daß ihr euch nicht ganz draufsetzt. So aus den Zügen bringt man leicht schlechte Krankheiten mit."

Der Zug wurde brechend voll, und obwohl wir alle einen Sitzplatz hatten, mußten wir als wohlerzogene Kinder alle wieder aufstehen und uns auf unseren Schließkorb setzen. Später, als es in Soltau noch voller wurde, mußten Karoline und Gottfried selbst da Platz machen.

Die letzte Station vor Munster ist Emmingen.

„So", sagte dort Mutter, „Emilie, gib mal die Huttüten her. Hier ist dein Hut; hier, Karoline, ist deiner, und Tinchen, komm mal her, ich setze dir deinen auf. Du kannst es noch nicht, und nun bleib auch schön manierlich!"

Als wir nun in unseren neuen Sonntagshüten dasaßen, guckte Mutter uns wohlgefällig an und schien mit uns zufrieden zu sein. Das Gepäck wurde noch einmal verteilt, damit das Aussteigen reibungslos vonstatten gehen konnte.

„Wo ist denn nun der Kranz?"

Ja, wo war der Kranz? Einer guckte den andern an.

„Hast du den Kranz?"

„Ich??? Wieso ich denn?"

„Ich habe ihn dir aber gegeben!"

„Was, du mir, nee, mein Kind, Irrtum!"

Was würde Mutter nun machen? Es war offenbar, wir hatten das Prachtstück in Bremen auf dem Bahnhof liegenlassen. Und unsere Mutter, die sonst einem solchen Malheur immer zunächst fassungslos und dann zornig gegenüberstand, sagte plötzlich lächelnd:

„Gott sei Dank, daß wir das schreckliche Ding losgeworden sind. Ich wollte es sowieso noch schnell aus dem Zug werfen, bevor wir ankommen!"

*

Munster in der Lüneburger Heide! Gäbe es doch für alle Kinder solch idealen Ferienaufenthalt! Unser großelterliches Haus hatte Platz genug zum Spielen für sämtliche Vettern und Basen, und draußen gab es die unendliche Weite der Heide.

Mutter hatte noch acht Geschwister, zwei Brüder und sechs Schwestern, die bis auf Tante Lene alle verheiratet waren, und alle hatten sich fleißig vermehrt. Lindemanns zum Beispiel besaßen fünf liebliche Töchter. Jedesmal, schon beim ersten Kind, war der Erzeuger leicht unwirsch gewesen, daß ihm anscheinend der Thronfolger versagt bleiben würde. Von Tochter zu Tochter war seine sichtliche Enttäuschung schlimmer geworden, und selbst meine weise Großmutter hatte da keinen Rat gewußt.

„Dir geht es so wie mir, mein Kind", pflegte sie dann zu ihrer Tochter zu sagen, „das muß man nehmen, wie es der liebe Gott gibt".

Bei uns waren überhaupt die Damen vorherrschend. Von einem Viertelhundert an Kindern unserer Generation gab es außer Gottfried und Johannes nur noch einen Walter. Später kam noch ein

Ernst dazu. Aber der zählte nicht so richtig mit, denn er war angeheiratet. Tante Anna hatte sich nämlich mit einem Witwer vermählt, dessen Frau sie vorher unter Aufgabe aller anderen Interessen bis zum Tode gepflegt hatte. Später schenkte sie ihrem innigstgeliebten Friedrich noch zwei Söhne.

Mein Großvater war in Munster Lehrer gewesen und war, wie früher üblich, außerdem „sonntags Kantor, alltags Küster". Sonntags ließ er die Orgel mit allen Registern durch die Kirche dröhnen, und alltags mußte eine seiner vielen Töchter dreimal täglich zum Glockenturm und die Betglocke schlagen. Bei Großvater war Vater zweiter Lehrer gewesen, und als Mutter von Hamburg aus, allwo sie bei den allerfeinsten Verwandten die „Feinigkeit" lernte, eines Tages für ein paar Tage nach Hause kam, hatte der hübsche Mann mit den kastanienbraunen Locken und der wunderschönen Stimme sich in Mutter verliebt.

Es war nun nicht so, daß gleich geheiratet wurde, o nein! Mein Vater war sehr beliebt, und alle Anhängsel abzuschütteln, nahm einige Zeit in Anspruch. Nebenbei mußte für die zweite Prüfung gearbeitet werden, ohne die es keine feste Anstellung gab. So war Mutter nicht gerade eine ewige Braut, aber doch verhältnismäßig lange verlobt. Meine Urgroßmutter machte schließlich kurzen Prozeß:

„Also, Willi, hör mal her. Diese Rumzieherei mit Albertine hört nun auf. Die Leute im Dorf sprechen ja schon darüber, und es ist nicht gerade schön, wenn ihr Name zu oft in anderer Leute Mund ist. Entweder seid ihr euch einig oder nicht. Ich hoffe aber, du weißt, was du willst. Wenn du auch jünger bist als deine Braut, so bist du doch wohl derjenige, der mehr gelernt hat, womit ich keinesfalls sagen möchte, daß du der Klügere bist. Also du mußt wissen, was du willst!"

„Großmutter, selbstverständlich möchten wir so schnell wie möglich heiraten, doch wenn es nach mir ginge, möchte ich erst noch meine Rektorprüfung machen. Dann verdienen wir doch mehr und fangen nicht gleich mit Sorgen an."

„Nein, mein Junge, das schlag dir aus dem Kopf. Daraus wird nichts. Deine Rektorprüfung kannst du gleich machen, wenn ihr verheiratet seid. Dabei kann dir Albertine schön helfen. Ich bin dafür, ihr heiratet, wenn du deine zweite Prüfung hinter dir hast. Denn daß du sie nicht bestehst, so etwas gibt es ja wohl in unserer Familie nicht! Wann ist der Termin?"

„Am 10. Februar, Großmutter."

„Am 10. Februar? Gib mir doch mal eben meinen Kalender. – Gut, dann wird am 18. geheiratet."

„Aber bis dahin sind es ja nur noch vier Wochen!"

„Vier Wochen ist eine lange Zeit. Ich spreche mit deinen Schwiegereltern; das wird sich schon einrichten lassen, und dann, mein lieber Willi, du weißt, daß ich meinen Enkelkindern, wenn sie heiraten, eine Kleinigkeit zugedacht habe. Sowie das Aufgebot bestellt ist, werde ich dir sagen, mit welcher Summe ihr rechnen könnt. So, nun kannst du gehen. Adieu, mein lieber Willi!"

Am 10. Februar schwenkte der Posthalter am Spätnachmittag ein Telegramm und grölte die Dorfstraße hinauf:

„Häi hett bestann'n, häi hett bestann'n!"

„Aber Herr Hansemann", sagte Mutter empört, „das braucht doch nicht das ganze Dorf zu wissen, warum kleben sie denn das Telegramm nicht zu?"

„Ach, Albertine, dat blivt doch unner uns!"

Meine Urgroßmutter, die erst 1910 starb, hatte eigentlich „unter Stand" geheiratet. Ihr Vater war Hofmedicus beim König von Hannover gewesen. Bei seinen häufigen Besuchen bei Hof war ihm eine Hofdame aufgefallen, die ganz besonders hübsch und immer freundlich war. Schon nach kurzer Zeit wurde sie Frau Hofmedicus und siedelte in das Schloß nach Thedinghausen über, wo sie noch immer ihre alte Herrin betreute. So kam es, daß meine Urgroßmutter in ihrer Jugend viel mit den „kleinen Cumberländern" spielte. Sie ging nicht zur Schule, sondern wurde von einem Hauslehrer unterrichtet, der den hübschen Namen Lüdecke Wolter hatte. Lüdecke wurde mein Urgroßvater. Da ihr Mann wesentlich älter war als sie, wurde Urgroßmutter bald Witwe und zog mit ihrer einzigen Tochter, meiner Großmutter, die auch wieder einen Lehrer geheiratet hatte, zusammen. Von ihrem nicht gerade kleinen Vermögen baute sie das hübsche Haus in Munster, als Großvater pensioniert wurde.

Im ersten Stockwerk hatte sie für sich zwei Zimmer bauen lassen, wo sie im wahrsten Sinne des Wortes residierte. Nicht etwa laut, aber bestimmt und eindringlich. Sie redete Großmutter in nichts

39

hinein. Doch wenn sie zu den Mahlzeiten herunterkam, wagte keiner sich hinzusetzen, ehe unsere Urgroßmutter Platz genommen hatte. Wir standen so lange hinter unseren Stühlen, bis unsere Mutter mit einem kaum merklichen Kopfnicken das Signal zum Niedersitzen gab. Das jüngste Kind sprach das Tischgebet, und erst nachdem Urgroßmutter ihr Eßbesteck aufnahm, durften auch wir Kinder anfangen.

Wie viele alte Leute aß Urgroßmutter wenig; so konnte sie bald mit scharfem Blick über die Jugend wachen. Ein Räuspern genügte, und wir nahmen die vorbildlichste Haltung an.

Urgroßmutter trug immer schwarze Kleider und kleine schwarze Schürzen, ein schwarzes Spitzenhäubchen, das mit einer großen Atlasschleife unter dem Kinn gebunden wurde. Jahrelang sagte sie uns zum Abschied:

„Hier, mein liebes Kind, hast du ein Goldstück, das ist das letzte, das ich dir selber geben kann, denn wenn ihr nächstes Jahr wieder kommt, dann lebe ich nicht mehr."

Und doch trafen wir sie im nächsten Jahr wieder an, und alljährlich wurde Urgroßmutter allerlei Goldstücke an ihre Urenkel los. Aber ihren 100. Geburtstag feierten wir nicht mehr; sie wurde nur 98 Jahre alt.

Mit meiner Großmutter habe ich nie rechten Kontakt gehabt. Ich hatte immer das Gefühl, daß ich ihr ziemlich gleichgültig war. Es gab so viele Konkurrentinnen, daß es schwierig war, zu den Auserwählten zu gehören. Emilie allerdings hatte das erreicht. Sie gehörte mit zu Großmutters Lieblingen.

Aber dafür liebte ich die dort lebende Tante Mine ganz besonders. Tante Mines Mann war schon lange tot, und die arme Tante bekam keine Pension. Sie nähte so im Dorf herum, wurde aber von unserer Urgroßmutter von Zeit zu Zeit saniert. Ihr seliger Mann war Förster gewesen. Großmutter berichtete, daß dieser Schwiegersohn, wenn sie ihn besuchte, während seines Mittagsschläfchens laut vor sich hinträumte.

„Siehsten, siehsten? Donnerwetter, kapitaler Sechserbock! Flinte her, Flinte her. Blattschuß, auf die Entfernung! Donnerwetter, Donnerwetter!"

„Meint ihr denn, das wäre echt? Das tut er doch nur meinetwegen.

Ich kenn' doch meine Schwiegersöhne." Großmutter war sehr kritisch.

Ich hatte mir fest vorgenommen, ihr näherzukommen, und ein hübscher Witz schien mir dafür sehr geeignet:

„Großmutter, was ist der Unterschied zwischen einer Kruppschen Kanone und einer roten Nase?"

Das Gesicht meiner Großmutter verfinsterte sich, denn tatsächlich hatte sie eine etwas gerötete Nasenspitze. Ob ich's doch lieber nicht sage? Aber da fragte sie schon gebieterisch:

„Na, und wie geht das weiter?"

„Großmutter, das ist doch ein Rätsel, du mußt erst raten. Rat doch mal!"

„Dazu hab' ich jetzt keine Zeit."

Ich holte tief Luft und sprach ganz verbindlich: „Also Großmutter, die Kruppsche Kanone kommt von Essen und die rote Nase vom Trinken!"

Damit war es endgültig aus. Meine Großmutter sagte nur sehr kurz: „Bei mir aber nicht!"

*

Als Urgroßmutter sich und den Großeltern in Munster das Haus baute, hatte ihnen die Einsamkeit und Ruhe der Lüneburger Heide vorgeschwebt. Doch gerade die weite Einsamkeit der Heide war es, die im damaligen Kriegsministerium andere Pläne reifen ließ. Nach ein paar Jahren wurde Munster Deutschlands größter Truppenübungsplatz.

Deshalb war es immer das erste, daß Gottfried und Johannes sich nach den anwesenden Regimentern erkundigten. Dazu mußten sie zum „Platz" hinaus, der einige Kilometer von unserm Haus entfernt lag. Oft machten wir aber auch gleich einen Ausflug dorthin, allerdings ohne die Erwachsenen. Nur die älteren Kusinen nahmen daran teil, denn sie waren doch sehr interessiert.

Bald wußten wir genau, welche Soldaten den „Platz" bezogen hatten und wann ausgerückt wurde. Meist ging diese Prozedur nachts um drei oder morgens um vier los. Dann durften die Kleinen, zu denen ich gehörte, nicht mit. Großmutter machte unentwegt für den ganzen Tag Butterbrote. Abends kamen dann gleich die „Einjährigen", erkenntlich an der schwarz-weißen Schnur um die Achselklappen, an Kohlmeyers Bienenzaun und schäkerten mit den älteren Kusinen.

Außer den Braunschweiger Husaren gab es noch die Lüneburger Dragoner und die Pasewalker Kürassiere. Irgendeiner von ihnen hatte immer an irgendeine Kusine sein Herz vertandelt.

„In den Ferien", so sagte einmal Tante Lene etwas giftig, „reiten die Soldaten immer hier vorbei und trötern ausgerechnet vor unserm Haus los. Zu andern Zeiten sieht und hört man nichts von ihnen. Wie mag das wohl kommen?"

„Wenn das nur das Trötern wäre", meinte Großmutter, „aber dieser Krach mit den Kesselpauken, den die Kürassiere machen, den finde ich furchtbar."

„Erlaube mal, geliebte Schwiegermutter", warf Onkel Hermann ein, „die Kesselpauken hat doch S. M. erst kürzlich dem Regiment gestiftet. Sie sind aus echtem Silber!"

Sollte eine Nachricht vom „Platz" aus schnell überbracht werden, so kam einer von den Einjährigen noch nach der Übung angeritten. Sie durften das, weil viele von ihnen eigene Pferde hatten. Karoline, Herta und Grete hatten sich ein ganz einfaches Nachrichtensystem ausgedacht. Mit der Säbelspitze oder mit einem Stock wurde der nächste Treffpunkt einfach in den Sand geschrieben. Wehe aber, wenn Johannes oder Hermine die Botschaft zuerst entdeckten! Sie änderten sofort die Zahlen und haben so manches traute Beisammensein sabotiert.

Aber einmal stand da: „Sechs Attacke Kronsberg." Das ließen wir stehen; und wir waren für den Rest des Tages so auffallend artig, daß man uns einfach keine Bitte abschlagen konnte. Wir wollten nämlich mit und eine richtige Kavallerieattacke erleben. Als Urgroßmutter nach dem Abendessen schon wieder hinaufgegangen war, wurde das noch eingehend besprochen. Mitten in der Diskussion sagte Emilie wie so oft: „Mutter, sollen die beiden Kleinen nicht zu Bett?"

„Nein", rettete uns Tante Anna, „die möchten ja nun auch mal gern mit. Friedrich und ich wollen das nämlich auch ansehen und Wilhelm und Berta auch. Wir passen auf die Kleinen schon auf!"

„Daß ihr zu solchem Quatsch Lust habt", meinte Tante Lene, „laßt doch Soldaten Soldaten sein, was geht euch das an!"

42

Emilie regte sich auch: „Glaubst du denn, Karoline will wegen der Attacke dahin? Pferde kann sie in Essen doch auch genug sehen."

Aber Johannes war Feuer und Flamme: „Emilie, sie üben aber auch mit den neuen Maschinengewehren, vielleicht will Karoline das mal gern sehen. Die sind nämlich zum erstenmal hier. Das sind die mit der hellgrünen Uniform, mit hellgelben Tschakos und hellgelbem Koppelzeug. An solchen Maschinengewehren braucht man nur zu drücken, und dann geht so 'n Dings los. Wenn ich das doch mal könnte!"

„Das hat uns gerade noch gefehlt, daß kleine Jungens mit solchen gefährlichen Sachen umgehen. Du kannst noch genug mit Maschinengewehren umgehen, wenn du mal groß bist!"

Das war Onkel Friedrichs Meinung. Und in diesem Fall behielt er mehr Recht, als allen lieb war.

Während Mutters Schwestern allesamt preußische Beamte geheiratet hatten, und auch ihr Bruder Hans Lehrer geworden war, nachdem er in Genf und Jena mehrere Semester in dulce jubilo studiert hatte, während Onkel Wilhelm sich der christlichen Seefahrt in Gestalt der HAPAG verschrieben hatte, war Tante Annas Friedrich in der Holsten-Brauerei in Hamburg maßgeblich tätig. Er galt als Großschnauze in der Familie und war denkbar unbeliebt.

Johannes, Hermine und ich durften wirklich mit. Tante Lene und Großmutter machten wieder eifrig Proviant fertig. Zwei volle Schuhkartons bekamen Johannes und Gottfried zum Tragen anvertraut. Mutter war immer eifrig bemüht, daß sich ausgerechnet ihre Kinder zu solch unangenehmen Aufgaben drängten. Als wir morgens um halb vier aufbrachen, hatte Onkel Friedrich heimlich noch ein Mordspaket fertig gemacht, das er unter verheißungsvollem Schmunzeln Vetter Walter in den Arm drückte.

Onkel Friedrich führte immer ein ganz nettes Kontingent „Expocht-Bier", wie er in „Hamburger Fein" sagte, mit sich, denn: „Das ekelhafte Zeugs, was ihr hier auf euerm Bierdorf habt, kann ich unmööglich trinken. Das ist nachgerade eine Zumutung. Da lob' ich mir doch das gute „Expocht-Bier". Annaaa, hast du auch genügend eingepackt?"

„Ja, mein Friedrich." Tante Anna antwortete schüchtern und leise.

Ich weiß nur noch, daß wir gingen und gingen, manchmal mit Gesang und manchmal ohne Gesang. Den Kronsberg sahen wir von weitem schon. Dort wollten wir uns auf jeden Fall wieder mit den drei Jungens treffen, die sich schnell selbständig gemacht hatten. Doch dann sahen wir aus der Ferne heran galoppierende Reiter!

„O Gott", sagte Onkel Friedrich weinerlich, „Annaaa, wir müssen sehen, daß wir hier focht kommen. Siehst du denn nicht, Annaaa, die kommen gerade auf uns zu."

„Ja, mein Friedrich", es klang noch ergebener.

Die Reiter fegten wie die Windsbraut heran, wir konnten gar nicht mehr „focht", denn nun kamen sie schon von allen Seiten, „tief die Lanzen und hoch die Fahnen!" Onkel Friedrich nahm Deckung hinter seinem Eheweib, merkte aber im letzten Augenblick, rechtzeitig noch, daß Tante Bertas Volumen größer war. Also war die Deckung hinter Tante Berta sicherer. Seinen Platz hinter Tante Anna nahm Onkel Hermann ein. Und wir Kinder? Wehe, wenn man in solcher Not seine Mutter nicht bei sich hat! So weiß ich nur noch, daß ich einen Schimmel auf mich zu galoppieren sah und entsetzt die Augen schloß. Dann waren sie schon vorbei! Aber offensichtlich hatten sie den bösen Feind noch nicht völlig besiegt, denn: zurück das Ganze, nochmals die Attacke geritten! Und wieder erreichten wir nicht vorher den Kronsberg. Onkel Friedrich hatte noch nicht einmal Zeit, Tante Anna anzuschnauzen, da brauste schon zum zweiten Mal die wilde Jagd rechts und links an uns vorbei. Meinen Schimmel sah ich aber nicht wieder, und, diesmal wurden wir im Vorbeireiten schrecklich angebrüllt, und ich hörte die Schreie: „Stehenbleiben! Stehenbleiben!"

Passiert ist keinem von uns etwas, aber alle hatten wir doch fürchterliche Angst. Nachdem endlich „Das Ganze Halt" geblasen worden war, gingen wir tapfer auf unseren Kronsberg los. Überstandene Gefahr macht Hunger, und dort erwarteten uns ja die drei Jungen mit unserem Proviant. Aber mit den Butterbroten sah es kümmerlich aus: einen Teil hatten Gottfried, Walter und Johannes schon verspeist. Gottfried hatte den praktischen Vorschlag gemacht, sie sollten soviel aufessen, daß der Rest in einen Karton hinein paßte, den könnten sie dann abwechselnd tragen. Von dem Rest hatten sie den größten Teil verschenkt. Johannes durfte ein Pferd halten und gab dafür ein Schinkenbrot weg. Gottfried ließ sich ein Maschinengewehr erklären und verschacherte dafür Onkel Friedrichs „Expocht-Bier". Walter durfte reiten und gab dafür alle unsere guten Mettwurst-Butter-Brote hin.

So waren jung und alt ziemlich gedrückter Stimmung. Onkel Friedrich aber war außer sich und schimpfte den ganzen Rückweg mit unserer armen Tante Anna, die auf all seine Beschuldigungen nur immer mit ihrem gottergebenen „Ja, mein Friedrich" antwortete.

Nach diesem aufregenden Ausflug zum Kronsberg spielten wir nur noch Attacke. Wir nahmen uns Bohnenstangen aus Großmutters Beständen, banden vorn einen Bindfaden fest als Zügel, dann klemmten wir die Bohnenstange zwischen die Beine, und los gings, so schnell wir laufen konnten. Die längste Bohnenstange war das beste Pferd. Unsere Pferde stiegen, schäumten in der Kandare, trabten, gingen Schritt und galoppierten, wieherten und fraßen Grasbüschel. Die Reiter unterhielten sich, comme il faut, in dem Äh-äh-Ton der Leutnants. Kusine Hermine entwickelte darin erstaunliche Kenntnisse; sie wohnte ja auch in Munster und wußte deswegen auch wohl am besten Bescheid.

Eine weitere Attraktion in Munster war die Örtze. Die Örtze war ein etwas verbreiterter Bach, der vielleicht im Durchschnitt 40 cm tief und 30 cm breit war. Nur an den Wehren stand das Wasser etwas höher. Deswegen war das strenge Verbot von Großeltern, Mutter und den Tanten, „ja nicht" an oder sogar in die Örtze zu gehen, eigentlich etwas übertrieben. Natürlich handelten wir heimlich dem strengen Verbot ständig zuwider. Nur als mich Tante Lucie auf den Arm nahm, mich entsetzt wieder hinstellte und sagte: „Hör mal! Schämst du dich nicht, du großes Mädchen, du hast ja deine Hose naß gemacht! Pfui!" konnte Gottfried, der mir immer beistand, diesen Vorwurf einfach nicht ertragen, und es entfuhr ihm: „Nein, Tante Lucie, wir waren in der Örtze."

Merkwürdigerweise wurde das Geständnis gar nicht tragisch genommen; es schien beinahe so, als ob die gesamte Verwandtschaft es ohnehin gewußt hätte.

Tante Lucie war für mich der Inbegriff einer eleganten Dame. Sie kam aus Haiti, wo sie mit ihrem Bruder, der dort Konsul war und ein großes Haus geführt hatte, längere Jahre residiert hatte. In Urgroßmutters Haus bekam sie ein eigenes Zimmer. Das lag zu ebener Erde und sollte ihr das Treppensteigen ersparen.

Gleich nach ihrer Ankunft schloß Tante Lucie sich in ihr Gemach ein, zog sich um und betupfte dann ihr Gesicht mit der über den Zeigefinger gestülpten Ecke des Handtuchs mit „Ohdekolonje". Sowie Tante Lucie Einzug hielt in Munster, wurde es lebhaft unter ihrem Fenster. Zwischen dem dichten Laub der Sauerkirsche konnte man ungestört ihre Toilette beobachten. Leider bekamen wir Kleinen immer nur einen schlechten Platz oder wurden überhaupt erst herangelassen, wenn alles vorbei war. So sah ich denn auch nur noch das Gesichtbetupfen, das für die Großen sicher nicht interessant genug war. Als ich des Abends beim Waschen diese Prozedur nachahmte, erntete ich von Mutter nur eine Ohrfeige: „Woher hast du denn diesen Blödsinn? Wie kann man denn von solcher Wäsche sauber werden?"

Durfte ich da sagen, woher ich die Anregung hatte?

In Munster standen zwei Badezimmer zur Verfügung: eins im Haus für die Erwachsenen; für die 25 Vettern und Basen war ein etwas primitiverer Baderaum neben der Waschküche in den Hofgebäuden untergebracht. Da badeten also die drei Vettern und die erwachsenen Kusinen.

Das gereichte Vetter Walter zum Gelderwerb. Er hatte Löcher in die Holztür gebohrt, und wer wollte, durfte gegen ein geringes Entgelt einen Blick riskieren. Nun war das aber keineswegs so, daß nur Gottfried und Johannes interessiert waren, das hätte ja nichts eingebracht und noch nicht einmal das Risiko gelohnt. Nein, wen man gerade nicht leiden konnte, der wurde besehen. So erreichten Emilie und Ise die höchsten Zuschauerzahlen.

Als wir aber einmal bezahlt hatten und infolge einer Umdisponierung unsern Onkel Friedrich im Bade sahen, wollte Gottfried sein Geld wiederhaben. Darüber kam es zum Streit, und das blühende Unternehmen ging ein.

*

Tante Annas Ehe war nicht gerade überschäumend glücklich. Johannes und ich hörten eines Tages laut und deutlich, wie Tante Anna weinend sagte:

„Dann geh' ich mit meinem Jungen in die Elbe!"

„Mutter, was will Tante Anna denn mit Fritz in der Elbe?" habe ich gefragt.

„Das hast du wohl nicht richtig verstanden. Die hat nicht gesagt ,in die Elbe', die hat bestimmt gesagt ,an die Elbe'. Da wollte sie mit Fritz spazierengehen. Das tun die Hamburger öfter."

„Mutter, Johannes und ich haben aber ganz gewiß gehört ,in die Elbe'. Vom Spazierengehen braucht Tante Anna ja auch nicht zu weinen."

„Du hörst ja, was ich dir sage. Nun spielt man weiter."

Johannes war mit der Auskunft, die Mutter mir gegeben hatte, nicht zufrieden. Er war einige Jahre älter als ich und dachte schon mehr nach.

„Hör mal, Tinchen, ich hab' Ise mal gefragt, und die hat gesagt, das käm' von einer unglücklichen Ehe."

„Wie schrecklich, ob unsere Mutter denn wohl auch eines Tages mit einem von uns oder mit uns allen in die Elbe geht?"

Ich war ernsthaft besorgt.

„Nein, das glaube ich nicht. Mutter müßte dann mit uns schon in die Ruhr gehen. Die Elbe ist ja viel zu weit. Wenn wir noch in Hitzacker wohnten, dann säh' es schon böser aus, da hatten wir die Elbe ja gleich vor dem Haus. Aber das kommt ja nur von der unglücklichen Ehe, und wir haben solche ja nicht."

Mir ließ das keine Ruhe. Ich mußte doch wissen, ob wir eine unglückliche Ehe hatten, und abends, als Mutter mich zu Bett brachte, habe ich einfach gefragt:

„Mutter, haben wir eine unglückliche Ehe?"

„Wie kommst du denn auf so was?"

„Ja, Mutter, Johannes hat gesagt, wenn wir eine unglückliche Ehe haben, gehst du eines Tages mit uns allen in die Ruhr!"

„Um Gottes willen, Kind, so was fällt mir ja im Traum nicht ein!"

Das hat mich dann beruhigt.

Aber die unglückliche Ehe spukte in uns weiter. Wir wollten „unglückliche Ehe" spielen. Also gingen wir hin zu Pätzmanns Allerweltsladen. Da gab es Schmierseife und Rollmöpse, Spielsachen, Porzellan und Kautabak, Lakritzen, Ansichtskarten und Kindersärge. Da in Munster die Säuglingssterblichkeit sehr groß war, lohnte dieser Handel besonders.

Also bei Pätzmann kauften Johannes, Hermine, Tutti und ich uns je eine nackte „Zillerleut-Puppe" und marschierten in Richtung Örtze bis zu dem Wehr in Pastors Wiese. Denn zu unserm Spiel mußte man schön tief untertauchen können. So hatten wir uns schnell ausgezogen, nahmen unsere Puppen in die Hand und sprangen damit ins Wasser. Das wiederholten wir oft und gern, dann sprangen wir auch ohne Puppen; wer am schnellsten aus dem Wasser wieder herauskam und an Land krabbelte, der hatte gewonnen. Es war ein wunderhübsches Spiel, und abends beim Ausziehen mußte ich Mutter davon erzählen.

„Mutter, wir haben heute so ein hübsches Spiel gespielt mit Püppchen an der Örtze. Erst sind wir mit den Zillerleut-Puppen reingesprungen, dann allein, ohne unsere Kinder, und ganz zum Schluß haben wir unsere Kinder reingeschmissen, die sind dann weggeschwommen. Es war wirklich zu schön."

„Das ist ja ein komisches Spiel, wie hieß das denn?"

„Unglückliche Ehe", Mutter!

„Das nächste Mal spielt lieber etwas anderes."

Tante Anna lebte übrigens noch viele Jahre.

Eine von Mutters Schwestern, Tante Auguste, hatte einen Förster geheiratet, der es dank seiner Pflichttreue, weniger seines Pflichteifers, zum „Königlichen Hegemeister" gebracht hatte. Er hatte bei den Lübbener Jägern gedient und sah auf seinen Soldatenbildern recht schneidig und männlich aus. Er kam aus der Mark und konnte trotz seines jahrzehntelangen Aufenthaltes in der Lüneburger Heide seinen märkischen Dialekt nicht unterschlagen. Die Försterei war in der Tat im Herzen der Heide. Vier Stunden lang mußte man von der nächsten Bahnstation mit Pferd und Wagen heideeinwärts fahren.

Als einzige von unsern Tanten war Tante Auguste kinderlos geblieben. Dafür war ihr aber das unerhoffte und unerwartete Glück beschieden, ihre Schwiegereltern bis zum Tode pflegen zu dürfen. Das stellte man sich nicht so langwierig vor, wenn beide bei ihrem Einzug in das Forsthaus schon 70 Jahre alt waren. Wenn man auch nicht mit dem baldigen Ableben rechnete, so machte man in diesem Alter doch keine Pläne mehr auf lange Sicht. So hatte Tante Auguste auch nicht allzulange überlegt, als Onkel Wilhelm ihr das Angebot machte, seine alten Eltern zu sich zu nehmen.

Onkel Wilhelm war eine gute Seele. Er konnte keiner Fliege etwas zuleide tun, geschweige denn sein Schießgewehr auf die Tiere des Waldes anlegen. Wenn er sich auf Tante Augustes Drängen zu einem seiner seltenen Reviergänge anschickte, mußte sie ihm meistens seine Flinte nachtragen, weil er lieber ohne ging. Noch mehr Herz hatte er für die holde Weiblichkeit. Da gab es überhaupt kein Sichverweigern. Manchmal überkam ihn das „Mitleid" sogar nachts, und damit seine Auguste nichts merkte, versuchte er einmal, auf allen vieren kriechend, sein Ehegemach zu verlassen. Tante Auguste wurde aber doch wach; aber sie war nicht umsonst im Pfarrhaus zu Bispingen zur Mädchenblüte herangereift. So fragte sie nur milde angesichts ihres Eheherrn auf allen vieren: „O Willem, wo wist du hin?"

Da machte Willem reuig wieder kehrt und wartete auf eine günstigere Gelegenheit.

Die beiden Alten, wie Tante Augustes Schwiegereltern genannt wurden, sind nun keineswegs nach ihrem Einzug ins Forsthaus bald gen Himmel gefahren, sondern haben noch über 20 Jahre auf Gottes schöner Welt geweilt. Sie haben sogar noch das seltene Fest der eisernen Hochzeit begangen, das nach sechzigjähriger Ehe gefeiert wird.

Vater, der uns meistens am Ende der Ferien abholte und noch ein paar Tage bei uns blieb, war auch in jenem Jahr gekommen, um die eiserne Hochzeit mitzufeiern. Alle, die gerade zu Besuch bei den Großeltern waren, wurden in zwei Kremser geladen und fuhren ins Forsthaus. Vorher hatte Vater seine diversen Schwäger zum Streik gegen Onkel Friedrichs „Expocht-Bier" aufgerufen. Onkel Friedrich hatte nämlich bei irgendeiner Gelegenheit halb im Ernst und halb im Scherz gesagt: „Erlaube mal, Schwager, wer ist denn hier die Milchkuh für die ganze Familie? Das bin ich doch!"

Alle Männer standen auf Vaters Seite. Onkel Friedrich fühlte sich tiefgekränkt, während Tante Anna still und ergeben vor sich hin weinte und sich schämte, ihren angebeteten Gatten in solch eine Meute Schwäger gebracht zu haben.

„Willi", sagte unsere Mutter noch vor unserer Abfahrt, „tu mir den einzigen Gefallen, und laß das Streiten mit Theodor und Hermann. Ich weiß ja, daß du viel klüger bist als die beiden zusammen. Aber tu's mir zuliebe. Schweig doch einfach immer still, wenn sie was sagen. Immer dieses alte Streiten, mußt dir ja viel zu schade dazu sein!"

Diese Parole habe ich später noch sehr oft gehört, aber Vater hat sie nie befolgt.

Im Forsthaus war es herrlich. Unter den Linden draußen waren lange Tische gedeckt, und das schönste war, daß ich nicht neben Mutter zu sitzen brauchte, sondern zwischen Johannes und Karoline einen Platz bekam.

Der eiserne Bräutigam richtete von Zeit zu Zeit Anfragen an seine Gäste. So fragte er Onkel Hermann:

„Na, wat sind Sie denn?"

„Lehrer!"

„Wat sind Se, Lehrer sind Se? Na wissen Se, det olle faule Pack!"

Der Landrat, der die Glückwünsche des Kreises übermittelte, hatte seine Frau und seine drei kleinen Kinderchen mitgebracht. Der Schluß seiner langen Rede lautete:

„Herr Inspektor, welch seltenes Glück ist Ihnen widerfahren, welche Gnade! Wer kann das erreichen, so lange mit einer Frau zusammenzusein und Leid und Freude miteinander zu teilen. Gibt es denn etwas Schöneres? Nein, das ist das Schönste, was ich mir denken kann."

Der eiserne Bräutigam ist außer sich vor Entrüstung: „Wat sagt er? Scheen is dat? Erlauben Se mal, dat is beschissen!"

Der Landrat lächelte süß-sauer, Frau Landrat schickte ihre Kinder außer Hörweite. Es könnte ja noch Ähnliches kommen. Und die eiserne Braut? Ja, die wand den Strick um ihre beiden Hände und zog ihn fest an, den Strick, den sie immer mit sich herumtrug. Auch wenn man ihn ihr wegnahm, fand sie schnell wieder einen neuen. Mit einem Strick nahm sich nämlich ihre einzige Tochter das Leben.

Mit Lampions an unseren Fahrzeugen, muntern Liedern und ausgeruhten Pferden fuhren wir nach Hause. Das war im Sommer. Im Winter starb die eiserne Braut, und weil es so sehr schneite, war der eiserne Bräutigam nicht zum Friedhof mitgefahren. Er saß tot in seinem Sessel, als man vom Begräbnis wieder nach Hause kam.

Wegen des Postgeheimnisses brauchte man sich in Munster keine Sorgen zu machen, denn es gab keins. Herr „Post Hansemann" war genauestens informiert über alles, was unsere große Familie betraf. Die Post war so findig, daß sogar ein geschlossener Brief mit einer Fensteradresse richtig den Empfänger erreichte, obgleich der Brief falsch eingesteckt war, so daß man die Adresse gar nicht lesen konnte. Aber Mutter hat gegen Herrn „Post Hansemann" nie etwas unternommen, denn vor Jahren hatte er aus ehrlichem Herzen zu ihr gesagt:

„Deern, wenn du mal starvst, denn lat mi din Ogen."

Das hatte Mutter, deren Vergißmeinnichtaugen noch im hohen Alter strahlend leuchteten, so nachsichtig gestimmt.

Als später Tante Lene auf Freiersfüßen ging und die üblichen lieben Worte an den Zukünftigen zu Papier brachte, steckte sie ihre Ergüsse in den Bahnbriefkasten, auf daß sie der sicheren Zensur entgingen.

Das hat allerdings unsere Großmutter nicht mehr miterlebt. Sie hätte auch wohl verständnislos den Kopf geschüttelt, nicht etwa darüber, daß ihr liebes Lenchen sich noch im reifen Alter einem Manne anvermählte, sondern mehr darüber, daß das alles so heimlich vor sich gegangen war. Wo doch Großmutter bei jeder Gelegenheit gern sagte: „Lene und ich, wir haben keinerlei Geheimnisse voreinander". Hätte sie auch nur geahnt, daß Tante Lene einer recht sicheren Zukunft entgegenging, hätte sie ihren letzten Willen etwas anders formuliert. So erbte Tante Lene das Munstersche Haus mit dem gesamten Inventar, allerdings mit der Einschränkung, daß sich jedes ihrer Geschwister ein Andenken, ganz gleich in welchem Umfang, aussuchen dürfe.

Das stimmte anfänglich alle recht versöhnlich. Als man dann aber nach der Beerdigung anfing, bei Tante Lene anzumelden, was man gern aus dem Nachlaß hätte, stieß man auf elastischen, aber dadurch besonders zähen Widerstand. Mit traurigem Augenaufschlag, begleitet von einem wehen Seufzer, erhob Tante Lene immer wieder den gleichen Einwand: „Das kannst du nicht haben, das hat mir Mutter schon zu Lebzeiten geschenkt!"

So geschah es, daß meine Mutter im wahrsten Sinne des Wortes leer ausging. Sie brachte einen kleinen, silbernen Kinderlöffel mit, der irgendwo unbeachtet gelegen hatte. Diesen Löffel schenkte sie mir. Bei einem späteren Besuch allerdings, den Onkel Friedrich und Tante Anna bei uns in Essen machten, meinte Onkel Friedrich aufgeregt: „Sieh mal, Annaaa, hier finden wir Fritz' Löffel wieder. Den hab' ich schon weiß Gott wie lange gesucht!" Und ich mußte meinen Schatz wieder herausrücken.

Tante Lene ließ das Haus versteigern, und Tante Mine, die Försterswitwe, steigerte es an, wobei sämtliche Geschwister ein Auge zugedrückt hatten. Tante Mine nahm fremde Leute ins Haus, und damit war eigentlich schon das Haus für uns verloren. Wir durften noch in den Ferien kommen, aber natürlich nicht mehr alle auf einmal.

Als Tante Mine im Ersten Weltkrieg starb, fuhren Emilie und ich als Abordnung von Essen aus noch einmal hin.

Onkel Theodor, seines Zeichens Herr Hauptlehrer, war mit seiner Schulklasse angerückt, die singen mußte. Es klang, wie wenn ein Eimer aus einem Brunnen heraufgehievt wurde: „OOaaalöh Määänschön müssen stärböööön!" Emilie stieß mich an. Ich konnte einen Augenblick nicht mitsingen und mußte krampfhaft an etwas Trauriges denken. Wir standen im Hausflur auf der Treppe, ziemlich oben. Durch die offene Haustür konnten wir durch den Vorgarten bis an die Gartenpforte gucken. Da stand mutterseelenallein, also noch auf der Straße, Frau Schuster Kohlmeyer. Frau Kohlmeyer war ganz traurig, sie hatte die Augen niedergeschlagen und war in ihr Gesangbuch vertieft. Trotz der glühenden Sommerhitze trug sie ein dunkelbraunes, dickes Wollkleid, das aber zum Zeichen der Trauer einen schwarzen Kreppkragen und eine Kreppschärpe hatte. Als Kopfbedeckung diente ihr ein Kapotthut älteren Datums, der unter dem Kinn mit wehender Kreppschleife gebunden war. Gekrönt wurde dieser Hut von zwei etwas zerrupften Straußenfedern, die sich bei jedem Atemholen zitternd bewegten. Über dem Arm hing ein schlecht aufgerollter Baumwollschirm, und an den Händen hatte sie halbe, schwarze Handschuhe. Der in Strömen herunterrinnende Schweiß, vermischt mit den Tränen wahrer Trauer, hatte ihr die Sicht genommen, so daß sie eine falsche Nummer im Gesangbuch aufgeschlagen hatte und langgezogen aus Leibeskräften sang: „Bis hierher hat mich Gott gebracht durch seine große Güühüte."

So sind Emilie und ich mit einem lachenden und einem weinenden Auge von unserem großelterlichen Haus geschieden. Ein paar Jahre nach Tante Mines Tod kam der Besitz in fremde Hände und war nun endgültig für uns verloren.

Tante Lenes frisch gebackener Ehemann brachte ihr einen wirklich geruhsamen Lebensnachmittag. Er war auch Lehrer gewesen, und Tante Lene wurde nun Frau Kantor. Nebenbei hatte er die Spar- und Darlehenskasse des Ortes unter sich, auch nicht gerade eine ehrenamtliche Beschäftigung, und war schon mehrfacher Großvater. Seine Sparsamkeit war sprichwörtlich. Sie ging sogar so weit, daß er, sollte er mal irgendwo ein Stäubchen finden, dieses in den Kopf seiner langen Pfeife tat, neben angebrannten Streichhölzern und Papierabfällen kleineren Ausmaßes. All das rauchte er voller Genuß mit, und diese Tätigkeit brachte ihm den Namen „Staubschmöker" bei der übrigen Verwandtschaft ein. Nach der üblichen Frist schenkte Tante Lene ihm ein Zwillingspärchen, zwei prächtige kleine Mädchen, die mit genau 24 Stunden Abstand voneinander geboren wurden.

Onkel Heinrich hat nur ein paar Jahre sein junges Vaterglück genossen. Er starb, als seine Kinder vier Jahre alt waren. Um sich von dieser Aufregung zu erholen, kam Tante Lene mit ihren beiden Kindern zu uns nach Essen zu Besuch, und als sie nach ein paar Wochen wieder nach Hause reiste, hatte diese Abwesenheit genügt, daß böse Diebe in ihr Haus eingedrungen waren, um es vollkommen auszuräubern. So gingen damit die meisten von Großmutters Sachen an einen unbekannten Aufenthaltsort.

Als ganz junges Mädchen war Tante Lene verlobt gewesen, aber kurz vor der Hochzeit hatte ihr Bräutigam, Leo mit Namen, sein Herz an eine andere Schöne verschenkt. Kurz und bündig hatte er Tante Lene den Verlobungsring zurückgeschickt. Das verzieh sie ihm zeitlebens nicht. Als sie sich später alljährlich ein rosa Schwein mästete, nannte sie das Schwein immer „Leo".

„Sag mal, Tante Lene", fragte ich, „Leo ist doch kein Name für ein Schwein, warum nennst du denn deine Schweine immer Leo?"

„Ja, weißt du, dann hab' ich mehr Lust zum Wurstmachen!"

Nebenbei bemerkt:

Die Verwandten aus der Generation meiner Großeltern tauchten hin und wieder in meinem Gesichtskreis auf und bildeten eigentlich eine ständige Enttäuschung. Von den meisten hatte ich schon eine ganze Menge gehört, und wenn ich sie dann sah, entsprachen sie überhaupt nicht meiner Vorstellung. Großtante Emilie etwa, die Älteste nach meiner Großmutter, von der es hieß, sie habe eine so spitze Zunge, entpuppte sich als freundliche alte Dame – vielleicht habe ich aber auch die Spitzen nicht bemerkt. Onkel Wilhelm, der HAPAG-Kapitän, war nicht groß und hager mit wettergegerbtem Gesicht, sondern klein und rund wie Großmutter und trug auch einen ganz gewöhnlichen Anzug anstatt der goldbetreßten Uniform. Tante Anna, von deren Leiden unter Onkel Friedrich ich oft gehört hatte, war überhaupt nicht elegisch, sondern munter und burschikos und alberte gern mit uns Kindern herum – allerdings war da Onkel Friedrich schon bei den Engeln, wie sie sagte, woraufhin Großmutter nicht umhin konnte, die Engel zu bedauern. Tante Auguste lebte nicht mehr, aber ihr Mann, der Förster Wilhelm, der sich angeblich allein nicht zu helfen wußte, war kein bißchen bleich und abgezehrt vor Kummer, sondern hatte eine gesunde rosa Gesichtsfarbe und ein dröhnendes Lachen. Als „Tante Lene" bezeichnete uns unsere Tante Emilie, wenn wir im Augenblick, wo abgetrocknet oder sonst etwas Lästiges im Haushalt getan werden mußte, hinter der Toilettentür verschwanden. Aber wenn Tante Lene wirklich zu Besuch kam, tat sie nichts dergleichen, obwohl wir die Toilette scharf im Auge behielten, sondern war emsig und hilfsbereit.

Eine rechte Enttäuschung war auch Tante Zita. Tante Zita war keine von Großmutters Schwestern, sondern ein „angenommenes Kind". Angenommene Kinder kannten wir aus Büchern. Sie waren immer blaß mit dunklem oder blondem Lockenhaar, lieb und von edler Gesinnung. Tante Zita aber war eine böse alte Frau, bei der selbst wir Kinder die spitze Zunge nicht übersehen konnten. Sie war immer unzufrieden, ließ selbst Großmutters Weinsuppe stehen und brachte Großvater zur schieren Verzweiflung, indem sie jeden Abend mit neckischem Kichern zu ihm sagte: „Schlafen Sie sowohl als auch!"

Auf die Frage, warum denn eigentlich Großmutter sich diesen unerfreulichen Besuch antäte, meinte sie: „Aus Dankbarkeit!"

Großmutter war nämlich als junges Mädchen eine Zeitlang von sehr wohlhabenden Verwandten nach Hamburg geholt worden. Dort hatte sie in einer der großen Alstervillen gelebt und Unterricht in Französisch, Literatur, Tanzen, Malen, Klavierspielen und dem, was man damals „Anstand" nannte, bekommen. Dies alles geschah nicht nur, weil man dem Schulmeister mit den vielen Kindern ein bißchen unter die Arme greifen wollte und weil Großmutter ein hübsches und intelligentes junges Mädchen war, sondern auch, damit Zita, das angenommene Kind, Gesellschaft hätte.

Großmutter genoß ihren Hamburger Aufenthalt in vollen Zügen, wenn auch schon die junge Zita ein harter Brocken gewesen sein muß. Aber Großmutter schwärmte noch ihren Enkeltöchtern von Bällen und Redouten, von Lampions auf der Alster, von Gewächshäusern, Dienern und Opernabenden vor. Vor allem aber hatte sie beeindruckt, daß Brahms in ihres Onkels Haus mehrmals Klavier gespielt hatte und daß sie dabeigewesen war. Großvater verstand wohl viel mehr von Musik – sie aber hatte Brahms spielen hören!

Großmutter erzählte überhaupt gern und sehr anschaulich und war eine vorzügliche Zuhörerin. Sie kannte alle unsere Puppen mit Namen und verwechselte sie nie, ja sie kannte sogar ihre Strumpfgrößen aus dem Kopf, denn sie versorgte sie alle mit handgestrickten Strümpfen. Später wußte sie um unsere Herzensgeschichten Bescheid. Allerdings stellte sie bei jedem jungen Mann die besorgte Frage: „Ist der auch nicht katholisch?"

Sie gehörte offenbar zu jenen gar nicht so häufig vorkommenden Leuten, die mit zunehmendem Alter gütiger und weiser werden. Großmutter, die früher gern – um einen ihrer ganz eigenen Ausdrücke zu gebrauchen – „herumränkefiert" hatte, wurde abgeklärt. „Herumränkefieren" bedeutet übrigens, sich aus schlechter Laune heraus eifrig etwas zu schaffen machen, so wie „ratentern" herumtoben hieß oder „örkeln", wenn man aus seinem Essen dies und jenes heraussortiert, was man nicht mitessen will. Uns Kindern war örkeln streng untersagt.

In den letzten Jahren nach Großvaters Tod hätte Großmutter auch nicht mehr herumränkefieren können, weil sie an einen Rollstuhl gefesselt war. Sie erduldete das mit großer Gelassenheit und dem Hinweis darauf, daß sie nie gern zu Fuß gegangen sei. Sie wohnte allein in ihrem Haus und wurde von einem Fräulein Gienke betreut, das bärenstark und unglaublich gutmütig und hingebungsvoll war. Doch auch Fräulein Gienke wollte hin und wieder einmal einen Abend woanders verleben, und dann ärgerte sich Großmutter. „... es ist sechs Uhr abends und noch ganz hell“, schrieb sie mir, „und ich liege schon im Bett. Du brauchst Dir aber keine Sorgen um mich zu machen, ich bin nicht krank. Nur Fräulein Gienke mußte mal wieder unbedingt ins Kino ...“ Dies schrieb sie mir in den Arbeitsdienst, und ich bekam wieder einmal Ärger, weil Großmutter immer „Fräulein“ statt „Arbeitsmaid“ auf den Umschlag schrieb.

Wenn Großmutter sich in familiären Diskussionen durch ihren wortgewaltigen Mann und ihre Kinder, die sich gleichfalls „nicht die Worte von der Apotheke holen mußten“, in die Enge getrieben fühlte, pflegte sie zu sagen: „Hätt' ich altes Schaf doch meine Worte wieder! Immer wird man übergefahren. Daß man überhaupt noch so dumm ist und sagt einen Ton ...!“

Doch, Gott sei Dank, führte diese Resignation nie zu Konsequenzen. Denn das wäre jammerschade gewesen!

3.

Emilie und die Männer
Schuleindrücke – Konsumzwang
Johannes will nach Übersee

Mit den Jahren lebten wir uns in Essen ganz gut ein. Nach und nach ergaben sich manche Möglichkeiten, unserem neuen Aufenthalt schöne Seiten abzugewinnen. Aber es gab auch Enttäuschungen: Viele neue Schulen wurden gebaut, großzügige Schulen mit herrlichen Dienstwohnungen, und unermüdlich meldete sich Vater, der noch immer nicht wieder zum Rektor ernannt worden war, für die Rektorenposten. Es gehörte bald zu unseren sonntäglichen Beschäftigungen, in Schulneubauten herumzuklettern, wo Mutter schon im Herzen unsere Möbel aufstellte und Gardinen ausmaß.

Doch jedesmal gab es eine Enttäuschung, denn immer kam irgendein anderer Vater zuvor, und immer hieß es: „Das nächste Mal kommen Sie aber an die Reihe".

Vater hatte in Essen fleißig gearbeitet. Er hatte seine Mittelschullehrerprüfungen in Deutsch, Geschichte, Erdkunde und Religion gemacht und bestanden, während Herr Janusch, der Mann von Mutters Kränzchenschwester Marie, „durchgefallen" war. Ich hatte ehrliches Mitleid mit Herrn Janusch und fragte Mutter, ob er sich denn sehr weh dabei getan hätte. Ich stellte mir Herrn Janusch vor, wie er kopfüber durch eine offene Bodenluke sauste, so etwa wie Max und Moritz vom Meister Müller in die Getreidemühle geschüttet werden.

Seit 1909 bewohnten wir nun eine sehr hübsche Etage in einem ganz modernen Haus. Wir hatten sogar elektrisches Licht. Man brauchte auch nicht mehr an die Haustür zu laufen: ein Druck auf einen Knopf genügte, und die Tür sprang unten auf.

Die Wohnung lag in der Nähe des „Altenhofs" und des Stadtwaldes. Zwar hatten die Umzugsleute Vaters Klavier aus dem Möbelwagen fallen lassen und weigerten sich lange, die Treppe, an der noch das Geländer fehlte, zu benutzen, aber wir waren viel zu froh über diese neue Behausung, um uns darüber lange aufzuregen. Mutter hatte ihr Porzellan ohne nennenswerten Bruch durch den Umzug gerettet. Ein paar Tage vorher hatte sie damit sämtliche Schließ- und Waschkörbe vollgepackt und Karoline, Gottfried, Johannes und ich wurden damit losgeschickt. Drei Kilometer weit hatten wir Mutters Aussteuer zu schleppen, doch haben wir unsere Last am Zaun gegenüber der Andreaskirche erleichtert, denn Karoline sortierte mit sicherem Geschmack aus, was nicht mit in die neue Wohnung sollte. Mutter hat nie etwas davon bemerkt.

Emilie war nicht mehr bei uns. Sie wollte in die weite Welt hinaus und kam zu Bekannten als Haustochter nach Berlin, um hauptstädtische Sitten und Gebräuche zu lernen. Ach, wie war sie schön, als sie zu Johannes' Konfirmation nach Hause kam! Ich kannte meine elegante Schwester gar nicht wieder. Sie trug ein hellila Tuchkleid, garniert mit Spitze und lila Samt. Dazu einen Hut, so groß, daß er bestimmt für zwei gereicht hätte. Er war aus kornblumenblauem Samt mit echten Marabufedern daran und zwei Riesenhutnadeln, die in zwei Himmelsrichtungen eingesteckt waren. Und was für eine Figur hatte sie bekommen! Was hatte das stramme Korsett bei ihr hervorgezaubert! Einen hohen, wogenden Busen und eine ganz schmale Taille. Sie trippelte auf „Louis-Quinze-Absätzen", denn sie konnte mit ihrem Humpelrock keinen vernünftigen Schritt tun. Könnte ich doch auch später nach Berlin und solch eine elegante Dame werden! Emilie blieb nur ein paar Tage, und am Abend ihrer Abreise lag ich im Bett und weinte. Vater versuchte, mich zu trösten, denn er dachte, ich weinte wegen Emilie, und in seinen Trostworten kam der Ausdruck „Heimweh" öfter vor. Ich weinte aber, weil ich gemerkt hatte, daß Emilie ihre „Damm'sche Klavierschule" mitgenommen hatte, aus der ich doch seit einiger Zeit so brav übte.

Emilie hatte nicht gerade ihr ganzes Herz ausgeschüttet – das tat sie nie –, aber sie hatte Karoline doch so einiges erzählt. Da war ein Freund des Hauses gekommen und hatte Emilie zu einer Segelpartie auf dem Wannsee eingeladen. Nicht etwa allein, sondern mit einem

Freund zusammen, dem das halbe Segelboot gehörte. Morgens sollte es losgehen, und abends, vor Eintritt der Dunkelheit, sollte Emilie wieder abgeliefert werden. Frau Bischoff, die Mutters Stelle in Berlin an Emilie vertrat, war empört gewesen, denn der andere Herr wollte eine Dame mitbringen, die schon jahrelang seine „Mätresse" war. Und in diese Gesellschaft paßte Emilie doch nicht hinein!

Dann hatte sie auf einem Ball Walter kennengelernt, der ein guter Tänzer war und ein angenehmer Plauderer. Man hatte sich geduzt, geküßt, und Walter nannte Emilie „sein liebes Heimchen", sodaß Emilie in ihrem Glück ihm einen Ring schenkte, den sie einmal von Urgroßmutter bekommen hatte und der noch von der Hofdame herstammte. Als aber seinerseits die Gegengabe recht lange auf sich warten ließ, verlor „Heimchen" die Geduld, und Karoline schrieb in ihrer besten Töchterschülerinnen-Schrift einen geharnischten Brief an den Ehrlosen und forderte den Ring zurück, Waltern in Verzug setzend. Damit waren Emiliens Liebespfade schon beinahe versandet.

Nein, doch nicht ganz! Noch einmal schoß Amor seinen Pfeil ab. Der schon etwas gesetzte junge Mann nannte sich Uwe Jens Lornsen. Wir lernten ihn auf der Rhein-Dampferfahrt kennen, die Vater einmal im Sommer mit uns machte. Uwe Jens pirschte sich an uns heran und richtete sein Augenmerk auffällig auf Emilie. Er setzte sich neben sie, sie unterhielten sich, und die Welt schien um sie her zu versinken. Uwe Jens versprach, uns in Essen zu besuchen, und Vater, der von dem seriösen Herrn mit dem Spitzbart sichtlich eingenommen war, konnte seine Freude nicht unterdrücken.

Uwe Jens kam. Vater holte ihn von der Bahn ab, und zu Hause erwarteten ihn Emilie, Mutter und Karoline. Der Tisch war mit Mutters gutem Porzellan gedeckt, und wir aßen als Vorspeise Weinsuppe, was immer das Zeichen für außergewöhnlichen Besuch war. Emilie hatte das Silber geputzt, und Karoline hatte die alten kostbaren Weingläser hergeliehen, die Tante Auguste ihr einmal geschenkt hatte.

Zwei Riesenblumensträuße brachte er mit: einen für Mutter und einen – wie konnte es anders sein? – für Emilie, die ihren neuen Verehrer unablässig anstrahlte. Nachmittags machten wir einen schönen Familienspaziergang über die „Heimliche Liebe" zur Baldeneyer Fähre, und nach dem Abendessen fuhr Uwe Jens wieder ab.

Nach ein paar Tagen kam ein Schreiben, worin er sich für die „schönen Stunden, die er in unserem Hause verleben durfte", herzlich bedankte, mit besonderem Gruß an Emilie, „die ich besonders in mein Herz geschlossen habe".

Natürlich hatten Vater und Mutter gefragt, wo und womit denn Uwe Jens sein Leben fristete, denn nach seinem Äußeren schien er nicht gerade am Hungertuch zu nagen. Da hatte der große Fremde verschmitzt gelächelt und hatte von vielen Auslandsreisen erzählt, die er schon gemacht habe, was uns einleuchtete, als er beim nächsten Besuch eine richtige Kapitänsuniform mit vier breiten Streifen an den Ärmeln trug. Wieder regnete es Blumen. Nur für mich hatte er einen Karton mit Maisflocken mitgebracht, die so herrlich in Milch schmecken und so bekömmlich und gesund sein sollten. Ich mochte leider diese Flocken überhaupt nicht. Da sie aber zum Wegwerfen zu schade waren, mußte ich wohl oder übel den Karton bis zur Neige leeren.

Verschiedene Karten kamen noch von Kapitän Lornsen – immer aus dem Ausland und immer ohne Absender. Die letzte war kurz vor Ausbruch des Ersten Weltkrieges aus Rotterdam abgeschickt: „. . . vor der Ausfahrt zu einer Weltreise . . ." Nach der Rückkehr wollte Uwe Jens wieder von sich hören lassen. Dabei blieb es, und der Krieg machte jede Nachforschung unmöglich.

„Habt ihr denn nicht mal bei der Reederei nachgefragt, die kann man doch an der Kokarde erkennen!" fragte viel später Onkel Wilhelm, der ja ein richtiger HAPAG-Kapitän war. Aber wer hatte schon daran gedacht?

So einigten wir uns in der Familie nach langen Diskussionen darauf, daß Uwe Jens Lornsen wohl in geheimster Mission im Dienste des Vaterlandes verschollen war.

Wie Emilie diesen Verlust ertragen hat, blieb uns verborgen, sie war eben nicht der Typ, der sein Herz ausschüttete.

*

Doch zurück zu den Jahren vor dem Krieg. Damals war mein bester Kamerad Johannes, denn die anderen Geschwister tobten nicht mehr so gern herum wie wir beide. Und Johannes hatte drei Freunde: Hermann, Kalli und Walter. Wir haben wunderbar miteinander gespielt. Walter war auf dem humanistischen Gymnasium und dank seinen lateinischen Kenntnissen gab er allen Hauptworten ein „us" am Ende. So sagte er zum Beispiel: „Du hast einen Vogelus", oder: „Sieh mal, unser Hundus, der hat was am Beinus!"

Weil dieser Walter der Fliegerei sehr zugetan war, sprang er mit dem aufgespannten Regenschirm seiner Mutter vom Dach der Veranda. Wenn auch der Schirm umklappte, so landete er doch glücklicherweise auf seinen zwei Beinen, allerdings leider so, daß er mit dem Kinn auf seinen Knien aufschlug und sich ein Stück von der Zunge abbiß, das ihm dann wieder angenäht wurde. Seitdem lispelte Walter, was bei seiner humanistischen Endung besonders deutlich wurde.

Unser Lieblingsspiel war, weite Streifzüge zu machen. Für den Fall, daß uns feindliche Jungen überfallen wollten, hatten wir jeder ein Bündel Latten mit, die wir mit einem Schlittschuhriemen zusammengeschnürt hatten. Walters Bruder Adolf war als Banklehrling nach „Amerikus" abkommandiert, so daß Walter ungehindert Zutritt zu seinen Sachen und damit auch zu seinen schönen Schlittschuhriemen hatte.

Auf einem unserer Erkundungsmärsche kam Johannes auf den Gedanken, die Tauben zu fangen, in deren Nähe gerade ein Knecht pflügte. Wir wollten uns an die Tauben heranrobben und dann die Jacken über sie werfen. Das Jagdglück war uns nicht hold, weil der Knecht voller Mißgunst die Tauben aufscheuchte. Da rief Johannes voller Erbitterung: „Pomadenhengst!"

Ich fand diesen Ausdruck überwältigend und war ehrlich stolz auf meinen mutigen Bruder. Aber als ich nun auch „Pomadenhengst" rief, war der Knecht mit ein paar Sätzen bei mir, verabreichte mir ein paar Backpfeifen und konfiszierte mein Lattenbündel mit Adolfs Schlittenschuhriemen.

Walter schimpfte wie ein Rohrspatz und vergaß in ehrlicher Empörung ganz seine humanistischen Endungen: „Das hat man davon, wenn man sich mit Schicksen abgibt. Du brauchst nicht mehr mit uns zu spielen. Was soll ich nun zu Adolf sagen, wenn er wiederkommt? Warte nur, meine Mutter geht überhaupt zu deiner Mutter. Ihr müßt mir einen neuen Schlittschuhriemen kaufen."

„Vater", fragte ich abends, „was ist eigentlich eine Schickse? Ist das etwas sehr Schlechtes?"

„Warum möchtest du das denn wissen?"

„Walter hat gesagt, ich wär' eine Schickse."

„Nein, das ist eigentlich nichts Schlechtes, das ist ein hebräisches Wort und bedeutet ganz einfach ein Mädchen, das kein jüdisches Mädchen ist."

Ich war heilfroh über diese Auskunft, denn es konnte doch nicht schlimm sein, wenn man kein jüdisches Mädchen war. Da durfte ich sicher wieder mitspielen. Aber am andern Tag beachtete mich keiner der Jungen, auch Johannes nicht. Ohne mich überhaupt anzugukken, zogen sie allein los.

Nun bot sich nur noch eine Gelegenheit, mit Johannes stundenlang zusammen zu sein. Das war auf unseren täglichen Wegen zum Konsum. Gleich nachdem wir uns in Essen so einigermaßen installiert hatten, hatte nämlich Mutter als sparsame Hausfrau nach billigen Einkaufsquellen Umschau gehalten. Dafür war ihr der „Essener Beamten-Konsum" warm empfohlen worden. Nicht nur waren dort die Lebensmittel, Schuhe und Textilien immer ein paar Pfennige billiger als in den guten Spezialgeschäften, nein, es gab auch am Ende des Jahres Prozente. Ungefähr acht Tage vor Weihnachten wurden die ausgezahlt, und Mutter bekam dann über 100 Mark bei zehn Prozent. Sie behielt dann nur 100 Mark, und was darüber war, durften Johannes und ich uns teilen. Nicht etwa daß wir uns nun ungehemmt unseres Besitzes freuen konnten! O nein, auch da hatte Mutter vorgesorgt. Wohl rechnete sie ganz korrekt mit uns ab und gab uns auch unser Geld, aber im gleichen Atemzug bestimmte sie, wofür wir es ihr wiedergeben mußten. Wie schön war es doch, den lieben Eltern und Geschwistern etwas zu Weihnachten schenken zu können. Damit es nichts Unnützes wurde, hatte Mutter schon vorher genau überlegt, was sie in unserem Auftrag dafür kaufen wollte und sollte. So ging unser sauer erlaufenes Geld bald wieder den gewöhnlichen Weg.

Jahrelang besorgten Johannes und ich das „Konsumgehen". Selbst dann, als eine Filiale dieses Instituts in unsere unmittelbare Nähe gelegt wurde, mußten wir doch täglich ins Hauptgeschäft, das mindestens drei Kilometer von unserer jeweiligen Behausung entfernt lag.

„Ich will frische Sachen haben", war Mutters Standpunkt, „eh das alles in der Filiale ist, ist das alt. Da kommen überhaupt nur die Sachen hin, die die andern nicht wollen. Und für solchen Kram danke ich vielmals. Wenn ihr aber keine Lust habt, braucht ihr das bloß zu sagen, dann tu' ich das auch noch allein."

So trabten wir jeden Tag geduldig immer um dieselbe Zeit zum Konsum; Zentner müssen es gewesen sein, die wir im Laufe der Jahre geschleppt haben. Unser einziger Lichtblick auf diesen Wegen war Kurt. Er war unser Konsum-Freund.

„Nehmt auch den alten Kurt nicht mit", war Mutters immer wiederkehrende Parole, wenn sie uns entließ.

Aber ohne Kurt ging es einfach nicht. Leider brauchte er nicht so oft zu rennen wie wir, da er keine Geschwister hatte und sein Drei-Personen-Haushalt bei weitem nicht so viel konsumierte wie unserer. Wenn Kurt mitging, kriegten wie regelmäßig „Stuß", wie die Essener Jugend Streit nannte, und immer mit derselben Clique. Sie wohnte „Auf der Donau", und es waren wirkliche Rüpel, die sich uns entgegenstellten. Warum mußten Kurt und Johannes auch immer über die „Donau" gehen? Sie wußten doch, daß da „dicke Luft" war.

Es waren wohl bloß die Schülermützen von Kurt und Johannes, die ein klassenbewußtes Proletarierkind in Weißglut bringen konnten. Auf Kurts königlichem Gymnasium trug man Stürmer und auf Johannes' Realgymnasium blaue Schirmmützen. Kurt und Johannes sahen der Gefahr mutig ins Auge. Sie bereiteten sich regelrecht auf den Kampf vor. Ich wurde in angemessener Entfernung postiert, die Einkaufstaschen um mich herum, darauf wurden die Jacken der beiden Kämpfer gelegt und obenauf die Schülermützen. Dann begannen ziemlich ernsthafte Raufereien. Ich habe entsetzliche Ängste ausgestanden, und Kurt und Johannes hatten es häufig nur meinem Gezeter zu verdanken, daß diverse Mütter aus den Fenstern guckten und irgend etwas riefen, was einen Waffenstillstand herbeiführte.

Wenn diese Straßenkämpfe sich auf dem Hinweg abspielten, war das nicht so schlimm. Mit einem Dutzend Eier in der Einkaufstasche oder mit dem guten Rheinischen Apfelkraut „lose" in einem irdenen Milchtopf waren die Umstände der Straßenschlacht schon schlimmer! Wie häufig landete ein steinernes Wurfgeschoß in einer der

Taschen, die ich doch beaufsichtigen sollte! Wie manches Mal war der Krauttopf in Trümmern, oder Johannes mußte mir die ganzen Eier in die ausgehaltene Schürze schütten, weil sie aus der Tasche leckten. Wie oft haben wir Strafpredigten und Schlimmeres von unserer Mutter erleiden müssen! Aber nie hat sie erfahren, warum wir manchmal so lädiert nach Hause kamen!

Ich aber faßte den festen Vorsatz, Kurt und Johannes über die „Donauer" zum Sieg zu verhelfen.

In einem kleinen Schreibwarenladen hatte ich ein buntes Heftchen entdeckt, das ich für Johannes kaufen wollte. Dieses Heftchen hieß „Die Kunst, Männer zu fesseln" und kostete zehn Pfennig. Auf dem Umschlag war eine wunderschöne Dame zu sehen, die mit ausgestreckten Armen ihr Herz in Händen hielt, als wollte sie es jemandem anbieten. Gottfried schenkte mir den Groschen, und ich kaufte das lehrreiche Buch. Warum Kurt oder Johannes wohl so albern lachten, wenn sie darin lasen?

Später, als Kurt und Johannes unter die Philatelisten gegangen waren, kauften sie ein ähnliches Heft aus dem gleichen Laden. Es hieß „Die Briefmarken-Sprache". Darüber lachten nun wieder Karoline und ihre Freundinnen. Ja, warum denn nur?

Johannes hatte die ganze Konsumgeherei organisiert. Er bestimmte, was ich tragen sollte und was er. Zwei Oeynhauser Brote zu 50 Pfennig das Stück brauchten wir täglich, dazu eine kleine Semmel zu 19 Pfennig und sonntags eine größere mit Rosinen für 54 Pfennig. Alles Brot mußte ich tragen, denn das war am unhandlichsten und wohl auch am schwersten. Dazu gehörte aber auch, daß ich für den Einkauf voll verantwortlich war. Wenn das Brot nicht „von heute" war, hatte ich die Schuld. Und wenn wir den Brotwagen unterwegs trafen, wie er Richtung Konsum fuhr, setzten sich Kurt und Johannes auf eine Bank im „Bernewäldchen", und ich mußte noch einmal zurücklaufen und zwei frische Brote holen. Dann durfte ich allerdings bei den beiden Kavalieren meine Einkaufstasche so lange stehen lassen.

„Laß uns doch mal wechseln, Johannes", meinte ich eines Tages, „trag du doch mal das Brot."

„Nein, das geht ja nicht. Sieh mal, ich trag' doch das Geld und den Konsumzettel. Stell dir mal vor, du verlierst was davon. Das ist dann doch viel schlimmer, als wenn du ein Brot verlierst."

Da hatte er recht, und ich schleppte weiter das Brot. Auf unseren Konsumwegen kamen wir immer an einem ärztlichen Schild vorbei, darauf stand zu lesen: Dr. Müller, Wundarzt und Geburtshelfer.

Was war nun eigentlich ein Geburtshelfer? Johannes wußte es nicht. Kurt wußte es nicht und ich schon gar nicht. Wir wollten es aber zu gerne wissen, und so fragte ich Mutter. Und Mutter antwortete mir, ohne auch nur einen Augenblick zu überlegen:

„Das ist lateinisch. Geburtshelfer ist das lateinische Wort für Wundarzt." Johannes und ich sahen das ein, denn wie konnten wir zweifeln an dem, was unsere Mutter sagte. Wir kamen auch noch an einem andern, ovalen Porzellanschild vorbei, darauf stand: „Frau Emma Busentür, Hebamme!"

Was war denn nun wohl eine Hebamme?

„Da brauchst du nicht schon gleich wieder Mutter zu fragen", beschwichtigte mich Johannes gleich, „ich kann mir jetzt schon denken, was das heißt. Hebamme ist das lateinische Wort für Busentür."

Häufig sahen wir auf unserem Weg zum Konsum ein blasses, schwarzes Mädchen mit wunderbaren Zöpfen, madonnenhaftem Blick und hohen Absätzen. Es dauerte lange, bis Kurt und Johannes wußten, wie sie hieß und wo sie wohnte. Sie hieß Mimi! Wenn wir einen kleinen Umweg machten, konnten wir an ihrem Haus vorbeigehen. Es dauerte wieder eine lange Zeit, bis Kurt und Johannes sich entschlossen, beim nächsten Treffen die Mützen zu ziehen und „Guten Tag, Mimi!" zu sagen. Sie aber grüßte nicht zurück, im Gegenteil, sie sagte laut und deutlich: „Dumme Bengels!"

Kurt und Johannes waren darüber sehr enttäuscht und gekränkt. Am anderen Tag stand groß mit Kreide an Mimis Haus:

„Mimi, mach mal Pipi!"

„Du mußt aber nicht wieder Kreide in deine Hosentaschen stecken, Johannes, das geht so schlecht wieder raus", sagte Mutter, als sie am Abend Johannes' Anzug ausbürstete und über den Bügel hängte.

*

Zu meinem Geburtstag im Jahre 1905 hatte ich Tornister, Fibel und die obligate Schiefertafel bekommen. Nicht etwa irgendeinen Tornister, nein, ich hatte einen ganz besonderen Wunsch: einen Tornister mit einem gemalten Hund! Ich weiß heute noch nicht, wie

Vater und Mutter das so heiß gewünschte Exemplar aufgetrieben haben. Ich bekam wirklich einen Tornister aus hellgelbem Leder, auf dessen Klappe in Braun, Weiß, Rot und Grün ein munter ausschreitender Hund gemalt war, zwar mit hängender Zunge, aber mit einem lieben Blick.

Bis Ostern lernte ich lesen, schreiben und rechnen. Mutter machte mich besonders fein für den ersten Schultag mit meinem Sonntagskleid, einem roten Hänger mit weißen Punkten, und einer weißen Voileschürze. Dann nahm mich Vater an die Hand, und wir pilgerten zur Burgfeldschule. Wie aufmerksam und fleißig wollte ich immer in der Schule sein, wie brav und wie folgsam!

Vater brachte mich nicht in die I-Männchen-Klasse, sondern ging mit mir geradewegs zum Rektor. Ich mußte vom letzten Blatt meiner Fibel ablesen: „eine rote Rose; Anton, mach doch das Loch zu; wo ist die Tante?" Dann hatte ich noch ein bißchen zu rechnen – und ich kam gleich ins zweite Schuljahr.

„Die langweilt sich ja, wenn wir sie ins erste Schuljahr schicken!" war des Rektors Meinung.

So bin ich während meiner Schulzeit immer eine der Jüngsten und Unreifsten gewesen.

Wenn ich auch anfänglich Fräulein Gartenbröker aufs Wort gehorchte und nicht wagte, mir die Nase zu putzen, wenn befohlen war, die Hände zusammenzulegen, sondern laufen ließ, was lief, so legte sich dieser Respekt doch bald. Nicht nur, daß ich aufgrund von Vaters dauernder Anwesenheit im Schulgebäude bevorzugt behandelt wurde, sondern auch die Erfahrung, daß ich das Lernpensum spielend beherrschte, machten mich mutig. So absolvierte ich meine drei Volksschuljahre ohne irgendwelche Zwischenfälle.

Bei der Aufnahmeprüfung zur Luisenschule sah es anders aus. Nur mit Ach und Krach nahm man mich dort. Es war auch anfänglich recht schwierig, sich mit den neuen Mitschülerinnen zurechtzufinden, denn das Milieu war doch ganz anders als in der Burgfeldschule. So überlegte ich mir lange, wie ich mich am besten beliebt machen könnte. Da fiel mir etwas ein:

Vater gab zu der Zeit Nachhilfestunden bei Nordmeiers am Kopstadtplatz, die außer einem Konzertcafé noch ein Varieté und ein Kino besaßen. Dieses Kino durften Johannes und ich unentgeltlich besuchen. Wir taten das mit wahrer Begeisterung, manchmal sogar heimlich, ohne daß Vater und Mutter etwas davon wußten. Was gab es da nicht alles zu sehen und zu hören! Das Programm wurde am Eingang verteilt, sonst wäre es unmöglich gewesen, sich bei der Fülle der Filme zurechtzufinden, denn sechs bis sieben verschiedene Titel gab es immer. Wenn das Programm abgelaufen war, wurden die jeweiligen Nummern, die auf den Eintrittskarten standen, aufgerufen, und ihre Inhaber mußten das Kino verlassen.

So war alle zehn Minuten ein eifriges Kommen und Gehen. Dazu gab es herrliche Musik. Ein elektrisches Instrument, ein Orchester mit großer Besetzung vortäuschend, gab ohne Unterbrechung schallende Töne von sich. Es gab die „Ungarischen Rhapsodien", „Springe, mein Liebchen, ach, springe, rasch in die Schaukel du" (mit Gesang), „Marsch der finnländischen Reiterei" und „Leise flehen meine Lieder", wiederum mit Gesang. Ohne Rücksicht auf die Filme wurden diese Piècen immer in der gleichen Reihenfolge heruntergespielt.

Einmal gab es etwas ganz besonders Schönes. Ein Riesengrammophon mit Trichter war aufgestellt. Es gab „Lohengrin" als Filmkunstwerk. Während Lohengrin sich bei seinem lieben Schwan bedankte und abwechselnd den einen und den andern Arm sehnsüchtig ausstreckte, ertönte im Grammophon dazu die bekannte Arie. Allerdings war Lohengrin im strömenden Regen schon längst abgetreten, als die Platte noch immer weitersang.

Das hatte mich tief beeindruckt, und auch Johannes war ganz benommen. Diesen Genuß wollte ich meinen neuen Mitschülerinnen aus der Töchterschule auch zukommen lassen. Ich suchte mir acht aus, die ich besonders gern leiden mochte, und lud sie zum Kinobesuch ein.

Wir hatten uns vor dem Kino verabredet, und alle waren pünktlich zur Stelle. Da Johannes und ich bekannt waren und immer umsonst hineingehen durften, hatte ich mir vorgenommen, auch meine Schulfreundinnen kostenlos durch die Kasse zu schleusen.

Mit einem Knicks grüßte ich: „Guten Tag, wir sind die Kinder von Ihrem Hauslehrer!" Damit wollten wir weitergehen. Doch der Mann an der Kasse zwängte seinen Oberkörper durch das Guckloch. Mißtrauisch musterte er uns: „Aber doch nicht alle?"

„Doch", sagte ich so liebenswürdig wie möglich, „und zu Hause haben wir noch mehr!"

Aber er glaubte es nicht und weigerte sich, uns einzulassen. Mir war das entsetzlich peinlich! Also mußte ich mir etwas anderes ausdenken, um in meiner Klasse zu Ansehen zu gelangen. So wurde ich mit der Zeit leider der Schrecken meiner Lehrer und der Liebling meiner Klassenkameradinnen. Auf beiden Seiten Erfolg zu haben, läßt sich anscheinend nur schwer bewerkstelligen. Ich war zudem noch ziemlich faul, so daß es jedesmal ein Wunder war, wenn ich Ostern immer mitversetzt wurde.

Ach, hätte ich doch häufiger meine Schularbeiten gemacht, wie klug wäre ich dann jetzt; denn alles, was sich zu lernen nicht umgehen ließ, kann ich heute noch auswendig. Das waren ganze Kapitel aus unserer französischen Lektüre und vor allem Gedichte in dieser Sprache. Eins, „Les Hirondelles", sagte ich mit gedämpfter Stimme so schön wehleidig auf, daß ich von da an den Vorzug hatte, immer bei den Schulfeiern deklamieren zu dürfen. Keine Kaisers-Geburtstags-Feier ging vorbei, ohne daß ich nicht in der Aula ein Gedicht auf unseren geliebten Landesvater rezitiert hätte.

Je nach dem Alter der Vortragenden war die Poesie kindlich oder eher anspruchsvoll:

> „Hurrah, ihr deutschen Jungen,
> mit Gott in See hinaus,
> für Deutschlands Ruhm gerungen,
> hurrah, Volldampf voraus!"

Und später für die reifere Jugend von etwa 12 Jahren:

> „Und steigt die Flagge einst blutrot am Mast empor,
> heißt's: An den Feind!
> Zieht mich das Schicksal in den Tod, sterb' fern ich einsam, unbeweint.
> Süß ist das Leben frohen Muts,
> schwer ist das Sterben jungen Bluts. (Nun wieder frisch:)
> Doch meinem Kaiser sterb' ich ja,
> hurrah, mein Kaiser, mein Kaiser, hurrah!"

Das letzte Kaisers-Geburtstags-Gedicht, das ich 1914 aufsagen durfte, hatte meine Mitschülerin Elly Oppenheimer selbst gedichtet, die auch zu meinen engsten Freundinnen gehörte. Es hieß:

„Unser Heer und unsere Flotte, Deutschlands Friedensfundamente, sind die Kinder Deines Herzens, sind das Werk nur Deiner Hände. Ahnungsvoll hast du erschauet, wo des Deutschen Zukunft lieget, Der Gedanke, groß geboren, hat vor allem doch gesieget."

Unsere Kaisers-Geburtstags-Feiern waren sehr festlich aufgezogen mit Lorbeerbäumen, sämtlichen Lehrern im Frack, den Herren Reserveoffizieren – wir hatten deren zwei – im langen Rock und Helm, den Lehrerinnen in ihrem festlichsten Staat, wobei die Älteren ihre Schleppen graziös über den linken Unterarm gelegt hatten. Die mitwirkenden Schülerinnen mußten in weißen Kleidern erscheinen. Sämtliche Kaiserbilder waren mit frischem Grün garniert.

Einer unserer Lehrer hielt eine großangelegte Rede, von der ich aber nie viel wahrgenommen habe. Ich kam beim Zuhören immer ins Träumen, und die Rede war auch wohl mehr für den Herrn Direktor und für die Kollegen gedacht. Wir besahen uns lieber eingehend die Kleider unserer Lehrerinnen und wurden erst wieder richtig wach, wenn Herr Ebing oben auf der Empore seinen Chor singen ließ:

„Rauschet, ihr Eichen,
brauset, ihr Lieder,
strahlendes Deutschland, schmücke dich wieder.
Huldvoll und herrlich zugleich.
Seht, welch ein Kaiser; seht, welch ein Reich!"

Mit „Heil Dir im Siegerkranz" ging die erhebende Feier zu Ende. Bei uns zu Hause merkte man nichts von irgendeinem Festtag.

„Nun zieht man gleich erstmal euere Sonntagskleider aus! Tinchen, das kann ich dir schon schriftlich geben, im nächsten Jahr gehst du mir bei der Kälte nicht wieder mit einem dünnen Waschkleid zur Schule. So ein Blödsinn, bei dem Schneegestöber! Das kann auch nur einer anordnen, der selber keine Kinder hat. Woher hast du denn das schwarz-weiß-rote Haarband? Wir haben doch solchen Fludder nicht!"

„Mutter, alle in unserer Klasse hatten solch hübsches Haarband, da hat Hedwig Stempel ihre beiden Zöpfe zusammengebunden und hat mir das Haarband geliehen. Das geb' ich ihr morgen gleich zurück."

„Vergiß es aber bitte nicht, du weißt, ich mag die Pumperei nicht!"

Mein Lieblingsfach war Englisch, das wir nach drei Jahren Französisch dazubekamen. Es mag wohl an unserer Lehrerin gelegen haben, denn sie nahm uns absolut ernst, sagte „Sie" zu uns, und behandelte uns wie Erwachsene. Sie zeigte uns englische Zeitungen mit Berichten vom Untergang der „Titanic" im Jahre 1912, las uns Stellen aus Briefen vor, die sie von Bernard Shaw, mit dem sie eine lange Freundschaft verband, bekam, lud ihre Lieblinge, zu denen ich gehörte, zum Tee ein und plauderte mit uns wie eine Salondame.

Für Herrn Dallmann, unseren ganz reizenden Rechenlehrer, wären wir alle bedingungslos durchs Feuer gegangen. Unsere Trauer, als er sehr bald nach Barmen versetzt wurde, war unermeßlich: Vor seiner letzten Unterrichtsstunde hatten wir uns schwarze Haarschleifen in die Zöpfe gebunden, und von unserer besten Zeichnerin gemalt, prangte ein Herz aus Blumen an der Wandtafel, das in schönster Zierschrift mit dem Text umrandet war:

> „Es ist bestimmt in Gottes Rat,
> daß man vom Liebsten, was man hat,
> muß scheiden, ja scheiden!"

Wir jaulten die ganze Stunde hindurch wie Schloßhunde an der Kette, und auch Herr Dallmann verbarg von Zeit zu Zeit die geliebten Züge hinter seinem Taschentuch.

Bevor wir eine herbe Lehrerin in Französisch bekamen, die streng, aber gerecht sein wollte, unterrichtete uns ein Lehrer, den wir nicht so gern mochten. Er redete uns mit unsern Hausnamen an und bohrte abwechselnd in der Nase und in den Zähnen. Er sah dabei in einen kleinen runden Taschenspiegel, auf dessen Rückseite – uns zugekehrt – eine Sidolflasche prangte. Er war recht mißtrauisch, denn die alterprobte Ausrede mit dem „vergessenen" Heft zog bei ihm nicht. Er stellte dann jedesmal ein Kreuzverhör an, das so vor sich ging:

„Müggenburg, hat's nich jemacht? Sag de Wahrheit, Müggenburg. Besser de Wahrheit saren wie s' verberjen. Sieh mer mal in de Auren. Du hasses nich jemacht, ich seh's d'r an de Auren an."

Fräulein Neumann, die uns nach ihm französischen Unterricht gab, behauptete, Karoline und ich seien Gelegenheitsarbeiter, was Karoline beleidigend fand. Alle, die damals in der Tanzstunde waren, mußten bei ihr aufstehen, woraufhin sie in ihr wachsledernes Oktavheft Kreuze hinter die betreffenden Namen machte. Die so Angekreuzten kamen in jeder Stunde bei den Hausaufgaben an die Reihe.

Turnen war mein Lieblingsfach. Im Schlagballweitwurf quer über den Schulhof hielt ich den Rekord. Wurde eine Schlagballriege aufgestellt, wählte man immer mich als erste. Ich hatte eine wahre Sucht, mich bei irgend etwas hervorzutun, und da Glanz durch wissenschaftliche Leistungen zuviel Mühe gemacht hätte, verlegte ich mich eben aufs Turnen.

*

Wir wohnten inzwischen in unserer sechsten Essener Wohnung, die sich in einem Achtparteienhaus auf zwei Etagen ausdehnte. In der zweiten Etage schliefen die Jungen und Karoline und ich. Dann gab es da noch ein Mädchenzimmer und einen kleinen Trokkenboden.

Ich mußte als erste ins Bett, durfte aber die Tür nicht abschließen. Das bereitete mir einiges Unbehagen. Wenn Mutter mich auch mit „reinem Herzen" und „gutem Gewissen" tröstete, so hatte ich doch entsetzliche Angst. Also drehte ich allabendlich den Schlüssel laut herum und gleich darauf leise wieder zurück. So hatte ich wenigstens das Gefühl, daß etwaige Einbrecher mein energisches Zuschließen gehört hatten und das Sinnlose ihres bösen Vorhabens einsahen.

Als dann aber eines Tages Mutters große Eichentruhe neben meinem Bett, die sie als „Hamsterkiste" für Emilie und Karoline schon reichlich bestückt hatte, aufgebrochen und bis auf ein paar Mokkatassenscherben ausgeräubert war, bekam ich einen zweiten Schlüssel.

In dem Achtfamilienhaus gab es sieben Jungen im Alter von drei bis zehn Jahren. Das waren eine Zeitlang meine besten und liebsten Freunde. Wenn Mutter einmal ausging, was leider sehr selten geschah, konnte ich ungestört mit ihnen in unserer Wohnung spielen. Vorher wusch ich sie der Reihe nach, und dann tranken wir gemeinsam Kaffee. Am Abend wunderte sich dann Mutter über meinen gesegneten Appetit.

Im Haus wohnte auch ein Schuster, der seine „mechanische Schnellsohlerei" „Perfeckta" genannt hatte. Dies schmerzte Vater, der täglich das entsprechende Schild vor Augen hatte, geradezu körperlich; aber alle seine Vorstellungen konnten nicht erreichen, daß der Schuster sein Schild änderte. Sein Sohn Williken war mein besonderer Liebling. Die Mutter rief mich immer zu Hilfe, wenn sie Williken nicht verstehen konnte. Er hatte nämlich eine sehr eigenartige Aussprache, weil er viele Konsonanten durch das ihm genehmere „s" ersetzte. Außerdem besaß er einen geradezu impertinent roten Haarschopf.

Es gab in diesem Haus auch einen echten Sozialdemokraten. Wir machten einen weiten Bogen um ihn herum, denn wer konnte wissen, was er gerade Revolutionäres plante. Sein Sohn Kurtchen erzählte mir, daß der Papa unsere Schülermützen uns schon abgewöhnen würde, aber Kurtchen wußte noch nicht genau, wie. Weil wir aber Freunde waren, wollte er es mir rechtzeitig sagen. Kurtchens Mutter war fast genauso interessant wie der Papa. Sie hatte den Vertrieb von „Milostrator", einem Apparat zur Herstellung einer formvollendeten Büste. Nebenbei konnte sie wahrsagen, übte diese Kunst aber nur gegen ein Geringes und nur im Bekanntenkreis aus.

„Hier, Tinchen", sagte Mutter einmal im Weggehen, „hier sind zehn Pfennig. Ich habe dir keinen Kaffee gekocht, weil es so warm ist, du kannst dir eine Brause kaufen!"

Gleich, nachdem sie aus dem Haus war, trommelte ich meine Jungen zusammen:

„Kommt schnell her, ich habe zehn Pfennig! Dafür können wir uns was Schönes kaufen!"

Wir haben lange überlegt, was das Allerschönste wäre: Abziehbilder, Knicker, einen Dauerlutscher, Süßholz oder Lakritzen. Schließlich einigen wir uns auf „Lehmannsquatsch", wie man damals – wohl von Lemon-Squash hergeleitet – Zitronen- und Orangenlimonade nannte. Und zwar wollten wir Apfelsinenlimonade, die dann, mit recht viel Wasser verdünnt, für alle reichen würde.

Schusters Williken als der Jüngste wurde losgeschickt, um an der nächsten Selterswasserbude das Gewünschte zu erstehen. Als er weg war, fiel uns ein, daß er ja mit seiner originellen Aussprache gar nicht „Lehmannsquatsch" sagen konnte, und wir sahen ihn schon im Geiste mit lauter unerwünschen Sachen heimkehren. Aber als wir ihm nachrennen wollten, machten wir schon seinen leuchtend roten Schopf wieder an der Ecke aus. Im Arm trug Williken die gewünschte Orangenbrause.

Wie wir später erfuhren, hatte sich der Kleine auf den Zehen vor die Selterswasserbude gestellt und sich ein paarmal an den Kopf getippt. Dazu hatte er laut und deutlich gesagt: „So'n Selters!"

*

Von ihrem 13. Lebensjahr an hatte Karoline ein „Kränzchen" gehabt, und von Emilie unterstützt, bekam ich im gleichen Alter die Erlaubnis zur „Kränzchengründung". Wenn mein Kränzchen bei uns tagte, wurde Kaffee getrunken, und hinterher widmeten wir uns der Literatur. Eine las vor, während die andern handarbeiteten. Ich habe nie rechte Lust zum Handarbeiten verspürt. Mutter stellte zu hohe Ansprüche, denn sie war von Karoline, die besonders begabt auf diesem Gebiet war, doch recht verwöhnt. Die brachte mühelos alles fertig, was mit Nadel und Faden zusammenhing. Einmal arbeitete sie für Mutter zu Weihnachten eine hellgraue Seidenbluse, deren ganzes Vorderteil Loch an Loch gestickt war. Wie schade, daß die Schneiderin diese Prachtbluse zu eng zugeschnitten hatte. Mutter mußte aufpassen, daß sie darin kein Herzklopfen bekam, sonst platzten die Nähte.

Im Gegensatz zu Karoline bin ich nie mit einer Handarbeit fertig geworden. Das Allerschlimmste aber und geradezu unbegreiflich war für Mutter, daß ich den braunen Strumpf, den wir in der Schule strickten, einfach verloren hatte. Der Gedanke an diesen Strumpf war für sie monatelang ein Signal, das Heftigkeit auslöste, sonst hätte es doch gar nicht passieren können, daß sie mich noch ein halbes Jahr nach dem empörenden Verlust losjagte, um den Strumpf zu suchen. Dabei durften wir nachmittags das Schulhaus überhaupt nicht betreten. Ich bin auch gar nicht zur Schule gegangen, sondern habe mich im Stadtgarten auf eine Bank gesetzt, bis es Abend wurde. Natürlich blieb der handfeste Segen nicht aus, als ich dann Mutter strumpflos unter die Augen trat. Merkwürdigerweise verlor ich auch mein „Mustertuch". Diesmal habe ich aber nicht wieder Farbe bekannt, sondern mir Elly Oppenheimers Exemplar ausgeliehen und Mutter vorgezeigt. Mutter hat mich aber scharf angeguckt und streng gefragt: „Hast du das auch allein gemacht?"

So war ich im Kränzchen für das Vorlesen zuständig. Wir liebten vor allem Geschichten, die uns zu Tränen rührten, und bevorzugten solche, die wir selber aufführen konnten. So sollte besonders Storms „Fest auf Haderslevhus" zum theatralischen Ereignis werden. Elli und ich hatten ein Textbuch verfaßt, in dem wir allerdings die Novelle ziemlich gestrafft hatten. Ich sollte Rolf Lembeck sein, denn seltsamerweise bekam ich immer die jugendlichen Heldenrollen. Als wir nun das erste Mal bei Oppenheimers probten, kam Elli auf die kühne Idee, den Schluß, wo der tragische Held Rolf mit der Leiche seiner Dagmar vom Turm in den Tod springt, getreulich nach Storm zu spielen. Ich sollte mit Lilli Cohn auf dem Arm von irgend etwas Hohem herunterspringen.

„Hab dich nicht, Tinchen. Du kannst doch so gut turnen, und Lilli ist auch nicht so schwer. Du brauchst nur von irgendwas zu springen, aber es muß hoch sein."

Elli, der Regisseur, gab den Befehl, Einwände wurden nicht anerkannt.

„Du springst da vom Kleiderschrank. Los, mach schnell, denn das ist sehr wichtig. Das muß klappen."

„Wie soll ich denn da raufkommen?"

„Frag nicht so dumm. Wir schieben den Tisch ran, darauf setzen wir noch einen Stuhl, von da kannst du gut auf den Schrank kommen."

„Elli, das wird aber sehr schwierig, ich kann mich doch dann nicht mehr aufrecht hinstellen, wie soll ich von da denn abspringen."

„Du brauchst dich doch nicht erst lange hinzustellen, du springst so aus der Hocke. Die Hauptsache ist ja, daß wir mit der Höhe Bescheid wissen. Eigentlich müßtest du ja von einem Turm springen."

Ich kletterte auf den Schrank. Er war doch ziemlich hoch. Wenn ich mir nur nicht das Bein breche. Das würde etwas Nettes zu Hause geben!

„Halt, stop," rief unser Regisseur, „wir brauchen eine Unterlage, damit du nicht so hart springst."

74

Sie rannte davon und kam mit der ledernen Autohaube ihres Vaters zurück, etwas Geeigneteres war in der Eile nicht zu finden.

„So, die leg' ich nun hierher, darauf mußt du springen, das dämpft den Aufprall wesentlich. Nun los!"

Ich sprang bei Oppenheimers vom Kleiderschrank und landete, ohne mir wehzutun.

Da tönt es aber schon durchs Treppenhaus: „Ellüüüüü!"

Ellis Mutter hatte gerufen, und nach ein paar Minuten kam Elli aufgeregt zurück.

„Tinchen, du mußt sofort nach Hause gehen, stell dir nur vor, unten im Salon ist ein großes Stück von der Decke abgefallen – und gerade auf Mutters Teetisch. Sämtliches Porzellan ist kaputt. Mutter ist schrecklich aufgeregt, und sie hat gesagt, sie will dich nicht mehr hier bei uns sehen."

Unter diesen Umständen wurde nichts aus unserer Galaaufführung vom „Fest auf Haderslevhus".

Dafür spielten wir aber „Hero und Leander" in der Badeanstalt. Doch wurde aus der Tragödie eine Posse, weil Hero unter Wasser von Leander gekitzelt wurde. Wir versuchten es dann noch mit dem „Ring des Polykrates", wobei das große Sprungbrett „seines Daches Zinnen" und das Bassin „das beherrschte Samos" war. Elli lieh ihren Ring her, der rücksichtslos drei Meter tief versenkt wurde. Es war gar nicht so einfach, ihn aus der Tiefe wieder heraufzuholen, aber wir tauchten unermüdlich, denn daß Ellis Ring wiederbeschafft werden mußte, war Ehrensache.

Sie besaß diesen Ring noch nicht so sehr lange und es war ein echter Brillantring. Oppenheimers hatten Besuch gehabt von einem Onkel, der in Afrika gewaltige Diamantfelder sein Eigen nannte. Die brachten angeblich so viele Diamanten ein, daß immer ein paar davon aus seinem Taschentuch oder aus seiner Tasche kullerten, wenn er sich die Nase putzte. Elli erzählte uns das allen Ernstes: tatsächlich trug sie den Brillantring, den ihr Onkel, der nun Engländer geworden war, ihr als Abschiedsgeschenk gegeben hatte, bevor er wieder nach Afrika fuhr.

Übrigens konnten die meisten aus meiner Klasse damals schwimmen. Ich hatte es heimlich auch gelernt, denn Mutter war nicht dafür.

„Ich weiß gar nicht", pflegte sie zu sagen, „was ihr immer in der Badeanstalt wollt. Daß ihr das mögt, in dem Wasser zu baden, in dem sich so allerhand Leute tummeln. Wir haben doch die schöne Badewanne zu Hause, da könnt ihr doch baden, soviel ihr wollt!"

*

Johannes zeigte schon in frühester Jugend großes Interesse für das Ausland, speziell für unsere damaligen Kolonien. Was er an geeigneter Fachliteratur auftreiben konnte, beschaffte er sich. Zuerst war es Deutsch-Südwestafrika, dann konzentrierte er sich auf Samoa, die „Perle der Südsee". Sein Interesse ging so weit, daß er sich von irgendwoher ein samoanisches Wörterbuch beschaffte und nun eifrig anfing, neben seinem Latein und Französich Samoanisch zu lernen.

Er trat dem „Flottenverein" bei, wo er eine Matrosenuniform tragen durfte mit einer Bändermütze, langer Hose und weitausgeschnittener Matrosenbluse. Einmal, so gegen Weihnachten, wurde im „Kriegerheim" irgend etwas Kolonialgeschichtliches aufgeführt, wobei Johannes der Wachtposten sein durfte, den die bösen Hereros überfallen. Er mußte ganz allein singen: „Steh' ich in finsterer Mitternacht ...".

Johannes übte dieses Lied zu Hause viel überzeugender, als er es später in der Öffentlichkeit auf der Bühne sang. Das kam daher, daß Mutter seine Stimmung sehr gedrückt hatte: Das Dekolleté von Johannes' Matrosenbluse schien ihr doch zu gewagt und aus diesem Grunde auch reichlich kühl; deswegen mußte Johannes eins von Gottfrieds alten „Chemisettes" mit angeschnittenem Kragen umbinden. Das wärmte besser und sah auch in Mutters Augen ordentlicher aus.

Von einem Besuch bei den „Original-Wilden" bei Hagenbeck in Hamburg hatte Vater für Johannes einen richtigen Speer mit langer, handgeschmiedeter Eisenspitze mitgebracht. Johannes schäumte über vor Wonne. Gottfried hatte ihm kurz vorher zu seinem Geburtstag eine Luftbüchse geschenkt, und nun wurde um die Wette geworfen und geschossen. Das wäre an sich absolut im Rahmen des Erlaubten gewesen, aber leider blieb in dem großen Eisbärenbild über Johannes' Bett der Speer nicht sitzen. Man mußte ihn auf etwas Geeigneteres schleudern. Da war es günstig, daß Mutter in weiser

Voraussicht gleich nach dem Vierteljahrs-Gehaltsempfang einen großen Knochenschinken gekauft hatte, der, auf dem Dachboden aufgehängt, seiner Bestimmung harrte. Da hinein den Speer zu schleudern, wie herrlich ging das! Er wippte immer ein paarmal auf und ab, wenn er im milden Fleisch des Schinkens landete. Und die Kugeln der Luftbüchse klatschten auch so schön auf, wenn sie die Schwarte durchlöcherten. Es war wirklich ein wunderbares Ziel!

Vater hat alle unsere Ambitionen, soweit es ihm irgend möglich war, nach Kräften unterstützt. In der Wahl unserer Berufe – denn auch wir Mädchen sollten, was damals durchaus noch nicht allgemein üblich war, eine Ausbildung erhalten – ließ er uns vollkommen freie Hand. So durfte auch Johannes Überseekaufmann werden. Er verließ mit dem „Einjährigen" die Schule, in der er nur wenige Lorbeeren geerntet hatte, und ging als Lehrling nach Hamburg in ein Exportgeschäft.

Vor dem Ersten Weltkrieg verdienten Lehrlinge im allgemeinen gar nichts. Den Aufenthalt in Hamburg mußten die Eltern finanzieren und zahlten Johannes das nicht gerade fürstliche Monatsgeld von 85,– Mark. Allerdings bekam er im ersten Jahr von seinem Lehrherren 100,– Mark zu Weihnachten und im zweiten Jahr 200,– Mark. Im dritten Jahr wären dann 300,– Mark fällig gewesen, aber dieses Geld hat Johannes nicht mehr bekommen. Zu der Zeit saß er schon im Schützengraben in den Argonnen.

Ich kann wohl die Hand dafür ins Feuer legen, daß Johannes ungeküßt war, als er 1912 aus Essen fortging. Natürlich hatte er eine Flamme, aber nie hat er mit der Auserwählten seines Herzens auch nur ein Wort gesprochen.

„Ich kann doch Vera nicht einfach anquatschen. Das gehört sich doch nicht."

Ich glaube, Vera hatte noch nicht einmal gemerkt, daß sie glühend verehrt wurde. Welches hochmütige, schöne Mädchen achtet schon darauf, daß ein Untersekundaner unentwegt neben der Straßenbahn, in der sie sitzt, herläuft, wenn sie morgens zur Schule fährt? Dieser Sekundaner war noch nicht einmal besonders nett angezogen. Ja, hätte sie Johannes gesehen, als er Pfingsten 1915 als frischgebackener, königlich-preußischer Leutnant nach Essen kam, dann hätte sie ihn vielleicht doch wahrgenommen.

Im letzten Jahr seiner Schulzeit brach Karoline noch eine Lanze für ihren „kleinen" Bruder Johannes. Es war selten genug, daß Vater und Mutter nicht daheim waren. Insofern hatte Johannes unwahrscheinliches Glück, daß Karoline „Herrn" Ratjen abfertigte, der eines Tages, mit einer Huttüte in der Hand, zu uns kam. In der Huttüte war ein sogenannter steifer Hut, eine „Melone," die einen arg demolierten Eindruck machte. „Herr" Ratjen war ein Mitschüler von Johannes, und Johannes hatte das Pech gehabt, als ihm bei einer Rauferei die Hand ausrutschte, „Herrn" Ratjens steifen Hut zu treffen. Das geschah mit solcher Wucht, daß sich der Garderobehaken durch den schwarzen Filz bohrte. Nun war der Hut nicht mehr zu gebrauchen, das sah jeder ein. „Herr" Ratjen wollte acht Mark für einen neuen Hut abholen. Da war die treue Schwester Karoline in Nöten, denn woher sollte sie soviel Geld nehmen?

„Hören Sie mal zu, Herr Ratjen", sprudelte sie los, „einen neuen Hut können Sie sich von meinem Geld nicht kaufen, denn ich habe keins, und meinen Eltern brauchen Sie mit so was auch nicht zu kommen, die haben für solche Forderungen kein Verständnis. Ich will Ihnen aber entgegenkommen. Sie lassen mir Ihren steifen Hut hier, und ich setz' Ihnen da einen schönen Flicken drauf!"

Herr Ratjen fühlte sich überrumpelt und sagte nur von Zeit zu Zeit dazwischen: „Verzichte jerne, verzichte jerne!"

„Kommen Sie mal her mit ihrem Hut. Ich will Ihnen mal zeigen, wie ich das meine. Sehen Sie hier, hier setze ich Ihnen einen Flicken unter, und dann näh' ich das mit ganz kleinen Stichen fest!"

„Verzichte jerne!"

„Herr Ratjen, das können Sie bestimmt nachher nicht mehr sehen. Sie sind doch so schön groß, Herr Ratjen. Bei Ihrer Figur kann man sowieso nicht bis oben auf Ihren Hut gucken. Ich finde, bei Regenwetter kann man doch als junger Mann einen geflickten Hut tragen. Für sonntags haben Sie doch bestimmt noch einen zweiten."

Herrn Ratjens letztes „Verzichte jerne" klang nur noch halb so forsch wie anfänglich. Karoline nahm ihm die Huttüte aus der Hand, und abends im Bett saß sie mit „Herrn" Ratjens Melone auf der Bettdecke und stichelte sich die Finger blutig.

Johannes aber mußte am andern Morgen mit einer Huttüte in sein Realgymnasium gehen.

4.

Gottfrieds Kommilitonen
Ein Wandervogel in der Tanzstunde
Hugenbergs Kinder

Auch Gottfried war, wohl wegen seiner allzu weit gefächerten Interessen, einmal sitzengeblieben. Als er aber dann, wie es damals üblich war, im Gehrock sein Abitur machte, wurde er wegen seiner glänzenden Leistungen vom Mündlichen befreit. Nun wollte er studieren. Er hatte sich für die Philosophische Fakultät von Göttingen entschieden, wehrte sich aber strikt dagegen, Oberlehrer zu werden.

„Irgendein Staatsexamen mußt du aber machen, schon allein wegen der schönen Pension später!" Das war Mutters durch nichts zu erschütternde Meinung.

„Laß ihn nur sich erst mal umsehen", meinte Vater, „er muß doch alles erst kennenlernen!"

„Willi, ich versteh' nicht, wie du dem Jungen auch noch solche Flausen in den Kopf setzen kannst. Er darf doch unmöglich erstmal ein paar Semester verbummeln. So sind wir ja schließlich nicht gestellt, und so dicke haben wir es auch nicht. Johannes muß doch auch in drei Jahren in Hamburg mit seiner Lehre fertig sein. Der kann auch nicht erst mal hier, mal da sein Heil versuchen. Ich bin dafür, Gottfried wird Oberlehrer. Das schöne Gehalt, die vielen Ferien, und dann kann er immer noch Privatstunden geben und sich nebenbei etwas verdienen. Dann sind wir die Sorge doch los!"

Mutter hatte sich so recht in Eifer geredet und war auch noch nicht fertig.

„Wir müssen uns das alles richtig überlegen, wenn wir Gottfried studieren lassen wollen. 100, – Mark monatlich muß er haben. Johannes, der in Hamburg öfters zu Friedrich und Anna gehen kann, kriegt jeden Monat 85, – Mark. Dazu kommt dann noch Karolines und Tinchens Schulgeld, das sind zusammen 45, – Mark. Willi, hör mal geduldig zu, und gnatz mich nicht gleich wieder an, wenn ich auf das leidige Thema zurückkomme! Warum hast du eigentlich, nie mehr um Schulgeldermäßigung gebeten? Man muß ja irgend etwas darum tun, auf einem silbernen Tablett bringt man dir keine Freistelle."

„Ja, Mutter, ich will dir das ganz ehrlich sagen: Das ist mir zu dumm! Da mußt du schriftlich deine Notlage schildern, mußt dich ungefähr nackend . . .!"

„Willi!" unterbrach Mutter empört, „werd doch nicht so ausfallend!"

„Nun mußt du mich auch ausreden lassen. Also nackend ungefähr mußt du dich vor diesen Leuten hinstellen, mußt kniefällig bitten und flehen, und dann kommt die Nachricht, daß man dir eine Viertelfreistelle bewilligt hat. Das sind ungefähr fünf Mark, und dafür mußt du dich dann auch noch bedanken. Nein, Mutter, ich muß schon sagen, das geht mir gegen mein Gefühl."

„Du hast wohl recht, Willi, aber wir bringen es so eben zu nichts. Ich möchte nur mal wissen, wie Faßbender, der alte Schleicher, das macht. Ist Vorsitzender vom Stenographenverein, Organist in der neuen Synagoge, Kassierer vom Kirchenchor und hat für seine beiden Kinder eine ganze Freistelle."

„Ja, der ist auch Bezirkssieger im Stenographieren geworden und geht ganz pünktlich mit seinen Kindern zum Kindergottesdienst."

„Willi, wenn dabei zwei Freistellen rauskommen, warum tust du denn nicht auch so was Ähnliches?"

„Ich? Das ist doch wohl nicht dein Ernst!"

Nein, das konnte wohl auch unmöglich Mutters Ernst gewesen sein. So ein Verhalten lag Vater gar nicht. Als wir anfänglich in Essen waren, hatte er sich um eine Organistenstelle bemüht, denn jede Mark, die wir zusätzlich zu unserem Gehalt bekamen, war hochwillkommen. Er hatte in der Kreuzkirche zum Kindergottesdienst die Orgel spielen dürfen, tat das aber so widerwillig und war daraufhin den ganzen Sonntag so schlecht gelaunt, daß selbst Mutter froh war, als er diese Beschäftigung wieder aufgab.

Mit unseren Finanzen war es ohnehin etwas bergauf gegangen, denn Vater hatte eine Stelle bekommen an der Knabenmittelschule und gab in den oberen Klassen Deutsch- und Geschichtsunterricht. Das Gehalt war wesentlich höher.

Nebenbei bemerkt

Wenn ich mir als kleines Mädchen den lieben Gott vorzustellen versuchte, so kam mir immer irgendwie die Gestalt meines Großvaters dazwischen. Nicht nur, daß er einen richtigen Apostelkopf mit einem weißen Bart hatte – er wußte auch überhaupt alles. Ob es um Dinge ging, die wir in der Schule können mußten, oder um Blumen, Steine und die so schwierigen Fahrpläne, ob um Noten, Brehms Tierleben oder Elektrizität – Großvater wußte Bescheid. Er wußte sogar, wer verbotenerweise ein Stück von Tante Emiliens Marzipanbrot abgebissen hatte, was er allerdings durch meinen damals fehlenden Milchzahn nicht allzu schwer identifizieren konnte.

Es war nicht immer ganz einfach mit ihm: wenn er mit uns in die Stadt ging, wie er es manchmal tat, blieb er nach unserem Eindruck stundenlang vor den Buchläden stehen, was uns ungeheuer langweilig erschien. Auch duldete er nicht, daß wir die von uns sehr geschätzten „Nesthäkchen"- und „Gisel und Ursel"-Bände mit nach Hause brachten und lasen. Und wenn wir, wie es bei all den vielen Leuten, die an uns herumerzogen, manchmal aus reiner Notwehr geschah, es mit der Wahrheit nicht allzu genau nahmen, dann konnte er sehr grundsätzlich werden, so daß man sich wie ein ganz verworfenes Geschöpf vorkam, weil man behauptet hatte, die Fingernägel wären gebürstet gewesen, was leider nicht der Fall gewesen war.

Aber mit Großvater sangen wir am Klavier, betrachteten seine geliebten Kunstwartmappen und pflanzten im Garten Aurikelchen. Vor dem gemütlichen Kachelofen sitzend, durch dessen Marienglasscheiben man die Flammen züngeln sah, erzählte er uns von den Nibelungen und den alten Griechen. Wir grausten uns vor dem grimmen Hagen und dem Riesen Polyphem und noch heute erscheint vor meinem inneren Auge das Feuer des Kachelofens in der Schnutenhausstraße, wenn es um Siegfrieds Schmiede oder den Brand von Troja geht. Einmal allerdings nahm er uns mit in eine Kirche, wo die „Schöpfung" von Haydn aufgeführt wurde. Wir waren von der ganzen Angelegenheit schwer enttäuscht – es gab weder Tiere noch Adam und Eva, sondern nur Leute, die Musik machten – und langweilten uns so sichtlich, daß Großvater uns nach Hause schickte. Später, als wir nicht mehr in seinem Hause wohnten, unterhielt ich mit ihm einen Briefwechsel in lateinischer Spra-

che. Was meinen Part dabei betraf, hätten sicher Caesar, Cicero und meine strenge Lateinlehrerin darüber den Kopf geschüttelt, aber Großvater hatte seinen Spaß daran, wie er überhaupt für Späße mit seinen Enkelkindern immer zu haben war.

Mit dem kleinsten, dem einzigen Jungen, ging er gern spazieren, wobei ihn allerdings immer die Windeln des besonders lebhaften Knaben störten, die die Neigung hatten, unten aus den kurzen Hosen herauszugucken. So zerrte sie Großvater ganz zu Tage und für den Rest des Spazierganges hingen sie dann aus Großvaters Manteltasche, dem dies auch nicht einer Spur seiner gewohnten Würde raubte.

Großvater war, wie Großmutters Verwandtschaft es abschätzig nannte „von nichts was her" und hatte sich ohne Unterstützung seiner armen Eltern seine Ausbildung, deren Krönung die Promotion kurz vor seiner Pensionierung war, schwer erkämpfen müssen. Außer von Großmutter, die ihn vor allen seinen Prüfungen getreulich abhörte und selbst dabei eine Menge lernte, hat ihm nie irgendein Mensch geholfen. Vielleicht kam daher sein Selbstbewußtsein und seine Würde.

Wir haben übrigens nicht immer „Großvater" gesagt, sondern zunächst „Opa". Aber das haben uns dann Tante Emilie und Onkel Johannes abgewöhnt.

Jahrelang war Gottfried, der nun aus dem Hause gehen sollte, mir der liebste unter meinen Geschwistern. Diese Liebe beruhte absolut auf Gegenseitigkeit und hatte ihre Feuerprobe schon in meiner allerfrühesten Jugend bestanden, als ich mir einmal meine Hosen vollgemacht hatte. Da ging Gottfried mit mir auf dem Kirchhof von Hitzacker hinter einen Grabstein, rieb mir mit diversen Grasbüscheln den Po wund und sauber und verwischte die Spuren meiner Schande, mich so vor mütterlichem Zorn bewahrend. Später, als ich schon längst erwachsen war, sagte er hin und wieder: „Du solltest man lieber öfter an den Kirchhof in Hitzacker denken. Aber das scheint dir entfallen zu sein!"

Gottfried – neun Jahr älter als ich – war mein guter Engel. Hatte ich Geldnöte – es handelte sich natürlich nur um Pfennige – Gottfried war da. Er gab fleißig Nachhilfestunden und war infolgedessen immer liquide. Bei „Frau Nachtigall" verprügelte er einen großen

Jungen, der mich von der Schaukel geschubbst hatte. Unentwegt lief er ein paar Nachmittage hinter meinem Rad her, bis ich allein radfahren konnte. Er brachte mir mit vorbildlicher Ausdauer Gitarrespielen bei, schrieb Entschuldigungen für die Schule, diktierte mir meine Aufsätze, kaufte mir Schlittschuhe und lehrte mich damit Bogenlaufen. Wenn wir an gleichen Tagen nachmittags Schule hatten, gingen wir zusammen. Dann bekam ich wohl fünf Pfennige, die gerade für eine Tüte Bonbons oder zwei süße Brötchen mit Rosinen reichten.

Gottfried war der Klügste von uns allen. Er wußte eigentlich alles, war sportlich auf der Höhe und begabt in allen Künsten. Er spielte wunderbar Cello, Geige und Flöte, komponierte Lieder zu Gedichten von Brentano und Arno Holz, rezitierte Morgenstern, sang wie ein junger Gott und malte genial in Öl, Aquarell und Tempera. Einmal kaufte er Wein und Obst für ein Stilleben ein; wir aßen zwar zusammen die Früchte auf, aber Gottfried malte dennoch aus dem Gedächtnis das Werk in Öl zu Ende. Schon um das Jahr 1910 trainierte er Diskuswerfen und bekam Siegeskränze aus gewachsten Eichenblättern für sportliche Höchstleistungen beim Essener Stadtwaldfest.

War es da verwunderlich, daß Gottfried sich nicht in eine geordnete Laufbahn zwingen ließ? Es gab ein ziemliches Donnerwetter, als Vater nach geraumer Zeit streng und unerbittlich das Kollegheft seines Ältesten sehen wollte. Von Göttingen war Gottfried nach Berlin übergewechselt und hatte dort Sanskrit und Astronomie belegt. So ganz nebenbei hatte er an der Spandauer Sportschule sein Turn- und Sportlehrerexamen gemacht. Mutter geriet außer sich, und selbst Gottfrieds Hinweis darauf, daß er doch nun ein Staatsexamen habe, konnten sie ebensowenig beruhigen wie die glänzend zensierte Seminararbeit bei dem großen Theologen Harnack.

„Gottfried, tu es doch mir zuliebe. Ich will doch nur dein Bestes", flehte Mutter ihren ältesten Sohn an. „Mußt doch schön fleißig sein. Laß doch den unnötigen Kram unterwegs. Das führt zu nichts und kostet einen Haufen Geld. Sieh doch zu, daß du schnell was wirst!"

Damit wurde Gottfried ins neue Semester entlassen. Diesmal nach Kiel. Mit dem Erfolg, daß er dort ein Boot baute, mit dem er sich dann in den Semesterferien einschiffte, um bis in den Duisburg-Ruhrorter Hafen zu rudern. Er hatte sich mit zwei Freunden zusammengetan. Allerdings faßte der Eigenbau nur zwei Mann, so daß abwechselnd immer einer so weit zu Fuß wandern mußte, bis man sich am Abend an einem vorher ausgemachten Treffpunkt wiederfand.

In den Semesterferien kam Gottfried immer nach Hause. Er suchte Kontakt mit anderen Studenten und rief die „Studentischen Arbeiter-Unterrichtskurse" ins Leben. Sie waren wohl eine Art Vorläufer der jetzigen Volkshochschule, wobei sich allerdings die Hörerschaft auf wissensdurstige Arbeiter begrenzte. Die Studenten entwarfen einen Hörplan und gaben kostenlosen Unterricht. Das Material dazu finanzierten die in Essen bodenständigen Firmen: Krupp, Goldschmidt, Siemens, AEG, Essener Steinkohlen usw. Die Vorbesprechungen dazu fanden meist bei uns statt, und Mutter war rührend besorgt, daß dann ständig irgend etwas Eßbares auf den Tisch kam.

„Junge Leute haben immer Hunger", war ihr Standpunkt, und Karoline und ich schmierten unentwegt hohe Berge von Dreimus-Butterbroten. Das Kaffeekochen besorgte Mutter selbst.

So kam es dann, daß sich mancher Student auch ohne „Besprechung" zu uns hingezogen fühlte. Da war beispielsweise der Jurist Schuh. Er hatte etwas saloppe Manieren, räkelte sich auf dem Sofa herum und sang: „Nun hat die Bonner Billa in Poppelsdorf 'ne Villa . . ." Ein Schlager, der auf die Studienzeit des Kronprinzen anspielte und bei uns nicht üblich war. Schuh trug quer über den Schlips eine Riesengoldnadel. In der Mitte hatte einmal ein Stein gesessen, aber der war wohl verlorengegangen. Der angehende Jurist führte befremdliche Redensarten wie: „der finstere Scheich", „der müde Theodor" oder „der trübe Geselle". Von Damen sprach er nur als „Mäuschen".

Sein Vater war pensionierter Postbeamter und hatte sich in seinem Ruhestand zunächst dem Wort Gottes zugewandt. Deswegen hieß auch sein ältester Sohn Emanuel. Es folgten David und Ezechiel. Dann hatte ihn ein Sinneswandel überkommen, und er nannte seine beiden Jüngsten Freya und Baldur – schon vor dem Ersten Weltkrieg. Die Bibel benutzte der alte Herr als Wurfgeschoß zur Unterstreichung seiner strengen Erziehung, so daß seine Kinder nicht nur durch ernste Vaterworte, sondern auch durch Gottes Wort getroffen wurden. Emanuel, der älteste Schuh, hatte noch als junger Mann

Angst vor seinem Vater, so daß er sich nicht nach Hause traute, als man ihm beim Rodeln seinen Überzieher vom Schlitten gestohlen hatte, während er in die Unterhaltung mit seinem „Mäuschen" vertieft war. Ganz niedergeschlagen kam er zu Mutter; aber Mutter half: da war noch ein alter Winterpaletot von Vater, den bekam Schuh geschenkt, und der Bibelforscher hat nie bemerkt, daß sein Ältester einen fremden Mantel trug.

Noch ein anderes Mal wollte Schuh nicht nach Hause! Er war durch das Referendarexamen gefallen und kam nun in aller Herrgottsfrühe zu Mutter, um erst einmal Trost zu suchen. Mutter hat ihm Kaffee gekocht und ihm zugeredet wie einem lahmen Gaul, seinem Vater doch auch Bescheid zu geben, aber Schuh wollte und wollte nicht!

„Ich wußte auch nicht mehr, was ich mit ihm anfangen sollte", erzählte Mutter mittags bei Tisch, „ich mag nun einmal solche Waschlappen nicht! Du lieber Gott, will denn das was heißen? Deswegen kann man doch nach Hause gehen."

„Ist er denn auch nach Hause gegangen?"

„Ich glaube, ganz sicher, denn er ging ums Haus herum, die Rüttenscheider Straße runter. Er muß ja auch endlich seinen Frack ausziehen, das gute Zeug! Sein Schlips und sein Hemd sahen sowieso schon nicht mehr ganz proper aus!"

Wir haben dann nicht mehr an Schuhs Seelenqualen gedacht. Aber am nächsten Mittag war Mutter ganz aufgeregt.

„Stellt euch das doch bloß mal vor, dieser Schuh, dieser verrückte Hofrat! Der ist wieder nicht zu Hause gewesen! Wie ich heute morgen die Fenster aufmache, kommt er doch tatsächlich schon aus dem Stadtwald zu uns. Und wie sah der Kerl aus, unrasiert, schmutzig, sein schöner Frack voller Falten und Flecken! Man konnte richtig bange werden!"

„Was hast du denn da gemacht?"

„Erst mal eine schöne Tasse voll starken Kaffees, und dann hab' ich gesagt: ‚So, Herr Schuh, dies bin ich nun leid. Mit Ihnen hat man ja mehr Sorge als mit den eignen Kindern. Nun machen Sie aber, daß Sie schleunigst nach Hause kommen.' ‚Ich bring's nicht fertig, ich bring's nicht fertig', hat er da gesagt. ‚So, dann bring' ich es aber fertig'. Ich hab' mir schnell meinen Mantel angezogen, hab' meinen lieben Schuh an die Hand genommen und bin mit ihm zu seinem Vater gegangen. ‚Hier ist Ihr Sohn‘, hab' ich gesagt, ‚der geistert nämlich schon zwei Tage und eine Nacht im Stadtwald herum und mag nicht nach Hause, weil er durchs Examen gefallen ist. Er hat Angst vor Ihnen.‘ Ich bin dann aber schnell rausgegangen, denn der Alte saß auf dem Lehnstuhl und neben ihm auf dem Tisch lag die Bibel. Danach griff er. Nun war ich mir nicht ganz klar, ob er seinem Sohn etwas daraus vorlesen wollte oder . . .? Na, ich hab' das lieber nicht abgewartet."

„Mutter, du bist aber wirklich ein Herze", sagte Vater.

Ein anderer, Kalla Voigtländer mit Namen, hatte sein Augenmerk auf Karoline geworfen, doch leider ganz ohne Hoffnung. Er kam unentwegt und saß und saß. Wenn er nun wenigstens ein charmanter Unterhalter gewesen wäre! Aber auch das war er nicht. Er hatte das Bankfach eingeschlagen und versuchte, Mutter im Effektenhandel zu unterweisen, was natürlich ebenso aussichtslos war wie seine stumme Werbung um Karoline.

„Herr Voigtländer, in zehn Minuten fährt Ihre letzte Bahn", mahnte Mutter endlich abends um zwölf, nachdem Kalla seit drei bei uns gesessen hatte.

„Ooch, das macht nichts, dann geh' ich zu Fuß. Es ist ja so schönes Wetter."

Ein andermal sagte Mutter: „Herr Voigtländer, ich muß heute mittag mal ein Stündchen ausruhen. Soll ich Ihnen mal einen schönen Vorschlag machen? Sie legen sich auch ein bißchen nebenan aufs Sofa, da stört Sie keiner."

Gegen abend hat Mutter Kalla geweckt. Er schlief, seinem Temperament entsprechend, unentwegt, sorglos und ausgeglichen.

Lange habe ich mit mir gerungen, welcher von Gottfrieds Freunden wohl der schönste wäre. Ich entschloß mich für Paul Wieder. Er war so groß, hatte so hübsche Locken, wirklich blitzende, schneeweiße Zähne und konnte wunderbar erzählen. Er nahm mich häufiger auf den Schoß und sagte „Schreifütz" anstatt „Freischütz", worüber ich mich vor Lachen ausschütten konnte. Auch konnte er mit seinem wunderschönen Baß von allen am besten singen.

Als er eines Abends wegging, brachten ihn Karoline und ich bis an die Haustür. Auf dem Weg dorthin nahm er mich auf den Arm. Ich weiß nicht mehr, wie ich dazu kam, aber ich hauchte ihm einen Kuß auf seine nicht ganz glatte Wange.

„Geh nur schon wieder nach oben", sagte Karoline, „ich hab' Herrn Wieder noch was zu sagen."

„Mag sie ihm nur was sagen", dachte ich selig, „ich habe ihn geküßt". Doch kaum war Karoline wieder zurück, bekam ich meinen Segen.

„Hör mal, Herr Wieder hat mir eben erzählt, was du da auf der Treppe gemacht hast! Was soll der Blödsinn? Das ist Herrn Wieder lästig. Tust du so was noch mal, sag' ich das zu Mutter!"

Von der Zeit an haßte ich Herrn Wieder.

Die Schönheit unter uns fünfen war ohne Zweifel Karoline. Sie hatte ein schmales, feines Gesicht, hübsche blaue Augen, einen Haaransatz, wie man ihn sich wünscht, die Haare selbst dunkelblond, dicht und lang, zum üppigen Nackenknoten „à la Greque" aufgesteckt. Ihr Mund war schmallippig, aber sprechend, ihre Figur war schlank mit einem Paar wunderbarer Beine und kleinen Füßen. Sie hatte ein fröhliches Temperament mit sehr viel Geist und Witz und konnte, wenn sie wollte, unglaublich charmant sein.

Ist es da ein Wunder, daß sie, kaum 16 Jahre alt, auf jeder Festlichkeit von einem Verehrerschwarm umgeben war, daß sie, vom Ball kommend, ihre Kotillonbuketts nicht alle fassen konnte, und daß man ihr ständig Blumen und Bücher mit hübschen Versen und Widmungen schickte, um die ich sie immer beneidet habe?

Als ich bei einem hübschen Assistenzarzt, den ich ganz in mein Herz geschlossen hatte, in Zahnbehandlung war, bestellte er mich eine Zeitlang täglich, ohne sich für meine Zähne so recht zu interessieren. Er fragte mich aber um so eindringlicher nach Karoline aus. Wann sie ins Theater ginge, was sie so den ganzen Tag mache, ob der große dunkle Herr, der immer mit ihr zusammen wäre, auch zu uns nach Hause käme usw. Ich fand den Herrn Doktor reizend und verstand nicht, warum Karoline nichts von ihm wissen wollte. Seine Grüße, die er mir für meine schöne Schwester auftrug, ließen sie offensichtlich kühl. Je öfter ich zum Zahnarzt gehen mußte, um so lieber fand ich ihn. Als ich während der Behandlung einmal vier Zähne in der Narkose gezogen bekam, hielt Herr Doktor mich auf dem Stuhl in seinen Armen fest. Ich war so glücklich, daß ich noch einmal schnell die Augen schloß, um diese nie wiederkehrende Situation voll auszukosten.

Es hatte schon einen Grund, daß Karoline allen Verehrern so kühl begegnete: Sie liebte Paul Wieder, das stand fest. Mochte Gottfried schonungslos Karoline alles offenbaren, was er über Paul Negatives wußte, mochten Vater und Mutter ihre ganze Überredungskunst aufwenden, um sie von „diesem alten Ekel", wie Mutter ohne Umschweife sagte, abzubringen – nichts half! Karoline blieb standhaft.

Auch Emilie wollte es genau wissen. Sie fragte also Gottfried, der ihn ja eigentlich ins Haus gebracht hatte: „Wie findest du denn nun eigentlich diesen Herrn Wieder?"

„Setz nur ein –lich hinter seinen Namen, dann hast du meine Meinung!" war Gottfrieds Antwort.

Karoline tat nun nichts mehr ohne ihren Paul. Wenn Paul auftrat, dann war es um Karoline geschehen! Mochten unsere Verabredungen noch so präzise getroffen sein, mochten Konzert- oder Theaterkarten ungenutzt verfallen, alles war Karoline gleichgültig! Wenn Paul rief, war für sie jede Vereinbarung hinfällig.

Ich mochte Paul nicht mehr leiden, denn ich hatte ihm seinen Verrat auf der Treppe nie verzeihen können. Mit der ganzen Flegelhaftigkeit des Backfischalters suchte ich ihn zu schikanieren, wenn er bei uns war. Mit besonderer Genugtuung sang ich laut zur Gitarre anstatt „So kommt der Tag heran, o ging' er wieder": „o ging' Herr Wieder!"

Daß Karoline nun damals himmelhoch jauchzend glücklich war, glaube ich nicht. Sie zankte sich oft mit ihrem Paul, und häufiger denn sonst flossen bei ihr die Tränen. Paul aber ging ein paar Jahre bei uns ein und aus, Vater und Mutter war nichts anderes übriggeblieben, als vor soviel Beharrlichkeit zu kapitulieren.

Im Jahre 1912, als Emilie aus Berlin zurückgekommen war, um Mutter im Haushalt zu helfen, trat ich dem „Wandervogel" bei und benahm mich nun ganz „freideutsch". Ein Korsett trug ich sowieso nicht, aber auch die formenreicheren weiblichen „Wandervögel" entledigten sich seiner und entließen ihren von der Natur gespendeten Überfluß in die Freiheit. Schlagartig änderte sich der Anzug. Man trug keine Bluse mehr, sondern einen Kittel; keine Schuhe, sondern Sandalen; man ging nicht mehr spazieren, sondern man machte „Fahrten"; man grüßte sich nicht mehr mit dem alltäglichen „Adjö", sondern sagte „Heil", wenn man sich traf, und „Guten Tag", wenn man auseinanderging, was bei allen Uneingeweihten Erstaunen hervorrief. Die ganz Konsequenten gingen im Sommer barfuß, man ließ die Zöpfe hängen und trug nach Möglichkeit einen Kranz von frischen Blumen im Haar.

Gitarre, Mandoline und Geige spielten eine große Rolle. „Der Zupfgeigenhansl" war unser Gesangbuch, das wir auswendig konnten. Volkstänze beherrschten „Die heimliche Liebe" – einen lieblichen Ruhrberg in Essens Umgebung. Wir tanzten ernst und heiter, und plötzlich gab es, in Noten gesetzt, unzählige Sammlungen alter Volkstänze. Wir feierten „Sonnenwenden" mit riesigen Scheiterhaufen, durch die wir paarweise sprangen, wenn sie heruntergebrannt waren. Alkohol und Zigaretten waren verpönt und wurden gemieden, was besonders die männlichen „Wandervögel" hart traf, denn bei uns Mädchen gab es das Zigarettenrauchen noch nicht. Erst ein Jahr vorher hatte ich zum ersten Mal in meinem Leben eine Dame rauchen sehen – eine ältere Engländerin beim Kochbrunnentrinken in Wiesbaden.

Wir machten jeden Sonntag eine „Fahrt" – sehr zu Mutters Leidwesen, der „das Herumströmern", wie sie es nannte, gar nicht paßte. Ich hätte allein auch nie mitgedurft, aber Karoline und Emilie waren ebenso eifrige „Wandervögel" wie ich. Nach und nach sah Mutter dann auch ein, daß Sonntage ohne ihre drei Töchter auch ihre ruhigen und angenehmen Seiten hatten, und ließ uns ziehen.

Karoline war zur „Führerin" ernannt worden, aber mit Pauls Erscheinen sank ihre Zuverlässigkeit, und sie wurde abgelöst, denn Unzuverlässigkeit paßte nicht zum „Wandervogel e.V." (Erkennungszeichen silberner Greif im blauen Feld).

Eros spielte übrigens dort keine wesentliche Rolle. Nach unsern Satzungen gingen wir getrennt „auf Fahrt", und nur auf Gautagen kamen wir mit den Jungen zusammen. Allerdings erzählte mir meine Freundin Grete einmal bedeutungsvoll, ein Emil hätte sie „freideutsch geküßt". Ich habe nie erfahren, wie diese Küsse aussahen, mochte aber auch nicht danach fragen, um mich nicht zu blamieren. Natürlich gab es einige männliche „Wandervögel", die ich besonders gern leiden mochte: Friedel Büscher, der so hübsch war, und Willi Bergermann, der mich immer melancholisch anguckte, wenn er auf seiner Geige schluchzend „Simon von Celle" begleitete. „Simon von Celle" hatte eine ganz getragene Melodie und wurde nur gravitätisch geschritten.

Vom Gautag in Eger brachte Willi mir einen eisernen Hufnagel mit, der zum Fingerring gebogen war. Darauf stand B.d.D.i.B., was „Bund der Deutschen in Böhmen" heißen sollte.

Wie habe ich gerade diesen Ring geliebt! Denn welcher Jüngling dachte damals sonst schon an mich? Ich war so ehrlich erfreut, daß ich dieses Eisending nicht mehr vom Finger nahm. Vater meinte allerdings spöttisch, er würde sich gar nicht wundern, wenn ich nächstens mit einer hübschen Kuhkette um den Hals ankäme, die würde doch sehr gut zu meinem Hufnagel passen.

Waldemar hieß unser „Führer". Er hatte blonde Locken, trug nur weiße Schillerkragen und hellblaue Kittel. Es hatte den Anschein, als ob Waldemar wohlhabend sei. Das sah man schon an seinem hellblauen Briefpapier, auf dem unter der vollständigen Adresse zu lesen stand: „Ich rate euch angelegentlich, nicht mit denen zu verkehren, zu denen ihr nicht gehört und die nicht zu euch gehören. Goethe." Obwohl Waldemar zu den Älteren gehörte – er war mindestens 25 Jahre alt –, hüpfte er mit uns barfuß und singend in einer langen Reihe in Düsseldorf über die „Kö".

Als ich aber im letzten Schuljahr auf einem Klassenausflug zu meiner Gitarre ein Lied vom „Bärbele" gesungen hatte, in dem etwas vorkam, das sich „Luder" nannte, verbot Frau Direktorin an ihrer Schule den „Wandervogel". Öffentlich wurde morgens in der Aula das Verbot verkündet. Sie organisierte einen „Ausflugsverein" mit Lehrerinnen an der Spitze. Doch eine Zugehörigkeit zu diesem Verein kam mir wie ein Verrat vor, und ich weigerte mich, dabei mitzumachen. So nahm der „Wandervogel" für mich ein Ende. Doch auch für die anderen sollte es nicht mehr lange dauern. 1914 eilten die Jungen zu den Fahnen, und aus ihrem Versprechen, Weihnachten wieder zurück zu sein, wurde nichts. Auch die Mädchen bekamen andere Aufgaben.

Obwohl mich der „Wandervogel" jahrelang in seinen Bann geschlagen hat, wohnten doch zeitweise zwei Seelen in meiner Brust. Im Jahre 1913, also ein Jahr nachdem ich mich für die freie Natur entschieden hatte, bekam ich eine Einladung zur Tanzstunde. Mutter war anfänglich dagegen, denn ich war ein Vierteljahr zuvor in den Konfirmandenunterricht gekommen, und Mutter hielt es für ausgeschlossen, daß man sich gleichzeitig christlich auf das Leben vorbereiten und nebenbei das Tanzbein schwingen könnte. Emilie und Karoline bestürmten Mutter jedoch so eindringlich, daß sie nach langem Zögern ihre Bedenken zur Seite stellte.

Es war damals keine freie Entscheidung der „Damen", ob sie an einer Schülertanzstunde teilnehmen wollten: die Herren Gymnasiasten konnten sich ihre „Damen" aussuchen. Unser Konsumfreund Kurt hatte sich meiner erinnert: und nach vorheriger Anmeldung erschienen bei uns zwei „Herren" Obersekundaner, machten Besuch und holten sich bei Vater und Mutter die Einwilligung, mich „in ihren Reihen begrüßen zu dürfen".

Ich war ganz aus dem Häuschen vor lauter Freude und Erwartung und höchst aufnahmebereit für Karolines weltkluge Ermahnungen.

„Laß dir nur nicht gefallen, wenn dir so 'n Jüngling dumm kommt. Laß sie abblitzen, desto lieber mögen sie dich. Ich weiß das aus Erfahrung", riet sie mir.

Ach Karoline, hättest du das doch lieber nicht gesagt! Vielleicht wäre ich dann besser davongekommen! Meine Tanzstunde wurde für mich eine große Enttäuschung, denn ich wurde das dauerhafteste „Mauerblümchen". Immer als letzte aufgefordert, war ich bestimmt diejenige, die sitzenblieb, wenn einmal ein „Herr" fehlte. Wie das kam, weiß ich auch nicht, denn es gab bestimmt Mädchen, die viel unvorteilhafter aussahen als ich.

„Steck dir doch mal ein paar Taschentücher vorne rein, wo andere Leute ihren Busen haben, vielleicht nützt das was. Herren haben das gern!" riet mir Elli Oppenheimer, die – prächtig entwickelt – der Hahn im Korbe war.

Doch wie konnte ich das! Nie im Leben machte ich solche Sachen!

Unser Tanzlehrer hat sicherlich meine Verzweiflung und meine Trauer gemerkt, dann oft, wenn ich sitzenblieb, holte er mich, um mit mir vorzutanzen. Aber auch das half nichts, ich blieb das Aschenputtel.

Nie wieder Tanzstunde, dachte ich oft, denn sie wurde für mich zu einem einzigen Albtraum! Dessen Höhepunkt erlebte ich Weihnachten 1913 vor unserm Schlußball. Der Ball fing mit einem gemeinschaftlichen Abendessen an, und jeder mußte dazu eine Tischdame auffordern. Mich forderte keiner auf. Selbst die häßlichsten Kavaliere hatten sich rechtzeitig anderweitig eingedeckt. Kurt kümmerte sich überhaupt nicht um mich, hatte aber doch so viel Verständnis für meine peinliche Lage, daß er einen Klassenkameraden, der gar nicht zum Tanzkurs gehörte, an den Haaren herbeizerrte. Doch leider machte meinem Tischherrn seine erste Reitstunde, die er zwei Tage vorher gehabt hatte, schwer zu schaffen und lähmte seinen Tanzwillen; so saß ich viel allein herum.

Ich hatte diesen Mißerfolg vorher im Gefühl und wäre am liebsten gar nicht auf das Fest gegangen. Doch zu Weihnachten hatte ich ein Schlußballkleid bekommen: rosa Voile mit Röschenranke, seegrün abgepaspelt, nebst einer grünen breiten Seidenschärpe mit passendem Haarband. Dazu hatte Mutter mir, was ich mit geteilten Gefühlen hinnahm, rosa Baumwollstrümpfe gestrickt, die ich zu schwarzen Lackhalbschuhen mit Spange trug.

Karoline und Mutter begleiteten mich auf meinem schweren Gang. Nach dem Essen gab es Saalpost, und Karoline meinte es sicher gut, als sie mir den anonymen Saalpostbrief schrieb. Es war ein richtiger Liebesbrief, und ich dachte in meiner ersten Freude an alles andere als an einen Betrug meiner Schwester. Ich hatte ein Auge auf einen Hermann geworfen und war nun fest davon überzeugt, daß es nur Hermann gewesen sein könnte, der mir diesen reizenden Brief geschrieben hatte.

Hermann hielt gerade die Damenrede und brillierte mächtig dabei. Er sagte: „Ein Ei ohne Salz ist wie ein Kuß ohne Schnurrbart, wie eine Tanzstunde ohne Mädchen." Laut wurde diese ganz neue Feststellung bejubelt und beklatscht. Als die Begeisterungswogen abgeebbt waren, lief ich gleich mit meinem Holzfächer zu Hermann mit der Bitte, mir etwas daraufzuschreiben. Hermann tat so erstaunt, als habe er mich noch nie gesehen. Er konnte sich offenbar wunderbar verstellen, damit nur niemand von seiner Zuneigung zu mir etwas merkte! Er schrieb mir unter lautem Gelächter der umstehenden „Herren" etwas Lateinisches auf meinen Fächer, das ich zu Hause gleich mit Tinte nachzog, damit bis in alle Ewigkeit nichts davon verlorenginge. Ich nahm meinen Fächer sogar mit in die Schule und bat unseren Klassenlehrer, mir doch die Aufschrift zu übersetzen. Doch weder er noch irgendein anderer fand sich bereit, mir die Bedeutung der Fächerwidmung zu sagen.

Gottfried nannte es eine Flegelei, einem jungen Mädchen so etwas auf den Fächer zu schreiben, und Vater meinte: „Warum hat der Lümmel das denn auch noch mit Tinte geschrieben? Wie willst du das nun entfernen?"

Nie wieder habe ich ein Wort mit Hermann gesprochen, da aber das Böse eine gewaltige Anziehungskraft besitzt, schwand sein schnödes Bild wochenlang nicht aus meinem Kinderherzen. Abend für Abend sang ich vor dem Zubettgehen aus dem offenen Fenster:

„Erd' und Himmel ruhn, ich vergeß' sie nun und gedenke nur noch deiner. Mein Freud' und Ruh', meine Wonne du, sag, gedachtest du auch meiner?"

Das stand in Karolines Schulliederbuch. Hermann hat bestimmt nicht meiner gedacht. Bald setzte eine Regenperiode ein, ich durfte mein Fenster nicht mehr abends öffnen, und somit endete meine Liebe.

*

Es war eine zwischen Vater und Mutter beschlossene Sache gewesen, daß Emilie nach ihrer Rückkehr aus Berlin im Jahre 1912 Mutter im Haushalt zur Hand gehen sollte. Aber dieses gutgeplante Arrangement entwickelte sich denkbar unglücklich. Emilie, die aus Berlin allerlei Neuerungen mitgebracht hatte, war nun bestrebt, unseren Haushalt zu reformieren. Dabei biß sie auf Granit, denn Mutter wollte so weitermachen, wie sie es jahrelang gewöhnt war. Sie wollte weder etwas von Kathreiners Malzkaffee wissen noch von der Margarine Clever Stolz, noch von dauernder Kopfwäsche oder von Sauerkraut für die Teppichreinigung. So geschah es, daß sich aus Emilie und Mutter zwei unermüdliche Kampfhähne entwickelten, die sich auf Gedeih und Verderb angnatzten. Unsere häusliche Gemütlichkeit litt empfindlich darunter, denn Mutters Gereiztheit griff auf Vater über, und Emiliens Brummerei, die sich in tagelangem Schweigen äußerte, lastete vor allem auf uns Schwestern.

Da nahte eines Tages, wie vom Himmel gesandt, der Retter in der Not in Gestalt von Männe Bielefeld. Wir kannten Bielefelds schon lange, und es hatte sich eine Freundschaft entwickelt, die zwar nicht besonders innig war, die aber doch so weit gedieh, daß Bielefelds im Jahre 1910 mit Vater und Mutter, Onkel Wilhelm und Tante Auguste nach Oberammergau zu den Passionsspielen fuhren. Auf dieser Reise hatten sich die gegenseitigen Sympathien etwas vertieft. Männe – auch ein Lehrer – war eine harmlose Seele, die keiner Fliege etwas zuleide tat. Er hatte einen eindrucksvollen Gang, indem er bei jedem Schritt die rechte Schulter ruckartig nach vorn schob. Mutter machte das gern vor, doch mußte sie dann ganz besonders gut aufgelegt sein.

Am liebsten mochte Männe die Witze, die er selber erzählte; er konnte dann so unbekümmert und laut lachen, daß man angesteckt wurde, ob man wollte oder nicht. Bielefelds waren kinderlos.

„Wir haben die Hoffnung aufgegeben, aber noch nicht den Versuch! Hahahahahaha!" pflegte Männe zu sagen.

Diese Redensart machte Mutter betreten schweigen, und Vater zog mißbilligend seine Nasenflügel ein. Männe merkte so etwas aber prinzipiell nicht. Seine Frau hieß Selma und war genau einen Kopf größer als ihr Männe, doch das war nur äußerlich.

„Na, Herr Bielefeld, gehen Sie mit Ihrer Frau spazieren bei dem schönen Wetter?" erkundigt Mutter sich im Vorbeigehen.

„Ja, mal ein bißchen meinen Drachen steigen lassen, hahahahaha! Nicht wahr, Selma? Hahahahaha!"

„Aber Franz", hauchte Selma, „werd nicht so bissig."

Männe kam also eines Tages zu uns und fragte, ob Emilie nicht Lust habe, einem seiner Vorschüler, achtjährig, Nachhilfestunden zu geben. Sie müsse dann täglich in die Lindenallee zu Hugenbergs ins Haus.

Der Name hatte in Essen einen guten Klang. Hugenberg war Geheimer Finanzrat und Vorstand des Direktoriums der Firma Friedrich Krupp. Emilie willigte ein und begann gleich am andern Tag ihre Tätigkeit im Hause Hugenberg. Sie wurde dort sehr schnell beliebt, und nach kurzer Zeit schon fragte „Frau Geheimrat" sie, ob sie nicht ganz ins Haus übersiedeln wolle, um die Erziehung der beiden Kleinen, Ursula und Liselotte, zu übernehmen, die damals drei und fünf Jahre alt waren. Emilie, die kleine Kinder immer sehr gern gehabt hat, zog nun ganz zu Hugenbergs.

Angelika, Hugenbergs Älteste, war drei Jahre jünger als ich. Sie war entsetzlich pomadig und übermäßig korrekt. Gerade deswegen hatte „Frau Geheimrat" es sich wohl in den Kopf gesetzt, daß Angelika meine Freundin werden sollte. In meinem Sinne war das ganz und gar nicht, denn Angelika war so etepetete, und die Atmosphäre des vornehmen Hauses schüchterte mich ein. Ich wurde täglich eingeladen. Zu meiner Konfirmation bekam ich einen Füllfederhalter, eine goldene Brosche mit einem Saphir, Goldkäferschuhe sowie durchbrochene Seidenstrümpfe fürs Theater. Wenn ich zum Mittagessen eingeladen wurde, war ich sehr beeindruckt von all der Vornehmheit, aber hinterher nie recht satt. Ein Johann servierte, und als er eingezogen wurde, kam ein Fritz. Die waren beim Essen weiß behandschuht und trugen eine dunkelblaue Litewka mit weißem Schlips. Else, eins der Zimmermädchen, die sonst häufig mit uns herumalberte und lachte, richtete am Aufzug die Speisen an und verzog dabei keine Miene. Diese gottesdienstähnlichen Mittagessen im Hause Hugenberg fand ich recht ungemütlich und hatte dabei ein ähnliches Gefühl wie in der Kirche. Manchmal waren „Frau Schatzrat" und Tante Grete, Herrn Geheimrats Mutter und Schwester, monatelang zu Besuch. Angelika durfte dann nicht mit mir Schlittschuhlaufen, weil nach Tante Gretes Meinung auf dem Stadtgartenteich, auf dem wir soviel Spaß hatten, viel zu viele Menschen zusammenkämen, von denen jeder eine andere Sorte Bazillen ausstreute. Angelika mußte mit Tante Grete auf den privaten Tennisplätzen des Konzerns laufen, da waren die Bazillen besser! Unsere munteren Schwimmspiele in der Städtischen Badeanstalt durfte Angelika auch nicht mehr mitmachen. Unter Tante Gretes Aufsicht schwamm sie brav ihre Runden im Kruppschen Friedrichsbad.

Wunderschön war es, wenn große Gesellschaften gegeben wurden. Dann durften Karoline und ich kommen, und oben aus dem Lichtschacht, vor dem wir in der Hocke saßen, hinuntergucken auf die noblen Gäste. Alle Damen waren eleganter gekleidet als Mutter, aber so hübsch wie Mutter waren sie nicht. Und die Herren sahen auch nicht so klug aus wie Vater. Einen Höhepunkt bildete es ohne Frage immer, wenn Herr und Frau Krupp von Bohlen, die für uns

Essener gleich hinter dem Kaiser kamen, erschienen. Ach, waren die prächtig!

Für uns Zuschauer wurde im Frühstückszimmer gedeckt, und wir bekamen dasselbe Diner wie unten der hohe Besuch.

Außer Emilie gab es bei Hugenbergs noch eine Französin aus Cavaillon in der Provence, die „Mello" genannt wurde. In solchen Häusern gehörte es damals zum guten Ton, als Gesellschafterin der Dame des Hauses oder als Gouvernante für die Kinder eine Engländerin oder Französin zu haben. Mello, die in beiden Aufgaben fungierte, war von der kleinsten Hugenberg, die Mademoiselle noch nicht aussprechen konnte, „Mello" genannt worden. Und dabei blieb es.

Bald wurden Mello und Emilie, zwischen denen eine innige Busenfreundschaft entstand, von Frau Geheimrat geduzt, und sie selber durften „Mutter Hugenberg" sagen. So herrschte eitel Harmonie, und auch bei uns zu Hause kehrte wieder Friede ein.

Nur die so sehr geförderte, aber von beiden Seiten nie besonders feurige Freundschaft zwischen Angelika und mir zeigte für mich einen ausgesprochenen Pferdefuß: Angelika nämlich, eine gewissenhafte und fleißige Geigenspielerin, setzte es sich in den Kopf, daß ich sie auf dem Flügel begleiten sollte. Schon seit geraumer Zeit besuchte ich auf eigenen Wunsch „Professor Patzigs Konservatorium für Musik", um Klavier spielen zu lernen. Wie immer hatte ich die allerbesten Vorsätze gehabt und anfangs Fortschritte gemacht, die nicht nur Professor Patzig, sondern auch meinen viel kritischeren Vater in Erstaunen setzten.

Leider wurde Professor Patzigs Konservatorium in das neu erbaute „Hansahaus" verlegt. Hätte dieses „Hansahaus" nicht einen Paternosteraufzug gehabt, den ersten in Essen, so hätte ich wohl ganz anmutig Klavier spielen gelernt. Doch war die Versuchung und mein Hang zur Technik zu groß. Ich fuhr häufig meine Unterrichtsstunden im Paternoster ab, was durch den wachsamen Hausmeister, der mich leidenschaftlich verfolgte, noch besonders spannend wurde. Er hat mich nie erwischt!

Der Herr Professor hatte seinen eigenen Notenvertrieb, und als ich einmal mit dem „Gnomenmarsch" nach Hause kam, zog Vater die Nasenflügel ein, und Gottfried, der gerade Semesterferien hatte, lachte spöttisch. „Schneeflöckchen" erntete auch nicht mehr Beifall. Ganz im Gegenteil, Vater verlangte kategorisch, daß ich Herrn Professor bitten sollte, mich klassische Musik spielen zu lassen, zu der wir uns nicht erst die Noten kaufen mußten.

Daraufhin sah Herr Professor sich um seinen Nebenverdienst betrogen und fing mit Chopinschen Walzern an, die doch recht schwierig für mich waren. Um aber Vater nicht zu blamieren, sondern zu rechtfertigen, übte ich die schwierigen Walzer mit solcher Verbissenheit, daß ich meine Aufgaben fehlerlos spielen konnte. Damit überzeugte ich Vater, daß Klavier spielen nur eine Übungssache sei und daß ich die teuren Unterrichtsstunden gar nicht nötig hätte.

Vater war sichtlich überzeugt, aber Mutter meinte: „Laß Tinchen ruhig weiter Unterricht nehmen, sie ist in der letzten Zeit so schön weitergekommen."

Von uns drei Schwestern habe ich es auf dem Klavier am weitesten gebracht. Karoline ist über das „Tänzchen für den kleinen Liebling" nicht hinausgekommen, Emilie schaffte es auch nur bis zu den „Variationen zu der Oper Freischütz". Ich spielte viel mit Vater vierhändig, was aber leider immer in Unfrieden endete. Vater spielte nach Gefühl, und weil ich nicht immer rechtzeitig merkte, wohin sein Temperament ihn führte, kamen wir schnell auseinander. Ich vergoß zuerst immer bittere Tränen, und später, als ich älter wurde, war ich jedesmal tief beleidigt.

„Willi, du mußt auch zählen, die Lüttsche kommt ja gar nicht mit!" rief Mutter oft dazwischen.

Als Angelika eine neue Geige für fünfzehntausend Mark bekommen hatte, wurde ich auch im Hause Hugenberg an den Flügel kommandiert. Es müsse doch eine Freude sein, ein so edles Instrument zu begleiten! So blieb mir nichts anderes übrig, als wieder regelmäßig zu üben, denn ich konnte mich doch nicht blamieren. Von Zeit zu Zeit hörten nämlich Angelikas Eltern zu, und vor denen hatte ich einen gewaltigen Respekt.

Im Hugenbergschen Familienkreis hatte man beschlossen, daß die beiden Mädchen, die schon alt genug waren, nicht auf unserer Schule bleiben, sondern auf das neugegründete „Evangelische Privatlyceum" überwechseln sollten, das als viel feiner galt. Nun aber zeigte die sanfte Angelika wie schon bei anderen Gelegenheiten ihren Dickkopf: sie wollte nur wechseln, wenn ich mitkäme. Mir war das recht, denn gerade erst hatte mir mein Klassenlehrer bei der Zeugnisverteilung angedroht, mich wegen „moralischer Unreife" beim nächsten Termin nicht zu versetzen, ganz gleich, wie meine sonstigen Leistungen ausfielen. Wenn diese Äußerung auch sicher nicht ganz ernst gemeint war, so sah doch Vater darin eine Beleidigung seines Kindes und war den Vorstellungen Frau Hugenbergs gegenüber zugänglich, die, um ihre Älteste willfährig zu machen, mit allem Nachdruck für meine Übersiedlung plädierte. Also wurde mein Schulwechsel beschlossen.

Wie an meinem ersten Schultag faßte ich brave Vorsätze. Mutters eindringliche Warnung blieb für die erste Zeit fest in meinem Herzen haften: „Doch nur das eine Jahr noch! Wie schnell ist das vorbei! Tu mir den Gefallen, und sei fleißig, und benimm dich manierlich, damit du mit einem schönen Abgangszeugnis nach Hause kommst. Tu uns nicht auch noch die Schande an, daß du sitzenbleibst!"

Angelika war vier Klassen unter mir, stand aber in jeder Pause beharrlich vor meiner Klassentür und wartete auf mich. Sie konnte in ihrer Klasse keinen Anschluß finden.

In dieser Zeit bezogen wir auch unser endgültig letztes Familiendomizil in Essen. Mutter war überglücklich, denn diesmal war es ein ganzes Haus mit einem Garten ringsherum, einer Glasveranda und genug Platz für alle, die noch im Hause wohnten. Die Nachbarn waren ruhige und respektable Leute, die alle ihre hübschen Gärten und Vorgärten pflegten. Hier kamen Vater und Mutter endlich zur Ruhe: sie blieben länger als 20 Jahre in der Schnutenhausstraße, bis sie sich im hohen Alter noch in Hamburg mit Hilfe ihrer Kinder ein Haus kauften.

Karoline und ich bekamen ein Zimmer zusammen, über dessen Tapeten wir uns lange nicht einig werden konnten. Ich schwärmte für rote Rosen auf weißem Grund, während Karoline ganz hingerissen von gelben und lila Stiefmütterchen war und rote Rosen ordinär fand. Also mußte Mutter eine salomonische Entscheidung treffen, die so lautete: zuerst sollte nach dem Geschmack der Älteren entschieden werden. Beim nächsten Tapezieren sollte ich dann aussuchen dürfen. Zu unserer größten Freude schenkte uns Mutter noch einen hochmodernen eintürigen Schrank mit einem großen ovalen Spiegel.

„Diesen Schrank bekommt der von euch dreien, der zuerst heiratet!"

Da Karoline schon etliche Jahre ihren Paul Wieder im Herzen trug, der irgendwann einmal wohl endlich Ernst machen würde, Emilies Uwe Jens eine eher vage Möglichkeit darstellte und ich mit meinen 15 Jahren noch gar nicht in Frage kam, hatte Mutter bei dieser Äußerung wohl Karoline im Auge. Tatsächlich blieb der Schrank für sie dort stehen, bis sie – sieben Jahre später als ich – heiratete.

Nebenbei bemerkt

Etliche Jahre später habe ich nach der Scheidung meiner Eltern nicht nur im Großelternhaus das gleiche Zimmer in der Schnutenhausstraße bewohnt wie meine Mutter, sondern auch die gleiche Schule besucht. Das Zimmer war so vollgestopft mit Möbeln, daß meine Schwester Liselotte und ich ein neues Spiel erfanden, nämlich Fangen, ohne den Fußboden zu berühren. Wir empfanden die Enge also als vorteilhaft und trauerten der aufgegebenen Villa wenig nach, um so weniger, als hier in der Schnutenhausstraße eine ganze Menge von Kindern in unserem Alter wohnte.

Da wir zu diesem Zeitpunkt sechs und sieben Jahre alt waren, gingen wir zunächst einmal in die Volksschule, wo ich unter der strengen Leitung von Fräulein Bartels eine unglaubliche Menge lernte, unter anderem auch die zehn Gebote. Dabei genierte ich mich immer sehr, wenn das sechste Gebot an die Reihe kam. Weil man uns nie näher erklärte, was es mit dem „Ehebrechen" auf sich hatte, dachte ich, damit wäre eine Scheidung gemeint, was mir im Hinblick auf meine Eltern so lange peinlich war, bis wir unseren Vater, von dem wir ohnehin selten etwas hörten, in der Schule kurzerhand für tot erklärten.

Meine Mutter, die damals arm wie eine Kirchenmaus war, wäre nie auf die Idee gekommen, daß ihre Töchter nicht auf die höhere Schule gehen sollten, obwohl doch Schulgeld bezahlt werden mußte. Also wurde auch ich wie ein Jahr vorher meine Schwester in besagtem Privatlyceum, das nunmehr „Maria-Wächtler-Schule" hieß, angemeldet. Frohgemut, im Besitz eines wunderschönen Zeugnisses und geschmückt mit dem braun-samtenen Schülerhut mit schwarz-weißem Sextaband, betrat ich im Frühling 1933 die Schule, nachdem mich Onkel Johannes gewarnt hatte, ich solle dort lieber keinen schönen Gruß von meiner Mutter bestellen.

Nun gab es da zwei Sexten. Die Schülerinnen der Sexta A hatten alle die gleichfalls schulgeldpflichtige Vorschule besucht, während sich in der B-Klasse die Mädchen aus der Volksschule versammelten. Wohl aufgrund meines schönen Namens geriet ich in die A-Klasse, der ein paar Mädchen fehlten. Nie wieder habe ich so hochmütige kleine Biester erlebt wie dort. Selbst die, die ich von früher her von unseren Kindergesellschaften kannte, bildeten keine Ausnahme. Es gab da ein paar Mädchen in der Klasse, die in Straßen wohnten, die nach ihren Großvätern hießen; da konnte ich mit meinen Kleidern, die aus ausrangierten Sachen der Familie in den „Heimstätten für Kriegshinterbliebene und -versehrte" genäht wurden, in keiner Weise mithalten.

In jenen Tagen marschierten wir ein paarmal zu irgendwelchen Feiern mit der gesamten Schule auf den Burgplatz und begingen Deutschlands Erwachen oder ähnliches.

An sich muß ich ein politisch sehr interessiertes Kind gewesen sein. Es existiert – von meiner Mutter treulich verwahrt – ein Schulaufsatz von mir, wo ich noch unter Fräulein Bartels' Ägide die Frage beantworten mußte, was ich täte, wenn ich den Goldklumpen besäße, den Hans im Glück sein eigen nannte. Da steht zu lesen, daß ich in diesem Falle Deutschlands Schulden aus dem Versailler Schanddiktat bezahlen wollte. Von den Burgplatzfeiern ist mir aber nichts mehr in Erinnerung außer der entsetzlichen Tatsache, daß ich keinen fand, mit dem ich, wie es vorgeschrieben war, Hand in Hand gehen konnte. Irgendeine meiner Klassenkameradinnen hatte nämlich die Behauptung aufgebracht, alle Kinder von der Volksschule hätten Läuse. Ich versuchte, zu erklären, daß nur ganz selten mal einer dort Läuse gehabt habe, aber doch nie alle! Das wollte keiner hören.

Wegen Großvater hatten wir übrigens in unserer Straße auch einiges auszustehen: er weigerte sich jahrelang hartnäckig, eine Hakenkreuzfahne anzuschaffen, und flaggte – wenn überhaupt – mit seiner alten schwarz-weiß-roten Fahne aus dem Ersten Weltkrieg, die dazu noch einige Patina angesetzt hatte. Und Onkel Gottfried stand ganz groß in der Zeitung, weil er in seiner Forschungsgemeinschaft Stipendien an Juden gegeben hatte. Dieser Ausschnitt wurde den Großeltern anonym mit der roten Aufschrift „An den Pranger!" zugeschickt. Nach Großmutters Auffassung hatte dies der gleiche alte Schleicher getan, der im Musikverein immer so tat, als ob er alles auswendig singen könnte, und dabei doch – weitsichtig wie er war – alles aus dem Notenblatt seines Vordermanns ablas.

An meinen braunsamtenen Schülerhut ist nur noch die schwarz-weiß-silberne Litze der Quinta gekommen. 1934 machten wir nämlich unsere Statussymbole dem Führer zum Geschenk, weil wir nun eine Volksgemeinschaft waren. Die Großen und vor allem die Jungen veranstalteten damit ein großes Feuer auf dem Burgplatz, aber die Mittelschüler mußten ihre Mützen woanders verbrennen.

In unserer Schule herrschte die Sitte, daß die Klassenlehrerin von Zeit zu Zeit die Namen derer vorlas, die ihre Eltern daran erinnern sollten, daß das Schulgeld noch nicht bezahlt sei. Mein Name wurde sehr oft vorgelesen. Und als wir dann nach Köln zogen, weil meine Mutter wieder geheiratet hatte, bekamen wir zunächst kein Abgangszeugnis mit, weil wir wieder einmal im Rückstand waren. Meine Klassenlehrerin ermahnte mich beim Abschied vor der ganzen Klasse, ich solle aber nicht vergessen, Mutti an das Schulgeld zu erinnern.

Da hatte man übrigens unter den Klassenkameradinnen schon eingesehen, daß ich keine Läuse hatte.

5.

Kriegtagebücher
Zwei Leutnants und zwei Verlobungen
Karoline hofft sieben Jahre

Ich war noch gar nicht lange in der neuen Schule, als der Erste Weltkrieg ausbrach. Anfang August kamen Gottfried und Johannes nach Hause, um sich von uns zu verabschieden, denn sie hatten sich beide gleich als Kriegsfreiwillige nach Celle zu den 77ern, wo auch Vater seine Militärzeit abgedient hatte, gemeldet. Genau wie sie es sich einst in schönen Ferientagen in Munster gewünscht hatten, kamen sie in eine Maschinengewehrabteilung. Der Abschied ließ gar keine rechte Freude darüber aufkommen, daß Gottfried kurz zuvor mit Glanz promoviert hatte. Neben allen anderen Aktivitäten hatte er doch noch Zeit für eine Doktorarbeit gefunden und Mutter wäre selig gewesen, wenn nicht der junge Dr. phil. und sein jüngerer Bruder hätten in den Krieg ziehen müssen. Nach einer Ausbildung, die nur zwölf Wochen dauerte, rückten sie an die Westfront aus.

In der Schule nahmen wir die Mobilmachung gelassen, ja eigentlich heiter auf. Wir sangen oder vielmehr wir gröhlten in der Klasse Lieder, die irgendwelche Beziehungen zu Vaterland und Krieg hatten. Da wir gerade vorher „Wallenstein" gelesen hatten, sangen wir „Wohlauf, Kameraden, aufs Pferd, aufs Pferd" gleich mehrere Male hintereinander, dann natürlich „Deutschland, Deutschland über alles", „Musketier seins lustge Brüder" mit dem Refrain „Siegreich wolln wir Frankreich schlagen" sowie „O Deutschland hoch in Ehren".

Unsere gestrenge Direktorin war außer sich.

„Das sieht dieser Klasse mal wieder ähnlich, anstatt sich auf eine ernste Zeit vorzubereiten, benimmt sie sich wie in der Klippschule!"

Ernste Zeit? Wieso denn? Jetzt war August, und Weihnachten sollte alles vorbeisein, da konnte doch von keiner ernsten Zeit die Rede sein. Unser Unterricht wurde gleich in andere Bahnen gelenkt. Wir hörten mit dem „Prinzen von Homburg" auf und lasen nach den Ferien aus einer Zeitschrift Gertrud Bäumers „Kriegstagebuch". Während der Ferien mußten wir in dem von der Schule eingerichteten Kindergarten Kinder betreuen, deren Väter einberufen worden waren. Ich bekam dabei die edle Aufgabe, drei wohlgenährte Knaben morgens mit einem kleinen Leiterwagen abzuholen und zur Schule zu fahren. Abends mußte ich sie wieder nach Hause bringen. Das war sehr anstrengend und auf die Dauer eine rechte Zumutung, sodaß Mutter mir kurzerhand diese täglichen Strapazen, die sich über Stunden hinaus ausdehnten, verbot. Das aber war wieder nicht in Frau Direktorins Sinne, die deswegen morgens in der Aula eine zündende Rede über Pflichtvergessenheit und Drückebergerei hielt, wobei sie dauernd zu mir herübersah.

Als unser Schulkindergarten von einer städtischen Organisation abgelöst wurde, mußten wir täglich Rote-Kreuz-Armbinden sticken, Scharpie zupfen und Kleinigkeiten an neuen Uniformröcken nähen. Das war wieder nichts für mich; zum zweiten Male erregte ich den Unwillen der Frau Direktorin. Mein Unvermögen auf dem Gebiet der Handarbeit hatte aber wirklich nichts mit Disziplinlosigkeit zu tun. Ich war ganz niedergeschlagen.

Karoline hatte sich voll patriotischer Begeisterung dem Roten Kreuz zur Verfügung gestellt und mußte in ihrer Lehrzeit zu ihrer großen Enttäuschung alte Männer baden! Da sang ich lieber mit Angelika und meinen Freundinnen im Lazarett den verwundeten Kriegern zur Gitarre muntere Wandervogellieder vor.

Im Verlaufe des Herbstes spielte der Krieg in der Schule eine immer größere Rolle. Wir schrieben keine Aufsätze mehr, sondern mußten ein Kriegstagebuch anlegen, dessen Umschlag in der Zeichenstunde kriegerisch ausgeschmückt wurde. Ich malte die deutsche und die österreichische Flagge, miteinander gekreuzt, und einen goldenen Lorbeerkranz darüber in die eine Ecke, ein Eisernes Kreuz, mit Silberbronce getönt, in die andere. Mein Versuch, auch noch einen Helm mit goldener Spitze zu malen, mißlang kläglich. „Kriegsskizzen" stand in grün leuchtenden Buchstaben, golden umrandet, unter der gemalten Pracht.

Man mußte schon eine rege Phantasie haben und einen lebhaften, unermüdlichen Geist, wenn täglich eine „Kriegsskizze" gelingen sollte, die dazu noch den Charakter einer Chronik haben mußte. Mit dem besten Willen fiel mir nicht täglich etwas ein. So habe ich elend etwas zusammengestottert, teilweise Wahrheit, meistens aber schlechte Dichtung. Ich war sowieso bei Frau Direktorin nicht gut angeschrieben. Sie behandelte mich seit der Gehorsamsverweigerung mit dem Kindertransport wie Luft. Infolge dessen hielt ich es für zwecklos, große Mühe auf meine Kriegsskizzen zu verschwenden, sodaß ich am Elternabend wohl zum Aufsagen befohlen wurde, aber als einzige kein eigenes Werk sondern das einer Mitschülerin rezitieren mußte. Ausgerechnet ich hatte ein Loblied auf das Stricken zu singen:
„Stricken, stricken und nochmals stricken, wohin man sieht, alles strickt jetzt. In der Handarbeitsstunde wird nur noch gestrickt, und habe ich am Abend meine Schularbeiten fertig, wird wieder gestrickt. Ich stricke jetzt sehr gern, ich finde, beim Stricken kann man so schön träumen, seine eignen Gedanken verfolgen. Doch läßt man einmal, in Gedanken versunken, seine Nadeln müßig in den Schoß sinken, wird man durch das Klappern der andern wieder zum Fleiß ermahnt . . ."
So ging diese Hymne auf das Stricken etwa zehn Minuten lang weiter. Ich mußte dabei immer an meinen verlorenen braunen Strumpf denken; so kam es, daß ich diese Dichtung allzu fröhlich rezitierte.

Die Strickerei nahm nicht eher ein Ende, bis die ganze noch vorhandene Wolle für die Soldaten verstrickt war. Knie-, Leib-, Hals-, Puls-, Ohren-, Nieren-, Bauch-, Kopf- und Magenwärmer, Handschuhe, Strümpfe, Westen, Kappen, kurz alles, was es nur aus Wolle gab, strickten fleißige Frauenhände in der Heimat.

Es hatte sich sogar die Unsitte eingeschlichen, im Konzert und im Theater zu stricken, doch nahm dies bald wieder ein Ende, da das Nadelklappern zu sehr störte; aber in den Konditoreien, im Zug und in der Straßenbahn sah man selten ein weibliches Wesen ohne Strickzeug.

Völlig in Acht und Bann geriet ich dann noch in der Schule nach einer patriotischen Erzählung unserer Frau Direktorin. Deren Schwester war in Charlottenburg in der Orangerie als Rote-Kreuz-Schwester tätig. Als die ersten Verwundeten dorthin verlegt worden waren, stattete unsere Kaiserin ihnen einen Besuch ab. Danach wurde ein leichter Imbiß gereicht, und als die Kaiserin damit fertig war, hatten sich die Schwestern auf das zurückgelassene Besteck Ihrer Majestät gestürzt, um es voller Begeisterung abzulecken. So groß war ihre Liebe zur Landesmutter gewesen! Ich rümpfte daraufhin die Nase, weil ich das Ganze eher unappetitlich fand, und hatte dabei das Pech, daß Frau Direktorin mich gerade ansah. Sie wurde zu Stein und von dem Augenblick an war ich restlos abgeschrieben.

Ostern 1915 bekam ich ohne Schwierigkeiten mein Abgangszeugnis, das eigentlich sehr gut ausgefallen war. Nur am Kopf prangte in betont großer Schrift: „Das Betragen war nicht immer gut!"

Das war so gekommen: Wir lasen in der Deutschstunde Bismarcks Briefe an seine Braut, mit denen wir so recht nichts anzufangen wußten, wenigstens nicht genug, um vor unserer anspruchsvollen Direktorin bestehen zu können.

„Was will Bismarck damit sagen . . ., was erkennt man deutlich aus dieser Äußerung Bismarcks . . ., welche Beweggründe brachten Bismarck zu diesem Schritt?"

So ging das ununterbrochen. Wie sollten wir nun wissen, wie es zu der Zeit in Bismarcks Seele aussah? Kein Mensch gab eine Antwort. Frau Direktorin rang verzweifelt die Hände und mit einem Blick gen Himmel seufzte sie: „Bismarck, verzeih, wenn ich mit dieser Klasse deine Briefe lese!"

Die Klasse schwieg betreten. Da beugte ich mich zu Elly, die neben mir saß, und flüsterte: „Hast du das gehört? Die Olle duzt sich mit Bismarck!"

Nicht nur Elly hatte diese Bemerkung gehört, die Akustik muß besser gewesen sein, als ich angenommen hatte, denn aus jeder Richtung kam Kichern, und plötzlich brach die ganze Klasse in ein befreiendes, schallendes Gelächter aus.

Ich mußte sofort nach Hause gehen, und Vater bekam noch am gleichen Nachmittag einen „blauen Brief".

„Karoline, hör doch mal, diesen Brief hat Vater aus meiner Schule bekommen. Soll ich ihn zu ihm bringen?"

„Zeig erst mal her, was drin steht."

Karoline las flüchtig: „Schule, ungehöriges Benehmen Ihrer Tochter Albertine, zu dauernden Klagen Anlaß, will zu den strengsten, ihr zu Gebote stehenden Maßnahmen greifen! Das klingt ja nicht gerade ermutigend. Was hast du denn wieder angestellt? So kurz vor Ostern? Natürlich bringst du den Brief nicht nach oben, den schmeißen wir ins Klo!"

„Ja, aber wenn das rauskommt?"

„Wie soll das denn jemals rauskommen? Sag um Gottes Willen nichts davon. Vater ist ja nicht so, aber Mutter stellt sich immer so an, wenn mal was mit der Schule ist, dann haben wir wieder tagelang dicke Luft."

So haben Vater und Mutter nie etwas von dem Brief erfahren. Nach dem Bismarck-Intermezzo nahm übrigens meine befohlene Freundschaft mit Angelika ein schnelles Ende. Schon immer war es Frau Direktorin ein Dorn im Auge gewesen, daß Angelika mich in ihr Herz geschlossen hatte. Das durfte eigentlich gar nicht sein, denn wir gehörten doch nicht zu den oberen Zehntausend von Essen. Ein Besuch im Hause Hugenberg wurde zelebriert, und Angelika ließ auf Kommando wieder von mir ab.

Im Herbst des Jahres 1915 wurde Mello nach Frankreich zurückgeschickt. Nachdem in der „Villa Hügel" Krupps ihre Engländerin und ihre Französin in die Heimat entlassen hatten, wollte keiner von der Essener Haute volée feindliche Ausländerinnen im Hause behalten. So schlug auch Mellos Stündlein: mit vielen freundlichen Worten wurde ihr klargemacht, daß sie sich wohl besser über die Schweiz nach Hause begäbe. Emilie geriet wegen Mellos Kündigung geradezu außer sich. Sie und Mello, die beide Enttäuschungen mit dem männlichen Geschlecht erlebt hatten, waren in einer innigen Freundschaft miteinander verbunden, die nur der Tod scheiden sollte. Das Mindeste, was Emilie angesichts der drohenden Trennung tun konnte, war, sich mit Mello solidarisch zu erklären und gleichfalls ihre Dienste dem Hause Hugenberg aufzukündigen. Sie setzte Frau Geheimrat in maßloses Erstaunen durch ihre Devise „Entweder beide oder keine von uns!" und verließ das Haus, in dem sie sich sehr wohl gefühlt hatte.

Als der Krieg zu Ende war, zogen Hugenbergs von Essen nach Berlin, wo Herr Geheimrat an der Spitze des Scherl-Verlages, der Ufa und der Deutschnationalen Partei jenen großen politischen Einfluß gewann, mit dem er später Hitler zur Macht verhelfen sollte. Auch in seinem Berliner Arbeitszimmer hatte er wie in Essen eine Reihe Bronzetiger stehen. „Ich wollte, ich wäre ein Tiger, dann könnte ich alle zerreißen . . .!" hatte er eines Tages böse und enttäuscht zu seiner Frau gesagt. Daraufhin standen am nächsten Tag die Tiger vor ihm. Ob sie ihm wohl geholfen haben, als er sehr schnell von Hitler maßlos enttäuscht war?

Im gleichen Jahre, als Hugenbergs nach Berlin zogen, kam Mello nach Essen zurück. Sie hatte das Gelübde, das sie beim Abschied Emilie unter heißen Tränen gegeben hatte, leichtfertig gebrochen, denn mit sich brachte sie Otto. In Avignon in einem Lazarett für deutsche Kriegsgefangene hatte sie sich Otto angepflegt. Sie präsentierte ihren Otto stolz Emilie und brach der damit nahezu das Herz. Doch Mellos Herz hatte seine Ruhe gefunden, und Otto bekam durch Herrn Geheimrat eine schöne Stellung.

Nebenbei bemerkt

Hugenbergs Kinder habe ich sehr gut gekannt. Sie standen auf Tante Emilies Spiegelkonsole und waren in etwas merkwürdige weiße Stickereigewänder gekleidet, von denen ich annahm, so etwas trügen eben die Kinder von sehr reichen Leuten. Darum beneidete ich sie übrigens keineswegs. Außerdem hatten die kleinen Mädchen lange Korkenzieherlocken mit großen Seidenschleifen darin und schmiegten sich so zärtlich schmachtend aneinander, wie Liselotte und ich es nie taten. Deshalb glaubte ich auch uneingeschränkt, daß diese Kinder sehr wohlerzogen waren, fließend französisch sprachen und einen Hut aufsetzten, wenn sie das Haus verließen. Ich weiß, daß die Kleinste noch ins Bett machte, als Tante Emilie ins Haus kam, und die Mittlere immer ihr Essen stehenlassen wollte. Die Größte hatte nie solche Unordnung in ihrem Schrank wie wir, aber dafür manchmal einen richtigen Dickkopf wie ihr Vater. Es gab da auch noch einen Knaben, der solo im weißen Matrosenanzug auf der Konsole stand. Dieser hatte zuerst bei Tante Emilie und dann bei Großvater Nachhilfestunden. Außerdem hat er meiner Mutter einmal erklärt, sie würde etwas ganz Komisches erleben, wenn sie die beiden Spitzen einer Schere in einen Steckkontakt steckte. Meine Mutter tat dies und erlebte wirklich etwas Komisches, woraufhin Tante Emilie den

Jungen links und rechts ohrfeige, obwohl das an sich nicht zu ihren Erziehungsmethoden gehörte. Ich habe ihn daraufhin sehr bewundert, denn so etwas mit meiner energischen Mutter zu machen – dazu gehörte schon wahrer Löwenmut.

Auch der Diener Johann war mir geläufig. Er wurde sogar pädagogisch eingesetzt, denn immer, wenn Liselotte und ich Handtücher auf der Erde liegenließen, unsere Mäntel und Ranzen auf die Treppe warfen oder unsere Puppensachen nicht wegräumten, hieß es vorwurfsvoll: „Ihr habt doch keinen Johann!" Und natürlich wußte ich auch von Mello. Eine Mello hätte ich auch gern gehabt, obwohl mir ein Johann noch nützlicher erschien.

Es hat ziemlich lange gedauert, bis ich herausfand, daß die Kinder auf der Konsole längst erwachsen waren, daß es den Haushalt mit Mello und Johann schon lange nicht mehr gab und daß meine Mutter noch ein Schulmädchen gewesen war, als Gerhard Hugenberg sie unter Strom setzte. Tante Emilie hatte so anschaulich erzählt, als ob alles erst gestern oder höchstens vorgestern passiert wäre.

Als vor einigen Jahren Tante Karoline, die ihren siebzigsten Geburtstag schon hinter sich hatte, mit meiner Mutter, Paps und mir eine Provence-Reise machte, riefen beim Anblick des Ortsschildes „Cavaillon" die beiden alten Damen wie aus einem Munde: „Hier kam Mello her!"

Auf ihre alten Tage war Tante Karoline wie alle ihre Geschwister eine leidenschaftliche Reisende geworden. Als nach dem Zweiten Weltkrieg alle Grenzen wieder offen waren, hat sie zunächst mit Tante Emilie in einem kirchlichen Omnibus Diaspora-Gemeinden aufgesucht und im Glauben gestärkt. Diese Gemeinden lagen zufällig dort, wo die Tanten immer schon gern einmal hinwollten, in Wien etwa, in Florenz, Rom oder Paris, sogar die Diaspora auf Capri wurde zum großen Gaudium der übrigen Familie von den Tanten betreut.

Später fanden sich dann andere Gelegenheiten, noch alles das zu sehen, was in jüngeren Jahren nie möglich gewesen war. Und nun waren wir in der Provence.

Im Gegensatz zu meiner Mutter konnte Tante Karoline nie Auto fahren. Onkel Onno, ihr Mann, hatte zwar noch in sehr reifem Alter nach unzähligen Fahrstunden seine Führerscheinprüfung gemacht, aber dann das Fahren wieder aufgegeben. Ich habe mehrfach erlebt, daß seine Enkel jubelten: „Da kommt Opa!", wenn ein kräftiger Bums das Haus erschüt-

terte. Onkel Onno pflegte nämlich bei der Einfahrt in die Garage auf das Gaspedal statt auf die Bremse zu treten. Also fuhren er und Tante Karoline nach kurzer Zeit klugerweise wieder mit der Bahn. Das erklärte Tante Karolines etwas abenteuerliche Ansichten über das Autofahren. Sie meinte angesichts von Einbahnstraßen, so einen Umweg könne doch keiner von einem verlangen, und schlug vor, als wir uns in einer kleinen Stadt festgefahren hatten, es doch einmal die Treppen hinunter zu versuchen. Außerdem war sie dafür, damit wir nur ja nichts verpaßten, die Sehenswürdigkeiten der Provence in der Reihenfolge des alphabetischen Verzeichnisses im Reiseführer zu besichtigen.

In Cavaillon kam sie nun auf die Idee, nach Mellos Familie Ausschau zu halten, und zwar logischerweise auf dem Friedhof. Wie viele ältere Damen hatte Tante Karoline mit zunehmendem Alter eine leidenschaftliche Vorliebe für Friedhöfe und Beerdigungen entwickelt, und hier schien ihr eine erbauliche Aufgabe zu liegen. Zwischen meiner Mutter, die dies für baren Unsinn hielt, und ihr erhob sich eine jener Meinungsverschiedenheiten, wie sie die Geschwister noch in hohem Alter mit Temperament und Genuß ausfochten, bis Paps sich mit dem Vorschlag einschaltete, lieber abends im Hotel eine Flasche von Tante Karolines Lieblingswein auf das Wohl Mellos nebst Familie zu leeren. Das haben wir dann auch getan und dabei natürlich eine Postkarte mit der Ansicht von Cavaillon an Tante Emilie verfaßt.

Als zu Kaisers Geburtstag im Jahre 1915 Gottfried und Johannes noch immer nicht zu Gefreiten befördert wurden, drückte Vater nicht ganz ohne Vorwurf seine Verwunderung darüber aus. Sollte es etwa möglich sein, daß ausgerechnet seine beiden Söhne nicht vollauf ihrer vaterländischen Pflicht genügt hatten? Waren sie etwa keine guten und tapferen Soldaten? Sie hatten doch hinreichend Gelegenheit, ihren Mut zu zeigen, denn sie saßen so schön „mitten drin" in diesem Winter in den Argonnen. Anderer Leute Söhne waren sogar schon zu Offizierskursen abkommandiert worden.

Wenn Vater auch nicht diese hohen Ansprüche an die militärische Laufbahn seiner Söhne stellte, so ging ihm der fehlende Gefreitenknopf gegen den Strich. Da stimmte doch etwas nicht! In der Tiefe seines Herzens hatte er fest damit gerechnet, daß seine Söhne die erste Stufe zum Generalfeldmarschall erklimmen würden. Als nun aber Kaisers Geburtstag, der offizielle Termin für Beförderungen, vorübergegangen war, ohne daß etwa geschah, war er einigermaßen befremdet.

Nur bis Ostern brauchte Vater seine Zweifel zu hegen, denn da standen an einem regnerischen Abend Gottfried und Johannes plötzlich vor der Tür mit Unteroffizierslitzen! Aber die waren im Augenblick ganz nebensächlich, denn wer kann sich nicht das Gefühl vorstellen, wenn geliebte Menschen, die man in Todesnähe weiß, plötzlich lachend vor einem stehen?

Wir waren ganz aus dem Häuschen vor lauter Freude. Karoline wußte noch nichts von unserem Glück, denn sie ging vor dem Haus in einem endlosen Gespräch mit Paul die Straße auf und ab und war trotz mehrfachen Rufens nicht zu bewegen, ihre Unterhaltung abzubrechen. Als sie dann endlich hereinkam, und die beiden frischgebackenen Unteroffiziere auf dem Sofa sitzen sah, wurde sie ohnmächtig. Da Paul aber in der Nähe stand und sie auffangen konnte, blieb sie vor ernstem Schaden bewahrt.

Gottfried und Johannes hatten den Gefreiten übersprungen und waren nun auf dem Weg nach Döberitz zum Offiziersaspiranten-Kursus, den sie zu Pfingsten als Leutnants verließen. Wie stolz war ich auf meine beiden Brüder, als sie nach dem Lehrgang in Essen auftauchten! Wie schmuck hatten sie sich eingekleidet. Da fehlte nichts: Sie hatten eine neue „Hurrahtüte", wie Gottfried seinen Helm nannte, einen langen Säbel und eine silberne Feldbinde. Dazu gesellten sich noch: kleiner Rock, Waffenrock, Bluse, Litewka, lange Stiefel, Breeches mit Ledereinsatz, lange Hosen mit Stegen und Lackstiefel, ehe der Leutnant perfekt war. Am Abend wurde in der „besten Stube" und im Wohnzimmer von Vater und Johannes unter Johannes' Kommando ein Parademarsch vorexerziert, wozu Gottfried die Musik pfiff.

Sonst trug unser ältester Bruder aber zum „Parademarsch in Regimentskolonnen" nichts bei. Er machte uns lieber aus seinem Reitunterricht einen störrischen Gaul vor und sang anschließend ein neues Lied:

> „In Interva-ha-len,
> da läßt der Gaul was fa-ha-len
> fürs liebe teure, deutsche Vaterland."

Das brachte ihm einen Verweis von Vater und einen Seufzer von Mutter ein. Solche Lieder waren bei uns nicht angebracht.

Als Überraschung wurde dann verkündet, daß Gottfried sich verlobt hatte. Nicht nur flüchtig, wie es so ein Kursus wohl leicht mit sich brachte, nein, ganz solide, mit Ring, schwiegermütterlichem Ja-Wort und Verlobungsanzeigen. Ich hatte nun eine Schwägerin und konnte nicht oft genug meine „Schwägerin" erwähnen. Und eines Tages brachte Gottfried sie endlich mit. Es wird wohl immer das gleiche sein: selten werden die Bräute der Brüder, die Bräutigame der Schwestern, die Schwiegersöhne oder Schwiegertöchter restlose Begeisterung auslösen. Man fragt sich meistens heimlich oder auch – wenn die Beteiligten außer Hörweite sind – laut: „Du lieber Gott, gab es denn da nichts anderes?"

Martchen war bildschön gewachsen mit hübschen Beinen, aber ihre Hände und Füße waren zu groß geraten. Sie hatte dichtes blondes Haar mit Mittelscheitel und Nackenknoten. Ihre Augen waren blau und leicht schräg gestellt, so daß sie ganz entfernt an einen Fisch erinnerte. Sie gab sich wirklich alle erdenkliche Mühe, sich bei uns beliebt zu machen. Das war gar nicht so einfach, denn sie stand immerhin drei kritischen Schwägerinnen gegenüber, von denen die eine sich besonders frech und schnodderig gab, wenn sie auch die jüngste war. Ich mochte Martchen eigentlich ganz gern leiden, aber ich empfand es doch als recht bitter, daß Gottfried mich nun nur noch als zweitrangig behandelte, und war deshalb unausstehlich zu Martchen. So hatte die arme Braut einen schweren Stand.

Wir entdeckten bei ihr einzelne Eigenarten, die bei uns nachher Schlagworte bildeten. Wurden beim Essen die Schüsseln herumgereicht, vergaß Martchen ständig sie weiterzureichen, so daß schließlich sämtliche Schüsseln um ihren Teller herum standen. Noch jetzt nach mehr als 30 Jahren genügt, wenn wir auf ähnliche Manieren stoßen, das Stichwort „Martchen", und wir verstehen uns lächelnd. Als Gottfried etwas später als Johannes, der an die Westfront kam, nach Rußland geschickt wurde, blieb Martchen zunächst unser Gast und kehrte nach ihrer Abreise häufig wieder. Sie wohnte in Hannover, und obwohl der D-Zug in Essen nur fünf Minuten Aufenthalt hatte, wurde sie unruhig und nervös, wenn sie nicht eine halbe Stunde vorher auf dem Bahnsteig war.

„Man möchte doch gern einen guten Platz!"

Dieser „gute Platz" wurde ein weiteres geflügeltes Wort. Sie schien Gottfried innig zu lieben, denn auf seinen Wunsch lernte sie Klavierspielen. Und als Gottfried ihr eine wunderschöne Laute schenkte, nahm sie auch Lautenunterricht. Außer „Madel, ruck, ruck, ruck an meine grüne Seite" haben wir allerdings nichts zu hören bekommen. Martchens Repertoire muß aber reichhaltiger gewesen sein, denn ihre Mutter schrieb einmal – Karoline und ich lasen den Brief indiskreterweise –: „Sing doch, mein Kind, zeig, was du kannst, sei doch nicht so mimosenhaft!"

„Mimosenhaft" wurde zum Stichwort Numero drei.

Gottfried kam häufiger aus Rußland auf Urlaub als Johannes, der in Frankreich saß. Als kgl. preußischer Leutnant erhielt er ein Monatsgehalt von stolzen 310,— Mark und konnte seiner Herzallerliebsten eine ganze Menge kaufen. Sie bekam ein schwarzes Samtkostüm wie es Karoline hatte – sehr zu deren Leidwesen, da die immer Wert darauf legte, aparte Sachen zu tragen. Martchen wurde auch mit einem wunderschönen Brillantring beglückt, den sie, vor lauter Angst ihn zu verlieren, immer beim Waschen am Finger behielt. Wenn sich in ihm genug Seifenreste angesammelt hatten, pflegte sie ihn mit einem Streichholz sauber zu machen. Neben anderem hübschen Schmuck schenkte Gottfried seiner Braut auch häufig Strümpfe, was Mutter einfach ungehörig fand. Martchen verbrauchte aber sehr viele Strümpfe und das hatte seinen Grund. Immer, wenn das Brautpaar für ein Weilchen allein gewesen war, mußte Martchen hinterher Maschen aufheben und Löcher stopfen. Mutter, die einmal erstaunt nach dem Grund fragte, bekam zur Antwort: „Das macht Gottfried mit seinen Sporen!"

Welches Brautpaar flicht nicht Auslandsreisen in seine Zukunftspläne? So wollten Martchen und Gottfried nach dem Krieg eine Mittelmeerreise machen und dabei auch noch Ägypten und Syrien besuchen. Ich hörte andächtig und voller Neid zu, und als Martchen wieder so blöde Fischaugen machte, konnte ich mich nicht mehr beherrschen und sagte: „Gottfried, dann kannst du zitieren: Es ging ein Mann durchs Syrerland, führt ein Kamel am Halfterband . . ."

Gottfried schwankte daraufhin zwischen Heiterkeit und Entrüstung, aber Martchen war den Tränen nahe. Trotzdem wollte sie später einlenken, denn meine Vorliebe für Sprachen kennend, meinte sie bei der Planung einer Englandreise versöhnlich: „Tinchen, du bekommst dann von mir nur englische Briefe", worauf ich ihr frech antwortete: „Und ich schick' sie dir dann korrigiert wieder!"

Karoline brach in ein haltloses Gelächter aus, Martchen wurde vor Hilflosigkeit dunkelrot. Nein, wir haben uns ganz abscheulich betragen! Die einzige Geduldige und Liebe war Mutter. Sie nahm Martchen immer in Schutz und bat Karoline und mich immer wieder, doch unsere frechen Schnäbel zu halten.

Gottfried blieb nicht lange in Rußland, er eroberte Serbien und kam von dort aus nach Frankreich. Als dann das Telegramm aus dem Lazarettzug kam, daß er mit einem Granatsplitter über dem Auge Richtung Hamburg fahre, jubelte Martchen, die gerade wieder für lange Zeit bei uns war, los: „Gott sei Dank, nun hab' ich doch auch endlich mal 'ne Freude!"

Daß sie dann gleich auf einem „guten Platz" nach Hamburg fuhr, nahm ihr keiner von uns übel. Gottfried quartierte sie in unmittelbarer Nähe des Lazarettes ein; und das Brautpaar genoß schöne Wochen ungetrübten Glückes.

*

Und doch bekam Gottfried, als er wieder im Feld war, Martchens gedruckte Verlobungsanzeige mit einem Trainleutnant der Heimat. Ihn hat die Tatsache, daß ihn ausgerechnet ein Trainleutnant, von dem es doch hieß:

„Ihm war der Säbel angelötet,
damit er keine Menschen tötet!"

aus Martchens Herzen verdrängt hatte, mehr als ihre Treulosigkeit erschüttert. Er bekam zur Klärung seiner „familiären Angelegenheiten" Urlaub und traf völlig unerwartet zu Hause ein. Wild schluchzend warf er sich auf Vaters Bett. Wir waren Gefühlsausbrüche dieser Art bei einem von uns gar nicht gewohnt, weswegen Vater auch wohl nicht so recht wußte, wie er die aufgewühlten Wogen im Gemüt seines Ältesten glätten sollte. Schließlich meinte er aber energisch, nun sei es genug, und rügte Gottfrieds „fehlende Contenance". Das ging nun wieder dem unglücklichen Sohn gegen den Strich, der daraufhin empört das Haus verließ. Vorher hatte er noch demonstrativ mit einem zugekniffenen Auge durch den Lauf seiner Mauserpistole geblickt.

Zum Mittagessen war Gottfried, sichtlich gefaßter, aber wieder bei uns.

„Nun kann der Trainheini ihr auch Schmuck schenken; ich will meine Geschenke wiederhaben, sie will es ja nicht anders!" Und Karoline und ich bekamen Order, nach Hannover zu fahren, um Martchens Brautgeschenke zurück zu holen.

Wir haben Martchen und auch die Geschenke nie wiedergesehen. Martchens Mutter fertigte uns ab und schilderte in ergreifenden Worten Martchens schwierige Lage in unserer gräßlichen Familie, wobei ja die „Jüngste von Ihnen trotz ihrer Jugend den Vogel abgeschossen hat". Nach den Geschenken wagten wir nur noch am Rande zu fragen, aber die schönsten Sachen hatte Martchen nach Aussage ihrer Mutter leider verloren.

„Was dem einen recht ist, ist dem anderen auch nicht zu teuer!" hatte wohl Johannes gedacht, als er hörte, wie reibungslos Gottfrieds Verlobung abgelaufen war. Als er im Juli nach seiner ersten Verwundung im Jahre 1916 wieder nach Frankreich ausrückte, kam ein paar Wochen später eine junge Dame aus Hamburg angereist, die sich als Johannes' Braut vorstellte. Das geschah nicht ganz unerwartet, denn Johannes hatte in der Zwischenzeit geschrieben, daß auch er nun, genau wie Gottfried, eine Braut erwählt habe. Zwar hatte er seine Braut nicht, wie Gottfried bei einem Sonntagsausflug gerade erst kennengelernt, sondern auf alte Bestände aus seiner Hamburger Zeit zurückgegriffen. Da war sie nun, Gretel mit Namen, ziemlich bedeutungslos, aber tadellos gekleidet und erzogen, und so lieb zu unseren Eltern, daß ihr das Privileg zugestanden wurde, „Vater" und „Mutter" sagen zu dürfen. Nachdem sie ein Vierteljahr bei uns zu Besuch gewesen war, meinte sie bei ihrer Abreise nach Hamburg, Johannes und sie könnten sich doch sehr bald kriegstrauen lassen. Johannes, dem Mutter gleich diese alarmierende Bemerkung ins Feld schrieb, kriegte daraufhin Angst vor seiner eigenen Courage, und wir sahen Gretel nie wieder. Johannes war damals ganze 21 Jahre alt und Gottfried vierundzwanzig.

*

Die Liebesgeschichte unserer schönen Karoline mit Paul Wieder zog sich viel länger hin und endete mit viel mehr Bitterkeit und Kummer.

Nicht wie alle die anderen bekannten Studenten, die früher zu uns kamen, hatte Paul sich als Kriegsfreiwilliger gemeldet.

„Wenn mich das Vaterland braucht, wird es sich meiner schon erinnern. Nur nicht drängeln!" war Pauls Meinung. So machte er in aller Ruhe sein Referendarexamen und kam nach Essen ans Gericht. Von Zeit zu Zeit brachte er für Mutter und Karoline interessante Akten mit: Ladendiebstähle, Ehescheidungsprozesse, Konkurse usw. Mutter und Karoline tuschelten dann bedeutungsvoll, wenn ich im Zimmer war. Gar zu gern hätte ich auch einen Einblick in die Papiere getan, aber ich galt als viel zu jung für alle diese menschlichen Abgründe. Nur einmal hatte Karoline ein paar Blätter lose herumliegen lassen.

Es handelte sich um einen Ehescheidungsprozeß. Der beklagte Ehemann hatte seiner Freundin eine Spitzenuntertaille geschenkt mit der Widmung: „So duftig wie du!" Das war aber alles, was ich erwischen konnte.

Karoline war in der Schule immer die beste Schülerin gewesen. Sie ging nun auf das Oberlyceum und wollte ihr Lehrerinnenexamen für höhere Schulen machen. Dann hatten ihre Leistungen aber aufgrund ihrer intensiven Hinwendung zu Paul merklich nachgelassen. Sie blieb also bereits im ersten Seminarjahr sitzen. Vater und Mutter waren ehrlich bestürzt, denn das kam für uns alle wie ein Blitz aus heiterem Himmel. Nach langem Hin und Her wurde dann beschlossen, daß Karoline in den „schwachen Fächern" bei allerbesten Pädagogen teuren Nachhilfeunterricht haben sollte, um dann nach einem halben Jahr wieder in ihre richtige Klasse aufzurücken. Dieser löbliche Plan sollte bedauerlicherweise mißlingen. Karoline mußte ihr Können in einer Prüfung vor dem versammelten Lehrerkollegium unter Beweis stellen. Das schlug leider fehl. Sie hatte sich aber auch zu unklug benommen! Wie konnte sie sich täglich unter den Augen ihrer Lehrer und Lehrerinnen von Paul am Schultor abholen lassen! So etwas sah man damals mit alleräußerster Mißbilligung.

So hatte Karoline in der späteren Schulzeit keinen leichten Stand. Mutter kämpfte mit all ihrer beachtlichen Energie dafür, daß ihre mittlere Tochter nun aber schnell mit der Schule fertig werden sollte; da durften keine Hindernisse mehr eintreten. Es gab auch keine Schonzeit, als Karoline sich beim Rodeln das Fußgelenk brach. Ich mußte täglich ihre Schularbeiten mitbringen und am anderen Tag zum Zensieren wieder mit in die Schule nehmen, da nützten keine Schmerzen und kein Gipsverband. Als Karoline gerade eben wieder humpeln konnte, mußte sie gleich zur Schule. Mutter war in dieser Hinsicht schon immer unerbittlich gewesen. So war es unmöglich, Kopf- oder Leibschmerzen vorzuschützen, wenn wir aus gewichtigen Gründen einmal nicht in die Schule wollten. Führten wir morgens beim Aufstehen Unpäßlichkeiten dieser Art ins Feld, kam von Mutter regelmäßig die Antwort: „Ja, das glaub' ich dir gern, aber geh nur erst mal hin zur Schule, wenn es dann nicht besser ist, kommst du wieder."

Karolines doppeltes Engagement bei Paul und der Liebe einerseits und im Lehrerinnenexamen andererseits war nicht gerade erfolgversprechend. Das Examen rückte immer näher, und Pauls Anwesenheit in der Bannmeile der Schule wurde immer offensichtlicher. Sehr optimistisch war die Stimmung bei uns zu Hause nicht. Vater und Mutter begannen schon in Erwähnung zu ziehen, was werden sollte, wenn ... denn der „blaue Brief" war termingemäß eingetroffen. Aber Karoline hatte diesen Warnschuß anscheinend auf die leichte Schulter genommen, denn Paul, der sie einmal lange examiniert hatte, war zu dem Resultat gekommen, ihre Kenntnisse genügten vollkommen. So wiegte sich Karoline in Sicherheit.

Aber sie bestand das Examen nicht. In Mathematik hatte sie gänzlich versagt, dazu kam Fräulein Neumanns niederschmetterndes Urteil in Französisch und Geschichte mit dem Ausspruch: „Einen Teil kann man bloß, entweder – oder, Sie werden schon wissen, was ich meine!"

So mußte Karoline im nächsten Jahr zu Ostern noch einmal starten. Dieses Mal waren die Chancen erfolgversprechend. Karoline hatte gute Zeugnisse bekommen, und Mutter, die sich aufgemacht hatte, um bei den Lehrern Erkundigungen einzuziehen, hatte nur Erfreuliches gehört. Es war übrigens das einzige Mal, daß Mutter zur Schule ging, um für ihre Kinder eine Lanze zu brechen.

Karoline durfte sich ein hübsches Examenskleid aussuchen, das sie sich nach eigenem Entwurf im Königin-Luise-Stil mit hoher, unter der Brust markierter Taille und langem weitem Rock nähen ließ. Das Gebilde war aus lila Samt, und den Gürtel schloß eine echt goldene Schnalle von Urgroßmutter, die Mutter hergeliehen hatte. So gewissermaßen als i-Punkt auf diese Pracht hatte Karoline sich auf die Brust drei stilisierte Rosen gemalt, die sie dann mit leuchtend gelbem Glanzgarn in Plattstich fein säuberlich stickte. So stieg sie frohgemut und mit den besten Aussichten ins Examen. Ach, alles war wieder vergebens!

Um ganz sicher zu gehen, hatte Karoline ihre Mathematikarbeit von ihrer Nachbarin abgeschrieben. Dabei war ihr zwar ein kleiner Fehler unterlaufen, aber trotzdem hatte sie die Aufgabe richtig gelöst. Hätte das Prüfungskuratorium nicht Wind von Pauls Anwesenheit in Karolines Herzen bekommen, hätte es wohl nicht ausgerechnet ihre Arbeit so unter die Lupe genommen. So mußte die arme Karoline ihren „Betrug" gestehen und wurde von der weiteren Teilnahme am Examen ausgeschlossen. Sie war nicht der einzige Betrüger, aber die anderen hatten gewissenhafter abgeschrieben.

Zu Hause wurde nicht mehr lange überlegt, was nun werden sollte, nachdem Karoline nach ihrem zweimaligen Versagen der Weg versperrt war. Sie reiste kurzentschlossen nach Koblenz und machte da ihr Elementarschullehrerinnenexamen. In Koblenz im Prüfungsausschuß saß der Generalsuperintendent Klingemann, der meine vier Geschwister konfirmiert hatte und mit dem Vater eine echt männliche Freundschaft verband. Der lud Karoline laut und vernehmlich zum Abendessen in seine Familie ein, was ihr sicher nicht gerade zum Nachteil geriet.

Es war während des Ersten Weltkrieges nicht schwer, eine Stelle als Lehrerin zu bekommen, und so landete Karoline bald in Werden als Jugendbildnerin der untersten Klasse. Sie ist gern im Beruf gewesen und fuhr nun jeden Morgen brav und gewissenhaft drei Stationen weit nach Werden mit der Eisenbahn.

„Mutter, findest du nicht auch, daß Karoline uns ein bißchen zum Haushalt dazutun könnte?"

Vater fragte ganz sanft, denn Mutters Einstellung zu diesem Thema war ihm nicht unbekannt.

„Einen abheben, einen stricken, wieder einen abheben, den Abgehobenen darüberziehen, vier Rechtsmaschen nach. Eins, zwei drei, vier. So, was sagtest du eben, Willi?"

Mutter strickte eifrig an irgendeiner Spitze. Sie bestrickte die ganze Verwandtschaft. Man konnte Mutter keinen größeren Gefallen tun, als ihr irgendwo Garn zu besorgen und ein hübsches, möglichst schwieriges Muster dazu. Dann stürzte sie sich mit einem Rieseneifer auf die Arbeit.

„Spitzen halten sehr lange", meinte sie einmal, „das sieht man ja an den Spitzen, die ich noch von meiner Großmutter habe. Die gehen so schnell nicht kaputt. Wenn ich erst tot bin und ihr habt mich alle schon vergessen und seht dann meine Spitzen, so müßt ihr doch an mich denken, und dann schickt ihr mir einen guten Wunsch in den Himmel!"

„In den Himmel? Bist du denn so fest davon überzeugt, kleine Mutter, daß du in den Himmel kommst?" fragte Vater mit leisem Spott.

„Natürlich glaub' ich das. Wenn nämlich der liebe Gott solche Menschen wie mich nicht haben will, dann soll er seinen Himmel nur zumachen, dann kriegt er überhaupt keinen darein!" Mutter funkelte Vater über ihre doppelte Brille an. Beim Stricken hatte sie immer zwei Brillen auf, damit sie nur keinen Fehler machte.

„Das ist aber auch nicht die wahre christliche Demut, die da aus dir spricht", meinte Vater wieder.

„Darüber wollen wir jetzt nicht sprechen, du wolltest eben ganz etwas anderes sagen. Was war da mit Karoline?"

„Ich meinte nur, Mutter, ob wir Karoline nicht nahelegen wollen, daß sie uns von ihrem Gehalt etwas abgibt.

„Wofür denn?" Mutter war fassungslos.

„Ihre Schulstunden hat sie doch schnell rum, dann kommt sie nach Hause, setzt sich an den gedeckten Tisch, legt sich aufs Sofa und schläft ihre paar Stunden und sammelt sich für den nächsten Tag."

„Aber Willi", sagte Mutter ganz empört, „Willi, wir sind doch keine Arbeiter, daß wir von unsern eignen Kindern Geld nehmen. Das war mein Lebtag noch keine Mode! Ich weiß aber auch gar nicht, wie du auf so was kommst. Karoline schafft sich doch ganz schön was an. Das arme Kind rennt doch immerzu rum und sieht zu, wo es noch was für die Aussteuer ergattern kann."

„Mutter, du brauchst doch nicht gleich so böse zu werden. Ich hab' mal mit einem Kollegen darüber gesprochen, und der meinte auch . . .“

„Von dem sei man still“, unterbrach Mutter, „das war sicher wieder Vriesen, der alte Schleicher!“

Damit war die Unterredung zu Ende.

Also behielt Karoline nicht nur ihren Paul noch immer in der Heimat, sondern auch ihr gesamtes Einkommen, um die gemeinsame Zukunft vorzubereiten.

Aber eines Tages griff dann doch noch das Militär nach Paul Wieder. Es gab einen herzzerreißenden Abschied.

Aber kurz darauf meinte Mutter zu Vater: „Hör mal zu, findest du nicht auch, daß Karoline ein ganz anderer Mensch ist, seitdem ihr Paul endlich Soldat geworden ist?“

„Ja, das ist wahr, sie ist viel umgänglicher, man kann doch mal wieder ein vernünftiges Wort mit ihr reden.“

„Bevor er einrückte, war es ja besonders schlimm mit ihr, da ging kein vergnügter Dröhn aus ihr raus.“

„Es wurde ja nun wirklich langsam Zeit, daß er auch Soldat wurde! Wie lange sind unsere Jungen nun schon im Krieg! Drei ganze Jahre sind sie schon draußen.“

Mutter konnte einen Stoßseufzer nicht unterdrücken. Seitdem wir die Todesnachricht von Johannes bekommen hatten, die sich aber nach zwei entsetzlichen Tagen als falsch herausgestellt hatte, denn Johannes tauchte nach einer Verschüttung in einem Frontlazarett wieder auf, war Mutters Zuversicht doch ins Wanken geraten. Zwar schrieb Johannes' Major am Schluß seiner Berichtigung: „Hoffen wir also, das Sprichwort bewährt sich, daß Totgeglaubte ein doppelt langes Leben haben“, aber Mutter konnte sich so schnell nicht von ihrem Schreck erholen.

Vater sagte weiter: „Ich bin auch ehrlich froh, daß Paul endlich eingezogen ist. Nicht nur wegen Karoline, sondern auch wegen meiner Bekannten. Immer wurde ich gefragt, ob Karolines Freund krank sei.“ Denn daß ein gesunder kräftiger Mann in seinem Alter noch immer die Heimat zierte, war doch schon lange eine Seltenheit.

„Der kommt sowieso nicht mehr an die Front, bald ist der Krieg zu Ende, und dann ist er mit seiner Drückebergerei nett davon gekommen." Mutter schüttelte zur Bekräftigung energisch den Kopf.

„Wie lange der denn wohl noch auf dem Heuberg sitzt?"

Mutter hob nur beide Schultern und zog die Augenbrauen hoch, dann fragte sie: „Willi, hat er eigentlich schon einmal mit dir über seine Zukunft gesprochen?"

„Er ist doch Jurist, er will doch Rechtsanwalt werden, oder hat sich das geändert?"

„Versteh mich doch recht, ich meine seine Zukunft, soweit es sich um Karoline handelt."

„Du meinst, daß er sie heiraten will? Nein, kein Sterbenswort, mit dir denn etwa?"

„Mit mir? Du bist doch der Vater. Eigentlich müßte ich es so machen wie meine Schwester Mine, die einfach den jungen Mann, der Ise abends mehrfach nach Hause brachte, fragte, was er mit ihrer Tochter vorhabe! Da mußte er sich erklären. So müßten wir das auch machen."

„Nein, Mutter, das können wir nicht. Das geht mir doch gegen den Strich."

„Ich denke dabei wirklich nur an Karoline und nicht an einen Schwiegersohn, aber mit vornehmer Zurückhaltung ist in diesem Fall nichts getan. Bedenk nur mal, es sind nun schon sieben Jahre, daß er mit Karoline herumzieht. Als was kommt er hier eigentlich ins Haus? Als Gottfrieds Freund doch schon lange nicht mehr. Daß die beiden sich nicht mehr riechen können, merkt man jedesmal deutlicher, wenn sie sich hier mal zufällig treffen."

„Gottfried ist das letzte Mal ein bißchen zu weit gegangen; ich mag das nicht, daß meine Gäste von meinen Kindern dumm behandelt werden, auch Gottfried sollte da maßvoller sein."

„Das steht ja auf einem andern Blatt, es geht ja jetzt um Karoline. Paul müßte sich nun bald erklären. Er hat sowieso Karoline schon ins Gerede gebracht. Meine Kränzchenschwestern fragen mich jedesmal, wann denn nun bei uns Verlobung wäre."

„Ach, Mutter, denen kannst du doch eine richtige Antwort geben. Das fällt dir doch nicht schwer."

„Gott sei Dank brauche ich meine Worte nicht erst aus der Apotheke zu holen. Das haben wir beide ja nicht nötig. Aber die haben ja recht. Dieser Paul benimmt sich zu komisch. Manchmal kommt er täglich, und dann läßt er wieder monatelang nichts von sich hören. Mir tut Karoline leid, wenn sie so traurig ist."

„Mir nicht. Gottfried hat sich doch damals ganz gewissenhaft nach Paul erkundigt und hat doch Karoline erzählt, wes Geistes Kind er ist. Keiner hat mit seiner Meinung hinter dem Berg gehalten. Aber Karoline blieb taub, sie wollte alles besser wissen, nun mag sie sehen, wie sie mit ihrem geliebten Paul fertig wird. Ich kümmer' mich nicht darum."

Damit schien das Gespräch zu Ende. Ein paar Minuten war es still. Dann setzte Mutter noch einmal an: „Willi, Karoline sagt, er komme nun bald an die Front und vor dem Ausrücken wolle sie ihn gern noch sehen."

„Das ist verständlich, aber wie will sie das machen?"

„Sie will nach dem Heuberg reisen und da von ihm Abschied nehmen. Deswegen hat sie sich doch schon den hübschen braunen Seidenmantel machen lassen und hat sich aus Düsseldorf den Strohhut mit der Heckenrosenranke mitgebracht. Sie sieht ja so reizend damit aus." Mutter sprach mit einem zärtlichen Ton.

„Hat sie dich denn gefragt, ob sie reisen darf? Sie muß dann doch notgedrungen eine Nacht wegbleiben?"

„Mich gefragt? Nein, Willi, die fragt uns doch schon lange nicht mehr, und es hat auch keinen Zweck, ihr etwas zu verbieten, sonst macht sie es so wie neulich mit Evchen Gontermann."

„Was war denn damit, davon weiß ich ja nichts?"

„Ich wollte dir davon gar nichts sagen, denn du ärgerst dich nur darüber."

„Nein, ich ärgere mich nicht, wenigstens nicht so, daß du das merkst."

Nun holte Mutter tief Atem und setzte sich aufrecht im Bett hin.

„Du weißt doch noch, daß vor 14 Tagen Klassentag in Opladen war. Karoline wollte abends wiederkommen, kam aber erst Sonntagabend, weil sie Evchen Gontermann getroffen hatte, mit der sie nach Düsseldorf gefahren ist. Sie erzählte doch so begeistert von Evchens Häuslichkeit. Und heute kam diese Karte. Mach doch mal eben Licht, ich les' sie dir schnell vor."

„Du kannst mir ja erzählen, was draufsteht."

122

„Nein, Willi, das muß ich dir vorlesen. Also Erna Knotte aus Opladen schrieb: ‚Liebes Karolinchen, wie schade, daß Du zu unserm letzten Klassentreffen nicht erschienen bist. Wir haben Dich sehr vermißt. Es war sehr nett. Alle waren da, bis auf Evchen Gontermann. Stell Dir vor, die Ärmste ist vor sechs Wochen gestorben. Sie hatte eine ganz einfache Blinddarmentzündung, hat sich aber zu spät behandeln lassen. Der nächste Klassentag ist in 14 Tagen bei Hedwig in Essen. Kommst Du dann? usw., usw.‘"

Mutter hatte die Karte wieder hinter ihr Kopfkissen gelegt und die Brille abgesetzt: „Nun, Willi, was sagst du dazu!"

„Was soll ich dazu sagen? Schade, daß nun eins von unsern Kindern anfängt, uns zu belügen. Von Karoline hätte ich das am allerwenigsten gedacht. Doch wer schaut in das Herz der Liebenden?"

Mutter hatte noch etwas auf dem Herzen: „Also wir sind uns darüber klar, daß wir Karoline nichts mehr verbieten können. Sie tut doch, was sie will. Damit ist auch ihre geplante Reise auf den Heuberg gesichert. Geld hat sie ja für die Reise. Aber eine Bedingung würde ich ihr doch stellen."

„Und die wäre?"

„Daß sie verlobt wiederkommt."

Vater sprach also eindringlich, aber taktvoll mit Karoline, daß es an der Zeit sei, ihrem Verhältnis mit Paul eine offizielle Form zu geben. Karoline versprach, in diesem Sinne auf ihren Paul einzuwirken, und fuhr mit geblähten Segeln nach dem Heuberg in die Arme ihres Liebsten.

Sie kam leicht gedrückt wieder und war nicht verlobt. Paul konnte es nicht verantworten, ein so hübsches Mädchen jetzt an sich zu binden, er wollte erst das Ende des Krieges abwarten. Ob Karoline auch unbedingt noch so lange warten wollte, hatte außerhalb der Debatte gestanden.

Aber Mutter behielt mit ihrer Behauptung, daß Paul Wieder gar nicht mehr an die Front kommen würde, nicht recht. Karolines Paul kam an die Front und fiel bald darauf im Westen.

Nicht lange darauf hatten Karolines Freundinnen allerlei zu bereden – allerdings erst als Karoline gegangen war.

Ella kam direkt zum Thema, nachdem man Karoline an die Tür gebracht hatte:

„Ist euch denn gar nichts an Karoline aufgefallen? Was ist mit der denn los? Die ist ja wie umgewandelt! So hab' ich die noch nie erlebt."

„Das fiel mir auch auf. Neulich auf der Straße war sie so im Tran, daß sie mich gar nicht gesehen hatte, und wie ich sie ansprach, fing sie an zu weinen und ging gleich weiter."

„Heute hat sie den Mund kaum aufgetan, und nach einer Stunde mußte sie schon wieder gehen. Ob sie krank ist?"

„Krank kann man das nicht nennen. Wißt ihr das denn nicht?, Ihre große Liebe, ihr Paul, ist doch am Roten-Turm-Paß gefallen."

„Du lieber Gott, deswegen braucht sie doch nicht gleich so auf trauernde Witwe zu machen, mit dem war sie doch noch nicht mal verlobt!" Leni sah immer mehr die praktische Seite der Dinge.

Doch Hedwig verteidigte ihre Freundin:

„Du mußt aber bedenken, daß sie sieben Jahre nur für ihn gelebt hat. Alle ihre Gedanken gehörten ihrem Paul, ob sie nun öffentlich verlobt war oder nicht, das spielt ja keine Rolle. Karoline kann sich eben erlauben, über so bürgerlichen Kleinkram hinwegzusehen. Da kommt aber noch etwas anderes hinzu, was Karoline völlig niedergeschlagen hat."

„Erzähl mal, was ist da denn noch?"

„Habt ihr nicht die Todesanzeige in der Zeitung gelesen? Ganz groß, sie war eigentlich nicht zu übersehen. Unter den Eltern und Geschwistern stand ‚mein innigstgeliebter Bräutigam' und eine andere Dame als Braut."

Da waren Karolines alte Schulkameradinnen wie vom Blitz getroffen.

Leni fand als erste ihre Sprache wieder: „Das konnte Karoline sich doch denken, daß etwas mit dem Bonvivant nicht stimmte."

„Wieso dann, wie kann man das wissen?"

„Ich habe den Paul ein paarmal in Essen in Uniform gesehen, ohne daß Karoline etwas davon wußte. Als ich ihr das dann erzählte, meinte sie einfach: ‚da mußt du dich aber gewaltig geirrt haben. Glaubst du etwa, mein Paul käme nach Essen, ohne mich zu besuchen?' Und ich hatte mich nicht geirrt. Aber Karoline war in diesem Punkt einfach nicht beizukommen. Sie war wie vernagelt!"

An diesem Tag waren sie alle bei Hedwig. Da war es immer besonders nett. Hedwigs Eltern hatten einen Käseladen, und wenn auch nicht sämtliche Freundinnen dauernd davon zehren konnten, so gab es doch hin und wieder leckere Brote mit Kochkäse; dabei schmeckte man dann die fehlende Butter nicht.

Auch Ella hatte etwas beizutragen: „Ich habe mit Karoline so häufig über ihren Paul gesprochen. Sie ist doch so ein kluges Mädchen, aber in dem Punkt war sie anscheinend von allen guten Geistern verlassen."

„Ich hab' das auch erlebt. Sie sagte einfach: ‚Laßt mich in Ruh' damit. Ihr kennt den Mann viel zuwenig.'"

„Schon in der allerersten Zeit ihrer Bekanntschaft mit Paul hätte Karoline wissen müssen, daß da irgend etwas faul war. Sie bekam doch schon mal einen Brief, der gar nicht für sie bestimmt war, den Paul aber geschrieben hatte", berichtete Hedwig, die besonders gut informiert war.

„Wie soll ich das verstehen?" Ella, die allen Sachen beharrlich auf den Grund ging, wollte gern Näheres wissen.

„Ganz einfach. Der gute Paul hat zwei Briefe geschrieben und nachher die Kuverts vertauscht."

„Was war denn das für ein Brief?"

„Ein Liebesbrief natürlich, sonst könnte Karoline das doch egal sein."

„Wie ist das denn ausgelaufen?"

„Paul hat Karoline irgend etwas vorgequasselt, da ist sie weich geworden und hat ihm alles geglaubt. Sie hat sich sogar noch bei ihm entschuldigt, daß sie mißtrauisch war, und hat ihm einen reinseidenen Schlips geschenkt."

„Oh, wie dumm ist Karoline doch gewesen!" Leni sprach mit vollen Backen weiter: „Was hätte sie für glänzende Partien machen können. Ich weiß eine Menge ernsthafter Bewerber, die ihr mächtig den Hof gemacht haben. Frau Direktor könnte sie heute sein, wenn sie auf mich gehört hätte!"

„Leni, warum bist du denn nicht Frau Direktor geworden, wenn das so einfach ist?" meldete Ella sich wieder.

„Zankt Euch hier gefälligst nicht, ich möchte viel lieber wissen, was Karoline denn nun macht."

„Die ist nicht recht bei Trost. Stellt euch doch mal folgendes vor:

Wie sie sich von dem ersten Schreck nun etwas erholt hat, macht sie sich an einem Sonntagmorgen schick, zieht ihr schwarzes Samtkostüm an, setzt den lila Velourhut auf, kauft zehn dunkelrote Rosen und pilgert zu ihrer Nebenbuhlerin. Ja, also, die andere öffnet ihr die Tür, ist ganz in Schwarz und fragt kühl und höflich nach Karolines Wünschen."

„Welch gräßliche Situation! Die arme Karoline!" Ella wischte sich heimlich ein Tränchen ab.

„Wieso arm? Sie brauchte ja nicht hinzulatschen, von dem Besuch konnte sie sich ohnehin nicht viel versprechen." Leni ließ sich durch nichts erschüttern.

Jede der beiden Bräute hat behauptet, die richtige zu sein. Jede wollte den Paul am meisten und innigsten geliebt haben. Karoline kannte den vielgeliebten Paul ein paar Jahre länger, aber die andere hatte Paulchen tagelang als ihren Gast beherbergt.

„Ich finde das doch alles furchtbar komisch", meinte Leni, „das war wohl so ähnlich wie der Streit der Königinnen da auf der Kirchentreppe in Worms!" Sie wollte sich ausschütten vor Lachen.

„Leni, du bist unausstehlich!" nahm Ella Karoline in Schutz, und auch die übrigen machten ernste Gesichter.

Nach einer Weile hörte man die Frage: „Hat sie denn etwa die schönen Rosen auch noch dagelassen?"

„Nein", sagte Hedwig, „sie kam gleich hinterher zu mir, die Blumen hat sie mir geschenkt."

„Hier nimm", sagte sie zu mir, „und trotz allem würde ich sie Paul aufs Grab legen, wenn ich nur könnte . . ."

Viele Jahre später lernte ich zufällig eine von Pauls Schwestern kennen. Natürlich sprachen wir über Pauls zwei „Bräute".

„Karoline hat bestimmt den Paul sehr gern gehabt, aber die andere hat sich später zu ihrer Hochzeit eine Reise zu Pauls Grab gewünscht."

Das allerdings hatte Karoline nicht als Hochzeitsgeschenk gewollt.

6.

Vom Umgang mit Büchern
Mutters Kränzchen
Unkollegiales Verhalten

1916, als Karolines Romanze mit Paul noch in voller Blüte stand –
er fiel im Frühjahr 1918 – begann für mich der Ernst des Lebens:
„Was willst du eigentlich werden?" hatten Vater und Mutter mich
eines Tages nach der Beendigung meiner Schulzeit gefragt.

Ja, was wollte ich werden? Es gab damals nicht viele Berufe, die für
eine höhere Töchterschülerin angemessen waren. Die weitaus be-
liebtesten waren Bibliothekarin oder Lehrerin.

Die Ausbildung zur Lehrerin dauerte mir zu lange und Karolines
Mißerfolge waren auch nicht gerade ermutigend. Also beschloß ich,
Bibliothekarin zu werden. Vater und Mutter ließen auch mir freie
Bahn bei der Auswahl meines Berufes. Ich hätte auch noch ein Jahr
die „Höhere Handelsschule" besuchen können und wäre dann irgendwo Sekretärin geworden, aber uns war nun einmal der Hang zu
den Büchern und zum Beamtentum in Fleisch und Blut übergegangen. So wurde ich Volontärin in den Städtischen Büchereien in Essen. Als Volontärin verdiente man zwei Jahre lang gar nichts; dann
allerdings konnte man angestellt werden und bekam das fürstliche
Jahresgehalt von tausend Mark, das waren im Monat 83,33 Mark.
Außer mir hatten noch fünf gleichaltrige Volontärinnen angefangen,
von denen zwei aus meiner Schulklasse kamen. Da während meiner
letzten Schulzeit meine Mitschülerinnen sich Unannehmlichkeiten
aussetzten, wenn sie mit mir sprachen, hatte ich von ihren Plänen
nichts erfahren.

Wer meint, das Leben einer Bibliothekarin spielte sich in der Ausleihe ab, ist sehr im Irrtum. Man mußte die Bücher, die man andern
Leuten in die Hand drückte, erst einmal selber kennen, man mußte
wissen, wen man vor sich hatte, man mußte empfehlen und verwei-

gern können. Also mußte man erst mal soviel wie möglich sein Wissen erweitern. Dafür sorgten Unterrichtsstunden beim Direktor, der ausgefallene Fragen liebte, etwa: Wie war der Titel von Luthers Doktorarbeit? Wer schrieb den ersten Kriminalroman? Wer war Clauren? Zum nächsten Mal mußten wir über „Die neue Heloïse" Bescheid wissen oder über Wildenbruch. Das ging zwei Jahre wöchentlich so, dazu lasen wir die Neuerscheinungen und lernten das Technische, wie Buchbinderarbeiten, Buchbinderjournal und ähnliche nützliche Dinge, vor allem aber das Katalogisieren, das damals nach den „Preußischen Instruktionen" vor sich ging, wobei „Wer ist's?", „Who is who?" und „Qui êtes-vous?" gute Hilfe leisteten.

„Wenn Sie erst mal da drinstehen, dann haben Sie's geschafft!" Als Warnung bei der Ausleihe hatten diverse Bücher auf dem Rücken einen weißen Punkt. Das bedeutete, daß sie nur an „reife Personen" ausgegeben werden durften. Natürlich haben wir Küken erst einmal die „Punktbücher" studiert. Das waren von Sudermann „Der Katzensteg" und „Das hohe Lied", von Otto Julius Bierbaum „Prinz Kuckuck", Hanns Heinz Ewers' gesammelte Novellen und alle Maupassants und Zolas.

Am meisten wurde damals „Die Heilige und ihr Narr" von Agnes Günther gelesen, sonst marschierten Herzog, Lauff, Sudermann, Dahn, Wildenbruch und Clara Viebig (deren „Weiberdorf" ein „Punktbuch" war) an der Spitze. Sehr beliebt waren Heimburg und Marlitt, Karl May, Conan Doyle und die gebundenen Bände der „Fliegenden Blätter" und der „Gartenlaube".

Als wir sechs Volontärinnen uns etwas eingelebt hatten, beschlossen wir, ein bißchen Theater zu spielen. Wir wollten den „Bel Ami" von Maupassant in einigen Ausschnitten gelegentlich eines geselligen Abends darbieten. Natürlich in der Originalsprache.

Wie eifrig haben wir an dem Textbuch gearbeitet, und welch schöne Dialoge haben wir zustande gebracht!

Ich war Georg, der Bel Ami, und hatte Frau Walther zu verführen, die von Hertha, einem ganz schmalen Persönchen von knapp 90 Pfund Lebendgewicht, dargestellt wurde.

„Mon Dieu, je vous juge, monsieur, je n'ai jamais eu un bienaimé".

„Ça ne fait rien, alors je serai le premier!"

Dann mußte Frau Walther in einem plötzlichen Anflug von Reue ihr Gesicht mit ihrem Korsett bedecken, das der gewissenlose Verführer bereits in seinen Händen gehalten hatte.

Wir wollten das nun ganz richtig darstellen – dazu brauchten wir ein Korsett. Aber woher nehmen? Wir waren zu der Zeit alle so dünn, daß wir solch einen Apparat nicht brauchten. Was also tun?

Da fiel mir Mutter ein. Sie war von jeher recht mollig, um nicht zu sagen korpulent, und trug ständig ein Korsett. Sie hatte immer zwei davon in Gebrauch, eins, das bequem saß, für den gewöhnlichen Alltag und ein anderes, das entsetzlich kniff und Magenschmerzen und schlechte Laune, aber auch eine bessere Figur machte, für festliche Gelegenheiten, also für den Musikverein, das Kränzchen, für Theater und Oper und Familienfeste. Eins von Mutters Korsetts war also wie geschaffen, um den schönen Georg in seinem Liebestaumel zur Vernunft zu bringen.

„Mutter, leih mir doch bitte mal dein Sonntagskorsett?“ bat ich Mutter vor unserer Generalprobe eindringlich.

„Was willst du denn damit?“ Dabei guckte Mutter mitleidig an mir herauf und hinunter.

„Ja, wir führen was auf in der Bibliothek, das müssen wir, dazu brauchen wir ein richtiges Korsett. Leih uns doch bitte eins von deinen. Am liebsten ist mir aber das gute.“

„Ich will euch gern eins leihen, aber du mußt schon das alte mitnehmen. Das neue geb' ich nicht aus der Hand. Ihr macht doch nur Dummheiten damit. In der heutigen Zeit, wo es mit den Bezugscheinen so mager aussieht, krieg' ich nie eins wieder. Bring es mir aber wieder mit, und mach mir das gute Stück nicht kaputt. Wenn es auch schon geflickt ist, das macht heutzutage nichts. Für alle Tage geht das noch eine Zeitlang.“

Ich ging also mit Mutters Alltagskorsett zur Generalprobe. Aber dessen Umfang, verglichen mit dem Herthas, zeigte einen ins Auge stechenden Unterschied. Wir beschlossen darum, daß es aufgerollt werden sollte und daß sowohl Georg als auch Frau Walther es keinesfalls entrollen durften, da dann der Ernst der dramatischen Situation in höchster Gefahr wäre. Und wie ist es dann geworden!

Ich hatte das Korsett noch schön wie eine Diplomatenrolle in der Hand, aber Hertha spielte sich so in Rage, daß sie mir leidenschaftlich das Korsett entriß, es aber nicht richtig zu fassen bekam. So entbreitete Mutters Korsett seine ganze umfangreiche Pracht: die Wölbung für den Busen, die weit auseinandergezogenen Schnüre, die Stelle, an der sonst die Hüften saßen, dazu noch ein paar hübsche rosa und weiße Flicken, alles wurde unbarmherzig sichtbar. Nie konnte die zarte „Frau Walther" diesen Panzer angehabt haben. Mehrere von uns hätten zusammen hineingepaßt.

So wurde das Drama zum Lustspiel, denn ein allgemeiner Heiterkeitsausbruch ließ nicht lange auf sich warten.

*

Mutter ging ganz selten aus dem Haus. Sie fühlte sich sehr wohl innerhalb ihrer vier Wände. Auch war sie in den ersten Ehejahren sehr gebunden, denn außer dem Haushalt hatte sie sich ihrem Mann zu widmen, und fünf lebhafte Kinder mußten in Ordnung gehalten werden. Das verlangte fast restlose Aufopferung. Dazu kam noch etwas anderes: Mutter besaß grundsätzlich kein einziges Paar Schuhe, das ihr bequem saß.

Sie war nämlich noch von der altmodischen Vorstellung besessen, daß ein kleiner Fuß viel eleganter wirkte als ein großer. Jedesmal, wenn Mutter sich ein Paar neue Schuhe kaufte, schwitzte die Verkäuferin, die Mutters Fuß in einen viel zu engen Schuh quälen mußte. Aber für Mutters Begriff sah ein zierlicher Fuß eben hübscher aus.

Nur im Winter, wenn Mutter gewissenhaft alle vier Wochen sonntagsnachmittags ins Musikvereinskonzert ging, wurden die neuesten Schuhe angezogen. Das war aber nicht das einzige, was sie bedrückte. Etwas höher fühlte Mutter einen weiteren stechenden Schmerz, der ihr die Luft nahm und sie kurzatmig machte. Das war das Feiertagskorsett. Es war immer eine quälende Prozedur, wenn Mutter sich zum Ausgehen bereit machte und dieses Marterinstrument anlegte. Wenn ich ihr helfen mußte, bekam ich jedesmal Herzklopfen von der Anstrengung, den Panzer zum schlank machenden Sitz zu zerren.

Vater, der in mancher Beziehung recht fortschrittlich war, hat für diese Art von Kasteiungen nie Verständnis aufgebracht, aber Mutter ließ hier keine Vernunftgründe gelten. Schuhe sind dafür geschaffen, einen kleinen Fuß zu machen, und das Korsett sorgt für eine schlanke Taille. Das war Mutter Grundsatz, und den hat sie nie geändert.

Außer dem winterlichen Musikverein gab es für sie noch einen weiteren, alle vierzehn Tage wiederkehrenden Ausgang. Sie hatte nämlich mit mehreren Damen ein richtiges Kaffeekränzchen. Dieses Kränzchen hat dreißig Jahre überdauert. Kein Krieg, keine Inflation, kein interner Streit haben jemals eine ernsthafte Störung schaffen können. Alles lief sehr harmonisch – allerdings nur scheinbar. Man mußte nämlich höllisch aufpassen und auf dem Posten sein, um jeden ausgeteilten Hieb geschickt parieren zu können. Es wurde nur verdeckt gefochten, und das immer lächelnd-höflich. Ein böses Wort ist nie gefallen, und trotz der dreißig gemeinsamen Jahre haben nur zwei der Kränzchenschwestern einander geduzt. Sie kannten sich schon länger und ihre Männer waren aktive Mitglieder im „Bildungsverein". Das waren Anna und Marie. Zwei der Kränzchenschwestern wohnten weit von uns entfernt. Auf deren Einladungen freute sich Mutter ganz besonders, denn sie liebte es nun einmal zu fahren. Am liebsten nahm sie die Straßenbahn, denn damit war man besonders lange unterwegs und konnte viel sehen, auch gab es viele Haltestellen. So saß man eine halbe Stunde ruhig da, und Schuhe und Korsett peinigten nur mäßig.

Mutter wußte mit einer unwahrscheinlichen Sicherheit ganz genau, wann ihre Bahn fuhr und wieviel Minuten sie zum Anziehen brauchte. Sie richtete sich ihre Zeit immer so ein, daß sie vor dem Start noch eine ganze Viertelstunde hatte, um sich auszuruhen. Dann saß sie ganz still in Hut, Mantel und Handschuhen mit Schirm und Handtasche auf ihrem Bettrand.

Ihre goldene Uhr hatte sie zur Feier des Tages aufgezogen und sah alle paar Minuten mit zugekniffenen Augen auf dem kleinen Zifferblatt der weit von sich gehaltenen Uhr nach, ob es noch nicht bald Zeit zum Aufbruch war.

Ebenso pünktlich, auf den Glockenschlag zehn, war Mutter wieder zu Hause. Meist war sie dann schlecht gelaunt und hatte grimmige Magenschmerzen. Irgendeine Kleinigkeit im Haushalt, die Karoline oder ich versäumt oder verpatzt hatten, konnte sie dann maßlos aufregen. Karoline und ich wußten manchmal nicht, ob Mutter Scherz oder Ernst machte. Aber es war Ernst. Nach jedem Kränzchen war sie unausstehlich. Es dauerte immer ein paar Tage, bis sie sich wieder gefangen hatte. Dann erzählte sie uns, was gewesen war.

Da hatte Frau Holzmann einwandfrei, allerdings mit schelmischem Gelächter, festgestellt, daß Mutter die Dickste war, obwohl sie sich demonstrativ kerzengerade in Positur gesetzt hatte – Brust raus, Bauch rein – und so geschnürt war, daß sie nur ganz vorne auf der Stuhlkante sitzen konnte. Das hatte Mutter schwer getroffen. Wenn sie auch wußte, daß sie gerade keine schlanke Linie besaß, so mochte sie doch auch nicht die Dickste im Kreise ihrer Freundinnen sein.

Auch die Kränzchenschwester Anna war trotz ihrer Sanftmut mit Vorsicht zu genießen. Sie betonte bei jeder Gelegenheit:

„Mir ist die Gabe Neid nicht in die Wiege gelegt."

War denn im Kränzchen jemals von Neid die Rede? Wer war denn neidisch?

Ein anderes häufiges Zitat von Anna war: „Ich habe ein gemütliches Heim!"

„Ein Heim haben doch bloß Künstler", meinte Mutter, „wir haben doch eine Wohnung."

„Anna", sagte Marie, die Frau jenes Herrn Janusch übrigens, der seinerzeit bei der Prüfung durchgefallen war, einmal ganz unvermittelt beim Pochspielen, „was aus deiner Familie wird, kann ich dir ganz genau sagen. Dein Mann säuft sich tot, du wirst verrückt und kommst mal in eine Anstalt und dein Junge, der kleine Otto, wird ein Strolch!"

Diese freundschaftliche Prophezeiung hat Anna widerspruchslos geschluckt, doch bei nächster Gelegenheit tat sie Maries Leiden kurz ab.

Marie hatte nämlich bei jedem Kränzchen eine neue Krankheit, die sie ausgiebig mit allen Symptomen und Begleiterscheinungen besprechen wollte. Schließlich hatte sie sich auf „Magenrheumatismus" festgelegt und ließ sich ernsthaft daraufhin behandeln. Bei jeder Zusammenkunft gab sie lange Bulletins über den Verlauf dieser schrecklichen Krankheit heraus.

Während des Krieges brachte Marie Fotos von ihrem Ernst mit. Er war ihr einziges Kind, und sie hing mit einer abgöttischen Liebe an diesem Sohn. Natürlich war er Soldat und an der vordersten Front.

Sein Bild baute sie vor ihrer Kaffeetasse auf. Sie hatte sich eine kleine Blumenvase in ihrer Handtasche mitgebracht und in Seidenpapier ein paar Blumen. So wurde Ernst dekoriert.

„Ich meine, das macht man nur bei Gefallenen?" meinte Frau Holzmann bissig.

„Das können Sie ja nicht wissen", meinte Marie gelassen, „Sie haben ja keinen Sohn an der Front."

Mutter jedoch, die zwei Söhne im Feld hatte, Mutter sollte von Gottfried und Johannes Bilder mitbringen für die Kaffeetasse. Aber Mutter lagen derlei Demonstrationen überhaupt nicht, was ihr das vernichtende Urteil, sie habe ein steinernes Herz, einbrachte. Daraufhin kam sie mit besonders schlechter Laune und Magenschmerzen abends heim.

Marie Janusch wurde als erste aus dem Kreis Witwe und betrauerte ihren Mann ehrlich und von Herzen. Sie hatte aber eine recht glückliche Natur und tröstete sich damit, daß ihr Mann zwar tot, aber immer noch mit ihr in Verbindung stand. Knackte das Holz in den Möbeln, hörte sie aufmerksam hin und verblüffte die anderen mit der Bemerkung: „Still, das ist mein Mann!", und dann nickte sie freundlich in die Richtung, aus der das Geräusch gekommen war.

„Ich gehe sonntags immer zu meinem Mann auf den Friedhof. Kommen Sie doch mal mit, er wird sich sicher sehr freuen!"

So animierte Marie Mutter auf dem Nachhauseweg vom Kränzchen. Mutter zögerte nicht lange mit ihrer Zusage. Konnte bei ihr nicht auch das Schicksal zuschlagen und ihr ihren Willi nehmen? Maries Mann war auch ganz plötzlich gestorben. Und war man erst allein, würde man sich nicht freuen, wenn einmal jemand mit zum Grabe käme?

Mutter zwängte sich also geduldig in ihre Marterwerkzeuge und traf sich pünktlich zur verabredeten Zeit mit Marie auf dem Friedhof.

„Das ist aber schön, daß Sie Wort gehalten haben!" rief Marie erfreut. „Hier müssen wir entlanggehen, es dauert nicht mehr lange. Können Sie auch noch marschieren? Oder wollen wir uns erst hinsetzen?"

Nein, Mutter konnte noch marschieren, eine Schwäche wollte sie nicht eingestehen.

„Dies ist also meines Mannes Grab", sagte Marie schlicht. „Da liegt er nun also drin. Gott ja, mein großer Ernst . . . Hätte auch noch ein paar Jahre leben können. Aber ich will nicht klagen, das wäre undankbar, nicht wahr, mein Ernst? Ich krieg' ja die schöne Pension. Dreihundertsiebenundvierzig Mark und vierundzwanzig Pfennig." Darauf wendete sie sich zu Mutter. „Wieviel kriegen Sie, wenn Ihr Mann mal stirbt? Doch sicher mehr. Wie, das wissen Sie nicht? Danach können Sie sich aber erkundigen. Hoffentlich kriegen Sie es auch noch mal so gut wie ich!"

Nun schluckte Marie ein paarmal und führte dann ihr Taschentuch an ihre Augen. Doch die Rührung ging bald vorüber.

„Ach, da haben Sie ja auch Blumen mitgebracht. Für Ernst, nicht?" Marie schob ihren Arm in Mutters Arm.

„Guck mal, Ernst, wen ich dir heute mitgebracht habe!" Nun faßte sie Mutter an der Hand und zog sie näher an das Grab.

„Kommen Sie mal weiter nach vorn, damit mein Ernst sie auch richtig sehen kann." Nun wurde Maries Stimme noch herzlicher, sie sprach zu ihrem Ernst. „Ja, Ernst, da freust du dich. Sie ist auch die Allerbeste." Dann war Mutter wieder an der Reihe. „Legen Sie ihre schönen Blumen man dahin. Nein, da nicht, lieber da. So. Da kann Ernst alles schön übersehen. Für die Beterei am Grab bin ich nicht. Nun trinken wir irgendwo gemütlich zusammen Kaffee. Wir waren nun lange genug hier. Ich lad' Sie ein. Nicht wahr, Ernst, du hast nichts dagegen, wenn ich den Kaffee für meine Freundin mitbezahle? Merken Sie, Ernst ist mit allem einverstanden. Ja, mein Ernst, dann bis zum nächsten Mal. Möchtest du, daß ich allein komme? Oder soll ich wieder jemand mitbringen? Nein? Allein? Hast mir sicher wieder was zu sagen, was keinen andern was angeht! Nun kommen Sie!"

Das war dann aber auch das einzige Mal, daß Mutter mit Marie auf den Friedhof ging.

Nebenbei bemerkt

*An Großmutters Kränzchen erinnere ich mich noch sehr genau aus den
fünf Jahren, in denen wir nach der Scheidung unserer Eltern in der
Schnutenhausstraße wohnten. Das Ereignis warf jedesmal seine Schatten
voraus, indem Großmutter durch das Eßzimmer und die „gute Stube"
ging und mit Argusaugen umherschaute, um die letzte Spur einer
Unordnung zu finden und zu beseitigen. Auch die Kleidung von meiner
Schwester und mir wurde einer strengen Musterung unterworfen. Wir
sollten zwar nicht so aussehen, als ob man uns für diesen Anlaß, bei dem
wir nur eher zufällig zum Guten-Tag-Sagen hereinschneiten, fein her-
ausgeputzt hätte, aber doch wie gepflegte, brave Kinder, die ständig sauber, schlicht und geschmackvoll angezogen herumlaufen. Außerdem
kämmte uns Großmutter eigenhändig, was wir sonst schon selbst konnten. Das Resultat waren stramm geflochtene Zöpfe, die nicht wie alle
Tage über den Ohren, sondern weit hinter ihnen saßen und nur noch
halb so dick wirkten.*

*Es ist schwer zu sagen, ob wir Großmutters Kränzchen eigentlich
mochten oder nicht. Es gab da ganz sicher einige Vorteile: Zunächst einmal wurde an diesem Tag das Zimmer geheizt, das immer noch die Bezeichnung „Vaters Stube" führte, obwohl wir mit meiner Mutter jahrelang dort wohnten. Sonst brannte der Gasofen in Vaters Stube so gut
wie nie, aber an diesem Tag sollten wir die Möglichkeit haben, aus dem
Gesichtskreis zu verschwinden, um einen etwaigen guten Eindruck
nicht wieder zu zerstören. Außerdem gab es für uns natürlich Kuchen,
und wir bekamen von jeder Dame etwas mitgebracht, was wir besonders schätzten, da wir in dieser Zeit mit Schokolade und Bonbons nicht
gerade verwöhnt wurden. Frau Holzmann brachte nie etwas mit,
schenkte uns aber jedesmal 50 Pfennige. Die anderen Kränzchentanten
pflegten dies, wie wir durch die Tür mitgehört hatten, aus pädagogischen
Gründen zu verurteilen. Liselotte und ich hingegen schätzten Frau
Holzmann darum ganz besonders.*

*Das Horchen an der Tür hatte für uns zuweilen einen gewissen Unter-
haltungswert. Wie interessant war etwa der tote Herr Janusch, der
durchs Haus ging, Türen aufspringen ließ und mit den Stufen knarrte,
oder ein sehr lebendiges Enkelkind, das nicht nur mit einer Stecknadel
die neue Nähmaschine zerkratzt hatte, sondern sich auch beinahe vergif-*

tete, weil es immer das Wasser aus den Blumenvasen trank und dabei an Maiglöckchen geraten war. Auch die Diskussion darüber, ob meine Großmutter sich nicht lieber eine neue Putzfrau suchen solle, weil unsere Frau Müller ein „kommunistisches Flintenweib" sei, war für uns natürlich sehr spannend.

Die negative Seite des Kränzchens bestand in der Neigung der Damen, unbequeme Fragen zu stellen und unangenehme Feststellungen zu machen. Unsere Schulzensuren waren von äußerstem Interesse und wurden mit den Zensuren von Erni von vor 20 Jahren verglichen – natürlich hatte Erni die besseren. Liselotte bekam ihre Bonbons mit dem Hinweis, nun brauchte sie ja nicht mehr vor lauter Hunger ihre Nägel zu kauen, und ich die meinigen mit der Aufforderung, tüchtig zu essen, damit ich noch ein wenig wüchse. Man fand uns blaß und meinte, vielleicht bekämen wir nicht genug Schlaf und Lebertran. Und nachdem man eingehend nach unseren Weihnachtswünschen gefragt hatte, erzählte man uns von einem offenbar abscheulichen Jungen, der sich in einem Jahr vom Christkindchen nur gewünscht hatte, Muttis guter Junge zu bleiben, und im nächsten, später ein guter Missionar zu werden. Liselotte fragte übrigens daraufhin, ob der Junge, der schon so etwas schreiben könnte, wirklich noch ans Christkindchen glaubte, woraufhin uns Großmutter schnell hinauskomplimentierte.

Übrigens hat sie dann am Abend im Familienkreise voller Genugtuung Onkel Johannes und Tante Emilie davon erzählt, und Liselotte bekam von Tante Emilie ein winzig kleines Probedöschen Creme aus der Praxis, in der Tante Emilie damals arbeitete.

Ganz schlimm aber war die Geschichte mit Pepi. Pepi hieß meine Schildkröte. Ihr ursprünglicher Name war übrigens Paul gewesen, und die meiner Schwester hieß Peter. Dadurch aber wurden die religiösen Gefühle unserer sehr frommen Nachbarn zur Rechten verletzt, und Herr Kossak bat darum, nicht ausgerechnet zwei Reptilien nach den Apostelfürsten Peter und Paul zu benennen. Also wurde aus Paul Pepi.

Pepi also hielt seinen Winterschlaf hinter dem Sofa der „besten Stube" in einer Zigarrenkiste. Mag sein durch die besonders wohlige Wärme des Kachelofens, mag auch sein durch den steigenden Lärmpegel des Kaffeekränzchens – Pepi erwachte, stürzte sich über den Rand der Zigarrenkiste, was er sonst noch nie vermocht hatte, und begab sich auf die Wanderschaft.

Nun geschah es, daß Frau Holzmann im Eifer des Pochspiels ihr Pompadour mit dem Spielgeld unter den Tisch fiel. Sie hob ihn auf – und wer beschreibt das allgemeine Entsetzen, als er sich in Bewegung setzte und gemessenen Schrittes über den Tisch marschierte! Das gellende „Huuuch, was ist dies?" Frau Januschs alarmierte uns noch vor Großmutters energischem Rufen, das nichts Gutes verhieß. Anna Bielefeld lag wie hingegossen in ihrem Sessel, und Großmutter wedelte ihr mit ihrem eau-de-cologne-getränkten Taschentuch Luft zu, Frau Holzmann brachte ihr Likörglas in Sicherheit, und Frau Janusch redete laut auf Großmutter ein, daß sie doch nicht solches Ungeziefer im Hause dulden sollte und daß ihr Erni seiner Mutter so etwas nie angetan hätte.

Ich barg Pepi wieder in seiner Kiste und verschwand mit ihm, so schnell ich konnte, von der Bildfläche, denn wir beide befanden uns gründlich im Stande der Ungnade.

Großvater schenkte mir übrigens eine größere Zigarrenkiste und meinte, Pepi sei zwar nicht hübsch, aber er habe doch kluge Augen, und das sei mehr, als man von manchem Menschen behaupten könne.

Neulich, als sich bei meiner Kusine in deren neuem Haus knarrend eine Tür von selbst öffnete, sagte Tante Karolines Tochter: „Guten Tag, Herr Janusch!" So ist der Gute in unserer Familiensaga mehr als 60 Jahre nach seinem Tode und mehr als 40 Jahre nach Großmutters Tod immer noch lebendig.

Das literarische Interesse von uns angehenden Bibliothekarinnen war nicht einseitig auf alles, was mit der Schauspielerei zusammenhing, gerichtet, nein, wir hatten auch einen ausgeprägten Hang zur Lyrik und lernten viele Gedichte auswendig, die wir uns dann mit viel Gefühl und Ausdruck gegenseitig vortrugen. Die Gedichte mußten traurig sein und mit Liebe zu tun haben, um von uns ausgewählt zu werden, was wohl an unserem Alter lag. In Wirklichkeit hatten wir gar keine Liebe, geschweige denn eine unglückliche. Nahezu alle jungen Männer waren als Soldaten an den Fronten, und die, die sich noch auf den Schulen tummelten, verachteten wir als dumme Jungen.

Nur Mally machte eine Ausnahme. Obgleich sie nicht hübsch war und ihre Stimme wie eine Blechtrompete klang, hatte sie einen Verehrer. Der war zwar auch noch Sekundaner, aber doch schon recht männlich, was durch die Tatsache, daß er statt der Schülermütze einen Hut trug, noch unterstrichen wurde. Hoch aufgeschossen und mit außerordentlich gepflegten Manieren konnte er schon ein Mädchenherz bezaubern.

Mally und ich hatten denselben Heimweg, und Theo, dessen Eltern mit Mallys Eltern im Bürgerverein waren, brachte uns abends oft durch das „Bernewäldchen" heim. Da war es wirklich manchmal stockdunkel, denn alle Straßenlaternen waren dunkelblau abgeschirmt. So hakte Theo fürsorglich uns beide ein und drückte wohl zärtlich einmal den einen und einmal den anderen Arm. Allmählich drückte er mehr auf meiner Seite. Auch ich fing Feuer, so daß wir dann schnöderweise eines Abends nicht mehr auf Mally warteten, sondern ihr davonliefen, um allein durchs „Bernewäldchen" zu gehen. Da weinte Mally bittere Tränen, und unsere Dienstälteste in der Bibliothek, der neben der Aufsicht über unsere Arbeit auch noch unsere seelische Betreuung oblag, nahm mich ins Gebet und redete mir eindringlich ins Gewissen: ich solle den Theo wieder an Mally abtreten, denn eine auf Verrat aufgebaute Liebe könne niemandem zum Segen gereichen. Außerdem sei dieser Höhepunkt unkollegialen Verhaltens im Krieg doppelt zu verwerfen.

Es war nicht etwa so, daß diese Appelle an mein Gewissen ohne Echo geblieben wären, nein, ich wollte auf Theo verzichten. Als er mir aber daraufhin sagte, er möge mich viel lieber als die blöde Mally und sie sei doch nur der Weg gewesen, um zu mir zu kommen, trug meine Zuneigung zu Theo den Sieg davon. Mally war auch bald wieder versöhnt, und ich schenkte ihr „Kindertränen", in Halbleder gebunden.

Ich liebte Theo mit der Innigkeit meiner 16 Jahre und mit der Hingabe eines reinen Herzens. Er kam täglich in die Bibliothek, und ich bekam einen Verweis, weil ich während meiner Dienststunden im Paternoster mit ihm über den Speicher und durch den Keller gefahren war.

Jeden Sonntagnachmittag, wenn es nicht gerade regnete, kam Theo in die Schnutenhausstraße, und wir spielten Schlagball auf der Straße. Als er einmal durstig war und ich Karoline um ein Glas Wasser für ihn bat, kam er auf diese Art und Weise in unser Haus. Von da an kam er öfters zu uns, obgleich Vater dieser Liebelei anfänglich nicht gerade wohlwollend gegenüberstand. Aber er wurde bald von Mutter und Karoline günstig beeinflußt, die Theo sehr gern leiden mochten. Er war mein Freund, daran war nun nichts mehr zu rütteln. Wir gingen zusammen spazieren, wenn ich freie Nachmittage hatte, und fuhren am Sonntagmorgen gern nach Werden zum Rudern, wo wir uns einen uralten Kahn mieteten. Aber dann mußte Theo immer pünktlich wieder zurückfahren, weil seine Eltern ihn in der Kirche wähnten. Natürlich zankten wir uns auch, und oft machte ich ohne Gruß kehrt, weil Theo noch eine andere Freundin namens Trude hatte, mit der er mich oft ärgerte. Ich fand dieses Treiben ehrlos und sagte mich oftmals allen Ernstes von ihm los. Doch dann erwartete er mich am andern Morgen vor der Bibliothek und schenkte mir einen Apfel und ein Stück Seife. Wer konnte da widerstehen?

Theo wurde Soldat, als sein Jahrgang 98 im Jahre 1916 gezogen wurde. Er kam zur Fußartillerie 7, ins Fort VIII nach Köln-Rodenkirchen. Vater und Mutter erlaubten sogar, daß ich ihn an einem Sonntag besuchte, denn das Ausrücken stand vor der Tür, und wer konnte wissen, was ihm bevorstand? Ich kam gerade noch rechtzeitig zum Mittagsappell und hörte Theo schneidig „Hier!" rufen. Wir drückten uns bis zum Abend in kleinen Konditoreien herum, denn Theos Extrauniform war noch nicht fertig.

Er hatte in seinem Zimmer noch Butterbrote, die wir zusammen essen wollten. Theo wohnte „privat", und während er in sein Zimmer ging, stand ich so lange auf der Straße und wartete. Er meinte, das wäre auf jeden Fall besser, denn am nächsten Sonntag könnte vielleicht sein Vater kommen, und wehe, wenn dann seine Wirtin erzählte, er hätte Damenbesuch gehabt.

Am frühen Abend fuhr ich allein mit der Straßenbahn und einem Herzen voller Traurigkeit von Rodenkirchen zum Bahnhof, und Mutter wunderte sich, daß ich nicht viel zu erzählen hatte.

Theos Abrücken an die Front zog sich doch noch länger als erwartet hin. Ich bin dann noch einmal in Köln gewesen, als er seine Galauniform schon hatte. Er war ein so schöner Soldat mit steifem Kragen und lackledernem Koppelzeug und einem herrlichen Bügelkniff in der Hose!

Wir aßen im „Weihenstephan" und waren nachmittags im „Rosenhof". Noch nie vorher war ich in einem Kabarett gewesen. Es war herrlich, wie die Dame auf der Bühne sang. Sie trug ein schwarz-weiß-rotes Kleid und im Haar einen goldenen Halbmond, an ihrer Laute hingen grün-weiß-rote und schwarz-gelbe Bänder und ihr Lied war hochaktuell:

> „Deutschland und Österreich sind zwei,
> Bulgarien und Türkei.
> Doch ihr seid eurer sieben, wir schlagen nach Belieben.
> Die Zahl ist uns egal.
> Mit Mut und Kraft, da wird's geschafft,
> und wärn's auch noch viel mehr.
> Viel Feind', viel Ehr'!"

Das war im Sommer 1916.

7.

In der Brüsseler Etappe
Eine große und zwei kleine Lieben

Ein Ereignis wirbelte eines Tages in der Bibliothek ziemlich viel Staub auf: In Brüssel, beim Generalgouvernement in Belgien, sollte eine Bibliothek für die im Gouvernement stationierten Soldaten und die Angehörigen der Zivilverwaltung eingerichtet werden. Außerdem wollte man einen regelmäßigen Leihverkehr mit der erreichbaren aktiven Truppe organisieren. Der leitende Bibliothekar hatte bei seinem Freund und Kollegen in Essen angefragt, ob er nicht aus seinem Volontärinnenbestand jemanden nach Brüssel schicken könne. Allerdings gebe es keine Bezahlung, da er auf das Renommee Wert lege, mit Personal zu arbeiten, das der Dienststelle keine Unkosten verursache. Ein paar Offiziersfrauen hätten sich zwar bereits zur Verfügung gestellt, doch müßten diese Damen ja erst von Fachkräften angelernt und unterwiesen werden.

Nur eine von uns sechsen sollte ausgewählt werden, und dann mußte ja auch noch zu Hause um Erlaubnis gefragt werden. Gott sei Dank durften nur Mally, Lotte und ich!

Ich hatte zu Hause nur ganz obenhin gefragt, da ich überhaupt nicht damit gerechnet hatte, daß Vater und Mutter ihre Einwilligung geben würden. Aber zu meiner großen Überraschung hatte ich daheim gar keine Widerstände zu überwinden, ich bekam die Erlaubnis zu meinem ersten Auslandsaufenthalt sofort. Unser Essener Chef, der keine von uns benachteiligen wollte, bot uns alle drei in Brüssel an. Jede sollte ein Drittel der Zeit bleiben. Zuerst kam Lotte und dann Mally, die ich schließlich im Dezember 1916 ablösen sollte.

Nun dauerte der Krieg schon zwei volle Jahre! Die Lebensmittel wurden immer schlechter und knapper, Bezugscheine für Kleider und Schuhe gab es nur noch in wenigen Notfällen. Ich habe allerdings damals nicht so sehr darunter gelitten, da man im Erdgeschoß der Bibliothek ein Bezugscheinamt untergebracht hatte. Mit den Damen standen wir auf gutem nachbarlichem Fuß, und wir halfen uns gegenseitig: Hier „Die Heilige und ihr Narr" ohne wochenlange Vormerkzeit, da ein Bezugschein. So waren Mutter, Karoline, Emilie und ich verhältnismäßig gut eingedeckt. Vater allerdings machte von dieser Bevorzugung keinen Gebrauch.

Nachdem nämlich sein Wunsch, zu den Fahnen zu eilen, wegen zu hohen Alters abgelehnt war, wollte er wenigstens in der Heimat alles tun, um dem Vaterland zum Sieg zu verhelfen. Dazu gehörte, daß man mit seinen Anzügen, Mänteln und Hüten haushielt. Auch als Mutter einen anonymen Brief bekam, worin ein „Mitfühlender" klagte, daß sie und ihre Töchter noch ordentlich angezogen wären, aber den „armen Alten" mit fadenscheinigen Anzügen und bemoosten Hüten herumlaufen ließen, änderte Vater nicht etwa seine Einstellung und nahm einen Bezugschein von mir an, sondern verbot mir strikt jegliches Betreten des korrupten Amtes im Erdgeschoß.

Zu Hause kam jetzt die Briefwaage auf den Kaffeetisch, damit unsere Brotration gerecht verteilt wurde. Trotzdem legte Mutter täglich eine halbe Scheibe zurück, die sie für „Christinchen" aufhob. Christinchen holte sich einmal wöchentlich ein paar Butterbrote ab, die Mutter sorgfältig zurechtmachte und mit Rübenkraut oder Kunsthonig bestrich.

„Das arme Kind, dieses Christinchen, tut mir doch so leid! Wer weiß, wie es bei denen zu Hause aussieht. Umsonst bettelt so ein Kind ja nicht. Und ich meine auch immer, wenn ich armen Leuten helfe, wird uns im Notfall auch mal wieder geholfen!"

Einmal, als Karlchen, der kleine Bruder von Christinchen, kam, war Mutter ganz bekümmert, daß sie ihm das Brot trocken geben mußte, denn die Kunsthonigzuteilung hatte sich verzögert. Karlchen tröstete sie aber: „Dat macht doch nichts. Mein Mutter tut dat sowieso immer davon. Die kratzt dat immer mim Messer ab. Die Kanickel mögen doch nix Süßes." Von der Zeit an durfte auch Christinchen nicht mehr kommen.

Emilie war nach ihrem Weggang von Hugenbergs ins Kriegsküchenbüro gegangen. Denn aufgrund des empfindlich spürbaren Mangels an allen Ecken und Enden waren Kriegsküchen eingerichtet worden, aus denen man sich für wenig Geld, aber um so mehr Lebensmittelmarken, Mittagessen holen konnte. Emilie schnitt die Marken ab und saß an der Kasse.

Man steuerte einem harten Winter entgegen, und gerade diesen schrecklichen „Steckrübenwinter" sollte ich in Brüssel verbringen. Er hat seinen Namen zu Recht bekommen, denn es gab keine Kartoffeln und kein frisches Gemüse, nur Graupen zu Steckrüben, Brot mit unverbackenen Kartoffelstückchen zu Steckrüben, Dörrgemüse zu Steckrüben und kein Fett außer der lächerlichen Ration amerikanischen Specks, der beim Kochen penetrant durch das ganze Haus roch und einem jeden Appetit nahm.

Leider versagten unsere Verwandten auf dem Lande vollkommen. Mutter schrieb, Vater schrieb, beide schilderten unsere erbärmliche Lage in leuchtenden Farben, aber nie kam eine positive Antwort in Gestalt eines Paketes.

*

Der 2. Dezember wurde als mein Reisetag festgesetzt. Vorher beschaffte Mutter noch irgendwo einen wahrhaft entsetzlichen dunkelgrauen Baumwollstoff, aus dem ich ein Kostüm bekommen sollte. Von gleicher Qualität wie der Stoff war auch die Schneiderin, die ihn dann verarbeitete. Er langte selbst für mein Fliegengewicht nicht, so daß Mutter noch eine alte, lange schwarze Samtjacke opfern mußte, damit mein „Schneiderkostüm" wenigstens einen Kragen als Abschluß an den immerhin schon recht gewagten Ausschnitt bekam, ferner Manschetten, die die Ärmel verlängerten und zu gleicher Zeit die Handgelenke wärmten.

Aus demselben Samt gab es noch als Festgewand einen Rock, der rundherum gekräuselt war, so daß ich aussah wie ein mickriges Bukett in einer bauchigen Vase.

Karoline spendierte mir für die Reise einen schwarzen Velourhut für 12,50 Mark – eine recht teure Angelegenheit in jener Zeit. Dazu kamen noch ein paar Blusen, und ich war reisefertig. Ich besaß weder ein Wollkleid noch einen Wintermantel, aber ich könnte mich nicht entsinnen, jemals in Brüssel gefroren zu haben. Ich war auch viel zu froh, daß ich reisen durfte; nie hätte ich gewagt, irgend

143

etwas an meiner Reiseausrüstung zu beanstanden. Nur meine Strümpfe machten mir Kopfzerbrechen, denn trotz ganz reeller Bezugscheine waren in Essen keine Damenstrümpfe aufzutreiben. Da hatte Mutter eine recht praktische Idee: bei einem Rundgang durch die Stadt entdeckte sie in einem Warenhaus einen Posten Herrensokken. Sie waren herabgesetzt, weil es sich dabei um ganz kleine Größen handelte. Ich bekam Geld und durfte mir vier Paar aussuchen. Ich wählte lange, denn es mußte auch etwas recht Hübsches sein. Schließlich hatte ich je ein Paar schwarze mit weißen Streifen, mit lila Kreisen, mit silbergrauen Karos und roten Punkten, die wie Luftballons aussahen.

Mutter strickte mir dann mit schwarzem Garn die Beine an, so daß ich vier Paar funkelnagelneue und dazu noch äußerst aparte Strümpfe mit auf die Reise nehmen konnte. Dazu hatte Mutter ihre und Vaters Strümpfe aufgeribbelt, denn Wolle zum Stricken gab es schon lange nicht mehr; aber es sollte wegen der Winterkälte unbedingt Wolle sein. Ein Paar Lederhandschuhe hatte ich noch Karoline stibitzt, so daß ich mir schließlich wie eine kleine Königin mit soviel neuen Sachen vorkam. Mein ganzer Staat wurde in den bewährten Schließkorb verpackt und einen Tag vorher weggeschickt. So blieben mir als Handgebäck nur noch meine Gitarre, mein Portmonnaie und mein Paß. Die beiden letzteren steckten in meinem Fehmuff, der mit hellgrauer Seide abgefüttert war, aber so, daß an beiden Enden noch etwas von der Seide als Rüsche zum Vorschein kam. Ein wahrhaft elegantes Stück also!

Im letzten Augenblick hatte Mutter mir noch ein kleines Päckchen gegeben und mit leicht feuchtem Blick beim Abschied gesagt: „Das ist dein Weihnachtsgeschenk, denn du bist ja Heiligabend nicht hier. Mit dem Schicken ist das so eine Sache. Da weiß man nie, ob es zur rechten Zeit ankommt. Es wär' mir doch schrecklich, wenn du gerade an einem solchen Tag auf einen Gruß von zu Hause vergeblich warten müßtest, meine Lüttsche!"

Das klang ganz zärtlich, und Mutter drückte mich an sich. Aber schnell hatte sie sich wieder gefaßt: „Mußt es aber auch nicht vorher aufmachen, verdirbst dir dann selber die Freude. Und sieh zu, daß du ein bißchen manierlich bist!"

Das klang schon wieder ganz fest.

144

Vater brachte mich zur Bahn, und ich reiste, zum Heeresgefolge gehörend, auf Militärfahrschein II. Klasse in die Etappe.

„Dann alles Gute, kleines Kind", sagte Vater, als der Zug anfuhr, „und komm so wieder, wie du weggefahren bist."

Ab Herbesthal war ich die einzige Zivilperson im Zug und saß mutterseelenallein im Abteil. Der Mitropa-Schaffner, der mir wohl etwas Gutes antun wollte, sagte, im Speisewagen gebe es ab Herbesthal alles ohne Marken. Ich hatte als eisernen Bestand 20,— Mark Taschengeld mitbekommen, aber Emilie und Karoline hatten sich zusammengetan und mir noch 5,— DM extra geschenkt. Dieses Geld wollte ich unterwegs verjubeln. So fiel die Anregung des Mitropa-Kellners auf recht fruchtbaren Boden, und ich ging in den Speisewagen.

An meinen Tisch setzten sich zwei Leutnants, die dann auch nach dem Mittagessen mit in mein Abteil kamen. Sie waren vom 9. Badischen Infanterieregiment 150 und mußten in zwei Tagen an die Westfront fahren. Vorher wollten sie sich aber noch Brüssel ansehen!

Das wäre ja wunderschön, meinte ich, denn ich brauchte auch erst Montag im Dienst zu sein, und ich würde Brüssel auch noch nicht kennen.

„Sagen Sie mal, wie alt sind Sie denn eigentlich?", wollte der eine Leutnant wissen.

„Wie alt ich bin? Siebzehn!"

„Siebzehn?" fragte er erstaunt, „haben Sie denn keine Eltern mehr?"

„Selbstverständlich habe ich noch Eltern, haben Sie denn in Essen meinen Vater nicht gesehen? Der Herr, der mich an den Zug brachte, mit dem großen Schlapphut und dem Bart, das war mein Vater."

„Davon hab' ich nichts gesehen. Auf jeden Fall würde ich so ein kleines Mädchen nicht allein nach Brüssel schicken."

Ich zuckte nur die Achseln und schwieg vorübergehend beleidigt. Dabei hatte ich die beste Gelegenheit, in aller Ruhe mein Weihnachtspaket auszupacken. Ein wunderschöner Fehkragen kam da zum Vorschein, ganz zum Muff passend, auch mit solch hübscher Seidenrüsche.

„Verzeihung", fing mein Gegenüber wieder an, „wie heißt der Pelz?"

„Den kennen Sie nicht? Dabei trägt man ihn doch jetzt soviel. ‚Feh‘ heißt er.“

„Feh??“ Darauf folgte dummes Gelächter. „Ich habe gar nicht gewußt, daß Feen so behaart sind.“

Das ging doch entschieden zu weit! Mir war das entsetzlich peinlich. Ich mochte den Dunklen nicht mehr leiden und entschied mich für den Blonden, der bis jetzt noch nicht viel gesagt hatte. Den Dunklen konnte von mir aus Mally kriegen, die mich ja in Brüssel am Bahnhof in Empfang nehmen sollte. Dann waren wir quitt, und ich brauchte wegen Theo kein schlechtes Gewissen mehr zu haben.

Wie es damals üblich war, hatten die Züge mehrere Stunden Verspätung, was zur Folge hatte, daß keine Menschenseele am Bahnhof war, um mich abzuholen.

Da stand ich nun in einem fremden Land, mit einem schicken schwarzen Velourhut, meinem neuen Kostüm mit Samt- und Fehkragen, mit angestrickten Herrensocken, mit dem Muff in der Hand und meiner Gitarre unter dem Arm.

„Me voilà!“

Wohin sollte ich nun gehen? Das kostete wirklich einige Überlegung.

Da kam der Blonde noch einmal zu mir zurück und meinte: „Was wollen Sie hier jetzt so lange in der Kälte stehen? Sehen Sie mal, hier links ist das Palast-Hotel., da wohnt man sehr gut. Kommen Sie doch mit uns!“

Ich hatte gar keine Hemmungen. „Das ist auch wahr“, dachte ich, „Warum nicht?“ Das Geld in meinem Muff gab mir einige Sicherheit. Noch etwas über zwanzig Mark hatte ich ja in Besitz.

Also ging ich mit meinen Begleitern ins Palast-Hotel. Der Portier musterte mich und fragte: „Madame, une chambre avec deux ou un lit?“

„Comment?“

Ich erstarrte ob der Sittenlosigkeit, die da so unvermittelt auf mich eindrang. Der Portier ließ nicht locker: „Madame, désirez-vous une chambre avec deux ou un lit?“, und um sich bei mir ganz verständlich zu machen, hob er jeweils bei deux ou un zwei oder einen Finger hoch.

146

„Non, non, seulement avec un lit!" Dabei hob ich den Zeigefinger zur Bekräftigung. Ich war ganz verdattert.

Der Boy nahm mir meine Gitarre ab und führte mich in ein Zimmer, das nun doch zwei Betten hatte. Aber ich gab mich geschlagen.

Da stand ich nun zum ersten Mal in meinem Leben mutterseelenallein in einem Hotelzimmer, und dazu noch in solch einem eleganten. Was mochte wohl den Portier veranlaßt haben, ausgerechnet mir solch ein Fürstengemach zuzuteilen? Sollte ich doch wohl viel eleganter sein, als ich ahnte? Ich mußte erst einmal nach Luft schnappen und setzte mich bescheiden auf den Rand eines Bettes, wo ich zu versinken glaubte, denn es war ganz weich und sehr tief. Das Tollste aber war, daß man auch den Fußboden leicht gepolstert hatte, so daß es bestimmt nichts ausmachte, wenn man nachts aus dem Bett fiele. Die berühmte Madame de Recamier hing an der Wand, und über den Betten hing eine galante Schäferszene. Ich besah mir alles recht gründlich, denn ich hatte ja Zeit.

Ob die etwas kleinere Tür offen oder verschlossen war? Nein, sie war offen und ließ mich in ein geradezu berauschendes Badezimmer blicken. Die Wände waren aus schwarzem Marmor, ebenso die ovale Badewanne, in die ein Treppchen hinunterführte. Einen schwarzen Marmorrand hatten auch Bidet und Klo, und wie kleine Badewannen in schwarzem Marmor sahen auch die beiden Waschbecken aus. Ob meine zwanzig Mark für diese Pracht reichten? Mir kamen doch leichte Bedenken. Deswegen widerstand ich der Versuchung, gleich ein Bad zu nehmen, obwohl Seife und Handtücher recht verlockend dazu einluden. Doch vielleicht kostete das extra; und ich hatte ja auch erst am Abend vor meine Abreise gebadet und dabei Karolines gesamtes Badesalz verbraucht. Aber Händewaschen und Zähneputzen war doch sicherlich im Zimmerpreis einkalkuliert.

Noch am gleichen Abend machte ich mich auf den Weg zu meiner Dienststelle, denn das hatten Vater und Mutter mir fest auf die Seele gebunden. „Bevor du dir etwas ansiehst, melde dich auf jeden Fall erst in der Bibliothek."

„Avenue des Arts 9" war gar nicht weit und sehr leicht zu finden.

Mit meinen Leutnants hatte ich mich zum Abendessen im Palast-Hotel verabredet. Auch sie wollten erst zur Linienkommandantur und sich ihre Papiere holen.

Mally war das Warten am Gare du Nord in der Kälte leid geworden und saß in der warmen Bibliothek. Vorschriftsmäßig meldete ich mich bei meinem Chef. Daß er mich begeistert empfing, kann ich gerade nicht behaupten, ich schien ihm ziemlich gleichgültig zu sein.

„Sagen Sie mal, wo wohnen Sie denn?" fragte er aber schließlich doch.

„Im Palast-Hotel."

„Wo????"

„Im Palast-Hotel!"

„Nun sagen Sie mal, wie kommen denn ausgerechnet Sie dahin?" Mit einem Ruck hatte er sich auf seinem Schreibtischsessel herumgedreht. „Da wohnen die Offiziere, die von der Front kommen und Brüssel bei Nacht erleben wollen mit ihren Damen, da können Sie unmöglich bleiben. So 'n Kiek-in-die-Welt, und dann Palast-Hotel. Man sollte es nicht für möglich halten!"

„So schlimm kann das aber nicht sein, Herr Doktor", verteidigte ich mich, „mein Bruder hat auch schon im Palast-Hotel gewohnt, und der hat bestimmt keine Dame mitgebracht."

„Der wird Ihnen schon gerade erzählen, was er im Palast-Hotel macht, Sie Küken!"

Ich fand das gemein, Johannes so zu verdächtigen. Johannes hatte ganz sicher keine Dame mit ins Palast-Hotel genommen. Das tat Johannes nicht, dazu hatte er viel zu reelle Grundsätze. Mit einer Dame ins Palast-Hotel zu gehen, mit der man nicht verheiratet war, gehörte sich eben nicht, und in dem Punkt war Johannes ganz bestimmt sehr genau.

Während ich mir noch meinen Bruder Johannes in Begleitung leichtfertiger Damen vorstellte, wurde eine Ordonanz herangeklingelt, die den niederschmetternden Auftrag bekam, mein Gepäck aus dem Palast-Hotel zu holen und ins „Deutsche Frauenheim" zu bringen. Damit war mein kurzes Debüt in der großen Welt beendet.

Diese Aktion nahm aber so lange Zeit in Anspruch, daß ich meine Verabredung zum Abendessen nicht einhalten konnte. Mally und ich machten noch einen kurzen Stadtbummel. Ich konnte mich nicht satt sehen an all den schönen Läden. Die Fleischerläden mit unheimlichen Bergen von Wurst, Fleisch und Schinken machten mir am meisten Freude. Ich war meinem Herrgott eigentlich von Herzen dankbar, daß er mich nicht im Palast-Hotel teuer nächtigen ließ. Statt dessen wollte ich gleich übermorgen einkaufen und ein schönes Eßpaket nach Hause schicken.

Unsere Vermutungen, meine beiden Reisebegleiter am nächsten Morgen beim Frühstück im Hotel zu finden, bestätigten sich. Sie waren dem eindrucksvollen Werbeplakat der „Gaîté" zum Opfer gefallen und hatten da „Brüssel bei Nacht" genossen. Eine kostspielige, wenn auch interessante Angelegenheit. Ein großes Plakat warb folgendermaßen für das Lokal: Im Vordergrund auf langen tadellosen Beinen, mit gewagtem Décolleté, kleinem Hut mit halbem Schleier, in einer Hand eine dunkelrote Rose, eine hübsche Dame, im Hintergrund kommt ein Herr auf sie zu, der ein Frackcape trägt, dazu einen lässigen Schal, den Zylinder im Nacken, im Auge ein Monokel und ein zierliches Stöckchen unter dem Arm. Auf dem Plakat stehen lediglich die aufmunternden Worte: „Tu viens, chou?"

Da saßen wir nun mit meinen Reiseleutnants am Frühstückstisch, aber nur um ihnen Gesellschaft zu leisten, denn wir hatten unser braves Frühstück im „Frauenheim" schon hinter uns. Der Dunkle bestellte sich „Döhsöff", was mich leicht schockierte, da es doch „Döhsöh" heißen mußte. Aber was ging mich das an, den sollte ja Mally haben.

Wir bummelten nach dem Frühstück zu viert durch Brüssel. Unterwegs wurde beschlossen, daß wir zusammen zu Mittag essen wollten. Wegen meiner Garderobe hatte ich keine Bedenken, denn ich hatte den wunderhübschen schwarzen, gekräuselten Samtrock an, damit konnte ich sicher in Brüssels bestem Lokal bestehen! Das Mittagessen konnte man eigentlich nicht Mittagessen nennen, es wurde ein richtiges Diner, das der Blonde mit Hilfe eines ganzen Stabs von Obern zusammenstellte. Es begann mit Austern und Sekt. Nie in meinem Leben hatte ich bis dahin Austern gesehen. Also wartete man am besten erst ab, wie die andern sie essen. Mally sah mich an und wagte auch nicht anzufangen, ganz leicht hob sie die Schultern, und ich antwortete ihr mit kaum merklichem Kopfschütteln. Doch alles lernt sich, und das zweite halbe Dutzend Austern aß ich nach meiner Ansicht schon wie ein routinierter Feinschmecker.

Aber das Allerschönste kam zum Schluß: eine Eisbombe mit Vanillesoße, die, mit Arrak übergossen, lichterloh und wunderschön blau brannte. Daß es dies alles nach jahrelangem Hungern noch gab! Natürlich tranken wir vier Brüderschaft, und ich wurde leider bei allem Vergnügen das unsichere Gefühl nicht los, daß Vater und Mutter, Karoline und Emilie wohl kaum begeistert wären, wenn sie mich in dieser fröhlichen Tafelrunde sähen!

Auch an Johannes mochte ich in diesem Zusammenhang gar nicht denken. Der wäre meinen Leutnants und mir ganz sicher bitterböse gewesen. Aber Gott sei Dank war er weit weg an der Front.

Abends gingen wir ins Theater. Mally hatte Karten geschenkt bekommen, und wir sahen im „Théâtre de la Reine" die „Rabensteinerin" von Ernst von Wildenbruch. Mir flossen so hemmungslos die Tränen vor lauter Ergriffenheit, daß der Blonde sich veranlaßt fühlte, mir von Zeit zu Zeit mitleidig die Hand zu streicheln. Ich fing an, mich in ihn zu verlieben. Wir wollten nach dem Theater noch eine Tasse Kaffee trinken, aber der Blonde war plötzlich nicht mehr in Stimmung und wollte mich gleich nach Hause bringen.

Und unterwegs rückte er mit der traurigen Wahrheit heraus: der Ärmste hatte Pech gehabt und seine Brieftasche verloren! Nun saß er da, ohne einen Pfennig Geld.

„Kann dir dein Kamerad denn nicht aushelfen?" fragte ich, um meinen Zwanzigmarkschein zitternd.

„Ach nein, der soll das gar nicht wissen!"

Es ging wohl nicht anders, hier in der Etappe waren wir alle Kameraden! Nur kurze Zeit zögerte ich, dann habe ich meinen Schein gezückt und ihm geliehen.

Natürlich gingen Mally und ich am andern Morgen zum Zug, der unsere Leutnants an die Front brachte, und winkten herzliche Abschiedsgrüße hinter ihnen her.

In der Bibliothek wurde ich gleich mit der Nachricht empfangen, ich hätte Frontbesuch von einem Leutnant bekommen. Das mußte bestimmt ein Irrtum sein, denn ich kannte weit und breit keinen Leutnant, der mich besuchen könnte. Aber da kam er schon.

„Johannes!"

„Ja, wo steckst du denn? Ich warte schon über eine Stunde!"

Johannes war gar nicht so freudig erregt wie ich, er brummte ein bißchen, und nun mußte ich ihm auch noch beichten!

„Johannes, hör mal zu: Ich habe eine so nette Reisebekanntschaft gemacht."

„Doch nicht etwa im Zug?" Johannes zog die Stirn in bedenkliche Falten. „Ich will doch nicht hoffen, daß du dich anquatschen läßt. Das gehört sich doch nicht."

„Johannes, sie waren aber wirklich sehr nett. Es waren zwei Leutnants, Badenser vom Infantrieregiment – – –"

„Interessiert mich nicht die Bohne. Ich muß schon sagen, ich hätte dir bessere Manieren zugetraut."

„Sie sind ja auch schon wieder weg."

„Was heißt weg? Wo sind sie denn?"

„An die Front, Johannes, wir haben sie eben an den Zug gebracht."

„Wurde auch höchste Zeit, daß sie abfuhren, darüber unterhalten wir uns noch später."

Hätte ich wegen unseres Diners und wegen unserer Duzerei nicht solch schlechtes Gewissen gehabt, so hätte ich mir das nicht gefallen lassen; so aber versuchte ich es mit einem anderen Thema.

„Johannes, woher kommst du denn?" fragte ich ihn ganz teilnahmsvoll.

„Ja, woher wohl? Direkt von der Front natürlich. Ich hab' meinem Hauptmann erzählt, daß meine Schwester in Brüssel ist, und da hat er gesagt: ‚Wie alt ist die denn?' Und wie ich ihm erzählt habe, daß du erst siebzehn bist, meinte er, ich sollte schleunigst mal hinfahren und nach dem Rechten sehen, denn Brüssel wär' doch ein schlüpfriges Pflaster. Und da bin ich nun!"

Solange Johannes in Brüssel war, bekam auch ich Urlaub, wie es in der Bibliothek bei Frontbesuch so üblich war. Den Kolonialgedanken noch immer pflegend, fuhren wir ins Kongomuseum. Wir aßen zu Mittag in einem hübschen kleinen Restaurant, das dem Palast-Hotel angegliedert war und den vielversprechenden Namen „A la Renommée" trug. Viel lieber hätte ich im großen Restaurant gesessen, wo eine ganze Menge Offiziere speisten, aber der Ober führte uns unerbittlich nach oben in ein „Séparée" und wollte einfach nicht einsehen, daß Johannes und ich denkbar uninteressiert an diesem gemütlichen intimen Raum mit bequemen Liegemöglichkeiten waren.

Johannes, der seine Brieftasche nicht verloren hatte, sondern sein ganzes Dezembergehalt noch unangebrochen mit sich führte, war sehr splendide. Wieder gab es ein herrliches Diner mit Austern. Ich war recht glücklich und zufrieden.

„Johannes, ich komme mir vor wie im Schlaraffenland, denk nur mal: gestern Austern, heute Austern. Ob das hier nun so weitergeht?"

Johannes' Gesicht wurde wieder ernst: „Gestern Austern?? Mit wem hast du denn Austern gegessen?"

„Johannes, ich erzählte dir doch von den beiden Leutnants."

„Wie, und mit den Kerlen hast du Austern gegessen?"

„Warum denn Kerle, das waren doch keine Kerle. Die waren beide sehr nett."

Ich sah es Johannes an, daß er nicht mit mir einverstanden war. Erst nach einer ganzen Weile sprach er wieder mit mir: „Sag mal, wo wohnst du eigentlich?"

„Im ‚Deutschen Frauenheim'. Eine halbe Stunde war ich auch hier im Palast-Hotel, aber da mußte ich wieder raus."

„Warum das denn?"

„Weil hier nur Offiziere mit ihren Damen wohnen, die sie hier so kennenlernen." Ich sagte das so ganz nebenbei und freute mich, daß ich Johannes eins auswischen konnte.

„Woher hast du denn diese Weisheit?"

„Das hat unser Doktor in der Bibliothek gesagt."

Johannes zog voller Geringschätzung seine Mundwinkel herunter:

„Stimmt ja gar nicht. Als ich das letzte Mal hier war, wohnte hier sogar eine Krankenschwester."

Der Ober brachte ein kleines Maschinchen zum Austernöffnen und servierte die Austern einzeln. Ich griff beherzt zu und wollte Johannes stolz zeigen, wie vollendet ich Austern essen konnte.

Johannes beobachtete mich kritisch und sagte ironisch: „Sag mal, haben dir deine netten Leutnants das so beigebracht?"

„Ja, ist das etwa nicht richtig?" Ich war ganz erstaunt.

„Ach was, man kann doch unmöglich die Bärte mitessen. Komische Herren, hab' ich mir ja gleich gedacht."

Als Johannes bezahlte, sah ich seine gefüllte Brieftasche.

„Johannes", fragte ich schüchtern, „hättest du wohl etwas Geld für mich übrig? So vielleicht zehn oder fünf Mark?"

„Wieso? Hast du kein Geld? Hast du denn kein Taschengeld mitbekommen?"

Nun mußte ich ja erzählen, warum ich kein Geld mehr hatte.

Johannes geriet außer sich: „Wie ist das möglich", schnauzte er los, „wie kann ein Offizier eine Dame um Geld bitten!"

„Entschuldige mal, Johannes, er hat mich ja nicht darum gebeten, ich hab' es ihm doch angeboten, er wollte es erst nicht annehmen, ich habe richtig gedrängelt!"

„Ist doch egal, er hat es angenommen, das gehört sich doch nicht. Glaubst du denn, daß du jemals dein Geld wiederkriegst? Das kannst du in den Mond schreiben. Du bist ja auch zu dumm, aber das paßt zu dem dämlichen Austernessen."

Johannes schenkte mir zehn Mark, allerdings nahm er mir das Versprechen ab, daß ich das Geld nur für mich verwenden sollte.

„Sich vom Mitleid übermannen lassen ist ganz schön, aber das ist meistens eine kostspielige Angelegenheit!"

Ich habe meine zwanzig Mark aber doch wieder bekommen, wenn auch erst nach mehrmaligem Anmahnen. Schließlich kamen sie eines Tages ganz leichtsinnig in einem Feldpostbrief. Johannes hatte also unrecht gehabt.

Ungefähr zwanzig Jahre später traf ich übrigens diesen blonden Leutnant ganz zufällig in Berlin, nachdem ich aber schon vorher in einer Illustrierten ein Foto von ihm gesehen hatte. Er sah darauf ganz dämonisch aus, trug ein hochgeschlossenes schwarzes Seidenwams, hatte den Kopf gesenkt und warf einen faszinierenden Blick von unten herauf. Darunter stand sein voller Name als berühmter Magnetopath, der Hindenburg und andere hohen Diener des Staates behandelte. Wir tranken Kaffee im „Aquariumcafé" am Zoo, aber hatten beide wenig Zeit, und selbst in der kurzen Zeit hatten wir uns nichts zu sagen.

Ich war eigentlich recht bedrückt, als Johannes wieder an die Front fuhr und ich noch lange mit ihm auf dem Bahnsteig auf- und abging. Es war kalt, und ich hatte meinen Bruder eingehakt.

„Wenn du mich schon einhakst, mußt du das auch richtig machen. Man darf allerhöchstens die Fingerspitzen sehen; so wie du das machst, gehört sich das nicht. Nimm den Arm mal weiter zurück."

„Johannes, du immer mit deinem ‚Gehört sich nicht'!"

„Man lernt eben nie aus, und du hast ja neuerdings erst erfahren, wie man sich ungewollt blamieren kann. Das läßt sich doch vermeiden. Übrigens, da hast du ja deinen Fehkragen schon um, den solltest du doch erst zu Weihnachten haben."

„Schreib das um Gottes Willen nicht an Mutter, Johannes, ich bitte dich, sie würde sich doch nur ärgern."

Johannes musterte mich geringschätzig: „Für was hälst du mich denn eigentlich? Da brauchst du keine Sorge zu haben. Sieh mal hier!"

Damit zog er sein Weihnachtsgeschenk aus der Tasche: ein silbernes Zigarettenetui, das Mutter ihm im letzten Urlaub, weihnachtlich verpackt, mitgegeben hatte.

*

Mally war nun wieder nach Hause gefahren, und ich war allein in Brüssel. Das „Deutsche Frauenheim" war das frühere Wiltcher's Hotel; jetzt hatte es die deutsche Verwaltung beschlagnahmt und den berufstätigen Frauen beim Generalgouvernement oder der Zivilverwaltung zur Verfügung gestellt. Übermäßig elegant war es nicht. Man suchte vergeblich nach schönen Bildern oder gar eleganten Teppichen, aber es war warm und daher gemütlich. Ungefähr zweihundert Damen wohnten da, und böse Zungen nannten das Gebäude „Jungfernzwinger" und etwas wohlwollendere „Taubenhaus". Der Preis für volle Pension betrug 125.— frs, das waren etwa 100,— Reichsmark. Die Hausordnung war streng, denn bei soviel Weiblichkeit empfahl es sich wohl, auf Zucht und Ordnung bedacht zu sein. Herrenbesuche durften nicht empfangen werden, abends um zehn Uhr war Zapfenstreich. Wer später kam, mußte sich mit Angabe der Gründe in ein Buch eintragen. Für Freiheitsdurstige war daher dieses Heim denkbar ungeeignet. So hielt sich nur ein kleiner Stamm. Viele verschwanden bald wieder, sowie sie sich in Brüssel „umgesehen" hatten. Die Leiterin war Frau Landrat, eine Dame in den Vierzigern mit viel Autorität, Verständnis, Klugheit und Güte.

In der Bibliothek tat ich brav und fleißig meinen Dienst. Außer mir waren noch drei Offiziersfrauen da, denen ihre Beschäftigung hauptsächlich dazu diente, bei ihren im Gouvernement anwesenden Männern zu sein. Außerdienstlich habe ich nie eine von ihnen zu sehen bekommen. Auch meinen Chef sah ich relativ selten; nur einmal, als ich von der Bibliothek aus Emilie in Essen anrief und ihr meine Mehl- und Zuckerration ankündigte, gab es ein furchtbares Donnerwetter.

Das Haus, in dem die Bibliothek untergebracht war, nannte sich offiziell „Bildungszentrale", woraus die Soldaten gleich „Einbildungszentrale" gemacht hatten.

Im Parterre war die Theaterabteilung, deren Leiter, Saladin Schmitt, immer ausgesucht höflich und freundlich zu mir war. Er hat mir nie die Bitte um eine Freikarte abgeschlagen.

Zwischen Weihnachten und Neujahr des Jahres 1916 kam die Stuttgarter Hofoper unter der Leitung von Hofrat Berner mit einem Gastspiel des „Parsifal" und „Lohengrin" ins große „Théâtre de la Monnaie". Ich durfte, o Wonne, als Gralspage im „Parsifal" auftreten. Gertenschlank, wie ich zu der Zeit war, schien ich wie geschaffen, neben einer Dame, ihres Zeichens Balletteuse, einherzuschreiten. Ich trug eine blonde Pagenperücke, ein graues Trikot mit passendem grauen Tuchkittel, der mit weinrotem Kragen und einer Kapuze geziert war. Ach, fühlte ich mich stolz! Wenn Vater mich doch so sehen könnte! Er hatte sich immer so sehr gewünscht, den „Parsifal" zu hören.

Ich betrachtete mich nun als zum „Bau" gehörend und machte mir auch während der „Lohengrin"-Proben hinter der Bühne zu schaffen. Niemand kannte mich, niemand wußte, was das überschlanke junge Mädchen hier zu tun hatte.

Der Schwan mit dem Nachen mußte noch ausprobiert werden. Es war damals so üblich, daß er, genau nach Wagners Anweisung, im Hintergrund über die Bühne gleiten sollte. Da nahm „Lohengrin" mich auf den Arm und setzte mich in seinen Kahn, und die Bühnenarbeiter zogen hin und her, damit alles bei den Aufführungen klappen sollte.

Wer hat schon einmal in Lohengrins Nachen gesessen? Das Gleiten wurde zum Schaukeln, das Schaukeln zum raschen Dahinfliegen. Aber da nahte auch schon das Unglück: der Strick riß! Das wurde aber nicht tragisch genommen, denn das konnte geknotet werden.

Abends bei der Vorstellung vor einem ausverkauften Haus kam Lohengrin mit seinem Schwanengespann feierlich angefahren. Auf halbem Weg aber bockte der Schwan, er rührte sich nicht mehr vom

Fleck. Zwei Mann zogen verzweifelt – da ein Ruck! Der Schwan flog im Eiltempo über die Bühne, aber der Kahn mit Lohengrin folgte ihm nicht. Der Knoten hatte das solide Gewicht des Lohengrin nicht ausgehalten. So kam der Held zu Fuß aus der Kulisse, und als er seine Bedankungsarie anstimmte, die er hinter seinem davongleitenden Schwan hersingen mußte, wurde der schon wieder eingepackt, denn am gleichen Abend sollte es noch nach Lille gehen.

Ich fand auch eine Freundin, Friedchen mit Namen, der ich von Herzen zugetan war. Nun wurde es für mich noch viel schöner in Brüssel. Wie oft waren wir auf der „Grande place" und besahen die schimmernden Dächer im Mondenschein, machten schnell einen Abstecher zum „Maneken", das manchmal an einem seiner vielen Festtage ein Gewand trug, fuhren, da wir freie Fahrt hatten, kreuz und quer mit der Tram und der „Chocolat", stiegen irgendwo aus und gingen zu Fuß nach Hause. Zu gern wären wir auch einmal auf den Justizpalast geklettert, von dessen Kuppel aus man bei klarem Wetter Sicht bis Waterloo hatte! Aber man durfte den Palast nur betreten und die Kuppel nur besteigen, wenn man von Offizieren begleitet war. Friedchen und ich kannten aber keinen.

Aber was nicht ist, kann noch werden! Also stellten Friedchen und ich uns an einem sonnigen Sonntagvormittag vor dem Justizpalast auf. Es dauerte gar nicht lange, bis ein Leutnant kam, der sich interessiert das Gebäude besah.

„Friedchen, der? Was meinst du?"

„Nein, hat keinen Zweck; zwei müssen es schon sein, das sieht sonst zu dumm aus. Außerdem ist das ein Kavallerist, die sind zu eingebildet."

„Aber Friedchen, sieh mal die beiden, die da stehen. Das sind doch sicher richtige Frontschweine. Die lassen sich erst fotografieren, und nun lassen sie sich auch noch Andenken andrehen. Die sind richtig, also komm."

Auf diese Art und Weise kamen wir in den Justizpalast, ob aber in der Richtung, in der wir von der Kuppel aus guckten, tatsächlich auch Waterloo lag, wußten weder Friedchen noch unsere Beschützer, noch ich.

*

156

Weihnachten rückte immer näher heran, und das „Taubenhaus" wurde leer, weil alle, die das irgendwie konnten, in die Heimat reisten. Da Friedchen auch zu ihren Eltern nach Berlin gefahren war, blieb ich ganz allein zurück. Ich ging Heiligabend in die Garnisonskirche zum Feldgottesdienst und anschließend zur Weihnachtsfeier der Bibliothek. Noch nie war ich Weihnachten allein gewesen, immer war ich mit Vater, Mutter und wenigstens Karoline und Emilie zusammengewesen. Nun kam ich mir ganz einsam und verlassen vor.

In der Bibliothek bekam ich vom Konsistorialrat, dem die Bildungszentrale unterstand, einen Brüsseler Spitzenkragen, und eine unserer Offiziersfrauen, die die Festtage mit ihrem Mann in Brüssel blieb, schenkte mir einen „Papillon du point de Rose". Als ich nach der Feier ins Frauenheim gehen wollte, kam mir ganz unerwartet Johannes entgegen.

„Auf dich muß man ewig warten. Eure Weihnachtsfeier wollte und wollte ja kein Ende nehmen."

„Johannes, ich wußte doch nicht, daß du da warst!"

„Hat man mich denn nicht gemeldet? Die Ordonnanz wußte doch Bescheid!"

„Nun schnauz mich nur nicht gleich wieder an, es ist nämlich Weihnachten."

„Das hab' ich auch schon gemerkt. Hast du inzwischen deine zwanzig Mark wiedergekriegt?"

„Jawohl, Johannes, vorgestern bereits."

„Das ist gut, denn ich bin nicht so gut bei Kasse, also groß essen irgendwo, das können wir diesmal nicht."

„Schadet nichts, ich bin viel zu froh, daß du hergekommen bist. Heute abend ist noch eine Weihnachtsfeier im Frauenheim, da gehst du einfach mit. Ich frage Frau Landrat, ob du an der Feier teilnehmen kannst."

Johannes war nicht strahlender Laune, und die Aussicht auf diese Weihnachtsfeier vermochte ihn auch nicht aufzuheitern. So sprachen wir nicht viel miteinander. Wenn Johannes mucksch ist, kann man verzweifeln. Mutter pflegte dann zu sagen: „Aus dem geht wieder kein vergnügter Dröhn raus."

Wir haben uns so bis Mitternacht hingequält; dann wollte Johannes in die Gudula-Kathedrale zur Christmette. Ich habe ihn begleitet, und als die Messe zu Ende war, ging Johannes in sein Palast-Hotel und fuhr in aller Herrgottsfrühe wieder an die Front.

Ein paar Tage nach Weihnachten bekam Frau Landrat Besuch von einem ausnehmend hübschen Soldaten. Er sah knabenhaft jung aus, war groß und schlank und ging lässig vornübergebeugt. Seine Spiegel auf der Litewka waren blau und rosa eingefaßt. Er trug eine hellblaue Seidenmütze, keck über ein Ohr herabgezogen, die in der Farbe zu seinen strahlend blauen Augen paßte. Er benutzte auch nur blaue Taschentücher und trug immer eine kleine Reitgerte bei sich, mit der er an seine hellbraunen Langschäfter schlug, was mich sehr beeindruckte. Die Mahlzeiten nahm er mit uns im Speisesaal ein, allerdings am Patronatstisch.

„Friedchen, wer ist denn dieser neue Stern im Taubenhaus?"

„Der älteste Sohn von Frau Landrat, war schon öfter hier, 5. Dragoner, ein eingebildeter Affe."

„Ich finde den gar nicht so eingebildet, er guckt mich immer an, wenn er an unserem Tisch vorbeigeht."

„Tinchen, ich gönn' dir ja von Herzen jede Freude, aber Hans Landrat, meine Liebe . . ., man kann sich auch was einbilden."

Ich hatte mir nichts eingebildet, denn am Abend kam Hans zu uns in den Salon, hatte seinen Fotoapparat mitgebracht und machte ein paar Blitzlichtaufnahmen, zunächst von Friedchen und mir, aber dann nur noch von mir allein. Nein, er war gar nicht eingebildet, wir konnten herrlich zusammen herumalbern, bis die gestrenge Mama ihren Sohn wegholte.

„Tinchen, wahrhaftig, er hat Feuer gefangen. Fragt sich nur, wer von uns beiden die Auserwählte ist."

„Von mir hat er doch die vielen Aufnahmen gemacht, also liegt der Verdacht doch nahe – "

„Tarnung, Tinchen, Tarnung, davon hast du doch sicher schon mal etwas gehört. Warten wir's ab."

*

Als mein Chef mich dann nach meinen Plänen zum Jahresende fragte, hatte ich ehrlichen Herzens geantwortet, daß ich im Frauenheim bleiben wollte. Darauf meinte er: „Ich schicke Ihnen heute abend eine Ordonnanz mit einem Militärfahrschein nach Essen, damit reisen Sie über Neujahr nach Hause und begrüßen mal kurz Ihre Eltern. Die werden sich gewiß freuen, wo Sie Weihnachten doch auch nicht zu Hause waren."

Das war natürlich ein Vorschlag, den ich gern annahm. Ich holte Friedchen von ihrer Dienststelle in der Militärschule ab, und unser gesamtes Bargeld wurde ausgegeben, um für Vater und Mutter, Karoline und Emilie Mitbringsel einzukaufen. Ich erstand Seife, Kaffee, Tee, Schokolade, Pralinen, Kuchen und Wurst. Als ich dann am Abend vollbeladen ins Frauenheim kam, stand Hans im Vestibül und erwartete mich.

„Ich habe gehört, Sie wollen diese Nacht noch verreisen?"

„Ja, ich fahre nach Hause, und hier dies habe ich alles eingekauft. Die werden sich freuen, meinen Sie nicht auch?"

„Aber ich freue mich gar nicht, daß Sie verreisen. Bleiben Sie sehr lange weg?"

„Nein, einen Tag nach Neujahr bin ich wieder da. Sind Sie dann auch noch hier?"

„Ich will sehen, ob es sich einrichten läßt. Eigentlich sollte ich noch zu Verwandten ins Sauerland fahren. Mutti hat das angeordnet. Mal sehen. Auf jeden Fall, denken Sie so viel an mich wie ich an Sie!"

Damit war Hans auch schon verschwunden.

Am liebsten wäre ich nun gar nicht mehr gefahren, denn daß Hänschens Augen bei der Riesenauswahl im „Taubenhaus" ausgerechnet auf mich fallen würden, hätte ich in meinen kühnsten Träumen nicht erwartet. Und doch war es so.

Mitten in der Nacht brachte Friedchen mich an die Bahn. Der Urlauberzug war brechend voll. Friedchen erteilte mir weise Ratschläge, obwohl sie nur zwei Jahre älter war als ich. Mit Mühe und Not fand ich noch einen Platz in einem Abteil, wo alles schlief.

Auf dem Gleis gegenüber stand ein Urlauberzug in umgekehrter Fahrtrichtung. Er stand anscheinend schon lange, denn alle Urlauber, die sich am Fenster drängelten, waren schlecht gelaunt. Sie versuchten, mit warmem Atmen die Eisblumen aufzutauen, aber schnell war die Öffnung wieder zugefroren. Die Züge aus der Heimat hatten keine Heizung mehr.

Im überheizten Abteil meines Zuges versuchte ich zu schlafen, nachdem ich mir meine Reisekameraden angesehen hatte. Ein älterer Leutnant mit Glatze lächelte im Schlaf und schnarchte laut, obwohl sein kahler Kopf haltlos hin und her kollerte. Ein anderer versuchte es mit auf den Knien aufgestützten Armen, in der Handfläche den Kopf an der Backe festhaltend. Nach und nach aber rutschte der Kopf nach der Gegenseite ab. Dann wachte der Schläfer für einen kurzen Augenblick auf und versuchte es mit der gleichen Haltung von neuem. Mein Gegenüber streckte im Schlaf seine Beine immer weiter aus, so daß mir kaum noch Platz blieb und ich mit meinen Beinen hin und her jonglierte, um ihn nicht zu wecken. Der Kopf meines Nachbarn sank auf meine Schulter, von Zeit zu Zeit hörte ich ein gemurmeltes „Verzeihung". In der Gegend von Lüttich schnarchte alles friedlich. In der Ecke saß ein Mann, der auch im Schlaf noch schön aussah. Er schlief manierlich, schnarchte nicht und hatte den Mund geschlossen. Er hatte das EK I und das Flugzeugführerabzeichen. Als er wach wurde, lächelte er nickend zu mir herüber, und bald waren wir im Gespräch. Um die andern nicht zu stören, gingen wir nach draußen auf den Gang. Wir erzählten uns alles mögliche, und ich spendierte von den Pralinen, die ich für Emilie und Karoline gekauft hatte. In Herbesthal wußte ich schon, daß er Edgar hieß.

Später zeigte Edgar mir wunderbare Stoffe, die er in Lille für seine Schwestern gekauft hatte. Ob ich auch Stoffe haben wollte und für welchen Zweck? Natürlich, an sich sehr gern, aber erst müßte ich doch zu Hause fragen.

„Dann müssen Sie mir schreiben", meinte Edgar.

Das war natürlich ein Grund, die Adresse auszutauschen. Jagdstaffel 10, 7 Abschüsse, Fliegerehrenpokal; ich erstarb vor lauter Ehrfurcht. Eigentlich wollte Edgar in Duisburg aussteigen, aber er fuhr dann doch bis Essen mit. Ob ich ihn wohl wieder sehen würde und ob er mit den Stoffen wohl überkäme?

War es verwunderlich, daß mir bei diesen Erfolgen der Kamm schwoll nach meinen bitteren Erfahrungen als Mauerblümchen vor knapp drei Jahren in der Tanzstunde?

Als ich am Vormittag zu Hause ankam, waren Karoline und Emilie allein daheim. Vater und Mutter waren auf eine regelrechte Hamsterfahrt in die Lüneburger Heide zu den lieben Verwandten gefahren. Der Hunger hatte doch zu weh getan. Nach Mutters gutem Zureden hatte Vater schließlich doch seine 1914 erfaßten Vorsätze, nur mit dem auszukommen, was es als Zuteilung gab, schweren Herzens über Bord geworfen.

„Tinchen, wie schön, daß du da bist!" Emilie war ehrlich erfreut, als sie mich sah.

„Du bist doch hoffentlich nicht rausgeschmissen?" fragte Karoline gleich teilnehmend.

„Wie gut", meinte Emilie, „daß wir unser Brot gestern nicht aufgegessen haben, wir hätten dir sonst nichts anbieten können. Aber wir haben gestern Butter bekommen, und Gottfried hat uns Kaffee geschickt."

„Macht mal das Paket auf, ich hab' euch natürlich eine Kleinigkeit mitgebracht."

Ganz langsam und bedächtig packte ich alles aus, und jedes Teil wurde mit Jubel begrüßt.

„Man weiß wirklich nicht, was man von den Herrlichkeiten zuerst nehmen soll", meinte Emilie.

„Ich servier' mir erst mal ein Stück Seife ab", sagte Karoline, indem sie verzückt den Duft einer wohlriechenden Toilettenseife einatmete. „Das habe ich bis jetzt eigentlich am meisten entbehrt, daß man schon so lange nichts Ordentliches mehr zum Waschen hatte."

Beim gemütlichen Kaffeetrinken mit Kuchen, Pralinen und Wurstbutterbroten mußte ich immerzu von Brüssel erzählen. Ich schüttete mein Herz aus und erzählte von Friedchen, von Hans Landrat und Edgar mit seinem Stoffangebot.

„Tinchen, hör mal, ich würde an deiner Stelle aber dem Edgar den Vortritt geben, wenn Stoff dabei rauskommt! Das ist doch heutzutage ein Vermögen." Karoline dachte an ein neues Kostüm.

„Ich möchte auch Stoff für ein Kostüm haben. Lila Tuch müßte es sein, sieh doch mal zu, ob das geht."

Ich versprach, mein Möglichstes zu tun, nachdem sich die Schwestern bereit erklärt hatten, auch meinen Stoff vorerst mitzufinanzieren und mir den Betrag bis zu meiner nächsten Gehaltszahlung zu stunden.

„Wir machen das dann folgendermaßen, Karoline, du leihst Tinchen den Betrag für den Stoff, und dann läßt sie sich das Kostüm gleich in Brüssel arbeiten, und ich leihe ihr den Machelohn. Bist du damit einverstanden?"

„Ja, gern! Sowie wir wissen, was du an Stoff auf die Beine gebracht hast und was er kostet, schicken wir dir das Geld."

Ganz gegen ihre sonstige Verzögerungspolitik in Geldsachen sagte auch Karoline sofort zu. In der Begeisterung für ein neues Kostüm ließ sie alle Vorsichtsmaßregeln außer acht.

„Übrigens sind hier noch zehn Mark für dich, die hat Gottfried dir geschickt mit dem Bemerken, daß du jeden Monat von ihm zehn Mark als Taschengeld haben sollst." Damit drückte mir Emilie einen Zehnmarkschein in die Hand.

„Und Johannes hat auch geschrieben, daß er dir jeden Monat zehn Mark schicken will, damit du in Brüssel nicht gerade so klamm bist", fügte Karoline hinzu.

Darüber war ich nun ehrlich erfreut, denn ein Taschengeld von monatlich zwanzig Mark war doch gewaltig.

Wir drei haben nett Silvester gefeiert, und am ersten Tag im neuen Jahr fuhr ich wieder nach Brüssel zurück. Meine beiden Schwestern brachten mich an den Zug. Schon im Fahren lief Karoline noch ein Stück neben meinem Fenster her.

„Tschüß, Tinchen, und vergiß die Stoffe nicht. Braun für mich und lila für Emilie!"

Es folgten in Brüssel noch drei wundervolle Tage. Gott sei Dank war die Bibliothek wegen Kohlenmangels geschlossen. So hatte ich viel Zeit für Hans Landrat. Wir gingen jeden Morgen im Schnee im „Bois de Cambre" spazieren. Wir sagten uns schöne zärtliche Worte, und wenn wir sicher waren, daß uns keiner sah, küßten wir uns. Ach, war ich glücklich! Ich hatte zeitweise gemeint, Theo zu lieben, aber das war nichts gegen die Art der Gefühle, die ich von nun an für Hans Landrat hegte. Wie schön war die Heimlichtuerei beim Essen, wenn Hans, nachdem wir gerade aus dem „Bois" gekommen waren, mit einer höflich-kühlen Verbeugung an meinem Tisch vorbeiging! Ich hätte alle Welt umarmen können! Nachmittags tranken wir Kaffee bei „Wehrli" oder im „Tea-room de la Toisson d'Or", wo man bei gelbem warmem Licht recht gemütlich saß und wo als Pförtner ein Mohr im olivgrünen Frack mit sehr viel Gold an der Tür stand. Dann nahmen wir aber Friedchen mit, denn Frau Landrat fand das passender. Leider nahm sie das Kommando, daß Hans seinen Urlaub bei Verwandten im Sauerland verbringen sollte, nicht mehr zurück; so stand die Abreise unmittelbar bevor.

„Mußt nicht traurig sein, kleines Tinchen, es geht ja nicht an die Front, und auf dem Rückweg komm' ich noch mal hier vorbei, und dann wird es wieder schön mit uns beiden. Hier, damit du auch an mich denkst", so sprach Hans und zog ein kleines Kästchen aus seiner Rocktasche, das noch ganz warm war, als er es mir zum Abschied in die Hand drückte. In dem Kästchen war ein Ring mit einer wunderschönen Barockperle.

„Tinchen, der Ring ist schön, und jede andere würde ich darum beneiden", sagte Friedchen, „aber dir gönn' ich ihn von Herzen. Warum hat er aber eine Perle genommen? Weißt du, daß das Tränen bedeutet?"

„Mag sein, Friedchen, aber noch freu' ich mich aufs Wiedersehen, und abergläubisch bin ich nicht die Spur."

„Abwarten", sagte Friedchen darauf und zuckte die Achseln.

Ein paar Tage nach Hans' Abreise bekam ich von ihm den ersten Liebesbrief meines Lebens. Er fing an: „Mein innigstgeliebtes Tinchen!" Das hatte ich vorher noch nie schwarz auf weiß gesehen. Ich hatte auch ein paar Briefe von Theo aufzuweisen, aber der schrieb meistens als Überschrift: „Mein liebes Sportmädel!" Darunter konnte ich mir nun gar nichts vorstellen.

Hans schrieb mir oft, manchmal täglich, und eines Tages war er wieder da. Doch dann kam die schmerzliche Enttäuschung: ich sah ihn kaum. Seine Mutter hatte ihren Sohn energisch zurechtgewiesen und auf den unhaltbaren Zustand aufmerksam gemacht. Wie konnte sich eine Liebelei im „Deutschen Frauenheim" zwischen dem Sohn der Leiterin, 19 Jahre alt, und einer Insassin, 17 Jahre alt, anbahnen? Was sollte das Patronat davon halten?

Mir schien das wie ein böser Traum. Wie hatte ich mich gefreut auf ein Wiedersehen mit Hans! Und nun war alles ganz anders. Aber ich Schafskopf trug ja wohl selbst alle Schuld. Warum hatte ich bloß den Ring überall herumgezeigt und überglücklich allen erzählt, von wem ich ihn bekommen hatte, obwohl die Offiziersdamen in der Bibliothek nur ganz kühl davon Kenntnis genommen hatten! Warum schrieb aber auch Hans ins Frauenheim und nicht in die Bibliothek?

Im Frauenheim lag die Post mittags auf der Fensterbank, und jeder konnte sie durchsehen. Ich sah unsere Torheit ein und schluckte die bittere Erkenntnis, daß ich wieder einmal alles falsch gemacht hatte.

Hans und ich haben uns zwar noch weiter geschrieben, aber manchmal ließ er mich fünf bis sechs Wochen warten, und später, als er nach Deutschland auf Urlaub kam, besuchte er mich nicht in Essen, was er mir doch so fest versprochen hatte.

Da meldete sich eines Tages Edgar, an den ich in meinem Kummer gar nicht mehr gedacht hatte. Er rief vom Fliegerhorst aus in der Bibliothek an, und ich bekam den üblichen Urlaub für Frontbesuch. Wir trafen uns im „Gare du Nord". Edgar strahlte wie die Maiensonne, begrüßte mich so herzlich, als wenn wir seit Ewigkeiten alte Freunde wären und hatte tatsächlich Kostümstoffe bei sich: für Karoline den gewünschten braunen, für Emilie lila Tuch und für mich dunkelblauen für ein Schneiderkostüm.

Mir gingen die Augen über, aber es bedrückte mich doch sehr, daß ich kein Geld hatte, um die Pracht zu bezahlen. Edgar schien etwas von meiner Not zu merken, denn er meinte lachend: „Nun werden Sie gepfändet, denn soviel Geld haben Sie sicher nicht. Oder etwa doch?"

„Nein, leider nicht. Das ist mir furchtbar peinlich, aber ich hatte gedacht, Sie würden erst mal schreiben, wie teuer der ganze Kram ist."

„Was, ganzen Kram nennen Sie meinen schönen Einkauf? Das ist ja allerhand. Aber machen Sie sich nur keine Sorgen, Sie können mir das Geld ja gelegentlich schicken, oder muß ich kommen und es mir holen? Was wäre Ihnen lieber?"

Ja, was wäre mir lieber? Ich wußte im Augenblick darauf keine Antwort.

„Warten Sie nur erstmal ab", sagte ich, „und wenn es Ihnen zu lange dauert, können Sie ja kommen."

„Das ist immerhin ein Vorschlag", meinte Edgar.

Und ich dachte im stillen: „Donnerwetter, der hat aber Mut. Leiht mal eben über hundert Mark aus und kennt mich doch kaum. Wie konnte Johannes sich da wegen der zwanzig verpumpten Mark so anstellen? In der Etappe war eben alles anders!"

Vater schickte mir sofort das Geld, und ich leitete es schnellstens weiter, denn Hans hatte mir aus den Vogesen einen lieben Brief geschrieben, so daß ich jetzt von Edgars Besuch nichts wissen wollte.

Ich ließ mir mein Kostüm in Brüssel bei Meister Renard machen. Als es fertig war, war ich ganz elegant. Man trug damals die Taille unter dem Busen, was bei mir gar nicht sitzen wollte, da ich beides nicht hatte. Ich hatte auch nicht die leiseste Andeutung von Hüften, so daß Meister Renard sich die Haare raufte, weil der Rock immer rutschte. An beiden Seiten waren angeschnittene Tüten, das waren Taschen, und die Jacke hatte einen Gürtel, der betont hoch saß. Das war wirklich dernier cri!

Wenn doch jetzt Hans noch einmal käme! Er würde sich bestimmt über mich freuen und mich vielleicht wieder im „Bois" spazierenführen! Er kannte mich doch nur in meinem häßlichen Kostüm mit dem Samtkragen aus Mutters Jackett!

Aber Hans kam nicht. Einmal erschien sein jüngerer Bruder, Jahrgang 98. Uli war auch Leutnant, aber mit schwarzem Kragen, als „Fußer", schwere Artillerie Nr. 18. Er war nicht so hübsch wie Hans, aber ein lieber, netter Junge, der seiner Mutter nicht so folgsam war wie sein großer Bruder, sondern mit mir den Justizpalast bestieg und beim Mohr im olivgrünen Frack Tee trank.

Im Frühjahr 1917 war die schöne Zeit in Brüssel vorbei.

8.

Johannes verlobt sich wieder
Ein Anarchist
Trauriges Treffen in Lüneburg

Als ich nach dem entsetzlichen Steckrübenwinter von Brüssel nach
Essen zurückkam und mich in der Bibliothek meldete, wurde ich
mit den Worten empfangen: „Sie sehen ja aus wie ein Füllen, das von
der Weide kommt!"

Im Laufe des Jahres 1917 waren meine beiden vorschriftsmäßigen
Volontärjahre vorüber, und ich wurde als Bibliotheksgehilfin angestellt. Nun bekam ich jeden Monat Gehalt und konnte auf Gottfrieds und Johannes' Zuwendungen verzichten. Immer bei Gehalts-
empfang kaufte ich mir Bücher, meist solche, die schön eingebunden
waren. Die „Deutsche Bibliothek" in Berlin gab noch bis zum Ende
des Ersten Weltkrieges für 4,50 Mark wunderbare Bände in Ganzle-
der heraus, die ich eifrig sammelte. Ein großer Teil meines Einkommens ging allerdings für Feldpostpäckchen weg. Es hatten sich frühere „Wandervögel" gemeldet, die alle beschrieben und beschickt werden mußten.

„Dir geht es noch mal so wie der ‚Braut von Messina'", sagte Karoline einmal zu mir, als ich ihr von Uli und Hans Landrat erzählte.

„Wie ist das eigentlich damit, liebst du die etwa alle beide?" wollte
sie wissen.

„Nein, Karoline, ich mag den Uli sehr gern leiden, aber lieben tu'
ich nur den Hans. Das ist so aussichtslos, findest du nicht auch?"

„Warum aussichtslos? Das versteh' ich nicht. Wenn er dich liebt
und du ihn, was ist denn da aussichtslos?"

„Ich weiß das manchmal selber nicht. Immer, wenn ich von Hans
so lange nichts gehört habe, schreibt Uli oder Edgar oder neuerdings
wieder der Blonde."

167

„Und dann ist meine kleine Schwester mit sich im unklaren?"

„Im unklaren nicht. Das kann man auch wieder nicht sagen. Nur kommen mir dann Zweifel, ob es recht ist, was ich mache."

„Sag mal, Tinchen, was ist denn eigentlich mit dem Edgar?"

„Was soll denn damit sein?"

„Ich meine, hast du irgend etwas mit ihm?"

„Wieso, was soll ich denn mit ihm haben?"

„Tu doch nicht so dumm! Ich meine, habt ihr euch geküßt?"

„Niemals, Karoline."

„Na, na?"

„Nein, bestimmt nicht, du weißt, ich würde dir das erzählen."

*

Ich hatte eine Freundin in Essen, die ein Jahr mehr als ich zählte und mir schon vor dem Krieg im „Wandervogel" gut gefallen hatte. Sie hieß Hertha und konnte herrlich albern sein. Ihre Eltern hatten bei Vater und Mutter Besuch gemacht und waren häufig bei uns zu Gast. Sie waren ein komisches Ehepaar, figürlich und im Temperament grundverschieden. Trotzdem nannten sie sich beide „Maus". Das klang bei Herthas Mutter, die aus Thüringen stammte, wie „Maas". Die beiden „Mäuse" liebten sich von Herzen, aber „Maas" war recht jähzornig. Wenn er sich über Hertha oder den Sohn Gustav geärgert hatte, kochte „Maas" über und mußte sich irgendwie Luft machen, indem er etwas gegen die Wand warf. „Maus" nahm sich das nicht weiter zu Herzen, sie war die Ruhe selbst. Nur wenn „Maas" in die Nähe ihres alten kostbaren Meißner Porzellans kam, stellte sie ihm schnell wertloses Küchenporzellan, möglichst mit Sprung, hin und meinte ermutigend: „Maas, nimm doch das alte!"

„Maus" hatte wunderbaren Schmuck, von dem sie, schelmisch lächelnd, sagte: „Jo, äben, ober freilich, dos bekommt mal olles meine Schwiejertochter!"

Dabei blitzte sie Emilie, Karoline und mich der Reihe nach an und nickte jedem von uns mit dem Kopf zu. Sie dachte an ihren Sohn Gustav. Gustav hatte schon früh die Schulbank verlassen. Als er die Tertia erreicht hatte, glaubte er genug für seine Bildung getan zu haben und ging ins väterliche Geschäft. Während des Krieges sollte Gustav unter allen Umständen Offizier werden, was aber ohne das Einjährige nicht möglich war. Daher bekam Karoline den ehrenvollen Auftrag, Gustav auf das Examen für das Einjährige vorzubereiten. Gewissenhaft und fleißig arbeiteten täglich Lehrerin und Schüler. Karoline war bei den beiden „Mäusen" Hahn im Korb, und Gustav, wenn auch in Johannes' Alter, also vier Jahre jünger als Karoline, speiste mit ihr zu Abend in der „Mausefalle", einem Lokal, in dem man „hintenrum" Sauerkraut mit Eisbein essen konnte, was Gustav jedesmal mit Scheck bezahlte. Gustav bestand seine Prüfung und wurde Flieger, und als Anerkennung für ihre erfolgreiche Arbeit bekam Karoline, außer dem vereinbarten Stundenlohn, eine große bronzene Venus. Als Gustav auf Urlaub kam, schenkte er ihr eine goldene Busennadel in Form eines Propellers.

Karoline, deren Herz nach Paul Wieders Tod frei war, nahm Huldigungen dieser Art gern hin. Als Gustav ihr jedoch eines Tages einen Heiratsantrag machte, wurde sie eisig. Das fand sie doch reichlich vermessen. Immerhin war Karoline noch eine sehr hübsche und kluge junge Dame, Gustav dagegen ein nicht einmal hübscher dummer Junge. Gustav hatte sich aber offensichtlich in den Kopf gesetzt, in unsere Familie einzuheiraten. So ließ er sich durch den kleinen Mißerfolg nicht entmutigen. Ich war ja auch noch da, zwar nicht so schön und lieblich wie Karoline, aber zur Not konnte man sich auch mit mir sehen lassen. So versuchte Gustav, mich zu umgarnen. Nun besuchte ich mit ihm die „Mausefalle", und nachdem er mich ein paarmal mit Sauerkraut und Eisbein auf Scheck traktiert hatte, bekam auch ich eines Tages eine goldene Propellerbusennadel. Ich wartete förmlich auf einen Heiratsantrag und hatte mir schon eine schöne Rede ausgedacht, an deren Ende ich Gustav auf Emilie hetzen wollte. Es kam aber nicht soweit, denn ein anderes Ereignis sollte dazwischen kommen.

Johannes hatte gerade Urlaub. Als ich eines Tages aus der Bibliothek kam, stand er dort mit Hertha vor der Tür. Ich sollte die erste sein, die von ihrem großen Glück erfuhr: sie hatten sich nämlich verlobt. Damit konnte allerdings keiner rechnen. Wohl hatten sich Johannes und Hertha öfters geschrieben, aber das sagte während des Krieges nicht viel. Nur aus Langeweile und um sich mit seinem neuen EK I zu präsentieren, hatte Johannes bei den „Mäusen" Besuch gemacht und gesprächsweise gefragt, ob es ihnen auch recht sei, wenn er und Hertha miteinander korrespondierten.

„Selbstverständlich ist uns das recht, wo wir doch Ihre Eltern so sehr schätzen und auch Sie als einen ehrenwerten jungen Mann kennengelernt haben."

„Jo äben, no freilich!" Maus gab ihre Zustimmung.

„Solange Krieg ist, möchte ich mich noch nicht binden", sagte Johannes, nur um etwas zu sagen, „aber dann hätte ich die Absicht – – –!"

Johannes konnte nicht ausreden.

„In Ordnung", sagte Maas, „dann können wir es auch gleich veröffentlichen."

„Johannes, Johannes", sagte Mutter, „weißt du auch, daß Hertha einen fürchterlichen Dickkopf hat? Junge, wenn das man gut geht!"

Obgleich Hertha nicht ganz Johannes' Schönheitsideal entsprach – er schwärmte immer für schlanke, blauäugige, blonde Frauen, und Hertha hatte nichts von alldem aufzuweisen –, war ich doch sehr froh, diesmal eine Schwägerin zu haben, die schon seit langen Jahren meine Freundin war. Wir beide unternahmen vieles gemeinsam, besuchten Konzerte und gingen besonders gern ins Theater, wobei wir an einem Sonntagnachmittag bewußt und nach langen inneren Kämpfen ein ausdrückliches Verbot unserer Eltern übertraten: Wir sahen uns im Stadttheater Max Halbes „Jugend" an. Auf dem Nachhauseweg nahte auch schon das Verhängnis, denn plötzlich tauchte ganz unvermittelt Vater vor uns auf. Als einzige Rettung fiel uns ein, in ein Hotel zu stürzen und dort die Treppe hinaufzulaufen. Da prallten wir auf das Zimmermädchen, die den Zimmerkellner rief, der holte den Direktor. Dieser nahm uns in seinem Sekretariat ins Kreuzverhör. Zum Schluß drohte er uns, unsere Eltern von unsern „Herumtreibereien" in Kenntnis zu setzen.

„Erlauben Sie mal", sagte Hertha empört, „ich bin die Braut eines kgl. preußischen Leutnants!"

„Um so schlimmer, fragt sich bloß, wo der seine Augen gehabt hat!"

„So, diese Unverschämtheit werde ich meinem Bräutigam erzählen, der läßt sich das nicht gefallen, der wird Sie bei der nächsten Gelegenheit über den Haufen schießen!"

170

Wir haben nie etwas von unserm Hotelier gehört, vielleicht hatte Herthas Drohung Eindruck gemacht.

So oft es ging, kam Johannes auf Urlaub, aber zu Mutters größtem Kummer sahen wir nur noch wenig von ihm. Er hatte nach dem 1. Buch Mose „Vater und Mutter verlassen" und „hing an seinem Weibe".

Die „Mäuse" kamen eines Tages zu uns, und „Maas" erzählte wichtig, sie hätten einen Rahmen um Herthas Glück gezimmert.

„Jo äben, ober freilich!" stimmte „Maus" zu.

Mutter, die den Mäuse-Gedankengängen nicht so schnell folgen konnte, fragte nach:

„Was haben Sie? Ich habe das eben nicht ganz verstanden."

„Wir haben einen Rahmen um das Glück der beiden jungen Leute gezimmert. Wir haben ein Schlafzimmer für die Aussteuer gekauft!"

„Jo, freilich!" bekräftigte „Maus". „Schönes Mahagoni-Holz haben wir genommen. Nen wohres Brachtstück."

„Ach Gott", meinte Mutter voller Sorge, „wenn das Johannes nur recht ist, er wollte doch immer ein helles Schlafzimmer haben. Damit hätten Sie doch auch warten können, bis er in Urlaub kommt."

Mutter, die sich von Anfang an für diese Verlobung nicht hell begeistern konnte, war betont zurückhaltend.

„No ober, es is ober wirklich en Brachtstück." Maus ist sichtlich verlegen.

Mit dem dunklen Schlafzimmer zog auch der erste Unfrieden auf. Johannes hatte seinen Stolz und mochte das neue Schlafzimmer nicht leiden. Zwar verflogen die dunklen Wolken am rosaroten Himmel bald wieder, aber die erste Auseinandersetzung war dagewesen.

Hertha und ich sahen uns täglich, manchmal war auch Karoline dabei, aber da sie ja sieben Jahre älter war als wir, konnte sie nicht mehr so albern sein wie wir. Wir schenkten uns gegenseitig zu Weihnachten das damals gängige Bild „Es waren zwei Königskinder". Ein Königsohn, von dem man nur die Rückenpartie sah, beugte sich über die Mauer seines Turmes. Herbstlich war die Landschaft, herbstlich war auch der Grundton seiner Stimmung, denn wie konnten die beiden Königskinder heiter sein bei dem schweren Schicksal, das auf sie wartete? Ganz in der Ferne war klein die Burg der Königstochter zu sehen, dazwischen das trennende Wasser, das ihnen neben der falschen Nonne zum Verhängnis werden sollte.

Ich habe das Bild als junges Mädchen innig geliebt. Es paßte so oft in meine damalige Stimmung! Hans hatte wochenlang nichts von sich hören lassen, und wenn er schrieb, las ich nicht mehr die schöne Anrede, die mich vor noch gar nicht langer Zeit so beglückt hatte.

„Karoline, ich glaube, der liebt mich gar nicht mehr, denn er schreibt so selten, und wenn er schreibt, dann nur noch ‚Liebes Tinchen'! Was meinst du dazu?"

„Ja, seine Briefe sind ein bißchen knapp und rar, aber was wissen wir denn, wie es denen draußen an der Front zumute ist?"

„In den Vogesen ist doch jetzt nicht viel los!"

„Man weiß ja auch nicht, was vorher war. Du darfst den Mut nicht sinken lassen . . . Sei froh, daß er überhaupt noch lebt."

Wenn Karoline auch sicher recht hatte, so war ich doch im Grunde unglücklich. Hertha hatte nun einen richtigen Bräutigam, ich dagegen liebte einen, der etwa alle sechs Wochen nur ein kurzes Lebenszeichen von sich gab. Was war das denn schon?

Da schrieb mir gänzlich unerwartet Edgar aus dem Festungslazarett in Mainz. Er war beim Luftkampf verwundet worden, hatte aber trotz Bauch- und Knieschuß seine „Kiste" noch glatt hingesetzt. Er versprach, sowie er entlassen würde, nach Essen zu uns zu kommen.

„Als was will der denn kommen?" Mutter war gar nicht begeistert von dem bevorstehenden Besuch, doch da stand Emilie mir bei.

„Mutter, im Krieg ist das nicht mehr so, daß ein junger Mann immer gleich ernste Absichten hat!"

Mutter hatte sich ganz umsonst Gedanken gemacht, denn so schnell heilten die Wunden nicht, aber es begann zwischen Edgar und mir eine rege Korrespondenz. Er schrieb mir lange Briefe mit zierlicher Handschrift, die ich gewissenhaft beantwortete. Viel Freude hat mir dieser Briefwechsel allerdings nie gemacht. Die Briefe waren wohl immer ein paar Seiten lang, aber es stand trotzdem nicht viel darin, und, was mich als Lehrerstochter sehr störte, waren die vielen kleinen orthographischen Schnitzer: „Potzdam", „Schoppenhauer" und „Iniazitive" beispielsweise.

*

Zu der Zeit gefiel mir im Theater ein junger Schauspieler ganz besonders. Er spielte in „Vertauschte Seelen" von Scholz den „Kalab", in „Alt Heidelberg, Du Feine" den „Karl-Heinz", er spielte „Struensee" und „Don Carlos" – überhaupt alle Rollen, die dazu angetan waren, ein Mädchenherz zu begeistern. Karoline fand diesen Gerd Fricke auch sehr eindrucksvoll und gab mir eines Tages Geld für rote Tulpen, die ich dem verehrten Künstler mit einem sorgfältig verfaßten wunderschönen Brief schickte. Als Absender hatte ich aber zu meinem Namen die Bibliothek gesetzt. Sollte Gerd Fricke sich nämlich bedanken, so war ein Brief von ihm in der Bibliothek besser angebracht. Zu Hause waren Schauspieler nicht besonders gefragt.

Er beantwortete meine von Karoline finanzierte Blumenspende mit einem geradezu ergreifenden Brief:

„Lassen Sie sich an meiner Kunst genügen", stand darin mit lila Tinte geschrieben, „es ist besser, den Romeo zu lieben als den Gerd Fricke, der ihn spielt. Ich bin weder interessant noch temperamentvoll. Ich bin ein trauriger Narr, der leidet unter der Qual dieser sinnlosen Erde und der gern einsam und allein seinen Weg geht."

Das beeindruckte mich tief, obwohl Karoline behauptete, er hätte ja wohl ein bißchen dick aufgetragen; ich dagegen fand den Brief wunderschön. Da paßten Gerd und ich doch herrlich zusammen.

Eines Sonntagnachmittags faßte ich mir ein Herz! Ich zog mein schickes Brüsseler Kostüm an, kaufte mir ein wohlriechendes Veilchensträußchen und bezog Stellung am Bühnenausgang.

Gerd Fricke sonnte sich in meiner Verehrung. Er erzählte mir von seiner Braut in Schweden, Solveigh mit Namen. Wie schön war das! Wie bei Peer Gynt!

Daß das nicht so ganz stimmte, erfuhr ich, als ich nach einigen Wochen eine alte Bekannte sprach, die bei der Postüberwachung angestellt war und die Auslandsbriefe nach Skandinavien las. Daher kannte sie Gerd und seine Braut in Schweden, die aber Sigrid hieß. Ich buchte das unter „künstlerische Freiheit" und trachtete weiterhin danach, Gerd zu uns ins Haus zu bringen. Das war nicht einfach, aber Emilie, Karoline und ich entwarfen einen Schlachtplan.

„Du machst das ganz einfach", riet mir Karoline, „du sagst zu Vater und Mutter, du müßtest rezitieren lernen, das sei Vorschrift in der Bibliothek!"

„Wenn dann Fricke zum Unterricht herkommt, kann er auch sonst mal kommen, dafür sorg' ich dann schon." Emilie mochte ihn anscheinend auch recht gern.

So kam Gerd Fricke zu uns ins Haus, und ich lernte rezitieren. Damit das ganze Unternehmen für meinen Lehrer etwas mehr abwarf, kam ein ganzer Kreis zusammen, der sich einmal wöchentlich bei uns versammelte, um unter der Leitung von Gerd Literatur zu genießen. Leider war Vater nicht von Gerd angetan.

Unsere Lektüre war aber auch denkbar ungeeignet für ein kaisertreues, patriotisches Haus. Mußte man nicht schon rot sehen, wenn im Jahre 1918 ein junger Mann nicht an der Front war? Und wenn besagter junger Mann seinen Lesestoff aus illegal importierten „Weißen Blättern" holte oder Leonhard Franks „Der Mensch ist gut" vorlas?

Wenn er dann noch in „Dantons Tod" die Widmung schrieb: „Heraus aus Galeeren, Kasernen, Fabriken, Engbrüstige, Traumlose, die Erde liegt vor Euch, aufwärts, Freunde, Menschen!", und wenn ich ausgerechnet aus dem „Sohn" von Hasenclever auswendig lernen mußte, so stand für Vater das Urteil über unseren Lehrer fest: ein Anarchist in Reinkultur! Und da Vaters Autorität für uns unumstößlich war, ebbte die Romanze mit Gerd, ehe sie richtig begonnen hatte, langsam, aber sicher, wieder ab. Zum Trost für den Anarchisten machte Hertha von Zeit zu Zeit, wenn die „Mäuse" außer Haus waren, wunderbare, mit echtem westfälischem Schinken dick belegte Butterbrote, die wir als Blumenersatz hinter die Bühne schickten. Sie wurden auch dankend angenommen.

Und eines Tages erschien dann Edgar in seiner ganzen wahrhaft männlichen Schönheit auf der Bildfläche. Er brachte für Mutter nahrhafte Sachen mit, die sie im vierten Kriegsjahr gut gebrauchen konnte. Das stimmte sie versöhnlich. Edgar bezog wie selbstverständlich unser Fremdenzimmer. Und alles kam, wie es kommen mußte. Wir gingen zusammen spazieren, setzten uns auf eine verschwiegene Bank im Stadtwald und küßten uns. Mir war nicht ganz wohl dabei, denn ich dachte an Hans. Warum hatte er bloß so lange nicht geschrieben!

Edgar reiste wieder ab an die Front, ohne daß von der Zukunft die Rede gewesen wäre. In der darauffolgenden Zeit hatte allerdings

Mutter von dieser Freundschaft einige Vorteile. Edgar war nicht mehr fronteinsatzfähig, sondern kam als Lehrer und Einflieger an eine Kampfeinsitzerschule nach Belgien. Ein gut geführtes Soldatenheim mußte auch in der Nähe sein, denn Edgar überbrachte immer kostbare Pakete mit Soldatenheimverpflegung. Ich fand ihn mit der Zeit doch recht nett, wenn ich für ihn auch nicht die gleichen Gefühle wie für Hans aufbringen konnte.

Aber ach, er hat einmal, als er bei uns war, Karoline unter dem Tisch die Hand gedrückt.

„Auf deinen Edgar brauchst du dir nicht allzuviel einzubilden", sagte sie, als er wieder abgereist war. „Ob der nur deinetwegen kommt, möchte ich bezweifeln."

Ich liebte Edgar zwar nicht, aber das ging mir doch gegen den Strich!

„Natürlich kommt er meinetwegen, oder meinst du, er verehrt Mutter oder Emilie?"

„Nein, wohl kaum, aber ich bin ja auch noch da. Und damit du es ganz genau weißt, er hat mir heute abend unter dem Tisch dauernd die Hand gedrückt, daß es richtig wehtat."

Und Karoline hatte offenbar nicht etwa ihre Hand in schwesterlicher Empörung zurückgezogen, sondern tapfer wiedergedrückt!

Was sollte ich davon halten? Gewiß, Karoline war hübsch und klug, und Paul hatte das Zeitliche gesegnet; aber sie brauchte doch nicht gerade über meine Verehrer herzufallen.

„Glaub das doch nicht", redete Emilie mir gut zu, „Karoline kann viel behaupten. Gesehen hat es keiner. Wenn sie nicht Knopf auf dem Kirchturm ist, fehlt ihr was."

Edgars Post aus Belgien wurde immer seltener und inhaltsloser, bis sie eines Tages ganz aufhörte, was mich nicht kränkte. Da bekam ich einen Brief mit mir unbekannter Handschrift. Ein Flieger, der mit Edgar zusammen an der Schule war, hatte meine Adresse bekommen und fragte höflich an, ob wir die eingeschlafene Korrespondenz nicht aufwecken und fortführen wollten? Ganz offensichtlich hatte Edgar mich weitergereicht.

In der Essener Bibliothek wollte ich nicht mein Leben lang bleiben, da mein Berufsziel nicht das einer Volksbibliothekarin war, sondern ich die gehobene Laufbahn einer wissenschaftlichen Bibliothekarin einschlagen wollte. So bewarb ich mich bei der Universitäts- und Staatsbibliothek Hamburg. Onkel Friedrich konnte mir durch Verwandte seiner ersten Frau auf Tante Annas Bitten hin ein wenig behilflich sein, so daß ich schließlich im Herbst 1918 zur persönlichen Vorstellung nach Hamburg reisen mußte.

Ein, wie ich glaubte, unwahrscheinlich glücklicher Zufall hatte es so gewollt, daß mir kurz vor meiner Abreise Hans Landrat in einem besonders lieben Brief mitteilte, er liege verwundet in Lüneburg im Lazarett. Natürlich kam mir sofort der Gedanke, von Hamburg aus einen Abstecher nach Lüneburg zu machen, um ihn endlich wiederzusehen.

Meine Vorstellung in Hamburg hatte das erfreuliche Ergebnis, daß ich zum ersten November 1918 in der Bibliothek am Speersort im alten Johanneum anfangen sollte. Mein zukünftiger Chef hatte mir versichert, daß er nach den von mir eingesandten Fotos das Schlimmste befürchtet hätte, nun aber doch angenehm enttäuscht sei. Bei einer Führung durch die Bibliothek ging ich seelisch in die Knie vor soviel gespeicherter Wissenschaft. Hier sollte ich nun in einigen Wochen mit meiner Arbeit anfangen!

Aber meine ganze berufliche Zukunft trat doch in den Hintergrund angesichts meiner Verabredung mit Hans Landrat, mit dem ich unter gewaltigem Herzkopfen telefoniert hatte.

Beinahe zwei Jahre war es her seit unseren Tagen in Brüssel. Ob er so schön war, wie ich ihn in Erinnerung hatte? Ob er wieder etwas von Liebe sagen würde? Eigentlich war ich ihm doch während der ganzen Zeit treu geblieben. Meine Schwärmerei für Gerd Fricke war, bei Lichte besehen, eine Kinderei gewesen. Edgar hatte mich trotz der Küsserei eigentlich wenig beeindruckt, mit Uli hatte ich von seinem großen Bruder reden können, und die Sauerkrautsoupers mit Gustav hatten viel eher etwas mit Hunger als mit Liebelei zu tun. Wieviel lieber hätte ich mit Hans Sauerkraut gegessen, wieviel lieber seine Briefe täglich beantwortet!

Das alles überlegte ich mir, als ich am Sonntagmorgen mit freudig geblähten Segeln nach Lüneburg fuhr. Es war verabredet, daß ich abends mit einem von Onkel Friedrich ausgewählten Zug zurückkommen sollte. Er wollte dann mit meinem Koffer am Bahnhof stehen und mich gleich in den Nachtzug nach Essen setzen.

176

O ja, Onkel Friedrich hatte seine Grundsätze!

Als der Lüneburger Bahnhof in Sicht kam, lehnte ich weit aus dem Fenster, damit mir nur nichts von dem Anblick meines Hans entging. Ich sah von weitem seine himmelblaue Dragonermütze leuchten. Da konnte ich einfach nicht anders und rief aus vollem Hals „Hans!", solange der Zug einrollte.

„Aber Tinchen, was sollen die Leute denken!" Und als ich ihm einen Kuß geben wollte, wandte er sich ab und sagte: „Hier nicht!"

Ich versuchte ihn einzuhaken, aber er wollte das nicht: „Ach nee, weißte, wenn mich Vorgesetzte sehen." Bis zum Mittagessen im „Deutschen Haus" gingen Hans und ich spazieren. Das Wetter war unfreundlich, kalt und neblig. Nach dem Essen gingen wir wieder spazieren, bis mein Zug abfuhr.

Was wir dabei geredet haben, weiß ich nicht mehr. Es war zu belanglos. Zeitweise spielte Hans mit einem Stein Fußball. Dann blieb er auch wohl mal stehen und besah sich interessiert streitende Spatzen. Ich hörte nichts von Liebe. Auch das Wort Treue fiel nicht. Hans bemerkte noch nicht einmal mein schickes Brüsseler Jackenkleid. Aber ich, ich sah ein goldenes Kettenarmband, das er um sein Handgelenk trug. Das hatte er in Brüssel noch nicht.

„Ach weißte, das ist von einer meiner vielen Kusinen. Willst du es haben?"

„Nein, danke."

„Eingeschnappt, Tinchen?"

„Nein, warum? Aber ich hatte mir alles so anders gedacht."

„Schieß mal los! Wie denn?"

„Das kann ich auch nicht so genau sagen. Ich dachte, du würdest netter zu mir sein."

„Hier auf der Straße? Unter all den vielen Leuten? Aber Tinchen!" Dann schwiegen wir wieder.

„Warum willst du denn heute abend schon wieder fahren?"

„Weil ich muß. Mein Onkel Friedrich erwartet mich in Hamburg."

„Ich dachte, wir würden ins Theater gehen. Ich habe nämlich Karten für das ‚Schwarzwaldmädel' besorgt."

„Das hätte ich natürlich sehr gern gesehen. Aber so spät geht ja kein Zug mehr!"

„Macht doch nichts, dann bleibst du eben hier."

„Und du?"

„Bei dir."

Das kam mir so unerwartet, daß ich nicht wußte, was ich darauf antworten sollte. Ich glaube, ich habe ein schrecklich dummes Gesicht gemacht.

„Findest du das so komisch?" fragte Hans mich dann wieder.

„Ja, du. Das kann ich nicht."

„Wie du willst. Ich dachte nur, du liebtest mich."

Ich hätte weinen können.

Unser Abschied war dann so, wie die Abschiede am Zug sind. Nicht mehr und nicht weniger. Man weiß sich nichts mehr zu sagen, und die Minuten bis zur Abfahrt scheinen sich in Ewigkeiten zu verwandeln.

Auf der Fahrt nach Hamburg kamen mir Zweifel, ob ich alles richtig gemacht hatte, und schließlich war ich so weit, daß ich am liebsten wieder umgekehrt wäre. Aber in Hamburg stand Onkel Friedrich, wie verabredet, am Lüneburger Zug und lud mich in den nach Essen um.

Meine unterlassene Sünde bereute ich jahrelang ehrlich. Ich habe Hans Landrat nie wiedergesehen. Er kam zwar aus dem Kriege glücklich heim, zog aber bald mit einem Freikorps nach Oberschlesien.

Im Juni 1919 bekam ich von seiner Mutter folgenden Brief: „Mein liebes Tinchen! Eine furchtbare Nachricht muß ich Ihnen heute geben, so schwer wollen mir die Worte aus der Feder, daß mir's immer noch unfaßlich ist, wenn ich's geschrieben lese. Mein geliebter Hans, Ihr guter Freund, dem Sie so viel bedeuteten, ruht seit 14 Tagen schon in kühler Erde, ist allem Leid und Kummer dieser Welt entrückt. Am 23. Mai ist er im Dienst tödlich verunglückt. Eine Handgranate, die er am Koppel trug, krepierte selbsttätig und tötete ihn auf der Stelle. Uli hat den geliebten Bruder aus Schlesien heimgeholt. Bewahren Sie Hans ein treues Gedenken, meinem frohen, stolzen Jungen, liebes Tinchen, und vergessen Sie die sonnigen, strahlenden Augen nicht und nicht sein tapferes Herz . . ."

Es mußte ein Maimorgen sein, an dem Hans im Alter von 21 Jahren sein Leben ließ.

Nebenbei bemerkt

Als ich den von meiner Mutter geerbten Sekretär ausräumte, fand ich zwischen lauter Fotos, Zeitungsausschnitten, Menuekarten, alten Briefschaften und Familienanzeigen auch den vor fast 60 Jahren geschriebenen Brief der Frau Landrat und das Foto eines wirklich unglaublich hübschen Dragonerleutnants, der so lächerlich jung aussah wie ein Gymnasiast, der in einer Schüleraufführung einen Offizier zu spielen hat. Auch den Perlenring – inzwischen ist das Gold des Reifs fast durchgescheuert – gibt es noch. Ich bekam ihn nämlich als junges Mädchen einmal zum Geburtstag. Das geschah, weil ich damals so sehr unglücklich war.

Im zweiten Winter des Zweiten Weltkrieges – ich lernte gerade mehr oder weniger fleißig für mein Abitur – erschütterte eine Sensationsnachricht die Familie: Onkel Johannes – inzwischen Major geworden –, der trotz mannigfacher Anläufe noch immer Junggeselle war, wollte nun endlich heiraten, und zwar eine junge Dame, die weit östlich in dem Gebiet, das damals „Warthegau" genannt wurde, auf einem edlen weißen Roß über die Felder ihres Vaters ritt. Die Hochzeit sollte groß gefeiert werden.

Und sie wurde groß gefeiert! Alle Onkel und Tanten nebst vollzähligem Nachwuchs fuhren gen Ostland und füllten mühelos einige D-Zug-Abteile. Aber das große Gutshaus hatte Platz für alle. Die Jugend schlief im Kavaliershaus – Kavaliershaus, ach, wie glatt mir das von der Zunge ging, als ich später meiner Klasse davon erzählte. Die kannten alle Onkel Johannes aus Erzählungen, denn er war damals der Lieblingsonkel von meiner Schwester und mir. Wenn er auch nie aufhörte, uns von Zeit zu Zeit im Kommandoton „Sitz gerade!" oder „Halt dich doch vernünftig!" zuzurufen, so behandelte er uns doch im allgemeinen als junge Damen, wenn er auf Urlaub kam, und lud uns zum Essen ein. Den Stoff des Kleides, in dem ich bald darauf zum Abitur antreten sollte, hatte er in Frankreich besorgt, dazu noch eine umwerfend schicke kleine Handtasche, in der das Portemonnaie an einer Kette lag. Und er war der allererste, der uns beiden Parfüm schenkte. So versprachen wir ihm auch gern, seiner Schwiegermutter mit einem Knicks die Hand zu küssen, was im allgemeinen bei uns nicht üblich war.

Mit allen Vor- und Nachfeiern dauerte Onkel Johannes' Hochzeit län-

ger als eine Woche. Wir aßen imponierende Diners, die uns in weißen Handschuhen serviert wurden, wir tanzten und machten Schlittenpartien zu den umliegenden Gütern. Zehn Schlitten zählte die Karawane einmal, die mit hellem Schellengeläut durch den Schnee brauste. Es waren noch keine zwei Tage in dieser Weise vergangen, da fand ich unser Leben daheim äußerst kümmerlich.

In der Familie der Braut gab es nicht nur wie bei uns einen einzigen Junggesellen, sondern eine ganze Reihe, und dazu noch sehr viel jüngere. Zu der Zeit war der Krieg noch nicht so total, daß man nicht mit etwas Glück zu einer Hochzeit hätte Urlaub bekommen können. Und es handelte sich offenbar um eine Familie mit viel Glück. Wir Jungen unter den neuen Verwandten mochten uns gleich sehr, und wohl um Eindruck zu machen, erregte ich ein ausgesprochenes Ärgernis bei Onkel Johannes.

Es gab da nämlich zur Unterhaltung der Kinder einen mit zwei Eselchen bespannten Schlitten, mit dem aber niemand so gern herumkutschierte wie ich mit meinen 17 Jahren. In diesem Gespann spazierenfahrend, erblickten wir den Schlitten, der in elegantem Trab das feierlich gestimmte Brautpaar nebst würdigen Trauzeugen zum Standesamt brachte. Da beschloß ich, meine Leistungsfähigkeit im Kutschieren und die der Esel im Galoppieren unter Beweis zu stellen. Und unter lautem Peitschenknallen und dem schrillen Anfeuerungsschreien meiner mitfahrenden kleinen Kusinen gelang es tatsächlich, in wildem Galopp das Brautpaar zu überholen und das Standesamt als erste zu erreichen. Ich erhielt für dieses Rennen den erwünschten Beifall, nur Onkel Johannes und der trauzeugende General fanden den Auftritt degoutant.

Damals gab es den ganz dummen Schlager „Auf der Wolga fährt die Olga mit dem Schiff zum Schwarzen Meer …", den wir immer wieder spielten, obwohl die Olga an einer Stelle, wo die Platte einen Kakao-mit-Nuß-Likör-Fleck hatte, immer ins Schlingern geriet. Übrigens floß zu der Zeit die Wolga noch für ein paar Monate durch friedliches Land.

Natürlich konnte man auf die Dauer nicht alle neuen Verwandten gleich liebhaben. Der allernetteste Verwandte konnte dichten und Reden halten und Klavier spielen und tanzen und reiten und hatte auch schon einen richtigen Beruf. Konnte also, wie Tante Karoline bemerkte, heiraten. Das war ein faszinierender Gedanke! Er äußerte sich zwar nicht in dieser Hinsicht, aber da er mich ziemlich feurig geküßt hatte, hielt ich das für eine recht wahrscheinliche Aussicht. Natürlich erst für später, wenn der Krieg zu Ende wäre.

Dann schrieben wir uns Feldpostbriefe. Wir schrieben uns immer, wenn wir die Olga auf der Wolga hörten. Wir schrieben uns dies und das, und ich konnte seine Charakterhandschrift fließend lesen. Ich las auch vieles zwischen den Zeilen, was mich beglückte. Leider ganz falsch, denn eines Tages kam ein Brief, in dem er mir als "allerbester Freundin" als erster mitteilen wollte, daß er sich nun entschlossen habe, "in den ruhigen Hafen der Ehe einzulaufen".

Ich war kreuzunglücklich, und als meine Mutter mich damit zu trösten versuchte, daß ich schon darüber hinwegkommen würde und daß es außer diesem Hans-Jürgen noch andere Männer gäbe, dachte ich: "Hat die Frau eine Ahnung von Liebe!" Immerhin schenkte sie mir damals Hans Landrats Perlenring.

Onkel Johannes' Ehe mit der von mir angehimmelten Reiterin Ursula – sie hatte übrigens nach seiner Ansicht keinen korrekten Sitz – war von äußerst kurzer Dauer: als er 1943 als Oberst bei Stalingrad in russische Kriegsgefangenschaft geriet, war er schon wieder geschieden. Ursula wollte nicht den ganzen Urlaub ihres Mannes im Kreise seiner Verwandtschaft verbringen und hatte auch sonst wohl einiges auszusetzen. So verschwand sie wieder aus unserer Familie, die zunächst kein gutes Haar an ihr ließ – mit einer Ausnahme: und das war ihre Hochzeit.

9.

Wissenschaft in Hamburg
Ein neuer Baron und ein Nichtstuer
Bill taucht auf und Karoline rät zu

War es nicht gefährlich, im November 1918 nach Hamburg zu fahren, dazu noch allein? Zwar sollte ich zunächst bei Onkel Friedrich und Tante Anna wohnen, bis sich die Lage etwas beruhigt hatte und ich in irgendeiner Pension Platz fand, aber war allein die Reise dorthin nicht schon eine furchtbare Strapaze?

Ich hatte in Essen die Revolution während eines Musikvereinskonzerts miterlebt. Schmutzig und heiser, ohne Waffe und ohne Kokarde an der Mütze, war ein Soldat aufs Podium gestiegen, hatte dem Orchester mit einer weit ausholenden Armbewegung Stillschweigen gewinkt und dann etwas von „Freiheit, Gleichheit und Brüderlichkeit" gesagt oder vielmehr geflüstert. Dann war er mit ein paar Genossen durch die Stuhlreihen gegangen und hatte den Soldaten unter dem Publikum auf die Achselstücke und Orden getippt und ihnen bedeutet, daß das alles entfernt werden müsse. Vor einem Essener „Pour-le-Meritter" blieb er länger stehen; der mußte dann mit ihm hinauskommen und an der Garderobe draußen seinen Degen abliefern. Das erschütterte mich geradezu. Wie konnte ein tapferer Soldat freiwillig seinen Degen abgeben? Ob Gottfried und Johannes das auch getan hätten?

Dann gab der Dirigent das Zeichen zum Einsatz und das Konzert ging weiter. Unser Kaiserreich war auch in Essen zur Republik geworden. Vater wurde durch die Revolution gewaltig mitgenommen, er war einfach fassungslos und außer sich vor Empörung.

„Wir müssen abwarten, bis die Fronttruppen kommen, die werden es denen schon zeigen, diesen Drückebergern hier, diesen Herren Revolutionären, diesen Hundsföttern!"

183

Es war das erste und einzige Mal, daß ich von Vater ein Wort hörte, das nicht ganz einwandfrei war.

Aber auch diese welthistorischen Ereignisse konnten meine Übersiedlung nach Hamburg nicht verhindern. Dort zog ich zunächst bei Tante Anna ein, um an einem sicheren Ort abzuwarten, wie sich alles entwickelte. „Revolution"! Was konnte das alles nach sich ziehen?

Aber schon nach 14 Tagen – Onkel Friedrich äußerte mehrmals, wie ruhig alles verliefe und sein Fritz könnte ja auch nicht dauernd auf dem Sofa schlafen, kein Wunder, wenn seine Leistungen in der Schule bei dem mangelhaften Schlaf nachließen – bezog ich ein Zimmer in der Familienpension Bauer am Uhlenhorster Weg.

Drei Schwestern standen diesem Unternehmen vor, wovon zwei noch auf die Rückkehr ihres Bräutigams aus englischer und russischer Gefangenschaft warteten. Beide Wiedersehen, beide Hochzeiten und beide Auszüge aus der Pension haben alle Pensionäre mitgefeiert. So blieb schließlich nur Susi noch übrig, die allem Männlichen abhold war.

Wie bei jedem Wechsel kam ich auch in Hamburg mit einem prallgefüllten Sack guter Vorsätze an. Aber auf den ersten Widerstand traf ich bei meiner „Pensionsmutter" Susi. Sie war eine trockene Seele mit mißtrauischen grünen Augen, schmalem Gesicht, Bohnenstangengröße und -figur. Ihr Magenleiden trug sie mürrisch und sichtbar mit sich herum. Merkwürdigerweise hatte ich immer ein schlechtes Gewissen, wenn ich sie sah, und bei allem Mit-mir-zu-Rate-Gehen habe ich nie eine Erklärung dafür gefunden. Ich verlangte doch selten den Hausschlüssel, was für meine Häuslichkeit sprach, war stets höflich und freundlich, quittierte die Tatsache, daß einer der Bräutigams, ohne zu fragen, auf meiner Gitarre übte, mit verstehendem Lächeln, und außerdem zahlte ich immer pünktlich meine Miete.

Aber trotz allem lastete Susis Mißfallen wie ein Albdruck auf mir.

Jeden Morgen fuhr ich mit dem Schiffchen vom Schwanenwiek bis zum Jungfernstieg über die Alster, ging über den Rathausmarkt und kaufte mir dort eine Zeitung. In Offiziersuniform verkaufte ein richtiger Baron „Die Deutsche Zeitung", das Organ der Bürgerlichen. Neben ihm rief ein betont revolutionär Gekleideter „Die rodä Fohnä" aus, und ein Stück weiter warb eine „Dame" für den „Pranger", das Organ der öffentlichen Mädchen. So hatte man hier eine weitgefächerte Auswahl. Ich abonnierte „Die Hamburger Nachrichten", und zum Zeichen meiner Linientreue trug ich das Bismarckblatt sichtbar mit mir herum, ohne jemals etwas anderes als das Lokale daraus zu lesen.

In der Bibliothek war es ganz wunderbar. Es gab soviel geballtes Wissen, menschliches und sachliches. Der Herr Direktor war rosarot und hatte listige Äuglein hinter dem randlosen Kneifer, dessen goldene Kordel ihren Weg über die Ohrmuschel, am Hals entlang quer über die Brust nahm, bis sie an einem Westenknopf endete.

Ich bekam einen Platz in der „Kemenate" angewiesen. Der saalähnliche Raum wurde so genannt, weil sich nur Damen darin tummelten. Das weibliche Personal war offensichtlich neu zusammengestellt, denn das gute kollegiale Einvernehmen entwickelte sich erst mit der Zeit. Anfänglich war ich sehr schüchtern. Es gestaltete sich zunächst schwierig, mit jemandem ins Gespräch zu kommen. Jeder saß an seinem Schreibtisch und arbeitete geistig.

Mein Herz war zu der Zeit recht liebeleer. Ich wußte von meinen alten Freunden nicht, wo sie geblieben waren. Edgar hatte seit langem nichts mehr von sich hören lassen, und er hatte meine Adresse ja auch weitergegeben, was wirklich genügte. Hans Landrat, dessen Ring ich noch immer mit zärtlichen Gedanken trug, hatte mir nach meinem Besuch in Lüneburg nur noch geschrieben, daß er wieder an der Front sei. Theo hatte den Krieg gut überstanden, aber das mit ihm war alles schon so lange her. So war ich froh, daß Johannes mir die Adresse eines Freundes aus seiner Hamburger Zeit gegeben hatte. Ich sollte bei dessen Großmutter Besuch machen, denn die alte Dame hatte sehr viele Enkelkinder in meinem Alter und unterhielt ein gastfreies Haus. Aber leider waren die meisten Enkelkinder weiblichen Geschlechts, und „Oma" war mehr mit männlichen Besuchern gedient. So war ich dort fehl am Platz!

Die Herren akademischen Fachgelehrten in der Bibliothek waren schon aufgrund ihres gesetzten Alters nicht in der Lage, ein Jungmädchenherz in Aufruhr zu versetzen. Der Theologe, der Handschriftenmann, der Mathematiker, der Naturwissenschaftler, der Orientale, der Neuphilologe, der Mediziner, der Experte für das „Deutschtum im Ausland", – das waren alles liebe höfliche Papis.

185

Doch eines Tages trat ein Neuer auf den Plan, ein Altphilologe. Er war etwa Anfang dreißig, elegant gekleidet, mittelgroß, mit schmalem Gesicht und einem, wie ich fand, ach, so lieben Blick.

Zu der Zeit mußte ich Bestellscheine signieren und hatte die Anfragen vom Berliner „Auskunftsbüro der deutschen Bibliotheken" zu beantworten. Wie glücklich war ich, wenn ich Anfragen hatte, die in sein Fach schlugen. Dann konnte ich doch in sein Zimmer gehen, und es blieb nicht aus, daß manchmal zufällig seine Hand beim Zettelhinreichen die meine berührte. Jedesmal überliefen mich warme und kalte Schauer.

Mit dem Feuer meiner 19 Jahre liebte und verehrte ich ihn. Aber er war verheiratet, und vor so festen Bindungen hatte ich einen Heidenrespekt. Also blieb das Ganze eine rein platonische Angelegenheit.

Doch waren viele meiner Gedanken bei „Ernst", und ich überlegte mir lange, womit ich ihn wohl erfreuen könnte. Von Zeit zu Zeit schickte Mutter mir ein Paket mit Kuchen, Bonbons und kleinen Leckereien, denn es gab noch immer Lebensmittelkarten, und die zugeteilten Rationen waren nicht gerade üppig. Kein Paket wurde leergegessen, ohne daß ich nicht dem geliebten Ernst etwas davon abgab. Nicht etwa offiziell, o nein, den Mut brachte ich nicht auf. Wenn ich aber seinen Mantel erwischen konnte, steckte ich schnell etwas von meinen Süßigkeiten in die Taschen. Auch ein dickes Stück Kuchen spendierte ich freudigen Herzens, denn die Taschen waren recht aufnahmefähig. Ob mein Ernst wirklich nichts von meiner spontanen Zuneigung gemerkt hat? Es hätte ihm doch auffallen müssen, daß ich zufällig gerade immer dann Wasser trinken mußte, wenn er vorbeikam, oder daß ich immer an demselben Zettelkasten zu tun hatte wie er. Nur ein einziges Mal ist er während der Tischzeit mit mir zum Essen gegangen. Wir haben kaum miteinander gesprochen, ich war viel zu schüchtern und aufgeregt. So war es von Herzen langweilig. Aber ein ganzes Jahr war Ernst meine Liebe oder der Gegenstand meiner Verehrung, denn treu war ich ihm nicht.

Nach 25 Jahren stieg Professor Ernst Beutler in Weimar zu mir in den Zug, und wir fuhren, munter plaudernd, eine lange Strecke zusammen. Da habe ich dann von meiner tiefen Zuneigung erzählt, die in den Manteltaschenfüllseln gipfelte. Nichts hatte er angeblich davon gemerkt, nur entsann er sich dunkel, daß seine Frau oftmals über die Kuchenkrümmel in den Taschen geschimpft hätte, über zerbröckelte Schokolade und festgeklebte Bonbons. Sie hätten sich gemeinsam den Kopf zerbrochen, woher diese merkwürdigen Gaben wohl kämen.

„Das war ja nun nicht der Zweck", meinte ich.

„Nein", sagte er daraufhin, „das wohl nicht, aber Sie hätten es ja auch ein bißchen deutlicher machen können!"

„Noch deutlicher?" meinte ich erstaunt.

Von Onkel Friedrich und Tante Anna kam ich eigentlich immer mehr ab. Zwar hatte ich einen „Jour fixe", damit ich wenigstens wöchentlich einmal etwas Ordentliches zu essen bekäme. Aber als Tante Anna immer Kartoffelsuppe kochte, die ich schon zu Hause bei Mutter nicht gerne aß, und Onkel Friedrich einen Laden ausgekundschaftet hatte, in dem es wunderbare Pferdewurst gab, die, wie er sagte, frisch gegessen, delikat schmeckte, schützte ich meine Lateinstunden, die mir ein Korvettenkapitän a.D. gab, vor und nahm den „Jour fixe" immer seltener wahr.

Kurz nach Weihnachten, so im Februar 1919, bekam ich einen langen Brief von Edgars Freund, der mich sehr erstaunte. Darin stand zu lesen, daß Edgar nun nicht mehr seinen bürgerlichen Namen führte, sondern in die Aristokratie aufgestiegen sei. Eine Dame aus altem Adel habe ihn auf ihren ebenso alten adligen Mädchennamen adoptiert. Zur Zeit sei Edgar mit seiner neuen Mutter auf Reisen, um die adlige Verwandtschaft zu besuchen ...

Wenn ich auch nie tiefere Gefühle für Edgar gehegt habe, so berührte diese Veränderung mich doch. Ich dachte weiter: Bisher hatte er immer gesagt, daß er heiraten wolle, wenn der Krieg für ihn ein glückliches Ende genommen hätte. War dieses Ende denn nun nicht glücklich? Ich hätte ihn ja doch gern einmal in neuer Würde wiedergesehen. Was sollte ich ihm zur Antwort geben, wenn er mich fragen würde, ob ich ihn heiraten wollte? Baronin zu werden mit einem Rittergut und Grafen und Freiherren in der neuen Verwandtschaft war doch nicht so einfach von der Hand zu weisen! Er hatte mir allerdings schon seit langem nicht mehr geschrieben. Zum Schluß hatte er mir übrigens noch ein Tintenfaß aus Propellerholz mit der Widmung „Zur dauernden Erinnerung" geschickt. Diese flüchtige „Erinnerung" hatte mich richtig gekränkt. So stand das also mit Edgar.

Da kam eines Morgens ein Hotelbote in aller Herrgottsfrühe zu mir in die Pension. Susi weckte mich mürrisch und winkte mit dem Kopf zum „Salon". Bloß ein Briefchen sollte der Boy abgeben. Aber dieser Brief trug eine siebenzackige Krone. In einer energischen Schrift bat mich eine mir unbekannte Dame zu sich ins Hotel. Das konnte ja nur Edgars neue Verwandtschaft sein, und die interessierte mich natürlich. Ich zog also mein Brüsseler Kostüm an, das noch immer mein Prunkstück war, und begab mich erwartungsvoll zum Hotel „Vier Jahreszeiten". Der Portier hatte Anweisung, mich ins Schreibzimmer zu führen, und da sah ich Edgar zum ersten Mal in Zivil. Auch ohne Uniform war er eine elegante Erscheinung. Sowohl sein Anzug als auch Schuhe, Hemd und die Krawatte, in der die Perle nicht fehlte, waren tadellos. Von Kopf bis Fuß stand da der vollendete Kavalier. Er kam strahlend lächelnd auf mich zu. Aber ehe wir auch nur ein Wort miteinander sprechen konnten, tat sich die Tür auf, und die „Mutter" kam wie auf das Stichwort herein.

Edgar stellte mich vor, und ich knickste zierlich mit Handkuß, wie es mir Johannes einmal während seines Urlaubs als lebensnotwendig beigebracht hatte. Die „Mutter" war eine rüstige Vierzigerin, energisch wie ihre Schrift, dabei aber nett und freundlich. Ich bin an diesem Tag nicht mehr in die Bibliothek gegangen, sondern habe freudigen Herzens den Dienst geschwänzt. Mittags beim Essen, bei der Fahrt und beim Kaffeetrinken in Blankenese, im Theater und auch noch abends beim Plauderstündchen – keinen Augenblick war ich mit Edgar allein. Sogar auf meinem Heimweg begleitete uns die „Mutter". Aber sie lud mich für die Sommerferien auf eins der Güter in Mecklenburg ein. Dort sollte ich reiten lernen und mich vier Wochen lang so recht wohl fühlen.

Ich schickte einen begeisterten Tatsachenbericht nach Essen, woraufhin von meinem Vater nur die Antwort kam: „Nimm di nix vör, dann sleit di nix fehl!"

Wie konnte man nur so nüchtern sein? Aber er behielt recht. Offensichtlich hatte die „Mutter" mich wohl nur einmal sehen wollen.

In der Bibliothek war das Eis langsam aufgetaut, und es herrschte ein freundlicher und fröhlicher Ton in der Kemenate. Auch in der

„Familienpension" hatte ich zwei gleichaltrige Freundinnen, Karola und Käthchen, gefunden. Durch Karola lernte ich nun eines Tages Holm kennen. Holm war Fähnrich zur See gewesen und trug noch immer seine Uniform; allerdings hatte man die goldenen Kronenknöpfe durch zivile ersetzt. Als Erbe sehr reicher Eltern bekam er jeden Monat einen ansehnlichen Vorschuß auf sein Vermögen. Die Brüder seiner Mutter waren zu der Zeit in Hamburg auf ganz verschiedenen Gebieten, nämlich als Architekt, Rechtsanwalt und Blumenmaler, bekannte Größen. Holm hatte leider auch nicht die Spur von einer dieser Begabungen geerbt, so daß seine Onkel ihn kurzerhand auf die Handelsschule schickten, die er lustlos und relativ selten besuchte.

Er war ein liebenswürdiger Nichtstuer, ohne Neigung zu irgend etwas Ernsthaftem. Er las so gut wie nie ein Buch, Konzerte und Theater langweilten ihn, ins Kino ging er nur, um die Zeit totzuschlagen — aber er tanzte wie ein junger Gott. Das stellte ich fest, als ich mit Karola und ihm zusammen eingeladen war. Seitdem tanzten wir viel miteinander. Holm lernte alle modernen Tänze wie Foxtrott, Charleston und Tango im Nu von den Barmädchen in den einschlägigen Nachtclubs, die er besuchte, sowie wieder etwas Neues aufkam. Ich lernte dann das Allermodernste auf diesem Gebiet von ihm. Wir beide zusammen waren wirklich erstklassig, und manchmal geschah es, daß die anderen Gäste die jeweilige Tanzfläche räumten, um uns zuzusehen. Das waren die großen Augenblicke in Holms Leben.

Mein Verhältnis zu meiner Pensionsmutter Susi wurde von Woche zu Woche unerfreulicher. Ich konnte tun und lassen, was ich wollte, immer hatte sie an mir etwas auszusetzen. Ich durfte im Treppenhaus nicht mehr pfeifen, Karola wurde es nicht verboten; ich durfte in meinem Zimmer nicht mehr singen, Käthchen übte täglich für ihre Gesangsstunden; ich durfte im leeren Eßzimmer nicht mehr Klavierspielen; spielte ich jedoch mit Karola vierhändig, sagte sie uns im Vorbeigehen ein paar anerkennende Worte. Ich spürte überall ihre Antipathie.

Als ich Mutter von den Zuständen schrieb, antwortete sie kurz und bündig: „Das kann Dir keiner zumuten, daß Du mit solcher Mißachtung behandelt wirst, es sei denn, Du ließest Dir etwas zuschulden kommen. Da Du aber schreibst, daß das Verhalten von Fräulein Bauer völlig ungerechtfertigt ist, möchten Vater und ich Dir den guten Rat geben, kündige zum nächsten Ersten, und such Dir etwas anderes, kannst ja Tante Anna zu Hilfe nehmen."

Ich nahm Tante Anna nicht zur Hilfe, sondern zog zu Holm in dessen Pension, da dort gerade ein Zimmer frei wurde. Die Pension war erheblich teurer als meine bisherige, und in der Bibliothek verdiente ich als Volontärin zu der Zeit nur monatlich 159,– Mark. So mußten Vater und Mutter wieder zuschießen. Auch nahm die Inflation ihren Anfang.

Zuerst fand ich es ganz nett, mit Holm in einer Pension zu wohnen, aber nach und nach wurde mir seine Anhänglichkeit doch zuviel. Ich konnte kaum noch allein sein und sollte auch ständig über mein Tun und Lassen Auskunft geben. Holm liebte mich, und ich mochte ihn nur ganz gern leiden. Er war noch recht jung – ein Jahr jünger als ich – und dazu entsetzlich eifersüchtig. Außerdem nannte er mich vor allen Leuten „Kleines", was ich schrecklich kitschig fand. Aber dann tat er mir auch wieder leid, wenn er über seine Verlassenheit klagte und von seinem Kummer um seine verstorbene Mutter sprach.

Zum Zeichen der Zuneigung schenkte er mir seinen Marinedolch und eine der goldenen Kaiserkronen vom Ärmel seiner Uniform. Ein anderes Mal bekam ich ein silbernes Zigarettenetui, obwohl ich gar nicht rauchte, mit der Widmung: „– – – Bis jeder Stern vom blauen Himmel fällt!"

Doch als er mir dann einen Ebenholzspazierstock mit silberner Krücke schenkte und verlangte, daß mich das dumme Ding auf allen Wegen begleiten sollte, erwachte doch wieder mein altes Wandervogelherz, und ich ließ den Knüppel voller Verachtung in Holms Beisein in die Alster gleiten. Das empörte ihn, und wir hatten den ersten Krach.

Trotz allem nahm ich ihn aber in meinem Urlaub mit nach Essen. Ich hatte vorher bei Mutter angefragt, ob ich den verwaisten Holm mitbringen dürfe, und Mutter hatte in ihrer Güte schnell ihre Einwilligung gegeben. So kam ich mit ihm in Essen an. Mutter war recht nett und Vater wenigstens höflich. Johannes, der auf der Suche nach einer vernünftigen Beschäftigung war, hatte wenig Zeit für uns. Emilie war in Düsseldorf bei Gertrud Bäumer auf der „Sozialen Frauenschule", Gottfried machte in Kiel noch zwei Wiederholungssemester; dazu hatte übrigens Herthas Vater in Anbetracht der bevorstehenden Hochzeit seiner Tochter mit Johannes 20 000 Mark zur Verfügung gestellt. Also blieb nur noch Karoline für uns übrig.

Ja, und die? Die hegte keine freundlichen Gefühle für mein Waisenkind.

„Sag mal, Tinchen, was reizt dich eigentlich an dem blöden Bengel?" fragte sie mich eines Tages. „Ist das alles, was dir in Hamburg zur Verfügung stand? Dann kannst du einpacken."

„Karoline, ich tanz' doch so gern – richtig mit Leidenschaft, du müßtest den Holm mal tanzen sehen."

„Das will ich gern glauben, liebes Kind, aber weißt du auch, daß die meisten Männer, die gut tanzen, dumm sind?"

„Bei Holm trifft das aber nicht zu. So dumm ist er auch nicht."

„Scheint mir aber nicht weit davon entfernt."

„Das mit den gut tanzenden dummen Männern hab' ich noch nicht gewußt. Mit soviel Männern hab' ich ja auch noch gar nicht getanzt. Wurde während des Krieges etwa getanzt? Und, Karoline, glaub mir's, er ist nicht so maßlos dumm, wie du annimmst."

„O mein liebes Kind, das ist dir bis jetzt entgangen. Ich aber hab' ihm mal auf den Zahn gefühlt. Meinst du, das Schaf hätte gewußt, wieviel Symphonien Beethoven geschrieben hat? Meinst du, er kennt nur eins der sieben Weltwunder? Meinst du, er wüßte Schillers Todestag oder er könnte nur ein einziges Gedicht auswendig? Nichts von alledem. Ich versteh' dich einfach nicht! Ich finde, du hast deine Ansprüche merklich heruntergeschraubt. Warum eigentlich?"

Karoline, die Lehrerin, hatte recht. Wegen eines flotten Foxtrotts durfte man nicht zu viele Sympathien vergeben. Wenn Holm und ich uns unterhielten, dann war es nur über Tanzen, Frauen und Kleider. So wurde ich seiner in Essen schon überdrüssig, und als wir wieder nach Hamburg zurückfuhren, war ich fest entschlossen, ihn so bald wie möglich abzuhalftern.

Da unsere Pension eine Dependance eröffnete, war es nicht schwer für mich, in das neue Haus zu ziehen. Damit war der erste Schritt getan.

Ausschlaggebend war dann, daß Holm zu einer Dampferfahrt seines Ruderclubs nicht mich, sondern ein reiches junges Mädchen aus Harvestehude einlud. Das beleidigte auch Mutter und Karoline frohlockte: sie hatte mit ihrer negativen Einschätzung recht gehabt.

Die Pension wechselte nicht oft ihre Insassen, und bald lernte man sich kennen. Da war ein dunkelhäutiger kleiner Junge, Jonni mit Vornamen. Er war auf Bali geboren, seine Mutter war angeblich tot, sein Vater hatte ihn kurz vor Ausbruch des Krieges nach Deutschland gebracht, war aber dann wieder gen Bali gefahren und nicht wiedergekommen. Obwohl schon ein halbes Jahr Frieden war, hatte er noch nichts von sich hören lassen. Noch war für Jonni Geld da, aber die Inflation stand vor der Tür, wie man schon täglich merkte.

Antonio Guzmán war ungefähr 20, klein und zierlich und stammte aus Mexiko. Er war in Hamburg in der Zweigstelle seines väterlichen Geschäftes gewesen, als der Krieg ausbrach, und hatte nicht mehr fortgekonnt. Auch er wartete auf Geld.

Den langen Richard hatte der Krieg in Medan auf Sumatra überrascht. Damit war seine Ehe mit einer Japanerin, die nur weißseidene Kimonos trug, zu Ende. Er wurde als Gefangener nach England transportiert und landete auf der Isle of Man, allerdings im „Privileged Camp". Richard war 1,92 m groß, schlank, aber er hatte X-Beine, was auch von seiner weitgeschnittenen Hose nicht verdeckt werden konnte.

Hermann machte dunkle Geschäfte. Er war Artillerieoffizier auf Helgoland gewesen und versuchte nun, durch seine dort angeknüpften Verbindungen in Hamburg ein reicher Mann zu werden. Er war der Älteste von allen und auch der Unangenehmste. Schon bei seinem Händedruck hatte man das Gefühl, in einen warmen Pudding zu greifen. Erstaunlich viele Anzüge besaß er, und da Kleider Leute machen, sah er im Sommer im weißen Flanellanzug sehr imponierend aus.

*

Es war im wunderschönen Hochsommer des Jahres 1919. Ich hatte mich gerade für die Lateinstunde fertig gemacht und warf noch einen schnellen Blick aus dem Fenster. Unter meinem Fenster war die Haustür zugeklappt und da mußte ich doch schnell nachsehen, wer da ging.

Es waren zwei großgewachsene Herren in dunkelblauen Anzügen, der etwas kleinere auf ganz geraden Beinen. Beide trugen Strohhüte und krückenlose Spazierstöcke. Der zweite mit den X-Bein konnte ja nur Richard sein. Und der andere? Ich rief: „Huhu!" Darauf drehten sich beide zu meinem Fenster um.

„Ach bitte, gnädiges Fräulein", sagte Richard, „könnten Sie wohl mal einen Augenblick herunterkommen?"

Schnell war ich die Treppe hinunter und auf der Straße. Ich stand vor den beiden Männern und guckte an ihnen hoch. Sind die aber groß!

„Das ist mein Freund", sagte Richard, „er war auf einer Hochzeitsfeier hier in der Nähe und hat schnell einen kleinen Abstecher gemacht, um mich hier zu besuchen."

Was sollte ich denn dabei?

„Sie haben aber nie etwas von einem Freund erzählt!"

„Doch, doch! Das müssen Sie vergessen haben. Das war der Bill, der mit mir in England im gleichen Gefangenenlager saß."

„Ach ja, jetzt weiß ich's. Also das ist er?"

Nun mußte ich mir den Bill aber mal genauer ansehen, von dem mir soviel erzählt worden war. Von dessen unerhörten Glück, noch 1918, ausgetauscht als Zivilinternierter, nach Holland zu kommen. Richard hatte bei seiner Ausreise voller Sehnsucht am großen Tor des Lagers gestanden und war zusammengebrochen, als er von seinem Freund nichts mehr sehen konnte. Das ging mir blitzschnell durch den Kopf.

„Sie gestatten also, mein Freund Bill, der Herr von der Mehden."

Der Herr lüftete seinen Strohhut und drückte mir die Hand. Eine harte Hand, ein kräftiger Druck. Dann sagt er mit dem singenden Ton der Unterweserleute: „Was haben Sie denn jetzt bei dem schönen Wetter vor? Kommen Sie doch mit uns!"

„Oh, wo denken Sie hin? Das ist ganz ausgeschlossen. Ich habe jetzt Lateinstunde".

„Das ist aber geschmacklos", behauptete Bill. Er hatte mit der linken Hand seinen Spazierstock in die Hüfte gestemmt, um sich darauf zu stützen. In dieser gelockerten Stellung betrachtete er mich aufmerksam.

„Hab' ich dir das nicht gesagt, mein lieber Bill? So schnell schießen hier in Hamburg die Preußen nicht", meinte Richard und wendete sich dann an mich:

„Wie lange haben Sie denn Lateinstunde?"

„Von fünf bis sechs, das müßten Sie doch eigentlich noch wissen."

„Stimmt, wir trafen uns ja verschiedentlich, wenn Sie vollgepfropft mit lateinischen Vokabeln nach Hause gingen."

Dann trat wieder eine Pause ein, und keiner wußte so recht, was er sagen sollte. Herr von der Mehden fing wieder an: „Wie wär's denn, wenn wir uns nach der Lateinstunde träfen? Wir wollten im Uhlenhorster Fährhaus Kaffee trinken, da könnten Sie doch hinkommen. Und dann entwerfen wir für den Abend einen Schlachtplan."

Damit war ich einverstanden. Nach dem Unterricht zog ich mich um. Mutter hatte mir bei meinem letzten Urlaub ein hell-lila Voilekleid gekauft, mit gelben Seidenbändern um die Taille, deren Enden auf meinem nur schwach angedeuteten Busen vermittels zweier Druckknöpfe festgemacht waren. Dazu zog ich die dünnsten schwarzen Baumwollstrümpfe an, und die von Karoline abgelegten Halbschuhe mit der Lackkappe und den breiten, kunstseidenen Schnürbändern, die immer aufgingen. Karoline hatte zwar eine Schuhnummer weniger als ich, aber ihre schwarzen Halbschuhe waren wesentlich schicker als meine. So mußte ich eben tapfer um der Eleganz willen leiden.

Mutter hatte mir allerdings beim Abschied eingeschärft: „Nun zieh das gute neue Kleid auch nicht so oft an, damit du ordentlich aussiehst, wenn du mal unverhofft Besuch bekommen solltest", und dabei hatte sie in ihrem sonnigen Optimismus wohl an Edgar mit seiner Mutter gedacht, denn wer sollte mich sonst in Hamburg unerwartet besuchen? Aber war dieser Bill, meine neue Bekanntschaft, nicht auch unvorhergesehener Besuch? Da erfüllte das Kleid doch seinen Zweck.

Wie ich nun in aller Seelenruhe vom Graumannsweg zum Fährhaus trabte, habe ich mir noch einmal meine neue Bekanntschaft vorgestellt. Denn, das mußte ich mir eingestehen, nur seinetwegen hatte ich mich so geschmückt. Ja, wie sah er eigentlich aus? Er war groß, schlank und blond, hatte graugrüne Augen, die treu aussahen, ein schmales Gesicht, mit scharfer Nase und tiefen Furchen zu den Mundwinkeln. Die Lippen waren etwas breit, doch die Zähne dahinter schienen bis auf einen goldenen Eckzahn hübsch und gesund. Aber warum trug er nur einen Mittelscheitel? Und ganz undiskutabel fand ich seine Koteletten. Nein, er war eigentlich gar nicht nach meinem Geschmack. Doch einen netten Abend konnte man wohl mit ihm verbringen. Richard war ja mit dabei und zählte schon 30 Jahre. Also war er ein gesetzter Herr, der außerdem eine richtige Braut in Hannover hatte; da war doch alles in Ordnung!

Wir verbrachten den Abend in der „Fledermaus", und er wurde zu einer richtigen Enttäuschung, denn ich saß ganz unbeachtet dabei und hörte gelangweilt zu, wie die beiden Herren sich an ihre Gefangenschaft erinnerten.

„Weißt du noch . . .? Kennst du noch . . .?" So ging es dauernd. Von Zeit zu Zeit erinnerte sich Richard meiner und prostete mir zu. Dann griff auch Bill nach seinem Glas und trank mit, ohne mich dabei eines Blickes zu würdigen.

Er erzählte und erzählte und fand kein Ende. Immer wieder berichtete er, wie schön es in Rotterdam gewesen sei und welch reizende Stunden er mit einer Kitty verbracht hätte.

Nach Deutschland entlassen, war Bill, wie er dann berichtete, nach Elsfleth auf die Steuermannschule gegangen und hatte sein Steuermannsexamen für „große Fahrt" gemacht. Von da aus hatte er versucht, Kitty nach Deutschland kommen zu lassen, aber daraus war nichts geworden.

„Stell dir nur vor, Richard, ich sollte sie heiraten. Und das kam ja nicht in Frage."

„Liebten Sie die Dame denn nicht?" fragte ich schüchtern.

Schallendes Gelächter der zwei Männer war die Antwort.

„‚Lieben' ist gut", sagte Richard.

„Und ‚Dame' auch", war Bills Meinung.

Mich empörten diese Antwort und das Lachen ehrlich. Unbewußt stelle ich mich vor Kitty. Nein, mein Urteil war gebildet, Richards Freund war unausstehlich. Als er wieder trank und mich dabei nicht anschaute, überkam mich heiliger Zorn, und ich sagte patzig: „Hören Sie mal, Sie dürfen mich ruhig angucken, wenn Sie ‚Prost' sagen. Das ist doch wohl so Usus, oder bei Ihnen etwa nicht?"

„Ach, entschuldigen Sie, gnädiges Fräulein, aber so einem ollen ehrlichen Seemann müssen Sie schon was zugute halten! Es soll nicht wieder vorkommen. Na, dann wollen wir uns wieder vertragen; ich kann es nämlich nicht aushalten, wenn mir hübsche junge Mädchen böse sind. Prost!"

Dabei rückte er mir für meinen Geschmack etwas zu nahe. Ich kannte das nicht und fühlte mich nicht wohl dabei. Und dann glaubte er, er müßte nun immerzu „Prost!" sagen und mir dabei mit einem langen Blick, der mir nicht gefiel, in die Augen sehen.

Aber trotz meines unguten Gefühls duzten wir uns bald alle drei.

Es war schon mitten in der Nacht, als wir eingehakt zu dritt an der Alster entlang nach Hause gingen. Bill wohnte bei seiner Tante in der Carlstraße, so hatten wir dieselbe Richtung. Wir sangen und lachten und waren recht beschwingt und in fröhlicher, gehobener Stimmung, bis ganz plötzlich Bill mich mit solchem Ungestüm umarmte und mit solcher Gewalt küßte und mich dabei gegen die Gittertür vom Hundebad drückte, daß mir Hören und Sehen verging und mein hübscher hellblauer Strohhut vom Kopf kippte und auf die Erde fiel.

Ich war ganz benommen von diesem Überfall. Und dann verlief der Rest des Heimwegs schweigsam, bis Richard meinte: „Sag mal, Bill, du gehst jetzt wohl am besten geradeaus, Tinchen und ich gehen ja sowieso zusammen."

Mir fiel ein Stein vom Herzen und ich habe Bill auch nicht „Gute Nacht" gesagt.

„Tinchen, du mußt das Benehmen nicht so tragisch nehmen!" meinte Richard, „Der Bill ist eben ein Seemann, und die sind ja nicht gerade zurückhaltend."

„Ich bin nicht eingeschnappt, aber ich muß dir ganz ehrlich sagen, daß mir so etwas noch nicht passiert ist. Am liebsten hätte ich deinen reizenden Freund geohrfeigt. Ich mag ihn nicht leiden. Wann fährt er wieder nach Hause?"

„Keine Ahnung. Er wohnt ja bei seiner Tante. Übrigens vornehme Leute. Nach ihnen wurden die Festungen in der Wesermündung benannt. Das nur nebenbei. Bill weiß noch nicht, was die Zukunft ihm bringt. Er war ja bei der Handelsmarine, und der Traum ist seit Kriegsende aus. Nun muß er mal sehen."

„Mich interessiert das alles gar nicht. Verlang nur nicht, daß ich noch mal mit euch beiden ausgehe. Das tu' ich nie wieder!"

196

„Vorsicht, Tinchen, man soll nie ‚nie' sagen", meinte Richard, als ich in meine Dependance ging.

Noch kurz vor dem Einschlafen nahm ich mir fest vor, diese Episode so bald wie möglich zu vergessen.

Auch am andern Tag hielt das wunderschöne Wetter noch an. Dunkelblau stand der Sommerhimmel über der Alster, als ich sorglos und heiter morgens zum Dampfer ging. Doch da stand Bill auf dem Anlegeplatz am Schwanenwiek! Mir stockte das Herz für einen kurzen Augenblick, um gleich darauf loszugaloppieren. Was soll denn das bedeuten? War das Zufall oder Absicht? Doch da kam er schon zielbewußt auf mich zu.

„Guten Morgen, kleines Tinchen, ich wollte nur mal fragen, wie dir der gestrige Abend bekommen ist?"

„Oh, danke sehr! Aber was willst du denn schon am frühen Morgen hier?"

„So früh ist es doch gar nicht mehr. Ich warte schon eine ganze Stunde, weil ich nicht wußte, wann dein Dienst anfängt."

„Und nun?"

„Nun gehen wir beide mal schön spazieren, denn ich habe allerhand auf dem Herzen, was ich gerne loswerden möchte."

„Unser Spaziergang geht aber nur vom Jungfernstieg bis zur Bibliothek, das sind noch nicht mal zehn Minuten."

„Aber Tinchen, das darfst du mir nicht antun. Ich geb' dir Zeit zum Überlegen, bis wir aussteigen. Du mußt heute blaumachen."

„Was muß ich?"

„Blaumachen, Tinchen. Das ist die passendste Vokabel, die ich bei so sagenhaftem Wetter kenne."

„Das schlägst du dir am besten aus dem Kopf, das gibt es nicht. Ich habe immerhin eine ernste Dienstauffassung."

„Wer zweifelt denn daran? Faß du nur immer schön ernst deinen Dienst auf, aber deswegen mußt du doch heute mal schwänzen."

„Also, laß mich in Ruh', ich geh' an die Arbeit."

„Wenn ich dir aber wirklich was ganz Wichtiges zu erzählen habe, du kannst mir glauben, ich hab' die ganze Nacht darüber nachgedacht. Nun hab' ich dich glücklich erwischt und bin direkt froh darüber. Nun darfst du mich nicht allein lassen."

Ich verstand das nicht recht.

„Was meinst du mit ,nicht allein lassen'?"

„Wie ich schon sagte: nur mit dir spazieren gehen, um mit dir was zu bereden. Bitte, Tinchen!"

Es war eigentlich nur die pure Neugierde, die mich nach rechts abbiegen ließ anstatt nach links, wohin doch mein Weg zur Pflicht führte. So gingen wir schweigend in den Botanischen Garten und setzten uns auf eine Bank. Bill, der erst noch mit seinem unvermeidlichen Spazierstock Herzen in den Sand malte und kunstvoll „Tinchen" schrieb, hörte plötzlich damit auf, holte tief Atem, richtete sich gerade auf und sagte: „Ich möchte dich heiraten!"

Das hatte ich nicht erwartet, das kam wie ein Blitz aus heiterem Himmel. Meine erste Antwort war: „Ich dich aber nicht." Und gleich dahinter sagte ich: „Und außerdem krieg ich auch keine Aussteuer."

„Das macht gar nichts", sagte Bill, „das mach' ich schon."

„Hast du denn Geld?"

„Ich persönlich nicht, aber mein Vater gilt als vermögend."

„Ist ja alles ganz gut und schön. Aber laß uns lieber keinen Quatsch reden. Aus uns beiden zusammen wird nie was."

„Und du kannst machen, was du willst, ich kriege dich doch!"

„Lieber Bill, wenn du auch sieben Jahre älter bist als ich, so glaube ich doch zu wissen, daß man nach einem fröhlichen Abend, der mit einem Mißton endete, noch nicht sagen kann: Das ist die Frau meiner Träume! Was gefällt dir denn bloß so an mir?"

Bill überlegte nicht lange: „Das ist leicht zu sagen. Sieh mal, die meisten Mädchen in deinem Alter sind furchtbar dämlich, mit denen kannst du kein vernünftiges Wort sprechen. Du bist so klug und so schlagfertig. Mit dir wird man sich nie langweilen. Dann kommt noch etwas hinzu, was bei meiner Wahl bei einer Frau immer ausschlaggebend sein wird."

„Was ist das denn schon wieder?"

„Die Figur, Tinchen, die muß so sein wie bei dir. Du bist knabenhaft schlank, und das ist mein Ideal."

„Fassen wir noch einmal zusammen: die zukünftige Frau ,von und zu' muß eine Figur haben wie ein Plättbrett und dazu ein freches Mundwerk. Stimmt doch, oder nicht?"

„Daß du dich über mich lustig machst, finde ich nicht besonders nett."

„Also im Ernst: mir kommt das alles so überfallmäßig – wie gestern in der Nacht deine Unverschämtheit am Hundebad. Um dir die richtige Antwort zu geben, muß ich dich viel länger kennen. Liebe auf den ersten Blick ist es bei mir jedenfalls nicht. Deswegen wollen wir mal die Antwort unterwegs lassen. So, und nun erzähl mir lieber etwas Vernünftiges."

„Du brauchst mir nicht gleich zu antworten. Mach dich in aller Ruhe erst mal mit meinem Angebot vertraut. Aber das eine möchte ich dir noch einmal sagen: Du kannst tun und lassen, was du willst, ich krieg' dich doch!"

Ich erzählte Holm die ganze Geschichte, der sehr böse auf Bill und auch auf mich wurde. Aber er war ja auch noch ein Kind mit seinen neunzehn Jahren. Ich war schließlich immerhin schon zwanzig geworden; Bill zählte siebenundzwanzig Jahre.

Bill kam in den darauf folgenden Wochen häufig nach Hamburg und schrieb mir in der Zwischenzeit nette Briefe. Wenn auch seine Handschrift greulich war, so nahm doch sein Stil für ihn ein. Die Briefe machten mir Spaß, aber auch die Uradelskrone auf seinem Briefpapier imponierte mir gewaltig. Man hatte damals eben noch mehr Respekt vor allem, was mit der Aristokratie zu tun hatte. Zu kurz war die Kaiserzeit erst vorüber; da waren viele von uns noch sehr ungeübte Demokraten.

Durch Bill lernte ich ein ganz neues Hamburg kennen: Hamburg bei Nacht während der Inflationszeit! Bill hatte einen merkwürdigen Hang, mir Nachtlokale zu zeigen, was mich anfänglich mit staunender Neugier erfüllte. Es wurde immer recht spät, bis ich nach Hause kam. Meistens gingen wir zuerst in ein Kabarett, ins „Kleine Theater" oder ins „Esplanade-Kabarett", deren Programme ich dann am andern Morgen höchst getreu in der „Kemenate" der Bibliothek vorführte, so daß alle Kolleginnen etwas von Bills Besuchen hatten. Sie amüsierten sich dabei so gut, daß ich oft aufgefordert wurde, „den Bill" doch bald mal wiederkommen zu lassen, damit es etwas zu lachen gäbe.

Es waren recht unterhaltsame Abende, die ich mit Bill verbrachte. Wir wußten ja so wenig voneinander, da hatte man genug Stoff zur Unterhaltung.

Bill stammte aus einem der Unterweserorte, wo er auch das Gymnasium besucht hatte. Noch auf der Schule liebte er heiß und innig Paula, die Tochter eines Fischdampferreeders. Da ihr älterer Bruder die Liebe seines Freundes und seiner Schwester unterstützte, waren die Hindernisse, die sich sonst einem Liebespaar in dem Alter entgegenstellten, begrenzt. Das machte die Liebenden allzu kühn. Bill schrieb flammende Briefe, die an Deutlichkeit nichts zu wünschen übrig ließen. Aber oh weh, eine eifersüchtige Schulfreundin bemächtigte sich der Herzensergüsse und legte sie ins Klassenbuch. Daraufhin wurde Paula zu Ostern nicht konfirmiert und Bill schnell als Schiffsjunge auf ein stolzes Schulschiff, einen mächtigen Fünfmaster, geschickt. Die arme Paula verschwand lange Jahre in einem Schweizer Pensionat.

So war Bill nicht aus innerer Berufung zur See gegangen; aber es hatte ihm dann doch mächtig Spaß gemacht.

Er konnte herrlich von seinen Reisen erzählen. Er hatte die ganze Welt gesehen, zweimal Kap Hoorn umsegelt, im „Gelben Meer" einen Taifun mitgemacht und kannte nahezu alle Hafenkneipen mit ihren Mädchen. Er konnte von Hanako in Yokohama erzählen, die im Teehaus apfelsinenschälenderweise vom Suezkanal sprach und von Ferdinand Lesseps, der ihn erbaute, und er kannte Gladys, des Wirtes Töchterlein im „Black Diamond" in Newcastle in Australien. Gladys wurde bei jedem landenden Schiff die „Braut" irgendeines Matrosen. Der geschäftstüchtige Vater arrangierte jedesmal eine offizielle Verlobung, bei der jeweiligen Feier wuchs sein Umsatz beachtlich.

In Southampton war Mary, die kurzerhand erklärte: „I hate the Germans!"

„Well, Mary", hatte Bill gefragt, „why do you hate the Germans?"

„Because my father hates the Germans!" war die Antwort gewesen. Dann hatte es aber doch einige Tage und Nächte gegeben, da Mary nicht gehaßt hatte.

Bill erzählte unglaublich offen von den tollsten Erlebnissen an Bord und im Hafen, aber es hörte sich so nett an und war so interessant! Immer wieder fragte er mich, ob ich es mir denn überlegt hätte?

Nein, noch immer nicht.

Von einem Mal zum anderen wartete Bill. Er war ein Vorbild von Langmut. Einmal schrieb er mir einen Brief und erzählte mir darin ziemlich unverblümt von einem galanten Abenteuer, das er in Hamburg mit einem Barmädchen gehabt hatte. Anfänglich hatte er mich besuchen wollen, aber dann hatte er das Gefühl gehabt, daß ich gar nicht so freudig erregt über sein plötzliches Kommen sein würde, und hatte kurzerhand Einkehr gehalten in „An der Alster 66".

Der Schluß seines Briefes lautete: „Und das alles wäre nicht passiert, wenn Tinchen mich hätte haben wollen . . .".

Daraufhin war ich die ganze Geschichte restlos leid. Als Bill das nächste Mal wieder nach Hamburg kam, hielt ich den vereinbarten Treffpunkt nicht ein, sondern ging mit Holm ins Thalia-Theater. Bill hatte eifrig nach mir gesucht und durch einen Anruf in der Pension erfahren, wo ich war und mit wem. Das war nun ganz gewiß nicht in seinem Sinne. Am anderen Tag bekam ich einen Brief mit folgendem Inhalt:

„Liebes Tinchen, aus irgendeinem Grunde hast Du das Versprechen, das Du mir am Telefon gabst, nicht gehalten. Mir ist das unverständlich. Ich rief in Deiner Pension an, nachdem ich über eine Stunde auf Dich gewartet hatte. Also: Holm führte Dich ins Theater! Mir paßt es nun aber nicht, Dein Hanswurst zu sein. Ich nehme an, wir sehen uns nicht wieder. Es müßte schon durch Zufall sein. Ich liebe Dich trotz allem noch immer. Dein Bill."

„Na also", dachte ich erleichtert.

Damit schien diese Episode beendet.

Nebenbei bemerkt

Ein paar der schönen alten Seemannsgeschichten habe ich übrigens auch zu hören bekommen, zuletzt an meines Vaters 80. Geburtstag. Wir feierten ihn bei seiner Tochter aus der zweiten Ehe, und seine dritte Frau war auch dabei und verbesserte den alten, noch sehr munteren Herrn dauernd bei seinen Geschichten, in denen sie inzwischen alles besser wußte. Es waren viele Jahre ins Land gezogen, seitdem er zuerst seine erste und dann seine zweite Familie im Stich gelassen hatte, und alle Enttäuschung und Verbitterung waren freundlichen Gefühlen für diesen alten Herrn gewichen, der noch immer über eine gehörige Portion Charme verfügte und, ganz Kavalier der alten Schule, darauf bestand,

mir den Koffer zu tragen. Er war auch durchaus bereit, uns zu verzei-
hen, daß wir in den Jahren, in denen er uns sträflich vernachlässigte,
nicht gerade mit töchterlicher Liebe an ihm gehangen hatten. Wenn wir
dies nämlich getan hätten, hätte er auch sicher besser für uns gesorgt und
die Angelegenheit nicht nahezu vollständig den Müttern überlassen.

Aus der Zeit, in der wir vor der Scheidung meiner Eltern unter einem
Dach lebten, habe ich fast nur freundliche Erinnerungen an meinen Va-
ter. Er erzählte Liselotte und mir eine endlose Fortsetzungsgeschichte, in
der eine gute Mondeule und eine böse Halbmondeule und eine Maus „Pi-
pifax" vorkamen; den Namen der Maus fand meine Großmutter anstö-
ßig. Da Vater viel verreist war, fand das Geschichtenerzählen selten
statt und war deswegen auch besonders eindrucksvoll.

Er konnte auch zaubern: Einmal fragte er uns, was er wohl zaubern
sollte. Da schlug meine Mutter goldene Sparschweine vor, und zu unse-
rem grenzenlosen Erstaunen zauberte er sie gleich aus seiner Mantelta-
sche!

Ich erinnere mich nicht mehr daran, ob ich eigentlich traurig war, als
er aus meinem Leben für viele Jahre verschwand, ich weiß nur, daß ich
mich schämte, wenn sich die Familie völlig darüber einig war, was von
ihm zu halten sei. Kein Mensch dachte über die empfindliche Kinderpsy-
che nach, sondern der Begriff „ganz wie euer Vater" wurde als pädagogi-
sches Mittel zur Abschreckung von allerlei Verfehlungen eingesetzt. Und
wir glaubten es auch der absoluten Treue zu unserer Mutter schuldig zu
sein, wenn wir bei den beiden vom Gericht verordneten Pflichtbesuchen
uns wie die Axt im Walde betrugen. Als er uns übrigens vor dem letzten
Besuch schrieb, es gebe auch ein Pony, auf dem wir reiten könnten,
schickte meine Mutter sofort den Gerichtsvollzieher ins Feld, um das
Pony zu pfänden. So gestalteten sich damals die Beziehungen zwischen
unseren Eltern! Mein Vater hatte übrigens das Glück, daß die Besitzver-
hältnisse bezüglich des Ponys verworren waren.

Er hatte überhaupt oft Glück im Leben: Als er beispielsweise im Zwei-
ten Weltkrieg noch einmal dienstverpflichtet wurde, schickte man ihn
auf die Krim, wo er versuchen sollte, die Fischerei im Schwarzen Meer
zu kontrollieren und zu organisieren. Er saß in einer wundervollen wei-
ßen Villa und verwaltete den gesamten Kaviar – soweit der erfaßbar
war. Nicht nur deswegen hatte er viele gute Freunde. Die besaß er zeit
seines Lebens.

202

Mit einem dieser Freunde machte er in jedem Jahr einen ausgedehnten Urlaub in dessen Jagdhütte – stets ohne die dritte Gattin. Von seinem letzten Urlaub holte ihn eine Nichte, die ihn wie alle seine Nichten und Neffen sehr gern mochte, dort ab und wollte ihn über Hannover nach Hause in die Lüneburger Heide bringen, wo er seine letzten Lebensjahre verbracht hat, wenn er nicht gerade auf Reisen war. In Hannover hatte sie in einem Beerdigungsinstitut etwas zu erledigen; aber mein Vater meinte, dies stimme ihn nach dem schönen Urlaub zu traurig, weswegen er lieber im Auto sitzen bleiben wolle.

Als die Nichte zum Auto zurückkam, war mein Vater ganz friedlich gestorben, so daß sie gleich wieder zurück in das günstig gelegene Institut gehen konnte.

Gottfried und ich sahen uns jetzt öfters. Von Zeit zu Zeit kam er von Kiel nach Hamburg gereist, um mit mir ein bißchen zu klönen. Er führte anscheinend ständig ein dickes Portemonnaie mit sich und war freigiebig wie immer. Wir aßen in schönen Restaurants und er kaufte mir das Obst und die Süßigkeiten, die auch er selber gerne aß. Außerdem reiste er nie ab, ohne vorher meine Kasse ein bißchen aufgefüllt zu haben.

So zögerte ich nicht lange, ihm zu schreiben, als mir ein Paar wunderschöne Stiefel unter der Hand angeboten wurden, die aber 150,– Mark kosten sollten. Das war für mich unerschwinglich, doch Gottfried war meine Rettung.

Schnell war ein lustiger Brief an Gottfried verfaßt, in dem ich so ganz nebenbei am Schluß schrieb: „Ich habe heute wunderbare Schuhe gesehen, die aber leider 150,– Mark kosten. Das ist natürlich viel zuviel Geld . . .“

Als Antwort kamen telegrafisch 150,– Mark. So hatte ich richtig kalkuliert. Gottfried war eben ein Musterexemplar von Großem Bruder.

Doch gleichzeitig mit dem Reichtum erschien das Verhängnis in Gestalt von Karoline! Überraschend stand sie strahlend, hübsch und schick angezogen, mitten in meinem Zimmer, als ich von der Bibliothek nach Hause kam.

Wie habe ich mich gefreut! Karoline war über meine Herzensangelegenheiten immer im Bilde gewesen. Es gab eigentlich nichts, was ich ihr nicht erzählte oder schrieb. Nun war ich froh, daß wir wieder einmal alles gründlich bereden konnten.

„Karoline! Wie schön, daß du hier bist! Bleibst du lange? Und wie hübsch du wieder aussiehst! Alles neu?"

Wir setzten uns in trauter Harmonie auf mein Sofa, und Karoline erzählte, daß sie nicht so recht gewußt habe, wo sie in dieser schlechten Zeit Ferien machen sollte. Da hatten Vater und Mutter gemeint, daß es doch recht nett sein konnte, mich zu besuchen.

„Hoffentlich komm' ich Dir auch gelegen! Hast du überhaupt Platz für mich?"

„Aber selbstverständlich, Karoline, ich schlaf' auf dem Sofa, und du kommst in mein Bett."

„Das ist ja wie richtiger Besuch!"

„Soll es auch sein."

„Was ich noch sagen wollte, hast du Geld?" Karoline war immer für Klarheit.

„Hast du denn gar nichts?"

„Nö", Karoline sprach mit ihrer gewohnten Offenheit, „ich habe mir vorher dieses Kleid gekauft. Gefällt es dir? Dazu kommt ja auch noch die teure Reise. Also bei mir: zappenduster."

Ich sah meine Schuhe dahinschwinden. Die Geldscheine, die auf meinem Schreibtisch lagen, hatte Karoline bestimmt schon gesehen.

„Schon Gehalt gekriegt?" fragte sie auch gleich hinterher und winkte mit dem Kopf in Richtung Schreibtisch.

Nun blieb mir nichts anderes übrig, als von Gottfrieds Zuwendung zu berichten.

„Naja, siehst du, wenn die Not am größten und so. Deine Schuhe schreib lieber in den Mond. Mutter hat mir übrigens was zu essen mitgegeben. Was willst du zuerst: Kuchen oder Butterbrot?"

Ich aß lieber Süßes und entschied mich für Mutters Kuchen, Karoline aß die Schokolade, die sie sich unterwegs gekauft hatte. Sie hatte mir etwas Wichtiges zu sagen und wurde davon so in Anspruch genommen, daß sie ganz vergaß, mir von der Schokolade etwas anzubieten.

Als sie sie aufgegessen hatte, stellte sie gleich klar: „Um eins möchte ich dich ebenso herzlich wie dringend bitten: Laß mich, solange ich bei dir bin, mit dem blöden Holm in Ruhe. Ich will ihn am liebsten gar nicht sehen."

Eigentlich reizte mich dieser Kommandoton zur Opposition, aber ich war so erfreut über Karolines Kommen, daß ich ihr alles versprach, was sie wollte. Das ließ sich leicht machen, da mir an Holm nichts mehr lag. Das mit der Dampferfahrt seines Clubs hatte mich doch gewaltig geärgert!

Holm sah wohl durch Karolines Besuch seine Felle völlig wegschwimmen, denn er guckte mich in der Folge nur schweigend und todtraurig an, während er Karoline gänzlich übersah. Kamen wir morgens zum Frühstück hinunter, lag Holm mit seinem Kopf auf dem Tisch und weinte, ja, er schluchzte fassungslos. So ging das jeden Morgen. Ob wir ganz früh aufstanden oder später: Holm schien die ganze Nacht dagesessen zu haben. Mit tränenumflortem Blick sah er mich anklagend an.

Da riß Karoline die Geduld: „Mein Gott, Holm, benimm dich doch mal männlich! Stell dich doch nicht so albern an. Tust ja so, als hättest du sie nicht mehr alle auf der Reihe! Das passiert dir im Leben öfters, daß dich ein Mädchen mal leid wird. Kannst vom Glück sagen, wenn es bei dem einen Mal bleibt!"

Da wurde Holm plötzlich bitterböse.

„Infames Weib!" brüllte er Karoline an, „du hast mir mein Glück geraubt!"

Jedoch war Karoline nicht umsonst staatlich geprüfte Erzieherin. Energisch schritt sie auf Holm los, und klatsch, er bekam eine Ohrfeige!

„Das ist für ‚infam'", sagte sie ruhig, „und das" – klatsch, noch eine Ohrfeige – „für ‚Weib'!" Karoline hatte abgerechnet.

„Komm jetzt, Tinchen!"

Mir war nach diesem Zwischenfall doch ein bißchen leer im Herzen, ein Zustand, der mir nicht recht gefiel. Holm war nun ausgefallen, Bill hatte sich beleidigt zurückgezogen und Edgar, der frische Baron, hatte nichts mehr von sich hören lassen. So heftig hätte Karoline ja vielleicht nicht einzuschreiten brauchen. Aber das war so ihre Art, Schicksal zu spielen.

Es war Karoline wohl aufgefallen, daß ich bei unserm anschließenden Spaziergang an der Alster nicht so mitteilsam wie sonst war.

„Ärgerst du dich etwa über mich?" fragte sie.

„Eigentlich nicht, ich weiß es aber selber nicht."

„Du hast jetzt keinen, das ist es, nicht wahr? Aber das ist nicht schlimm", versuchte sie zu trösten, „ich habe im Moment auch keinen. Nun laß den Quatsch und sei vernünftig."

Damit schob sie ihren Arm in meinen und gab mir einen flüchtigen Kuß.

Von Gottfrieds Schuhgeld waren Karoline und ich nach Helgoland gefahren. Genau 50,– Mark kostete die Dampferfahrt für jeden, und die restlichen 50,– Mark hatten wir ziemlich schnell verbraucht.

Als wir in meinem Zimmer unsere kümmerliche Lage besprachen, fragte Karoline eindringlich: „Sag mal, Tinchen, weißt du denn überhaupt keinen, der mal nett mit uns ausgeht? Denk doch mal nach!"

Da fiel mir Bill wieder ein.

„Doch, ich wüßte einen, der das sehr gern tun würde, aber der ist zuletzt eingeschnappt weggefahren."

„Wer ist das denn?"

„Soll ich ihn dir mal vorführen?"

„Ja man los, das macht Spaß!"

Karoline war Feuer und Flamme, und mit unserem letzten Geld telegrafierte ich an Bill: „Karoline eingetroffen." Das hatten wir einmal so vereinbart, als Bill noch Wert darauf legte, jemanden von meiner Familie kennenzulernen. Karoline war unser Prunkstück, deshalb hatte ich mir fest vorgenommen, sie zu präsentieren.

Bill ließ mich nicht im Stich. So schnell es ging, kam ein Antworttelegramm von ihm: „Komme morgen abend 7.10 Uhr. Bitte abholen. Gleich glitschen."

„Glitschen" war ein Ausdruck, der wohl aus der christlichen Seefahrt stammte. Denn „anne Glitsch gehen" sagte Bill öfters. Er meinte damit das Vorhaben, auszugehen und die Polizeistunde nicht gerade auf die Minute zu beachten. So entstand das Verb „glitschen". Ich konnte also Karoline aufklären, die mich fragend angesehen hatte.

„Du mußt mir überhaupt mehr von dem Mann erzählen", meinte sie und fragte mich bis ins kleinste gewissenhaft aus.

Im Frühjahr 1919 war Bill entlassen worden. Nach bestandenem

Steuermannsexamen hat sein Vater ihm einen Fischkutter gekauft. Damit ging Bill fleißig in der Nordsee auf Krabbenfang. Diese Art Beschäftigung wurde von vielen Seeoffizieren damals ausgeübt, denn da wir viele Schiffe, vor allem die größeren, abliefern mußten, konnte man klein wieder anfangen.

Seinen Kutter hatte Bill „Tinchen" getauft. Die Taufe wollten wir feiern, aber noch vorher war der Krach gekommen. So kannte ich „Tinchen" nur auf Bildern.

„Sag mal", beendete Karoline ihr Verhör, „der hat doch nun wirklich ernste Absichten? Warum willst du denn nicht?"

„Ach, Karoline, ich weiß nicht, ich hab' mir meinen Mann doch ganz anders vorgestellt. Wenn ich bedenke, ich sollte lebenslänglich, Tag und Nacht, mit ihm zusammensein, wird mir anders, aber nicht besser."

„Meine liebe Albertine", sprach da Karoline mit gespieltem Ernst, „ich sage noch mal, meine liebe Albertine, das kommt alles mit der Zeit. Bedenke aber bei all deinen Entschlüssen, daß es sich bei uns, bei dir so wie auch bei mir, um sogenannte arme Mädchen handelt und daß die reichen bei den Männern die allermeisten Chancen haben. Ich an deiner Stelle würde nicht gerade so wählerisch sein. Stell dir doch bloß mal vor, du bliebst alte Jungfer und müßtest dein Leben mit Vater und Mutter in trauter Harmonie beschließen!"

„Ich will nicht sagen, daß das so schrecklich wäre! Ich mag doch recht gern zu Hause sein, und wenn Vater und Mutter nicht gerade einen schlechten Tag haben, ist es bei uns doch urgemütlich."

„Gemütlich hin, gemütlich her! Gemütlichkeit ist ja wohl nicht dein Lebensziel, so wie ich dich kenne! Vater und Mutter sind doch zu sehr ‚alte Schule'. Weißt du noch, wie sie sich aufgeregt haben, als ich Paul besuchen wollte? Mensch, das Theater! Ich sage dir nur das eine, wenn du bei Vater und Mutter bleibst, dann bleibst du auch wirklich eine ‚alte Jungfer', auch − − −"

Karoline setzte ab und räusperte sich, dann nahm sie einen sichtlichen Anlauf: „auch anatomisch!"

„Ich gebe dir in allem recht, aber trotzdem, meine große Liebe ist Bill nicht. Die Gefühle, die ich für Hans Landrat hatte, waren ganz anders!"

„Die Mädchen kannst du zählen, die ihre große Liebe heiraten.

Den Wunsch hat man nur in einem gewissen Alter, und später, wenn man einsehen muß, daß es auch anders geht, drückt man schon mal ein Auge zu."

„So weit bin ich aber noch nicht, Karoline. Aber es mag stimmen, was du sagst. Sieh dir den Bill mal recht scharf und kritisch an, und sag mir rückhaltlos deine Meinung über ihn."

Nach diesem Zwiegespräch zogen Karoline und ich uns nachdenklich schweigend in meinem Zimmer um. Karoline lieh mir bereitwillig etwas von ihrer reichhaltigen Garderobe. Nach langer Wahl entschied ich mich für eine blaue, mit gelb und grünlichen Orchideen bedruckte Seidenbluse und einen dazugehörigen breiten schwarzen Samtgürtel mit Silberschnalle und Amethystquarz. Ich fand mich in dieser eleganten Aufmachung unwiderstehlich. Und weil der schöne Samtgürtel zu weit für mich war, half Karoline schnell mit zwei Sicherheitsnadeln nach.

Sie selbst holte zu ihrem hellgrauen Kostüm einen ebensolchen Modellhut aus der Huttüte. Sie hatte sich dieses extravagante Gebilde, auf dem eine echte Marabufeder keck in die Höhe stand, in Düsseldorf auf der Kö für sündhafte 30,– Mark erstanden.

Zur Komplettierung meines eleganten Aufzuges zog ich die ererbten Schuhe mit den breiten Schleifen aus schwarzer Seide und den Lackkappen an, die mir leider zu klein waren.

Obwohl wir ganz pünktlich waren, stand Bill schon unter der Uhr in der Bahnhofshalle und wartete. Aus lauter Freude über ein Wiedersehen war er schon einen Zug früher gefahren. Er sah eigentlich viel netter aus, als ich ihn in Erinnerung hatte. Woher mochte das nur kommen? Irgend etwas war an ihm verändert, aber nicht zu seinen Ungunsten. Da sah ich's schon: er hatte sich seine Koteletten, diese ekelhaften Dinger, abrasieren lassen und als er seinen Hut zum Gruß abnahm, sah ich auch, daß er den Mittelscheitel nicht mehr trug, den ich nie leiden konnte. Auch der runde Strohhut war durch einen ganz weichen „schnellen" Hut ersetzt, der ihm viel besser stand.

Bill strahlte glücklich, als er uns sah, und kam schnell auf uns zu. Karoline gab mir einen Rippenstoß, den ich aber nicht recht deuten konnte. Fand sie Bill etwa so schäbig, oder wollte sie mir Mut machen?

„Ja, da seid ihr nun, ihr hübschen Mädchen, Tinchen, deine Schwester sieht dir aber doch recht ähnlich!"

Das war die Begrüßung.

„Sie ist aber die Hübschere", sagte ich ehrlich und voll Stolz auf meine schöne Schwester.

„Das ist Geschmackssache", sagte Bill, und Karoline puffte mich wieder sanft in die Seite.

„So, nun wollen wir hier aber kein Standesamt gründen, sondern irgendwo was Schönes essen. Ich schlag' ‚Jalant' vor. Nettes Lokal, seid ihr einverstanden?"

Und ob wir einverstanden waren, immer hatte man Hunger zu der Zeit.

Karoline und ich aßen uns so richtig rundherum satt, und danach ging Bill mit uns in ein Kabarett. Dort trat ein Mann auf, der eine graue Weste anhatte, auf der, weithin sichtbar, 14 große schwarze Knöpfe angebracht waren. Das sollten Wilsons 14 Punkte sein. Er sang eine Ballade mit dem Refrain:

„Meine vierzehn Punkte, die sind schwarz,
Wilsons vierzehn Punkte, die sind schwer.
Doch sind wir erst gut dadurchgekommen – – –
Was willste mehr, was kannste mehr?"

Dabei schob er seine rechte Hand unter die Weste und quälte sich sichtbar hindurch, um sich zum Schluß mit einem Gesichtsausdruck voller Verzweiflung am Kinn zu kratzen.

„Uillie" kam auf die Bühne, der einen Foxtrott mit Jodlern tanzte, und nach ihm erschien eine „Ali", die, ganz mondän aufgemacht, auf dem Schoß eine Knopfschachtel hielt, der sie von Zeit zu Zeit einen Knopf entnahm, ihn zärtlich anguckte und in Erinnerung schwelgte.

Die Darbietung sollte einen ernsten Charakter haben. Man sah das an Alis Augen, die abwechselnd im Zorn glühten, in Haß aufflammten, in Enttäuschung und Entsagung zu schmalen Schlitzen wurden und in Wehmut Tränen kollern ließen.

Karoline und ich waren aber so ungezwungen fröhlich, daß wir laut lachten, und Bill schmunzelte über unsere Heiterkeit.

Das störte aber eine Dame am Tisch vor uns, die mit ein paar Freundinnen in eleganten Weißfüchsen dasaß und ganz versunken war. Sie hatte schon mehrfach laut und vernehmlich aufgeseufzt.

Man kann so einen Unterton in einen Empörungsseufzer legen, daß er ganz anders klingt als ein Seufzer der Trauer oder der Erleichterung. Als wir davon aber keine Notiz nahmen, drehte sie sich mit ihrer ganzen eleganten Front zu uns hin und sagte recht laut und zurechtweisend: „Sie wären auch besser in St. Paulis Singhallen aufgehoben!"

Da schaltete sich Bill ein: „Wieso, Darling, kriegst du da Prozente?"

Karoline und ich erstarrten. Wie konnte Bill so ungezogen sein! So vornehm gekleidete Damen konnte man doch nicht einfach duzen!

„Bill, wie kannst du nur!" flüsterte ich aufgeregt.

„Mit solchen Mädchen kann man nicht anders umgehen, das müßt ihr schon mir überlassen."

Mit unserer fröhlichen Laune war es vorbei. Zwar sagten die „Damen" am Nebentisch nichts mehr, aber Karoline und ich fühlten uns irgendwie schuldbewußt.

Bill flüsterte beim Bezahlen mit dem Oberkellner.

„Nun macht nur nicht solche bedrucksten Gesichter", meinte Bill väterlich. „Wir gehen nun in ein richtiges Nachtlokal, da könnt ihr lachen, soviel ihr wollt, da redet euch keiner dazwischen."

Ich wäre doch noch recht gern in dem Kabarett geblieben und hätte mir das Programm bis zum Ende angesehen. So konnte ich nur „Uillie", „Wilson" und die enttäuschte Knopfschachteldame am andern Morgen in der Bibliothek vorführen.

Auf der „Esplanade" war es stockdunkel. Bill hatte die Hausnummer nicht richtig verstanden, und so gingen wir suchend ein paarmal die Straße auf und ab. Da kam eine Taxe vorgefahren, aus der ein Herr im Frackcape mit Zylinder ausstieg. Bill war schnell an seiner Seite in einer Haustür. Auf dreimaliges Klingelzeichen öffnete eine Dame mit enganliegendem schwarzem Samtkleid. Ihr Ausschnitt war enorm. Karoline und ich hatten so etwas noch nie gesehen. Wieder puffte Karoline mich in die Seite.

„Na, Elli?" fragte der Herr im Frackcape und hauchte ihr dazu einen flüchtigen Kuß aufs gewagte Décolleté. Darauf verschwand er im dunklen Hausflur. Dann kamen wir drei.

Elli musterte uns mit kritischen Blicken. Doch war Bill absolut Herr der Situation.

„Na, Elli, alles klar?" fragte er freundlich mit einem Anflug von Vertraulichkeit. Elli nickte zustimmend, und wir folgten dem Herrn die Treppe hinauf. Die Garderobe war überfüllt, ein Mantel hing unordentlich über dem andern. Wieder ging es noch eine Treppe höher, da war auch schon helles Licht, und wir hörten Tanzmusik. Sie kam aus mehreren ineinandergehenden großen Zimmern. In einem kleinen Saal wurde getanzt. Das Publikum war recht gemischt: ältere Herren, Liebespaare, die sich ungeniert auf den Sofas an den Wänden „unterhielten", von einer Sitzung übriggebliebene Geschäftsleute, Damen mit ihren Eintänzern und auch andere, die Bill gleich wieder mit sicherem Blick als berufsmäßige „Zeitvertreiberinnen" erkannte. An den Wänden hingen Schilder, die dieses Unternehmen als Tanzstunde mit anschließendem zwanglosem Beisammensein auswiesen. Es herrschte Sektzwang, und die Flasche „Veuve Cliquot", die Bill bestellte, kostete 75,– Mark. Vom Nebentisch aus wurden Karoline und ich von zwei Herren zum Tanzen aufgefordert; aber da war Bill als Beschützer gleich zur Stelle.

„Die beiden Damen tanzen nicht, die wollen sich nur mal den Betrieb hier ansehen", winkte er taktvoll ab.

Ich habe das eigentlich bedauert, denn ich tanzte doch so gern, und Karoline stieß mich auch unter dem Tisch an. Dieses Mal wußte ich, was sie damit sagen wollte.

Wir saßen die halbe Nacht an diesem Tisch. Bill tanzte kein einziges Mal mit uns. Er fand es äußerst unschicklich in dieser Umgebung. Schade, schade, denn die Kapelle war herrlich und uns kannte doch keiner. Ob man nun „in dieser Umgebung" am Tisch saß oder tanzte, darin sah ich keinen Unterschied. Wäre Holm doch hier!

Ich hatte noch nie mit Bill getanzt. Immer, wenn dazu Gelegenheit war, hatte er irgendeine Ausrede. Eine plötzliche Ahnung überfiel mich: ob er überhaupt tanzen konnte?

„Hör mal, Bill, kannst du eigentlich tanzen?" Das mußte ich unbedingt wissen und fragte deshalb ganz unvermittelt.

„Selbstverständlich kann ich tanzen. Aber ich tanze höchst ungern. Bei diesen modernen Tänzen braucht man ja auch nicht viel zu können. Das ist ja kein Tanzen mehr, das ist bloß noch ein Geschiebe!"

Mich traf diese Meinungsäußerung mitten ins Herz! Aber schließlich ließ sich das sicher noch ändern, man konnte ja von Zeit zu Zeit in eine nette Tanzstunde gehen . . .

Bill plauderte recht amüsant mit uns, und Karolines Geist sprühte Funken wie ein kleines Feuerwerk. Bill erzählte Lustiges von seinen vielen Reisen, die er gemacht hatte, von Käpt'n Schasich, der so einen komischen Gang hatte, daß es aussah, als schlüge er mit einem Fuß Funken und träte mit dem andern in Kuhmist. Wir hörten von der Äquatortaufe, die auf dem Segelschiff dermaßen roh vonstatten ging, daß ein Schiffsjunge voller Angst über Bord sprang. Der Käpt'n wurde sehr böse, weil nicht nur die Leiche, sondern auch die neue Mütze unauffindbar blieb, die der Junge erst am Tage vorher vom Käpt'n bekommen hatte. Dann hatte Käpt'n Schasich das Vaterunser sprechen wollen, kam aber mit dem besten Willen nicht über die ersten sieben Worte hinaus, weil er es verlernt hatte. Aber schnell hatte er sich die Nase geschneuzt und überwältigende Rührung vorgetäuscht. Der erste Steuermann mußte dann das Wort ergreifen und die erhebende Feier zu Ende führen. Bill erzählte von Nächten auf See, die so totenstill waren, daß sie zu Gruselgeschichten reizten, die nachher geprobt und aufgeführt wurden. Er erzählte vom glücklich überstandenen Taifun, bei dem trotz allem sein japanisches Teegeschirr, das er in Kobe gekauft hatte, heil geblieben war.

Als Bill uns im Laufe der Nacht für einige Augenblicke allein ließ, fiel Karoline über mich her: „Sag mal, bist du eigentlich nicht mehr ganz normal? Warum greifst du nicht zu? Auf was wartest du noch? Denkst du, so ein Mann wie der Bill läuft dir täglich über den Weg? Das ist ein Ringeltäubchen. Der Mann liebt dich, das merkt man doch an allem. Schon wie er dich unentwegt anguckt! Ich bin wirklich sprachlos, daß du Dussel dich auch nur eine Sekunde besinnst!"

„Karoline, du magst mal wieder recht haben. Ich finde ihn heute abend auch schon viel netter als all die Male vorher!"

„Siehst du, ich hab's dir doch gesagt, das kommt alles mit der Zeit. Halt ihn dir fest, und wenn du ihn nicht willst, dann nehm' ich ihn einfach."

Das wäre mir auch wieder gegen den Strich gegangen. Aber warum sollte sie nicht? Wenn ich den Bill doch nicht wollte, dann konnte ich ihn ihr doch neidlos gönnen. Blitzschnell ging mir das durch den Kopf. Eins stand fest, ich liebte Bill noch immer nicht. Meine Liebe

212

war Hans Landrat gewesen, aber ewig konnte ich ihm nicht nachtrauern. Er würde immer in meinem Herzen ruhen. Aber ich wollte es mit Bill versuchen. Möglich, daß Karoline mit ihrer Behauptung recht behielt, daß Liebe auch eine Art Gewohnheit sein könnte, bei der man ganz glücklich werden würde. Also versuchen wir es einmal!

Als Bill wieder zu uns an den Tisch kam, sagte ich:

„Bill, ich möchte dir etwas sagen."

„Was denn, mein liebes Tinchen?"

„Bill, ich will dir treu sein."

Bill fiel aus allen Wolken. Mit diesem Geständnis hatte er so bald nicht gerechnet. Vor lauter Rührung wußte er zum ersten Male nicht, was er sagen sollte: er war stumm vor lauter Glück und strahlte über das ganze Gesicht, bis ihm etwas einfiel: „Ober! Herr Ober! Bitte noch eine Flasche ‚Veuve Cliquot'."

Karoline drückte mir die Hand und lächelte unter Tränen.

„Du hast es ja nun geschafft und bist als Jüngste die Erste. Herzlichen Glückwunsch, kleine Schwester."

Nun war ich also „heimliche Braut", wie man das damals nannte, und sonnte mich in diesem neuen Zustand. Bill verwöhnte mich sehr. Er schrieb mir täglich, machte mir kleine Geschenke und besuchte mich häufig. Oft brachte er mir Bücher mit, die mir nicht so ganz behagten, beispielsweise: „Marquis de Sade und seine Zeit", „Die Borgias", „Venus im Pelz", „Die zehnte Muse", „Tolldreiste Geschichten" und „Ergötzliche Nächte". Ich fand aber nicht den Mut, zu sagen, daß ich lieber andere Bücher hätte. Bill hätte mich dann vielleicht für prüde gehalten, und das wollte ich auf gar keinen Fall. Aber ich stellte diese Bücher möglichst in die zweite Reihe meines Bücherschranks, viele von ihnen sogar ungelesen.

Eines Tages, als Bill sich wieder angemeldet hatte, bat ich auch Gottfried, zur Besichtigung herzukommen. Er kam, und wir tranken in der „Bodega" am Rathausmarkt feurigen Andalusier.

„Gottfried, bitte sag mir doch ganz ehrlich, magst du Bill leiden?"

„Aber Tinchen, darüber brauchst du dir doch keine Sorgen zu machen. Ob ich ihn leiden mag oder nicht, ist doch vollkommen nebensächlich. Du willst doch mit ihm leben. Ich werde doch nur sein Schwager!"

„Soll das etwa heißen, daß ich mich vergaloppiert habe? Ich habe schließlich auf Karoline gehört, und die hat doch immerhin einige Erfahrungen." Ich wurde sofort unsicher; nein, das war wohl keine richtige Liebe!

„Um Gottes willen, ich mag ihn sehr gern, der ist schon in Ordnung!"

Das beruhigte mich wieder. Wenn Gottfried und Karoline meinen Bill gut beurteilten, dann war er auch sicherlich der rechte Mann für mich.

Nach ein paar Wochen hatte Bill sein Elternhaus auf meinen ersten Besuch vorbereitet. Ich fürchtete mich zwar nicht gerade, aber es war doch ein merkwürdiges Gefühl, in seiner Familie herumgereicht zu werden.

„Brauchst dir keine Sorgen zu machen", sagte Bill, als er in Bremen zu mir in den Zug stieg. „Gib dich nur so natürlich und unbefangen, wie du auch in Wirklichkeit bist. Hier ist etwas zum Mutmachen."

Dabei drückte er mir ein kleines viereckiges Kästchen in die Hand. Ich war so überrascht, daß ich mich ahnungslos gegen die Abteiltür lehnte, die noch nicht richtig verschlossen war, doch hatte ich noch die Geistesgegenwart, die drei Stufen rücklings hinunterzuspringen. Mein Kästchen verlor ich allerdings unterwegs. Es öffnete sich beim Fall, und ich fand ein wunderbares mit Perlen und Smaragden besetztes Goldarmband auf dem Bahnsteig liegen.

Der Schreck, der Sprung, das Armband, das konnte ich nicht so schnell verarbeiten. Zum ersten Mal sank ich meinem Bräutigam weinend an die Brust.

„Tinchen, Tinchen, was machst du denn?" Bill versuchte, mich zu trösten, und streichelte mir das Haar. „Mußt nicht weinen, ich kann alles vertragen, aber keine weinenden Frauen."

Vor den Augen von Bills Eltern und seiner vielen Schwestern, die mich der Reihe nach aufs Korn nahmen, fand ich keine rechte Gnade. Sie waren alle höflich und freundlich zu mir, aber die Herzlichkeit, die von mir ausging, fand kein Echo. Ich kam nicht an! Am unsichersten fühlte ich mich bei meiner zukünftigen Schwiegermutter. Sie war eine Frau, die vor lauter Rechtschaffenheit für nicht viel anderes in ihrem Busen Platz hatte. Sie duldete mich mit christlicher Nachsicht und betonte immer wieder, ich sei wohl noch vom Krieg

214

her unterernährt und müsse meine Mutter veranlassen, mich ordentlich zu füttern, damit ich ein bißchen dicker würde.

„Aber Mutter, das ist doch gerade das Schöne an meiner kleinen Braut; wegen ihrer Schlankheit habe ich sie mir doch ausgesucht." Bill stand felsenfest an meiner Seite.

„Das kann doch nicht möglich sein!" meinte meine liebe Schwiegermutter sichtlich erstaunt.

Nach meinem ersten Besuch bei meiner neuen Verwandtschaft fuhren Bill und ich zu Vater und Mutter nach Essen. Karoline hatte schon Reklame für Bill gemacht, so daß er einen viel leichteren Start als ich hatte. Er wurde von Vater und Mutter mit offenen Armen empfangen.

Allerdings trübte sich das Verhältnis etwas, als Bill den Wunsch äußerte, ich solle so schnell wie möglich in der Bibliothek in Hamburg aufhören. Als Begründung gab er an, daß berufstätige Frauen in seiner Familie nicht üblich seien. Seine Schwestern waren nach ihrer Schulentlassung in einem Pensionat gewesen, hatten dort die „hohe Schule" der Hausfrau genossen und waren dann bis zu ihrer jeweiligen Verehelichung ihrer Mutter mehr oder weniger zur Hand gegangen.

Mir paßte diese Forderung gar nicht, und ich kämpfte hartnäckig dagegen an. Mit mir fühlten sich auch Karoline und Emilie in ihrer Berufsehre angegriffen. War das, was wir taten, etwa weniger wert als das standesgemäße Staubwischen und Tassenspülen? Aber Bill, der mir sonst jeden Gefallen tat, blieb uneinsichtig und merkwürdig hart in seiner Forderung.

So blieb mir nichts anderes übrig, als nach einjähriger Tätigkeit in Hamburg zu kündigen, da ich die Verlobung denn doch nicht kündigen mochte.

„So so, sie wollen also weg, sie wollen uns verlassen! Sie gehen wieder nach Essen zurück. Und darf ich auch wissen, warum?"

„Herr Direktor, ich habe mich verlobt und werde im nächsten Jahr voraussichtlich schon heiraten."

Der Herr Direktor kippte in seinen damals hochmodernen Schreibtischsessel mit einem Ruck nach hinten, und infolge einer schwungvollen Drehung saß er vor mir, nachdem ich gerade noch neben ihm gestanden hatte. Er kniff seine listigen Schweinsäuglein zu einem kleinen Spalt zusammen und betrachtete mich aufmerksam. Dann senkte er den Kopf, um mich noch einmal mit weitgeöffneten Augen über seine Kneifergläser hinweg in Augenschein zu nehmen.

Eine hartnäckige Furunkulose peinigte den hohen Chef schon seit Wochen und stimmte ihn nicht gerade heiter. Deswegen war er auch jetzt wohl ziemlich boshaft: „Da sieh mal einer an! So läuft also bei ihnen der Hase! Nun wird mir auch Verschiedenes klar! Jetzt weiß ich auch, warum Ihre Arbeit in den letzten Wochen so nachgelassen hat. Da steckten Ihnen Männergeschichten im Kopf. Naja, wie Sie wollen! Alt wären Sie sowieso nicht bei uns geworden. Auf Wiedersehen!"

Da war ich Bill sehr dankbar, daß er mir die Schande erspart hatte, hier eines Tages an die Luft gesetzt zu werden. Entsetzlich, wenn ich mir vorstellte, welche Wirkung eine Entlassung auf Vater und Mutter gehabt hätte! Sicher hätte Mutter wochenlang ihr Kränzchen gemieden und Vater hätte seinen verkniffenen Zug um die Nasenwinkel bekommen.

Aber wieso hatte ich denn eigentlich nachgelassen? Ich war doch im allgemeinen pünktlich, und wenn ich schon einmal den Dampfer versäumt hatte, konnte das bestimmt keiner gemerkt haben außer den anderen Insassen der Kemenate, und die verpetzten mich bestimmt nicht. War es vielleicht möglich, daß der Herr Direktor die Anfragen vom „Auskunftsbüro der Deutschen Bibliotheken" beobachtet hatte, die sich zusehends auf meinem Schreibtisch häuften? Ich mußte nach den ausgefallendsten Büchern suchen. Das war manchmal ein wahrer Albdruck; deswegen ließ ich diese Anfragen schon hin und wieder liegen. Einmal hatte ich schon den bedrohlichen Haufen abgetragen, indem ich einen ganzen Stoß dieser Karten an Vater schickte, der sich Fidibusse daraus schnitt. Nun war da aber schon wieder ein hoher Stapel, der unbedingt noch bearbeitet werden mußte. Vor meinem Abgang war ich für reinen Tisch. Also nahm ich das gesamte restliche Auskunftsbüro, schön verpackt in meine „Hamburger Nachrichten", unter den Arm und versenkte das Paket mit einem Seufzer der Erleichterung in die Alster. Ich nehme an, inzwischen hat es mancher Wissenschaftler aufgegeben, auf die Beantwortung seiner Anfrage zu warten.

216

Als ich mein Zimmer aufgab, war Bill mir beim Einpacken behilflich. Ich hatte dabei die unangenehme Empfindung, daß er mir nicht nur helfen, sondern auch eine genaue Übersicht bekommen wollte. Besonders der Inhalt meines Schreibtisches schien ihn zu interessieren.

„Was sind denn das für Briefe???" Dabei hielt er ein kleines Päckchen Briefe, die sorgfältig mit einer großen blauen Seidenschleife zusammengebunden war, in der Hand und drehte es hin und her. Ich erschrak wohl sichtlich, denn das waren die Briefe von Hans Landrat. Wie oft hatte ich sie schon hervorgeholt und gelesen! Ich konnte sie ungefähr auswendig. Sie waren mein Heiligtum und ein Stück meines Lebens, und nun nahm jemand so einfach Besitz von ihnen.

„Bill, laß das Päckchen bitte liegen, das sind die Briefe von Hans Landrat, die möchte ich so gern behalten. Bitte, Bill!"

„Was willst du denn noch damit? Du sagtest doch, die Sache sei längst erledigt und du liebtest nur noch mich?"

„Das stimmt auch", log ich in meiner Angst, „aber ich möchte trotzdem die Briefe nicht hergeben. Die tun doch keinem mehr weh!"

Am liebsten wäre ich auf Bill zugesprungen und hätte ihm die Briefe weggenommen. Aber das durfte ich doch nicht, denn Bill war mein Bräutigam und konnte Rechenschaft über meine Gefühle fordern.

„Deswegen, gerade weil sie keinem mehr wehtun, deswegen werden sie verbrannt. Ich lese sie nur noch einmal schnell durch, und dann kommen sie in den Ofen."

„Dann verbrenn sie bitte gleich, denn sie sind ja schließlich für mich geschrieben, für mich nur ganz allein, für keinen andern."

„Also hast du doch was mit dem Kerl gehabt, sonst könntest du dich doch nicht so damit anstellen. Bei den andern Briefen hast du doch nichts gesagt."

Mir fiel nichts ein, was ich darauf hätte antworten können.

Aber da machte Bill auch schon die Ofentür auf. Die schöne blaue Seidenschleife hakte erst noch an der Tür fest, bevor das Päckchen ins Feuer hinunterfiel.

10.

Eine Verlobung platzt
Eine Heirat findet statt
Trübseliges Weihnachten

So kam ich wieder zurück nach Essen und schlief mit Karoline zusammen in unserem alten Zimmer.

Mutter, der es sehr ernst mit den Vorbereitungen zu meinem Ehestand war, sah sich renommierte Kochschulen an, und nach langem Suchen und reiflicher Überlegung schickte sie mich zwecks Erlernung der edlen Kochkunst zu Fräulein Lämmerhirt in die Dreilindenstraße.

Johannes eilte aus dem Sanatorium, wo er die Folgen seiner letzten Verwundung auskuriert hatte, schnurstracks in die geöffneten Arme seiner Braut Hertha. Nachdem die beiden einige Zeit im siebenten Himmel geschwebt hatten, mußten sie wieder auf die Erde zurückkommen, und das hieß in diesem Falle, daß Johannes nichts anderes übrig blieb, als in den Kartoffelgroßhandel seines Schwiegervaters einzutreten.

Armer Johannes! Sein Traum von einer Übersiedlung in die Kolonien war endgültig ausgeträumt, denn wir hatten ja keine Kolonien mehr. Auch nach Hamburg konnte er nicht zurück, weil seine alte Firma dort ihre Pforten für immer geschlossen hatte. So betätigte er sich nun im Kartoffelhandel und es war durchaus nicht so, daß ihm die Begeisterung dafür aus den Augen strahlte. Da er aber mit aller Macht darauf hinaus war, ein eigenes Heim zu gründen, war das Angebot von „Maas" auf fruchtbaren Boden gefallen. Verändern konnte man sich ja später immer noch.

Das Geschäft ging gut. Johannes bekam von seinem Schwiegervater ein Motorrad und eine Krawattennadel mit drei dicken Brillanten. Es hätte alles gutgehen können, wenn nicht bei der lieben Hertha plötzlich eine recht herrschsüchtige Seite ihres Charakters ans

Licht gekommen wäre. Johannes kam häufig verärgert nach Hause, und das jeden Tag etwas eher. Er sprach sich aber nicht aus, sondern stand brüsk auf, wenn wir ihn fragten, und ging brummig ins Bett.

So konnte das auf die Dauer unmöglich weitergehen, und es ging auch nicht mehr lange so. Eines Tages kam Johannes nach Hause und berichtete – teils erleichtert, teils gekränkt – nun sei es aus mit seiner Verlobung! Auf der belebten Allee vor dem Hyussenstift hatte Hertha nach einem erregten Gespräch ihren Verlobungsring vom Finger genommen und Johannes im wahrsten Sinne des Wortes vor die Füße geworfen. Das hatte nun das Faß zum Überlaufen gebracht. Die Verlobung war zu Ende.

Aber es folgte noch ein Nachspiel: Ein paar Tage später druckste Johannes um Emilie herum: „Du, Emilie, ich habe heute Hertha getroffen."

„Ja und? Fang da bloß nicht wieder mit an!"

„Das sagst du so. Aber da ist nämlich noch was."

„Und das wäre?"

„Ich glaube, da kann mir keiner helfen, damit muß ich ganz allein fertig werden!" Johannes sah wahrhaft bekümmert aus.

„Red nicht so geschwollen. Sag lieber, was los ist!"

„Emilie, du bist die einzige von uns, die schweigen kann. Alle andern quatschen drauflos, wenn man denen mal ein Geheimnis anvertraut."

„Nun hör endlich auf mit dem Drumherumreden. Sag, was du auf dem Herzen hast."

„Hertha hat mir gesagt, sie kriegt ein Kind."

„Weiter, was noch?"

„Erlaube mal, ist das nicht gerade genug?"

„Und darauf fällst du Dussel rein?"

„Es liegt aber absolut im Rahmen des Möglichen, und Hertha will mich morgen treffen. Was soll ich ihr denn sagen? Sie ist so verzweifelt. Paß auf, sie bringt sich noch um, wenn ich sie jetzt verlasse."

„Ausgerechnet Hertha? Die bringt sich nicht um."

„Emilie, du hast ein Herz von Stein."

„Vielleicht scheint das auch nur so. Ihr kennt mich ja alle gar nicht. Jedenfalls bist du mein Bruder. Ich fress' einen Besen, wenn Hertha Mutter wird."

Emilie hat keinen Besen zu fressen brauchen. Nach einiger Zeit war Johannes wieder munter und fröhlich und fuhr mit leichtem Herzen und leichtem Gepäck nun doch nach Hamburg, um selbständiger Kaufmann zu werden.

Inzwischen aber war Herthas Sippe nicht untätig gewesen. Als sie feststellen mußte, daß Johannes unwiederbringlich für sie verloren war, sann sie auf Rache. Es fing damit an, daß der gleiche Gustav, der noch vor gar nicht so langer Zeit versucht hatte, als Schwiegersohn bei uns Einkehr zu halten, Johannes' Motorrad abholen ließ. Mutter, die mit dem „alten Kram" nichts mehr zu tun haben wollte, rollte das schwere Ding eigenhändig aus der Gartenpforte. Johannes war entsetzt, als er davon erfuhr, aber Mutter fühlte sich so in ihrem Recht, daß sie einfach sagte: „Dann mußt du nächstens zu Hause bleiben und auf deine Sachen selber aufpassen. Ich will mit den Leuten nichts mehr zu tun haben."

Nun kommt ein Unglück aber selten allein. Mit einem Einschreibbrief kündigte „Maas" kurzerhand die 20 000 Mark, die er Vater für Gottfrieds Studium regelrecht aufgedrängt hatte. Wenn auch die Inflation mit Riesenschritten marschierte, so waren 20 000 Mark noch immer ein ganz nettes Sümmchen, das Vater unmöglich aus dem Ärmel schütteln konnte.

Wieder einmal herrschte bei uns daheim eine, wie wir es nannten, ganz „schlechte Akustik". Mehrere Abende lang saßen wir drei Schwestern mit den Eltern zusammen und überlegten hin und her, wo wir bloß soviel Geld auftreiben könnten.

Da erschien eines Morgens Emilie mit einer glänzenden Idee am Frühstückstisch:

„Vater, ich hab' mir das alles noch mal gründlich überlegt."

„Was hast du dir überlegt?"

„Das mit Gottfrieds Darlehen, und ich habe da folgende Idee."

Natürlich spitzten wir die Ohren. Was Emilie sagte, hatte meistens Hand und Fuß. Emilie konnte so nüchtern denken wie wir anderen alle nicht.

„Vater, du schreibst ganz einfach an Onkel Georg in San Francisco. Wenn der Dollars schickt, ist uns doch schon geholfen. Nach seinen jüngsten Briefen und den Fotos von seinem Haus mit dem Riesenpark dahinter müßte er dazu doch in der Lage sein."

Vater wollte natürlich davon nichts wissen. Es ging ihm zu sehr gegen den Strich, seinen Bruder um Geld zu bitten.

„Nein, nein," winkte er ab, „das machen wir nicht. Das geht auf gar keinen Fall."

Doch da schaltete sich Mutter ein: „Willi, ob du das gern tust oder nicht, das spielt augenblicklich keine Rolle. Tatsache ist, daß wir die größten Unannehmlichkeiten kriegen, wenn das Geld nicht termingemäß zurückgezahlt werden kann. Der alte Schleicher ist ja zu schlecht, der bringt es noch fertig und läßt uns pfänden."

Mutter sagte das so bestimmt, daß Vater gar keinen Einspruch mehr erheben konnte. Schweren Herzens schrieb er an seinen begüterten Bruder nach Amerika, und nach kurzer Zeit rollten die Dollars an. Johannes' Schwiegervater a.D. hatte nun bald keine Forderungen mehr an uns.

Von dem Zeitpunkt an gingen die beiden Familien grußlos aneinander vorbei, wenn sie sich zufällig auf der Straße begegneten. Schwieriger war die Situation im Konzert oder im Theater, wo wir vier Plätze nebeneinander abonniert hatten. Während von unserer Familie mutig immer zwei dort erschienen, blieben die feindlichen Plätze meistens leer.

*

Gottfrieds vorgesehene zwei Semester waren nun auf diese Art endgültig sichergestellt. Er ließ sie auch auf dem menschlichen Gebiet nicht ungenützt verstreichen, sondern fand eine neue Braut. Er brachte ein schlankes achtzehnjähriges Mädchen mit nach Hause, Inga mit Namen. Inga hatte wunderschöne blaue Augen und einen üppigen, aschblonden Nackenknoten. Auffallend elegant war sie gerade nicht, aber ihre ganze Erscheinung hatte trotz ihrer Jugend etwas ungemein Hoheitsvolles.

Bis zum heutigen Tag legen wohl fast alle Bräute, wenn sie zum ersten Mal Schwiegereltern und Schwägerinnen besuchen – wobei etwaige Schwäger eine weniger wichtige Rolle spielen – dasselbe Benehmen an den Tag. Sie sind bescheiden und hilfsbereit, sie haben vorher genauestens in Erfahrung gebracht, ob in der Familie irgendwelche Steckenpferde oder dunkle Punkte sind, und haben sich fest vorgenommen, jene noch mehr aufzuzäumen und diese peinlichst zu vermeiden.

Mir ging es auch so, als ich zum ersten Mal Bills Eltern besuchte. Was man zu Hause nie getan hat oder wovor man sich nach Möglichkeit immer charmant drückte, was man geflissentlich überhörte, weil es einem unbequem war, bei den Schwiegereltern wurde alles zur Selbstverständlichkeit. Ja, man drängte sich plötzlich zu häuslichen Arbeiten. Man ist ganz zahm in dem neuen Milieu, man frißt förmlich aus der Hand.

Genauso ging es mit Inga.

Sie war immer an Mutters Seite. Zuerst kam ihre „kleine Mutter", wie sie sie nannte, und dann erst Gottfried, der Bräutigam. Inga überbot sich in hausfraulichen Gesprächen und machte darin nur eine Pause, um Vaters weitläufige Bücherregale eingehend zu besichtigen und zu bewundern. Denn auch Vater sollte zu seinem Recht kommen.

So waren Vater und Mutter von Inga wild begeistert, und Gottfried sonnte sich sichtlich im Gefühl seiner tadellosen Wahl.

Ich mochte Inga sehr gern. Sie gefiel mir weitaus besser als das geistig weniger bemittelte Martchen, Gottfrieds erste Braut. Inga war klug und schön; wie sie sich bei uns zurechtfand, blieb abzuwarten.

„Karoline, wie findest du Inga?"

„Weißt du, ich nehme Schwägerinnen nicht mehr so tragisch. Mir ist das furchtbar schnuppe, was unsere lieben Brüder sich für Bräute aussuchen."

„Und du, Emilie, was sagst du zu Gottfrieds neuen Errungenschaft?"

„Ich? Für meine Begriffe ein unfertiger Mensch. Ein Anfänger. Man kann mit achtzehn Jahren auch kaum etwas anderes sein. Aber das kann ich euch schon jetzt sagen: wenn die erst bei uns warm wird, dann ist Schluß mit der Demut und der Liebenswürdigkeit. Die ist ziemlich hochgestochen, das merkt man."

„Aber sie ist doch zu uns allen sehr nett und zu Vater und Mutter sehr freundlich, das ist doch schon ein Vorteil."

„Alles Tünche, eines Tages fällt der Lack ab."

„Findest du sie denn nicht auch sehr klug? Das kannst du doch nicht leugnen."

„Klug? Was heißt hier klug? Achte mal darauf, was sie sagt. Das sind alles Gottfrieds Weisheiten. Sie ist sein Echo, sonst nichts. Sie selber hat von Tuten und Blasen keinen Schimmer."

Wie konnte Emilie nur so hart urteilen? Aber es hatte keinen Zweck, noch weiter mit ihr über diesen Punkt zu sprechen. Es war leichter, einen Elefanten vor sich herzuschieben, als Emilie von einem einmal eingenommenen Standpunkt abzubringen. Und von all ihren Schwägern und Schwägerinnen hat sowieso keiner je ihre volle Zustimmung gefunden.

Morgen für Morgen ging ich nun mit den allerbesten Vorsätzen in Fräulein Lämmerhirts Kochschule. Ich wollte mir große Mühe geben, damit ich meinem Bill immer etwas besonders Schmackhaftes kochen konnte. Daß Bill ein Feinschmecker war, hatte ich schon gemerkt. Seine Mutter und seine Schwestern waren sehr stolz auf diese exklusive Eigenschaft, die mich eher ängstigte. Aber unter Fräulein Lämmerhirts Obhut würden sich meine bis dahin verkümmerten Fähigkeiten auf diesem Gebiet schon entwickeln!

Bill hatte mir kürzlich von seiner Gefangenschaft erzählt, die in Cardiff gerade bei der Ausfahrt seiner Fünfmastbark nach Australien anfing und im „Privileged Camp" auf der Isle of Man endete. Man konnte damals als Zivilgefangener zuzahlen und die finanzkräftigen Deutschen, die sich bei Ausbruch des Krieges in England aufgehalten hatten, gaben sich in Douglas ein Stelldichein. In diesem illustren Kreis der reichen Kauf- und Bankleute hatte Bill seine vierjährige Gefangenschaft absolviert. Er war dort nicht gerade an Leib und Seele gebrochen, aber er konnte seine Seelenqualen und sein Heimweh so herzzerreißend schildern, daß mich tiefstes Mitleid erfaßte. Aus dieser Regung heraus entstand der felsenfeste Vorsatz, für den, der so viel erlitten, mit Liebe und Sorgfalt zu kochen!

Warum mußten aber die Spartakisten ausgerechnet im Frühjahr 1920, als ich meine zukünftige Ehe am Kochtopf vorbereiten wollte, im Ruhrgebiet einen bewaffneten Aufstand organisieren? Das war so aufregend, daß es unmöglich war, ruhig eine Mehlschwitze für die Bratensoße zu rühren. Man mußte doch die Ereignisse an Ort und Stelle verfolgen; also zog es einen auf die Straße und nicht in Fräuleins Lämmerhirts Küche. Der Kanonendonner rückte immer näher auf Essen zu. Eine Bürgerwehr wurde in aller Eile aufgestellt, denn

Waffen waren noch da, weil fast jeder Soldat sein Gewehr mit mehr oder weniger Munition mitgebracht hatte.

Der Kapp-Putsch war ins Wasser gefallen. Gottfried und Johannes, die sich der „Rechten" angeschlossen hatten, waren „geschnappt" und saßen für kurze Zeit irgendwo im Gefängnis. In Essen spielte sich die grausame Wasserturmtragödie ab. Beim Sturm der Roten aufs Rathaus gab es Tote und viele Verwundete auf beiden Seiten.

Dann hatten wir die Räteregierung, bis die Marinebrigade Erhard einrückte und die gewohnte Ordnung wieder herstellte und alles wieder aufs normale Gleis schob. Aber ich versäumte durch diese turbulenten Ereignisse die Anfangsgründe der hohen Kochkunst. Das sollte sich bitter rächen!

Trotz Eisenbahnerstreik, trotz Verkehrssperren an Sonntagen und trotz langwieriger Kontrollen kam Bill häufig zu uns. Meistens recht müde und lahmgelaufen. Irgendwo auf der Strecke war immer der Zug stehengeblieben. Darauf folgte die Gepäckrevision nach Lebensmitteln, wobei selbst Reisebrote abgegeben werden mußten. Wehe, wer ohne gültige Fahrerlaubnis angehalten wurde: sofortige Festnahmen waren an der Tagesordnung.

Bill hatte inzwischen seinen Fischkutter verkauft. Das Geld war ihm schnell durch die Finger geronnen, wobei allerdings auch die Inflation mitgewirkt hatte. Nun saß er bei seinen Eltern an der Unterweser und wartete darauf, daß Vater ihm in Essen eine Stellung verschaffte. Mit der christlichen Seefahrt war es ohnehin damals zu Ende, und Bill hatte außerdem auch immer wieder betont, daß die Seefahrt zersetzendes Gift für eine Ehe sei. Aber dieses Gift sollte unsere Ehe nicht gefährden, denn mit glücklicher Hand und dank guter Beziehungen zu erfolgreichen Nachhilfeschülern schleuste Vater Bill ins kaufmännische Fach.

An Stelle des Geldes, das ja doch von Stunde zu Stunde weiter entwertet wurde, bekamen die Ruhrkumpels damals „Überschichtenschmalz und -speck" – aus Amerika importiert. Eine Hamburger Firma hatte mit sicherem Blick die Chance erkannt und das Monopol für diese Einfuhr und für die spätere Verteilung erworben. In Essen eröffnete sie eine Filiale, in der sich Bill, anfänglich mehr schlecht als recht, betätigte. Bald entwickelte er allerdings ein beachtliches kaufmännisches Geschick.

Als nun noch meine Schwiegermutter eine ganz respektable Summe für unsere Aussteuer bereitstellte und Mutter aus ihren Beständen mit rührender Liebe Wäsche zusammengesucht hatte, stand einer Eheschließung nichts mehr im Wege.

Eine Wohnung bekamen wir nicht. Ehepaare ohne Kinder hatten keine Aussicht, bei der Verteilung berücksichtigt zu werden. Es war daher ganz zwecklos, sich überhaupt beim Wohnungsamt zu melden, bevor man nicht eine wirkliche Familie mit Kindern vorweisen konnte.

So rückten die Eltern und Schwestern enger zusammen, und wir richteten uns im Elternhaus zwei Räume ein. Die Küche sollte ich vorerst mit Mutter gemeinsam benutzen. Bei dieser Notlösung, die nur zögernd von Bill gebilligt wurde, fiel mir ein dicker Stein hörbar vom Herzen. Bill hatte sich allerdings ausbedungen, daß unsere Mahlzeiten nichts mit Mutters Kocherei zu tun haben dürften: ich sollte allein für mich und ihn kochen.

Im Familienrat wurde beschlossen, daß meine Hochzeit in der Freimaurerloge gefeiert werden sollte, wo auch die Trauung im Tempel vollzogen werden konnte. Damit fiel dann das umständliche und kostspielige Hin- und Herfahren fort. Aber die größte Sorge machte Mutter das Hochzeitsessen, denn wir mußten alles selber liefern, was gar nicht so einfach, sondern mit vielen Bittgängen und guten Worten verbunden war.

Fleisch, Fisch, Gemüse, Eis, Getränke – alles war schließlich rechtzeitig an Ort und Stelle. Nur konnten wir mit dem besten Willen und trotz aller Anstrengung keine Kartoffeln auftreiben. Wen man auch deswegen fragte und wohin man lief, nicht einmal ein paar Pfund konnte man bekommen. Mutter war ganz geknickt, denn es gab für sie kein Diner ohne Kartoffeln! Wir spielten wohl ein paar Augenblicke mit dem Gedanken, bei Johannes' verflossenem Schwiegervater anzufragen, doch wurde der Plan ob seiner Würdelosigkeit bald wieder verworfen. Das ging auf keinen Fall!

Die Kartoffelsuchaktion verlief absolut erfolglos.

Der Hochzeitstermin rückte immer näher, und Mutter wurde immer kribbeliger. Ihre Stimmung teilte sich allen andern mit. Meine Hochzeit stand unter keinem guten Stern!

„Karoline, weißt du denn keinen Rat?"

„Wenn ich einen wüßte, hätte ich dir schon Bescheid gesagt. Meinst du, ich würde dich aus lauter Bosheit so zappeln lassen? Schließlich habe ich dir deine Brautschuhe doch auch schon besorgt!"

„Die kneifen aber entsetzlich, und die Seide schleißt auch schon. Hoffentlich halten sie den Tag durch."

„Warum sollten sie nicht halten? Dein Bill tanzt ja nicht!"

„Die drückenden Brautschuhe und dazu noch keine Kartoffeln, da habe ich mir meine Hochzeit anders gedacht!"

„Ach was, das Kneifen spürst du gar nicht, wenn es erst soweit ist, und das Verschlissene sieht keiner, wo dein Kleid doch so lang wird. Außerdem sind die Schuhe 40 Jahre alt. 1880 haben die alten Gräsers geheiratet, da haben Brokatpumps ein Recht, sich langsam aufzulösen . . ."

Aber am Abend, als Emilie nach Hause kam, brachte wieder sie die Lösung unseres Problems mit: „Du kannst einen Zentner Kartoffeln haben. Mußt sie dir aber selber vom Großmarkt holen."

„Emilie! Du bist ein Engel! Wie hast du das bloß fertiggebracht?"

Ich sprang vor Freude vom Stuhl auf, stürzte auf sie los und versuchte, sie zu umarmen. Aber Emilie war immer gegen Zärtlichkeiten jeder Art.

„Laß gefälligst den Blödsinn", sagte sie böse. „Du weißt, ich kann das nicht leiden. Hast ja auch bald deinen Mann, dem du das zukommen lassen kannst."

„Emilie, sei doch nicht immer gleich so!"

„Ich will aber nicht! Also morgen abend wirst du Ecke Graben- und Rheinische Straße erwartet. Es wird ja früh dunkel, also hast du nicht zu befürchten, daß dich jemand sieht. Bezahlt hab' ich schon."

Es nieselte und war neblig, so daß bereits am Nachmittag die Straßenbeleuchtung brannte. Ich hatte mir einen Handwagen geliehen und bollerte fröhlichen Herzens am Tage vor meiner Hochzeit vier Kilometer weit durch die Stadt. Emilie hatte gut vorgearbeitet, alles verlief glatt. Ich nahm meinen Kartoffelsack von zwei halbwüchsigen Burschen in Empfang, die mir noch beim Aufladen behilflich waren, doch dann von der Dunkelheit verschluckt wurden.

Nun konnte es losgehen. Donnerwetter, waren die Kartoffeln schwer! Der Wagen ließ sich nur mit allergrößter Anstrengung bewegen. Es ging allerdings auch bergauf. Ich zog mit der linken Hand, aber nach ein paar Metern mußte ich schon wechseln und nahm die rechte. Als es auch damit auch nicht recht voranging, zog ich mühsam mit beiden Händen. Ich mußte verschnaufen, die Straße wollte aber auch kein Ende nehmen. Wenn ich doch nur erst den Berg hinauf wäre! Ob meine Schwiegermutter recht hatte mit ihrer Behauptung, ich sei unterernährt? Mutter wollte nichts davon wissen und meinte, Takt sei nicht jedermanns stärkste Seite.

Ein paar Jungen hatten mich schon eine ganze Weile in einem gleichbleibenden Abstand verfolgt. Sie bückten sich dauernd. Ich sah aber nicht, was sie aufhoben. Vielleicht konnten sie mir helfen!

„Dich piept et wohl!" war ihre klare Antwort.

Es ging einfach nicht mehr, ich mußte noch einmal verschnaufen.

Da kollerte munter eine schöne dicke Kartoffel auf die Straße und gleich hinterher eine zweite. Wie war das denn möglich? Der Sack war doch heil und schön zugebunden gewesen, und lag prall auf meinem Wagen! Und nun? War er nicht schon viel flacher geworden und breiter? Sollte das etwa mit den beiden Jungen zusammenhängen, die mich verfolgten? Wo waren überhaupt die beiden?

Ich ging also der Sache auf den Grund: Der Wagen war nicht mehr ganz neu. Das eine Rad hatte eine schwere Schlagseite, was ich beim Start nicht bemerkt hatte, und scheuerte gegen den Sack. Das machte mein Gefährt zu einem Fahrzeug mit angezogener Bremse, dessen Rad erbarmungslos den Sack aufgescheuert hatte. Viele Kartoffeln waren schon hinausgefallen.

Was sollte ich nun anfangen? Ich setzte mich erst einmal erschöpft auf meinen kaputten Kartoffelsack und versuchte, einen vernünftigen Gedanken zu fassen. Statt dessen kollerten mir ungewollt die Tränen. Ich wußte mir keinen Rat. Wenn ich doch nicht so entsetzlich müde wäre! Meinen Wagen hatte ich rechts an den Bordstein geschoben, und nachdem ich lange Zeit apathisch auf meinem zusammengeschmolzenen Reichtum gesessen hatte, machte ich mich wieder auf den Weg und kam schließlich viel später als vorher ausgerechnet, zu Hause an, gebrochen an Leib und Seele.

Da kam Bill mir entgegen.

„Sag mal, wo treibst du dich denn die halbe Nacht rum?"

Sollte das nach aller Qual und Mühe der Empfang sein? Ich dachte zuerst, Bill mache einen völlig unangebrachten Scherz, der bei meiner Stimmung nicht das richtige Echo finden konnte. Erst als er immer weiterschimpfte, merkte ich, daß es ihm bitterernst war.

„Sag mal, was soll das denn heißen, daß meine Braut mit einem wackeligen Wagen und einem Kartoffelsack durch die Stadt kutschiert? Deine Albernheiten gehen wirklich zu weit. Wenn du vorhast, bei uns einzuheiraten, haben diese burschikosen Manieren aufzuhören!"

„Wir mußten doch für unsere Hochzeit Kartoffeln haben. Die kommen doch nicht auf Pfiff angeflogen. Hättest ja selber fahren können. Ich hab' mich überhaupt schon gewundert, daß du mich damit allein läßt!"

„Ich??? Das ist doch wohl nicht anzunehmen. Für Unternehmungen solcher Art bin ich denkbar ungeeignet."

Ich war überwältigt von soviel Unverschämtheit und wußte ausnahmsweise einmal nichts zu antworten. Mutter sagte schließlich: „Noch ist es Zeit, wenn das Krakehlen jetzt schon anfängt, dann bleibt lieber auseinander."

Das war nun wieder einfacher gesagt als getan. Am Tage vor der Hochzeit kann man unmöglich alles wieder rückgängig machen. Bill war vielleicht nur ein bißchen überreizt und nervös und meinte das alles nicht so, wie es sich anhörte.

In einer gläsernen Hochzeitskutsche, mit zwei Schimmeln bespannt, fuhren Bill und ich am nächsten Tag zu unserer Trauung. Ich trug den Perlenring von Hans Landrat und in dem Fichu meines Brautkleides steckte ein Taschentuch mit Brüsseler Spitzen, das mir Edgar, der neue Baron, einmal geschenkt hatte. Aber das war wohl reiner Zufall, und Karoline hätte sich ihre spitze Bemerkung sparen können!

*

Wie glücklich war ich, daß ich noch bei Vater und Mutter wohnen konnte! Mutter war von einer rührenden Nachsicht allen meinen hausfraulichen Unzulänglichkeiten gegenüber. Wenn ich bedenke, wie ungeduldig sie früher so oft war, schien sie wie umgewandelt. Aber wie hätte ich auch ohne sie fertig werden sollen? Obwohl wir nur zwei Räume unser eigen nannten, mußte ich ein Mädchen halten; nicht etwa mit Mutter gemeinsam bei Teilung der entstehenden Unkosten – nein, Bill verlangte, daß ich einen ganz selbständigen Haushalt führte.

Wir hatten keine Hochzeitsreise gemacht. Der Anfang des Dezembers eignete sich nicht recht dazu. Es gab nichts zu essen, und selbst die größten und besten Hotels waren nicht geheizt, man fror selbst im Kohlenpott.

Unsere Hochzeit hatten wir an einem Freitag gefeiert; in der Nacht von Montag auf Dienstag kam mein junger Ehemann nicht nach Hause. Ich lag im Bett und zählte alle Viertelstunde die Schläge der nahen Kirchturmuhr. Von Zeit zu Zeit weinte ich auch wohl ein bißchen, aber gegen Morgen schlief ich dann doch ein.

In Bills Firma war überraschenderweise amerikanischer Geschäftsbesuch aufgetaucht, der Essen bei Nacht erleben wollte, aber leider kein Wort Deutsch verstand. Da mußte Bill, der Bedauernswerte, die ganze Nacht als Dolmetscher fungieren und ging nach dieser anstrengenden Tätigkeit direkt ins Büro. Er hatte diese Aufgabe selbstverständlich äußerst ungern erfüllt und versicherte mir, er habe die ganze Nacht wie auf heißen Kohlen gesessen, so leid habe ich ihm getan! Aber so etwas ließe sich nicht vermeiden.

„Du konntest doch irgendeinen Boy mit einem Zettel schicken, dann wäre ich doch mitgekommen oder hätte wenigstens Bescheid gewußt!"

Darauf guckte Bill mich nur mitleidig an, lächelte mokant und meinte: „Aus dir spricht immer die Beamtentochter!"

Damit war für ihn das Thema erschöpft und als ich später noch einmal davon anfing, wurde er richtig böse. Ich verstand die Welt nicht mehr und wandte mich an Mutter:

„Nun sag doch mal deine Meinung: Findest du das richtig, wenn ein Mann drei Tage nach seiner Hochzeit eine ganze Nacht fortbleibt?"

„Ich kann dazu nichts sagen. Heutzutage ist wohl alles anders!" Und mein Vater, dessen skeptische Klugheit ich immer geschätzt hatte und dessen Abscheu vor jeder Lüge uns doch bekannt war, verlangte nun eine Art blinden Glaubens, zu dem er uns doch nicht erzogen hatte.

„Du darfst keinesfalls irgendwelche Zweifel haben", warf er dazwischen, „was dein Mann dir als Entschuldigung sagt, hast du zu glauben, das mußt du dir für alle Zeiten merken."

„Dein Mann, dein Mann", wie sich das anhörte! Mir war diese Vorstellung immer noch fremd. Und doch war es nun so. Dazu kam noch der graue Alltag mit Spiegeleiern und Bratkartoffeln. Aber es mußten unter allen Umständen roh gebratene Kartoffeln sein, denn das war Bills Leibgericht in dieser dürftigen Zeit. Ich gab mir unendliche Mühe, aber nie machte ich es ihm recht! Entweder waren die Kartoffeln zu klein geschnitten und der Speck zu groß oder umgekehrt; entweder waren die Zwiebeln zu braun oder zu matt, zu dick oder zu dünn. Mein größtes Sorgenkind waren die Spiegeleier! Immer liefen sie auseinander, als hätten die kleinen Biester sich gegen mich verschworen; ich war einfach machtlos und zitterte vor jeder Spiegeleiermahlzeit. Bills vorwurfsvolle Blicke und seine Rügen machten mich ängstlich und noch ungeschickter.

„Du hast dir alte Eier andrehen lassen. Das ist immer ein Zeichen von Alter, wenn sie auseinanderlaufen. Mußt deinen Eierlieferanten mal wechseln!"

Oder: „Ist es eigentlich bei meiner Frau nicht zu erreichen, daß bei ihren Spiegeleiern das Weiße nicht mehr so roh ist? Ich kann das nicht essen!"

Ein anderes Mal: „Sorg doch bitte dafür, daß von den Zwiebeln nichts an die Eier kommt. Mir vergeht dadurch regelmäßig der Appetit, und das ist doch nicht der Zweck einer sorgfältig hergestellten Mahlzeit!"

Bill faßte meine Mißerfolge als eine Art absichtlicher Kränkung auf und bemerkte meine seelischen Nöte überhaupt nicht. Er sprach dann den ganzen Abend nicht mehr mit mir oder er zog sich um und ging aus.

Hätte ich doch bei Fräulein Lämmerhirt besser aufgepaßt! Aber hatten wir denn überhaupt gelernt, Spiegeleier zuzubereiten? Nein, wohl nicht, denn es gab ja keine Eier. Die kamen ja erst ins Haus als Folge von Bills Schmalz- und Speckimport.

Wenn doch mein Mann so wäre wie Vater! Der war mit allem zufrieden, was Mutter auf den Tisch brachte, ja, er lobte Mutter oft und gern.

Bill dagegen hatte an allem zu mäkeln! Er bestimmte den Küchenzettel in Erinnerung an die Küche seiner Mutter und dachte sich mit Vorliebe Gerichte aus, die möglichst viel Arbeit machten: Reibekuchen, Kartoffelklöße, Schwarzwurzeln, Königsberger Klops, Spinat und Grünkohl. Schlug ich demütig und bescheiden Koteletts, Schnitzel, Steaks oder Bratwurst vor, tat Bill das mit einer lässigen Handbewegung ab. Das waren „Husch-Husch-Essen", wie er das nannte.

„Wie läßt du denn die Eier in die Pfanne laufen? Aber Kind, doch nicht aus einem halben Meter Höhe. Da gehen sie ja kaputt!" Mutter war entsetzt, als sie mir zufällig bei Bills Lieblingsgericht zusah. Nun wußte ich, warum meine Spiegeleier immer auseinanderliefen.

Ungefähr 14 Tage nach unserer Hochzeit wurde Weihnachten gefeiert. Mutter und ich hatten ganz selbstverständlich angenommen, daß wir alle miteinander einen gemeinsamen Christbaum und ein gemeinsames Weihnachtsessen haben würden, denn unsere beiden Räume waren sowieso nur durch eine Glastür voneinander getrennt. Aber wieder machte Bill diktatorisch das Programm. Die Verbindungstür blieb – wie seit Bestehen unserer Ehe – geschlossen. Hier „Vom Himmel hoch, da komm' ich her", dort „O du fröhliche . . ." Nie wieder habe ich Gott sei Dank ein so stimmungsloses Weihnachten verlebt wie im ersten Jahr meiner Ehe!

Für uns beide gab es natürlich ein Unterweser-Weihnachtsgericht mit möglichst viel Vorbereitungen: Hühnersuppe mit Fleisch- und Kartoffelklößen, und dem mußte am gleichen Mittag eine Grünkohlsuppe mit Speck vorangehen.

Meine zaghaft vorgebrachten Einwände verhallten ungehört.

„Ich bin das so von zu Hause gewohnt!" Damit erstarb jeder weitere Einwand.

„Bill, wir müssen ja dann die ganze Woche Grünkohlsuppe essen. Wollen wir nicht mit Vater und Mutter zusammen kochen und essen?"

„Nein!"

„Aber wie ist es denn mit unserer Hühnersuppe?"

„Wieso Hühnersuppe?"

„Könnten wir die denn nicht abends gemeinsam essen?"

„Nein!"

„Und warum sagst du zu allem nein?"

„Weil ich mit dir allein sein möchte und weil ich auch nur das essen möchte, was du gekocht hast. Schließlich bist du ja meine Frau, und aus deinem Familienklüngel mußt du dich langsam lösen, der hängt mir sowieso zum Hals raus!"

„Bill, es ist doch Weihnachten, wollen wir denn nicht nach dem Essen ein Stündchen nach nebenan gehen?"

„Nein!"

„Und warum das auch schon wieder nicht?"

„Aus dem gleichen Grunde. Nun laß mich bitte damit in Ruh'."

So verlief also Weihnachten ganz nach Bills Anordnung. Vater und Mutter sahen ein, daß ich nichts daran ändern konnte und waren doppelt herzlich zu mir. Doch Karoline lag geduldige Resignation ganz fern. Sie fand es unerhört, daß ich hinter der verschlossenen Glastür allein mit meinem Mann zusammensitzen mußte.

„Das müßte mir einer bieten, dem würd' ich was anderes!" Von da an entwickelte sich eine offene Feindschaft zwischen Bill und Karoline. Für mich war dieser Zustand nicht einfach, denn ich mußte sehr diplomatisch zwischen beiden hin- und herjonglieren. Anfänglich nur versteckt und in Form kleiner Sticheleien, trugen sie bald ihre gegenseitige Abneigung ganz offen zur Schau. Und Emilie war außer ihren Brüdern sowieso keinem Manne so recht gewogen.

Nebenbei bemerkt

An die Grünkohlsuppe, die es im elterlichen Haus auf Wunsch meines Vaters am Heiligen Abend mittags gab, erinnere ich mich noch sehr genau. Sie war dunkelgrün und schmeckte meiner Erinnerung nach abscheulich. Ich habe sie allerdings seit meinem sechsten Lebensjahr nie mehr gegessen. Damals glaubte ich noch fest an den Weihnachtsmann, und weil dieser unten im Eßzimmer mit Hilfe meiner Eltern und unserer treuen Therese tätig war, um den Baum zu schmücken und die Gaben zu verteilen, saßen Liselotte und ich einen endlos scheinenden Tag über im Kinderzimmer und warteten darauf, daß es Abend würde. Dort wurde uns auch die besagte Kohlsuppe serviert. Wir beschäftigten uns einige Zeit damit, uns gemeinsam etwas auszudenken, was noch schlechter als Kohlsuppe schmeckte, fanden aber nichts – selbst Hundefutter, gebratene Regenwürmer, Lebertran mit Haferschleim, Haut auf dem Kakao und Frau Bielefelds Streuselkuchen erschienen uns noch an-

nehmbarer. In einem Anfall wahrer Tollkühnheit leerten wir dann unsere Teller zum Fenster hinaus.

Kaum war dies geschehen, erfüllte uns eisiges Entsetzen: zunächst einmal gab es unten im Schnee zwei dunkelgrüne Flecken, und zudem mußte die Suppe an dem Fenster, hinter dem der Weihnachtsmann wirkte, vorbeigekommen sein! Wir waren auf das Schlimmste gefaßt und sehr verblüfft, als überhaupt nichts geschah – im Gegenteil, wir fanden eine Menge schöner Dinge auf den Gabentischen. Damals entstanden in uns erste Zweifel an der himmlischen und irdischen Gerechtigkeit, wenn ein solcher Frevel ungesühnt blieb.

Die nächsten Weihnachtsfeste erlebten wir dann in der Schnutenhausstraße. Wenn Großvater in die Tasten griff und „O du fröhliche …“ intonierte, wurden die Glastüren weit geöffnet, und Großmutter, Tante Emilie, Onkel Johannes, Mutter, Liselotte und ich strömten singend hinein. Wir bildeten einen mächtigen Chor, denn bis auf Tante Karoline konnten alle Familienmitglieder schön und klar singen und beherrschten sämtliche Strophen – sogar von „Vom Himmel hoch …“, das bekanntlich sehr viele davon hat.

„Stille Nacht …“ sangen wir übrigens nie. Es war Großvater zu gefühlvoll, und er machte sich über den holden Knaben im lockigen Haar lustig. Dem konnten Liselotte und ich nur beipflichten; da wir nämlich damals oft die Schwester, die uns als Säuglinge gepflegt hatte und die seitdem eine Art Tante für uns war, in der Klinik besuchten, wußten wir genau, wie Neugeborene aussehen und daß sie keine holden Knaben im lockigen Haar sind. Wir sahen in der Klinikkapelle manchmal auch bei den Taufen zu und waren immer sehr enttäuscht, daß nie ein Mädchen getauft wurde. Der Pfarrer sprach nämlich immer nur vom Namen des Vaters und des Sohnes und nie von dem der Mutter und der Tochter …

Ich entsinne mich nicht, daß ich in der Schnutenhausstraße viel zu Weihnachten bekommen hätte. Einmal erhielt meine Puppe Gretchen, die einen Unfall erlitten hatte, einen neuen Porzellankopf mit dunklen Zöpfen wie ich. Einmal hatten alle meine Puppen neue gehäkelte Kleider an, und einmal gab es karierten Wollstoff für Faltenröcke. Ein wahrhaft fürstliches Geschenk schickte Onkel Gottfried für uns: Trainingsanzüge in Rot und Blau, was damals in unserer Straße noch keiner hatte. Ich zog meinen so lange zum Spielen auf der Straße an, bis ein großer Junge, *den ich sehr verehrte, mich fragte: „Sag mal, gibt's sone Anzüge auch in sauber?"*

Obwohl es also recht spartanisch zuging, waren das herrliche Weihnachten! Keiner hatte schlechte Laune und nörgelte herum, jeder war glücklich mit seinen Geschenken, und unsere Basteleien und Handarbeiten versetzten die bedachten Erwachsenen in wahre Freudentaumel.

Es gehörte gewiß zu den echten Weihnachtswundern, daß weder Großmutter noch Tante Emilie, die sonst in dieser Beziehung Argusaugen hatten, bemerkten, wenn die Kreuzstiche auf den Deckchen nicht immer nach der gleichen Seite guckten und wenn die Topf- und Waschlappen nach oben hin bedenklich schmaler wurden. Und Großvater war jedes Jahr aufs angenehmste überrascht über das Bündel Fidibusse, die wir ihm für seine lange Pfeife zurechtgeschnitten und gefaltet hatten.

Und dann gab es das spannungsreiche Auspacken der Pakete aus Berlin von Onkel Gottfried und Hamburg von Tante Karoline! Und am Baum, der immer bis an die Decke reichte, hingen jedesmal die gleichen vertrauten Kugeln, Ketten und Sterne. Und auch ein kleiner, schon etwas angekokelter Weihnachtsmann und ein silberner Vogel mit einem zauberhaften Schwanz waren immer da. Onkel Johannes aber spendierte alljährlich Kaviar, und wir Kinder bekamen in Likörgläschen Champagner eingeschenkt.

„Tochter Zion, freuheuheuheuhe dich ..." sangen wir, und Jeruhusalem jauchzte wahrhaftig laut. Was auch sonst immer sein mochte – an diesen Heiligabenden liebten wir uns alle sehr.

Ich habe seitdem viele schöne und glückliche Weihnachten gefeiert. Aber die Glastür, durch die man schon die Lichter schimmern sah, ehe sie sich öffnete, wenn Großvater, machtvoll in die Tasten greifend, „O du fröhliche ..." anstimmte und Tante Emilie mit ihrem schönen Alt eine dritte Stimme zu „Tochter Zion ..." sang, das war – ich weiß nicht wie ich es ausdrücken soll –, das war eben Weihnachten.

Gottfried hatte in Berlin eine sehr aussichtsreiche Stellung bei der damals gegründeten „Notgemeinschaft der deutschen Wissenschaft" gefunden. Sein Gehalt dort versetzte ihn in die Lage, eine Familie zu ernähren. Aufgrund dessen wurde der Termin für die Hochzeit in Kiel festgesetzt. Ich freute mich wochenlang auf die Reise dorthin mit Vater, Mutter und den Geschwistern. Wie herrlich, einmal wieder ohne eheliche Aufsicht zu sein; einmal wieder ungehemmt lachen zu können und ungestört in alten Erinnerungen kramen zu dürfen! Ja, auch einmal mit Karoline ganz albern zu sein! Bill hatte von Anfang an erklärt, sein Geschäft ließe es nicht zu, daß er uns begleitete, und ich war gar nicht traurig darüber, wie ich mit einiger Beschämung feststellte.

„Bill, ich müßte für Gottfrieds Hochzeit eigentlich noch ein neues Kleid haben, mein Brautkleid paßt mir nicht mehr recht."

„Hör mal, ich finde, in deinem Zustand solltest du lieber überhaupt nicht mehr reisen. Wie kannst du noch ernsthaft daran denken, ein Fest mitzufeiern?"

„Aber Bill, du hattest es mir doch erlaubt." Es war, als ob der Himmel über mir zusammenbräche. Das konnte unmöglich Bills Ernst sein! Ich versuchte noch einmal einen Vorstoß.

„Ich hatte mich schon so sehr gefreut! Ich seh' doch noch gar nicht so häßlich aus. Unser Kind kommt doch erst in einem Vierteljahr. Laß mich doch mit!"

„Nimm Vernunft an, Tinchen. Ich habe neulich mit meiner Mutter deswegen telefoniert, sie hielt das für ganz und gar unpassend. Meine Schwestern hätten bestimmt unter diesen Umständen auf eine solche Veranstaltung verzichtet."

„Alle andern fahren doch, und du weißt doch, Gottfried und ich haben uns doch immer besonders gut vertragen."

„Das ist es ja gerade: alle fahren, da brauchst du ja nicht mehr mitzufahren, dann können sie dir alles schön erzählen. Nebenbei hast du doch auch noch einen Mann zu versorgen."

„Ich darf also nicht mit?"

„Nein!"

Heimlich brachte ich die Eltern und Geschwister an die Bahn, und als der Zug aus der Halle fuhr, winkte ich noch immer, während mir die Tränen unaufhörlich über die Backen liefen.

Warum nur war Bill so hart? Er wollte mich wohl ganz für sich haben und mit keinem teilen.

Gottfrieds Hochzeit wurde zu einem gesellschaftlichen Ereignis ersten Ranges. Die Kieler Lokalpresse überbot sich in begeisterten Schilderungen aller Einzelheiten.

236

Obgleich alle Bräute in ihrem Hochzeitsstaat reizend sind, so hatte doch Inga mit ihrer kühlen blonden Schönheit alles Dagewesene übertroffen. Doch noch einmal schwebte der Geist Martchens, Gottfrieds erster Braut, von allen außer unserer Familie unbemerkt, durch die festlichen Räume: bei Tisch nämlich intonierte das Kammerorchester voller Gefühl: „Marta, Marta, du entschwandest! . . .“ Vater konnte ein Schmunzeln nicht unterdrücken, Mutter versteckte sich geniert hinter ihrer Serviette, Karoline kicherte hemmungslos, Johannes bekam seine indignierten Falten von der Nase zu den Mundwinkeln und Emilie trat unter dem Tisch dem Bräutigam auf die Lackschuhe. Nur ich, ich erlebte diesen schönen Moment nicht mit.

*

Einmal in meiner Ehe mit Bill habe ich meinen Herrgott aus tiefstem Herzen und mit Inbrunst angefleht, er möge mich sterben lassen. Das war in der Nacht, als unsere kleine Tochter geboren wurde. Bill begleitete mich in die Frauenklinik und trug mein Köfferchen.

Dieses Köfferchen wurde Bill von der Nachtschwester aus der Hand gerissen. Dabei hörten wir folgende Worte, die sehr kurz und bestimmt klangen: „Machen sie den Abschied bitte kurz. Am besten gleich hier.“ Das war im Flur.

Bill war nicht so sicher wie sonst und drückte mir ein bißchen ungeschickt die Hand.

„Ja – – – denn alles Gute, ich seh’ morgen mal nach dir.“

„Danke, ich will mein Bestes tun!“

Doch das hatte Bill schon nicht mehr gehört. Er fühlte sich offensichtlich nicht wohl in seiner Haut und war erleichtert, als er mich abgeliefert hatte.

Am Morgen nach einer schlimmen Nacht kam die Stationsschwester, sichtlich schlecht gelaunt und brummig.

„Morgen“, und ohne meine Grußerwiderung abzuwarten, hörte ich: „Blse schon gepltzt?“

Die Anhäufung von Konsonanten verstand ich nicht so recht und fragte schüchtern: „Wie bitte?“

Darauf ertönte etwas deutlicher noch einmal die Frage: „Blase schon geplatzt?“

Ich wurde unsicher. Sollte ich etwa auf einer falschen Station gelandet sein? Ich hatte doch nichts an der Blase!

„Verzeihung, Schwester, ich habe kein Blasenleiden, ich wollte hier ein Kind kriegen!"

Das war der Schwester zuviel. Sie sah mich lange schweigend an, und in ihrem Blick lag so viel Verachtung und Ungeduld, daß ich am liebsten in den Boden versunken wäre, hätte mich ein junger Assistenzarzt nicht ernst genommen und mich in allerletzter Stunde aufgeklärt.

Ich mußte daran denken, daß Mutter alle meine Anfragen ausweichend beantwortet hatte. Sie hatte dann immer gesagt: „Heutzutage sind ja die Küken schlauer als die Hennen. Wirst schon noch rechtzeitig dahinterkommen."

Dabei war es dann geblieben. Ich glaubte natürlich nicht mehr an den Klapperstorch, aber die näheren Einzelheiten einer Geburt waren mir doch völlig unbekannt.

An der Erziehung meiner kleinen Tochter Liselotte beteiligte sich die ganze Familie. Wenn alle mein Kind umstanden und beim Baden interessiert zuguckten, durchbrach Emilie rücksichtslos die Zuschauerkette und gab mir mit knapper Bestimmtheit weise Ratschläge, die dann im Familienrat eifrig diskutiert wurden.

„Selbstverständlich nährst du dein Kind selbst. Fang nur keine Flaschenwirtschaft an. Das merkt man bei einem Kind lebenslänglich. So ein Brustkind ist ja auch viel bequemer. Allerhöchstens 20 Minuten an der Brust, dann hat sich ein gesunder Säugling sattgetrunken."

Das befolgte ich gewissenhaft – mit dem Resultat, daß Liselotte nach jeder Mahlzeit mörderisch schrie, wobei Karoline gehässig meinte, das hätte sie von ihrem Vater geerbt. Ein paar Wochen später schlief sie unentwegt. Auf meine bange Frage, ob denn ein Säugling nie etwas dicker würde, meinte Emilie verächtlich: „Dicke Säuglinge gehören einer vergangenen und Gott sei Dank überwundenen Epoche an. Heutzutage sind die schlanken Babys die besten. Du brauchst dich nicht aufzuregen, Liselotte macht sich schon."

Mir genügte diese Diagnose nicht, und ein kluger Kinderarzt stellte schließlich fest, daß der schlanke Säugling ein erhebliches Untergewicht hatte und unzureichend ernährt war. Seit der Zeit bekam Emilies Säuglingswissenschaft bei Bill und mir einen erheblichen

Knacks. Trotz der Diagnose des Doktors blickte Emilie kopfschüttelnd voller Mißbilligung gen Himmel, wenn sie mich mit dem Säugling und der Flasche hantieren sah. Sie hatte eben immer ihre durch nichts zu erschütternden Grundsätze.

Nebenbei bemerkt

Dieser allererste familiäre Mißerfolg auf dem Gebiet der Babypflege muß wohl allmählich in barmherzige Vergessenheit geraten sein, denn soweit ich mich erinnern kann, war Tante Emilie immer die anerkannte Autorität der Familie in allem, was Babys und Kleinkinder anbetraf. Es gab wohl kein Kind in der Familie, dessen erste Lebenswochen nicht von ihr überwacht wurden. Bei den meisten kam sie sogar auf Tage oder Wochen ins Haus und brachte den jungen Müttern bei, daß ein Säugling bei jedem Wetter an die frische Luft gehört, daß Schnuller und Gummihöschen vom Übel und Pünktlichkeit und Sauberkeit höchstes Gebot sind, daß ein Schluckauf kalte Füße, und Magendrücken eine nervöse Mutter mit zuviel anderem im Kopf zur Ursache haben, und daß die Väter zunächst einmal die zweite Geige zu spielen hätten. Natürlich war es selbstverständlich, daß jede Mutter wenigstens versuchen mußte, ihr Kind selbst zu nähren, und wenn sie das nicht konnte, so lag das nur daran, daß sie es nicht richtig wollte!

Unter Tante Emilies strengem Regiment hatten wir eine erstaunliche Menge geradezu musterhaft gedeihender Babys in der Familie, die zudem noch alle höchst praktisch in das selbstgestrickte Strampelhosenmodell der Tante, das die kleinen runden Knie freiließ, gekleidet waren. Dazu trugen sie weiße Söckchen mit einem durchgezogenen Bändchen. Tante Emilie hat im Laufe ihres Lebens wohl Hunderte dieser Höschen und Strümpfchen fabriziert, die jetzt über mehrere Erdteile verteilt sind. Unnachahmlich war und ist ihre Art, einen schreienden Säugling oder ein brüllendes Kleinkind mit ernsten, ruhigen Worten zu beschwichtigen. Alle kleinen Kinder und selbst die antiautoritär aufgezogenen Exemplare folgten ihr wie die Hündlein auf Schritt und Tritt und ließen sich widerspruchslos ins Bett oder gar aufs Töpfchen befördern, denn von einem gewissen Alter der Kleinen ab, war jede Art von Windeln ein amerikanischer Greuel in Tante Emilies Augen, so wie sie auch die

Gläschen mit der fertigen Babynahrung als eine Zumutung für einen kultivierten europäischen Säugling betrachtete.

Als sie schon weit über siebzig und schließlich in den Achtzigern war, kam Tante Emilie noch zum Einhüten, wenn wir auf Reisen gehen wollten. Sie neigte dazu, den Haushalt ein wenig zu reformieren, die Hausmädchen nach der alten Schule umzumodellieren, später kritisch ihren Schwestern zu berichten, daß man bei uns auch die Kaffeedecke zum Mittagessen auflegte und Großmutters feingestrickte Spitzen nicht in Ehren hielt (weswegen sie sie manchmal kurzerhand konfiszierte und an ein würdigeres Familienmitglied weiterverschenkte), und ein wenig in unseren Briefschaften herumzustöbern. Aber die Kinder liebten sie und waren glücklich unter ihrer Obhut. Tante Emilie wußte unendlich viele Kinderlieder, Spiele und Geschichten, und auch unsere Kinder ergötzten sich an Tante Lene, die immer, statt abzutrocknen, auf die Toilette ging, an Martchen, die die Schüsseln nicht weiterreichte, an dem Großonkel Johannes, der nach dem Schinken schoß, an Hugenbergs Kindern und an der eigenen Großmutter, die auf einer Kreuzotter gesessen hatte. Allerdings hörten wir – von der Reise zurückgekehrt – unsere Sprößlinge begeistert von „unserm Kaiser Wilhelm" sprechen, ohne daß ihnen so ganz klargeworden war, daß dieser Herr längst in seinem Grabe ruhte. Doch das ließ sich ja schließlich leicht richtigstellen, und die ernüchternde Tatsache, daß Kaiser Wilhelm ihnen bestimmt nicht erlaubt hätte, Prinzen oder Prinzessinnen zu heiraten, verleidete ihnen die Monarchie vollends.

Etwas bedenklicher war es schon, als wir nach der Heimkehr von den Olympischen Spielen in Rom noch einmal einen Rückblick im Fernsehen anschauten. Da riefen nicht nur unsere Kinder, sondern auch sämtliche Nachbarskinder, die alle Tante Emilie drei Wochen lang angehangen hatten, als mehrere Schwarze an den Start gingen, lauthals: „Igitt!"

Soweit ich das überblicken kann, kämpfen sie übrigens heute alle gegen Rassendiskriminierung und behaupten, diese Geschichte sei nicht wahr.

11.

Karoline legt sich fest
Beinahe eine gute Partie
Rätsel bei Onno

Auch Karoline hatte indessen die Zeit nicht nutzlos verstreichen lassen. Wachen Auges hatte sie unter den Söhnen des Landes Ausschau gehalten, und nach einigen schwachen und oberflächlichen Ansätzen entschied sie sich für Onno.

Der Auserwählte ihres Herzens war ebenfalls Volksschullehrer an ihrer Schule, aber er ragte offensichtlich über das Kollegenniveau hinaus. Das erkannte Karoline mit sicherem Blick, und das hatte ihre Wahl bestimmend beeinflußt. Onno und Karoline waren gleichaltrig mit einem Vorsprung von einem halben Jahr zugunsten Onnos. Er war mittelgroß, hielt sich aber so betont aufrecht, daß er wesentlich größer wirkte. Er hatte etwas vorstehende, hellblaue Augen, dichte, buschige Augenbrauen, hellblondes Haar mit militärischem Schnitt und kleinem, eben angedeutetem Scheitel. Seine Nase war etwas verschwenderisch vom lieben Gott gestaltet, doch lenkte Onno geschickt durch einen kleinen rötlichen Schnauzbart von ihr ab.

Seine Hände paßten zur Nase, und seine Fingernägel waren immer sorgfältig gepflegt. Auch seine Kleidung war sehr akkurat, nie ging er ohne Handschuhe. Höchstens geschah es, daß er nur einen anhatte, dazu schlenkerte er aber mit dem andern lässig hin und her.

Vater und Mutter waren nicht gerade begeistert von Karolines Wahl, ihnen gefiel Onnos Familie nicht sonderlich.

Onno war in New York zur Welt gekommen, wohin seine Eltern in den achtziger Jahren von einer ostfriesischen Hallig ausgewandert waren. Als Onnos Mutter starb und ihn und seine ebenfalls noch kleinen Geschwister zurückließ, blieb dem Vater nichts anderes übrig, als mit seinen drei Kindern nach Deutschland zu reisen und sie bei

Verwandten unterzubringen. So war Onno als ganz kleiner Junge bei Onkel und Tante Müller gelandet, die Vater und Mutter seit langem kannten, aber nach deren Freundschaft sie nie getrachtet hatten.

Zwanzig Jahre lang waren wir Onno schon hin und wieder begegnet, ohne daß er einen von uns irgendwie beeindruckt hätte. Aber nun ließ er ausgerechnet das Herz unserer eleganten, schönen Karoline höher schlagen.

„Karoline, ich versteh' nicht, daß der Onno dir genügt. Wie kannst du nur einen simplen Volksschullehrer heiraten?"

„Wer sagt denn, daß Onno Volksschullehrer bleibt?"

Karoline war bereit, ihren Onno gegen alle Angriffe zu verteidigen, und ihn unter ihre Fittiche zu nehmen.

„Er kann doch jetzt nicht mehr umsatteln", meinte Mutter.

„Das braucht er auch nicht, meine liebe Mutter, aber etwas dazulernen, das kann er, und das will er, und das soll er. Das ist ja keinem zu verbieten. Und ich helfe ihm dabei."

„Was will er denn dazulernen?"

„Onno geht nach Köln auf die Universität, studiert die vorgeschriebenen Semester Nationalökonomie, macht sein Staatsexamen und seinen Doktor. Dann wird er Diplomhandelslehrer!"

„Aber Karoline, das dauert ja noch Jahre."

„Das weiß ich, und die werden eben gewartet."

„Wenn das man gut geht, schließlich bist du ja nun auch schon bald dreißig. Da wird es langsam Zeit!"

„Laß mich nur machen, es wird schon klappen!"

„Wollen es hoffen!"

So bezog Karolines Onno die Kölner Alma Mater. Karoline kaufte sich nun keine eleganten Kleider mehr, sondern schickte, wie versprochen, treu und brav den größten Teil ihres Gehaltes nach Köln.

*

Vater war Onno zuvorgekommen. Noch immer hatte er sich mit nimmermüder Beharrlichkeit um freiwerdende Rektorstellen beworben, obwohl es schon lange nur noch zu einer Art Sport geworden war, denn wir kletterten schon seit Jahren nicht mehr in Schulneubauten herum, und es bereitete uns auch längst keinerlei Enttäuschung mehr, wenn ein anderer die Stelle bekam, die Vater hätte haben müssen.

Da wurde er eines Tages zum Dezernenten aufs Rathaus beordert und man eröffnete ihm väterlich-wohlwollend, daß es sinnlos sei, noch dauernd Bewerbungsschreiben vom Stapel zu lassen: „Sie sind doch nun zu alt, um sich noch zu verändern!"

Das kränkte Vater tief, aber er hatte seinen Stolz und faßte einen kühnen Entschluß: So schnell wie möglich ließ er sich an der nächstliegenden Universität – es war natürlich Köln – immatrikulieren, fuhr einmal wöchentlich dorthin und promovierte nach den vorgeschriebenen sechs Semestern zum Doktor phil. Das war im Jahre 1925, als Vater 63 Jahre zählte – immerhin ein respektables Alter für einen Doktoranden.

Natürlich konnte er es sich nicht versagen, als frischgebackener Doktor seiner vorgesetzten Behörde einen Besuch abzustatten.

„Alles sehr schön, aber was haben Sie nun mit dieser Arbeit erreicht? Mehr Gehalt gibt es deswegen nicht."

„Das ist mir hinreichend bekannt, Herr Beigeordneter, aber ich tue schon einmal etwas, ohne dafür Geld zu bekommen oder zu erwarten. Sie meinten ja bei meinem letzten Besuch, ich sei zu alt, um mich noch umzustellen. Haben Sie diese Meinung noch immer?"

Mutter war zwar nie wieder Frau Rektor geworden, aber nun nannte man sie – wie es damals noch üblich war – „Frau Doktor". Und das war sicher noch schöner.

In den Semesterferien wohnte Onno natürlich in Essen bei seinen Pflegeeltern. Jedoch war nun Karoline auf Schritt und Tritt seine ständige Begleiterin. Sie schien ihn sehr zu lieben, denn es fiel uns allen auf, daß sie ihm zuliebe vieles tat, was sie früher weit von sich gewiesen hätte. So packte sie voller Entsagung dicke Butterbrotpakete und setzte sich gelassen mit Onno ins „Gesellenheim" zu einem preiswerten Glas Bier, wozu dann der mitgeführte Proviant verzehrt wurde. Daß die Lokale, in denen man mitgebrachte Sachen verzehren durfte, nicht gerade in die von Karoline früher bevorzugte Klasse gehörten, lag auf der Hand, aber Karolines Geldsäckel war durch Onnos Studium schlaff geworden, da mußte man sich eben einrichten.

Auch in anderer Beziehung änderte Karoline ihren Lebensstil: Nicht mehr wie sonst begab sie sich alljährlich auf teure Urlaubsreisen, sondern sie entdeckte plötzlich mit leidenschaftlicher Hingabe ihr Herz für Mutters Verwandtschaft auf dem Lande. Bei sämtlichen Tanten wurde Onno von ihr herumgereicht.

Sie stand nach der Schule stundenlang Schlange in Konsumvereinen, um für Onno Anzugstoff zu erstehen. Natürlich bekam er den Stoff als Geschenk. Sie kaufte von dem Rest ihres Gehaltes nur noch Sachen für ihn: ein goldenes Zigarettenetui, Manschettenknöpfe, eine Orientperle mit einem Brillanten, und plötzlich prangte an seinem etwas klobigen Ringfinger ein Brillantring. Eine flache goldene Uhr an einer langen schweren Kette durfte ihm ebensowenig fehlen wie wunderbare schwarze Perlen für den Frack.

„Sag mal", fragte ich sie einmal, „was schenkt dein Herzallerliebster dir denn?"

„Das sind ja meine Angelegenheiten, verstehst du? Ich kann ja mit meinem Geld machen, was ich will. Ich frage dich ja auch nicht, was du mit deinem anstellst! Wenn wir erst verheiratet sind, kann ich nichts mehr kaufen . . ."

Onno fuhr nach Spanien, nach Frankreich, nach Italien, und immer bekam Karoline nur ein reizendes „Souvenir", das sie früher bestimmt mitleidig belächelt hätte.

Aber jetzt zierte eine Muschelkette ihren Hals, und in ihrer Handtasche trug sie einen Bleistift zum Hindurchsehen, wobei sich vier kleine Bilder von Rom zeigten.

„Der gute Wille genügt mir, er verdient ja auch kein Geld, um großartige Geschenke zu machen."

Nach sechs Semestern hatte auch Onno es geschafft. Sein Staatsexamen und seine Promotion waren perfekt, und Karoline schwamm in Wonne, zumal als Onno ihr offenbarte, daß er in Hamburg eine Anstellung gefunden habe. Gerade Hamburg war immer das Ziel von Karolines Wünschen gewesen.

„Wie herrlich, Onno, nun können wir uns ja auch öffentlich verloben", jubilierte sie.

„Ja, ja, das könnten wir allerdings, aber du weißt ja, ich bin gar nicht so sehr für diese Feierei. Findest du nicht auch, daß das mehr etwas für jüngere Leute ist? Wir sind doch schon beide über dreißig, da sollten doch eigentlich solche Kinkerlitzchen aufhören.

Diesmal aber fügte sich Karoline nicht. Entschlossen meinte sie:

„Doch, Onno, ich möchte richtig Verlobung feiern. Ich möchte eine richtige Braut sein – mit allem Drum und Dran."

„Gutes Herz, was verstehst du denn unter Drum und Dran?"

„Ein hübsches Kleid aus weißer Seide lass' ich mir machen, mit einem weiten Rock, und Anzeigen müssen gedruckt werden, und einen richtigen Empfang soll es geben, den Verlobungsring mußt du mir aufstreifen, wenn wir ganz allein sind, dazu mußt du mir dann irgend etwas Nettes und Liebes sagen."

„Etwa ‚dein auf ewig' oder so einen ähnlichen Blödsinn?"

„Es braucht ja nicht unbedingt Blödsinn zu sein. Irgend etwas wird dir doch wohl einfallen!"

„Na denn, wenn du so darauf bestehst, werde ich in den sauren Apfel beißen müssen. Du sollst deinen Willen haben, aber erst möchte ich mich ein bißchen in Hamburg einleben und sehen, wie da der Hase läuft!"

Onno fuhr nach Hamburg, mit eleganten Lederkoffern ausgerüstet, die Karoline ihm geschenkt hatte. Sie sorgte dafür, daß Onnos Hase lief, mochte er dafür sorgen, daß er nicht hinter Atem kam.

Zuerst wohnte Onno möbliert, aber nicht lange konnte er die ruhige Gemütlichkeit seiner Zimmervermieterin genießen! Johannes war nicht müßig gewesen und hatte seine sämtlichen Bekannten eingespannt, um auf der Wohnungssuche für Onno und Karoline tätig zu sein. Verhältnismäßig schnell war ein Häuschen in den Walddörfern entdeckt, und Karoline, die nun bald Onnos Frau werden wollte, reiste kurz entschlossen nach Hamburg und kaufte es. Sie lieh sich dazu das Geld vom Vater ihrer alten Schulfreundin Leni, der mehrere Millionen sein eigen nannte. Es dauerte viele magere Jahre lang, in denen Karoline ihre Kleider immer wieder umarbeiten lassen mußte, bis diese Schuld nebst angemessenen Zinsen zurückgezahlt war. Das kleine Haus wurde unter Karolines Regie ein richtiges Schmuckkästchen.

Bis zu ihrer Hochzeit sollte Onno allein dort wohnen. Das konnte ja nicht mehr allzulange dauern, denn nun stand einer schnellen Hochzeit nichts mehr im Wege. Weshalb sollte also Onno Miete für ein möbliertes Zimmer zahlen?

*

„Berlin, am 30. Oktober 1922.

Liebe kleine Schwester!

Von Mutter hörte ich, daß Euere Liselotte im Frühjahr ein Brüderchen haben soll. Ihr Glücklichen! Hoffentlich geht alles gut, aber warum auch nicht? Inga und ich haben nun eine große Bitte an Deinen Mann. Ob er Dir die Erlaubnis gibt, zu meinem Geburtstag, der ja bekanntlich in 14 Tagen ist, hierherzukommen? Ich habe mit Mutter schon telefoniert und erreicht, daß sie Dir Deine Liselotte für diese Zeit abnimmt. Da könntest Du doch getrost losbrausen, denn Bill wird schon allein fertig. Also komm. Wann wir nach Japan reisen, wissen wir noch nicht, aber es wird wohl Frühjahr werden.

Herzlichen Gruß auch von meinem Weibe

Dein Gottfried."

Ich brauchte Bill nicht lange zu bitten. Als er den Brief gelesen hatte, sagte er gleich: „Na meinetwegen, fahr, aber dann möchte ich auch kein Gejammer mehr wegen der verpaßten Hochzeit hören. Nur unter der Bedingung, einverstanden?"

Ich war überglücklich und hätte auf Wunsch noch mehr versprochen. Bill war blendender Laune und nicht übermäßig vom Trennungsschmerz übermannt.

„Darf ich mir für die Reise noch einen Mantel machen lassen? Ich möchte auch schick sein, wenn ich das erste Mal in unsere Reichshauptstadt fahre."

„Ja, auch der Mantel ist bewilligt."

Ich kannte meinen Bill nicht wieder, er war wie umgewandelt!

„Silbergrauer Manchester?"

„Silbergrauer Manchester!"

„Bill, du bist aber wirklich ein irdischer Engel!"

Ich wollte mich auf seinen Schoß setzen, aber Bill winkte ab.

Vater hatte einen Schneider ausgekundschaftet, der schnell und zu soliden Preisen arbeitete. Dieser hatte einen ausgeprägten Hang zu etwas Höherem. Für sein Leben gern unterhielt er sich „wissenschaftlich", wie er es selber stolz nannte.

Mit meinem silbergrauen Manchester unter dem Arm, den wir bei Bills Mutter zum Beziehen von Clubsesseln angefordert hatten, machten Karoline und ich uns also auf zu Herrn Schneidermeister Kümmernis.

Nicht nur „wissenschaftlich", sondern auch politisch versuchte Herr Kümmernis, sich zu informieren und zu bilden. Er war sich aber noch nicht klargeworden, welcher Partei er seine restlosen Sympathien zuwenden sollte und tappte noch im Dunkeln. Karoline und ich brachten das Gespräch auf die jüngsten politischen Ereignisse.

„Wissense", sagte Herr Kümmernis, „ich meine dat, dat, dat Programm von dem Spattakus hat auch einige, einige, einige Lücken. Ja, verstehnse, Lücken. Die dürfen nich sein, verstehnse, mit die Lükken, ja die Lücken, kann man ja nichts anfangen, wissense!"

Karoline setzte ein ganz ernstes Gesicht auf, vorwurfsvoll guckte sie Herrn Kümmernis an und sagte: „Herr Kümmernis, ich habe sie aber neulich in einem Umzug von der Kommune gesehen. Ich finde, das ist doch allerhand. Das sind doch Radaubrüder."

Herrn Kümmernis schlug seine Augen beschämt nieder. Doch dann fiel ihm etwas ein: „Frollein, verstehense, dat is der Fox Poppeli, auf der Fox poppeli kommt et immer an, ohne der Fox poppeli geht et in die Politik nich gut, der Fox poppeli, wissense, aber oben bei Zeche Ludwig, da habense auf de Pollezei mit Steine geschmissen, verstehnse, geschmissen, aber dat war mich auch zu wüst, wissense, zu wüst, und dat Wüste, dat hat auch kein Zweck. Ich marschier' auch nich mehr mit, ich versuchet jetzt mal bei die Deutschnazionalen, verstehense, die Deutschnazionalen. Aber mich habense gesagt, dat unsereiner da auch wieder nix zu melden hat, da sitzen all die Schlotbarone, wissense, die Schlotbarone . . ."

Wir hatten nun genug von der Politik, und ich fing vom Geschäftlichen an. Wir besprachen eingehend meinen Mantel, der ja den kommenden Ansprüchen in Schnitt und Paßform gerecht werden mußte. Herr Kümmernis wälzte unermüdlich Modejournale und machte zu jedem Modell neckische Bemerkungen, die von Karoline und mir eisig quittiert wurden.

Wie üblich, war auch in Herrn Kümmernis' Modeheften die Bezeichnung der Modelle englisch, französisch und deutsch vermerkt. Herr Kümmernis buchstabierte andächtig das erste und entzifferte nach langen Mühen aus dem englischen Slipon kurzentschlossen „Simplon".

„Da haben wer dat Richtige gefunden, dat is für Ihnen dat Richtige. Sehnse mal hier, der Simplon, verstehnse, der Simplon, der verdeckt alles spielend, hahaha, wat so ’n echter Simplon is ..."

Wieder bekam ich von Karoline einen Rippenstoß, und todernst sagte sie: „Tinchen, nun such auch nicht mehr lange, dann nimm dich doch der Simplon!"

Herr Kümmernis hat nie ergründet, warum wir so fröhlich waren. Diese Lustigkeit hielt auch bei jeder Anprobe an.

Mein „Simplon" wurde wunderschön. Herr Kümmernis hatte sein ganzes Genie hineingearbeitet. Sogar Bill war von meinem neuen Mantel begeistert. Zur Komplettierung meiner Eleganz kaufte er mir ganz allein einen Hut aus schwarzem Zylindersamt mit einem Gesteck aus hellblauen Reiherfedern. Was kostete Berlin?

Ich durfte zweiter Klasse fahren, und Karoline hatte mir einen von Onnos neuen Lederkoffern geliehen. Den hatte sie vorsichtig und diplomatisch Onno beim Hauskauf in Hamburg wieder ausgespannt.

Als ich morgens vor der Abfahrt allein auf dem Bahnsteig auf- und abging und mich stolz im sicheren Gefühl meiner Eleganz sonnte, kam plötzlich Vater. Ich war ganz überrascht. Was wollte Vater? Unter dem Arm trug er ein komisches rundes Paket. Sollte das etwa in Zusammenhang mit meiner Reise stehen?

„Vater, was hast du denn in deinem Paket?"

„Ach nichts Besonderes, nur eine Kleinigkeit."

Ich merkte, daß er nicht recht mit der Sprache herausrücken wollte, und fragte auch nicht weiter.

Als ich mich dann abschiednehmend aus dem Abteilfenster lehnte, meine lässig gefalteten Hände übrigens in nagelneuen Glacéhandschuhen, bekam ich das Etwas gerade in dem Augenblick in eben diese Hände gedrückt, als der Zug langsam anfuhr. Dabei verlor es seine lose sitzende Packpapierumhüllung, und Vater, der rasch einen Schritt zurückgetreten war, meinte: „Damit ihr was zu essen habt! Gottfried mag das ja so gern!"

Und was war es? Ein Gericht grüne und weiße Bohnen mit einem großen Stück Speck dazu – fix und fertig gekocht. Ingas etwas geniale Art zu kochen war Mutter nicht verborgen geblieben. Damit Gottfried und ich uns nun im großen Berlin mit einem nahrhaften

Gruß aus der Heimat stärken konnten, hatte Mutter für ein paar Mittage im voraus Gottfrieds Lieblingsgericht gekocht; und da ihr auch Ingas Küchenausstattung bekannt war, hatte sie gleich den Kochtopf mit Deckel dazugeliefert und obendarauf noch einen hölzernen Kochlöffel gebunden. Dieses nützliche Arrangement mußte ich nun mit auf die Reise nehmen. Vater hatte sehr diplomatisch bis zum allerletzten Augenblick, in dem jeder Widerstand scheitern mußte, mit der Übergabe gewartet.

Nun saß ich in der zweiten Klasse auf schwellenden Polstern, flankiert von einem silbergrauen „Simplon" und Onnos Luxuslederkoffer, an den Händen neue Stulpenhandschuhe und auf dem Kopf einen Reiherhut. Vor mir auf dem kleinen Klapptischchen lag ein Sortiment illustrierter Zeitschriften, die Platzkarte zum Mittagessen hatte ich kunstvoll klein gefaltet und unter meinen Trauring geschoben. Aber über mir im Gepäcknetz wackelte ein Kochtopf mit grünen und weißen Bohnen mit Speck, fertiggekocht, zugedeckelt und mit einem quer darüber gebundenen Holzlöffel versehen.

Bei Inga fand übrigens meine Eleganz keine rechte Anerkennung.

„Tinchen, du mußt ja wahnsinnig spießig aussehen", sagte sie mir einmal bei einem unserer Stadtbummel, als ein Straßenfotograf versuchte, uns mit dem Reiterstandbild des Großen Kurfürsten als Hintergrund zu knipsen.

„Wieso ich? Wir sind doch zu zweien?" fragte ich leicht beleidigt.

„Ach, weißt du, mich hat noch nie ein Fotograf angehalten. Mir sieht man die Berlinerin an. Die Provinz läßt sich eben nicht verleugnen!" fügte sie mit mokantem Lächeln hinzu. Sie selbst trug damals mit erhabenem Gleichmut den Mantel ihres verstorbenen Bruders, der männlich zugeknöpft wurde.

Mutter hatte recht gehabt: eine gute Hausfrau war die schöne und kluge Inga damals ganz gewiß nicht. Pünktlichkeit beim Essen, ganz gleich zu welcher Mahlzeit, gab es bei ihr nicht. Das schmerzte Gottfried empfindlich, denn aus einem Beamtenhaushalt hervorgegangen, in dem Pünktlichkeit die Grundlage fast aller Tugenden bildete, war jede Verspätung für ihn eine Sünde. Die junge Inga sündigte beharrlich. Es nützte auch nichts, daß Gottfried eine Stunde vor jeder Mahlzeit telefonisch noch einmal vorwarnte; es war einfach nicht zu erreichen, daß das Mittagessen pünktlich auf dem Tisch stand, und Inga tat Gottfrieds Vorwürfe ganz leger als spießig ab.

So blieb dem jungen Ehemann nichts anderes übrig, als sich in Geduld zu üben oder mit etwaigem Besuch in der Stadt zu essen. Hatte Inga aber ein Essen fertiggestellt, so war das, was da auf den Tisch kam, oft höchst merkwürdig: ein Massenaufgebot an edlen Tellern und schönen Bestecken bildete die eindrucksvolle Umrahmung für ein Diner, das zwar originell und hübsch garniert, aber alles andere als nahrhaft und sättigend war. Rohe, schön dekorierte Gurken- und Tomatenscheiben, nicht ganz gare Pellkartoffeln riesigen Ausmaßes, niedliche Scheiben von kaltem Fleisch und dünne, aus Suppenwürfeln hergestellte Brühen, dazu ein Glas Wasser aus wunderbar geschliffenen alten Gläsern – das war zum Beispiel eine Hauptmahlzeit. „Himmlisch!" nannte Inga so ein Menü, und „himmlisch" nennen wir heute noch in der Familie jede improvisierte Mahlzeit, die an Ingas frühe Speisenfolgen erinnert.

Oft aber brachte auch Gottfried, der zeit seines Lebens ein großer Feinschmecker war, irgendwelche Leckereien mit, die er mit viel Liebe und Sorgfalt zubereitete oder verfeinerte. Manchmal aber ging der Schöpfergeist mit ihm durch, und er erfand immer gewagtere Kombinationen: schwarze Johannisbeeren, mit Pfeffer, Salz und Maggi angemacht, oder rohen Schellfisch mit feingehackter Petersilie, Senf und einem Schuß Cognac setzte er uns leuchtenden Auges vor.

„Brat doch mal ein solides Schnitzel, und koch normales Gemüse dazu, Erbsen oder Böhnchen", wagte ich einmal vorzuschlagen. Aber das war ganz falsch.

„Unser Tinchen, unsere kleine Hausfrau!" sagte die zwei Jahre jüngere Inga mitleidig und, indem sie mir zärtlich die Wange streichelte, meinte sie: „Du bist und bleibst doch ein liebes Spießerchen!"

Von da an war ich zurückhaltend mit meinen guten Ratschlägen und ernährte mich geduldig nach Ingas Speisezettel und von Gottfrieds Kreationen.

Die beiden unterhielten schon damals ein sehr gastfreies Haus, in dem Wissenschaftler und Künstler aus- und eingingen, was mir sehr imponierte. Meine Schwägerin war übrigens auch ernsthaft bemüht, meine Allgemeinbildung zu erweitern. Mit aufopfernder Hingabe schleppte sie mich nimmermüde von einem Museum ins andere, vermittelte mir uralte, alte, moderne und kubistische Kunst, besuchte mit mir Theaterpremieren und stand Schlange für Konzertkarten. So genoß ich im Grunde trotz kleiner Sticheleien und häuslicher Unzulänglichkeiten meinen ersten Besuch in Berlin in vollen Zügen.

Aber strikt geweigert habe ich mich, den begeistert geleerten Kochtopf wieder mit nach Hause zu nehmen.

*

Im März 1923 wurde uns eine zweite Tochter geboren, die wir Heilwig nannten. Liselotte konnte allerdings den Namen ihrer kleinen Schwester nicht richtig aussprechen, sie sagte „Heili". So bürgerte sich dieser Kosename auch schnell bei allen andern ein.

Ich war eigentlich recht enttäuscht über die kleine, dicke dunkelhaarige Heili, denn ich hatte mir einen Jungen gewünscht, und Bill bestärkte mich darin, sodaß wir vorher nur von unserm Sohn sprachen und uns nie einig wurden, wie er heißen sollte.

In einem Konzert hörte ich mit Karoline die achte Symphonie von Bruckner. Bill war daheim geblieben, denn er liebte nur Blasmusik und weigerte sich standhaft, etwas anderes gelten zu lassen.

Ich war nicht so ganz bei der Sache und rutschte nervös auf meinem Stuhl hin und her.

„Sitz doch endlich mal still, du störst ja alles um dich rum!" flüsterte mir Karoline vorwurfsvoll zu.

„Ich geh' lieber raus, mir ist so komisch."

Alles ging dann sehr schnell. Wir wohnten nur ein paar Schritte vom Konzertsaal entfernt. Mein Kinderkoffer stand fertig gepackt da, von mir aus konnte es losgehen.

„Was du einem so alles bietest", meine Karoline, halb lachend und halb in Sorge. „Kriegst doch wahrhaftig dein Kind bei Brucknerschem Getröter. Wirklich, sehr originell!"

„Ich hatte ja gleich gesagt, Tinchen sollte zu Hause bleiben, in dem Zustand geht man nicht mehr in die Öffentlichkeit. Aber gegen euch kommt ja keiner an!" Bill war ernsthaft besorgt. Bald hatte er eine uralte Droschke angehalten, die mich über schlecht gepflasterte Straßen zur Frauenklinik schaukelte.

Diese denkwürdige nächtliche Fahrt fiel mitten in die Zeit der

Franzosenbesatzung und des passiven Widerstandes. Reichskanzler Cunos Parolen, die Franzosen wie Luft zu behandeln, sie nicht zu beachten, ihnen in den Geschäften weder Auskünfte noch Ware zu geben und sie in Restaurants nicht zu bedienen, wurden streng befolgt. Leider diente diese Behandlung keineswegs der gegenseitigen Verständigung.

Vor dem Krankenhaus empfing uns ein postenstehender Franzose mit aufgepflanztem Seitengewehr. Er verlangte die vorgeschriebenen Personalausweise. Bill hatte seinen zur Hand, ich aber suchte fieberhaft in sämtlichen Manteltaschen, kramte meine Handtasche aus, deren Inhalt dabei auf den Boden fiel, durchwühlte die Babysachen und fand den Ausweis nicht. Dabei hatte ich ihn doch zu Hause noch in der Hand gehabt! Ich war dem Weinen nahe, und Bill machte auch noch so ein böses Gesicht; er biß auf seiner Unterlippe herum, was immer ein sicheres Zeichen für den Verlust seines inneren Gleichgewichtes war! Da fiel mir ein: ich habe den Ausweis in die Handtasche gelegt, die ich zu Hause ließ.

Der Posten hatte mich gemustert und auch den Inhalt meines Babykoffers in Augenschein genommen. So konnte ihm nicht verborgen geblieben sein, warum ich hier war. Ich faßte Mut und setzte ein gewinnendes Lächeln auf: „Pardon, monsieur, j'ai oublié mes papiers!"

„Nix pardon, allez chercher, vite vite, allez, allez!"

Das hatte ich nicht erwartet, wenn doch Bill irgend etwas sagen wollte, aber er biß nur wortlos auf seiner Unterlippe herum.

„Mais monsieur, écoutez – – –" weiter kam ich nicht.

„Nix écouter, je veux voir vos papiers, vite, vite!"

Hier bissen wir auf Granit. Der Eintritt ins Krankenhaus blieb für mich unerreichbar. Was nun? Noch einmal zurückfahren ging auf keinen Fall. Ich konnte mein Kind doch nicht in einer Mietsdroschke kriegen! Bill und ich waren wie vor den Kopf geschlagen.

Da kam uns der Kutscher zu Hilfe: „Ich fahr' sie um das Krankenhaus rum, wo keine Pforte ist, da steht auch keiner von diesen, diesen, na, sie wissen ja. Da muß dann die junge Frau über den Zaun klettern, und wir helfen ihr dabei. Das wird gehen."

Bill war natürlich von diesem Plan nicht restlos begeistert, aber mir leuchtete jedes Mittel ein, um nur schnell zu einer Hebamme zu

kommen. Also stiegen wir wieder in die Droschke ein, die im Zuk-
keltrab zu einer dunklen Stelle fuhr.

„Hier ist es am günstigsten, hier müssen wir's mal versuchen." Damit kletterte der Droschkenkutscher von seinem Sitz und stieg als
erster über den Zaun. Dann versuchte ich mein Heil. Es ging besser,
als ich es mir vorgestellt hatte. Bill schob nach, und während ich
mich abmühte, fiel mir etwas ein: „Bill, weißt du, was mir gerade ein-
gefallen ist?"

„Was denn? Aber laß um Gottes willen nicht los!"

„Wie die Jungfrau von Orléans: Der schwere Panzer wird zum
Flügelkleide . . .!"

„Laß doch einmal den Unsinn! Wie ist so was bloß möglich!"

Auf der anderen Seite nahm mich der Droschkenkutscher In Empfang. Bill warf mit Schwung meine Handtasche und meinen Baby-
koffer hinter mir her.

Eine halbe Stunde später hatte ich meine kleine Heilwig zur Welt
gebracht.

Gottfried und Inga erhielten die Nachricht durch Funkspruch in
Port Said. Sie waren unterwegs nach Japan, wo Gottfried als Lektor
an die Hochschule von Okajama ging.

Johannes hatte in Hamburg alte und neue Beziehungen ange-
knüpft, was dazu geführt hatte, daß es eines Tages wieder einmal so
weit war: er verlobte sich offiziell mit Ring und Anzeigen. Er hatte
diesmal nicht nur sein Herz, sondern auch seinen kaufmännischen
Sinn sprechen lassen: seine Wahl war auf die Tochter eines recht
wohlhabenden Hamburger Kaufmanns gefallen, deren Mitgift auf
eine halbe Million Goldmark geschätzt wurde. Als Johannes diese
zarten Bande knüpfte, ging seine Braut noch in die Unterprima. Sie
war ihm von Herzen zugetan und liebte ihn mit dem ganzen Enthusiasmus ihrer 17 Jahre.

Die Verlobung wurde im Herbst 1923 proklamiert, und der Familienrat beschloß, daß wir drei Schwestern als Abordnung reisen sollten. Heili mußte ich aus ernährungstechnischen Gründen mitnehmen, Liselotte blieb bei Vater und Mutter.

Bill hatte mir diesmal, ohne lange zu überlegen, seine Einwilligung
gegeben. Er meinte, so ein paar Tage ohne kleine Kinder seien ganz

erholsam, worin ich ihm recht gab. Karoline war mißtrauisch: „Nanu, was ist denn in deinen Gatten gefahren? Plötzlich läßt er dich allein reisen? Das ist ja komisch!"

Aber Emilie sagte ruhig und abgeklärt: „Was weißt du denn davon, wie einem Mann zumute ist, dessen Frau sich mehr um ihre kleinen Kinder kümmern muß, als um ihn?"

Nun war das Reisen zu jener Zeit gar nicht so einfach. Von den Franzosen war die Parole ausgegeben worden, daß ein jeder schön daheimbleiben sollte. Was brauchte man nach einem verlorenen Krieg und bei nicht bezahlten Reparationskosten auch noch Reisen zu machen?

So war für jede Reise ein Besuch bei der Kommandantur nötig, der sich oft endlos ausdehnte. Warum, weshalb, wieso, wie lange, wohin, das waren die immer wiederkehrenden Fragen, die man uns mit einer unheimlichen Ruhe und verblüffender Gründlichkeit stellte.

Es wurde eine recht umständliche Reise. Im besetzten Gebiet fuhr die „Regie", und da wir doch den passiven Widerstand auf unsere Fahnen geschrieben hatten, war es unmöglich, eine französische Einrichtung zu benutzen. So stiegen wir am frühen Nachmittag am Wasserturm in die Straßenbahn und fuhren mit ihr fünf Kilometer weit; dann wechselten wir die Straßenbahn und fuhren auf verwirrenden Umwegen bis zum Abend nach Vowinckel, von wo aus der Nachtschnellzug nach Hamburg ging.

Wenn wir auch Onkel Friedrich und Tante Anna seit Jahren nicht gesehen hatten, so hielt es doch Mutter für unumgänglich, daß wir bei unserer Ankunft in Hamburg zuerst bei ihnen Pause machen sollten.

„Du, Emilie, ob Onkel Friedrich wohl noch immer so knäterig ist?" Karoline machte sich anscheinend Sorgen um unsere Aufnahme.

„Das bleibt abzuwarten. Meistens werden Herren im Alter ja ruhiger. Aber aus einem Mops kann nie ein Windhund werden. Warten wir es also ab." Emilie war immer gewappnet.

„Wenn sich nur Heili anständig benimmt! Hoffentlich legt sie nicht mit ihrer Brülltour los. Aber bis jetzt war sie ja wirklich brav", machte ich mir selber Mut.

Onkel Friedrich und Tante Anna waren mit dem Gespann an der

Bahn. Die Strapazen der Reise und die Aussicht auf einen geruhsamen Tag versetzten uns zunächst in behagliche Ruhe. Bis morgen konnten wir uns nun ausruhen, um dann frisch und gutgelaunt zu Johannes' Brauthaus zu kommen. Die Pferde trabten gleichmäßig und einschläfernd dahin.

Plötzlich aber regte sich Heili. Zuerst war es nur von Zeit zu Zeit ein leises Quengeln; aber die Zwischenräume wurden immer kürzer, und bald war es soweit: Heili schrie, als ob sie am Spieß steckte. Die ganze Reise über hatte sie den Mund nicht aufgemacht, aber nun plötzlich merkte sie wohl, daß an ihrem Tagessoll noch etwas fehlte, was unbedingt nachzuholen war. Wie schrecklich, daß nun ausgerechnet Onkel Friedrich mit einem schrill schreienden Säugling zweispännig durch Hamburg fahren mußte. Der Weg war lang bis zu dem Vorort, wo die Brauerei eine Zweigstelle eingerichtet hatte. Dort residierte Onkel Friedrich in der Direktorswohnung, wie es ihm zustand.

„Sag mal, wie kannst du nur mit einem todkranken Säugling reisen? Das Kind ist doch leidend, sonst würde es doch nicht so loszetern!"

Der liebe Onkel sagte mir das recht vorwurfsvoll in seinem neuen Prunkherrenzimmer.

„Heili ist nicht krank. Sieh mal, wenn ein Säugling so aus der Reihe kommt, ist er immer ungnädig."

Ich sprach in gedämpftem Tonfall und lächelte noch dazu.

„Ungnädig nennst du diesen Zustand? Ich finde, solches Benehmen ist der Höhepunkt."

Doch schon war Emilie an meiner Seite.

„Onkel Friedrich, laß doch Tinchen in Ruhe; sie kann es ja auch nicht ändern, daß die Kleine so unruhig ist. Sie kann auch nicht mehr tun, als das Kind trockenzulegen und ihm was zu trinken zu geben."

„Ich finde, das Ganze ist eine Zumutung!" brüllte nun Onkel Friedrich los. „Wie kann man mit einem Säugling auf dem Arm eine solch lange Reise machen und ausgerechnet dann mein Haus als Asyl betrachten? Anna!!! Hast du das etwa gewußt, daß die hier mit einem Brüllaffen ankommen?"

„Nein, mein Friedrich."

Er raste nach oben.

Die Situation war beklemmend. Nur Karoline hatte sich, wie sie das gern tat, mit irgendeinem Schmöker in einen stillen Winkel verzogen und hielt sich beide Ohren zu, so daß sie ruhig lesen konnte und nichts sah und nichts hörte.

Ich hielt mich krampfhaft in Emilies Nähe. Sie kam mir wie eine Festung mit unüberwindlichen Wällen und Wassergräben vor. Wir wechselten verstehende Blicke. Anschließend kam dann ein kaum merkliches Achselzucken. Im oberen Stockwerk wurden Türen geschlagen. Heilis Tür wurde mit großem Getöse geöffnet, so daß ihre Stimme nun schrill durch das herrschaftliche Haus tönte. Onkel Friedrich schien zu kochen. Offenbar hatte er sich nun die arme Tante Anna vorgenommen. Wir hörten böse Worte wie „unverschämt", „die da unten" und „deine Sippschaft".

„Wir bleiben nicht hier. Ich laß mir solche hysterischen Auftritte von dem Kerl nicht gefallen", bestimmte Emilie empört.

Karoline hatte ihr Kapitel zu Ende gelesen. Den Anforderungen des Augenblicks zurückgegeben, guckte sie von ihrem Buch auf.

„Was ist denn eigentlich hier los", fragte sie schließlich ganz erstaunt.

„Immer alles, was nicht angebunden ist", war Emiliens Antwort. Sie kochte! „Nächstens darfst du dich ruhig an dieser sinnigen Unterhaltung beteiligen, dann brauchst du nicht so dämlich zu fragen."

„Mein Gott", sagte Karoline empört, „ich kann doch nichts dafür, wenn Tinchen ihre Kinder falsch erzogen hat."

Ich hätte zu gern irgendeine scharfe Antwort gegeben, aber ich hatte einfach die Kraft nicht dazu, und der Gedanke, durch eine patzige Bemerkung noch Krach unter uns dreien heraufzubeschwören, machte mich butterweich. Doch da kam auch schon Tante Anna: „Kinder, es tut mir furchtbar leid, aber Onkel Friedrich – – –"

Weiter kam sie nicht, denn Emilie fuhr energisch dazwischen: „Wir wissen schon, Tante Anna, und wir gehen auch schon wieder."

„Ich kann gewiß nichts daran ändern. Zu gern hätte ich euch hierbehalten, aber es geht mit dem besten Willen nicht. Ihr wißt ja, wie Friedrich sein kann. Ich muß ja mit ihm fertig werden."

Nun brach auch noch Tante Anna in Tränen aus. Sie umarmte mich und schluchzte an meinem Hals.

Karoline trug willig unseren großen Koffer.

„Ihr konntet mit euern Konsequenzen auch so lange noch warten, bis ich das nächste Kapitel ausgelesen hatte. Es war gerade so spannend. Aber wenn Emilies Familiensinn anfängt Blüten zu treiben, bleibt kein Auge trocken!"

Emilie hörte das nicht. Sie hatte im Befehlston gesagt: „Den Säugling trage ich", und mir dabei Heili aus dem Arm gerissen. Nun bildete sie die Tête unseres Zuges.

Ich mußte das kleine Gepäck tragen, aber mir war es ganz gleich, was man mir auflud. Ich merkte nicht einmal, ob es schwer oder leicht war. Karoline ging an meiner Seite: „Na, backst du auch mal kleine Brötchen? Das muß man aber anschreiben."

Ich antwortete nicht, ich war völlig geschlagen.

Der Weg zur Straßenbahn dehnte sich endlos. Vielleicht schien es nur so, doch er genügte, mir meine Fassung zurückzugeben: „Weißt du, Karoline, ich finde es ja doch albern, daß Emilie mir Heili weggenommen hat. Schließlich ist es doch mein Kind!"

„Gönn ihr doch die Freude. Sie hat doch ihr Säuglingspflegeexamen siegreich bestanden. Irgendwo muß sie ihre Kenntnisse doch an den Mann bringen."

Heili hatte sich mittlerweile beruhigt. Sie war anscheinend eingeschlafen, denn man hörte nichts mehr von ihr. Emilie hatte während des Marsches ihre Backe ganz sanft auf Heilis kleines Gesicht gelegt.

„Karoline, hör doch mal, wo wollen wir denn nun hin?"

„Emilie fährt offenbar ins Brauthaus, und wir schließen uns an."

Nachdem wir die Straßenbahn mit der Untergrundbahn vertauscht hatten, bestimmte Emilie, daß wir für die allerletzten Kilometer eine Taxe nehmen wollten, um standesgemäß vorzufahren.

„Das macht einen besseren Eindruck, wenn einer von Johannes' Verwandtschaft gerade zufällig aus dem Fenster guckt. Johannes ist das dann auch lieber."

Johannes' Schwiegervater gehörte zu den Hamburger „Königlichen Kaufleuten", und wahrhaft königlich war auch das Haus an der Alster, das er mit seiner Familie bewohnte. Reitpferde, Kutschen, ein Kanu, ein Segelboot – das alles stand zur Verfügung. Die Atmosphäre dieses Hauses war geradezu eine Wohltat nach Onkel Friedrichs Dienstvilla, und obgleich wir uns nach der mühseligen Reise nicht gerade von unserer repräsentativsten Seite darboten, wurden wir bereitwillig und herzlich aufgenommen. Es gab Platz genug für uns, und bei den kleinen Schwestern der Braut erregte Heili vollstes Entzücken. Sie genoß es aber auch sichtlich, in einem von einem braven Neufundländer gezogenen Puppenwagen durch den Garten kutschiert zu werden, so daß Onkel Friedrich seinen „Brüllaffen" nicht wieder erkannt hätte.

Die Verlobung verlief in ungetrübter Harmonie und wurde mit großem Glanz gefeiert. Als wir nach der beschwerlichen Rückreise wieder zu Hause angelangt waren, hatten wir eine Menge zu erzählen:

Es war ganz offensichtlich, daß Johannes wirklich auf dem besten Wege war, eine glänzende Partie zu machen. Seine junge Braut hatte noch drei Schwestern, und da ihre Eltern jedesmal, wenn sie wieder ein Kind anmeldete, mit einem Sohn gerechnet hatten, wurden die vier danebengeratenen Stammhalter Fritzi, Hansi, Clausi und Erni genannt. Johannes' Braut war Fritzi. Bei der Gattenwahl war er wieder von dem Ideal, für das er in der Theorie ständig Lanzen brach, abgerückt. Von den Forderungen: jung, blond, blauäugig, schmalgesichtig und groß, wurde nur die erste erfüllt, denn Fritzi war noch sehr jung und hatte gerade die Schule nach dem Abitur verlassen. Im übrigen besaß sie dunkle, krause Haare, braune, ein wenig schwermütige Augen, hohe Backenknochen und über der Nase zusammengewachsene Augenbrauen.

Wir schlossen sie gleich ins Herz, denn sie war wirklich ein liebes Kind. Sie himmelte ihren Johannes an und wäre für ihn durch alle Feuer gegangen. Diese grenzenlose Bewunderung und Hingabe war für Johannes etwas Neues und hatte auch ihn in Flammen versetzt. Dazu kam natürlich die Aussicht auf eine mehr als ordentliche Mitgift. Sein Knabentraum von Samoa, der Perle der Südsee, war noch immer nicht ausgeträumt, und hier eröffneten sich neue, strahlende Möglichkeiten.

Auch sonst behagte Johannes das großbürgerliche Milieu, in das er nun hineingeraten war, ganz außerordentlich. Mit seinem guten Aussehen und seinen gepflegten Manieren glänzte er bald auf zahlreichen gesellschaftlichen Veranstaltungen. Manchmal vergaß er über diesen Erfolgen beinahe seine kleine Braut, durch die ihm doch dies alles erst möglich geworden war. Es gab da auf den Bällen natürlich auch junge Damen mit blauen Augen und blondem Haar.

Fritzi kam häufig zu uns nach Essen, und wir gewannen sie nach jedem Besuch lieber. Aber sie war nicht glücklich. Obwohl sie alles tat, was sie Johannes von den Augen ablesen konnte, obwohl sie Klavierstunden nahm und mit ihm zusammen voller Wissensdurst das Völkerkundemuseum besichtigte, konnte sie doch nicht übersehen, daß die anfängliche Begeisterung ihres Bräutigams merklich abkühlte. Er war ständig unzufrieden mit ihr, so daß sie ganz verzweifelte Briefe an Vater und Mutter schrieb und um Rat und Hilfe bat. Einmal noch flammte seine Zuneigung wieder auf: die kleine Fritzi hatte sich nämlich, als er von rauflustigen Burschen nachts auf dem Heimweg angegriffen wurde, mutig mit geschwungenem Regenschirm in den Kampf gestürzt und an seiner Seite den Sieg erfochten. Soviel Schneid und Temperament ließen ihn nicht unberührt. Doch leider brannte das neue Feuer nur ein paar Wochen.

Auch Fritzi konnte die dauernde Nörgelei, die schlechte Laune und die Kälte ihres Verlobten schließlich nicht mehr ertragen, und sie hielt es auch nicht mehr aus, dauernd die drei Schwestern von Johannes als leuchtende Vorbilder hingestellt zu bekommen, denen sie nachzueifern hätte, was um so verwunderlicher war, als Johannes, wenn er mit uns zusammen war, auch an uns dauernd herumerzog. Kurzum, Fritzi resignierte.

Aber Mutter resignierte noch nicht. Sie hatte Johannes' Braut wirklich ins Herz geschlossen und konnte das Betragen ihres Sohnes überhaupt nicht verstehen. Und er hätte doch eine so gute Partie gemacht! Das wäre für die ganze Familie sehr beruhigend gewesen, denn das Hamburger Maklergeschäft wollte so recht keine Gewinne abwerfen. Man versuchte noch einmal zu kitten, was nicht zu kitten war.

Aus diesem Dilemma rettete den hin und her gerissenen Johannes der große Bruder. Gottfried und Inga, die natürlich von der Familie immer auf dem laufenden gehalten wurden und über Johannes' seelische und geschäftliche Klemme informiert waren, luden ihn zu sich nach Japan ein und schickten auch die nötigen Dollars als Reisegeld.

Johannes jubilierte und ergriff freudigen Herzens diese günstige Gelegenheit, alles Unangenehme hinter sich lassen zu können. In gehobener Stimmung liquidierte er sein Geschäft und fuhr, erlöst von allem Übel, über Sibirien nach Japan.

Fritzi war bei seiner Ausreise am Zug und schenkte ihm unter Tränen einen goldenen Siegelring zum Abschied.

„Ich werde dich immer lieben", sagte sie, als der Zug schon fuhr. Vielleicht hat es Johannes nicht mehr gehört. Er mußte auch noch in eine andere Richtung winken.

Bald nach seiner Rückkehr aus Japan heiratete Fritzi einen anderen Mann. Ein letztes Mal hatte sie sich mit Johannes getroffen. Sie stellte ihn vor die Wahl: „Entweder du oder den anderen. Dich liebe ich, im Gedanken an dich war ich immer glücklich. Auch noch zu der Zeit, als es mit uns nicht mehr klappte; und als du fort warst, habe ich einen richtigen Kult mit deinen Fotos und den Sachen, die du mir geschenkt hattest, getrieben. Ich fühlte mich wohl dabei. Denkst du noch an die Sterne, die ich nicht in den Kopf kriegen konnte? Ich habe sie alle gelernt: Berenice, Beteigeuze, Deneb, Wega und wie sie alle heißen. Erst lachtest du über mich, dann wurdest du böse. Weißt du noch?"

„Und den anderen, Fritzi, den liebst du auch noch?"

„Nein, den liebe ich nicht, aber der liebt mich, und das ist vielleicht auch eine Grundlage."

„Da magst du recht haben."

Johannes verzichtete zugunsten des andern. So war er wieder frei und ledig.

*

Karoline hingegen war nun endlich richtig verlobt. Sie hatte lange gewartet, denn Onno konnte sich einfach nicht entschließen. Mehrere Male war schon alles für eine Verlobungsfeier vorbereitet, aber immer hatte der heimliche Bräutigam kurz vorher mit einer nie sehr überzeugenden Entschuldigung abgesagt. Doch endlich war es dann soweit. Karoline war überglücklich, während Onno sich eher gelassen gab.

Als er mit dem Verlobungsring am Finger wieder in Karolines Haus nach Hamburg zurückfuhr, sollte nicht mehr allzuviel Zeit bis zur Hochzeit verstreichen. Das Haus war eingerichtet, Karoline hatte sich nicht ohne die Hilfe einiger befreundeter Ärzte sehr vorzeitig pensionieren lassen, und Onno hatte eine feste Stellung. Aber wieder zögerte er. Seine Briefe wurden spärlicher, seine Anrufe blieben ganz aus. Als Karoline daraufhin immer unausstehlicher wurde, schlug Mutter ihr vor, doch einmal nach dem Rechten zu sehen. Natürlich durfte Karoline nicht allein nach Hamburg reisen, das war völlig ungehörig. Was sollte man davon halten, wenn eine Braut zu ihrem Bräutigam reiste, der in einer anderen Stadt und noch dazu ganz allein im Haus als Junggeselle lebte?

Karoline war gar nicht recht begeistert, daß sie mich mit auf die Brautfahrt nehmen sollte, aber Vater und Mutter bestanden darauf. Ich selber freute mich mächtig, als Bill seine Erlaubnis erteilte, daß ich als Anstandsdame Karoline begleiten sollte.

Was also war mit Onno los? Ich hatte das Gefühl, daß uns irgendeine Entdeckung bevorstand, und fand das angenehm aufregend. Dazu kam auch noch, daß ich bei dieser Gelegenheit Karolines Haus endlich ansehen konnte.

Die erste Überraschung war die, daß der Bräutigam nicht am Zug war, obwohl wir ihn rechtzeitig gebeten hatten, uns abzuholen.

„Du, Karoline! Schon faul!"

Aber Karoline wußte, was sie ihrem künftigen Eheherrn schuldig war: „Er hat unser Telegramm nicht bekommen. Ehe das da draußen in den Walddörfern landet, ist der Tag vorbei."

Karoline mochte zwar recht haben, aber ich war sehr viel weniger gutgläubig; doch ich fühlte recht genau, es war besser, ihr jetzt nicht zu widersprechen, sonst verlor sie die Fassung.

Der gute Onno saß mutterseelenallein auf der Veranda in der schönen warmen Maiensonne und schlürfte mit Wohlbehagen seinen Nachmittagskaffee.

„Gutes Herz, da bist du ja!"

Dann, während er seine Braut in die Arme schloß, verdüsterte sich seine Miene. Er fragte recht unwirsch: „Was will Tinchen denn hier?"

„Hör mal", sagte ich zu meinem demnächstigen Schwager, „das ist aber eine ungewöhnlich herzliche Begrüßung. Bist du zu deinen lieben Gästen immer so freundlich? Du mußt sagen: ‚Guten Tag, mein liebes Tinchen, wie froh bin ich über dein Erscheinen!'"

Mit Recht fühlte sich Onno als Hausherr. Karoline hatte ihm im

Überschwang der Gefühle nicht nur sich selbst geschenkt, sondern auch noch das Haus mit dem gesamten Mobilar, für das sie sich das Geld geliehen hatte, das noch manches Jahr abgezahlt werden mußte. So saß Onno hoch zu Roß, als er mir antwortete: „Warum soll ich heucheln? Du bist doch auch immer für Wahrheit, was allerdings bei dir häufig in Taktlosigkeiten ausartet. Ich kann dir ganz offen sagen, daß du in meinem Hause nicht erwünscht bist. Deine pointierten Redensarten sind mir ein Greuel."

„Aber Onno, ich tu' dir doch nichts. Wie kann man in seinem Glück nur so unleidlich sein?"

„Um es kurz zu machen", sagte Onno kühl und bestimmt, „fahr wieder nach Hause."

„Nein, Engelchen, das geht leider nicht, denn wir haben hier eine Mission zu erfüllen. Ich bin mitgereist im Auftrag deiner lieben Schwiegereltern."

„Und was wollt ihr hier?" Onno wurde immer böser.

„Nur so mal eben kurz nach dem Rechten sehen, so nach deinem Wohlbefinden!"

Ich säuselte mit der süßesten Stimme. Das brachte Onno zur Verzweiflung, allerdings Karoline nicht minder, die sich zwischen den Fronten höchst ungemütlich fühlte.

Für wen sollte sie sich entscheiden?

Es entstand eine längere, bedrückende Pause. Immer, wenn Onnos Blick mich zornig streifte, lächelte ich ihn verbindlich an.

Um der Sache eine erfreulichere Wendung zu geben, packte Karoline unseren Proviant aus. Wie immer hatte Mutter es wirklich gut mit uns gemeint und uns für ein paar Tage versorgt. Auch Onno hatte sie reichlich bedacht. Aber Onno verweigerte standhaft jede Nahrungsaufnahme, obgleich es ihm bei allen anderen Gelegenheiten „trefflich mundete", wie er es immer ausdrückte. Er behauptete plötzlich, noch Besorgungen in der Stadt machen zu müssen.

„Dann könnte ich doch mit dir fahren", meinte die sonst so stolze Karoline bittend, was mich wieder ärgerte.

„Dabei kann ich dich nicht brauchen, gutes Herz. Du mußt dich auch nach der langen Reise ausruhen und bleibst sicher lieber bei deiner Schwester!"

Karoline sank enttäuscht in sich zusammen.

Onno ging in seine oberen Gemächer, und man hörte Badewasser rauschen und plätschern.

Nach einer halben Stunde, während der Karoline und ich uns schweigsam gegenübergesessen haben, kam Onno munter trällernd, ganz in sommerliches Weiß gekleidet, herunter. Der Abschied von seiner Braut war sehr kurz, und mich übersah er ganz. Mit beschwingten Schritten ging er am Gartenzaun entlang zur Hochbahnhaltestelle. Karoline kämpfte mit den Tränen.

„Karoline, was sagst du nun?"

Da brach Karoline in Schluchzen aus. Ihre ganze Enttäuschung entlud sich gegen mich:

„Du, du hast die Schuld, daß Onno weggegangen ist! Du hast immer so ein freches Mundwerk! Gar kein Wunder, daß Onno dich nicht ausstehen kann! Du hast die Schuld! Er hat ganz recht, was willst du überhaupt hier? Dummes Küken! Meinst du, Onno und ich lassen uns von dir kontrollieren?"

Ich fiel aus allen Wolken. Hatte denn Karoline den Verstand verloren? Dieses bildhübsche Mädchen, nach der sich jeder Mann umsah, war verzweifelt, ausgerechnet wegen dieses Onno? Mit dem stimmte doch etwas nicht! Mußte ein liebender Bräutigam nicht am Zug sein und seine Braut mit offenen Armen empfangen? Mußte er nicht Blumen bereit haben zum Empfang? Mußte er vor lauter Glück nicht auch seiner verhaßten Schwägerin gegenüber Haltung bewahren? Nein, er verließ das Haus, er schmückte sich, bevor er fortging, er sang, er war direkt ausgelassen, weil ihm irgend etwas einfiel, um seine Braut allein zu lassen. Und da sollte ich die Schuld haben? Nein, da tat Karoline mir bitteres Unrecht an, da stimmte etwas nicht. Aber was?

Karoline schlief die ganze Nacht nicht. Ich wachte jedesmal auf, wenn ihr Bett knarrte.

Unser Hausherr kam in dieser Nacht nicht heim.

Als wir am andern Morgen frühstückten, hatte Karoline sich gefangen. Sie sprach jetzt ganz vernünftig mit mir: „Meine Güte, wie sehen meine schönen Sachen aus! Und, sieh mal hier, diese Haarnadel, die stammt gewiß nicht von mir!"

„Ja, was willst du denn nun machen?" fragte ich zielbewußt. Ich erwartete, daß sie die Konsequenzen zog, wie sie es von anderen immer so klar und vernünftig verlangte.

263

„Wenn ich das nur selber wüßte. Ich habe die ganze Nacht darüber nachgedacht, bin aber zu keinem Resultat gekommen. Es ist alles so verzwickt und schwierig."

„Wieso verzwickt und schwierig? Was ist denn dabei schwierig? Du bist dir doch hoffentlich über deinen Onno im klaren. Oder – ?"

„Es könnte sich ja noch alles aufklären. Du weißt doch, welche Mühe mir meine Pensionierung gemacht hat. Nun kann ich doch nach einem halben Jahr nicht zur Oberschulbehörde gehen und sagen: ‚Mein Halsleiden hat sich nun gebessert. Ich will wieder Lehrerin spielen, weil mein Bräutigam auf verbotenen Pfaden wandelt'!"

„Das geht natürlich nicht. Aber dieses Benehmen deines Onno zeugt ja nicht gerade von flammender Begeisterung für dich."

„Nicht wahr? Aber nun denk mal weiter. Ich habe das Haus gekauft, habe es von oben bis unten eingerichtet und es Onno überschrieben, weil ich doch bestimmt angenommen habe, daß wir bald heiraten. Und nun? – –"

Ich wußte für Karoline nur einen Rat, und ausgerechnet den wollte sie nicht hören.

Am Nachmittag kam Onno zurück. Er begrüßte sein „gutes Herz" mit einem flüchtigen Kuß auf die Stirn und übersah mich ganz.

Nach einem kurzen Augenblick meinte er: „Geht doch bitte mal einen Moment nach draußen, ich muß mal eben telefonieren."

„Aber Onno, dein ‚gutes Herz' darf doch wohl zuhören, wenn du telefonierst. Daß du mich nicht dabeihaben willst, kann ich verstehen. Ich gehe natürlich raus."

Darauf musterte Onno mich mit unverkennbarer Antipathie und meinte: „Doch, doch, ich meine euch beide."

Karoline ging gehorsam zuerst hinaus, und ich folgte ihr. Langsam gingen wir im Garten auf und ab.

Da hörten wir Onnos Stimme am Telefon:

„Nein, heute leider nicht. Meine Braut ist gekommen mit ihrer Schwester. – – Wie bitte? – – Nein, verheiratet, aber sieben Jahre jünger. – – Wie sagtest du? – – Nein, keine Spur, eingebildete dumme Pute. – – Es geht nicht. Warum? – – Meine Braut regt sich dann auf. – – Ja, noch heute abend, du kannst dich bestimmt darauf verlassen. Tschüssing!"

Hatte Onno vergessen, das Fenster des Herrenzimmers zu schlie-

264

ßen, oder gab es eine Absicht? Tatsache war, daß er sich am gleichen Abend in sein Zimmer zurückzog und sich bei Karoline entschuldigte, er habe noch Wichtiges zu schreiben.

„Kann ich dir nicht dabei helfen?" fragte Karoline ergeben. „Vielleicht diktieren?"

„Wahrlich gut gemeint, aber das mach' ich lieber allein." Damit ging Onno pfeifend die Treppe hinauf.

„Wenn ich doch rausbekommen könnte, wie die Dame heißt!"

„Und wenn du das weißt, Karoline, was dann?"

„Dann bin ich schon einen Schritt weiter. Dann geh' ich eben mal zu ihr und erzähl' ihr, daß Onno und ich verlobt sind. Vielleicht weiß sie das gar nicht. Das klärt die Lage, und dann hab' ich gewonnen."

„Karoline, entschuldige, Onno hat doch gerade eben am Telefon ‚meine Braut‘ gesagt, also weiß sie doch von deiner Existenz."

„Ja? Hat er das? Hab' ich nicht gehört. Stimmt das auch? Kannst du dich nicht geirrt haben?"

„Ausgeschlossen, ich hab' aufgepaßt wie ein Luchs."

„Was machen wir jetzt? Weißt du einen Rat?"

Wir überlegten lange. Keiner kam ein vernünftiger Gedanke. Ganz leise hörten wir von oben Onnos Schreibmaschine klappern, es schien ein umfassendes Werk zu werden. Halt ich hab's!

„Karoline, wo ist euer nächster Briefkasten?"

„Unser Briefkasten?" fragte Karoline erstaunt, „wozu willst du das wissen?"

„Ich brech' den Briefkasten auf, sowie Onno seinen Brief hingebracht hat!"

„Aufbrechen??" Karoline war starr.

„Jawohl, aufbrechen! Dann haben wir die Adresse, denn Onno wird seinen Herzenserguß auf jeden Fall noch heute abend in den Kasten werfen, damit die Dame morgen nicht vergeblich wartet."

„Aber Tinchen, dann bist du ja ein richtiger Verbrecher!" Das sagte sie nicht nur, das meinte sie auch so, denn daß ihr Vorwurf ernst gemeint war, bewies ihre strenge Lehrerinnenmiene.

Doch dann, nach einigem Nachdenken: „Wie willst du das denn machen?" Karoline machte dabei ein so ratloses Gesicht, daß ich mich für den Plan wirklich erwärmte.

„Ich? Ich will das ja gar nicht allein. Du mußt mitkommen. Auf jeden Fall, denn bei einem richtigen Verbrechen muß auch einer Schmiere stehen. Das Amt übernimmst du."

„Nein, nein, laß mich mit solchen Sachen zufrieden. Stell dir bloß vor, jemand sieht uns."

„Das Ganze geht überhaupt nur, wenn ihr solch einen altmodischen Briefkasten habt."

„Wieso altmodischen Briefkasten?" fragte sie mißbilligend, als ob ich aus lauter Freude am Werk zum Briefkastenknacker werden wollte.

„Tu doch nicht so dumm! So ein kleines Ding mit Klappe an der Seite. Darunter ist ein weißer, rot versiegelter Brief gemalt!"

„Ja, so einer ist das hier!" Karolines Augen fingen langsam an zu leuchten, ein sicheres Zeichen für aufkommende Unternehmungslust.

„Na also, was wollen wir noch mehr? Das Glück ist uns hold."

„Und die Sonne Homers, siehe, sie lächelt auch uns", zitierte Karoline. Sie war nun wieder ganz bei der Sache.

„Tinchen, hör mal, du bist mir doch nicht böse, daß ich dich gestern so angebrüllt habe. Ich hatte mich aber auch mächtig geärgert. Irgendwo mußte ich meinen Groll abladen. Da kamst du mir wie gerufen."

„Ach Quatsch, ich bin dir nicht böse."

Karoline und ich saßen den Rest des Abends auf der Veranda. Noch immer hörten wir oben Onnos Maschine klappern.

Dann schien er fertig zu sein. Man hörte seine Tritte, hörte die Tür auf- und zugehen. Onno kam die Treppe herunter.

„Ich gehe noch mal eben weg", ließ er im Vorbeigehen fallen.

Karoline und ich sagten keinen Ton, wir saßen mucksmäuschenstill und zwinkerten uns nur heimlich zu. Onno kam schnell wieder, rief von der Diele her „Gute Nacht!" und schloß geräuschvoll die Tür zu seinem Zimmer ab.

„Ob der Angst hat, wir würden ihm seine Tugend rauben?"

„Tinchen, tu mir den einen Gefallen, und hör mit deinen dummen Redensarten auf, ich kann sie jetzt wirklich nicht ertragen."

„Was heißt hier Redensarten? Zum Werke, das wir ernst bereiten, geziemt sich auch ein ernstes Wort!"

„Wohl ein ernstes Wort!" verbesserte sie. Sie war und blieb Lehrerin, trotz Pensionierung und Brautstand.

„Gut, sollst deinen Willen haben. Hast recht wie immer. Nun müssen wir mal nachsehen, was Onno für Werkzeuge hat."

„Die hängen hier in der Kellertreppe an der Wand."

Oh, wie waren wir überrascht von Onnos Ordnungsliebe! An einem Brett hingen Werkzeuge aller Art in Lederschlaufen. An ihrem Standort klebten kleine weiße Schildchen mit Nummern. Neben dem Brett hing ein Wachstuchheft. Darin hatte Onno die Werkzeuge nach Nummern verzeichnet. Neben Verwendungsmöglichkeit, Preis und Anschaffungsjahr war noch eine Rubrik „Verliehen an". Diese Rubrik war leer! Onno hielt schon damals fest, was er hatte!

Wir liehen uns ein Stemmeisen und einen Hammer, ohne die Verleihrubrik auszufüllen. Der Briefkasten hing unbeleuchtet am Ende der totenstillen Straße. Der Wald auf der andern Seite „stand schwarz und schweigend".

„Du, ich hab' richtiges Herzklopfen. Hör mal zu, ich glaube, dann kannst du's sogar hören", flüsterte Karoline.

„Dein Herz interessiert mich jetzt nicht. Paß lieber auf. Halt mal den Hammer!"

„Hast du denn kein Herzklopfen?

„Denkst du etwa nicht?"

Auch hier war der Dienst am Kunden der Reichspost vorbildlich, denn sogar für unseren Fall war größtmögliche Sorge getroffen. Ein leichter Druck mit dem Stemmeisen, und der Kasten stand offen.

„Hol aber nur den Brief raus, alles andere laß um Gottes willen drin!" flüsterte Karoline.

Doch es war überhaupt nichts im Kasten. Unsere Mühe war umsonst gewesen. Wo war Onno mit seinem Schreiben geblieben? Ganz enttäuscht schlichen wir nach Hause.

„Wenn es auch keinen Erfolg gehabt hat, ich werd' dir das nie vergessen", flüsterte Karoline unter Tränen der Rührung und Dankbarkeit.

Aber am kommenden Tag erschien alles in einem ganz anderen Licht. Das Brautpaar, das sich wohl inzwischen ausgesprochen hatte, war sichtlich erfüllt von ungetrübter Liebe. Karoline reagierte nicht auf mein Augenzwinkern. Als ich sie beim Frühstück unter dem Tisch gegen das Schienbein trat, meinte sie ärgerlich: „Laß doch die Kindereien!"

Nach dem Frühstück flüsterten Onno und Karoline eifrig miteinander, und Karoline setzte ihre Amtsmiene auf, als sie mich dann anredete: „Also, es hat sich alles aufgeklärt." Und dann räusperte sie sich.

„Du Ärmste, macht sich dein Halsleiden wieder bemerkbar?"

Karoline ging aber nicht auf diese Bosheit ein, sondern holte tief Atem und fing noch einmal an: „Also, es hat sich alles aufgeklärt. Die Dame, die verschiedentlich hier war, ist Frau Sinn!"

„Wie heißt die Dame?" Ich konnte ein Lachen nicht verbergen.

„Warum der Name dich heiter stimmt, ist mir nicht ganz klar. Die Dame ist Onnos frühere Wirtin, bei der er möbliert gewohnt hat. Dabei kann man ja wirklich nichts finden, wenn die ihn ein bißchen betreut. Ich bin sogar sehr froh darüber."

„Diese Freude kannst du aber vorbildlich meistern!"

„Ja, da Onno und ich uns nun ausgesprochen haben, ist es wohl das beste, du fährst wieder nach Hause. Wenn du dich ein bißchen beeilst, kriegst du den Mittagszug noch."

„Karoline, was soll ich denn zu Vater und Mutter sagen?"

„Die Wahrheit! Erzähl doch, daß du wieder einmal Unfrieden gestiftet hast!"

„Und was darf ich von dir erzählen? Wann können sie dich erwarten?"

„Weiß ich noch nicht. Nun reise bitte ab."

„Bringst du mich zur Bahn?"

„Nein, ich muß für Onno kochen."

Diesmal sagte ich Karoline nicht „Auf Wiedersehen."

Nebenbei bemerkt

Das Ende des Zweiten Weltkrieges verschlug mich nach Hamburg in die Walddörfer, wo in der gleichen Straße Onkel Onno und Onkel Johannes – dieser als Erbe meiner inzwischen verstorbenen Großeltern – ein Haus ihr eigen nannten. Onkel Onno, den in den letzten Kriegswochen noch der Volkssturm geholt und täglich mit der Hochbahn an die Front nach Harburg geschickt hatte, traf es zunächst einmal böse: Er war näm- lich Blockleiter gewesen. Ich möchte meine Hand dafür ins Feuer legen, daß ihm dieses Amt auch vor dem Ende des Krieges nur Unannehmlich- keiten in Gestalt von Beiträge kassieren, Zettel verteilen, Eintopfspen- den sammeln und Verdunkelung kontrollieren gebracht hatte; nach dem Krieg aber entfernte man ihn zunächst aus dem Schuldienst, er wurde zum Torfstechen kommandiert und bekam zu Tante Karolines Kummer nicht weniger als sechs Personen in sein kleines Haus eingewie- sen. Eine dieser Personen war ich.

In Onkel Johannes' Haus – er kam erst 1950 aus Rußland zurück – wartete meine Mutter nach Kriegsende auf eine Möglichkeit, wieder zurück ins Rheinland zu gelangen. Als wir einmal gemeinsam mit der Hochbahn aus der Stadt heimkehrten, deutete sie kurz hinter dem Bahn- hof Barmbek auf die trostlose Trümmerlandschaft und sagte: „Da ir- gendwo liegt Frau Sinn begraben!"

Sie sagte dies nicht gerade mit großer Trauer, wofür ich vollstes Ver- ständnis hatte. Ich war damals schon erwachsen und wußte, welch fatale Rolle diese Dame in der Ehe meiner Lieblingstante viele Jahre hindurch spielte. Zwar hatte es für Onkel Onno auch noch diese und jene besonders liebe Kollegin gegeben, aber Frau Sinn war gewissermaßen eine stehende Einrichtung. Und nun war sie tot, wie Onkel Onno seiner Frau kum- mervoll berichtet hatte – umgekommen in ihrer so bequem bei seiner Schule gelegenen Wohnung – und konnte kein Unheil mehr anrichten.

Man hätte ihr zwar gewünscht, daß sie auf weniger schreckliche Weise aus Onkel Onnos Gesichtskreis verschwunden wäre, vielleicht durch eine vorteilhafte Heirat nach Australien oder so, aber es wäre zuviel ver- langt, daß die Familie wegen ihres Endes großen Kummer verspürt hät- te, zumal sie keiner von uns gekannt hatte.

Die Jahre vergingen. Ich fuhr täglich mit der Hochbahn, und oft wenn es hinter Barmbek in die Kurve ging, kam mir angesichts des Trümmer- feldes die hier umgekommene Dame in den Sinn, und es ergab sich auch, daß man hin und wieder mit den übrigen Familienmitgliedern ein paar Worte über diese denkwürdige Stelle wechselte, wenn man sie gemein- sam passierte.

Allmählich verschwanden auch die letzten Trümmer, und mehr oder weniger häßliche neue Mietshäuser entstanden anstelle der alten, zerstörten. Onkel Onno stach längst nicht mehr Torf und stellte auch keine Modellwikingerschiffe mehr her, sondern ging wieder elastischen Schrittes zur Schule.

Da geschah es eines Tages, daß Tante Karoline, die sich für die täglichen Einkäufe auf den Weg gemacht hatte, ihr Portemonnaie vergaß, auf dem Absatz kehrtmachte und gerade zurechtkam, um Onkel Onno telefonieren zu hören.

Es ergab sich sonnenklar, daß er mit Frau Sinn telefonierte, die keineswegs tot war, und daß auch die alte Liebe ganz offensichtlich noch lebte. Dies passierte kurz vor der silbernen Hochzeit, die dann merkwürdigerweise trotz allem im Familien- und Freundeskreis gefeiert wurde. Es war für Tante Karoline ein schrecklicher Schlag, daß sie nun eigentlich in all den 25 Jahren nie ihren Mann für sich allein gehabt hatte. Sie bekam Asthma und hatte eigentlich keine Lust mehr zum Leben.

Doch so schnell wurde dann doch das Schicksal nicht mit ihr fertig: eines schönen Tages verschwand das Asthma wieder, ihr Lebensmut und ihre Unternehmungslust kehrten zurück, sie nahm sich einen teuren Schneider, ging viel ins Theater, sammelte Porzellan und machte große Reisen. Was Onkel Onno tat, berührte sie nur noch am Rande. Da sie beide über 80 Jahre alt wurden, tat er in den letzten Jahren auch nicht mehr viel.

Schließlich starb er zuerst. Gerechterweise muß ich berichten, daß er mit zunehmendem Alter immer freundlicher und menschlicher wurde und daß vor allem die nächste Generation, die sich so nach und nach einstellte, den Opa oder den Großonkel Onno, der jetzt zu allen Kindern viel netter war als je zu seinen eigenen, sehr gern hatte.

Als er schon seit längerer Zeit neben meinen Großeltern auf dem Friedhof ruhte, besuchte ich einmal Tante Karoline. Sie saß auf ihrem hübschen Biedermeierohrensessel, und wir besprachen dies und das. Auf einmal sagte sie sehr nachdenklich:

„Für eines bin ich doch meinem lieben Onno sehr dankbar!"
Und als ich sie fragte, wofür denn, antwortete sie fröhlich:
„Daß er mir noch diese schönen ruhigen Jahre geschenkt hat!"

12.

Zwei kleine und ein paar große Mädchen
Ein Bubikopf
Der Kampf um die Taille

Meine Ehe mit Bill lief friedlich dahin. Obwohl er lange nicht mehr so herzlich und geduldig mit mir war wie am Anfang unserer Bekanntschaft und auch völlig aufgehört hatte, mich zu bewundern und, wie er versprochen hatte, mit allem, was ich auch täte, zufrieden zu sein, fühlte ich mich in dieser Zeit eigentlich wohl. Die große Liebe, die angeblich in der Ehe kommen soll, hatte sich bei mir im Laufe der Jahre nicht eingestellt, und Bill wartete auch wohl nicht mehr darauf. Er war geschäftlich recht erfolgreich, reiste viel umher und erzählte begeistert von seinen Reisen. Immer brachte er mir und den Kindern schöne Geschenke mit; also hatten wir doch wohl einen Platz in seinem Herzen. Und das genügte mir. Um seine beiden kleinen Töchter kümmerte er sich allerdings herzlich wenig und überließ die Erziehung voll und ganz mir, das heißt genaugenommen mir, Vater, Mutter und den beiden Schwestern. Denn alle beteiligten sich lebhaft daran.

„Mit einem Kind muß sich vom ersten Tage an beschäftigt werden!" war Mutters Erziehungsregel, während Vater meinte: „Kinder dürfen nicht lügen und müssen gehorchen, alles andere kommt dann schon von selbst!" Emilie schrieb Pünktlichkeit und Sauberkeit auf ihre Fahne, und Karoline war dafür, daß man gar nicht früh genug den Sinn für das Edle und Schöne wecken könne.

Auf Liselotte, die Älteste, konzentrierten sich die noch unverbrauchten Energien. Von allen Seiten wurde sie mit geistigen Anregungen überschüttet, so daß sie schon mit vier Jahren Rubens und Rembrandt auseinanderhalten konnte. Dieses Zeugnis eines reifen Geistes erfüllte vor allem den Großvater mit Stolz, der es wie alle

271

Großväter liebte, mit dem ältesten Enkelkind vor seinen Bekannten zu glänzen; aber auch Liselotte genoß es sichtlich, im Mittelpunkt zu stehen. Leider hielt der kleine Körper mit dieser geistigen Entwicklung nicht Schritt: Liselotte war ein sehr zartes, übersensibles kleines Mädchen, das dauernd irgendwelche Krankheiten ausbrütete.

Heilwigs Entwicklung verlief ganz anders: sie bekam pünktlich ihre Babymahlzeiten und wurde viel mehr in Ruhe gelassen. Sie war von Anfang an ein bequemes Baby, das viel schlief und sich fröhlich mit sich selbst beschäftigen konnte. Im übrigen zog ja sowieso die viel lebhaftere große Schwester alle Aufmerksamkeit auf sich. Doch wenn auch die Kleine mit dieser Behandlung zufrieden war – Großeltern und Tanten waren es nicht: „Du vernachlässigst den kleinen Geist!" hieß es. Oder man fragte spitz: „Was macht denn die Lüttsche? Vielleicht schläft sie mal gerade wieder?"

Später bewunderte die Lüttsche bedingungslos die große Schwester, die noch weit in die Schulzeit hinein das Kommando führte und bei allen Taten und Untaten tonangebend war – nicht immer zum Vorteil der Kleinen, die unter Liselottes Führung ständig in mütterliche Ungnade geriet oder auf Bäume, von denen sie nicht mehr herunterkonnte, und in Nachbars Hühnerstall, aus dem es anscheinend keinen Ausweg gab.

Liselotte spielte gern alles das mit verteilten Rollen, was sie von Opa oder den Tanten an Geschichten gehört hatte. Sie war mit Vorliebe Maria, und Heili war dann ein etwas klein geratener rundlicher Jesus, denn die Oma erzählte gern biblische Geschichten. Aber auch Märchen wurden mit großer Leidenschaft inszeniert. Wenn nur der zweite Darsteller etwas mehr Begeisterung an den Tag gelegt hätte! So entwickelte sich folgendes Zwiegespräch:

„Heili, was willst du sein? Ich bin der Königssohn oder auch Schneewittchen. Dann bist du die böse Stiefmutter."

„Nö!"

„Heili, du kannst ja meinetwegen nachher auch mal Schneewittchen sein, nur nicht der Königssohn; Königssohn muß immer der größere sein, und der bin ich."

„Nö!"

Liselotte stand am Rande der Verzweiflung. Sie machte Konzessionen. Das schöne Spiel durfte nicht platzen.

„Heili, wer möchtest du denn sein?"

„Ich will keiner sein."

Das war eigentlich ein immer wiederkehrender Dialog bei der Rollenbesetzung. Heili wollte ihre Ruhe haben. Sie konnte ergiebig mit irgend etwas ganz Kleinem spielen, dabei durfte sie keiner stören.

„Wer kommt in meine Arme?"

Liselotte hatte sich hingehockt und breitete ihre zarten Ärmchen aus, voller Erwartung und bereit, das heranlaufende Schwesterchen aufzufangen und in die Arme zu schließen.

„Keiner!" kam es von der anderen Seite zurück.

*

Da Bill immer wieder versuchte, aus mir die Art von Hausfrau zu machen, die ihm als Ideal vorschwebte, hatte er mir als Weihnachtsgeschenk eine elektrische Nähmaschine mit allen Schikanen unter den Christbaum gestellt. Manche Schneidermeisterin hätte mich darum beneidet, aber ach, ich wußte gar nichts damit anzufangen.

Bill stellte mir wie immer seine Schwestern als nachahmenswertes Vorbild hin. Es gab davon ja mehrere, also waren die Vorbilder reichlich vorhanden. O diese Schwestern!

„Berta näht sich alles selbst. Hast du nicht schon gemerkt, daß sie immer fabelhaft angezogen ist? Die hat Geschmack, daran könntest du dir ein Beispiel nehmen!"

Oder: „Emmi kocht wie ein Hotelkoch, der Mann kann wirklich von Glück sagen, der die mal heiratet. Die schwierigsten Gerichte geraten ihr mühelos! Ja, ja, es gibt schon noch Frauen, die kochen können!"

„Sophie ist sehr klug. Augenblicklich arbeitet sie Einsteins Relativitätstheorie durch. Spielend wird sie damit fertig. Sie spricht ein fehlerloses Französisch, und nun lernt sie Italienisch. Sie könnte glatt dolmetschen."

„Berta stopft trotz ihrer zwei Mädchen ihre Strümpfe selbst. Das macht ihr keiner gut genug. Du kannst das Loch nachher nicht mehr sehen!"

Ich kannte diese Litanei schon auswendig. Am häufigsten und mir am meisten zuwider war dieses verflixte „näht sich alles selbst", das mir auch in bezug auf andere Frauen vorgehalten wurde.

Ich dagegen war wohl ein hoffnungsloser Fall für Schneiderarbeiten. Ich begriff diese hohe Kunst mit dem besten Willen nicht. Um aber Bills Wünschen gerecht zu werden, nahm ich auf Mutters Zureden hin an einem Zuschneidekursus für Anfänger teil. Ich versuchte mein Heil an einem weinroten Morgenrock und einem Hauskleid. Das Resultat war erschütternd! Mutters Schneiderin mußte die Werkstücke vollenden, aber ich konnte sie trotzdem nicht anziehen: sie waren total verschnitten.

Bill mußte einsehen, daß bei allem guten Willen keine Hoffnung für mich bestand, auch nur einen Bruchteil des Schneiderhandwerks zu beherrschen, und resignierte aufseufzend.

„Aber Bill, sei doch nicht so ärgerlich! Ich hab' mir so große Mühe gegeben. Meine Fähigkeiten liegen eben auf einem andern Gebiet."

„Und das wäre? Erzähl doch mal, das würde mich interessieren. Bis jetzt bist du doch in allem ein großer Versager. Viel Geschrei und wenig Wolle! Kochen kannst du nicht, nähen kannst du nicht. Kannst du eigentlich einen Strumpf stricken?"

„Bill, nun hör aber auf. Wer strickt denn heutzutage noch Strümpfe? Würdest du Strümpfe tragen, die ich gestrickt habe? Ich möchte das bezweifeln!"

Bill nahm meinen Einwand nicht zur Kenntnis. Er fuhr fort: „Um meine Anzüge könntest du dich auch gelegentlich mal kümmern!"

„Deine Anzüge? Aber die sind doch tadellos in Ordnung!"

„Ja, aber wer sorgt denn dafür? Das Mädchen bügelt sie."

„Ich geb' aber doch die Anordnung und seh' hinterher nach, ob alles ordentlich ist."

„Anweisung geben", wiederholte Bill spöttisch, „das ist in der Tat eine Mordsarbeit. Hoffentlich übernimmst du dich nicht dabei!"

Es hatte keinen Zweck, noch mehr zu sagen. Bill war schon fortgegangen.

Meine Schwägerin Berta wurde mir am häufigsten als Vorbild hingestellt. Sie hatte anscheinend alle Hausfrauentugenden gepachtet. Mit Hilfe zweier Dienstmädchen führte sie ihren Haushalt perfekt, ihre Kinder waren unglaublich brav und manierlich, und ihrem „Manni" war sie eine kluge Ratgeberin in geschäftlichen Dingen.

Aber eines Tages war alles aus!

Berta hatte auf einer ihrer vielen Bäderreisen einen Mann kennengelernt, der hübscher und noch reicher war als ihr eigener. Nun kann ja im allgemeinen ein von Liebe lichterloh entflammter Mensch seine Gefühle nicht mehr sicher kontrollieren, aber Berta, die sich, von namhaften Architekten unterstützt, kurz vor ihrem Sündenfall in Tirol ein entzückendes Haus gebaut hatte, fuhr voller Umsicht in großer Eile gen Süden. Dort ließ sie schnellstens das gesamte Mobiliar ihres neuen Hauses einpacken und schickte es an die Adresse ihres neuen Auserwählten.

Ihre Wäschebestände hatte sie noch rasch auf das kostbarste sehr reichhaltig ergänzt und auch diese nebst Pelzmänteln, Schmuck und Kleidern an die gleiche Adresse verschickt, denn Berta wollte keinesfalls ohne Aussteuer ihre neue Ehe eingehen. Peinlich war nur, daß sie zur Zeit der Scheidung, als sie noch von den Zuwendungen ihres verlassenen Mannes lebte, sich ihre Apanage persönlich jeden Monat bei ihm abholen mußte, denn das hatte er zur Bedingung gemacht.

Ihre Kinder – das älteste war gerade zwölf Jahre alt geworden, als die Mutter wieder heiratete – überließ sie großzügig dem Vater.

„Die sind ja groß genug, die brauchen mich nun nicht mehr!" Das waren ihre Worte, als sie mit ihrem neuen Mann als Hochzeitsreisende auf dem Flughafen aus der Maschine stieg, um uns zu besuchen.

Nein, Berta wurde mir dann nicht mehr als Beispiel hingestellt. Aber diese Lücke fiel kaum auf. Es war ja genügend Ersatz vorhanden.

*

Trotz seiner bissigen Bemerkungen wäre aber Bill nicht im Traum auf die Idee verfallen, daß ich meinen zunächst noch kleinen und erst später auf vier Personen angewachsenen Haushalt ohne die Hilfe eines dienstbaren Geistes führen sollte. Schon in Vaters und Mutters zwei Zimmern mußte ich ja mein eigenes „Personal" halten.

So hatte ich im Laufe der Jahre mancherlei Mädchen, bis ich endlich die gute Therese fand, die so tüchtig und mir so treu ergeben war. Es lag wohl an der wirren Nachkriegszeit, daß auch manches junge Mädchen aus dem Geleise geworfen war. Zudem wollten viele damals schon nicht mehr in den Haushalt, so daß man nicht allzu wählerisch sein durfte. Meine Jugend und Unerfahrenheit spielte sicher eine große Rolle. Viele meiner Hilfen waren älter als ich und sahen in mir ein unerfahrenes Geschöpf, womit sie sicher nicht unrecht hatten. Die einen nutzten meine Dummheit aus, die anderen ließen mich im Stich. Bei jeder neuen Perle nahm ich mir vor, mehr Autorität zu zeigen und wenigstens ein bißchen die „Gnädige" herauszukehren. Doch das brachte ich nie recht fertig.

Ida beispielsweise war wesentlich älter als ich. Sie verstand alles besser als ich und benahm sich mir gegenüber eher gönnerhaft. Wenn Bill verreist war, legte sie sich mit großer Selbstverständlichkeit in sein Bett, um mich zu beschützen. Später stellte sich heraus, daß Emilie dies angeordnet hatte, die überhaupt gern ihre Hand über mein Personal hielt. Karoline überwachte meine Kinder, Mutter gab mir Ratschläge für den Haushalt, Vater redete mir gut zu, wenn ich an Bill etwas auszusetzen hatte – wie konnte ich mich da als Hausherrin entfalten? Immerhin entließ ich zu Emilies Ärger Ida ganz selbständig, als sie nicht aufhörte, oft und gern an Bills Cognac-Flasche zu gehen und über Sonntag für ihren Bräutigam jeweils eins von Bills besten Oberhemden mitzunehmen.

Als nächste Perle kam dann Gertrud ins Haus.

Meine Schwiegermutter hatte mich eingeladen, sie zu besuchen, und mir im gleichen Atemzug nahegelegt, doch Liselotte und Heili daheim zu lassen. Kinder brächten immer soviel Unruhe, das mache ihren Mann nervös. Also durften die Kinder die Unruhe in mein eigenes Elternhaus bringen, und ich reiste gen Norden, ganz beruhigt in der Annahme, daß Gertrud, die sich in den ersten Tagen glänzend bewährt hatte, schon Ehemann und Wohnung versorgen würde.

Aber wie sah es aus, als ich nach einer Woche zurückkam! Mir fiel auf, daß mancher Teller von meinem guten Eßservice fehlte. Alle Milchtöpfe – sie standen sonst der Größe nach auf einem Regal ausgerichtet und führten da ein nur dekoratives Dasein – waren angefüllt mit Zigarettenstummeln. Da mußte aber einer unaufhörlich gequalmt haben!

Aber wer denn nur? Bill kam dafür nicht in Frage. Er würde nie seine Zigarette in einem Milchtopf abstreifen.

„Sagen Sie mal, Gertrud, rauchen Sie?" fragte ich ganz sanft, denn

276

mir stand schon wieder das Schreckgespenst einer Kündigung vor
Augen.

„Ich?? Meinen Sie mich?" antwortete Gertrud beleidigt, „ich habe
noch nie eine Zigarette im Mund gehabt!"

„Woher kommen denn die vielen Zigarettenstummel in meinen
Milchtöpfen?" forschte ich schon etwas energischer.

„Da fragen Sie am besten mal den Herrn", antwortete Gertrud
patzig.

„Nein, das ist bei uns nicht üblich."

„Meinen Sie denn etwa bei unsereiner?"

Ich kann mir nicht erklären, warum mir plötzlich der Gedanke kam,
Gertruds Zimmer zu besichtigen. Die Mansarde war verschlossen.

Ich witterte irgend etwas Außergewöhnliches.

„Gertrud, geben Sie mir doch mal schnell den Schlüssel zu ihrem
Zimmer." Ich fühlte mich als Herr der Situation, und meine Stimme
klang jetzt fest.

„Den hab' ich verloren", stotterte Gertrud, aber ich merkte gleich,
daß sie die Unwahrheit sagte.

„Dann suchen Sie ihn gefälligst. Ist der Schlüssel in einer Viertelstunde nicht da, werde ich die Tür aufbrechen lassen. Verstehen Sie
mich?"

Gertrud entging nicht die Entschlossenheit in meiner Stimme. Sie
wand sich: „Es ist aber noch nicht sauber. Soll ich nicht lieber erst
mal sauber machen?"

„Dazu war Zeit genug, als ich fort war, nun ist das nicht mehr
nötig."

Gertrud zog den Schlüssel aus ihrer Schürzentasche und übergab
ihn mir zögernd und erschrocken.

Ich schloß das Zimmer auf und blieb wie erstarrt im Türrahmen
stehen. Ein Bild heilloser Unordnung fiel mich an. Meine Wäsche,
Bills Wäsche, Gertruds Wäsche lagen auf dem Boden im wüsten
Durcheinander. In einem unbeschreiblichen Zustand befanden sich
Waschschüssel, Nachtgeschirr, Wasserkrug und Eimer. Der Fußboden war übersät mit Zigarettenasche. Apfelsinen- und Bananenscha-
len mischten sich mit gekochten Kartoffeln. Auf der Kommode standen Stöße schmutzigen Geschirrs mit Speiseresten und angebissenen
Butterbroten. Mich überkam Ekel.

Plötzlich verspürte ich ein merkwürdiges Angstgefühl. Nur ganz langsam drehte ich mich zum Bett um, das hinter der Tür stand und das ich bei meinem Eintreten nicht beachtet hatte.

In dem Bett lag ein Mann, der mich die ganze Zeit angesehen hatte. Er schmunzelte und sagte: „Guten Morgen, junge Frau!"

Ich rannte die Treppe hinunter zu Gertrud, die in der Küche stand und nun ohne Scheu eine Zigarette rauchte.

„Gertrud!" rief ich außer Atem, „Gertrud, der Mann in ihrem Zimmer!" Mir zitterten die Knie, ich mußte mich schnell hinsetzen, der Schreck war mir doch gewaltig in die Glieder gefahren.

„Du lieber Gott, deswegen brauchen Sie doch nicht so ein Gedöns zu machen." Gertrud war wieder Herr der Situation. „Das ist mein Verehrer, der ist arbeitslos, und da hab' ich ihn bei mich genommen. Hätten Sie das etwa nicht getan?"

„Wenn Sie nicht gleich verschwinden, ruf' ich bei der Polizei an."

Gertrud stand noch immer an den Küchenschrank gelehnt, die Arme verschränkt und eine von Bills Zigaretten im Mundwinkel. Sie rührte sich nicht und sagte gelassen: „Nun aber langsam! Kommense bloß nicht mit der Polizei. Damit will unsereiner nichts zu tun haben. Außerdem kennen Sie ja nun meinen Verehrer, dem kommt es gar nicht drauf an, Sie mal zu überraschen und kleine Andenken zu verteilen."

Ganz gemächlich verließ Gertrud meine Wohnung. Als sie an mir vorbeiging, blieb sie stehen, sah mich mitleidig von oben bis unten an und meinte achselzuckend: „In Sie hab' ich mich auch wieder gewaltig getäuscht. Gerade Sie hätte ich mehr Verständnis für unsereiner zugetraut."

*

Nach Gertrud kam Luise zu uns ins Haus. Luise war eine Perle. Sie war fleißig, freundlich, flink und sauber. Sie verstand sich auf alle Hausarbeiten so perfekt, daß ich mich nach ganz kurzem Einarbeiten um nichts mehr zu kümmern brauchte. Sie machte alles so vorbildlich, daß Karoline ihre ganze Aussteuerwäsche zu mir brachte und sie von Luise bügeln ließ. Luise kroch förmlich in die Kissen und Bettbezüge hinein, damit nur kein Fältchen zu sehen war. An ihren freien

278

Sonntagen blieb sie zwar meistens über Nacht weg, aber nie ohne mich vorher von irgendwoher anzurufen und um Erlaubnis zu fragen.

Eins machte mich jedoch stutzig: sie konnte keinen rechten Kontakt zu den Kindern finden. Ja, es kam sogar so weit, daß Liselotte ein mörderisches Gebrüll anstimmte, wenn sie mit Luise spazierengehen sollte.

„Kinder haben oft schon mal so eine unbegründete Antipathie", meinte Vater, den ich um Rat fragte. „Geh du doch mit ihnen spazieren, und laß dein Mädchen zu Hause."

So machte ich es auch. Aber ich mochte kurze oder lange Zeit unterwegs bleiben, nie war die Arbeit getan, die ich Luise aufgetragen hatte. Immer hatte sie irgendwelche Entschuldigungen, die mich in ihrer Naivität unwillkürlich an meine Schulzeit erinnerten. Also war diese Lösung auch nicht richtig. Ich schickte Luise wieder mit den Kindern in den Stadtgarten und beruhigte Liselotte vorher mit kleinen Versprechungen oder Süßigkeiten.

Liselotte erzählte mir nun oft etwas vom „schlechten Haus", doch verstand ich meine kleine Tochter nicht. Ich mochte sie noch so ausfragen, irgendwie bekam ich keine Klarheit über das, was sie meinte. Ich nahm Luise ins Gebet, aber auch dabei kam nichts heraus. Luise sah mich mit treuem Augenaufschlag an und beteuerte heftig und eindringlich, sie wüßte nicht, wovon die Rede sei, und danach ging es eine Zeitlang gut.

Bills Büro war zu Luises Zeiten im Erdgeschoß unseres Hauses. Eines Abends sollte in den Büroräumen ein kleines Fest stattfinden mit Butterbroten, Bowle, Grammophonmusik und Tanz. Bill hatte mich mit den Vorbereitungen beauftragt, und ich freute mich ehrlich auf dieses Fest. Luise half mir mit großem Geschick, aus den nüchternen Büroräumen eine Art Ballsaal zu zaubern. Begeistert rückten wir Schreibtische, trugen Stühle und Papierkörbe an einen andern Platz, holten Bilder und Blumen von oben herunter, schmückten mit Lampions und Girlanden und schleppten alles mögliche aus meinem Haushalt herbei, was das Fest verschönern sollte.

Als Bill sich unser Werk ansah, war er zufrieden mit uns, ja er lobte uns sogar: „Das habt ihr aber wirklich sehr nett gemacht."

Ich freute mich über das Lob, und freudestrahlend fragte ich Bill noch einmal: „Ja, Bill, gefällt es dir so?"

„Ich sagte ja, sehr schön und geschmackvoll, so was kannst du, das muß man dir lassen!"

„Doch wenigstens etwas, Bill, also doch nicht ganz ein Blindgänger. Was soll ich denn anziehen?"

Doch während ich meinen Mann erwartungsvoll ansah, wurde seine Miene abweisend, und er meinte, offenbar überrascht: „Wieso anziehen? Hattest du dir tatsächlich eingebildet, du könntest mitfeiern? Das ist doch nichts für Ehefrauen! Stell dir mal vor, wie sähe denn das aus, wenn jeder seine Frau mitbringen wollte? Nein, heute abend sind wir unter uns. Da würdest du dich doch nur langweilen, du mit deinen hohen geistigen Ansprüchen!" Dabei klopfte er mir väterlich auf die Schulter.

Einen Augenblick kam mir der Gedanke, alles wieder abzureißen, meine Blumen und Bilder wieder mit nach oben zu nehmen, aber dann fehlte mir dazu die Courage.

Ich war ganz geknickt und grübelte über so manches nach, als am späten Abend die leise Tanzmusik des Grammophons zu mir hinaufklang.

Ob Bill mich überhaupt noch liebte? Von seiner anfänglichen Begeisterung für mich war eigentlich nichts mehr da. Er war so kritisch geworden, und es war so selten, daß er etwas, was ich tat, anerkannte. Die paar Jahre, die wir miteinander gelebt hatten, hatten uns nicht zusammengeführt, auch die Kinder hatten nichts zur Festigung unseres Verhältnisses beigetragen. Im Gegenteil, manchmal war es mir, als wäre Bill eifersüchtig auf seine kleinen Töchter.

Er war viel unterwegs. Geschäftlich, wie er sagte. Wußte ich jemals, wo er war? Andere Männer nahmen ihre Frauen manchmal mit. Bill ließ mich immer zu Hause. Aber wo war er? Etwa bei einer andern Frau? Doch ebenso schnell, wie der Gedanke gekommen war, ließ ich ihn wieder fallen. Das durfte nicht sein, davon wollte ich nichts wissen.

Luise wich mir an diesem Abend nicht von der Seite, sie saß mit einer Handarbeit bei mir. Es war geradezu rührend, wie sie versuchte, mich zu unterhalten.

„Die Gertrud, die zuletzt bei ihnen war, die hab' ich auch gekannt."

„So? Woher denn?"

„Die wohnt da bei uns inner Nähe. Mit der is aber nix los."

„Warum denn nicht?"

„Die is so verlaufen. Sein se froh, dattse die quitt sind. Manchmal seh' ich sie noch, wenn ich mitte Kinder spazierengeh'."

Mir fehlte die Lust, auf dieses Thema näher einzugehen.

Nach einer kleinen Pause fing Luise wieder an: „Sollen wer mal kucken gehn?"

„Wo wollen sie denn jetzt mitten in der Nacht was sehen?"

„Unten, bei die Fräuleins. Die wollen ja immer mehr sein, die vom Büro, als unsereiner."

„Auf keinen Fall", wehrte ich entschieden ab, „das dürfen wir nicht."

„Nee, nich richtig durch die große Tür. Hinten durch die Toiletten gehen wir bis auf den Flur. Der ist dunkel, da sieht uns keiner. Da können wer gut mal kucken."

Luise nickte mir aufmunternd zu, als ich noch zögerte. Aber so ein bißchen Mäuschen spielen war doch zu verlockend. Also machte ich mit.

Wir schlichen wie Diebe durch das dunkle Treppenhaus, es machte richtig Spaß. Luise kletterte, gewandt wie eine Katze, auf das Toilettenfenster, um sicher zu sein, daß uns keiner beobachtete. Sähe uns einer und würde Bill davon erfahren, hätten wir keinen gnädigen Gott, dann wäre die Hölle los! Zum Glück war die Toilette leer.

„Haben Sie Bäume im Garten?" fragte ich Luise.

„Warum?" fragte sie erstaunt zurück.

„Weil Sie so wunderbar klettern können."

„Das kann man auch woanders lernen", flüsterte sie kichernd. Schnell waren wir im dunklen Flur und konnten von da den „Ballsaal" übersehen. Die Stimmung war ausgelassen, man tanzte, man schunkelte, man trank und sang. Aber von Bill keine Spur. Wo mochte er wohl sein? Nicht weit von uns, in einer Ecke des dunklen Flurs, stand ein eng umschlungenes Paar. Sie waren so miteinander beschäftigt, daß sie von uns gar keine Notiz nahmen, denn eigentlich hätten sie uns sehen müssen. Ein kleines, zierliches Mädchen wurde da von einem großen, schlanken Mann stürmisch geküßt, und das zarte Mädchen wehrte sich kichernd. Dieser Mann war mein Bill!

Wäre ich doch nicht mit heruntergegangen! Mir wurden die Knie weich. Luise hatte die Lage überschaut.

„Schnell zurück!" zischelte sie, „dat hier is nix vor Ihnen!"

Ganz langsam, Stufe um Stufe, mich am Geländer hochziehend, ging ich in meine Wohnung zurück.

Da war es aus mit meiner Fassung. Ich schluchzte jämmerlich.

Luise stand ratlos dabei. Da plötzlich weinte sie auch, und mit tränenerstickter Stimme sagte sie ganz leise: „Weinen Sie doch nicht so, dat kann man ja nicht mit ansehen." Dabei nahm sie mich in den Arm und streichelte mich ganz sanft.

Trotzdem kam Luise am Sonntag darauf von einer Wochenendfahrt nicht zurück. Ich wartete eine ganze Woche, weil ich keine Erklärung für ihr Ausbleiben fand. Doch dann ließ ich ihre Zimmertür öffnen.

Das Zimmer war zwar nicht so unordentlich wie zur Zeit ihrer Vorgängerin, aber leider fand ich manches wieder, was ich in letzter Zeit vermißt hatte; Luise hatte mir bei der Suche jedesmal treu und emsig geholfen. Das Bett war abgezogen und die Bettwäsche verschwunden. Zudem fehlte der Hausschlüssel, was mir besonders unangenehm war. Bill hatte wieder einmal recht gehabt, als er mich vor zu großer Vertrauensseligkeit gewarnt hatte. Es wurde mir sehr ungemütlich zumute, und ich erstattete Anzeige bei der Polizei.

Luise war dort nicht unbekannt, sondern gehörte zur treuesten Kundschaft. Mit dreizehn Jahren war sie zum erstenmal aufgegriffen worden und war dann bis zu ihrem achtzehnten Lebensjahr in einem Fürsorgeheim gewesen. Dort hatte sie sich durch gutes Benehmen, Fleiß und Geschicklichkeit hervorgetan. Kaum entlassen, geriet sie auf die schiefe Ebene: Laden- und Taschendiebstähle waren ihre große Stärke. Als Ladendiebin kam ihr so leicht keiner gleich, doch brachte sie eine kleine Unvorsichtigkeit ins Gefängnis. Immer wieder wurde sie rückfällig, von Mal zu Mal wurden die Strafen härter. Männer spielten in ihrem Leben eine bestimmende Rolle; einmal verliebt, machte sie bei ihrer Arbeit Überstunden, verschenkte dem jeweils Geliebten die Beute, wurde unvorsichtig und dann verhaftet.

Als Luise nach etlichen Wochen zurückkehrte, um ihre Garderobe abzuholen, wurde sie verhaftet. So kam sie aus dem Gefängnis zu mir und von mir ins Gefängnis wieder hinein. Sie tat mir von Herzen leid. Der Blick, den sie mir zum Abschied zuwarf, traf mich ins Herz. Aber wie sollte ich ihr helfen?

François, der eines Tages bei uns erschien, um sich nach ihr zu erkundigen, konnte noch einiges aufklären.

Dieser François erschien mit einem selbstgepflückten Vergißmeinnichtstrauß, den er Luise überreichen wollte. Er war keineswegs Franzose, wie man aufgrund seines Vornamens annehmen konnte, sondern ein Deutscher, wenn auch kein „guter Deutscher", denn er stand während des passiven Widerstandes in französischen Diensten als Lokführer bei der „Regie", diesem Verkehrsmittel, das von allen patriotischen Ruhrgebietsbewohnern ängstlich gemieden wurde.

Also François, Conducteur, wie auf seiner Besuchskarte stand, ließ sich bei mir melden.

„Kann ich meine Braut kurz sprechen?"

„Wen möchten Sie sprechen?"

„Meine Braut, die Luise."

„Aber die ist doch schon seit ein paar Wochen nicht mehr bei mir."

„Dann können Sie mir vielleicht sagen, wo sie momentan ist?"

Ich überlegte einen kurzen Moment, aber warum sollte ich François die Wahrheit verschweigen? Es war doch besser, er erfuhr alles und konnte sich danach richten.

„Luise ist für neun Monate im Gefängnis."

„Hat sie etwa wieder geklaut?"

„Ja."

„Doch nicht etwa bei Ihnen?"

„Ja, bei mir."

François, ein hübscher, blonder Jüngling, ließ seinen Vergißmeinnichtstrauß auf den Boden fallen. Er guckte mich starr an, seine blauen Knabenaugen bekamen einen trostlosen Ausdruck, er wurde blaß, schlug plötzlich beide Hände vors Gesicht und schluchzte herzzerreißend.

„Daß sie Ihnen das antun konnte", stammelte er, „wo sie es doch so gut bei Ihnen hatte. Und mir, mir hat sie fest versprochen, sie wolle bei Ihnen bleiben, bis wir heiraten könnten!"

„Daraus wird nun kaum was werden", eigentlich eine vollkommen überflüssige Bemerkung, die ich selbst als taktlos empfand; aber mir fiel nichts Besseres ein.

François konnte sich noch immer nicht beruhigen. Er wollte zwar seinem Gefühlsausbruch ein Ende setzen, aber immer, wenn er etwas sagen wollte, überwältigte ihn der Kummer. Mich überkam nun auch die Rührung, und ich weinte mit, zwar nicht so geräuschvoll und erschüttert wie der junge blonde François, aber ich mußte nach meinem Taschentuch greifen.

Schließlich wischte François energisch seine Tränen ab und schneuzte sich mit sattem Trompetenton.

„Ich hab' mir so was gedacht. Irgend etwas war carré in der letzten Zeit. Immer hatte Luise etwas anderes vor. Immer versetzte sie mich und kam hinterher mit einer fadenscheinigen excuse. Ich bin ein paar Tage lang hier vor Ihrem Haus auf- und abgegangen. Ich sah ein fremdes Gesicht am Fenster. Da dachte ich schon, Luise ist nicht mehr im Haus."

Er wollte sich wieder ungehemmt seiner Traurigkeit widmen, doch ich hinderte ihn mit Erfolg daran: „Erzählen Sie bitte weiter, das Weinen nützt ja nun nichts mehr!"

„Wie ich sie nun gar nicht sah, bin ich der Sache nachgegangen. Ich hab' rausgekriegt, daß sie damals mit Böttcher zusammenwohnte, der wegen Raubmords gesucht wurde. Als der dann verhaftet wurde, hat sie schnell einen andern aus der Clique gefunden."

„Wie ist das bloß möglich! Und so was ist in meinem Haus gewesen!"

„Wie das möglich ist? Da fragen sie noch? Sie war ein verkommenes Frauenzimmer."

François' Trauer schlug nun in Haß um.

„Ja, ein ganz verkommenes Frauenzimmer. Ich habe das zuerst gemerkt, als sie mit Ihren Kindern immer nachmittags zu Stemming ging."

„Stemming, wer ist denn das?"

„Kann ich mir denken, daß Sie so Lokale nicht kennen. Da verkehren nur Franzosen. Ab zwei Uhr mittags wird da schon getanzt. Da konnte man Luise immer treffen. Manchmal allein, aber manchmal hatte sie auch Ihre beiden Kinder bei sich."

„Wie? Da in dem Lokal?"

„Ja. Ich kenne sie beide ganz genau. Liselotte, die Blonde, und dann die kleine dicke Heili. Wenn Luise tanzte, haben wir sie verwahrt."

„Wer wir?"

„Ja wir, ich, der Gaston, der Pierre und Charly, wer gerade da war!"

Mir drehte sich alles im Kreis. Meine kleinen Kinder verbrachten die Nachmittage, an denen ich sie in der frischen Luft wähnte, in Tanzlokalen und wanderten dort von einem Männerarm auf den andern. Das war ja kaum glaublich. Wie konnte Luise mich so enttäuschen? Wenn sie mich auch schon hintergangen und bestohlen hatte, aber das mit den Kindern, das hätte sie nicht machen dürfen.

François erzählte weiter: „Sie können das nicht glauben, was? Aber es war so. Ich lüge nicht. Ne jamais! Die Große lief im Lokal rum, die Kleine wanderte von einem Arm auf den andern, sie lachte immer, gab Küßchen und so. Wir hatten sie lieber als die Große, die ließ keinen an sich ran, die lief immer weg."

Daher also Liselottes Sträuben, wenn zum Spaziergang gerüstet wurde; daher ihre versuchten Erklärungen vom „schlechten Haus".

Endlich stand François auf. Er war nun ganz wieder der „Conducteur". Beim Abschied drückte er mir kräftig die Hand und meinte: „Wir haben dasselbe Schicksal!" Womit er wohl auf Luise anspielte.

An der Tür blieb er noch einmal stehen: „Ich hatte es so gut vor mit Luise. Sie wissen sicher nicht, wie das bei uns so zugeht. Mein Freund und ich wohnen auf einem Zimmer, wir haben eine Schlafstelle mit nur einem Bett, das ist billiger. Da haben wir die Luise öfters bei uns genommen, ins Bett. Aber nur zum Schlafen, bestimmt, nur deswegen. Sonst ist da nie was passiert. Auf Ehrenwort, ich spreche hier als Mann! Nur mein Freund, der Hermann, der hat sich schon mal einen Scherz erlaubt, der hat sie immer anne Füße gekitzelt!"

Die Mißerfolge mit meinen Mädchen wurden in der Schnutenhausstraße eifrig durchgehechelt und debattiert.

„Hättest man Ida behalten sollen", meinte Emilie, „aber da ist dein Dickopp wieder mit dir durchgegangen!"

Nach einigen weiteren Mißerfolgen fand ich aber schließlich Therese. Therese konnte nicht nur kochen, backen, bügeln und nähen, sie war mir auch treu ergeben und liebte die Kinder. Allsonntäglich pilgerte sie mit Ewers, unserem Fahrer, in die Frühmesse, aber sie war, wie sie mir glaubhaft versicherte, „ein anständiges Mädchen", so daß sie den Fahrer – „Ehrenwort, Frau von der Mehden" – so lange auf Distanz hielt, obwohl die beiden Tür an Tür in den Mansarden schliefen, bis sie sich nach Auflösung unseres Haushaltes mit ihm verheiratete. Es wurde eine glückliche Ehe. Und die hatte sie auch verdient.

Therese also kochte vorzüglich, so daß es kaum noch vorkam, daß Bill zornig vom Tisch aufstand, seine Serviette unlustig in die Gegend warf, hinausstürmte und nach Ewers rief, der meist irgendwo im Garten tätig war. Wir bewohnten nämlich inzwischen ein großes Haus mit einem Garten, in dem es sogar einen Teich mit einem Springbrunnen gab. In diesem Teich, der beständig Wasser verlor, was der gewissenhafte Ewers nicht ertragen konnte, klebten einmal meine Töchter nahezu unlöslich fest. Der Gute hatte den Boden geteert. Nun hielt er zwar das Wasser, aber auch die Badehosen Liselottes und Heilwigs.

*

Es ging uns also gut, denn Bills Geschäft blühte, und der Haushalt lief mit Thereses Assistenz perfekt. Sogar die Supernähmaschine wurde von ihr in Betrieb genommen und lieferte Sommerkleider, Kindersachen und Puppenzeug am laufenden Band; aber anstatt nun glücklich und zufrieden zu sein, fand mein lieber Bill etwas Neues an mir auszusetzen. Diesmal war es meine Frisur.

Ich trug noch meine Haare genauso wie damals, als er so stürmisch und beharrlich um mich warb. Wie oft hatte er mir versichert, ich sei das schönste Mädchen auf der Welt – alles an mir sei schön, ohne Ausnahme. Er konnte doch damals unmöglich meinen Kopf übersehen haben, auf dem die allerdings nicht sehr üppigen Haare glatt zurückgekämmt und hinten zu einem kleinen Knoten zusammengesteckt waren? Tante Auguste hatte mir einmal in einer gutmütigen Anwandlung einen sehr schönen Schildpattkamm geschenkt, den meine Urgroßtante Albertine schon getragen hatte. Diesen schönen Kamm steckte ich hinten über meinen kleinen Knoten. Bill war das kostbare Familienstück ein Dorn im Auge. Aber ich wollte ihn nun einmal tragen.

Doch eines Tages versuchte Bill es mit Sanftmut, was bei ihm immer seltener geworden war. Er zog mich auf seinen Schoß, küßte mich flüchtig und strich mir zärtlich über das Haar.

„Hör mal", fing er ganz weich an, „was willst du denn mit dem Kamm machen, wenn du keinen Knoten mehr hast?"

„Wieso? Meine Haare waren immer schon dünn, die gehen doch nicht aus!"

„Ich finde Frauen, die sich die Haare kurz schneiden lassen, besonders schick und anziehend. Wie wäre es, wenn du es einfach mal ausprobiertest?"

„Um Gottes willen, Bill, stell dir doch mal Vater und Mutter vor!" Ich war ehrlich erschrocken. „Was werden die sagen, wenn ich mir die Haare abschneiden lasse?"

Böse stand Bill auf, so daß ich beinahe von seinem Schoß gefallen wäre.

„So, da haben wir's ja mal wieder. Schließlich bist du doch meine Frau. Aber deine Eltern sind dir eben immer wichtiger. Die haben doch keine Ahnung. Ich kenne viele Frauen, die sich in letzter Zeit einen Bubikopf haben schneiden lassen. Die sehen entzückend aus damit!"

„Ich kann mich aber nicht so schnell entschließen", sagte ich gedrückt. „An sich wär' mir das ja egal, wenn dir das so gut gefällt, aber zu Hause gibt's bestimmt Krach. Den möchte ich vermeiden. Ich kann keinen Krach vertragen. Dieses Bösesein ist doch zu schrecklich!"

„Nun hör doch endlich mal auf mit deinem lächerlichen Zuhause. Langsam muß dir doch eingehen, wo dein Zuhause ist." Damit ging Bill fort, und ich hatte reichlich Muße, mir seine Forderung zu überlegen.

Mir war gar nicht wohl bei dem Gedanken, mir meine Haare abschneiden zu lassen. Damals war eine Frau mit einem Bubenkopf noch eine echte Rarität. Zuerst gab es das nur bei Frauenrechtlerinnen und Künstlerinnen, und ganz langsam erst griff die Mode auf andere Kreise über. Es gehörte zum entrüsteten Klatsch beim Damenkaffee, wenn sich wieder eine, die man kannte, den Knoten hatte abschneiden lassen. Viele schicke kleine Verkäuferinnen trennten sich zwar von ihren Zöpfen, da aber der Bubikopf als Zeichen einer kecken und weltlichen Gesinnung angesehen wurde, durften in einigen betont christlichen Läden und Warenhäusern nur Mädchen mit konservativen Knoten verkaufen.

Der Bubikopf war im Jahre 1925 in der Tat noch nichts für wirkliche Damen. Noch sah man naserümpfend auf seine Trägerinnen. Und ich sollte diese Mode, die gerade erst aufkam und von der man nicht dachte, daß sie sich halten würde, mitmachen? Das mußte ich erst einmal mit Karoline besprechen.

„Karoline", sagte ich betreten, „stell dir bloß vor, Bill verlangt, daß ich mir die Haare schneiden lasse!"

„Was", Karoline war wie aus allen Wolken gefallen, „du und ein Bubikopf? Du bist wohl ganz verrückt, nebst deinem Bill. Tu das bloß nicht, dann hast du bei uns keinen gnädigen Gott mehr. Vater und Mutter sind doch nun mal nicht für Extravaganzen. Und eine Dame rennt auch nicht mit einem Bubikopf rum!"

„Ich weiß, daß Vater und Mutter nicht hell begeistert sein werden, aber du und Emilie, ihr beiden könntet mir doch beistehen, wenn es zum Krach kommen sollte!"

„Nee, Tinchen, ich kann nun einmal nichts gegen meine Überzeugung unternehmen. Das liegt mir eben nicht. Ich bin fest davon überzeugt, daß auch Onno sich mit dir nicht mehr sehen lassen würde!"

„Dein Onno geht mich ja nun nichts an. Ich wäre auch nicht eingeschnappt, wenn er sich einen Vollbart stehen ließe und hätte mich vorher nicht gefragt!"

„Laß doch die Gehässigkeiten."

„Ich sag' auch nichts mehr von Onno." Das beste war, klein beizugeben, denn meine Situation war nicht rosig. So fing ich noch einmal an: „Bill möchte es aber doch so gern, und schließlich bin ich doch seine Frau!"

„Ja, das bist du, das merkt man an allem!" blitzte mich nun Karoline an. „Was hat der aus dir gemacht in den paar Jahren!"

„Aus mir gemacht? Wieso?"

„Das mußt du doch selber wissen, so dumm bist du auch nicht." Es klang fast traurig, als Karoline sagte: „Du bist ganz anders geworden, seitdem du verheiratet bist. Du bist nicht mehr so fröhlich wie früher, singst nicht mehr, spielst nicht mehr Klavier! Ich weiß auch nicht, wie ich dir das erklären soll, aber du bist nicht mehr die Alte. Guck doch in den Spiegel! Früher ließest du dir deine Kleider in einer vernünftigen Werkstatt arbeiten, teilweise zeichnetest du selber auf, wie du es haben wolltest, und dann sahst du immer apart aus in deinen Sachen. Und nun?"

„Und nun?" fragte ich gespannt Karoline.

„Seit dem du mit Bill verheiratet bist, gibt es nichts mehr von alledem. Du besuchst abends Bars und Kabaretts, anstatt dir mal eine gute Kunstausstellung anzusehen, und deine Kleider sind Konfektion, nicht gerade billig, aber das Individuelle ist verschwunden, das hast du eingebüßt. Sogar deine Lektüre richtet sich nach Bills dekadentem Geschmack!"

„Da geht Karoline entschieden zu weit", dachte ich und fragte herausfordernd: „Erlaube mal, was heißt hier dekadenter Geschmack?"

„Guck doch rein in deinen Bücherschrank. Was sieht man denn da? Heinrich Mann, Pitigrilli, ‚Das Mädchen mit dem Goldhelm', ‚Das Mädchen aus der Ackerstraße', ‚Die zehnte Muse', ‚Ergötzliche Nächte', ‚Tolldreiste Geschichten' und noch mehr so'n Zeug." Karoline machte eine abwehrende Bewegung, indem sie beide Hände schaudernd nach vorn streckte.

„Wenn man verheiratet ist, kann man ja schließlich alles lesen", versuchte ich mich zu rechtfertigen.

Doch Karoline wich nicht vom Thema ab: „Natürlich kannst du alles lesen. Von mir aus lies, was dir Spaß macht. Ich mach' dir ja keine Vorschriften. Aber Vater ist auch ganz entsetzt über euer Niveau."

Da kamen ganz ungewollt bei mir auch schon die Tränen, und voller Kummer rief ich Karoline zu: „Hör auf damit, ich kann das nicht mehr hören! Bill korrigiert dauernd an mir rum, Vater kritisiert immerzu, Emilie ist in passiven Widerstand getreten und nun fängst du auch noch an. Man könnte wirklich verzweifeln. Du hast ja keine Ahnung, wie das ist, wenn man verheiratet ist. Da bist du eben nicht mehr du selbst. Da bist du geteilt. Nicht nur in zwei Teile, etwa nur die Hälfte für deinen Mann, nein, es muß auch noch etwas übrigbleiben für die Kinder. Aber woher sollst du das auch wissen? Wenn ich auch jünger bin als du, um diese Erfahrung bin ich reicher, das kannst du mir nicht nehmen. Es ist doch ganz klar, daß du nach deines Mannes Pfeife tanzen mußt!"

„Das sind nur schwache Charaktere, die sich von einem Mann unterkriegen lassen. Das kann ich dir schriftlich geben: Ich gebe meine Persönlichkeit in meiner Ehe mit Onno nicht auf!"

„Wollen's abwarten, Karoline! Ich finde, du bist jetzt schon nicht mehr weit davon entfernt!"

Am Tag darauf ließ ich mir wirklich einen Bubikopf schneiden. Der einzige, der meinen neuen Kopf bewunderte, war Bill. Freunde und Bekannte enthielten sich taktvoll des Urteils. Für meinen bevorstehenden Gang ins Elternhaus mußte Bill mir erst gehörig Mut machen.

Ich flehte ihn an, mich doch auf meinem schweren Gang zu begleiten, um mir nötigenfalls Schutz und Schirm zu sein. Leider schob mein Mann wichtige Sachen und Verabredungen vor, die das unmöglich machten.

„Was ist denn dabei? Du gehst doch sonst so gern nach Hause!" Das sagte Bill mit leichtem Spott, und ich meinte, es hätte auch ein Anflug von Schadenfreude mitgeklungen!

So nahm ich Liselotte und Heili an die Hand – schwache Bastionen, aber besser als nichts – und ging im Zeitlupentempo in die Schnutenhausstraße.

Gott sei Dank stand das Gartentor offen, und ich konnte Vater und Mutter aus der Ferne anlächeln. Es gelang mir aber nicht recht, Emilie und Karoline saßen mit einer Handarbeit bei Vater und Mutter im Garten, sie standen aber auf, als sie ihre nun nicht mehr respektabel aussehende Schwester sahen, und verließen das Schlachtfeld.

Vater wartete gar nicht erst, bis ich hereingekommen war, sondern schritt mir mit den scharfen Worten entgegen: „Hast du dir deine Haare abschneiden lassen?" Dabei sah er mich mit so harten Augen an, daß ich meine kleinen Töchter unwillkürlich fester anfaßte, als könnten sie mir den nötigen Halt geben.

„Jaaa!" sagte ich gedehnt und mit einem etwas unnatürlichen Lächeln.

„Dann geh bitte, dann ist in meinem Hause kein Platz mehr für dich. Komm wieder, wenn du anständig aussiehst."

Damit wendete Vater sich ab und ließ uns ganz einfach stehen.

„Kommt" sagte ich zu meinen Töchtern, „dann wollen wir wieder gehen. Opa kann uns nicht mehr brauchen."

Die beiden brüllten verzweifelt los. Liselotte, als die Ältere, merkte zuerst, daß sich etwas drohend gegen ihre Mutter erhob, und schrie markerschütternd. Das war für Heili das Kommando. Immer, wenn Liselotte losheulte, fiel Heili, schrill quiekend, ein. So auch jetzt. Es war ein eindrucksvolles Duett.

Davor kapitulierte Vaters großväterlicher Sinn, aber leider nicht vollständig. Er drehte sich noch einmal um und sagte barsch: „Die Kinder können meinetwegen hierbleiben."

Aber jetzt saß ich auf dem hohen Roß. Ich wußte, mit welcher Liebe Vater und Mutter an ihren beiden Enkelkindern hingen. Das nützte ich aus, um mich zu rächen: „Die Kinder bleiben selbstverständlich nur da, wo ihre Mutter willkommen ist!"

Damit machten wir endgültig kehrt. An meiner linken Hand weinte Liselotte mit dunkler Stimme, an meiner Rechten schrillte Heilwig langanhaltend weiter. Beide ließen nur Pausen eintreten, um tief Luft zu holen, dann erschallten ihre Klagelaute mit frischer Kraft. In der Mitte der beiden weinte ich; nicht mit meinen Augen, aber in meinem Herzen. Nun war ich zu Hause an die Luft gesetzt, regelrecht hinausgeworfen.

Waren das die paar Haare wert?

Ich war doch recht niedergeschlagen, als ich mein Haus betrat. Nun hatte ich nur noch meinen Mann, an dem ich Halt suchen und finden konnte, wenn es nötig war. Wie schade, daß er immer soviel unterwegs sein mußte. Seine Reisen führten meistens ins Ausland, und nie wußte ich, wo er war und wann er wiederkam. Ich hatte mich daran gewöhnen müssen.

Auch an diesem Abend wurde es Mitternacht, bis ich Bill mein verletztes Herz ausschütten konnte. Bill war gehobener Stimmung.

„Endlich", jubelte er, „endlich habe ich meine Frau für mich ganz allein. Du ahnst ja nicht, was das bedeutet."

Dann nahm er mich fest in seine Arme.

Den ganzen Winter, das Frühjahr und den darauffolgenden Sommer verlebte ich mit den Kindern allein, ohne daß ich noch einmal einen Vorstoß ins Elternhaus gewagt hätte. Das blieb für mich verschlossen. Keiner hatte mich bisher zurückgerufen, und wäre ich ohne Aufforderung hingegangen, wäre mir vielleicht ein zweites Mal die Tür gewiesen worden. Karoline, die doch von Zeit zu Zeit getreulich kam, um mit den Kindern zu spielen, brachte mir spärliche Nachrichten mit.

Auch von Emilie hörte ich nichts. Sie konnte mich auch nicht besuchen, da sie eine Pflegestelle bei einem Säugling angenommen hatte. Dieses Knäblein war zwei Monate zu früh auf die Welt gekommen. Es war ständig in Watte verpackt und von Wärmflaschen eingerahmt. Sein gelbes Apfelsinengesicht zog sich in sorgenvolle Falten. Emilie schenkte diesem Kind ihr ganzes Herz. Es gab für sie nur noch ein Kind, und das war ihr Pflegling. Sie liebte ihn abgöttisch, wachte nächtelang an seinem geheizten Korb und verbrachte ihre Tage mit ihm in Vaters und Mutters Garten. Als dieser Säugling jede Gefahr überstanden hatte und sich unter Emilies Liebe und Sorgfalt zu einem kräftigen, normalen Kind entwickelte, wurde sie überflüssig. Aber das konnte sie nicht ertragen. Sie blieb und diente wie Jakob lange Jahre, ohne irgendeine Entlöhnung dafür zu verlangen oder zu bekommen. Als kleine Anerkennung für ihre Aufopferung bekam sie einen Gutschein für einen Bücherschrank, der sich aber bei der Einlösung in ein gebrauchtes Fahrrad verwandelt hatte.

Emilie verzog keine Miene, sondern meinte gelassen: „Wo sollte ich den Bücherschrank denn unterbringen? Ich hab' doch keine eigne Wohnung!"

Vaters Geburtstag im Juli lag nicht mehr allzu fern. Ich war mir noch nicht ganz klar, wie ich mich verhalten sollte. Hingehen und persönlich gratulieren schien mir so gut wie ausgeschlossen.

Ich wollte aber Vater trotz allem eine Freude machen. So zog ich meinen Töchtern ihre Sonntagskleider an, drückte Liselotte Blumen und Heili eine kleine Kiste Zigarren in die Hand und schickte Therese mit ihnen in die Schnutenhausstraße.

Diese Aktion wurde in der Tat zu einem vollen Erfolg. Gegen Abend kamen die Gratulanten ganz aufgeregt gleich zu mir gelaufen.

„Mutter", sagte Liselotte ganz außer Atem, „du sollst heute abend noch zu Opa kommen. Onkel Gottfried, Onkel Johannes und Tante Inga aus Japan sind gekommen."

Die kleine Heili kam gar nicht zu Wort, sie unterstrich aber Liselottes Auftrag mit eifrigem Kopfnicken.

Therese gab auch noch einen Kommentar: „Herr Doktor aus Japan hat gleich nach Ihnen gefragt, dann wurde das erzählt mit den Haaren, und daß Sie nicht mehr kommen dürfen. Aber das geht doch nicht, hat Herr Doktor aus Japan da gesagt. Mehr hab' ich nicht hören können, aber der alte Herr Doktor hat dann gesagt, als wir gingen, Sie sollten kommen."

Ich war glücklich und lief in meiner Freude gleich zu Bill: „Bill, stell dir nur vor, ich darf wieder nach Hause kommen. Vater hat es selbst gesagt. Gottfried hat dafür gesorgt. Bill, komm, zieh dich schnell um, dann fahren wir."

Bills Augen wurden immer kälter: „Da wären wir also wieder soweit. Selbstverständlich, es sind ja deine Eltern. Von mir aus geh!"

In meiner Freude merkte ich seine Enttäuschung nicht: „Ich doch nicht etwa allein! Bill, du mit, wir beide!"

„Nein, ich kann nicht. Ich hab' noch eine dringende Verabredung!"

„Dann hol mich doch ab auf dem Rückweg, bitte, Bill!"

Ich hatte keine Zeit mehr, meinen Mann lange zu bitten, so eilig hatte ich es, fortzukommen, nun, da alles wieder gut war.

„Ich kann dich auch nicht abholen, ich weiß noch nicht, wann ich fertig bin. Es kann spät werden. Darauf kannst du nicht warten." Bill ging auch in sein Zimmer, um sich umzuziehen.

„Kann ich denn den Wagen haben?" fragte ich noch hastig. „Bestell dir lieber eine Taxe, den Wagen brauche ich selbst."

Während ich mich umzog, kamen mir doch leise Zweifel, ob es richtig war, daß ich so gewissermaßen auf Pfiff zu den Eltern loslief. Aber während meiner Verbannung waren meine Gefühle zur Schnutenhausstraße stärker denn je. Das sollte ich aufgeben? Nein, das konnte keiner von mir verlangen. Noch einmal versuchte ich, Bill zu überreden: „Gottfried aus Japan ist doch wieder da, und Johannes und Inga. Möchtest du sie nicht mal alle wiedersehen? Sie waren doch drei Jahre weg, wenigstens Inga und Gottfried. Gib dir mal selber einen kräftigen Tritt ins Kreuz, und begleite mich!"

„Nun laß mich endlich in Ruhe. Ich kann ja nichts daran ändern, daß sie wiedergekommen sind", sagte Bill eisig.

So kam wieder ein Tropfen Wermut in meine Freude. War es nicht immer so? Wurde ich nicht ständig hin und her gerissen? Ob ich nun auch nicht gehen sollte? Einen Augenblick zögerte ich.

Doch dann fiel mir ein, daß Bill eine seiner häufigen Verabredungen am Abend hatte. Also ging ich.

„Herzlichen Glückwunsch, lieber Vater!" Jubelnd flog ich Vater um den Hals.

„Ist schon gut", war Vaters knappe Antwort, und damit waren wir wieder versöhnt.

„Na, kleines Kind, Bubikopf?" sagte Gottfried herzlich. Dabei ging er mir vom Nacken aus mit der Hand gegen den Strich übers Haar, so daß meine ganze Ondulation in Unordnung geriet. Und um mir gleich zu zeigen, daß er nicht zur feindlichen Front gehörte, sagte er anerkennend: „Steht dir gut, nett siehst du aus."

„Ich finde, das paßt gar nicht zu dir", meinte Inga bedauernd und drückte dabei ihren üppigen blonden Knoten mit beiden Händen demonstrativ am Hinterkopf fest.

„Scheußlich!" stöhnte Emilie auf.

„Und du hattest so hübsche Locken!" Mutter hob ihr Taschentuch an ihre Vergißmeinnichtaugen.

„Das Aparte an deiner Erscheinung hast du eingebüßt", meinte Karoline vorwurfsvoll.

„Ich finde, das hättest du erst mit Vater und Mutter gründlich überlegen sollen", äußerte sich Johannes, und anschließend zog er voller Verachtung die Luft laut hörbar durch die Nase.

Ich kam sehr spät in der Nacht nach Hause, aber Bill erschien erst am nächsten Abend. Er hatte während meiner Abwesenheit angerufen und sein Fernbleiben mit auswärtigem Geschäftsbesuch entschuldigt.

Eigentlich war ich nicht sehr traurig darüber.

Nebenbei bemerkt

Vieles wiederholt sich im Leben. Und so ging es auch auf dem Gebiet der Haupthaare, nur daß es sich etwa 40 Jahre später nicht mehr darum handelte, daß Haare abgeschnitten worden waren, sondern darum, daß Haare nicht abgeschnitten worden waren.

Onkel Johannes war nach siebenjähriger Gefangenschaft in das Hamburger Haus heimgekehrt, das er inzwischen geerbt hatte und in dem Tante Emilie ein lebenslängliches Wohnrecht zusteht. Mit seiner Heimkehr verband sich eins der dunkelsten Kapitel unserer Familiengeschichte:

Mein Onkel hatte, ehe er von Frankreich nach Rußland geschickt wurde, noch einen eindrucksvollen Vorrat an Champagner und Cognac erstanden und im Keller deponiert. Dieser Vorrat war uns ein heiliges Gut, und da Onkel Johannes aus dem Felde geschrieben hatte, bei ganz besonderen Anlässen dürfe je eine Flasche geöffnet werden, ergaben sich heftige Diskussionen darüber, was wohl ein besonderer Anlaß sei. Konfirmationen etwa waren solche Anlässe, die Verlegung Onkel Gottfrieds aus Rußland nach Jüterbog und die Verlobung meiner Schwester. Ihre zweite Verlobung allerdings stieß schon auf Gegenstimmen. Und die Flasche Sekt, die ich nach Prag mitbekommen hatte, um dort meine Promotion zu feiern, wurde mir öfter vorgehalten, als ich aus Prag ohne Promotion und ohne Flasche – die war natürlich dort zum Abschied getrunken worden – ein paar Tage vor Kriegsende in den Walddörfern erschien.

Als der Krieg zu Ende war – die letzte Nachricht von Onkel Johannes stammte aus dem Kessel von Stalingrad – beschloß die Familie, die Gewehre und Säbel nicht vorschriftsmäßig dem Sieger zu übergeben, sondern „in Johannes' Sinne" in der Mellingburger Schleuse zu versenken. Schön angeschnauzt hat er uns dafür nach seiner Heimkehr, daß wir sie nicht versteckt hatten. Die Alkoholika allerdings vergruben wir tief in die Erde unter die Steinplatten der Terrasse, mit wenigen Ausnahmen, die dann bei weiteren feierlichen Anlässen aus dem Keller geholt wurden: bei seinem ersten Lebenszeichen etwa oder bei den drei Hochzeiten seiner ältesten Nichten – immer in seinem Sinne und natürlich auch auf sein Wohl. Wir hatten sogar noch etwas im Keller, als er dann mit langem weißem Bart, ganz dünn und ausgemergelt, aber ungebrochen heimkehrte.

Und dann geschah das Schreckliche, das mir bis heute noch keiner erklären konnte: als wir die Erde unter der Terrasse aufgruben und die Kiste hoben, war sie bis auf eine Champagner-und eine Cognac-Flasche leer!

Für diese Gemeinheit kam eigentlich niemand in Frage. Wie konnte man unbemerkt die Fliesen aufheben, wo doch Tante Emilie ständig im Hause gewesen war, die ihren jüngsten Bruder fanatisch liebte, wie Faf-

nir seine Schätze hütete und uns kaum erlaubte, das Obst im Garten ab-
zupflücken, ehe es anfing zu faulen, „weil Johannes daran so hängt..."
Jahrelang hatte sie auf dem Hauptbahnhof Bahnhofsdienst gemacht, nur
um alle Heimkehrer nach Onkel Johannes fragen zu können. Wer hätte
denn in der Enge, in der wir alle aufeinandersaßen, die Flaschen verber-
gen können? Wer von uns war überhaupt imstande, Fliesen zu heben
und unauffällig neu zu verlegen? Und wann innerhalb der fast fünf Jah-
re war die dunkle Tat geschehen? Diese Familienschande wurde nie ge-
klärt. Wir schämten uns sehr vor Onkel Johannes, der in diesem speziel-
len Fall ein Anhänger des damals vieldiskutierten Kollektivschuldge-
dankens war.

Nicht sehr lange nach seiner Heimkehr hat er dann zum zweiten Male
geheiratet: ein mehr als 30 Jahre jüngeres Mädchen, das über keinerlei
irdische Güter verfügte. Entgegen allen Voraussagen und auch wohl
gegen den heimlichen Wunsch Tante Emilies, die sich auf ein gemütli-
ches Alter mit ihrem Bruder zusammen innerlich eingestellt hatte, wur-
de die Ehe überaus glücklich und dauerte, da auch Onkel Johannes sehr
alt wurde, noch recht lange. Bei der Hochzeit war ich nicht anwesend,
wohl aber mein Brautkleid. Denn in der richtigen Annahme, für ein
schickes blaues Kostüm fände sich wohl öfter Gelegenheit als für ein
Brautkleid, bekam die Braut ein Schneiderkostüm und trug mein Braut-
kleid. Onkel Johannes übrigens verblüffte den Pfarrer, indem er in vol-
ler Obristenuniform mit allen Orden und Ehrenzeichen – soweit sie
kein Hakenkreuz enthielten – vor den Hausaltar trat.

Bis an sein Lebensende hatte er immer ein gastfreies Haus für seine
Großnichten und -neffen, die sich mit ihm gewaltig stritten, aber sehr an
ihm hingen, weil er mit ihnen große Osterfeuer machte, ein Haus im
Apfelbaum baute und einen „neuen Fundländer" anschaffte. Zu seinen
häufigsten Gästen gehörte auch Rainer, der wunderhübsche blonde Lok-
ken hatte, also genau Onkel Johannes' nordischem Ideal entsprach.

Dies änderte sich aber gründlich, als Rainer eben diese Locken wach-
sen ließ. Sie wuchsen und wuchsen, erst über den Kragen, dann über den
Nacken, dann bis auf die Schultern, und schließlich erreichten sie die
Oberarme. Sie wurden sorgfältig gewaschen, geföhnt und gebürstet, und
von hinten gesehen, erinnerte Rainer deutlich an die Loreley. Tante
Karoline und Onkel Onno, die Großeltern des Knaben, betrachteten
diesen Vorgang mit etwas gequälter Geduld, aber Onkel Johannes rea-

gierte wie weiland sein Vater, als meine Mutter sich einen Bubikopf schneiden ließ: er wollte Rainer so lange nicht im Hause haben, bis der wieder „anständig" aussähe. Da dies aber an Tante Emilies Einspruch scheiterte, beschränkte er sich darauf, dem Jungen so lange nicht mehr die Hand zu geben, bis die langen Locken gefallen wären.

Ich weiß allerdings nicht mehr, ob er das durchgehalten hat.

Nachdem Gottfried und Inga aus Japan zurückgekehrt waren, hatten sie wieder in Berlin eine Etage gemietet. Lange wollten sie allerdings nicht in der neuen Wohnung bleiben, da Gottfried, der wieder in seiner alten Institution, die jetzt „Deutsche Forschungsgemeinschaft" hieß, arbeitete, in Dahlem einen Bauplatz gekauft hatte. Mit einem Schüler Le Corbusiers fertigte er unentwegt Pläne und Modelle für ein Einfamilienhaus an, das, was man damals noch kaum kannte, einen riesigen Wohnraum bekommen sollte.

„Unser Bauplatz liegt direkt neben der Villa des Reichsbankpräsidenten . . .", beschrieb Inga gern ihre zukünftige Wohngegend.

Vor dem Umzug in das neue Haus lud Gottfried mich noch einmal mit den beiden Kindern für drei bis vier Wochen ein, und Bill, der es immer genoß, eine Zeitlang ohne Kinderspektakel eine Art Junggesellenleben zu führen, gab ohne langes Zaudern nicht nur seine Einwilligung, sondern außer den Reisekosten auch reichliches Taschengeld.

Nun kostete damals eine Kinderrückfahrkarte Polsterklasse von Essen nach Berlin ungefähr 30,– Mark. Heilwig war gerade vier Jahre alt geworden, und es schien mir eine pure Verschwendung zu sein, für sie eine Fahrkarte zu kaufen, zumal es in Berlin sicher mannigfaltige Gelegenheiten geben würde, Geld auszugeben.

„Wenn euch auf der Reise der Schaffner fragt, wie alt ihr seid, so braucht ihr nicht zu antworten. Ihr guckt dann einfach schnell aus dem Fenster, und ich antworte dann schon!" Diese Anweisung gab ich meinen kleinen Töchtern vorsorglich schon ein paar Tage vor der Abreise. Ich wollte zwar die Deutsche Reichsbahn beschummeln, aber die beiden Kleinen sollten nicht lügen.

Das Abteil war voll besetzt. Heili, als die Jüngere wanderte von einem Schoß zum andern. Liselotte machte inzwischen, wie es ihre

Art war, ein kleines Spielzeug kaputt. Erst mußte sie immer alles von innen betrachten, und dann schenkte sie es der kleinen Schwester. Ein netter Herr zeigte Heili seine goldene Taschenuhr und ließ den Deckel so aufklappen, daß er immer ihre Nasenspitze traf. Als diese Wunderuhr auch noch schlagen konnte, war die Kleine ganz selig.

Nachdem der Herr von Heili schon hinreichend über unsere Familienverhältnisse aufgeklärt war, fragte er: „Wie alt bist du denn?"

Ruckartig, wie befohlen, dreht die Kleine ihren Kopf zum Fenster. Liselotte hörte auf zu zerstören und guckte mich erwartungsvoll an.

„Sie ist drei Jahre alt", antwortete ich an Heilis Stelle.

Da fuhr Liselotte auf: „Mutter, das ist nicht der Schaffner, da kannste doch die Wahrheit sagen!"

Käme doch eine Wolke, höbe mich auf und trüge mich davon! Aber noch sind nicht alle Reisenden informiert. Ich warf Liselotte einen beschwörenden Blick zu, aber sie ließ nicht locker:

„Mutter, das ist wirklich nicht der Schaffner, der hat doch keine goldenen Knöpfe an der Jacke, sag doch richtig, wie alt Heili ist!"

Liselotte hatte so laut gesprochen, daß nun das ganze Abteil Bescheid weiß. Man sah nur schmunzelnde Gesichter. Dieses Schmunzeln wurde jedoch zum Lachen, als wenig später der Schaffner zur Kontrolle kam. Er kümmerte sich nicht um die Kinder, sondern blickte erstaunt auf die Reisenden, da er offensichtlich nicht gewohnt war, mit so heiteren Mienen empfangen zu werden.

Inga, die mit ihrem aufgeschlossenen Sinn begeistert vom Fernen Osten heimgekehrt war, hatte ihren Haushalt, soweit es möglich war, ganz ostasiatisch eingerichtet. Es war damals Sitte, daß in den besseren Wohnungen die Klingeln für das Hausmädchen in Form von Birnen oder Kirschen unter der Lampe angebracht waren oder als kleiner Marmorblock mit Klingelknopf auf dem Eßtisch lagen. Inga fand das „spießig" und montierte das unnütze Zeug ab. In Ostasien klatschte man in die Hände, wenn „Obasan" kommen sollte, warum nicht auch hier?

Wie häßlich war doch ein bürgerlich gedeckter Kaffeetisch jetzt in Ingas Augen. War es nicht viel schöner, auf Kissen auf dem Fußboden zu hocken und seinen Tee aus kleinen Schalen zu schlürfen. Lauwarm mußte er sein und hellgrün. Dazu gab es „Kuchen" aus Seetang. Am liebsten mochten Inga und Gottfried jetzt japanisch essen. Freundlich animierten mich die beiden, doch auch Eßstäbchen zu benutzen. An den Wänden hingen nicht mehr die Reproduktionen alter Meister. Die mußten alle einem „Kakemono" weichen, das Inga und Gottfried viel edler fanden. Kam Besuch, setzte Inga ihren „Hibachi" in Betrieb, einen Feuertopf, auf dem ständig ein Holzfeuer glomm, um das Teewasser schnell gebrauchsfertig zu haben. Anschließend ging sie mit weitausholenden Schritten, einen schwelenden Räucherstab schwenkend, bedeutungsvoll durch ihre Räume. Kurzum, wir lebten sehr japanisch!

Wir bekamen viel Besuch aus Japan, der immer erst heiß baden mußte und der manchmal merkwürdige Lieder sang, die mich zum Lachen reizten. Ein verweisender Blick Ingas ließ mich aber schnell ernst werden.

„Das ist ein No-Gesang, das ist eine ernste Angelegenheit", erklärte sie mir. Ich konnte auch nur bewundernd auf meinen Kissen sitzen, wenn meine junge Schwägerin mit ihrem perfekten Japanisch brillierte, so daß ihre ostasiatischen Gäste nur so vor Begeisterung strahlten.

Schließlich schien es begreiflicherweise Inga doch mit den Kindern und mir zuviel zu werden. Um Heilwig unterzubringen, hatte sie von einer Freundin ein Kinderbett geliehen, das dort unbenutzt auf dem Boden gestanden hatte. Also machte Inga sich eines Tages auf, um diese Freundin zu besuchen. Am Abend kam sie besonders fröhlich und munter zurück, und am anderen Morgen schon rief die Freundin an, sie müsse nun das Kinderbett unbedingt wiederhaben, da sie selber Besuch erwartete.

Inga schien untröstlich; aber was blieb uns übrig, wir fuhren ab. Ich freute mich auf mein Zuhause und auf meinen Bill. Der aber war nicht, wie verabredet, am Zug und hatte nur den Wagen geschickt. Daß er geschäftlich eingespannt war, ließ ich gelten. So sahen wir uns eben ein paar Stunden später.

An diesem Abend aber eröffnete Bill mir kühl und schonungslos, daß ich jeglichen Reiz für ihn verloren hätte. Ich sei ihm zu dick geworden, und er könnte nun einmal mollige Frauen nicht leiden, ja er fände sie geradezu unappetitlich. Meine knabenhafte Schlankheit sei es gewesen, die ihn so angezogen hätte. Und damit sei es ja nun wohl endgültig vorbei.

In der Tat hatte ich seit den hungrigen Hamburger Nachkriegsjahren und seit der Geburt meiner beiden Kinder etliche Pfunde zugelegt, und auch Gottfrieds Vorliebe für gutes und ausgefallenes Essen hatte noch das Seinige dazugetan; aber so schlimm konnte es doch auch nicht sein. Das Schönheitsideal war zwar in jenen Jahren superschlank und busenlos, aber in unserem Bekanntenkreis wurden dem nur wenige Frauen wirklich gerecht, und die anderen waren trotzdem ganz glücklich verheiratet.

Ratlos ging ich zu Mutter, die selbst so klein und rund war, daß Johannes sie zärtlich „mein Pilz" nannte.

„Mir ist so etwas unverständlich", meinte sie nachdenklich, „zu unserer Zeit gab es so was auch nicht, ich könnte mich wenigstens nicht entsinnen, daß Vater mit meiner Figur nicht einverstanden gewesen wäre, und meine Mutter, deine Großmutter, die hat sich deswegen bestimmt keine Sorgen gemacht. Ich verstehe deinen Mann nicht. Er hat doch nun immer was an dir auszusetzen. Erst beschwert er sich über deine Kocherei, dann ist er enttäuscht, daß seine Prachtnähmaschine nicht besser von dir ausgenützt wird, dann sind es deine Haare, die unbedingt abgeschnitten werden müssen, nun ist es deine Figur. Du bist ihm sogar unappetitlich? Wo soll das denn bloß enden?"

Ja, wo sollte das einmal enden? Ich wußte das auch nicht. Karoline, die mir hätte helfen können, war viel zu sehr mit ihrem nahen Glück beschäftigt. Sie hatte in dieser Zeit für alles, was nichts mit ihrer baldigen Hochzeit zu tun hatte, keinen Sinn.

Gottfried, der vielleicht hätte raten können, war zu weit weg. Emilie war nicht gerade firm in Ehefragen. So blieb mir nichts anderes übrig, als bei Johannes Rat zu suchen. Er hatte durch seine diversen Verlöbnisse doch sicher einige Erfahrung.

Nachdem Johannes aus Japan zurückgekommen war, hatte er erst versucht, in Hamburg als Kaufmann zu Ansehen und Reichtum zu kommen. Aber es wollte nicht so recht gelingen, denn die Zeiten begannen schwierig zu werden. Da fand Bill für ihn eine Stelle in einer bekannten Firma in Düsseldorf. Vater löste seinen Jüngsten aus allen Verbindlichkeiten, und Johannes ließ sich am schönen Rhein nieder.

Noch immer war Johannes unser Vorbild an Korrektheit. Jede neue weibliche Bekanntschaft nahm er erst lange Zeit genau unter die Lupe, und es war ein für allemal aus, falls er irgend ein kleines Steinchen des Anstoßes fand. Wohl deswegen war er immer noch Junggeselle.

Zwischen Bill und ihm hatte sich eine dicke Freundschaft entwikkelt, die mir ein bißchen zu innig war. Hatte ich mich mit Bill gezankt, so daß er ohne Abschied verbittert das Haus verließ, war immer auf einen kleinen Wink Johannes zur Stelle, um seinen Schwager zu trösten. Die beiden versuchten dann gemeinsam – wie ich erst viel später erfuhr – auf andere Gedanken zu kommen. Die Art, wie sie es versuchten, war alles andere als korrekt. So war Johannes in meinen Eheschwierigkeiten nicht gerade eine Granitsäule, an die ich mich lehnen konnte. Aber immerhin war er mein Bruder und hatte ein weiches Herz, das er nur meist mit Erfolg versteckte.

„Tja", meinte er gelassen, „da bleibt dir nur noch das eine: Sorg dafür, daß du deinen Speck loswirst."

„Aber wie, Johannes, wie?"

„Deinen Brotkorb höher hängen, hungern und dich fleißig bewegen!"

„Meinst du, daß das auf Bill, ich meine auf seine Einstellung zu mir, Einfluß haben wird?"

„Wie soll ich das wissen", meinte Johannes ungeduldig. Er hatte schon keine rechte Lust mehr zu dieser Art Unterhaltung. „Das bleibt abzuwarten."

Damit nahm er sich eine Zeitung und las sie gewissenhaft und aufmerksam.

Beim Zusammenfalten sagte er dann aber noch so ganz nachlässig: „Du könntest gelegentlich besser auf deinen Mann aufpassen!"

Das war wie ein wohlgezielter Hieb. Ich wollte noch mehr hören, aber Johannes sagte nur: „Mir tut schon leid, daß ich überhaupt was gesagt habe."

Ich schlief die ganze Nacht nicht, sondern dachte über Johannes' Worte nach: „Wieso soll ich aufpassen? Das kann ich doch gar nicht. Ich kann doch nicht hinter Bill herreisen, wenn er losfährt. Wenn er abends ausgeht, ist doch Johannes meistens dabei, und auf Johannes kann man sich doch felsenfest verlassen. Sicher hat er nur so dahergeredet. Natürlich, anders kann es nicht sein. Ich versuche jetzt, ein paar Pfunde zu verlieren und dann wollen wir mal sehen, was wird."

Ich nahm es ernst mit meiner Abmagerungskur. Ich begann mein Tagewerk mit einem Dauerlauf auf nüchternen Magen. Während Bill noch fest schlief, drehte ich im Badeanzug meine Runden ums Haus. Unser Chauffeur, der den Garten bearbeitete, schlug schamvoll die Augen nieder, wenn er mich so leicht bekleidet herum laufen sah. Danach trank ich Schlankheitstee, soviel mein Magen fassen konnte. Bill frühstückte während der Zeit voller Behagen. War er aus dem Hause, ging ich eine halbe Stunde zu Fuß bis an die Ruhr, schwamm dort bis zur Ermattung und legte mich daheim halbtot aufs Bett.

Wehe, wenn Bill dann ausgerechnet anrief und den Bescheid bekam, daß ich „ruhte". Dann regnete es Vorwürfe.

„Ja, gewiß, die Dicken, die müssen ihr Mittagsschläfchen halten, die können es sich ja auch leisten."

Bill merkte anscheinend gar nicht, daß ich bleich und hohlwangig wurde, daß meine von Natur aus lustigen Augen eine gewisse „Himmelssehnsucht" zeigten, daß ich vor Hunger Kopfschmerzen bekam, es mir dauernd schwindelig wurde und ich schwarze Punkte sah.

Mutter aber sah die Veränderung sofort, schalt und holte Vater zu Hilfe: „Willi, sprich du doch mal ein Machtwort, das geht ja so nicht weiter mit Tinchen, die bringt sich ja mit aller Gewalt unter die Erde."

Vaters eindringliche Machtworte fochten mich nicht an. Ich hatte mir nun einmal fest vorgenommen, ein paar Pfunde herunterzuarbeiten, und was ich mir vorgenommen hatte, das führte ich auch aus. Nach qualvollen 14 Tagen hatte ich acht Pfund abgenommen.

„Bill", sagte ich daraufhin eines Morgens im Badezimmer triumphierend, „Bill, sieh mich mal an, gefall' ich dir so wieder besser?" Ich nahm dabei doch eine extra vorteilhafte Haltung an, indem ich den Magen einzog.

Nachdem Bill mich mit Kennerblicken gemustert hatte, meinte er: „Es ist ja schon besser geworden, aber zehn Pfund müßten bestimmt noch runter. Dann wär' ich mit dir ganz zufrieden. Mach nur noch ein paar Wochen weiter so; wenn du wieder hundertzehn wiegst, schenk' ich dir weißen Crepe Georgette für ein Stilkleid. Das hast du dir ja schon lange gewünscht, aber bei deiner augenblicklichen Fülle kannst du das nicht tragen. Da lachen ja die Hühner!"

Also Bill war noch nicht mit meiner Figur ausgesöhnt. Nun war es mir aber zu dumm. Deswegen hatte ich gehungert, hatte auf meine Lieblingsspeisen verzichtet, konnte nachts vor Magenknurren nicht schlafen, hatte dauernde Kopfschmerzen und tagelang einen Muskelkater vom Laufen gehabt! Aber nun war es aus. Keine Mahlzeiten wollte ich mehr versäumen, mochte ich zwei Zentner erreichen, mir sollte es recht sein. Auf Bill wollte ich nun keine Rücksicht mehr nehmen! Hätte er mich nur einmal gelobt oder hätte mir Mut gemacht! Aber davon war keine Rede, nur die dumme Bemerkung von lachenden Hühnern und einem Stilkleid aus weißer duftiger Seide.

Schnell waren meine acht Pfund wieder da, aber ich fühlte mich wohl und ignorierte Bills bissige Bemerkungen.

Einmal aber erwachte mein Ehrgeiz noch. Bill und Johannes wollten einen Maskenball besuchen und verhandelten in der Schnutenhausstraße in aller Offenheit über ihre Vorbereitungen, bis Mutter schließlich fragte: „Und deine Frau, Bill, von der hast du ja noch nichts gesagt?"

„Meine Frau ist zu dick, mit der kann ich mich nicht sehen lassen, die bleibt zu Hause", war Bills niederschmetternde Antwort.

Diese Worte bewegte ich in meinem Herzen. Ich wollte einfach einmal ausprobieren, ob ich wirklich so dick war, daß ich mich auf Festlichkeiten nicht mehr sehen lassen konnte. In mir reifte ganz langsam ein Plan. Er wuchs und wuchs, bis er Blüten trieb: „Ich gehe auch zum Maskenball, und zwar allein!"

Mutter war ganz und gar nicht mit dem Unternehmen einverstanden und auch Vater sprach ein paar warnende Worte zu mir, aber beiden war kein Erfolg beschieden. Mein Entschluß stand felsenfest. Ich kaufte mir Stoff, und Therese nähte auf der gewiß nicht zu diesem Zweck angeschafften Nähmaschine ein hochelegantes Kostüm mit silbergrauen Türkenhosen und einem silberbestickten Kasak. Auf meinem Busen baumelte ein seidenes Beutelchen, das mein gesamtes Haushaltsgeld barg. Ich stellte mich Mutter in meiner Pracht vor. Noch einmal beschwor sie mich, doch zu Hause zu bleiben. Aber allen Schwarzmalereien zum Trotz fuhr ich mit einer Taxe los.

Bill und Johannes hatten sich am Saaleingang postiert, damit ihnen nur ja nichts entginge. Bill trug nur seinen Frack mit einer silberdurchflitterten Papierchrysantheme im Knopfloch, aber Johannes, sein treuer Kamerad, der sonst allzeit Korrekte, hatte sich in ein diabolisches, hautenges Mephistokostüm gezwängt. Die beiden ließen mich passieren, ohne nur die geringste Notiz von mir zu nehmen. Ich war ja maskiert und entsprach offensichtlich nicht ihrem Geschmack.

Auf diesem Fest habe ich mich glänzend amüsiert. Ich tanzte, ich flirtete, ich war weit davon entfernt, das Mauerblümchen zu spielen. „Ach", dachte ich, „so dick kannst du doch nicht sein, sonst würde es dir doch so gehen wie früher in der Tanzstunde." Johannes und Bill, denen ich von Zeit zu Zeit beinahe in die Arme lief, amüsierten sich bei weitem nicht so blendend wie ich. Sie kamen auf diesem Ball nicht recht zum Zuge und standen dauernd irgendwo herum.

Leider währte die Freude nur bis zur Demaskierung um Mitternacht. Bill hielt sich in unmittelbarer Nähe hinter mir auf. Ich hatte ihn leider nicht bemerkt, sonst hätte ich mir bestimmt einen andern Platz gesucht. Ich stand mit dem großen, schlanken Maharadscha zusammen, mit dem ich am meisten getanzt hatte. Wir hielten uns eng umschlungen! Ich war sehr gespannt, wie dieser Mann ohne Maske aussah, der so wunderbar tanzte und der so ungeniert unseren Sekt aus meinem Brustbeutel vom Haushaltsgeld bezahlte! Doch gleich nach der Demaskierung merkte ich, wie jemand mit sanfter Gewalt meinen Arm vom Nacken des Maharadscha nahm. Bill stand hinter mir!

Was nun geschah, ging alles sehr schnell, und sehr schweigsam vor sich: Bill holte meinen Mantel, half mir ritterlich beim Anziehen, winkte eine Taxe heran und gab unsere Adresse an. Er selbst blieb noch auf dem Fest.

Doch ich fühlte mich als Sieger. Mochte Bill nach Hause kommen, wann er wollte! Ich hatte ein paar Stunden wunderbar getanzt und hatte mich losgelöst von allem Ärger und aller Enttäuschung und mich ganz ohne Zweifel viel besser amüsiert als Bill. Mochte er nun tage- oder wochenlang schweigend und beleidigt neben mir herleben, mochte er sich Johannes zum Trost holen, mich focht das nun alles nicht mehr so sehr an!

13.

Karoline heiratet
Johannes neueste Braut – 2:0 für Onno
Ein Brief aus Italien

Karolines Hochzeit wurde sehr festlich wieder in Vaters Freimaurerloge begangen. Karoline ließ die Seide, die Inga und Gottfried ihr aus
Japan mitgebracht hatten, zu einem wahrhaft königlichen Brautkleid verarbeiten. Sie sah darin wirklich wunderschön aus, und die
kostbare Kombination von Seide und Brokat unterstrich ihre immer
noch mädchenhafte Zartheit. Übrigens hatte diese zarte Braut ihr
Hochzeitsmenü nach eingehenden und langwierigen Überlegungen
selbst zusammengestellt. Wie prächtig es ihr gelungen war, den eigenen Geschmack zu treffen, konnte man unschwer daran erkennen,
wie wacker sie zugriff. Infolgedessen flüsterte ihr der Ober über die
Hummermayonnaise hinweg zum Gaudium der näheren Familie
diskret zu: „Gnädige Frau, es wird zweimal gereicht!"

Selbst Vater, der sonst erhaben über kleine Schwächen hinwegsah,
zitierte, zu mir gewandt, aus der Edda: „Nie hab' ich eine Braut so
fressen sehen!"

Aber auch Onno mundete es wieder einmal trefflich.

An ein paar fröhlichen Nachmittagen hatten Emilie und ich mit Karolines Freundinnen – darunter die gute Leni mit dem raschen Mundwerk und dem reichen Vater, die inzwischen gleichfalls reich geheiratet hatte – die Hochzeitszeitung gedichtet, die ein voller Erfolg wurde. Onno, der glückliche junge Ehemann, schüttelte sich vor Lachen.
Ja, er ging in seiner Freude über die witzige Zeitung so weit, daß er mit
einem gefüllten Sektglas auf mich zukam: „Prost, Schwägerin, laß uns
an diesem Tag vergessen, was uns einst erzürnte!"

„Prost, lieber Schwager, also begraben wir die Streitaxt!", und das
kam mir aus ehrlichem Herzen.

Als die prächtige Hochzeit gegen Morgen zu Ende ging und der junge Ehemann mit der Finanzierung der Fahrkarten ins traute Heim nach Hamburg seinen Pflichten nachkommen mußte, zog die erste kleine Wolke auf: Onno erstand nämlich zwei Billetts vierter Klasse für den beschleunigten Personenzug. Wenn auch Johannes fand, daß sich dies nun wirklich nicht für seine Schwester gehörte, wenn auch die junge Ehefrau ganz enttäuscht ihr Brautkleid mit dem eleganten Schneiderkostüm vertauschte, das nun wirklich nicht in die vierte Klasse paßte, und ihre Mißbilligung gedämpft, aber unübersehbar von sich gab, so bissen sie doch bei Onno, der nun das Regiment übernommen hatte, auf Granit.

Auch war leider die mit Sekt begangene Versöhnung zwischen meinem Schwager und mir von ganz kurzer Dauer. Karoline beging nämlich die Unvorsichtigkeit, ihm die Hochzeitszeitung, über die er so herzlich gelacht hatte, noch einmal genau zu erklären. Und nun merkte er, daß er eigentlich beleidigt sein mußte. Das war er dann auch und sah in mir den Urheber aller kleinen Sticheleien, was übrigens nur zum Teil wirklich der Fall war. Auch Leni, die mit ihrem Karl das große Los gezogen hatte, hätte ihrer Freundin Karoline auch ein etwas besseres Los als den guten Onno gewünscht und zeichnete infolgedessen für manchen Giftspritzer verantwortlich. Aber Onnos Groll richtete sich ausschließlich gegen mich.

„Hör mal, gutes Herz", sagte er infolgedessen zu seiner jungen Frau, „wir wollen uns gleich über eines klar sein. Ich mag sehr gerne Besuch haben. Wir wollen, soweit es unsere Mittel erlauben, ein gastfreies Haus führen. Jedoch müssen wir die Wahl unserer Gäste gemeinschaftlich treffen. Du bist gewiß damit einverstanden, dagegen kannst du ja auch wohl nichts einwenden!"

Onno machte eine Pause und ging kerzengerade im Zimmer auf und ab.

„Gewiß, Onno", antwortete Karoline, „damit sprichst du mir aus der Seele. Wir wollen beide bestrebt sein, alles von uns fernzuhalten, was uns ärgern könnte. Wenn wir Besuche empfangen, so soll er uns beiden Freude machen."

„Siehst du", sagte Onno, „ich wußte ja, daß du vernünftig bist. Also, ich wiederhole noch einmal, meldet sich Besuch an, überlegen wir gemeinsam, ob er kommen darf oder nicht."

Da witterte Karoline Unheil. Ängstlich sah sie zu ihrem Eheherrn auf und bemerkte: „Aber Onno, wir kennen doch keinen, der uns ärgern könnte! Oder denkst du an bestimmte Personen?"

„Ja, gutes Herz." Damit nahm Onno seine Wanderung wieder auf. „Wir brauchen da nicht lange zu suchen." Er räusperte sich. „Da ist deine Schwester Albertine zum Beispiel. Die kommt nicht in mein Haus!"

„Wie glatt ihm ‚mein Haus' abgeht", dachte Karoline. Sie war doch ein wenig erschrocken und versuchte einzulenken: „Fang nicht damit wieder an! Das ist doch alles vergessen. Ihr habt euch doch auf unserer Hochzeit versöhnt! Nun mußt du Tinchen die alten Geschichten doch nicht mehr nachtragen!"

„Es sitzt doch tiefer, als ich dachte!" In Onnos Stimme schwang Mitleid mit sich selber mit. „Außerdem spricht die unverschämte Hochzeitszeitung doch Bände. Das kann man sich doch nicht gefallen lassen."

Karoline wurde von einer bei ihr ungewohnten Ratlosigkeit übermannt und weinte leise in ihr fein umhäkeltes Taschentuch.

Nun wurde Onno böse. Er postierte sich vor Karolines Sessel: „Heul doch nicht wegen Albertine. Die ist das nicht wert! Du hast doch außerdem noch mich, Vater und Mutter und noch drei Geschwister. Das ist doch was! Glaub mir's, Tinchen ist am wenigsten wert von euch allen."

Karoline wollte noch einmal einlenken: „Onno, ich finde nicht nett, daß du", weiter kam sie nicht. Ehe sie den Satz zu Ende gebracht hatte, sagte Onno kühl: „Die kommt mir nicht ins Haus. Dixi!"

Den Schwur hat Onno ziemlich lange gehalten. Selbst als Bill ihm nett und höflich schrieb, daß er mit mir auf dem Wege an die See schnell in Hamburg „Guten Tag" sagen wollte, bekamen wir von Onno eine Absage. Mir tat das sehr leid, und Bill hatte sogar Verständnis für meine Traurigkeit um den Verlust von Karoline. Um mich ein wenig zu trösten, schenkte er mir als Mitbringsel von seiner lang ausgedehnten Dienstreise eine Hermelinstola. Ich war sehr denkbar für dies unerwartete Geschenk und trug meinen Hermelin, sooft es ging. Das fiel sogar Bills Laufjungen auf, der mich verbindlich fragte, als er die Stola sah: „Na, auch ein Kanin geschlachtet vor die Feiertage?"

Nebenbei bemerkt

Ich war vier Jahre alt, als Tante Karoline heiratete, und trug sehr zum
Gelingen des Festes bei, weil ich nicht nur besonders schön gekleidet war,
sondern auch wichtige Aufgaben zu übernehmen hatte. Wenn man mir
auch nicht wie meiner Schwester die Schleppe zum Tragen anvertraut
hatte, so durfte ich doch Blumen streuen, was ich viel gewissenhafter tat
als Tante Lenis Inge, die alle meine Blumen wieder aufhob und in ihr
eigenes Körbchen tat.

Außerdem mußte ich ein Gedicht aufsagen und mein Geschenk –
Wäscheklammern – überreichen. Das Gedicht hatte mein Vater, der
für solche Art Poesie eine ausgesprochene Begabung hatte, selbst verfaßt,
und da ich es so gründlich lernte, daß ich es heute noch auswendig kann,
möchte ich doch nicht versäumen, es hier mitzuteilen. Zum besseren
Verständnis sei noch gesagt, daß vor mir meine Schwester eine Wäsche-
leine überreichte. Also, es lautete:

> Ja, da hast du nun die Leine,
> da hab' ich mir gleich gedacht,
> das ist, wie wenn ohne Beine
> einer einen Stuhl gemacht.
> Wer soll halten deine Plünnen,
> wenn ein böser Wind mal weht?
> Alle fliegen sie von hinnen,
> alles in die Lüfte geht.
> Das hab' ich mir gleich gedacht
> und die Klammern mitgebracht!

Johannes konnte anscheinend nicht ohne Liebe sein. Nicht, daß er
wie ein schillernder Falter von Blume zu Blume geflogen wäre, nein,
dazu hatte er zu solide Grundsätze. Seine Beziehungen zu Frauen
mußten zukunftsweisend sein. Das war man der Dame seines Herzens doch schuldig! So ein oberflächliches Techtelmechtel gehörte
sich nicht. Seine Liebsten wurden zunächst einmal Vater und Mutter
vorgestellt, und dann konnte man ja abwarten, ob sich daraus etwas
Beständiges entwickelte. Johannes hielt in der Familie einen Rekord,

308

der von niemandem auch nur entfernt erreicht wurde: er veranlaßte die weitaus meisten, zu unseren Eltern „Vater" und „Mutter" zu sagen.

Als ich eines Tages in die Schnutenhausstraße kam, half in der Küche ein neues Gesicht Mutters Mädchen beim Abtrocknen, und Johannes sprach mit Vater ernste Worte.

„Aha", dachte ich, „es ist mal wieder so weit!"

Vater und Mutter schienen ganz begeistert. Die neue Errungenschaft war nicht gerade eine blendende Schönheit, aber klug, bescheiden und höflich. Sie sang sehr schön und spielte für den Hausgebrauch ganz hübsch Klavier. Sie hatte sich gleich bereit erklärt, Vaters langweilige Cello-Übungen auf dem Klavier zu begleiten, und das mußte wahrlich wahre Liebe sein, denn diese Etüden kannte ich zur Genüge. Hannelore hieß Johannes' neue Liebe, und diese Hannelore nahm sich gleich Noten mit nach Hause und konnte beim nächsten Besuch Vater fehlerlos begleiten, so daß er des Lobes voll war und Johannes vor Stolz auf seine neue Errungenschaft strahlte. Über die Entstehung dieser Beziehung verwickelte sich das junge Paar in Widersprüche. Beide wohnten in Düsseldorf, aber beileibe nicht etwa unter einem Dach. Das würde Johannes nie verantworten können. Er war „möbilierter Herr" und Hannelore wohnte in einer Familienpension.

Nicht allein der Geist und das Herz machte sie so anziehend: Sie hatte auch Vermögen, und da Johannes nicht gerade reichlich mit irdischen Gütern ausgestattet war, kam diese Beigabe wie gerufen.

Zwar kannte er noch nicht die Höhe der erwarteten Mitgift, denn Hannelore kannte sie selber noch nicht, weil da das Gericht erst noch klärend eingreifen mußte. Von Zeit zu Zeit fanden Termine statt, die Hannelore wahrnahm. Dazu waren dann mehrtägige Reisen erforderlich; jedoch sollte Johannes seine Braut nicht begleiten, was auch seinem Gefühl für Anstand entsprach. In unserer Stadt hatte Hannelore einen Onkel, der Direktor eines großen Industrieunternehmens war. Dieses Unternehmen verfügte in einem Essener Hotel über mehrere Gastzimmer, die auch Hannelore auf Anweisung des Onkels bewohnen konnte. So war es kein Unglück, wenn sie den letzten Zug nach Düsseldorf verpaßte, was öfters einmal geschah.

So verlief alles harmonisch. Hannelore machte sich beliebt, wurde ein gerngesehener Gast in unserem Elternhaus und brauchte schließlich nicht mehr Onkels Hotelzimmer zu belegen. Sie blieb wochenlang bei Vater und Mutter.

Nur Bill fand das berühmte Haar in der Suppe. Er hatte allerlei an Hannelore auszusetzen. Ihr Schmuck war unecht und ihr kastanienbraunes Haar nach seiner Ansicht gefärbt. Zu der Zeit kam es wohl vor, daß frühzeitig ergraute Damen ihrem Haar etwas dunkle Jugend verliehen oder daß Blondinen ihr Haar aufnorden ließen. Daß aber eine junge Dame ihrem Friseur den Auftrag erteilte, dem Haar eine ganz andere Farbe zu geben, war in soliden Kreisen untragbar. Das gehörte in die Lebewelt oder auf die Bühne, aber nicht in eine Familie wie die unsrige.

Bei genauer Betrachtung erwies sich Hannelores Haar tatsächlich als gefärbt!!!

„Hast du mal drauf geachtet", fragte Bill mich nach einem Familienabend, „wie sie ihr Sektglas anfaßt und unter ihren Sessel stellt! Das ist doch nicht damenhaft!"

Ich wollte aber Johannes' Braut nicht zu sehr kritisieren: „Nun laß Johannes doch. Er ist ja auch kein kleines Kind mehr!"

„Ihr werdet ja sehen!"

Ich habe Bills Bedenken dann doch Johannes erzählt.

„Der ist ja nur enttäuscht, daß er bei Hannelore abgeblitzt ist!" Johannes ging nicht ganz fair der Sache aus dem Wege.

Das glaube ich ihm übrigens nicht, denn Hannelore war durchaus nicht Bills Geschmack, und ließ alles auf sich beruhen.

Hannelore ging ein ganzes Jahr lang bei uns ein und aus. Zwischendurch blieb sie manchmal längere Zeit unsichtbar; dann mußte sie Termine wahrnehmen.

Hannelore kam sehr gern zu uns, um mit Liselotte und Heilwig zu spielen. Die beiden hatten die neue Tante in ihr Herz geschlossen. Sie nähte wunderschöne neue Puppenkleider, wusch sogar die Bezüge von den Puppenwagenkissen, die immer leicht ergraut waren, besah mit den kleinen Mädchen Bilderbücher und erzählte spannende Geschichten, kurz, meine beiden Töchter waren ganz aus dem Häuschen vor Wonne, wenn Tante Hannelore zu Besuch kam. Einmal lud sie auch die beiden zu sich nach Düsseldorf ein. Sie trank in ihrem Zimmer mit ihnen Kaffee, und dann pilgerten sie in den Zoo.

Liselotte war tief beeindruckt von Tante Hannelores hübschem Zimmer.

„Mutter, die Tante hat ein weißes Fell und ein weißes Telefon!" berichtete sie mir voller Bewunderung.

„Und dann riecht es bei ihr viel schöner als bei uns!" fügte Heili noch bedeutungsvoll hinzu.

Von ihrer Hochzeit sprachen Johannes und Hannelore nicht so viel, wie es sonst bei Brautpaaren wohl üblich ist. Das hatte aber seine Ursache in den schleppenden Erbschaftsprozessen. Ehe die nicht klar entschieden waren, konnte man keine Aussteuer kaufen. Johannes, der ja zu den von Zeit zu Zeit stattfindenden Terminen nicht mitreisen sollte und wollte, hätte gern einen Einblick in die Akten genommen, um sich durch das Studium der Protokolle Klarheit zu verschaffen. Aber auch das wünschte Hannelore nicht. Sie meinte, Geldangelegenheiten seien doch meist recht unerfreulich, und damit wolle sie doch ihren lieben Johannes nicht behelligen.

Mutters 70. Geburtstag im Jahre 1929 sollte ein Fest werden, an dem alle Familienmitglieder teilnehmen sollten. Inga und Gottfried wollten aus Berlin kommen, und selbst Karoline hatte für sich und ihr Baby außer der Reiseerlaubnis auch noch das Reisegeld bekommen. Sie sollte mit ihrer kleinen Tochter bei uns wohnen, Gottfried und Inga wurden bei Vater und Mutter untergebracht, Hannelore und Johannes sollten abends nach Düsseldorf zurückfahren. Lange hatten wir schon überlegt, was wir Mutter zum Geburtstag schenken sollten, als Johannes ein paar silberne Leuchter vorschlug, die Mutter sich schon seit langem gewünscht hatte. Auch Hannelore wollte sich mit einem Sechstel an dieser Gabe beteiligen.

Als aber Karoline schrieb, daß sie aufgrund ihrer weiten und teuren Reise nicht auch noch etwas mitbringen könne, brachte sie Gottfried auf den gleichen Gedanken. So blieben nur noch Johannes, Emilie, Hannelore und ich. Emilie, die ihren Siebenmonatssäugling immer noch ehrenamtlich pflegte, besaß keinerlei Barmittel, und Johannes hielt sich in Düsseldorf gerade notdürftig über Wasser und konnte im Augenblick nichts abzweigen. So blieben nur noch Hannelore und ich. Bei dem Gedanken fühlte ich mich aber auch überfordert, und unser Leuchterplan fiel ins Wasser.

Wie groß war daher unser aller Erstaunen, als Hannelore am Geburtstagsmorgen in aller Herrgottsfrühe mit zwei schweren Silberleuchtern erschien. Erstaunt sah ich Johannes an.

„Vierhundert Mark!" flüsterte er mir zu.

„Wer bezahlt das?" fragte ich zurück.

Johannes zuckte nur die Achseln.

Hannelore hatte auch noch einen Arm voller Teerosen.

„Was soll denn das?" fragte Karoline mich.

„Tischdekoration", antwortete Johannes. „Hannelore hat eben an alles gedacht."

Der Tisch war wirklich wunderschön gedeckt. Mutter gingen fast die Augen über. Nur wir Kinder waren nicht recht einverstanden. Daß nun ausgerechnet Hannelore Mutters siebzigsten Geburtstag arrangierte, die als Familienmitglied doch noch gar nicht legitimiert war, wollte uns nicht einleuchten. Wir zerbrachen uns den Kopf, wer die teuren Leuchter bezahlen sollte. Unter diesem Druck stand die ganze Feier, so daß schließlich eine unangenehme Stimmung herrschte. Vor allem Gottfrieds Sticheleien wollten kein Ende nehmen. Er war es auch, der abends dann den Streit vom Zaun brach. Es hatte ja den ganzen Tag wettergeleuchtet. Aber als Gottfried mit ein paar recht deutlichen Worten sagte, was er von Hannelore hielt, war Vater empört. Er ergriff die Partei seiner dienststeifrigen Klavierbegleitung und sagte laut und vernehmlich: „Das geht zu weit. Wer hier Gast in meinem Hause ist, bestimme ich. Wem das nicht paßt, der kann ja gehen!"

„Das wird uns allen nicht schwerfallen, solange du diese Art Gäste in deinem Hause beherbergst!" antwortete Gottfried ruhig.

Aber da sprang Hannelore auf. Schnell nahm sie die beiden Silberleuchter vom Tisch, ergriff ihren schon gepackten Koffer, rannte grußlos hinaus und knallte die Tür hinter sich zu.

Johannes lief hinter seiner Braut her, kam aber nach ein paar Minuten allein zurück.

Mit diesem Auftritt hatte auch diese Verlobung ein jähes Ende gefunden. Am meisten trauerten meine Kinder ihrer neuen Tante nach, denn der verlassene Bräutigam meinte schon nach kurzer Zeit: „Hannelore war eigentlich zu alt für mich."

Mutter guckte ihren Sohn erstaunt an: „So, wie alt war sie denn eigentlich?"

„Nächste Woche wird sie fünfundzwanzig."

„Aber Johannes, du bist doch neun Jahre älter?"

„Ja, das ist wahr. Aber ich möchte eine ganz junge Frau haben, so vielleicht um die achtzehn. Die lassen sich noch erziehen, die lassen sich auch besser leiten und hören besser auf mich!"

„Das mußt du selbst wissen", sagte Mutter etwas spitz, „laß den Mut nicht sinken, es werden jedes Jahr welche konfirmiert!"

Zur Hebung seines Umsatzes hatte Johannes sich einen Einzylinder-Hanomag erstanden, hatte ihn hellgrau lackieren lassen und nannte ihn „Silberpfeil". Silberpfeil tat gewissenhaft seine Pflicht, er war zuverlässig und treu, fraß wenig Benzin und quetschte sich wendig durch den Großstadtverkehr.

Ich liebte den kleinen „Silberpfeil" sehr, und auch als er mir in jugendlichem Übermut mit dem Anlasser ins Gesicht schlug, ließ meine Zuneigung nicht nach. Leider mußte ich meine Liebe verheimlichen, denn Bill fand sie nicht standesgemäß. Aber Johannes war mein Verbündeter und ließ mich so oft wie nur irgend möglich sein „Kommißbrot" fahren. Das Anlassen war das schwierigste. Man mußte auf den Sitz knien und den Anlasser, eine Eisenstange von ungefähr einem halben Meter Länge, zu sich ans Herz ziehen. Manchmal rutschte er aber vorzeitig aus der Hand und knallte einem dann unweigerlich ins Gesicht.

Ich fuhr sehr gern Auto, und, um Bill zu überraschen, machte ich meine Fahrprüfung, was damals nur ganz wenige Frauen unternahmen. Doch Bill war nicht erfreut über diese Eigenmächtigkeit sondern verbot Ewers, mich ans Steuer zu lassen. Daß ich trotzdem Gelegenheit fand, unser Auto zu fahren, versteht sich von selbst.

An jenem Morgen, als Johannes als Zeuge in Düsseldorf vor Gericht geladen war, durfte ich den „Silberpfeil" anlassen und fahren.

„Komm, fahr du", bat mich mein Bruder, mit dem ich zu jener Zeit auf besonders gutem Fuß stand, „ich bin zu nervös heute morgen."

Denn Johannes mußte Zeuge sein in einem Prozeß gegen eine Heiratsschwindlerin mit Vornamen Hannelore.

Johannes verflossene Braut sahen wir also als Angeklagte wieder. Schonungslos wurde ihre Vergangenheit aufgedeckt. Es ergab sich folgendes Bild: Als Tochter achtbarer Eltern besuchte sie eine höhere Schule und eine Tanzfachschule von Rang. Während der Besatzungszeit kostete sie als Madame Dolores de Marmileau die Stadt Düsseldorf einiges. Aus dieser Zeit stammte ein Kind, bei dem sie sich der Sorgepflicht so vollständig entzog, daß sie dafür mit Gefängnis betraft wurde. Dazu kam Kreditschwindel, und außerdem war sie als Prostituierte mit festem Wohnsitz bekannt.

Mit dem Märchen von dem zu erwartenden Vermögen hatte sie, genau wie bei uns, bei anderen gutmütigen Leuten mit heiratsfähigen Söhnen Kost und Logis gefunden. Ihre Besuche dehnte sie je nach ihrer augenblicklichen Finanzlage aus. Außer Johannes gab es noch weitere Verlobte. Einer von ihnen, der den Betrug bemerkte und nicht verwinden konnte, hatte Anzeige erstattet. So wanderte Hannelore diesmal wegen Heiratsschwindels in Gefängnis.

Der oft zitierte Onkel Direktor, der auch als Zeuge erschienen war, nahm die Sache von der humoristischen Seite. Johannes aber war empört. Sein letztes Wort lautete: „Das hätte Hannelore nicht mit mir machen dürfen, das alles gehörte sich nun wirklich nicht."

Die Silberleuchter mußte er noch lange abstottern, denn Hannelore hatte sie in Düsseldorf in seinem Namen auf Kredit gekauft. Aber auch als sie endlich abbezahlt waren, hat der Arme sie nie sein Eigen genannt. Gleich am Tage nach Mutters Geburtstag waren die Leuchter nämlich ins Pfandhaus gewandert, und den Pfandschein hatte Hannelore sofort in ihren Kreisen weiterverkauft. Damit blieb er für alle Zeiten verschwunden.

*

Welches Prädikat man Karolines Ehe geben sollte, war nicht leicht zu sagen. Gut, sehr gut, glücklich, unglücklich, zufrieden, alles wäre nicht das Richtige gewesen. Karoline hätte es selber nicht recht gewußt und Onno auch nicht.

Noch immer hatte Onno seine Beziehungen zu Frau Sinn, seiner früheren Wirtin, nicht einschlafen lassen. Sie bewohnte weiterhin ihr gemütliches Heim gegenüber Onnos Schule. Da war eine Stippvisite schnell gemacht. Das tat Onno aber nicht heimlich, nein, da er von jeher für Offenheit gewesen war, erzählte er seiner Frau gewissenhaft, wie und wo er den Tag verbracht hatte. Karoline schien nicht immer erfreut darüber.

In der Walddörfer Siedlung, wo die beiden wohnten, herrschte zwischen den zumeist jungen Hausbesitzern ein recht nachbarlicher Verkehr. Mit den Anwohnern zur Linken und zur Rechten wurde mit der Zeit innige Freundschaft geschlossen. Es fing mit gärtnerischem Erfahrungsaustausch über den Zaun an, mit der Bekanntmachung der täglichen Eierresultate, mit Kochrezepten und Neuerungen beim Einwecken. Später behandelte man die Probleme mit den Kindern und schließlich wurden Szenen aus dem Eheleben aktuell. Man gründete eine „Freiwillige Feuerwehr", deren Leitung in Onnos bewährten Händen lag, und da bei einer der endlosen Debatten eine der Frauen zaghaft einwarf, was denn geschehen solle, wenn tagsüber Feuer ausbräche und alle Männer in der Stadt wären, rief man auch eine weibliche Feuerwehr ins Leben.

Feuerwehrhauptmann wurde Karoline, die man einstimmig wählte. Sie nahm dieses neue Ehrenamt sehr ernst und setzte allwöchentlich Übungen an.

Der jährliche Feuerwehrball war der gesellschaftliche Höhepunkt der Siedlung. Karolines Brautkleid bekam dazu Jahr für Jahr eine andere Fasson, denn für ein neues Abendkleid reichte es nie – das Haus mußte ja bei Lenis Vater abgezahlt werden.

Nur in den allerersten Abendstunden waren diese Bälle ein reiner Genuß. Zu vorgerückter Stunde, wenn bei vielen wackeren Feuerwehrmännern die Selbstkontrolle vom gelöschten Durst beeinträchtigt wurde, mußte Karoline meist feststellen, daß ihr Onno auch an der weiblichen Feuerwehr stark interessiert war. Er schäkerte einmal hier und einmal da. Wenn auch Karoline zunächst gelassen blieb und gute Miene zum bösen Spiel machte, so ging doch in vorgerückter Stunde leicht ihr Temperament mit ihr durch. Bei solcher Gelegenheit stülpte sie einmal den vollen Sektkühler mit allen Eisstückchen über die Häupter von Onno und seiner Schönen. Das war sehr einfach, denn die Köpfe der beiden hatten sich in einem langen Kuß einander völlig genähert. Dies war dann Karoline doch zu viel gewesen!

Diese entschlossene Tat, die man mit dem modernen Löschwesen in Zusammenhang brachte, löste einen unbeschreiblichen Jubel aus. Man hörte donnernde Hochrufe auf Karoline, und kurz nach dem Ball wurde sie zum Feuerwehrmajor befördert mit dem Grund: „Tapferes Verhalten bei unvorhergesehenen Situationen."

Onno allerdings brummte, denn er mußte manchen Spott einstecken.

Karoline hatte inzwischen zwei Kinder, denn nach ihrem Töchterchen wurde noch ein Junge geboren. Sie hatte aber die zweite Geburt sehr schlecht überstanden. Onno war jedoch so stolz auf seinen Sohn, daß er gar nicht sah, wie Karoline immer matter und elender wurde. Als sie sich nicht mehr zu helfen wußte, rief sie Emilie zu Hilfe.

Emilie reiste sofort los, und nach langen Wochen hatte sie es erreicht, daß Mutter und Kind ohne sie zurecht kamen. Als sie wieder zu Hause war, erzählte sie nicht viel von ihrem Hamburger Aufenthalt. Sie brachte nur empört zur Sprache, daß Karoline trotz scheinbarer Offenheit noch immer nicht erfahren konnte, wo Onno mit seinem Geld und mit seiner freien Zeit blieb.

Erst mehr als ein Jahr später, als Brüderchen schon laufen konnte, fand Karoline durch einen merkwürdigen Zufall Klarheit. Sie hatte Brüderchen aufs Töpfchen gesetzt, und weil es ihm da zu langweilig wurde, hatte sich der kleine Kerl mitsamt seinem Töpfchen bis zum Badeofen vorgearbeitet und voller Entdeckungsdrang die Ofentür des nicht gerade allerneusten Modells geöffnet. Der ganze Inhalt lag um das Töpfchen herum verstreut, in der Hand aber hielt er einen nur mäßig angekohlten, von zarter Damenhand geschriebenen Brief, in dem die Schreiberin den guten Onno ihrer „lodernden Leidenschaft" versicherte. Diese Leidenschaft hatte wohl mehr gelodert als das Feuer des Badofens, in dem Onno diesen und noch weitere Briefe von der gleichen Hand hatte verbrennen wollen.

Da hatte es Karoline nun schwarz auf weiß, was sie schon seit langem ahnte. Onno liebte und wurde von einer andern Frau wiedergeliebt. Noch am gleichen Abend rief sie mich an und erzählte mir ihr namenloses Unglück. Sie wollte auf keinen Fall bei diesem Mann bleiben. Ich sollte Vater und Mutter schonend darauf vorbereiten, daß sie in den nächsten Tagen nach Essen käme. Von da aus wollte sie dann alles regeln. Mir tat Karoline entsetzlich leid und ich bot ihr an, doch mit den Kindern zu mir zu kommen, damit die Eltern nicht in ihrer Ruhe gestört würden. Karoline nahm meine Einladung dankend an.

Ich richtete mit viel Liebe und Sorgfalt für Karoline und die beiden

Kinder unser Fremdenzimmer ein. Damit sie sich auch zurückziehen konnte, wenn sie allein sein wollte, stellte ich ihr mein Damenzimmer zur Verfügung, das sie besonders liebte.

Liselotte und Heilwig waren vor Freude ganz aus dem Häuschen, daß nun Tante Karoline mit den beiden Kleinen kommen wollte. Sie suchten tagelang aus ihren Spielsachen das aus, was sie den Hamburger Kindern schenken wollten. Auch Bill nahm ich ins Gebet, doch recht nett mit Karoline zu sein; und das hatte er mir fest versprochen.

Vergeblich warteten wir dann. Sie kamen nicht. Statt ihrer traf ein Brief von Onno ein, in dem er mich bat, die Hetzereien gegen seine Ehe einzustellen. Es müßte mir doch erinnerlich sein, daß ich damit schon viel Unheil angerichtet hätte. Nach den gemachten Erfahrungen käme er am besten mit Karoline aus, wenn sich von uns keiner einmischte.

„Zwei zu null für Onno", meinte Bill.

14.

Heimkehr ins Elternhaus
Sekretärin ohne Stenografie
Lauter Arbeitslose — Eine Fachkraft im Kochen

Bill war immer häufiger auf Reisen, und diese Reisen dehnten sich immer länger aus. Wenn er dann müde und überarbeitet nach Hause kam, ärgerte er sich über die Fliege an der Wand. Jede Geringfügigkeit konnte ihn maßlos aufregen, was meistens damit endete, daß er schleunigst sein gemütliches Heim wieder verließ.

Nach langem Hin- und Herüberlegen hatte ich mich zu einem festen Standpunkt durchgerungen; ich wollte mich über Bill nicht mehr ärgern, mochte er seinen eigenen Weg gehen. Selbst als eine meiner Freundinnen mir erzählte, Bill habe mit einem bekannten Herrn zusammen eine elegante kleine Wohnung, in der es häufig hoch her ging, beendete ich dieses Gespräch kurz. Ich wollte mich mit solchen Nachrichten nicht belasten. Immerhin gestattete er mir ein sorgenfreies, ja, eigentlich ein luxeriöses Leben. Ich konnte fast immer tun und lassen, was ich wollte, und mir meinen Tag so schön wie irgend möglich gestalten. Was wollte ich mehr?

Hin und wieder nahm ich aber doch einen Anlauf, mit meinem Mann ins Gespräch zu kommen: „Bill, weißt du noch, was du vor unserer Ehe immer zu mir sagtest?"

„Da hab' ich viel gesagt, das nimmt man nicht für bare Münze."

Bill war es offenbar lästig, sich mit mir zu unterhalten. Aber ich ließ nicht locker: „Du hast so oft gesagt: ‚Tinchen, ich werde mich immer über dich freuen. Immer werde ich froh und glücklich mit dir sein!'"

„Sooo?" fragt Bill gedehnt, „kaum zu glauben, wie sich die Zeiten ändern!"

„Würdest du das jetzt auch noch sagen?" Ich war auf die Antwort gespannt.

„Jetzt noch? Nee, mein Kind, jetzt nicht mehr!" Bill sagte das so spontan, daß ich doch recht erstaunt war.

„Warum nicht mehr, Bill, was hat sich geändert?" Ich merkte, daß dies zu einer entscheidenden Aussprache wurde.

Bill behielt seinen abweisenden Ton bei. Er antwortete mir recht scharf: „Meine Ehe mit dir hat mich maßlos enttäuscht. Zuerst war es deine furchtbare Kocherei. Das hat sich nun gegeben. Ich bin ja viel unterwegs, und du hast dein Mädchen, das dir diese Sorge abnimmt. Dasjenige, das sich nicht überbrücken läßt, ist deine Figur. Du glaubst nicht, wie sehr ich darunter leide. Ich habe dich gebeten, etwas dagegen zu tun. Du hast einen Anlauf genommen, und dann war da wieder der alte Schlendrian. Wie oft habe ich dich gewarnt! Wenn ich nun meine eigenen Wege gehe, mußt du dich nicht wundern."

„Das mit dem Dickwerden stimmt ja nicht. Du warst auch schon unliebenswürdig und schlecht gelaunt, als ich noch ganz schlank war. Also diesen Vorwurf nehm' ich dir nicht ab." Denn so ganz ohne Widerrede alle Anschuldigungen hinzunehmen, schien mir auch nicht das Richtige. Bill wich aber nicht vom Thema ab. Er überhörte meinen Einwand.

„Immer habe ich mir eine schlanke Frau gewünscht. Alles andere war mir egal. Sie brauchte nicht schön zu sein, sie brauchte kein Geld zu haben, aber schlank mußte sie sein. Nun guck mal in den Spiegel! Also laß mich gütigst in Ruhe!"

Darauf wußte ich nichts zu antworten. Für die Folge vermieden Bill und ich es allein zu sein. Sahen wir uns im Beisein anderer, dann war er höflich und nett zu mir, aber sowie wir wieder allein waren, hatten wir einander nichts mehr zu sagen. So ging es einige Wochen.

Mein Erstaunen war daher zunächst gar nicht einmal so groß, als Bill von einer Reise nicht mehr zurückkehrte, zumal es einige Zeit dauerte, bis ich begriff, was für Konsequenzen da auf mich zukamen.

Dann erreichte mich ein Brief Bills aus Italien, in dem er mir schlicht und kurz mitteilte, daß es zwecklos sei, auf seine Rückkehr zu warten, und daß wir sehen müßten, wie wir nun allein zurechtkämen. Schließlich hätte ich ja meine Eltern. Er könne uns vorerst nicht helfen. „Ist es meine Schuld, daß meine Liebe sterben konnte?" endete das Schreiben.

Ehe es mir ganz zum Bewußtsein kam, daß ich nun mit den Kindern allein war, vergingen mehrere Tage und Nächte. Ich hatte ja schon lange gewußt, daß Bills leidenschaftliche Gefühle für mich sehr schnell abgekühlt waren, und was mein eigenes Herz betraf, so hatte es wohl nie sehr heftig für ihn geschlagen; aber nun vor den Trümmern der Ehe zu stehen und zu wissen, daß alles zu Ende war, das erschien doch als ein schreckliches und unerwartetes Unglück. In den nächsten Tagen mußte ich auch begreifen lernen, was Bill damit meinte, als er schrieb, er könne uns nicht helfen: seine schlechte Laune, seine Rastlosigkeit und seine Unruhe waren bei weitem nicht nur seiner ehelichen Enttäuschung entsprungen, sondern hatten auch ihre Ursache in dem nicht aufzuhaltenden Zusammenbruch seiner kaufmännischen Existenz. In diesem Jahr 1930, als weltweit ein Konkurs den anderen nach sich zog, waren auch Bill die Schwierigkeiten bis zum Halse gestiegen, und da er ihrer nicht mehr Herr werden konnte, war er einfach auf und davon gegangen.

Mit diesen erschreckenden Neuigkeiten suchte ich nun also Schutz und Hilfe bei Vater und Mutter. Von ihrer Reaktion war ich zutiefst enttäuscht: Mutter zog eins ihrer schön umstrickten Taschentücher hervor und weinte, anstatt mir Trost und Rat zu spenden, fassungslos hinein. Wenn ihre Tränen einen Augenblick versiegten, stieß sie mit einem Zorn, den ich meiner gütigen Mutter nie zugetraut hätte, Verwünschungen gegen Bill aus, der soviel Schande über die Familie gebracht hatte. Und obwohl sie keinen Zweifel darüber aufkommen ließ, daß die Kinder und ich selbstverständlich ins Elternhaus zurückkehren könnten, so war es doch auch nicht zu übersehen, daß wir nicht gerade hochwillkommen waren. Vielleicht galten auch ein paar der Tränen, die so reichlich ins Spitzentuch flossen, ihrer wohlverdienten Altersruhe, der sie nachweinte.

Mutter war damals schon über 70 Jahre alt, und die beschauliche Ruhe, die sie seit Karolines später Heirat allein im Hause mit Vater genossen hatte, war nur sehr kurz bemessen gewesen. Johannes, den mancherlei noch nach längerer Zeit auftauchende Verpflichtungen aus seinem letzten Brautstand drückten und der vergeblich auf geschäftliche Erfolge gehofft hatte, mußte seine Zelte in Düsseldorf notgedrungen abbrechen und ins Elternhaus heimkehren. Dort verbreitete er nicht gerade Frohsinn. Und Emilie war, nachdem sie ihren Siebenmonatspflegling in die Schule gebracht hatte, unter überströmenden Danksagungen, aber ohne materiellen Lohn endgültig entlassen worden. Ein kurzes Gastspiel in einem Harzer Kurhotel hatte sein Ende gefunden, als das Hotel in den Strudel der wirtschaftlichen Not geriet. So bezog auch Emilie ihr altes Zimmer in der Schnutenhausstraße und stellte die Bilder von Hugenbergs Kindern und dem Siebenmonatspflegling wieder dort auf, wo sie sonst immer gestanden hatten.

Und nun kam ich auch noch mit zwei lebhaften Kindern! Heute habe ich mehr Verständnis für Mutters fassungslosen Kummer.

Aber auch Vater reagierte ganz anders, als ich gedacht hatte. Ich weiß nicht, was ich eigentlich erwartete, ganz bestimmt aber nicht, daß er mit Bleistift und Papier meine Zukunft ausrechnete. Und das fiel trübe genug aus.

„Deinen Haushalt mußt du sofort auflösen, denn du hast ja nun kein Einkommen mehr. Am besten rufst du gleich Therese an, daß sie die Kinder herbringt. Wir wollen ihnen doch all das ersparen, was jetzt zwangsläufig bei euch im Hause passiert. Deine Möbel kommen hierher auf den Boden. Dein früheres Zimmer richten wir dir wieder ein, da kannst du mit den Kindern schlafen. Und da von deinem Mann wohl vorläufig nichts zu erwarten ist, suchst du dir am besten schleunigst eine Beschäftigung. Mutter und ich passen schon auf die Kinder auf."

So verlief mein erster Besuch bei Vater und Mutter nicht gerade aufmunternd. Um das Geld für den Omnibus zu sparen, ging ich den langen Weg nach Hause zu Fuß. Nun war ich ganz allein und konnte ungestört meinen Gedanken nachgehen. Ob ich den Anforderungen, die die Zukunft an mich stellte, gewachsen war? Ob ich eine Stellung fand? Ob Bill nun wirklich für immer fort war?

Mir fielen Zitate und Gedichte ein, die ich auf der einsamen Chaussee laut und mit Betonung vor mich her deklamierte. Es gab so viele, die auf meinen augenblicklichen, erbärmlichen Zustand paßten. Ich war allen Dichtern dankbar, die anscheinend in ähnlicher Verfassung so schöne Worte gefunden hatten.

Dann kamen mir wieder Zweifel. Hatte ich alles richtig gemacht? Hatte ich Bill überhaupt geliebt? Aber nun war es zu spät. Nun konnte nichts mehr eingerenkt werden. Ich mußte allein mit meinen

Sorgen fertig werden. Nicht nur für mich, auch für meine Töchter mußte ich geradestehen. Aber wie konnte Bill uns nur im Stich lassen? Acht Jahre waren wir verheiratet gewesen; es hatte doch auch viele schöne Tage gegeben. Hatte Bill das alles vergessen? War er wohl allein in Italien? Das konnte mir keiner sagen.

So ging die Zeit schnell dahin, bis ich am späten Abend vor unserem Haus stand. Früher hätte ich Angst gehabt, die große Villa so ganz allein zu betreten. Mir fiel ein, daß das heute überhaupt das erste Mal war. Mir war das jetzt ganz gleichgültig, ich hatte keine Angst. Mochte doch ruhig einer kommen, um mich umzubringen, das wäre mir heute gerade recht. Aber es kam keiner. Da gab es nur eine drückende, unheimliche Stille.

Plötzlich fielen mir meine Hühner ein. Wie konnte ich nur vergessen, die armen Tiere, an denen ich immer soviel Freude gehabt hatte, zu füttern? Sie waren ja das einzig Lebendige, was heute im Hause war. Unseren Hund hatte ich schon weggeben müssen. Und Ewers befand sich auf Stellungsuche, nachdem der Wagen, der die Sicherheit für einen Kredit gewesen war, in andere Hände übergewechselt war. Therese aber wollte diese Nacht in der Stadt bleiben.

Mich zog es in meiner Verlassenheit zu den guten Hühnern; aber wie gelähmt blieb ich an der Stalltür stehen: da war kein einziges Huhn mehr. Das fing ja schrecklich an! Sicher wußte man hier längst von meinem Unglück, und nun fiel alles über eine schutzlose Frau her. Zuerst hielt man sich an den armen Hühnern schadlos. Warum hatte ich bloß den Stall nicht verriegelt? Aber sicher hätte das auch nichts geholfen. Nun waren sie also dahin, meine rassereinen Plymouth Rocks. Wieder rund 200,– Mark zum Teufel! Und ich besaß keinen Pfennig mehr!

Also rannte ich gleich los, um von der nächsten Kneipe aus die Polizei zu verständigen, denn unser Telefon hatte man auch schon gesperrt. Es schlug gerade Mitternacht, als ich die Chaussee entlang hastete.

Was drückte sich denn da für ein junger Kerl herum? Der gehörte nicht hierher, denn sonst hätte ich ihn sicher gekannt. Das mußte der Hühnerdieb sein! Ich war so wütend, daß ich keine Angst kannte.

„Wo haben Sie meine Hühner gelassen? Ich will sie wiederhaben! Verstehen Sie mich? Her mit den Hühnern!"

Der Mann war ganz verdattert. Immer wieder stammelte er: „Wat für Hühner? Ich weiß nix von Hühnern!"

Das brachte mich vollends aus der Fassung. Während ich mich an den Arm des vermeintlichen Hühnerdiebs klammerte, schluchzte ich fassungslos. Bisher hatte ich alles tapfer durchgestanden und mich ganz vernünftig benommen. Aber dieses letzte, dies mit den Hühnern, war einfach zuviel!

Da kam der Schmied, den ich ganz gut kannte, aus der Kneipe und rief dem Mann, an dessen Arm ich hing, zu: „Komm, Hermann, höchste Zeit!"

Dann erkannte er mich und bekam vor Erstaunen ganz große Augen. „Wat is denn hier los?"

„Ich soll der Dame ihre Hühner gestohlen haben!"

„Ach, die macht doch bloß Jux!"

„Nein, nein", rief ich dazwischen, „man hat mir alle meine Hühner gestohlen!" Und wieder überkam mich das Mitleid mit mir selbst, und ich weinte den ratlos dabeistehenden Männern herzzerbrechend etwas vor. Der Schmied meinte schließlich: „Na, na, junge Frau, wird schon werden. Der hier, der hat die Hühner nicht, dat is mein neuer Gehilfe. Gehn Se lieber im Haus, ich telefonier' bei die Polizei!" Damit verschwanden die beiden blitzschnell wieder in der Kneipe.

Ich ging also heim, um auf den Polizisten zu warten. Der Mond war inzwischen aufgegangen und schien durch die Zweige unseres großen Nußbaumes.

„Du konntest ja auch mal auf meine Hühner aufpassen, hast ja weiter nichts zu tun!" sagte ich nicht gerade liebenswürdig hinauf zum Mond.

Doch was sah ich da? Meine Hühner! Da saßen sie alle nebeneinander auf den Zweigen und schliefen. Ich hatte den Stall wirklich verschlossen, ehe ich zu Vater und Mutter gegangen war, und da hatten die armen müden Tiere am Abend nicht ihre gewohnte Schlafstatt aufsuchen können.

Ich sagte ihnen, irgendwie getröstet, „Gute Nacht!"

Zwei Tage später wurden sie übrigens gepfändet.

*

Als Vater und Mutter immer davon gesprochen hatten, was mir noch alles bevorstünde, konnte ich mir noch nicht so recht vorstellen, was sie damit meinten. An sich stellte ich mir alles recht einfach vor. Was ich von meinen vielen Möbeln nicht mehr brauchte, wollte ich versteigern lassen und mit dem Rest in die Schnutenhausstraße einziehen.

Doch bald stellte sich heraus, welchen Umfang Bills geschäftliches Fiasko hatte. Es hagelte Pfändungsüberweisungsbeschlüsse. Der Gerichtsvollzieher machte bei mir täglich aufregende Besuche. Nie vorher hatte ich einen Gerichtsvollzieher bei Ausübung seiner Tätigkeit erlebt. Er muß an meinem Verstand gezweifelt haben, als ich ihn, an seinem Halse hängend, unter Tränen beschwor, meinen Kindern und mir die Möbel zu lassen. Er sprach etwas von „intervenieren", was für mich ein böhmisches Dorf war. Aber mit der Zeit lernte ich alles. Ich konnte intervenieren, ich konnte Anträge auf Armenrecht stellen, ich konnte am Arbeitsamt Schlange stehen.

In diesem Zusammenbruch erwies sich Therese als eine Stütze im ursprünglichen Sinne des Wortes. Alle Leute, die von mir Geld wollten, betrachtete sie als böse Feinde, gegen die sie mich heldenmütig verteidigte. Voller Mißbilligung beobachtete sie, wie der Gerichtsvollzieher unter unseren schönsten Perserteppich den ominösen Kuckuck klebte. Als dann aber das gute Stück abgeholt werden sollte, nahmen die Möbelträger ein ganz anderes, schon etwas ramponiertes aus dem Kinderzimmer mit, und Therese, die meine Verwunderung bemerkte, meinte triumphierend: „Das könnte denen so passen, unseren schönsten Teppich! Ich hab' einfach den Kuckuck umgeklebt!"

*

An meinem 31. Geburtstag erschien ich mit meinen restlichen Möbeln wieder daheim in der Schnutenhausstraße, und über dem ganzen Trubel des Umzuges geschah etwas, was noch nie passiert war: mein Geburtstag wurde glatt vergessen. Nur von mir selbst nicht und von Karoline, die mir einen warmherzigen Brief geschrieben hatte, in dem viel von Prüfung und Gottvertrauen die Rede war und der ein paar Tränenspuren aufwies. Aber auch diesen Brief vergaß man mir zu geben.

Mutter hatte nämlich am Tag vorher ihr Kränzchen gehabt, wobei natürlich mein Schicksal ausführlich zur Sprache gekommen war. Die sanfte Anna hatte wieder einmal konstatiert, daß ihr die Gabe Neid zwar nicht in die Wiege gelegt worden war, daß sie aber angesichts von Villa, Chauffeur und meinen Kleidern öfters habe daran denken müssen, daß Hochmut vor dem Fall komme. Und Marie hatte die ehrliche Befürchtung geäußert, daß der Charakter des Vaters bei den armen Kindern durchschlüge, was ihre liebe Freundin dann mit christlicher Geduld tragen müsse, da sie ja nun die Kleinen aufzuziehen habe.

„Und findet ihr nicht, daß Liselotte wie gespuckt ganz der Vater ist?"

Also hatte Mutter wieder ihre Kopfschmerzen, die Emilie mir übelnahm und Vater machte deshalb einen großen Ausflug mit seinen beiden Enkeltöchtern. Von denen meinte Johannes, er werde sich ein wenig um ihre Erziehung kümmern, da sie durchaus noch nicht wüßten, was sich gehörte. Und die Möbel wollten und wollten auch nicht in mein altes Zimmer passen, denn schließlich mußten ja drei Betten aufgestellt werden. Später erwischte ich übrigens meine kleinen Töchter bei einem ganz neuen Spiel: Haschen, ohne auf den Fußboden zu treten. Da alles so nah beieinanderstand, war es ganz leicht, von einem Möbelstück auf das andere zu hüpfen. Nur der Übergang vom Bücherschrank auf das Büffet machte Schwierigkeiten; und dabei war dann auch prompt Heili hinuntergefallen.

Die nächsten Tage verbrachte ich dann auf der Stellungssuche. Mein optimistischer Glaube, daß jeder meiner vielen Bekannten mir schon mit allen Kräften helfen würde, wenn er wüßte, wie notwendig ich Geld verdienen mußte, schwand bald dahin. Ich hörte viele weise Ratschläge und genausooft die Behauptung, dies habe man schon lange kommen sehen. Die Männer waren im allgemeinen noch freundlicher als ihre Frauen, deren Kinder ich doch so oft tagelang in unserem Haus gehütet hatte. Ich mußte lernen, daß ich für viele als demnächst geschiedene Frau und dazu noch als Frau eines Bankrotteurs kein Verkehr mehr war. Einige grüßten nicht mehr, andere mußten plötzlich interessiert vor einem Schaufenster stehenbleiben, wenn ich ihnen entgegenkam. Aber auch die wenigen Getreuen konnten mir nicht helfen, denn die Zeiten wurden schlechter und schlechter.

Als ich schon fast verzweifelte, fand ich durch eine zufällig gelesene Anzeige doch noch eine Stellung. Ich wurde Sekretärin in einem gerade neugegründeten Industrieverband im „Haus der Technik". Der Haken bei der Sache war nur, daß von mir Stenographie und Schreibmaschine verlangt wurde, was ich beides nie gelernt hatte. Ich versprach aber, dies ganz schnell nachzuholen, und wurde mit dem wirklich nicht gerade üppigen Salär von 100,– Mark monatlich engagiert. Überglücklich nahm ich mir vor, eine hervorragende Sekretärin zu werden.

Also nahm ich beim Deutschen Meister Stenographieunterricht und übte fleißig. Aber alles war zwecklos, denn irgendwie kapierte ich diese hohe Wissenschaft einfach nicht. Mir blieben die entsetzlichen Silben und Endungen fremd. Ehrfürchtig und verständnislos blickte ich zu meinem Lehrer auf, wenn er mir in einem atemberaubenden Tempo etwas vorschrieb. Ich staunte vor allem darüber, daß er dann auch noch das Geschreibsel mühelos entziffern konnte. Das würde ich nie im Leben lernen, und dieser Meinung war auch nach kurzer Zeit mein Chef, ein Professor.

Er merkte bald, daß er mit mir einen Fehlgriff getan hatte, soweit es sich um Silben und Endungen handelte. Trotzdem ermahnte er mich väterlich und eindringlich zugleich und erhöhte mein Gehalt um 25,– Mark, allerdings im Hinblick auf mein heiliges Versprechen, „besser" in Stenographie zu werden.

Doch eines Tages passierte mir ein nicht wiedergutzumachendes Mißgeschick. Ein umfangreiches Rundschreiben sollte an alle Kuratoriumsmitglieder des Vereins verschickt werden. Auch die führenden Männer der Industrie wurden angeschrieben. Mein Professor hatte das Schreiben sorgfältig aufgesetzt und am Schluß eindringlich auf fehlende Gelder zur Weiterentwicklung hingewiesen. Es war so eindrucksvoll abgefaßt, daß sie die Industrie einfach nicht verweigern konnte. Mir oblag es, dieses Rundschreiben an alle Empfänger gewissenhaft zu adressieren und zu befördern. Aber, o weh, ich vergaß bei allen das letzte Blatt. Heimtückisch lag der Stapel am nächsten Morgen noch auf meinem Schreibtisch. Mir wurden die Knie weich, und wieder einmal hätte ich am liebsten sterben mögen. Mein sonst so väterlich gelassener Professor geriet in helle Wut und entließ mich fristlos.

Ich wagte es kaum, nach Hause zu gehen. Was würden Vater und Mutter sagen? Mutter, die so gewissenhaft war und die ganz stolz im Kränzchen berichtet hatte, daß ich eine Vertrauensstellung als rechte Hand eines Professors ausfüllte, und Vater, der sich große Sorgen um mich machte und immer befürchtete, daß man mich als geschiedene Frau geringschätzig behandelte. Deshalb hatte er diesen respektablen Posten als richtigen Glücksfall begrüßt. Und nun hatte ich wieder Schande über die Familie gebracht. Außerdem mußte ich Vater um jeden Pfennig bitten, was mir ganz besonders schwerfiel. Ich fand es nicht sehr gemütlich zu Hause in dieser Zeit, zumal auch Emilie und Johannes viel zuviel mit ihren eigenen Schwierigkeiten zu kämpfen hatten, um eitel Sonnenschein zu verbreiten. Nur Liselotte und Heili waren gern bei den Großeltern und fanden auch die neue Schule, in der sie spielend mithalten konnten, nett. In der alten, mehr dörflichen Einklassenschule hatte der Lehrer immer gegen den Ofen gespuckt, was meine kleinen, eher zartbesaiteten Töchter ausgesprochen eklig fanden.

In dieser häuslichen Situation gab es einen ersten Lichtblick, als Emilie bei einem von Vaters vielen Bekannten eine Stellung als Sprechstundenhilfe fand. Ihre medizinische Erfahrung als Schwester, ihr Alter und ihre Autorität prädestinierten sie dazu, daß sie mit der Zeit die unentbehrliche Seele dieser orthopädischen Praxis wurde, in der sie wieder allerlei kleine Kümmerlinge für ihr Herz fand.

Johannes hatte aus der Misere in Düsseldorf seinen Silberpfeil gerettet, und wir beide, die nun die Versager der Familie waren, schlossen uns wie in ganz alten Zeiten, als wir noch gemeinsam zum Konsum pilgern mußten, eng zusammen. Warm eingepackt saßen wir beieinander im offenen Silberpfeil und fuhren in der Gegend herum. Ich, weil mir zu Hause die Decke über dem Kopf zusammenfiel, und Johannes, weil er Butter verkaufen mußte.

Dahin waren nämlich für Johannes die Pläne, einer der königlichen Überseekaufleute zu werden. Er arbeitete in einer Molkereizentrale unter einem schrecklich ordinären Chef, dem es großen Spaß machte, unseren doch auf Exklusivität und Form bedachten Johannes zu treten, wo er nur konnte. Als dieser sich ein englisches

Tweedjacket erstanden hatte, konnte der Chef nicht umhin, vor versammelter Kundschaft das Jacket zu befühlen und dabei zu bemerken: „Sport un Sport, un nix auf de Naht!"

Dies und anderes erzählte mir Johannes im Silberpfeil, und ich berichtete auch von meinen Kümmernissen.

Ich hatte inzwischen sämtliche Möglichkeiten erschöpft. Das Arbeitsamt empfing mich schon nicht mehr. Die Arbeitslosenziffer wuchs beständig. Es verging kaum ein Tag, wo nicht demonstriert wurde. Mich überrieselten kalte Schauer bei den monotonen Sprechchören: „Was haben die Arbeitslosen?" Darauf folgte der Antwortschrei: „Hunger, Hunger!"

„Sie haben ja ihr Zuhause und ihr täglich Brot!" sagte man mir auf den Ämtern. „Was sollen die erst sagen, die völlig mittellos dastehen?"

Ich sah das ein, aber trotzdem wünschte ich mir nichts sehnlicher, als irgendeine Arbeit.

*

In meinem Gedächtnis kramte ich unentwegt nach, wem ich meine Berufssorgen schreiben könnte. Dabei fiel mir der freiherrliche Edgar ein. Er hatte mich während meiner Ehe öfters besucht und auch seine Mutter mitgebracht. In einem wunderbaren Sportauto, das er einem Fürsten abgekauft hatte, waren wir zu dritt auf Entdeckungsfahrten gegangen. Edgar hatte noch immer nicht geheiratet und war genauso liebenswürdig und charmant wie in jungen Jahren. Also schrieb ich ihm. Wenn er auch keinen gutbezahlten Posten für mich hatte, so kam doch gleich eine Einladung seiner Mutter.

Meine Eltern gönnten mir diese Abwechslung von Herzen. Ich bekam die Erlaubnis, Frau Baronin für zwei Wochen zu besuchen. Ja, ich bekam die Erlaubnis. Gleich nach meinem Einzug ins Elternhaus hatte Vater mir klargemacht, daß ich nun wieder als Kind in seinem Hause gelte. Damit sei gesagt, daß ich zu fragen hätte, wenn ich das Haus verlassen wolle, und natürlich zu sagen hätte, wohin ich gehe und auch wie lange. Vater war besonders genau mit mir, weil er von der Vorstellung gepeinigt wurde, alle Männer betrachteten eine geschiedene Frau als „Freiwild"!

Eine solche Ausspannung hatte ich bitter nötig. Es war Vater und Mutter nicht entgangen, daß ich zusehends dünner wurde. Wäre Bill noch bei mir, hätte er mir das weiße Crepe-Georgette-Kleid schon längst kaufen müssen. Aber so kam die schmale Taille zu spät!

Ich verbrachte wunderbare Ferien bei Edgar und seiner Mutter. Wir hatten dauernd Gäste, und ich lernte viele nette Leute kennen. Bei Hof wurde ich auch vorgestellt, was mich aber nicht sonderlich beeindruckte. Es war vorher viel zuviel Aufhebens davon gemacht worden, da verblaßte die Wirklichkeit des kleinen Fürstenhofes von Schaumburg-Lippe vor der vorangegangenen Schilderung.

„Sag mal, Tinchen, fragte Edgar eines Tages, „bist du nun lebenslang enttäuscht, oder willst du es noch einmal versuchen?"

„Vorerst ist mein Bedarf hinreichend gedeckt", war meine entschiedene Antwort.

„Aber wenn", meinte Edgar heiter, „kannst du ja auf alte Bestände zurückgreifen!"

Das war sicher nicht sehr ernst gemeint, und ich faßte es auch nicht sehr ernst auf.

Trotzdem kam ich, geradezu aufgemöbelt, wieder pünktlich zu Hause an. Mutter empfing mich ganz aufgeregt.

„Endlich kommst du wieder. Ruf mal gleich bei Leni an. Sie will dich unbedingt sprechen!"

Noch am gleichen Abend telefonierte ich.

„Sag mal", fragte Leni gleich, „kannst du kochen?"

Ich fand nicht gleich eine rechte Antwort. Mir kam diese Frage wie ein Überfall vor. Ausgerechnet an meine Kochkünste wurde da appelliert. So kam mein „Ja!" etwas zögernd und unsicher.

„Es geht nämlich um folgendes", redete Leni unbeeindruckt weiter, „überall wird jetzt elektrisches Kochen propagiert. Da muß Karls AEG auch in diese Werbung einsteigen."

„Was soll ich denn dabei?" unterbrach ich sie.

„Du sollst den Frauen auf elektrischen Herden was vorkochen, ihnen die Sache mundgerecht machen, dazu Reden schwingen, sie überzeugen und so weiter. Das wird dir doch nicht schwerfallen."

„Leni, das kann ich nicht!" Diese Worte kamen mir aus dem Grund der Seele.

„Selbstverständlich kannst du das. Du gehst morgen zu Karl, stellst dich vor und bist ein bißchen fröhlich. Zieh dich nett an, Karl mag das gern. Und Hals- und Beinbruch."

Bevor ich noch etwas erwidern konnte, hatte Leni schon eingehängt.

Sehr zeitig war ich am andern Morgen an Ort und Stelle. Wie schön wäre es, wenn ich erst einmal wieder eine Beschäftigung hätte, ganz gleich, welche. Dieses schreckliche Herumsitzen zu Hause, dieses krampfhafte Nach-Betätigung-Suchen in Mutters Haushalt waren unerträglich.

Aber ich sollte für Geld kochen? Möge mich der Himmel vor einer weiteren Schande bewahren!

Mir fiel Mutters Zitat ein vom lieben Gott, der für denjenigen, dem er ein Amt gibt, auch den nötigen Verstand bereithält. Das hatte sich allerdings bei meiner Tätigkeit im Industrieverein nicht bewährt.

„Sie müssen vor allen Dingen gut kochen können", teilte mir Lenis Mann, der mich zusammen mit einem zweiten Herrn begutachtete, mit, „denn Hausfrauen sind ein kritisches Publikum, die werden Ihnen erbarmungslos auf die Finger gucken. Sie müssen dann auch Kurse und Beratungsstunden abhalten, wenn jemand mit Sonderwünschen zu Ihnen kommt, zum Beispiel mit dem Herstellen von feinem Gebäck, Blätterteig, Pasteten und so weiter. Glauben Sie, daß Sie das können?"

Ich brachte es nicht übers Herz, schlicht mit „Ja!" zu antworten. Freundlich lächelnd sagte ich: „Warum nicht? Ich bin doch lange Jahre Hausfrau gewesen!"

Die beiden Herren, denen ich gegenübersaß, betrachteten mich wohlwollend. Der eine von ihnen fragte schließlich: „Was wollen Sie denn bei uns verdienen?"

„Das weiß ich wirklich nicht", antwortete ich in aller Bescheidenheit, „ich bin mit allem zufrieden."

„Sagen wir mal zweihundertfünfzig monatlich? Sind Sie damit einverstanden?"

Das konnte doch nicht wahr sein. Die beiden wollten mich verulken. Ich dachte an mein Anfangsgehalt im Industrieverein und wehrte ganz impulsiv und erschrocken ab: „Um Gottes willen, das ist ja viel zuviel!"

Die beiden Herren lächelten, und Lenis Mann meinte: „Dann fangen Sie mal erst mit zweihundert an, aber gleich morgen."

Ich weiß nicht mehr, wie ich nach diesem Erfolg nach Hause gekommen bin. Mir war, als hätte ich Flügel und könnte schweben. Es gab wieder ein Monatsgehalt, und was für ein fürstliches! Vielleicht ging es ja nun wieder bergauf.

Wenn es nur nicht gerade das Kochen gewesen wäre, mit dem ich meinen Lebensunterhalt verdienen sollte. Wie würde Bill schallend lachen, wenn er davon wüßte . . .

*

Und damit enden die Aufzeichnungen meiner Mutter.

*

In dem schon erwähnten Sekretär fand ich noch verschiedene Zeitungsausschnitte, die darüber Auskunft geben können, wie tapfer sie sich in dem neuen Beruf geschlagen hat – so tapfer, daß sie von der AEG weit herumgeschickt wurde. Da stand also etwa in Illertissen in der Zeitung zu lesen:

> „. . . Nun begann Frau Wildhagen mit den praktischen Kochvorführungen. Sie kochte dabei auf einem Tischherd, einem Vollherd und in der Bratröhre. Sie verstand es, durch ihre humorvolle, interessante Vortragsweise mit den Hausfrauen sofort innigen Kontakt zu gewinnen, und so folgten alle ihren ausgezeichneten Anleitungen mit größtem Interesse. Was sie versprochen hatte, hielt sie auf die Minute ein: Nach 5/4 Stunden waren zwei komplette Mittagessen (Suppe, Hackbraten, Schweinebraten, Kartoffeln, Bohnen, Pudding, Soufflé und ein Gesundheitskuchen) fertig. Die Kostproben mundeten vorzüglich. Diese Vorführungen hatten wohl jede Hausfrau überzeugt, wie schnell das elektrische Kochen vor sich geht, ohne jeden Ruß und ohne jede Hitze . . ."

Epilog

Die Lebenserinnerungen meiner Mutter hören ziemlich abrupt auf. Das hatte die verschiedensten Gründe: erst einmal endete das Exil in der Eifel und man kehrte für ein paar Jahre wieder in die Stadt zurück; allerdings nicht ohne das Haus in der Eifel, das nach Traudchens frühem und unerwarteten Hinscheiden in Paps alleinigen Besitz übergegangen war, mit Hilfe des allmählich wieder fließenden Einkommens zunächst als Sommer- und später als Alterssitz auszugestalten. Das Wirtschaftswunder machte genau wie zwanzig Jahre vorher die Weltwirtschaftskrise auch vor meiner Mutter nicht Halt und bescherte ihr noch mehr als sieben fette Jahre. Es gab Schwiegersöhne und Enkelkinder, viele Gäste, Auslandsreisen, alte und neue Freundschaften, aber weder Zeit noch Lust, weitere Familiengeschichten in die Schreibmaschine zu tippen. Auch war sie just an dem Punkt angelangt, wo ihre Liebesgeschichte mit Paps begonnen hätte, und über Gefühle zu schreiben, die noch anhielten – das war ihr dann doch zu genant. Sie hatte ja noch nicht einmal erwähnt, daß ihr Fiasko auf dem Gebiet der Stenografie ganz entscheidend wenn auch nicht gewollt durch Paps verursacht worden war, der ihre Konzentrationsfähigkeit in jener Zeit stark beeinträchtigte.

Vier Jahre nach ihrer Scheidung heiratete meine Mutter zum zweiten Male. Das war nicht so ganz einfach gewesen, denn zunächst einmal war Paps zum Entsetzen der Familie katholisch und dann wirkte die Existenz von Liselotte und mir auch nicht gerade ehefördernd. Wir bekamen zum festlichen Ereignis wunderhübsche lange Kleider und eine Unmenge von Ermahnungen von allen, dankbar und brav zu sein, weil man uns mitgeheiratet hatte. Dann verließen wir das großelterliche Haus in der Schnutenhausstraße endgültig.

Onkel Johannes konnte bald darauf den Butterhandel aufgeben und trat als Hauptmann in die Reichswehr ein, die damals schon anfing, sich zu vergrößern, ehe sie dann als Deutsche Wehrmacht riesengroß wurde, und Tante Emilie zog ins ferne Hinterpommern, um dort die Mütter in der richtigen Säuglingspflege zu unterweisen – sicherlich zu Nutz und Frommen der hinterpommerschen Säuglinge. Onkel Gottfried, den man als „Judenfreund" beschimpft hatte, mußte die „Deutsche Forschungsgemeinschaft" verlassen und begann zuerst an einem „Atlas der deutschen Volkskunde" zu arbeiten und wechselte später zum Kulturfilm über. Dort heuerte er als guter Onkel mich und drei weitere Mädchen aus meiner Klasse für die Zeit nach unserem Abitur als Mitarbeiterinnen an. Wir bekamen richtige Verträge, und als das Projekt platzte, mehr Geld, als wir insgesamt in unserem bisherigen Leben an Taschengeld, Nachhilfeeinkünften und Geschenken eingenommen hatten. Und das, ohne eine einzige Minute zu arbeiten!

1936 zogen auch Großvater und Großmutter von Essen nach Hamburg in Tante Karolinens Straße. Dort traf sich dann die Familie bei festlichen Anlässen oder auch nur einfach so. Ich erinnere mich an ungeheure Redeschlachten, wo mit scharfen Argumenten, persönlichen Beleidigungen und Unterstellungen und sicherer Kenntnis der verletzlichen Stellen des Gegners unter den fünf Geschwistern um so wichtige Fragen gestritten wurde wie die, ob Barbarossa oder Heinrich der Löwe im Recht gewesen wäre, ob der Onkel Georg in Amerika zu Karolinens oder Gottfrieds Hochzeit nicht gratuliert hätte und wieso wohl, ob Kaiser Wilhelm hätte abdanken dürfen und wem nun eigentlich genau genommen die zweiundvierzigbändige Goetheausgabe später zustände. Das klang für Außenstehende geradezu gefährlich, was sich noch steigerte, als einmal Onkel Gottfrieds nach damals revolutionären Grundsätzen erzogene kleine Tochter mit schriller Stimme dazwischengellte: „Vati hat recht! Vati hat recht!" Daß sich daraus eine weitere besonders scharfe Diskussion über Erziehungsprinzipien entwickelte, versteht sich von selbst. Aber dies alles tat der gegenseitigen Liebe und Anhänglichkeit keinen Abbruch. Und es hat sicher nicht viele Familien gegeben, deren Zusammenkünfte weniger langweilig waren als unsere. Manchmal allerdings gingen Tante Inga und Paps ein wenig im Garten auf und ab, bis sich der Sturm gelegt hatte.

Lange nach dem Zweiten Weltkrieg bin ich in die Schnutenhausstraße

gefahren und habe mir das Haus noch einmal angesehen. Es hatte den
Krieg überlebt. Da war noch das Rosenspalier, die Haustür mit der Mes-
singbriefkastenklappe und das Fenster, hinter dem Großmutter gesessen
und gestrickt und die Vorübergehenden betrachtet hatte. Es kam selten
jemand vorbei, den man nicht irgendwie kannte und Großmutter pflegte dann jedesmal in leicht indigniertem Ton zu sagen: „Gott, wer ist
denn dies nun schon wieder!" Die Birke, die Großvater im ersten Weltkrieg gepflanzt hatte, war riesenhoch über das Haus gewachsen, das mir
jetzt ganz klein vorkam.

Hatten wir dort wirklich alle einmal gelebt?